科学出版社"十四五"普通高等教育本科规划教材

应用统计学

武小悦　刘　琦　贾　祥　吴昕阳／编著

科学出版社

北　京

内 容 简 介

本书是科学出版社“十四五”普通高等教育本科规划教材，主要面向学过概率论与数理统计课程的学生，侧重培养统计思维能力以及数据收集、整理、分析、表现和解释等统计应用能力。本书主要内容包括描述性统计、抽样与估计、统计调查、假设检验、方差分析与试验设计、回归分析、主成分分析与因子分析、判别分析与聚类分析、时间序列分析、指数等。每一章都配有导读、小结，并附有选择题、判断题、简答题、计算题和综合应用题等多种类型的习题。

本书可作为管理科学与工程、系统工程、工业工程、数据工程、经济管理等专业的应用统计学课程教材，也可供相关工程技术人员参考。

图书在版编目(CIP)数据

应用统计学/武小悦等编著. —北京：科学出版社，2024.7
科学出版社“十四五”普通高等教育本科规划教材
ISBN 978-7-03-078548-0

Ⅰ. ①应… Ⅱ. ①武… Ⅲ. ①应用统计学-高等学校-教材 Ⅳ. ①C8

中国国家版本馆 CIP 数据核字(2024)第 101566 号

责任编辑：方小丽/责任校对：贾娜娜
责任印制：赵 博/封面设计：有道设计

科学出版社 出版
北京东黄城根北街 16 号
邮政编码：100717
http://www.sciencep.com
北京天宇星印刷厂印刷
科学出版社发行 各地新华书店经销
*
2024 年 7 月第 一 版 开本：787×1092 1/16
2025 年 1 月第二次印刷 印张：25 1/4
字数：599 000

定价：58.00 元

(如有印装质量问题，我社负责调换)

前　言

党的二十大报告指出："我们要坚持教育优先发展、科技自立自强、人才引领驱动，加快建设教育强国、科技强国、人才强国，坚持为党育人、为国育才，全面提高人才自主培养质量，着力造就拔尖创新人才，聚天下英才而用之。"[①]

本书是为管理科学与工程、系统工程、工业工程、数据工程、经济管理等专业的本科生应用统计学课程编写的教材，主要面向在公共基础课阶段已学过概率论与数理统计相关课程的学生，为进一步学习掌握数据收集、整理、分析、表现和解释的基本理论方法打下良好的基础。

将我国全面建成社会主义现代化强国，需要我们在这一伟大进程中坚持问题导向，开展全面深入的调查研究，收集和分析数据，发现问题、认识问题和解决问题。应用统计学的学习可以为此提供有力的理论方法和工具。本书内容设计紧密围绕统计学的应用需求，包括数据抽样、数据调查、数据描述、假设检验、数据预测、数据降维、数据判别与聚类、数据综合等常用理论方法，并充分考虑了目前国内多数高校本科生应用统计学课程教学内容的要求，侧重对统计学相关基本概念、基本理论方法和应用示例的讲解，突出对学生统计思维和统计应用能力的培养，尽可能省去繁杂的数学推导和证明表述。当前，统计软件已成为统计应用必不可少的支撑工具。本书对常用的若干统计软件进行了简单介绍，但并没有在内容上与具体软件的使用紧密耦合。不同的教学对象适用的统计软件有所不同，在课程教学中应根据实际情况灵活选用合适的统计软件。本书每一章的导读说明了该章学习的意义和主要内容，并介绍相关统计应用实例。此外，各章都配备了选择题、判断题、简答题、计算题和综合应用题等多种类型的习题，可供学生课后用于强化所学的概念和理论方法，培养学生解决实际问题的能力。

全书共 11 章。第 1 章为绪论，主要介绍统计学的相关基本概念、统计学的发展与应用、统计工作、常用的统计软件，以及常用的概率分布。第 2 章主要介绍数据的预处理、数据的分组与展示、数据的概括性度量、数据的相关性与可视化描述。第 3 章介绍统计量与抽样分布的概念、点估计与区间估计的方法、简单随机抽样与其他随机抽样方法。第 4 章介绍统计调查的要求、工作流程以及调查问卷设计。第 5 章介绍常用的参数检验与非参数检验方法，具体内容包括假设检验的概念、分布的拟合优度检验、单总体与两总体特征的检验，以及变量的相关性检验。第 6 章介绍单因素方差分析方法、双因素方

① 《习近平：高举中国特色社会主义伟大旗帜 为全面建设社会主义现代化国家而团结奋斗——在中国共产党第二十次全国代表大会上的报告》，https://www.gov.cn/xinwen/2022-10/25/content_5721685.htm，2022 年 10 月 25 日。

差分析方法、试验设计的概念与原则。第 7 章介绍一元线性回归、多元线性回归、非线性回归以及 Logistic 回归方法。第 8 章介绍主成分分析与因子分析方法。第 9 章介绍判别分析与聚类分析方法。第 10 章介绍时间序列的概念、指标分析、分解模型与预测方法。第 11 章介绍统计指数的概念与编制方法。本书在附录中给出了利用统计软件计算常见概率分布分位数与累积概率的方法，并提供了若干统计检验临界值表。

本书第 1 章由武小悦负责编写，第 2、4 章由吴昕阳、刘琦负责编写，第 3 章由武小悦、刘琦负责编写，第 5 章由贾祥、刘琦负责编写，第 7、10、11 章由刘琦负责编写，第 8 章由吴昕阳、武小悦负责编写，第 6、9 章由贾祥、刘琦和武小悦负责编写，附录由刘琦和贾祥负责编写。全书由武小悦、刘琦统稿，武小悦、贾祥对全书各章例题的数据和计算结果进行了验证。

本书是作者在长期为本科生讲授应用统计学课程的教学实践基础上编写完成的。对于本书的大部分结论，读者如需了解具体推导和证明过程，可参考由武小悦、刘琦编写的《应用统计学》(国防科技大学出版社，2009)。在本书编写过程中，还参考借鉴了一些国内外相关文献，在此一并向有关作者表示感谢。杨文强、吕欣、刘亚杰、黄生俊、易泰河、范俊、于海跃、黄彭奇子等相关老师以及国防科技大学 2023 年应用统计学本科教学班的学员等对书稿提出了修改意见和建议，在此一并表示感谢。

为便于教学和学习，本书提供了例题、习题的原始数据文件，以及相关章节教学课件、习题答案、MOOC、在线编程实践项目等线上资源。读者可发送邮件到 jiaxiang09@sina.cn 或联系出版社向作者获取。

由于作者水平有限，本书难免存在不妥之处，欢迎读者予以批评指正。

作　者

2024 年 6 月于长沙

目　　录

第1章 绪　　论

本章导读

信息是决策的基础。运用统计方法及时、高效、准确地获取和分析数据，可以更好地掌握客观规律、做出正确判断和科学决策。统计学的应用领域十分广泛。目前，统计学方法已在经济、军事和管理等领域得到了广泛的应用，如政府统计、装备试验鉴定、质量与可靠性工程、社会发展与评价、宏观经济预测与监测、电子商务、金融和证券数据分析、保险精算、流行病规律研究以及心理学研究等。

例如，弹道导弹的制导控制误差对导弹的命中精度和杀伤概率具有重要的影响，因而是弹道导弹武器系统试验鉴定的重要考核内容。制导控制误差受导弹、目标、武器控制系统及环境等多种随机因素影响，一般可以用纵向和横向偏差反映，采用飞行试验与仿真试验相结合的方式评定。在试验鉴定时，需要对收集到的飞行试验偏差量数据，运用统计检验方法进行正态性检验、纵向和横向偏差的独立性检验。有时，还需将偏差数据进行正交变换后再进行处理。为了弥补由于飞行试验次数少造成评定结果可信度不足的影响，可以通过半实物仿真试验得到偏差量的仿真数据。统计检验方法可用于检验飞行试验数据与仿真数据的分布是否一致。当两者具有一致性时，可以运用数据融合方法将仿真数据与飞行试验数据融合，并得到制导控制误差的评定结果。当需分析干扰方式、目标距离、气象地理等条件对制导控制误差的影响时，还可以运用统计学中的方差分析和试验设计理论进行试验设计与结果评定。

要学好用好统计学，应注意以下几个方面。①要了解统计学能做什么，不能做什么。统计学可以帮助我们发现一些客观规律，但对于这些规律的进一步解释则需要相关的专门学科完成。②要具备概率论与数理统计的相关基础。正确理解统计学的基本理论和方法，从而在实际应用中能够准确把握统计学的使用场合，选择合适的统计方法。③必须与具体专业领域知识的学习相结合。从统计学的发展历史看，统计方法基本上都是来自实践。历史上一些著名的统计学家也是不同应用领域的专家。有不少经济学、社会学、生物学、教育学等方面的专家为统计学理论方法的发展做出了贡献。④统计学方法在实际应用时会涉及大量繁杂的计算。因此，需要较好地掌握统计软件，以便提高工作效率。但是，如果对统计学的原理与方法一知半解，则容易错用统计方法，难以理解统计软件的参数设置及输出结果。因此，掌握统计学的理论方法是用好统计软件的重要基础。⑤统计学是一门实践性很强的课程。当前，大数据时代给统计学提出了许多新的应用需求和理论问题。要真正掌握所学知识，就需要积极投身于统计实践，研究和解决各类实际问题。

本章将引入统计学的基本概念，并简要介绍统计学的发展、总体与样本、数据分类与来源、变量的测量水平、统计工作过程以及常用的统计软件等。此外，还将给出统计学中常用的概率分布。

1.1 统计与统计学

为了学好用好统计，需要了解统计学的研究对象和知识体系构成，以及了解统计学的历史沿革和未来发展。本节将给出统计及统计学的概念内涵，简要介绍统计学的学科分支，并厘清统计学与数学等其他学科的关系。还将回顾统计学的发展历程，介绍大数据时代统计学的作用和面临的机遇。

1.1.1 统计的内涵

统计学（statistics）是一门收集、分析、表现和解释数据的科学和艺术。

我们常说的“统计”有三种含义：统计工作、统计资料和统计学。统计工作称为统计实践，又称为统计活动，是指对事物或现象的数量特征进行收集、处理（包括数据整理、传输和储存等）和分析的社会实践活动。统计资料是统计工作的最终成果，包括各种统计数据和统计分析报告，如统计表、统计图、统计报告、统计年鉴、相关论文等。统计学是指统计理论和方法，主要研究如何收集、整理、归纳和分析数据，以便得出正确的认识和结论。如图 1-1 所示，统计学是统计工作长期实践经验的科学总结和理论概括，同时又从理论和方法上指导统计工作，统计工作的最终成果体现为统计资料。统计工作的质量直接影响统计资料的质量。

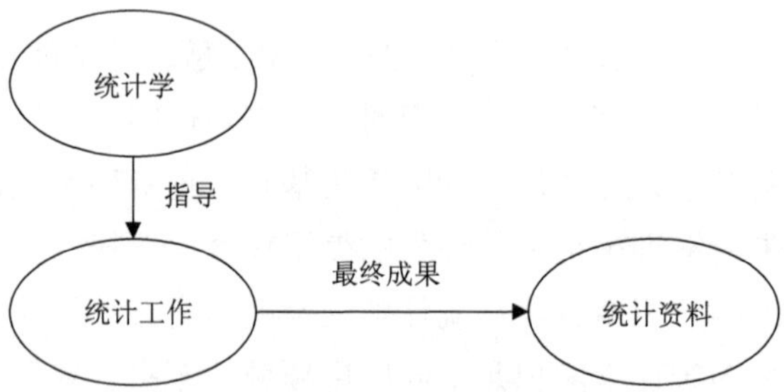

图 1-1 统计的三种含义之间的关系

根据数据处理方式的不同，统计学可划分为描述统计学和推断统计学。根据统计方法研究目的的不同，统计学又可分为理论统计学和应用统计学。

1. 描述统计学与推断统计学

描述统计学（descriptive statistics）主要研究数据的收集、整理、表述、一般性分析和解释的方法，其主要任务是描述一组数据的全貌和性质，包括统计整理、统计图表、统计指数、集中与离散程度等。例如，通过计算数据的方差，可以反映数据的波动程度。描述统计得到的只是反映所描述数据全体的性质。例如，通过对某个班级学生的英语考试成绩进行统计，得出的平均成绩只是针对该班级学生的结论，而不是全校学生的英语考试平均成绩。

推断统计学（inferential statistics）也称为归纳统计学，是在对数据进行描述统计的基础上，研究如何根据部分数据推断总体的未知特征。例如，由某个大学一部分学生的英语考试成绩推断整个学校学生的英语考试成绩。显然，由于已知信息的局限性，基于这种推断得出的结论难免有一定的误差或判断错误。

2. 理论统计学与应用统计学

理论统计学（theoretical statistics），也称为数理统计学（mathematical statistics），主要研究统计学的一般数学原理和方法，是统计方法的理论基础。理论统计学主要是基于概率论进行研究，其研究目的是完善、发展和创新统计的理论与方法。

应用统计学（applied statistics）主要研究如何运用统计理论与方法解决某一领域的实际问题。应用统计学的侧重点在于将统计学的方法应用于各个具体的专业领域，如生物统计、心理统计等。本书的内容属于针对多数领域具有一定通用性的应用统计学，并且主要侧重于统计学的理论与方法在管理和系统工程等领域的应用。

3. 统计学与其他学科的关系

统计学的应用相当广泛，统计学在各门学科、各个领域、社会生活的各个方面，几乎都有重要的应用。统计学与其他学科之间的关系主要体现在以下两点：①统计学可以帮助其他学科分析数据的数量规律，获得对于客观现象更为深入、准确的认识，但对这种规律的解释和研究需要由各学科自身完成。例如，有的研究工作通过大量的观察发现新生男女婴儿的比例为 107：100，至于为什么会是这样的比例，则应由人类遗传学或其他相关学科来研究解释。②理论来源于实践，相关学科的统计应用需求加速了统计学的发展。例如，由于导弹飞行试验的成本越来越高，导弹飞行试验的数量相应的越来越少，因此如何通过有限数量的试验结果得到可信的导弹飞行可靠性结论就给统计学提出了新问题。

需要注意的是，统计学并不等于数学。数学研究的是抽象的数量规律，统计学研究的是实际中具体的数量规律，统计学中的数字通常是有量纲和实际含义的。数学主要使用演绎法，如由若干公理、定理推出具体结论。统计学则主要使用归纳法，由具体数字得出一般性的结论。

1.1.2 统计学的发展与应用

统计学是随着人类社会的进步而不断发展的。原始社会，从结绳记事开始，就有了统计的萌芽。总体上讲，统计学的发展可分为古典统计学、近代统计学和现代统计学三个时期。

1. 古典统计学时期

17 世纪中叶到 18 世纪中叶是古典统计学时期。17 世纪中叶，欧洲各国进入资本主义经济发展时期，相继形成了统计学的三大来源学派，分别是国势学派、政治算术学派和古典概率学派。

国势学派，又称为记述学派，主要采用图表和文字描述反映统计内容。国势学派的代表性人物是德国的康林（Conring，1606—1681）和阿亨瓦尔（Achenwall，1719—1772）。康林对国家人口、军事、财政等方面进行了大量的文字描述。阿亨瓦尔于 1749 年使用了德文名称 statistic，来源为拉丁语 status，代表对“国家显著事项的比较和记述”或“国势”。

政治算术学派主要是运用大量的数据分析社会现象。政治算术学派的代表人物是英国的格朗特（Graunt，1620—1674）和佩蒂（Petty，1623—1687）。格朗特于 1662 年出版了《关于死亡表的自然观察和政治观察》，通过出生与死亡数据分析，揭示了人口变化的一些统计规律。佩蒂的著作《政治算术》于 1690 年出版，从数量上比较了英国、法国和荷兰的国情国力，并进行了系统的数量对比分析。这一阶段的统计学已开始较明显地体现了“收集和分析数据的科学和艺术”的特点。

古典概率学派的代表人物是法国的拉普拉斯（Laplace，1749—1827）。1812 年，拉普拉斯编写出版了《概率论分析理论》（Théorie analytique des probabilités）。

2. 近代统计学时期

18 世纪末至 19 世纪末是近代统计学时期，该时期代表性的学派有数理统计学派和社会统计学派。

数理统计学派主要是将概率论引入统计学形成的，其主体思想是对从研究对象全体中抽取的样本进行实验或观察，并据此对全体对象的特征进行推断。数理统计学派的早期代表人物是比利时的凯特尔（Quetelet，1796—1874）。凯特尔认为统计学是既研究自然现象又研究社会现象的科学。凯特尔将统计方法应用于天文、数学、物理、生物、社会统计及气象等领域，使统计方法得到普遍的应用。因此，凯特尔被认为是数理统计学派的奠基人，也有人称其为近代统计学之父。1889 年，英国学者高尔顿（Galton，1822—1911）出版了著作《自然遗传》（*Natural Inheritance*），引入了回归的相关概念。

社会统计学派认为统计学属于社会科学，其主要任务是基于大量观察和分析，研究社会现象的内在联系和规律。社会统计学派的主要代表人物有德国的克尼斯（Knies，1821—1898）、迈尔（Mayr，1841—1925）和恩格尔（Engel，1821—1896）等。

3. 现代统计学时期

20 世纪初到现在为现代统计学时期，也是统计学的快速发展时期。1900 年，英国学者皮尔逊（K. Pearson，1857—1936）提出了 χ^2 拟合优度检验法。1908 年，英国的戈塞特（Gosset，1876—1937）基于在酿酒公司的实验观察，针对小样本问题，首先提出了 t 分布理论。1918 年，英国统计学家费希尔（Fisher，1890—1962）引入了方差的概念，随后开创了实验设计研究并提出了方差分析方法。费希尔还提出了极大似然估计法和样本统计量的 F 分布。我国统计学家许宝騄（1910—1970）在统计推断和多元统计分析方面做出了一系列具有世界先进水平的开创性的成果。1928 年后，奈曼（Neyman，1894—1981）和皮尔逊（E. S. Pearson，1895—1980）共同完善了现代统计学的核心内容：假设检验理论和置信区间理论。从 1939 年开始，美国哥伦比亚大学的沃德（Wald，1902—1950）发展了序贯分析理论和统计决策理论。

现代统计学在理论及实际应用方面都得到了飞速的发展。在理论方面，稳健统计、多元统计分析、探索性分析、时间序列分析、非参数统计、贝叶斯（Bayes）统计、统计计算、数据挖掘等新的统计理论方法不断得到深化研究。统计学已在众多的领域得到了广泛的应用，并出现了一大批优秀的统计软件。目前，统计软件已逐步成为统计工作者必须掌握的工具。计算机技术在统计中的广泛应用使得统计数据的描述和处理更加直观与便捷，进一步促进了统计学的应用。

1.1.3　统计学在我国的发展

在清末之前，我国统计学的发展总体上处于萌芽时期。我国统计学的系统性发展始于 20 世纪初，我国学者翻译和编写了一些国外的统计学专著与教材，并在一些大学开设了统计学课程。1903 年，钮永建、林卓男翻译了日本学者横山雅男所著的《统计讲义录》。1907 年，彭祖植编写出版了《统计学》。1913 年，顾澄翻译出版了英国学者尤尔（Yule，1871—1951）的《统计学原理导论》（*An Introduction to the Theory of Statistics*）。

中华人民共和国成立后，统计学在社会经济统计领域得到了较大的发展。1952 年 8 月，我国成立了国家统计局，并在各级政府设立了相应的统计机构。改革开放后，统计得到了快速全面的发展。1983 年 12 月颁布了《中华人民共和国统计法》。此后，于 1996 年、2009 年对这一法律进行了修订。在 2022 年国务院学位委员会和教育部发布的《研究生教育学科专业目录（2022 年）》中，“统计学”属于“理学”学科门类下的一级学科。此外，我国还建立和完善了统计指标体系，开展了全国人口普查工作，加强了统计信息化建设和统计信息服务，统计教育和培训工作蓬勃发展。

1.1.4 大数据时代统计学

当今人类社会已进入了大数据时代，随着传感器与数据采集技术、计算机技术、网络和通信技术等的发展，在天文观测、电子商务、社交网络、移动通信、生物、医疗和导航定位等领域产生了海量的数据，这些数据很难在合理的时间内运用主流的软件、硬件进行管理和处理，称为大数据（big data）。

在大数据时代，统计学依然具有重要的作用。首先，对有些问题，虽然可以收集到海量数据，但采集和处理数据的时间与经济成本也在增加。运用统计学的抽样和统计推断理论方法，可以做到“化繁为简”和“一叶而知秋”，通过收集少量的样本，就可以得到对事物总体特征相对精准的估计和判断，提高工作质效。其次，大数据中存在噪声，如何去伪存真，对数据进行清洗，从中提取真正有价值的信息，以及分析变量之间的因果关系，依然需要运用统计学的建模与分析方法。此外，在实际应用中，并不是所有的问题都有大数据。例如，对于战术导弹的飞行可靠性评定，由于难以通过在靶场的导弹飞行试验收集到实装试验大数据，常常需要基于统计学理论和有限的样本量进行评定。

大数据常常表现为多源异构、高速动态和超高维度，既包括传统的数字与文本等结构化形式的数据，也包括网页、音频、视频、图片等半结构化、非结构化形式的数据。大数据的这些特征给应用统计学带来了新的挑战和发展机遇。

1.2 总体与样本

本节主要介绍统计学涉及的总体、总体单位、标志、指标、样本、样品等基本概念及其内涵，为后续内容的学习打下基础。

1.2.1 总体与总体单位

总体（population）也称为统计总体，是研究对象的全部个体（individual）的集合。例如，要进行某大学本科生体能素质的统计研究，则总体为该大学的全部本科生。

总体单位是指构成统计总体的个体。例如，在上例中，总体单位就是具体的一个本科生。统计实际上是从总体单位到总体的综合分析过程。仅研究总体单位，还不能称为统计。

总体具有大量性、同质性、变异性等特点。

（1）大量性：构成总体的总体单位数要足够多。统计是通过对总体单位的调查研究，从中找出存在的一般规律和特征。因此，大量性是对统计总体的基本要求。

（2）同质性：总体中的各总体单位至少具有某一共同特征。同质性是构成统计总体的前提条件。将完全不同性质的个体组成在一起，就失去了研究的意义。

（3）变异性：总体中的各个总体单位应具有一定的差异性，即至少有一个特征表现不同。变异性是统计研究的重点。例如，对某大学的本科生入学时的身高、体重进行统计分析，是由于他们并不具有同一身高、体重，否则就没有必要进行统计研究了。

按其所包括的范围大小，总体可分为有限总体（finite population）和无限总体（infinite population）。有限总体是指总体所包含的总体单位数目为有限的总体。例如，在前述例子中，某大学一年级本科生这个总体显然为有限总体。实际中的总体多数是有限总体。无限总体是指总体所包含的总体单位数目为无限或者数量非常庞大而难以计数的总体。例如，要调查湖南省洞庭湖的水污染情况，若每次取一瓶水进行分析，则可将湖水视为无限总体。

1.2.2　标志与指标

在统计中，总体单位所共同具有的属性或特征称为标志，总体单位是标志的载体。例如，某大学的每个本科生都有性别、民族、年龄、身高、体重等特征，这些特征就是该大学本科生总体中各个总体单位的标志。标志可分为品质标志和数量标志。品质标志表示总体单位的质的特征，通常只能用文字说明，如人的性别、民族等。数量标志则表示总体单位的量的特征，通常用数量表示，如人的年龄、身高、体重等。标志的取值称为标志表现或标志值。例如，某学生的身高为 175cm、民族为汉族，则该学生的身高标志的取值为 175、民族标志的取值为汉族。

按总体单位的某个标志的标志值有无差异，标志可分为不变标志和可变标志。如果各个总体单位的某一标志值相同，则该标志称为不变标志；否则，该标志称为可变标志。例如，对于一所大学的全体教师，教师所在大学这一标志就是不变标志，而每个教师的月工资收入显然是可变标志。

指标也称为统计指标，是说明总体的数量特征的概念。统计指标是总体在一定的时间、空间和其他条件的限制下表现出来的数量特征。例如，某大学某年全体本科生的英语四级通过率等。指标值通常是对总体中各个总体单位的标志值进行采集、整理和汇总后产生的。指标通常由指标名称、计量单位和计算方法等要素构成。标志是用于说明总体单位特征的，指标则是用于说明总体特征的。

通常，一个指标只能反映总体在某一个方面的特征。例如，某大学一年级学生的“高等数学”课程平均成绩只反映了学生的数学素质，体能素质则需要由学生的体能达标率反映。因此，要全面认识总体，就需要依据由一系列相互联系的指标组成的指标体系。例如，要全面反映学生的英语水平，就需要以听力、写作、阅读、口语等课程的成绩构成指标体系进行反映。

1.2.3　样本与样品

为了了解总体的特征，需要从总体抽取一部分总体单位进行观测（有的文献中亦称为观察）。样本（sample）是由在总体中按一定的规则抽取的总体单位组成的集合。因此，样本是总体的子集。根据样本提供的信息可以推断总体的特征。样本应具有较好的代表性，才能保证统计分析的正确性。

如果在统计时关注的是总体单位的某个具体数量标志，就可以将总体中所有总体单位的该标志取值的集合视为一个总体。若标志值随总体单位而变化，在统计学中就可将该标志视为一个随机变量 X。

从总体 X 中随机抽取 n 个总体单位，其标志值组成的集合 $X_1,X_2,\cdots,X_n$ 称为总体 X 的样本，n 称为样本量（样本容量）。组成样本的个体称为样品。抽取的随机性使得样品标志值是随机变量。样本观测值（有的文献中亦称为观察值或标志的观测值）是对样品标志进行测量、观察的结果，通常由小写字母表示，即 $x_1,x_2,\cdots,x_n$。在本书中，除特别说明外，将代表样品标志值的随机变量与该随机变量的观测值均用小写字母表示，读者可根据上下文具体理解。例如，x_i 既表示第 i 个样品的标志取值对应的随机变量 X_i，也可以表示 X_i 的一次具体观测结果。

1.3　数据与变量

数据是各种统计方法处理的主要对象。要分析数据的统计规律，就需要引入变量，建立各种统计模型和获得数据。原始数据通常是通过使用一定的规则对变量进行测量得到的。本节主要介绍数据的类型、数据的来源、变量的分类等概念，对测量的四个层次及其特点进行讨论。此外，还给出了统计学中几种常用的概率分布、分位数的定义及相关符号，以方便后续参考使用。

1.3.1　数据的类型与来源

1. 数据的类型

1）观测数据和实验数据

观测数据（observational data）是指通过调查、测量或观测获得的反映事物特征的数据。例如，通过测量得到的某学院全体本科生的身高数据。

实验数据（experimental data）是指在实验条件下，通过控制实验条件而得到的反映事物特征的数据。例如，为了分析某种新的教学方法对学生英语学习成绩的影响，在同一年级随机抽取两组学生，分为两个教学班，由同一名老师分别采用新旧方法进行教学，开展对照实验，这时得到的英语成绩就是实验数据。

2）截面数据和时间序列数据

截面数据（cross-sectional data）是指在同一时刻或几乎在同一时刻收集得到的数据。例如，某大学某年各学院本科生英语四级通过率的数据就是截面数据。截面数据通常是一种在同一时间点上，在不同的空间点上得到的数据。

时间序列数据（time series data）是指在不同的时刻收集到的反映相同统计指标（或标志）的数据。例如，某大学历年本科生英语四级通过率的数据就是一种时间序列数据。

3）定性数据和定量数据

定性数据（qualitative data）是指用于识别事物的名称或非数量化特征的数据，一般用文字或代码表示。例如，人的性别、学生的年级、课程的编号等。这类数据只是用于区别不同的事物，有时可以表示一种等级顺序关系，但不能表示不同等级之间的数量差别程度。例如，课程的成绩评定可以为优、良、中、及格和不及格，可以分别用字母 A、B、C、D、E 表示。

定量数据（quantitative data）是指用于说明事物数量特征的数据。例如，用百分制表示的课程考试成绩。定量数据不仅可以表示顺序关系，还可以反映两个事物之间的差异程度。例如，90 分比 85 分多 5 分。

2. 统计数据的来源

从数据使用者的角度，统计数据可分为原始数据（primary data）和次级数据（secondary data）。

原始数据也称为一手数据，是指使用者自己通过直接调查、观察、实验或试验获得的数据。例如，宾馆为了进行顾客满意度调查，可以在客人的房间发放调查问卷由客人填写；药品公司为了研究某种新药对降低血压的效果，可以进行分组对照实验，通过测量得到不同分组人员服药后的血压数据。

次级数据也称为二手数据，是指来源于他人收集的各种已有数据。例如，政府部门、企业都有大量的数据，这些数据通常都保存于各种数据库中；公司的人力资源部门保存有公司员工的年龄、性别、学历等反映个人信息的数据；我国国家统计局网站上也发布有我国社会经济发展的各类统计数据。

1.3.2 变量及其分类

变量是可变的标志或统计指标。广义地理解，凡是客观现象的特征值或类别在一个以上者，均可称为变量，如学生的年龄、性别、身高等。狭义地理解，变量是指可变的数字标志，如学生的身高。变量的数值表现称为变量值。变量不是具体的数值，但针对某个确定的个体，变量就有了取值，称为变量的观测值。

变量按其取值的间隙（gaps）可分为离散型变量（discrete variable）和连续型变量（continuous variable）。离散型变量通常只能取有限个值或可数个值（如只能取整数值）。例如，某大学各学院本科生的人数、某部队各连队拥有的各类枪支数量等。连续型变量是指在一个或多个区间中连续取值的变量，如某大学本科生的身高、体重等。

变量按其在相互关系中的作用可划分为因变量（dependent variable）和自变量（independent variable）。独立变化的变量称为自变量，随自变量的变化而改变的变量称为因变量。例如，若研究不同的教学法对于学生学习成绩的影响，则教学法是自变量，而学生的学习成绩为因变量，是受教学法影响的变量。如果变量的取值是确定的，则称该变量为确定性变量。如果变量的取值具有随机不确定性，则称该变量为随机变量。

测量（measurement）是指根据一定的法则，使用计量尺度将某种事物或现象所具有的标志值用数字或符号表示出来的过程。测量采用的计量尺度称为量尺（scale）或量表。测量法则指用数字和符号表达总体单位标志的操作规则。测量可分为如下四个层次（水平）。

1. 定类测量

定类测量（nominal measures）也称为类别测量或定名测量。定类测量将调查对象的标志值加以区分，标以不同的名称或符号，以确定其类别。定类测量所采用的量尺称为列名量尺（nominal scale），也称为分类量尺。人们常对每一个类别赋予一个数以代表该类别。例如，对于学生的性别，用“1”表示“男”，用“0”表示“女”。这种数值并不代表大小关系。此外，还有学号、企业类别、车牌号、性别、职业等都属于定类测量。对于定类测量，划分的类别必须符合穷尽、互斥的要求。对于定类测量得到的数据，通常只能进行出现频率的统计，对其进行加减乘除等算术运算是没有实际意义的。

用定类测量表示的变量称为定类变量（nominal-level variable），定类测量所得的数据称为定类数据（nominal-level data）。

2. 定序测量

定序测量（ordinal measures）也称为等级测量或顺序测量。依据定序测量得到的标志值，能将调查对象进行顺序排列以确定其等级及次序。定序测量所采用的量尺称为定序量尺（ordinal scale），也称为等级量尺或顺序量尺。例如，学生课程成绩可分为优、良、中、及格、不及格等不同的等级。

利用定序量尺对标志进行测量，可以将研究对象排列为某种“方向次序”。例如，在进行文化程度的调查时，可以用 1 表示文盲，2 表示小学，3 表示初中，4 表示高中，5 表示大学，6 表示硕士研究生，7 表示博士研究生。定序测量得到的结果通常不能进行加、减、乘、除等数学运算。

用定序测量表示的变量称为定序变量（ordinal-level variable），测量所得的数据称为定序数据（ordinal-level data）。

3. 定距测量

定距测量（interval measures）也称为间距测量、区间测量或等距测量。定距测量不但可以将调查对象的标志值区分为不同的类别、不同的等级，而且可以确定它们相互之间的间隔距离和数量差别。例如，给定地理位置的海拔就属于定距测量。定距测量所采用的量尺称为定距量尺（interval scale）或等距量尺。定距量尺在测量时具有相同的测量单位，用定距量尺测量可以指出事物标志值之间的距离。

定距量尺通常没有确定的零点，零点一般是人为设定的。如用摄氏温度计对温度的测量就是一种使用定距量尺进行的测量，但温度为零度并不代表没有温度。采用定距量尺得到的测量结果可以进行加减运算。

用定距测量表示的变量称为定距变量（interval-level variable），测量所得的数据称为定距数据（interval-level data）。

4. 定比测量

定比测量（ratio measures）也称为等比测量或比例测量。定比测量除了具有上述三种测量的全部性质，还具有一个绝对的零点（有实际意义的“零”，如物体的长度、重量等）。所以，定比测量所得到的数据既能进行加减运算，又能进行乘除运算。定比测量所采用的量尺称为比例量尺（ratio scale）或定比量尺。比例量尺得到的两个结果的比值是有意义的。此外，对于定比测量，取值为零表示不具有所研究的特征。例如，在地球上人的重量就是一个定比测量，重量为零表示此人不存在。

用定比测量表示的变量称为定比变量（ratio-level variable），测量所得的数据称为定比数据（ratio-level data）。

定类变量和定序变量属于分类变量（categorical variable），定距变量和定比变量属于数值型变量（metric variable, quantitative variable）。

根据测量所获得的信息量大小，上述四种测量的层次由低到高，逐渐上升。定比量尺所处的层次最高，其次是定距量尺，然后是定序量尺，最低层次的是定类量尺。高层次的量尺既可以测量低层次量尺可以测量的内容，也可以测量低层次量尺所无法测量的内容。

对于某一变量，采用何种量尺测量，应当根据变量的性质及统计的需要来确定。例如，对于学生的成绩，既可以采用定比量尺进行测量（如百分制），也可以采用定序量尺（如按“优”“良”“中”“及格”“不及格”）进行评定。但是，将一个可以用高层次量尺进行测量的变量用低层次量尺进行测量时，可能会造成信息损失。

1.3.3 概率分布与分位数

在概率论与数理统计课程中，通常已介绍了服从二项分布（binomial distribution）、均匀分布（uniform distribution）和正态分布（normal distribution）等分布的随机变量的定义及性质。为了统一后续学习中的符号表示，以下对这些分布进行简要介绍。

1. 常用的概率分布

1）二项分布

若离散型随机变量 X 具有如下概率质量函数（probability mass function，pmf）：

$$P\{X=k\}=\binom{n}{k}p^k(1-p)^{n-k},\quad k=0,1,\cdots,n \tag{1.3.1}$$

则称其服从参数是 n,p 的二项分布，记为 $X\sim b(n,p)$，其中 p 是某类事件发生的概率。X 的概率密度函数如图 1-2 所示，其均值与方差分别为 $\mathrm{E}(X)=np$，$\mathrm{Var}(X)=np(1-p)$。称 $b(1,p)$ 为伯努利（Bernoulli）分布，或 0-1 分布。

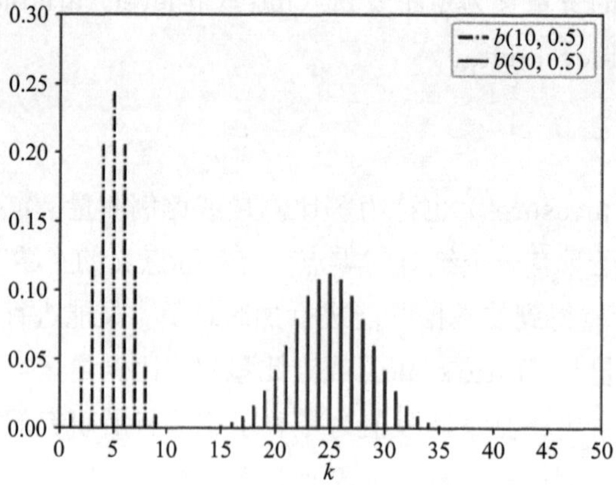

图 1-2　二项分布的概率密度函数

2）均匀分布

若连续型随机变量 X 具有如下概率密度函数（probability density function，pdf）：

$$f(x)=\begin{cases}\dfrac{1}{b-a}, & a<x<b\\ 0, & 其他\end{cases} \tag{1.3.2}$$

则称其服从均匀分布，记为 $X\sim U(a,b)$，其概率密度函数如图 1-3 所示。其均值与方差分别为 $\mathrm{E}(X)=\dfrac{a+b}{2}$，$\mathrm{Var}(X)=\dfrac{(b-a)^2}{12}$。

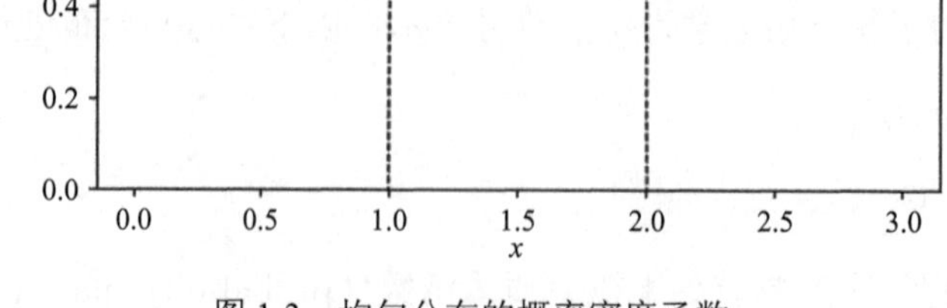

图 1-3　均匀分布的概率密度函数

3）正态分布

若连续型随机变量 X 具有如下形式的概率密度函数：

$$f(x)=\frac{1}{\sqrt{2\pi}\sigma}\exp\left(-\frac{(x-\mu)^2}{2\sigma^2}\right),\quad -\infty<x<+\infty \tag{1.3.3}$$

则称其为服从正态分布的随机变量，记为 $X\sim N(\mu,\sigma^2)$，其概率密度函数如图 1-4 所示。其均值与方差分别为 $\mathrm{E}(X)=\mu$，$\mathrm{Var}(X)=\sigma^2$。称 $N(0,1)$ 为标准正态分布。

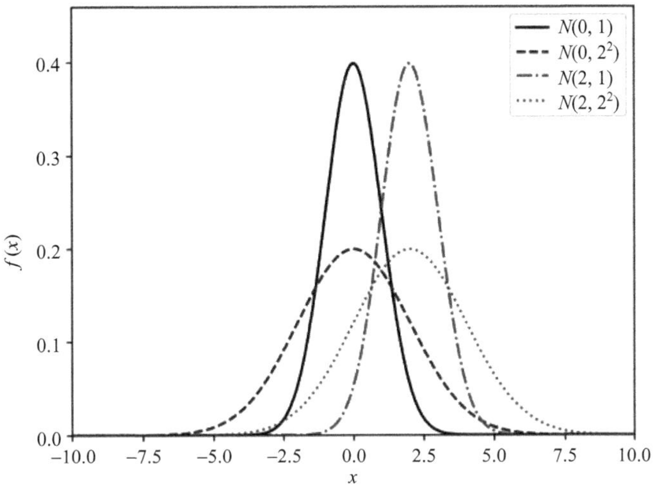

图 1-4　正态分布的概率密度函数

可以证明，正态分布具有如下性质。

性质 1：如果 $X\sim N(\mu,\sigma^2)$，a 与 b 是实数，那么

$$aX+b\sim N(a\mu+b,a^2\sigma^2) \tag{1.3.4}$$

由上式，有：$\frac{X-\mu}{\sigma}\sim N(0,1)$。

性质 2：如果 $X\sim N(\mu_X,\sigma_X^2)$、$Y\sim N(\mu_Y,\sigma_Y^2)$，$X$ 与 Y 统计独立，那么它们的和与差也服从正态分布，即有

$$U=X+Y\sim N(\mu_X+\mu_Y,\sigma_X^2+\sigma_Y^2),\quad V=X-Y\sim N(\mu_X-\mu_Y,\sigma_X^2+\sigma_Y^2) \tag{1.3.5}$$

4）指数分布

若连续型随机变量 X 具有如下形式的概率密度函数：

$$f(x)=\begin{cases}\lambda\mathrm{e}^{-\lambda x}, & x>0\\ 0, & x\leqslant 0\end{cases} \tag{1.3.6}$$

则称其为服从指数分布的随机变量，记为 $X\sim\mathrm{Exp}(\lambda)$。指数分布的概率密度函数如图 1-5 所示，其均值与方差分别为 $\mathrm{E}(X)=1/\lambda$、$\mathrm{Var}(X)=1/\lambda^2$。

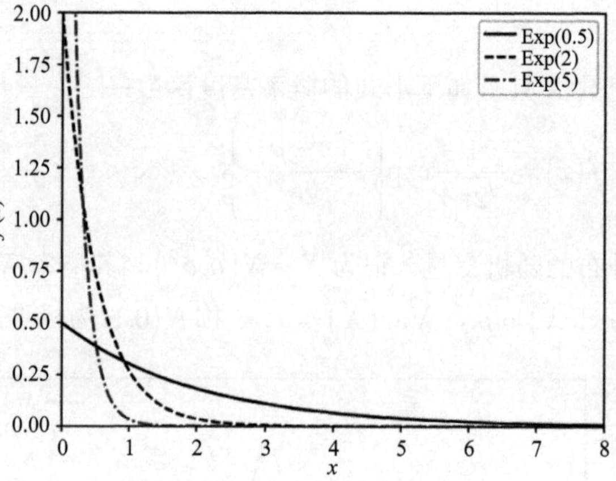

图 1-5　指数分布的概率密度函数

2. 分位数

假设 X 为随机变量，其概率分布函数（cumulative distribution function, cdf）为 $F(x)=P\{X\leqslant x\}$，对于实数 $\alpha\in(0,1)$，若有实数 x_α 满足以下条件，称 x_α 为 X 的分布的 α 下侧分位数，简称 α 分位数（点）（quantile），亦称为 X 的第 100α 百分位数。

（1）若 X 为连续型随机变量，其概率密度函数为 $f(x)$，且有

$$F(x_\alpha)=P\{X\leqslant x_\alpha\}=\int_{-\infty}^{x_\alpha}f(x)\mathrm{d}x=\alpha \tag{1.3.7}$$

（2）若 X 为离散型随机变量，其概率质量函数为 $P\{X=x_k\}=p_k$，$k=1,2,\cdots$，且有

$$\begin{cases}P\{X\leqslant x_\alpha\}=\sum\limits_{x_k\leqslant x_\alpha}p_k\leqslant\alpha\\ P\{X\geqslant x_\alpha\}=\sum\limits_{x_k\geqslant x_\alpha}p_k\leqslant 1-\alpha\end{cases} \tag{1.3.8}$$

由上述定义可知，当 $\alpha_1<\alpha_2$ 时，有 $x_{\alpha_1}\leqslant x_{\alpha_2}$，即 x_α 是 α 的单调不减函数。

当 X 为离散型随机变量时，在 X 的取值集合中可能找不到满足式(1.3.8)的 x_α，这时可以取一个尽可能满足其两个不等式的 x_α 作为 α 分位数。

对于二项分布 $b(n,p)$，记 p 为一次试验中的成功概率、n 为伯努利试验（抽样试验）次数，则当 $\alpha\leqslant 0.5$ 时，对应于 α 的分位数 x_α 为满足下式的最大整数：

$$\sum_{i=0}^{x_\alpha}C_n^i p^i(1-p)^{n-i}\leqslant\alpha \tag{1.3.9}$$

n 次试验中，出现小于等于 m 次成功试验的概率为

$$P\{k\leqslant m\}=\sum_{i=0}^{m}C_n^i p^i(1-p)^{n-i} \tag{1.3.10}$$

图 1-6 给出了连续型随机变量的 α 下侧分位数示意图。通常，用 u_α 表示标准正态分

布的 α 分位数。

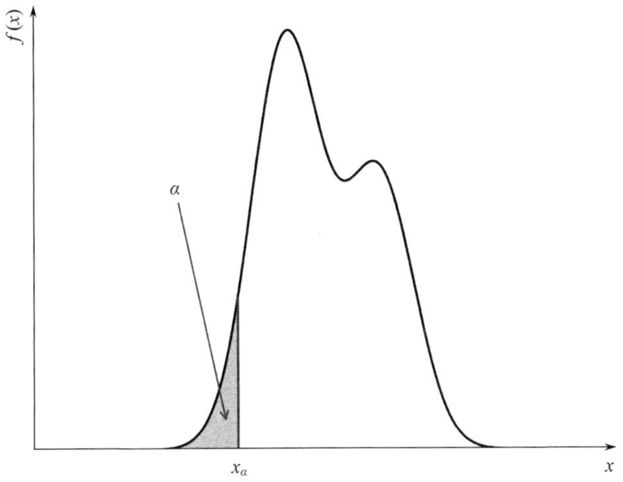

图 1-6　分布的下侧分位数

1.4　统 计 工 作

要做好统计工作，必须正确理解统计工作的基本职能，对统计工作的重要作用有充分的认识，并科学规范地开展统计工作。统计工作者不仅要有较高的业务素质，还要具有良好的职业道德。本节主要介绍统计工作的三大基本职能和统计工作的实际作用，并给出了统计工作的一般过程及各个工作阶段的主要任务，讨论了对统计工作者在职业道德方面的要求。

1.4.1　统计工作的基本职能与作用

统计工作具有信息、咨询和监督三大基本职能。其中，信息职能是向管理部门和利益相关方提供统计数据和统计分析资料、为管理和决策提供相关信息，是统计工作的基本职能。咨询职能是利用已掌握的信息资源，运用科学的统计分析方法和手段进行深入研究，为科学管理和决策提供对策建议。监督职能是指通过统计调查和分析，及时、准确地了解系统或组织的运行状态，并对其进行检查、监测和预警。

统计工作主要可用于解决以下三方面的问题。一是为管理和决策提供信息。通过统计工作，可以为管理者提供所需的数据资料，便于决策者发现存在的问题，并辅助决策者进行管理决策。例如，若通过统计调查发现某学校课堂教学的满意度水平较低，可以及时分析查找原因和存在的问题，制定相关措施，以提高满意度水平。二是验证某种假设。例如，研究某种装备的新训练方法是否有效，研究吸烟是否会影响人的寿命。三是得出某种推断结论。例如，进行某型号火箭发动机的试验成本很高，只能根据有限的试验结果对该型号发动机的可靠性水平进行统计推断。

1.4.2 统计工作的过程

一般来讲，统计工作的过程可分为统计设计、统计调查、统计整理和统计分析四个阶段，如图 1-7 所示。

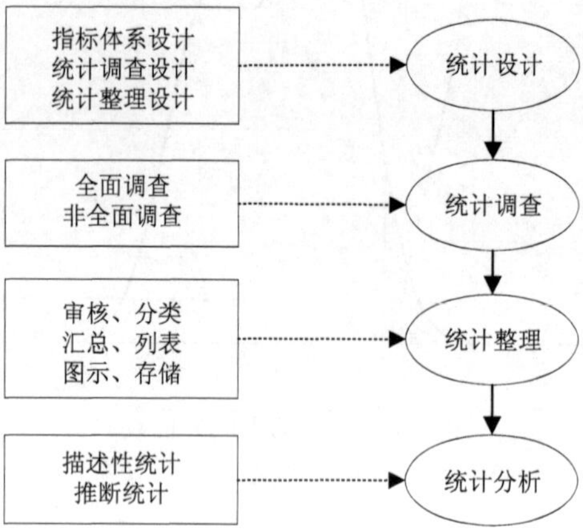

图 1-7 统计工作的四个阶段

1. 统计设计

统计设计的主要工作是：根据统计研究的目的和研究对象的特点，对统计工作的各个方面进行整体规划。其内容主要包括：明确统计指标及统计指标体系、确定统计调查方式和方法、制订统计整理方案、完成统计工作的组织协调等。统计设计是统计分析的首要工作，对于保证统计工作的质量具有重要的作用。

在进行统计设计时，应明确以下四个基本问题：①为谁统计（统计目的），即明确提供统计服务的对象。②由谁统计（统计主体），即建立统计组织体系、明确统计主体的权利、分工和协作关系。统计主体要有相对独立的权利，并且要有一定的统计能力。③统计什么（统计客体），即明确统计的对象（统计信息的承担者、信源地）和统计内容（调查研究哪些项目、指标）。④如何统计（统计方法），即明确采用什么样的方法、手段获取进行统计所需信息，明确统计制度、法规、标准、统计方法、统计信息网络等。

2. 统计调查

完成统计设计工作后，就可以开展统计调查。统计调查阶段的主要工作是：根据统计任务的需要，运用科学的调查方法，有计划有组织地收集统计资料。

统计调查是统计工作的基础。调查结果的准确性、完整性和及时性等将直接影响统计结果的质量。2009 年修订的《中华人民共和国统计法》第七条规定：国家机关、企业事业单位和其他组织以及个体工商户和个人等统计调查对象，必须依照本法和国家有关规定，真实、准确、完整、及时地提供统计调查所需的资料，不得提供不真实或者不完整的统计资料，不得迟报、拒报统计资料。

3. 统计整理

通常，由统计调查得到的原始信息是零乱的，难以反映出事物的规律。统计整理是根据统计研究的目的，将统计调查所取得的原始资料进行科学的分类和汇总，完成统计数据的规范化描述与表示。因此，统计整理是进一步开展统计分析的前提。

统计整理的主要工作包括：对调查得到的资料进行复查和审核，按照统计的目的和要求进行数据筛选、将统计资料进行排序、分组或分类，进行统计指标的汇总或必要的加工计算，将汇总的结果整理成统计图表，在进行数据的信息化管理时对统计资料进行转换和录入，并做好统计资料的管理等。

4. 统计分析

统计分析是依据统计研究的目的，根据统计调查和整理后得到的统计数据与资料，综合运用各种统计分析方法进行定量和定性分析，提出分析观点，或给出解决问题的建议，撰写统计分析报告。常用的统计分析方法包括描述性统计、推断统计等。

1.4.3　统计工作者的职业道德

《中华人民共和国统计法》要求统计人员应当具备与其从事的统计工作相适应的专业知识和业务能力，应当加强对统计人员的专业培训和职业道德教育。美国统计协会（American Statistical Association，ASA）于 1999 年发布了《统计实践的道德指南》，提出了统计工作者应遵循的职业道德规范。

统计工作者应遵循以下几方面的职业道德要求。

（1）统计工作者应具有求真务实的精神和工作作风，确保统计资料的真实性、准确性和一致性。《中华人民共和国统计法》规定：统计人员应当依法履行职责，如实收集、报送统计资料，不得伪造、篡改统计资料，不得以任何方式要求任何单位和个人提供不真实的统计资料。统计人员应当坚持实事求是，恪守职业道德，对其负责收集、审核、录入的统计资料与统计调查对象报送的统计资料的一致性负责。

（2）统计工作者应实事求是，不带偏好地使用统计方法和数据，应坦诚对待数据的局限、缺陷或者偏倚，确保统计结论的真实性、客观性、科学性、可解释性和可复现性。

（3）统计工作者应具有强烈的服务社会的责任感，维护顾客利益，对在统计工作中知悉的国家秘密、商业秘密和个人信息，应当依法予以保密。统计工作者应依法统计，在工作中应遵守国家法律法规。

1.5 常用的统计软件

统计学的学习以及实际统计工作通常会涉及大量的数据处理，人工进行数据处理和统计分析不仅费时费力，而且容易出错。使用统计软件可以提高数据的处理效率和计算结果的精度，减少数据处理中的错误。本节介绍目前常用统计软件的主要功能及其特点，并给出相关网址供进一步了解和选用。

1.5.1 专业统计软件

专业统计软件可以提供较强的统计计算功能。常见的专业统计软件有 SAS（statistical analysis system，统计分析系统），SPSS（statistical product and service solution，统计产品与服务解决方案），Minitab，R 等。

SAS 是美国的 SAS 软件研究所（SAS Institute Inc.）研制的，是目前国际上较为权威的专业性统计软件。

SPSS 由美国斯坦福大学的三位研究生 Nie、Hull 和 Bent 于 1968 年开发，并由随后成立的 SPSS 公司管理。2009 年，SPSS 公司被 IBM 公司（International Business Machines Corporation，国际商业机器公司）收购，软件名称变为 IBM SPSS。SPSS 的用户操作使用十分方便，具有常用的统计分析功能，特别适合用于管理与经济领域的统计分析。

Minitab 软件是 1972 年由美国宾夕法尼亚州立大学（Pennsylvania State University）的三位统计学教师开发的统计分析软件，具有较全面的统计分析与质量统计功能。

R 软件是一种开源统计分析软件。R 软件最初由新西兰奥克兰（Auckland）大学统计系的 Gentleman 和 Ihaka 等开发。1997 年后，由 R 开发核心团队负责开发。R 的主要功能包括：数据存储和处理、数组及矩阵运算、统计制图、编程语言。R 有 Linux、MacOS 和 Windows 等多个操作系统的版本。要更多地了解 R，可访问其官方网站，此外还可访问 CRAN（Comprehensive R Archive Network）网站。CRAN 提供了 R 相关的文档及软件下载服务。

1.5.2 通用程序设计软件

Python、Matlab 等主要用于科学计算的通用程序设计软件提供了常用的统计计算功能。

Python 是一种解释型脚本语言，由荷兰数学和计算机科学研究学会的 van Rossum 于 20 世纪 90 年代初设计。Python 语言具有开源、简洁、易读和可扩展等特点，目前已在数据科学、科学计算等领域得到了广泛的应用。Python 与应用统计密切相关的扩展库有 NumPy、SciPy、Statsmodels、sklearn、matplotlib、Pandas 等。利用扩展库，可以较为便利地进行统计分析，实现数据描述与可视化、统计推断、相关分析、关联分析、回归分析、主成分和因子分析、聚类与判别分析、列联分析、时间序列分析等。关于 Python 的更多介绍请访问其官方网站。著名的 Python 安装包有 Anaconda。

Matlab 是由 Mathworks 公司开发的主要面向科学与工程计算的软件。Matlab 提供了统计工具箱（Statistics Toolbox），具有常用的统计分析功能。

1.5.3 通用电子表格软件

一些常用的办公类软件在其电子表格中提供了基本的统计计算功能，如 Microsoft Excel、WPS 电子表格等。

Microsoft Excel 是 Microsoft 公司开发的 Office 办公软件包中的电子表格处理软件。Excel 具有较强的数据分析与统计功能。利用 Excel 可以完成描述性统计、概率分布计算、参数估计、假设检验、相关分析、回归分析、方差分析、时间序列分析等统计分析计算，而且 Excel 可以输出统计图形，与其他 Microsoft 的办公软件共享数据较为方便。对于简单的统计计算，采用 Excel 较为方便。关于该软件的更多介绍请访问其中文官方网站。

WPS Office 是我国金山公司开发的集文字处理、电子表格、电子文档演示为一体的跨平台办公软件。WPS 的电子表格兼容 Excel 数据文件格式，也可提供较为简单的描述性统计、概率分布计算等基本统计计算功能，更多介绍请访问其官方网站。

本章小结

统计一词有三种含义：统计工作、统计资料和统计学。统计学是关于研究如何收集、分析、表现和解释数据的科学和艺术。描述统计学主要研究数据的收集、整理、表述、一般性分析和解释的方法，推断统计学研究通过样本来推断总体的特征。与理论统计学不同，应用统计学主要研究如何运用统计方法解决实际问题。统计学可以帮助其他学科分析数据的数量规律，获得对于客观现象更为深入、准确的认识，但对这种规律的解释和研究则需要由各学科自身完成。统计学的发展可分为古典统计学、近代统计学和现代统计学三个时期。

统计总体是根据一定的研究目的确定的所要研究对象的全体，具有大量性、同质性、变异性等特点。总体单位是组成总体的个体。样本是由部分总体单位组成的集合，样本由样品组成。总体单位所具有的属性或特征称为标志。总体单位的可变标志称为变量。变量可分为自变量和因变量。根据所包含的信息量的大小，变量的测量分为定类测量、定序测量、定距测量和定比测量。统计指标是反映统计总体数量特征的概念和数值。统计指标体系是由若干个相互联系的统计指标组成的。

观测数据是指通过调查、测量或观测获得的反映事物特征的数据。实验数据是指通过控制实验条件而得到的反映事物特征的数据。截面数据是指在同一时刻或几乎在同一时刻收集得到的反映相同统计指标（或标志）的数据。时间序列数据是指在不同的时刻收集到的反映相同统计指标（或标志）的数据。

统计中常用的概率分布类型有二项分布、均匀分布、正态分布、指数分布等。一个随机变量取值小于等于其α分位数的概率小于或等于α，且取值大于等于其α分位数的概率小于或等于$1-\alpha$。

统计工作具有信息、咨询和监督三大基本职能。统计工作的过程通常分为统计设计、统计调查、统计整理、统计分析四个阶段。在进行统计设计时应当明确为谁统计、由谁统计、统计什么、如何统计。统计工作者应依法开展统计，依法保密，具备良好的社会责任感和职业道德素质，养成实事求是的工作作风，确保统计数据真实、准确、客观。

常用的统计分析软件有 SAS、SPSS、Minitab、R、Python、Matlab、Excel、WPS 电子表格等。

习　题

一、单项选择题

1. 统计有三种含义：统计工作、统计资料和（　　）。

A. 统计学　B. 统计推断　C. 描述性统计　D. 统计决策

2. 统计工作的基本职能不包括（　　）。

A. 信息　B. 咨询　C. 监督　D. 决策

3. 对于某大学新生高考成绩的统计分析问题，该大学全体新生的高考成绩属于（　　）。

A. 有限总体　B. 无限总体　C. 统计指标　D. 总体单位

4. 某市气象局在其网站上发布了该市近 24 小时的逐小时气温数据，这组数据属于（　　）。

A. 截面数据　B. 时间序列数据　C. 试验数据　D. 定性数据

5. 不属于定比测量的变量是（　　）。

A. 体重　B. 体温　C. 身高　D. 飞行速度

6. 对于定距测量得到的数据，（　　）运算没有实际意义。

A. 算术平均　B. 除法运算　C. 加法运算　D. 减法运算

7. 针对某专业一个班所有学生的课程成绩进行统计分析，不属于统计指标的是（　　）。

A. 该班所有学生各门课的总平均成绩

B. 该班所有学生某门公共必修课的不及格率

C. 该班某个学生的某一门课的成绩

D. 该班所有学生某门公共必修课的平均成绩

8. 统计工作的过程包括（　　）、统计调查、统计整理和统计分析等四个阶段。

A. 统计推断　B. 统计设计　C. 指标构建　D. 统计建模

9. 按照统计工作的过程，（　　）属于统计调查阶段需要开展的工作。

A. 对数据的审核与分类　B. 对数据的描述性统计

C. 有计划有组织地收集统计资料　　D. 对统计资料的统计分析

10. （　　）软件属于开源软件。

A. R　　B. Excel　　C. SAS　　D. SPSS

二、判断题

1. 统计学是一门收集、分析、表现和解释数据的科学和艺术。（　　）
2. 总体中的所有个体至少应具有一个共同的特征。（　　）
3. 样本是总体的子集合。（　　）
4. 学生的性别是一个标志。（　　）
5. 变量是指取值变化的标志或指标。（　　）
6. 变量按其在相互关系中的作用，可分为因变量和自变量。（　　）
7. 指标是总体单位具有的特征。（　　）
8. 在某时刻测量到的湖南省各个城市的温度属于时间序列数据。（　　）
9. 变量的测量层次反映了变量所包含的信息量大小。（　　）
10. 学生的身高测量值（单位 cm）属于定序测量变量。（　　）

三、简答题

1. 描述性统计与推断统计有什么区别?
2. 应用统计学与理论统计学有何不同?
3. 指标与标志有什么关系?
4. 因变量与自变量有什么不同?
5. 实验数据和观测数据有什么不同?
6. 截面数据与时间序列数据有什么不同?
7. 举例说明定类变量、定序变量、定距变量、定比变量的概念。
8. 统计工作有哪些作用?
9. 统计工作的基本职能有哪些?
10. 大数据时代，统计学有什么应用价值?
11. 如何才能学好应用统计学?

四、计算题

1. 若随机变量 $X \sim N(0,25)$，求 $X \leqslant u_{0.975}$ 成立的概率。
2. 若随机变量 $X \sim N(3,25)$，求 X 的 0.025 下侧分位数。
3. 若随机变量 $X \sim N(1,9)$，求 $P\{X \geqslant 1.5\}$。
4. 若随机变量 $X \sim b(20,0.6)$，计算其均值与方差。
5. 若随机变量 $X \sim b(20,0.6)$，计算其 0.06 下侧分位数。
6. 若随机变量 $X \sim \mathrm{Exp}(2)$，求其均值与方差。
7. 若随机变量 $X \sim \mathrm{Exp}(1)$，求其 0.05、0.95 的下侧分位数。
8. 若随机变量 $X \sim \mathrm{Exp}(0.25)$，求 $P\{X \leqslant 40\}$。

9. 若随机变量 $X \sim U(2,5)$，求其均值与方差。

10. 若随机变量 $X \sim U(2,5)$，求 $P\{3 \leqslant X < 4\}$。

五、综合应用题

1. 访问某个统计软件公司的网站或网址，写出对其统计软件功能的介绍。

2. 简要介绍至少一个统计学在实际应用中的例子。

第 2 章　描述性统计

本 章 导 读

描述性统计是指运用表、图形以及概括性数值等方式来描述数据特征的各项活动。描述性统计的主要工作包括数据的频数分析、集中趋势分析、离散程度分析、相关性分析、分布描述以及用于描述数据的统计图形绘制。通过对经过数据整理后的数据进行描述性分析，可以用少量的概括性数据、图或者表描述数据的全貌以及数据之间的关系，发现数据中存在的统计规律。

以国家体育总局 2022 年 6 月 7 日发布的《2020 年全民健身活动状况调查公报》为例，该公报将调查得到的 132784 人的数据，从全民健身活动的基本状况、全民健身服务供给的发展情况等方面，对 2020 年我国城乡居民体育健身活动状况进行了描述性统计。例如，在经常参加体育锻炼人数的分析方面，儿童青少年经常参加体育锻炼人数的比例为 55.9%；成年人经常参加体育锻炼人数的比例为 30.3%，其中 40～49 岁年龄组的比例最高，为 31.7%；老年人经常参加体育锻炼人数的比例为 26.1%，到 80 岁以后，仍有 14.7% 的老年人经常参加体育锻炼。

大学课程考核后，一般情况下教师都需要进行课程考核成绩的分析，撰写《考核试卷分析报告》，不仅要给出班级的最低成绩、最高成绩、平均成绩，还要计算每个分数段的学生频数、比例，甚至还要对成绩是否服从正态分布进行分析。

2020 年第七次全国人口普查结束后，国家统计局发布了《第七次全国人口普查公报》第一号到第七号，其中应用了大量的图表，对全国人口情况、地区人口情况、人口性别构成情况、人口年龄构成情况、人口受教育情况等进行了统计描述。

本章介绍了数据的预处理方法和常用的描述性统计方法，首先，从数据审核、数据筛选、数据排序三个方面对数据预处理方法进行简要介绍。其次，对定类、定序和数值型数据的分组与展示方法进行阐述，给出了频数分布、条形图、饼图、直方图、帕累托（Pareto）图的绘制方法。然后，介绍数据的概括性度量方法，分别对数据的位置特征、离散特征、分布的形态特征描述的相关指标进行阐述。在相关性描述方面，给出散点图的绘制方法和相关系数的计算公式。最后，对数据可视化描述的相关要求进行简要论述。

2.1　数据预处理

数据预处理（preprocessing）是指在统计分析前对数据进行的处理，主要包括数据审核、数据筛选、数据排序等工作。

2.1.1　数据审核

数据审核是指对统计调查所收集到的数据资料进行初步的审查与核对，其主要工作包括：校正填错、误填的数据，剔除乱填、空白和严重短缺的统计表和调查问卷。数据审核的目的是确保数据资料具有较好的准确性、完整性、适用性和时效性，为后续的统计分析工作提供正确输入。

从不同渠道取得的统计数据，在审核的内容和方法上有所不同。对通过调查得到的原始数据进行审核的重点是完整性审核与准确性审核。完整性审核是审查应通过调查得到的数据资料是否都得到了，是否有数据缺失、缺填漏填等现象。准确性审核是审查数据资料的真实性和可靠程度，审核的内容包括：数据是否真实地反映了客观实际情况，是否符合逻辑，是否有错误，计算是否正确等。

对原始数据进行审核的方法主要有逻辑审核和计算检查两种。

（1）逻辑审核是对统计资料和统计报表中各项数字之间有无不合理或相互矛盾之处的审核。由于统计数据本身存在一定的内在与外在的逻辑关系和统计规律，因此可利用这些关系和规律判断收集到的数据是否存在错误。例如，在一张调查问卷中，如果出现“职业”填的是“大学教授”，而“年龄”填的是“12 岁”的情况，则其中必有一项是填写错误的。

（2）计算检查是检查调查表、报表等收集到的各项数据在计算方法、计算结果、小计与合计、总计的关系等方面有无错误，也包括检查总体范围是否符合要求，检查各项指标的统计方式、统计范围、数据规范要求、计算方法、计量单位等是否符合规定。

对于二手数据（次级数据），除了完整性审核和准确性审核，还应着重审核数据的适用性和时效性。适用性审核主要是审查数据的来源、数据的统计方式、统计范围、数据规范要求、数据资料的产生时间以及相关的背景资料，以确保所得到的数据是符合统计工作要求的。时效性审核主要是审核所获得的数据是否处于统计工作要求的时间段之内，以免使用过期数据而导致统计工作出现错误。

对于数据审核中发现的错误应尽可能及时予以纠正，如发现有数据缺报、漏报现象，应及时催报、补报，以确保后续统计工作的顺利开展。

2.1.2　数据筛选

通过统计调查得到的数据量往往很大，而且数据可能存在缺失、重复、异常等情况，因此需对数据进行筛选。在统计工作中，数据筛选主要有以下四种方法。

（1）选择符合特定条件的数据。在统计调查时，有时没有考虑未来数据的准确用途，在数据收集时尽可能收集多种类型的数据，这就导致收集到的数据不仅数据量大，而且某些数据可能不符合某一项特定统计工作的要求。此时，就需要对已收集到的数据进行分析，从中选择符合本次统计工作要求的数据。

（2）删除有缺失信息的记录。当记录中主要信息缺失，尤其是丢失较多关键信息时，就可以将该记录删除。这种情况仅适用于数据量较大的情况，也就是说删除记录并不影响统计工作的进一步开展。当数据量较少或缺少数据的记录较多时，完全采用删除整条记录的方法并不可行，因为这会导致进一步的统计工作无法顺利开展，或者会造成较大的统计误差。

（3）人工补全有缺失信息的记录。当删除记录的方法不可行，而且统计调查还可再进行时，可采用人工方法对有缺失信息的记录进行进一步的核实，采用补报、重新实验等方式补充记录中缺失的部分。

（4）利用数学公式或仿真分析等方法计算补全有缺失信息的记录。当经过初步的统计分析、利用经验或者理论分析，发现数据具有某些规律时，可采用计算、仿真等方法对缺失的数据进行补充。例如，利用已有数据的平均值代替缺失数据，利用线性或者非线性插值的方式补充缺失数据等。

2.1.3 数据排序

数据排序是按照一定顺序对数据进行排列，以便研究者通过浏览数据发现一些明显的特征或趋势，找到解决问题的线索。此外，排序还有助于对数据检查纠错，为重新归类或分组等提供依据。对于数值型数据，排序的方法有升序和降序两种。下面介绍有序数组、秩和深度的相关概念。

数组（array）是由一组数据组成的集合。设含有 n 个数据的数组为 $x_1,x_2,\cdots,x_n$，将其按数值由小到大的次序排列，结果为 $x_{(1)} \leqslant x_{(2)} \leqslant \cdots \leqslant x_{(n)}$，则称 $x_{(1)},x_{(2)},\cdots,x_{(n)}$ 为数组 $x_1,x_2,\cdots,x_n$ 按照递增顺序排列的有序数组。其中，$x_{(i)}$ 为第 i 个次序数据，$x_{(1)}$ 和 $x_{(n)}$ 分别称为数组的最小值（minimum）和最大值（maximum）。类似地，可将数据按照从大到小的顺序排列，得到按递减顺序排列的有序数组 $x_{(1)} \geqslant x_{(2)} \geqslant \cdots \geqslant x_{(n)}$。

一个数据在有序数组中所处的位置，称为该数据的秩（rank），通常用 $R(x)$ 表示。秩又分为升秩和降秩。数据在递增顺序排列的有序数组中所处的位置，称为数据的升秩。数据在递减顺序排列的有序数组中所处的位置，称为数据的降秩。可见，对于有序数组 $x_{(1)},x_{(2)},\cdots,x_{(n)}$，当 $x_{(i-1)} < x_{(i)} < x_{(i+1)}$ 时，$x_{(i)}$ 的升秩为 i，降秩为 $n+1-i$。在不加特别说明的情况下，数据的秩指的是数据的升秩。

当 $x_{(1)},x_{(2)},\cdots,x_{(n)}$ 中存在相同的数值时，通常定义具有同一取值数据的秩为平均秩。计算公式为：若 $x_{(k)} < x_{(k+1)} = x_{(k+2)} = \cdots = x_{(k+m)} < x_{(k+m+1)}$，则

$$R\left(x_{(k+1)}\right) = R\left(x_{(k+2)}\right) = \cdots = R\left(x_{(k+m)}\right) = \frac{(k+1)+(k+2)+\cdots+(k+m)}{m} = k + \frac{m+1}{2}$$

一组数据中相同数据组成的数列称为结。相同数据的个数称为结长。如对于数据 40，41，42，42，42，45，其中“42，42，42”就称为一个结，结长为 3。

对于数组中的一个数据，其升秩和降秩的关系为：升秩+降秩=$n+1$。

数组中一个数据的升秩和降秩的最小值称为该数据的深度（depth）。

2.2 数据的分组与展示

数据分组是根据统计研究的需要，将收集到的原始数据按照某种标准划分成不同的组。分组后的数据称为分组数据（grouped data），没有经过任何处理的数据（即原始数据）称为未分组数据（ungrouped data）。数据分组必须符合穷尽原则和互斥原则。穷尽原则要求每一个数据都有组可归，互斥原则是指每一个数据都只有一个组可归。对不同类型的数据，所采用的分组方法不同。数据展示则是通过图、表等方式对数据进行直观化显示，以在视觉上传达定量信息，便于发现数据中存在的规律或者找出异常值。

2.2.1 定类、定序数据的分组与展示

定类数据本身就是对事物的一种分类，所以对于定类数据通常按类型进行分组。定类数据的分组整理主要是计算每一类的频数、频率，并选择适当的图形进行显示，以便于对数据及其特征有一个初步的了解。

落在某一特定类别（或组）中的数据个数或次数，称为频数（frequency）。把各个类别及落在其中的相应频数全部列出，并用表格形式表现出来，称为频数分布（frequency distribution）。

频率（relative frequency）也称为比例或比重，指落入各组中的数据的频数占全部数据个数的比例（proportion），通常用百分比表示。

例 2-1　表 2-1 为某大学 2021 级 30 名新生入学时和入学两个月后 10 月份体能测试的相关数据。要求对表中的入学成绩数据进行分组展示。

表 2-1　学生体能测试数据集

序号	年龄	入学单杠/个	入学仰卧起坐/个	入学3000m	入学总成绩	10 月份单杠/个	10 月份仰卧起坐/个	10 月份3000m	10 月份总成绩
1	18	0	27	17′05″	不合格	1	58	13′03″	不合格
2	19	2	46	17′31″	不合格	3	65	13′02″	不合格
3	18	0	53	15′27″	不合格	3	78	12′26″	不合格
4	18	0	63	20′11″	不合格	0	80	13′30″	不合格
5	19	7	65	12′02″	合格	12	71	11′00″	合格
6	18	0	65	15′23″	不合格	1	74	12′55″	不合格
7	19	7	51	12′10″	合格	13	69	12′08″	合格
8	18	1	33	13′00″	不合格	4	62	12′17″	不合格
9	18	7	68	12′02″	合格	10	82	10′59″	合格
10	19	9	60	12′54″	合格	17	67	12′17″	合格

续表

序号	年龄	入学单杠/个	入学仰卧起坐/个	入学 3000m	入学总成绩	10 月份单杠/个	10 月份仰卧起坐/个	10 月份 3000m	10 月份总成绩
11	19	0	41	17′23″	不合格	0	53	13′32″	不合格
12	18	1	53	14′13″	不合格	3	73	13′10″	不合格
13	19	1	46	14′11″	不合格	10	67	11′30″	合格
14	18	3	47	13′08″	不合格	9	65	12′52″	合格
15	17	4	65	12′17″	不合格	6	65	12′06″	合格
16	19	5	76	14′30″	合格	5	83	11′45″	合格
17	18	1	50	13′12″	不合格	5	66	11′20″	合格
18	18	0	60	14′11″	不合格	4	61	12′27″	不合格
19	17	6	54	16′00″	不合格	0	60	13′32″	不合格
20	18	8	41	13′01″	不合格	11	72	12′17″	合格
21	18	1	61	14′11″	不合格	3	68	14′24″	不合格
22	18	2	44	14′42″	不合格	0	53	12′55″	不合格
23	18	2	58	12′45″	不合格	5	74	12′00″	合格
24	18	3	60	12′17″	不合格	4	72	11′36″	不合格
25	18	0	64	14′20″	不合格	7	75	12′19″	合格
26	19	0	43	18′51″	不合格	0	50	12′13″	不合格
27	18	13	52	16′13″	不合格	8	66	12′37″	合格
28	20	5	90	12′15″	合格	11	92	12′12″	合格
29	22	11	64	12′50″	合格	15	71	11′48″	合格
30	21	11	70	11′50″	合格	11	70	11′27″	合格

注：单杠大于等于 5 个为合格，仰卧起坐大于等于 48 个为合格，3000m 小于等于 15′00″为合格。总成绩所有各项都合格方为合格

对于表 2-1 第 6 列所示的数据，按照入学成绩是否合格对 30 名学生进行分组整理后便可形成如表 2-2 所示的频数分布。

表 2-2 学生入学总成绩分布表

成绩	频数/个	频率/%
合格	8	26.67
不合格	22	73.33
合计	30	100

对于定序数据，除了可用上述的频数、频率描述，还可计算累积频数（cumulative frequencies）和累积频率（cumulative relative percentages）。累积频数是将各有序类别或者组的频数逐级累加起来得到的频数，累积频率是将各有序类别或者组的频率逐级累

加起来得到的频率。累积频率也称为累积百分比。累积频数和累积频率的计算又分为向上累积和向下累积两种，向上累积是计算不优于当前类别或组的频数或频率之和，向下累积则是计算不劣于当前类别或组的频数或频率之和。通常理解的累积频数或累积频率是向上累积。

以表 2-1 第 7 列（10 月份单杠成绩）为例，若记 5 个以下为不及格、5 个到 9 个为及格，10 个到 14 个为良好，大于等于 15 个为优秀，则将数据分组后可计算得到如表 2-3 所示的频数、频率、累积频数、累积频率计算结果。

表 2-3　学生 10 月份单杠成绩分布表

成绩	频数/个	频率/%	累积频数（向上）	累积频率（向上）	累积频数（向下）	累积频率（向下）
不及格	14	46.67	14	46.67	30	100.00
及格	7	23.33	21	70.00	16	53.34
良好	7	23.33	28	93.34	9	30.00
优秀	2	6.67	30	100.00	2	6.67
合计	30	100.00				

除了频数分布表，还可用条形图（bar chart）或者饼图（pie chart）对频数分布进行直观展示。条形图是用宽度相同的条形的高度或长度来表示频数或者频率的图形。绘制时通常将各类别放在横轴，频数或频率放在纵轴。条形图可以横置或者纵置，当条形图纵置时，常称为柱形图（column chart）。饼图是用圆形以及圆形内扇形的角度（或面积）来表示频数或者频率的图形，主要用于表示总体中各组成部分所占的比例。图 2-1、图 2-2 分别给出了由频数、频率表示的表 2-3 分组结果的条形图和饼图。

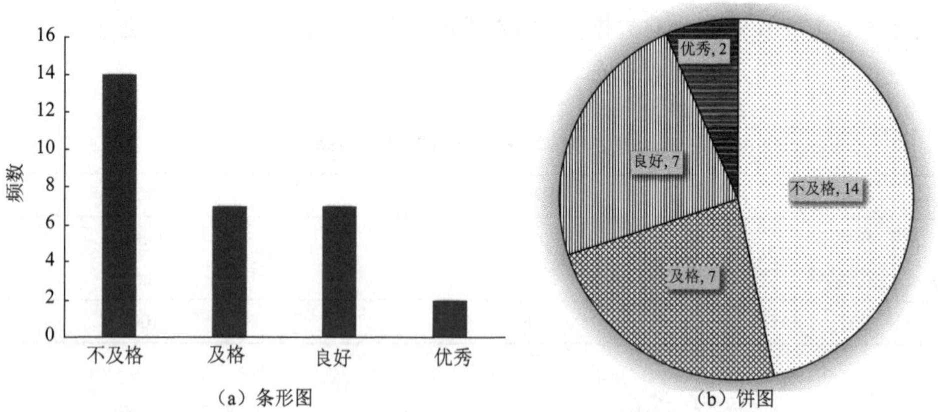

图 2-1　10 月份单杠成绩分布条形图和饼图（频数）

在条形图的基础上，可进一步绘制帕累托图（Pareto chart），如图 2-3 所示。帕累托图是以意大利经济学家帕累托（Pareto，1848—1923）的名字命名的，在质量管理领域有非常重要的作用。帕累托图又称排列图，是根据各类别出现的频数，按照从大到小的顺序排列而成的条形图。在质量管理中显示由于各种原因引起的缺陷数量或不合格类型的排列顺序，是找出影响产品或服务质量主要因素的方法。帕累托图左侧的纵轴给出了频数，右侧纵轴给出了累积百分比。

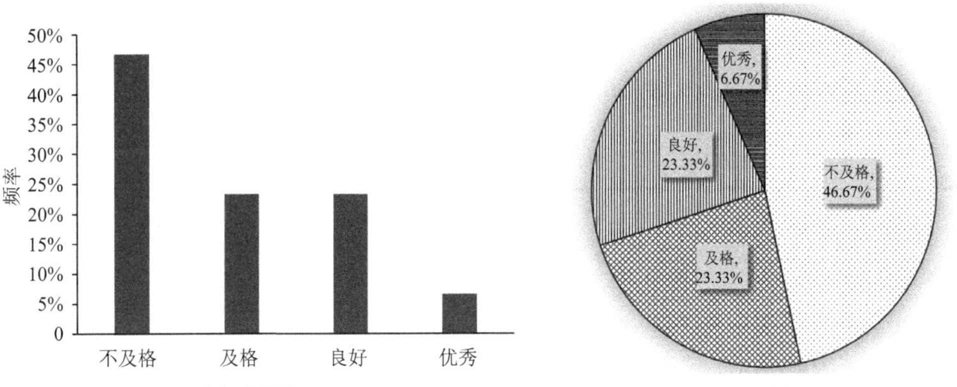

（a）条形图　　（b）饼图

图 2-2　10 月份单杠成绩分布条形图和饼图（频率）

例 2-2　某公司在对电商平台的客户投诉情况进行分析时，将投诉的问题分为 A（客服）、B（物流）、C（产品质量）、D（使用说明）、E（其他）五大类，收集了 1 年的投诉情况，各类问题出现的次数分别为：A 类 231 次，B 类 893 次，C 类 31 次，D 类 92 次，E 类 15 次。根据该组数据可绘制如图 2-3 所示的帕累托图。而且可以明显地看出只要解决了 B 类和 A 类投诉问题，即可解决全部投诉问题的 80%以上。

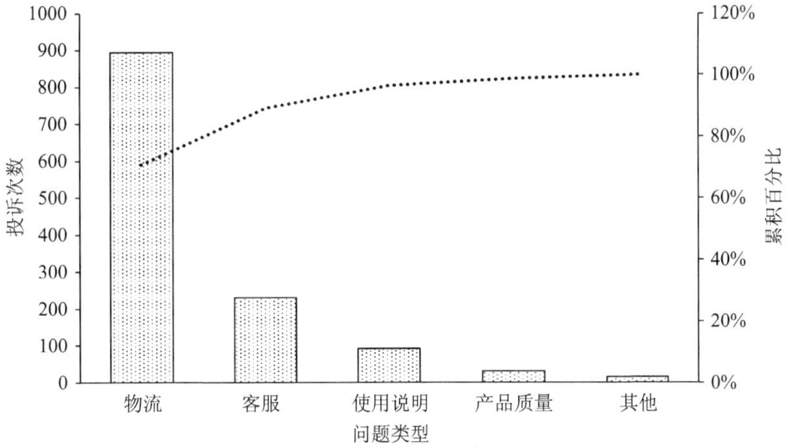

图 2-3　顾客投诉情况帕累托图

前面给出的是按照单个标志或者变量进行分组与展示的情况。当收集到的数据包含有多个标志或变量时，可采用两变量进行复合分组，得到复合分组表。由表 2-1 第 5 列入学 3000m 成绩按是否合格重新标记的数据以及第 10 列（10 月份总成绩）数据，按照两个变量进行分组，可得如表 2-4 所示的复合分组表。

在复合分组表的基础上可进一步绘制环形图。环形图用环表示类别，一个环表示一个类别的构成，每个环内部按照扇形的角度或者面积表示每一个类别内部的不同分组的频数或频率，多个类别用多个环嵌套在一起。图 2-4 给出了表 2-4 分组结果的环形图，里面的环表示入学 3000m 成绩合格时 10 月份总成绩的分组情况，外面的环表示入学 3000m 成绩不合格时 10 月份总成绩的分组情况。

表 2-4　学生入学 3000m、10 月份总成绩复合分组表

		10 月份总成绩		
		不合格	合格	总计
入学 3000m	不合格	8	1	9
	合格	6	15	21
	总计	14	16	30

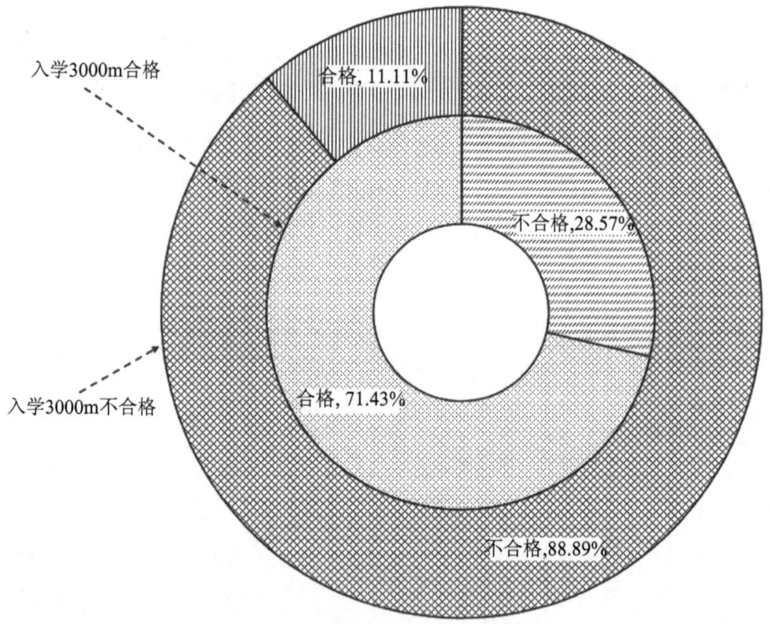

图 2-4　入学 3000m、10 月份总成绩复合分组环形图

2.2.2 数值型数据的分组与展示

数值型数据的分组方法有单项式分组和组距式分组两类。

单项式分组就是把每一个变量值作为一组。单项式分组通常只适合于离散型变量，且在变量值较少的情况下使用。比如，将年龄取整数时，可以将其看成离散型变量用于分组。此时数据分组与展示的方式与 2.2.1 节类似。

组距式分组是将全部变量值依次划分为若干个区间，每一个区间作为一个组。组距式分组适合于连续型变量和变量值较多情况下的离散变量。在组距式分组中，一个组的最小值称为下限（lower limit），最大值称为上限（upper limit）。上限与下限的差称为组距（class width）。每一组的下限和上限之间的中点值称为组中值（class midpoint）或组代值。使用组中值代表一组数据时有一个必要的假设条件，即数据在组内呈均匀分布或在组中值两侧呈对称分布。在组距式分组中，如果各组的组距相等，称为等距分组。如果各组的组距不全相等，称为不等距分组或异距分组。对于组距式分组，需要注意以下情况。

（1）组数的确定。分组的一个重要目的是通过分组观察数据的分布特征，组数太少，数据的分布会过于集中；组数太多，数据的分布会过于分散。应根据数据量的多少、数据本身的特点、统计分析的目的等综合考虑，选择适宜的组数。通常可以按德国学者斯特奇斯（Sturges）在 1926 年提出的经验公式确定组数 K：

$$K = \left\lceil 1 + \frac{\log_{10}(n)}{\log_{10}(2)} \right\rceil = \left\lceil 1 + \frac{\ln n}{\ln 2} \right\rceil \tag{2.2.1}$$

式中，n 为数据的个数，$\lceil x \rceil$ 表示将数据 x 向上取整。实际应用时，可根据具体数据的特点以及统计分析要求，参考经验公式，确定适当的组数。

（2）组距的确定。对于等距分组，组距可根据全部数据的最大值和最小值及所分的组数来确定。可选择：组距=（最大值–最小值）/组数，必要时可适当将最大值放大，将最小值缩小。组距宜取 5 或 10 的倍数，并且第一组的下限应小于最小值，最后一组的上限应大于最大值。对于不等距分组，组距的确定可根据数据的特点进行分析，并且应保证在每组内都有一定个数的数据。

（3）组限的确定。组内上、下限的确定应注意几点要求：第一，上、下限一般尽量选择整数，尽可能取 5 的倍数；第二，按照分组的穷尽原则和互斥原则，分组时习惯上规定“上限不在组内”，即分组的区间可选择形式为[下限，上限)的半开半闭区间；第三，如果全部数据中的最小值和最大值与其他数据相差悬殊，为避免空白组（即没有变量值的组）或个别极端值被滤掉，第一组和最后一组可取为 “$<\times\times$”及“$\geqslant\times\times$”这样的开口组。

（4）组代值的计算。对于形式为[下限，上限)的组，组代值为：组代值=（下限+上限）/2；对于形式为“$\geqslant\times\times$”的组，组代值=下限+前一组的组距/2；对于形式为“$<\times\times$”的组，组代值=上限–后一组的组距/2。

例 2-3　对表 2-1 第 9 列（10 月份 3000m 成绩）采用组距式分组方法进行分组。按照式(2.2.1)计算，可得 $K=\left\lceil 1+\frac{\ln 30}{\ln 2}\right\rceil=\lceil 5.91\rceil=6$，所以可将该组数据分为 6 组。3000m 成绩 30 个数据的最小值为 10′59″，最大值为 14′24″，以 30″为最小计算单位，选择组距为 $(14'30''-10'30'')/6=40''$。但考虑到时间型数据的特点，最好以整分钟、整小时、半分钟或半小时的倍数为组距，所以对于本例建议选择 30″为组距。分组结果如表 2-5 所示。也可将 3000m 成绩按照一定的标准分为不及格、及格、良好、优秀，再按照 2.2.1 节的情况进行处理。

从表 2-5 可见，成绩符合中间成绩人数多、两端成绩人数少的特点。

表 2-5　学生 10 月份 3000m 成绩分布表

组编号	观测值区间	组代值	频数	频率（%）	累积频数（向下）	累积频率（%）（向下）
1	<11′00″	10′45″	1	3.33	30	100
2	[11′00″,11′30″)	11′15″	3	10.00	29	96.66
3	[11′30″,12′00″)	11′45″	4	13.33	26	86.66
4	[12′00″,12′30″)	12′15″	11	36.67	22	73.33
5	[12′30″,13′00″)	12′45″	4	13.33	11	36.66
6	[13′00″,13′30″)	13′15″	3	10.00	7	23.33
7	[13′30″,14′00″)	13′45″	3	10.00	4	13.33
8	≥14′00″	14′15″	1	3.33	1	3.33
合计			30	100		

下面再给出一个数据个数多的例子。

例 2-4　为确定灯泡的使用寿命（单位：小时），在一批灯泡中随机抽取 100 只进行测试，试验结果如下：

700	716	728	719	685	709	691	684	705	718	706	715	712	722	691	708	690
708	729	694	681	695	685	706	661	735	665	668	710	693	697	674	658	698
706	692	691	747	699	682	698	700	710	722	694	690	736	689	696	651	673
688	689	683	685	702	741	698	713	676	702	701	671	718	707	683	717	733
693	697	664	681	721	720	677	679	695	691	713	699	725	726	704	729	703
707	701	696	698	708	727	683	692	717	688	692	666	749	712	696		

对以上 100 个数据，可采用组距式分组方法进行分组。由式(2.2.1)可得

$$K=\left\lceil 1+\frac{\ln 100}{\ln 2}\right\rceil=\lceil 7.6439\rceil=8$$

所以可将上述数据分为 8 组。数据中的最小值为 651，最大值为 749。选择 8 为组数时，组距为：$(749-651)/8=12.25$；为避免各组频数过小，按照 5 的倍数原则选择组距，

取 15 为组距，7 为分组个数。分组结果如表 2-6 所示。

表 2-6　灯泡使用寿命频数分布表

组编号	观测值区间	组中值	频数	频率（%）	累积频数	累积频率（%）
1	<665	657.5	4	4	4	4
2	[665,680)	672.5	9	9	13	13
3	[680,695)	687.5	27	27	40	40
4	[695,710)	702.5	31	31	71	71
5	[710,725)	717.5	17	17	88	88
6	[725,740)	732.5	9	9	97	97
7	≥740	747.5	3	3	100	100
合计			100	100		

对于组距式分组数据不仅可用饼图表示每一组的频数和频率，还可用直方图（histogram）描述分组数据的分布特征。直方图是用矩形的高度来表示频数分布的图形。在平面直角坐标系中，用横轴表示数据分布，纵轴表示频数（频率），这样，各组与相应的频数（频率）就形成了一个矩形，即直方图。图 2-5 即灯泡使用寿命的直方图。

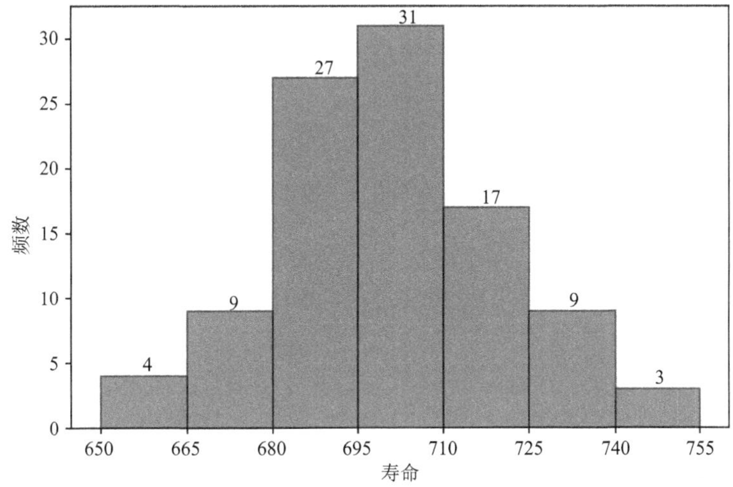

图 2-5　灯泡使用寿命直方图

在直方图中，如果用矩形的面积表示各组的频率，则直方图下的总面积等于 1，此时直方图的高为各组的相对频率。当组距变得越来越小，并且组数越来越多时，所绘制出的直方图顶部的折线就会越来越光滑，逐渐趋向于一条光滑的曲线，逼近于数据的分布曲线。

2.3　数据的概括性度量

对于给定的一组数据，用少量的概括性数值描述数据的总体情况，称为数据的概括性度量。数据的概括性度量主要包括三个方面：一是用数据的位置特征（measures of location）描述集中趋势；二是用数据的离散特征（measures of variability）描述离散趋势；三是用数据的分布形态特征（measures of shape）描述数据分布的偏倚情况和高陡程度。

2.3.1　数据的位置特征

在统计分析中，对于一组截面数据，通常情况下，数据中较大值或者较小值发生的频数较小，大部分数据集中在某一区间内，呈现出向某一中心变化的趋势，这种趋势称为集中趋势。对集中趋势的度量就是寻找代表数据一般水平的值，用于描述数据中心点的位置，所以集中趋势也称为数据的位置特征。对位置特征进行描述的统计量主要有平均数、中位数和众数。

1. 平均数（均值）

平均数（mean）也称为均值、算术平均数（arithmetic mean），是最常用的位置特征。假定获得的数据为 $x_1,x_2,\cdots,x_n$，则平均数 $\overline{x}$ 的计算公式为

$$\overline{x}=\frac{1}{n}\sum_{i=1}^{n}x_i \tag{2.3.1}$$

对于分组数据，设共分为 k 组，每组的频数为 f_i，每组的组中值为 x_i，其中 $i=1,2,\cdots,k$。则分组数据的平均数为

$$\overline{x}=\frac{1}{n}\sum_{i=1}^{k}f_ix_i=\sum_{i=1}^{k}\frac{f_i}{n}x_i=\sum_{i=1}^{k}p_ix_i \tag{2.3.2}$$

其中，$n=\sum_{i=1}^{k}f_i$ 为数据的个数，$p_i=\dfrac{f_i}{n}$ 表示第 i（$i=1,2,\cdots,k$）组数据出现的频率。

2. 中位数

中位数（median）是数据位置特征的另一个重要测度。在介绍中位数之前，先介绍百分位数（percentiles）。将数据排序后，按照数据的个数分为 100 等份，每一等份包含 1%的数据，百分位数是处于各百分点位置上的数值，如图 2-6 所示。

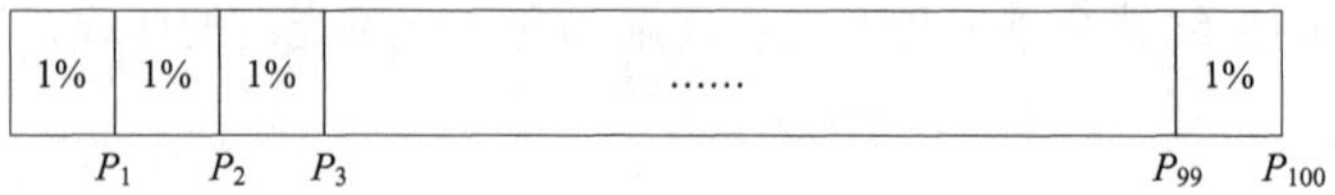

图 2-6　百分位数

其计算步骤如下。

1）将全部 n 个数据按从小到大的顺序排列，记排列结果为 $x_{(1)} \leqslant x_{(2)} \leqslant \cdots \leqslant x_{(n)}$。

2）确定所求百分位数的位置。第 i（$1 \leqslant i \leqslant 100$，$i \in N$）百分位数的位置为

$$L_i = \frac{(n+1)i}{100} \tag{2.3.3}$$

3）确定百分位数。

记第 i 百分位数为 P_i。令 $L_i = k + d$，其中 k 为整数，d 为大于等于 0 且小于 1 的部分。则第 i 百分位数为 P_i 的计算公式为：

$$P_i = \begin{cases} x_1, & k = 0 \\ x_{(k)} + d \times \left(x_{(k+1)} - x_{(k)}\right), & 0 < k < n \\ x_{(n)}, & k \geqslant n \end{cases} \tag{2.3.4}$$

一组数据排序后处于中间位置上的数值，称为中位数，用 M_e 表示。从中位数的定义可见，对一组数据来说，中位数将全部数据等分成两部分，每部分都包含 50%的数据，P_{50} 即中位数。根据上述百分数的计算过程，可得中位数的计算公式为

$$M_e = \begin{cases} x_{(n+1)/2}, & n\text{为奇数} \\ \left(x_{(n/2)} + x_{(n/2+1)}\right)/2, & n\text{为偶数} \end{cases} \tag{2.3.5}$$

可见，中位数的秩和深度都为 $(n+1)/2$。

3. 众数

众数（mode）是在一组数据中出现次数最多的那个数值，即频数最大的那个数值，用 M_0 表示。例如，数组 10、10、15、20、10、16 的众数为 10。

4. 平均数、中位数与众数的比较

平均数、中位数、众数都可用来描述数据的集中趋势，但它们又具有不同的特点和应用场合。

（1）平均数利用了全部数据信息，是实际中应用最广泛的集中趋势度量。在数据个数 n 较小的场合，平均数容易受到数据中极端值（极小值或极大值）的影响。

（2）中位数是一组数据中间位置的代表值，其特点是不易受极端值大小变化的影响。此外，中位数不仅可用于数值型数据，还可用于描述定序数据的集中趋势。如对于学生的成绩采用五级九档制（A^+、A、B^+、B、C^+、C、D^+、D、E）描述时，就可采用中位数描述成绩的集中趋势。

（3）众数在样本容量较大的场合，不易受极端值的影响，但是在数据个数 n 较小，或者虽然 n 较大但数据无明显集中趋势时，众数的代表性较差。此外，众数不具有唯一性。对于一组数据可能有一个众数，可能有多个众数，也可能没有众数。

对于表 2-1 所示的数据，计算可得平均数、中位数、众数如表 2-7 所示。

表 2-7　学生体能测试数据位置特征计算结果

位置特征	年龄	入学 单杠/个	入学 仰卧起坐/个	入学 3000m	10 月份 单杠/个	10 月份 仰卧起坐/个	10 月份 3000m
平均数	18.5	3.67	55.67	14′20″	6.03	68.73	12′23″
中位数	18	2	56	14′11″	5	68.5	12′17″
众数	18	0	65,60	14′11″	0	65	12′17″

2.3.2　数据的离散特征

位置特征反映了数据的一般水平，体现出数据的集中趋势。然而各数据偏离其位置特征的离散程度如何，这就需要考察数据的离散特征。对离散特征进行描述的统计量主要有极差、四分位数间距、方差与标准差、平均绝对离差、变异系数等。

1. *极差*

极差（range）也称为全距，是一组数据中的最大值与最小值之差，通常用 R 表示。记一组数据中的最大值和最小值分别为 $x_{\max}$ 、 $x_{\min}$ ， R 的计算公式为

$$R = x_{\max} - x_{\min} \tag{2.3.6}$$

极差虽然很容易计算，但它只告诉了我们数据的分布范围，至于分布的中间部分是如何变化的，则不得而知。极差容易受极端值的影响。极差对样本量的大小有一定的依赖关系，随着观测值个数的增加，极差通常会变大。

2. *四分位数间距*

第 25 百分位数称为下四分位数（lower quartile），记为 Q_1 。第 75 百分位数称为上四分位数（upper quartile），记为 Q_3 。四分位数间距（inter-quartile range，IQR）也称四分位数偏差（quartile deviation）或四分位差，定义为

$$\mathrm{IQR} = Q_3 - Q_1 \tag{2.3.7}$$

由上述定义可见，IQR 代表了一组数据中 50%数据的区间宽度，所以能较好地描述分布的离散特征。若 IQR 较小，则说明数据较好地集中在中位数附近，若 IQR 较大，则说明数据比较分散。

3. *方差与标准差*

设一组数据为 $x_1, x_2, \cdots, x_n$ ，为衡量所有数据偏离其均值 $\bar{x}$ 的程度，定义数据的方差（variance）为

$$s^2=\frac{1}{n-1}\sum_{i=1}^{n}(x_i-\overline{x})^2 \quad \text{或者} \quad s^2=\frac{1}{n}\sum_{i=1}^{n}(x_i-\overline{x})^2 \tag{2.3.8}$$

在具体计算中，通常采用$s^2=\frac{1}{n-1}\sum_{i=1}^{n}(x_i-\overline{x})^2$进行方差的计算。

定义标准差（standard deviation）为

$$s=\sqrt{s^2} \tag{2.3.9}$$

方差与标准差刻画了数据关于均值的平均离散程度：方差（标准差）值越大，说明不同数据之间的差异越大，距均值这个“中心值”的离散趋势越大。

4. 平均绝对离差

平均绝对离差（mean absolute deviation，MAD）根据数据相对于其平均值的绝对距离来度量数据的离散程度，也称为平均差（mean deviation）、平均离差。设一组数据为$x_1,x_2,\cdots,x_n$，其平均绝对离差定义为

$$\mathrm{MAD}=\frac{1}{n}\sum_{i=1}^{n}|x_i-\overline{x}| \tag{2.3.10}$$

5. 变异系数

R、IQR、s 和MAD虽然反映了数据的离散情况，但有时仅用这些特征来描述数据的离散程度还是不够的。例如，如果一组数据的平均值很大，但标准差相对平均值而言较小，这时即使标准差在数值上大一些，也不能完全说明该组数据的离散性大。为此，需要引入变异系数描述数据的相对离散特征。

一组数据的标准差与其平均数之比称为变异系数（coefficient of variation）。变异系数也称为离散系数。变异系数用公式表示为

$$C_v=s/\overline{x} \tag{2.3.11}$$

C_v有时也称为标准差变异系数。类似地，可定义极差变异系数$C_R=R/\overline{x}$、四分位数变异系数$C_{\mathrm{IQR}}=\mathrm{IQR}/\overline{x}$、平均绝对离差变异系数$C_{\mathrm{MAD}}=\mathrm{MAD}/\overline{x}$。

6. 数据离散特征的比较

表 2-8 分别从所需数据、对极端值变化的敏感性等方面，给出了对四分位数间距、极差、标准差、平均绝对离差与变异系数的比较。

表 2-8　离散特征量的比较

比较的内容	四分位数间距	极差	标准差	平均绝对离差	变异系数
所需数据	上下四分位点值	最大值与最小值	全部数据	全部数据	全部数据
对极端值变化的敏感性	不太敏感	很敏感	数据量较小时敏感	数据量较小时敏感	数据量较小时敏感

对于表 2-1 所示的数据，计算可得其离散特征如表 2-9 所示。其中，入学 3000m 成绩和 10 月份 3000m 成绩的计算，是将原始数据改为以分钟为单位计算得出的。

表 2-9　学生体能测试数据离散特征计算结果

	年龄	入学单杠/个	入学仰卧起坐/个	入学3000m	10 月份单杠/个	10 月份仰卧起坐/个	10 月份3000m
极差（R）	5.0000	13.0000	63.0000	8.3500	17.0000	42.0000	3.4167
四分位数间距（IQR）	1.0000	7.0000	18.2500	2.9542	7.7500	9.7500	1.1583
方差(s^2)	1.0862	15.0575	169.0575	4.7536	23.7575	85.7195	0.6438
标准差（s）	1.0422	3.8804	13.0022	2.1803	4.8742	9.2585	0.8024
平均绝对离差(MAD)	0.7667	3.2667	10.2667	1.7046	4.1067	7.0000	0.6246
变异系数（C_v）	0.0563	1.0583	0.2336	0.1521	0.8079	0.1347	0.0648

注：表中 3000m 成绩以分钟为单位

7. 五数概括与箱线图

前面介绍了一组数据的最大值 $x_{(n)}$、最小值 $x_{(1)}$、中位数 M_e、下四分位数 Q_1 和上四分位数 Q_3 的相关概念。这五个数放在一起，就能刻画出一组数据的大致情况，称为五数概括（five-number summary）。根据五数概括可以回答如下问题：

（1）这组数据的中心在何处？（由中位数给出。）

（2）这组数据分布在什么范围内？（最大值、最小值之间。）

（3）这组数据的中段分布在什么范围内？（Q_1 和 Q_3 之间。）

一组数据中，位于区间 $[Q_1-1.5\text{IQR}, Q_3+1.5\text{IQR}]$ 之外的观测值称为离群值（outliers）。离群值也称为异常观测值、异常值或反常值。位于区间 $[Q_1-1.5\text{IQR}, Q_3+1.5\text{IQR}]$ 之内的最大观测值，称为上截断点（upper fence），记为 C_{U}；位于区间 $[Q_1-1.5\text{IQR}, Q_3+1.5\text{IQR}]$ 之内的最小观测值，称为下截断点（lower fence），记为 C_{L}。上下截断点统称为截断点（fence）。记观测值为 $x_1,x_2,\cdots,x_n$，上下截断点的计算公式为

$$C_{\text{L}}=\min\{x_i \mid x_i \geqslant Q_1-1.5\text{IQR}, i=1,2,\cdots,n\} \tag{2.3.12}$$

$$C_{\text{U}}=\max\{x_i \mid x_i \leqslant Q_3+1.5\text{IQR}, i=1,2,\cdots,n\} \tag{2.3.13}$$

将上下截断点、上下四分位数、中位数和离群值按照一定的规则绘制在坐标轴上，即可得到箱线图（box plot）。箱线图也称为箱形图、框须图或者盒须图（box-and-whisker diagram）。箱线图如图 2-7 中实线部分所示，图中有一个长度为 IQR 的长方形箱，其两端为 Q_1 和 Q_3，长方形箱内的竖线是中位数 M_e 的位置。在长方形两端向外各画一条直至上下截断点的直线，称为须（whisker）。对于离群值用“●”或“○”在截断点以外的适当地方表示出来。箱线图也可以绘制为纵向的，将图 2-7 逆时针旋转 90°即可。

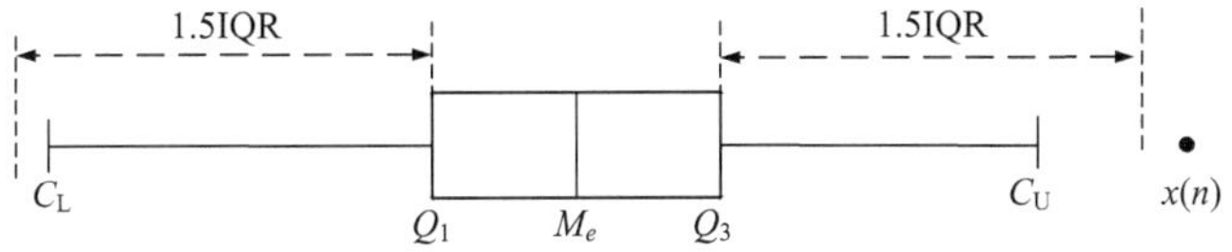

图 2-7　箱线图示意

对于表 2-1 所示的数据，基于五数概括的相关数据，可绘制如图 2-8 所示的不同时段学生成绩箱线图，由箱线图能较为明显地看出入学 2 个月后学生成绩的提升，以及数据的集中、离散情况。

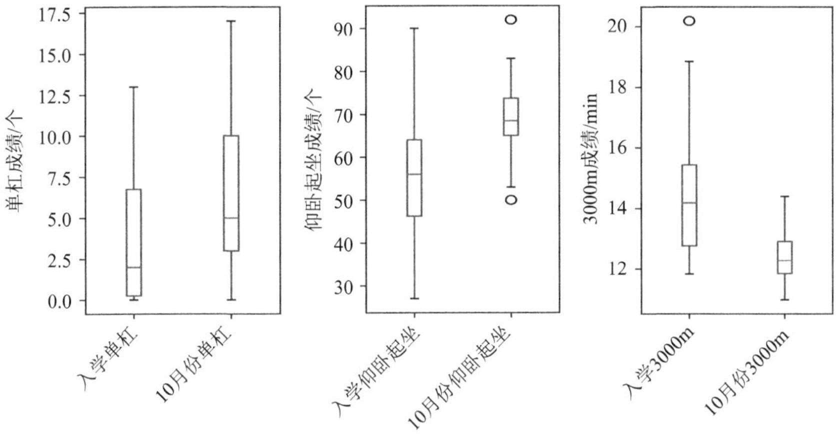

图 2-8　学生成绩箱线图

2.3.3　数据的分布形态特征

数据的分布形态是指用图或者表进行数据可视化描述后，数据所呈现的经验分布或者理论分布所表现的形态。对形态特征的描述主要包括偏倚程度和高陡程度两个方面。

1. 偏倚程度的描述与测度

正态分布是较为常见的一种分布，其概率密度函数在平面直角坐标系上呈现出以均值为中心，中间大两边小的钟形形状，如图 2-9（a）所示，称这种类型的数据分布为对称分布。然而，对很多类型的实际数据，数据的分布并非都是对称的，其分布呈现出向左偏斜（峰值在分布的右侧）或向右偏斜（峰值在分布的左侧）的情况。数据分布的这种不对称性称为偏态（skewness），又称为偏度。

一组数据的频数分布的对称程度或偏斜程度用偏态系数（coefficient of skewness）或偏度进行度量，计算公式为

$$a_3 = \frac{n\sum_{i=1}^{n}(x_i - \overline{x})^3}{(n-1)(n-2)s^3} \tag{2.3.14}$$

其中，$x_1,x_2,\cdots,x_n$ 为数据值，n 为数据个数，$\bar{x}$ 为均值，s 为标准差。

基于 a_3，可对数据的偏倚程度进行度量，分为如下三种情况：①如果数据的频数分布曲线是以平均数为中心，左右两侧形状对称，则称此分布为对称的，如图 2-9（a）所示。此时，$a_3=0$。②如果频数分布曲线的峰部偏向左边，尾段拖向右边，则称此分布为右偏或正偏，如图 2-9（b）所示。此时，$a_3>0$。③如果频数分布曲线的峰部偏向右边，尾段拖向左边，则称此分布为左偏或负偏，如图 2-9（c）所示。此时，$a_3<0$。

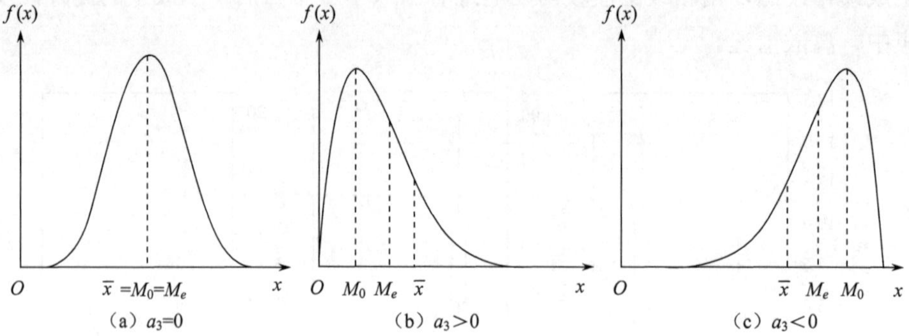

图 2-9　数据偏倚程度

2. 高陡程度的描述与测度

分布的高陡程度又称为峰态（kurtosis），是指相比标准正态分布，数据的频数分布曲线的陡峭程度。描述分布高陡程度的特征值称为峰态系数（coefficient of kurtosis）或峰度。计算公式为

$$a_4=\frac{n(n+1)}{(n-1)(n-2)(n-3)}\sum_{i=1}^{n}\left(\frac{x_i-\bar{x}}{s}\right)^4-\frac{3(n-1)^2}{(n-2)(n-3)} \tag{2.3.15}$$

其中，$x_1,x_2,\cdots,x_n$ 为数据值，n 为数据个数，$\bar{x}$ 为平均数，s 为标准差。

可以证明，如果数据来自标准正态分布，则 $\lim\limits_{n\to\infty}a_4=0$。当 $a_4>0$ 时，称为高峰度；当 $a_4<0$ 时，称为低峰度。分布高陡程度的描述如图 2-10 所示。对于数据分布的高陡程

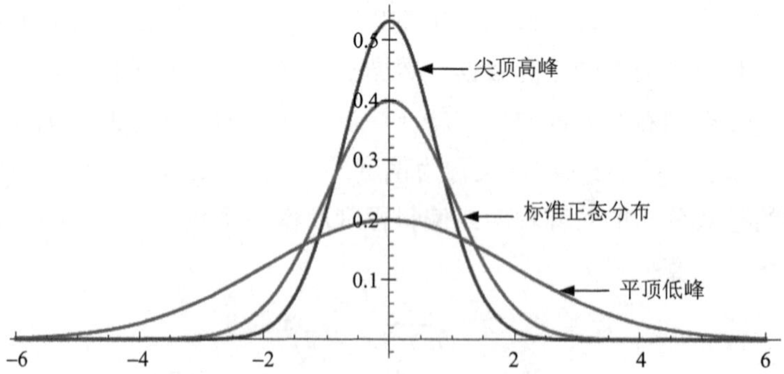

图 2-10　分布高陡程度的描述

度，可根据如下规则进行判断：① $a_4=0$，分布的峰度是对应于标准正态分布的峰度。② $a_4<0$，为扁平分布，分布曲线为平顶低峰。③ $a_4>0$，为尖峰分布，分布曲线为尖顶高峰。

对例 2-4 的灯泡寿命数据（表 2-6）计算可得：$a_3=0.0938$，$a_4=0.0118$。再结合图 2-5，可见该组灯泡寿命数据的分布在偏倚程度上是近似于对称分布的，有一定程度的右偏；在高陡程度上近似于标准正态分布。

3. 位置特征与形态特征之间的关系

在统计分析中，依据分布的概率密度函数或者数据的直方图，具有单峰的概率密度函数或直方图有图 2-9 所示的三种形态。其中：图 2-9（a）表示对称的“钟型”分布，此时平均数、中位数与众数相等；图 2-9（b）表示右偏分布，此时：平均数>中位数>众数；图 2-9（c）表示左偏分布，此时：平均数<中位数<众数。可见，无论分布的形态如何，在分布形态为单峰的条件下，中位数总是处于平均数和众数的中间。

2.4　数据的相关性描述

相关性指的是两个变量之间的不确定性关联程度。本节主要对相关关系的概念与类型、相关性的描述与度量方法进行介绍。

2.4.1　相关关系的概念与类型

1. 相关关系的概念

变量之间的关系形态可分为函数关系和相关关系两类。

函数关系是现象之间的确定性相互依存关系，即一种现象的数量确定以后，另一种现象的数量也随之完全确定。设有两个变量 x 和 y，两者具有函数关系，若 y 是 x 的函数，则记为 $y=f(x)$。

相关关系是现象之间存在的一种非确定性的相互依存关系。例如，学生的“高等数学”课程成绩与学习投入时间这两个变量之间的关系就属于相关关系。从直观角度而言，学习投入时间越长，课程成绩越好。但从实际情况看，投入相同学习时间的两个学生，他们的成绩并不一定相同。因为成绩尽管与学习投入时间有密切的关系，但它并不是影响成绩的唯一因素，还有学习环境、教师的教学水平、学生的基础知识掌握程度等其他影响因素。对变量之间关系的不确定性显然不能用普通的函数关系来描述，但也不是无任何规律可循。通过对大量数据的观测与研究，就能把握变量之间存在的关联关系。

2. 相关关系的类型

根据分类方法不同，相关关系可分为不同的类型。根据相关关系的表现形式，可分为线性相关、非线性相关；根据线性关系的强弱可分为完全相关和不完全相关等几种。就两个变量而言，如果变量之间的关系近似地表现为一条直线，则称为线性相关，如图 2-11（a）和（b）所示；如果一个变量的取值完全依赖于另一个变量，则称为完全相关，如图 2-11（c）和（d）所示，这实际上就是函数关系；如果变量之间的关系近似地表现为一条曲线，则称为非线性相关或曲线相关，如图 2-11（e）所示；如果两个变量的观测点很分散，无任何规律，则表示变量之间没有相关关系，如图 2-11（f）所示。

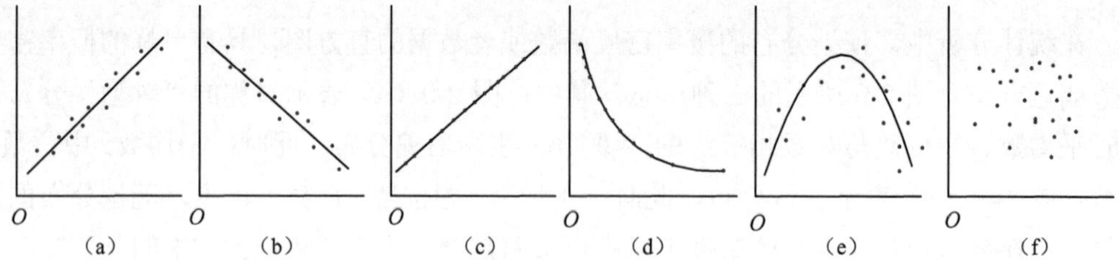

图 2-11　相关关系示意图

在线性相关中，若两个变量的变动方向相同，随着一个变量数值的增加（减少），另一个变量也相应增加（减少），则称为正相关，如图 2-11（a）所示；若两个变量的变动方向相反，随着一个变量数值的增加（减少），另一个变量相应减少（增加），则称为负相关，如图 2-11（b）所示。

本节主要针对两个变量之间的线性相关关系进行分析。

2.4.2　相关性的描述与度量

设对于两个变量 x 和 y，通过观测或试验得到 n 组数据 (x_i, y_i)，$i=1,2,\cdots,n$。相关性分析所要解决的问题是回答 x 和 y 之间是否存在相关关系？如果存在，如何描述它们之间的关系？

1. 相关性描述

散点图是描述变量之间相关关系的一种直观方法。在平面直角坐标系中，用横坐标代表变量 x，纵坐标代表变量 y，每组数据 (x_i, y_i) 在坐标系中用一个点表示，n 组数据在坐标系中形成的点称为散点，这样的图形称为散点图，如图 2-12 所示。散点图描述了两个变量之间的大致关系，从中可以直观地看出变量之间的关系形态及关系强度。

矩阵散点图是基于两变量散点图的一个大的图形方阵。如图 2-13 所示，在矩阵散点图的每一个非对角元素位置上是对应行与列变量的散点图。当同时考察多个变量间的相关关系时，可利用矩阵散点图描述变量两两之间的相关关系，以快速发现多个变量间的相关性。

在矩阵散点图中虽然可以同时观察多个变量间的关系，但它是基于二维平面散点图的，可能漏掉一些重要信息，此时可考虑三维散点图。如图 2-14（a）所示，三维散点图就是在三维空间中研究变量之间的关系。

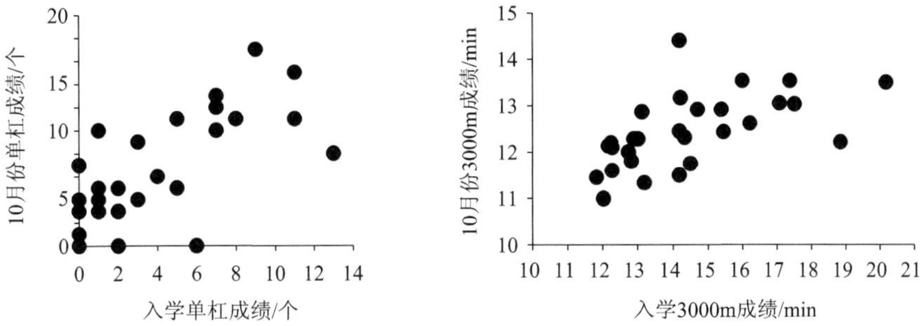

图 2-12　学生单杠、3000m 成绩散点图

此外，还可用气泡图描述变量之间的相关关系。如图 2-14（b）所示，气泡图与散点图相似，不同之处在于：气泡图允许在图中额外加入一个表示大小的变量。实际上，气泡图就是以二维方式绘制包含 3 个变量的三维散点图。

对于表 2-1 所示的数据，将 3000m 成绩以分钟为单位表示，可绘制不同项目入学时成绩和 10 月份成绩散点图。其中，入学单杠成绩散点图、入学 3000m 成绩散点图如图 2-12 所示，从图中可明显地看出，入学成绩与 10 月份成绩呈现出正的线性相关关系。10 月份的单杠、仰卧起坐、3000m 的矩阵散点图如图 2-13 所示，从该图可见单杠和仰卧起坐成绩之间存在正相关关系，而 3000m 成绩与仰卧起坐成绩之间的相关关系不明显。入学时的单杠、仰卧起坐、3000m 成绩的三维散点图如图 2-14（a）所示。以入学时的单杠成绩为横轴、10 月份单杠成绩为纵轴，以 10 月份仰卧起坐成绩标识气泡的大小，则可绘制如图 2-14（b）所示的气泡图。

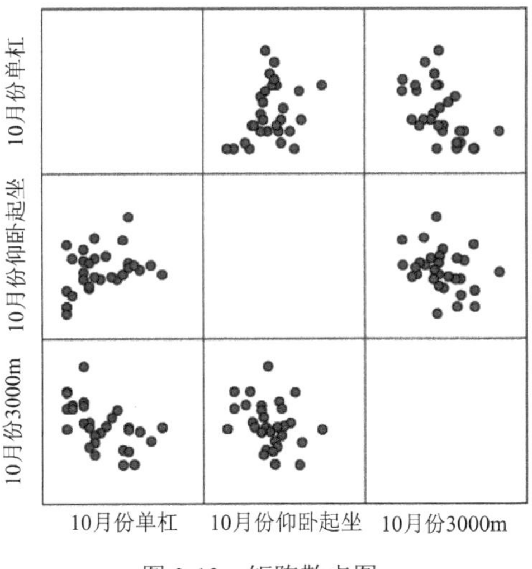

图 2-13　矩阵散点图

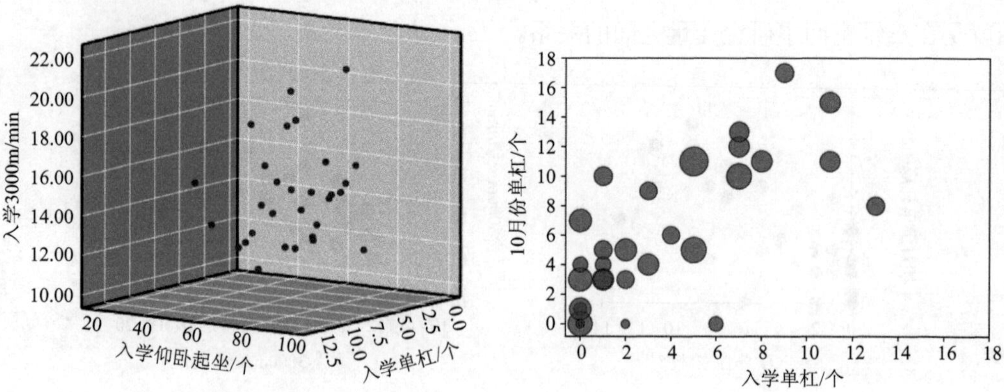

（a）三维散点图 （b）气泡图

图 2-14 三维散点图与气泡图

2. 相关性度量

相关系数（correlation coefficient）用于度量两个变量之间关系的密切程度。设变量 x 和 y 的成对观测值为 (x_i,y_i)，$i=1,2,\cdots,n$，x 和 y 之间相关系数（也称为皮尔逊相关系数）的计算公式为

$$r=\frac{\sum_{i=1}^{n}(x_i-\overline{x})(y_i-\overline{y})}{\sqrt{\sum_{i=1}^{n}(x_i-\overline{x})^2}\times\sqrt{\sum_{i=1}^{n}(y_i-\overline{y})^2}} \tag{2.4.1}$$

可以证明，相关系数的取值范围在–1 和+1 之间，即 $-1\leqslant r\leqslant 1$。若 $0<r\leqslant 1$，表明变量之间存在正的线性相关关系，如图 2-11（a）所示；若 $-1\leqslant r<0$，表明变量之间存在负线性相关关系，如图 2-11（b）所示。若 $|r|=1$，表明变量之间为完全相关，此时 y 的取值由 x 完全确定，两变量之间为函数关系，如图 2-11（c）所示。当 $r=0$ 时，说明变量之间不存在线性相关关系，如图 2-11（f）所示。需要注意的是，$r=0$ 只表示两个变量之间不存在线性相关关系，并不说明变量之间没有任何关系，它们之间可能存在非线性相关关系，如图 2-11（e）所示。因此，当 $r=0$ 或 $|r|$ 很小时，不能轻易得出两个变量之间不存在相关关系的结论，而应结合散点图做出合理的解释。

根据相关系数 r，可将两个变量之间的线性相关程度分为以下几种情况：①当 $|r|\geqslant 0.8$ 时，可视为高度相关；②当 $0.5\leqslant|r|<0.8$ 时，可视为中度相关；③当 $0.3\leqslant|r|<0.5$ 时，可视为低度相关；④当 $|r|<0.3$ 时，说明两个变量之间的相关程度极弱，可视为不相关。

对于表 2-1 所示的 10 月份数据（3000m 成绩用的是转化为分钟之后的数据），计算可得如下的相关系数取值：单杠、仰卧起坐成绩相关系数 $r=0.37$；单杠、3000m 成绩相关系数 $r=-0.58$；仰卧起坐、3000m 成绩相关系数 $r=-0.30$。

2.5　数据的可视化描述

基于统计图、表对数据进行可视化展示已被广泛应用于商业以及学术研究等相关领域。清晰、主旨明确的图表可为读者传递统计数据的关键信息或规律性信息，但统计图表的误用也可能传递错误的信息。本节对常用的统计图，以及图表的合理使用方法进行简要介绍。

2.5.1　可视化描述图形

除了前面介绍的条形图、饼图、直方图、箱线图、散点图等，常用的统计图还有雷达图、热力图、玫瑰图、词云图、数据驾驶舱等统计图形，可用于数据的可视化描述。

1. 雷达图

雷达图（radar chart）也称为蜘蛛图（spider chart）。设收集到的统计数据涉及 p 个变量 $x_1,x_2,\cdots,x_p$ ， n 组观测值，记为 $\{x_{ij},i=1,2,\cdots,p,j=1,2,\cdots,n\}$ 。 x_{ij} 表示第 i 个变量在第 j 个样品（或第 j 次观测）中的取值。雷达图的绘制步骤如下：

（1）绘制一个圆，并将圆 p 等分，每一个等分的角度代表一个变量。

（2）以圆心出发向 p 个分点的射线为基础，构建坐标，作为 p 个变量对应的坐标轴。

（3）对 $i=1,2,\cdots,p,j=1,2,\cdots,n$ ，将 x_{ij} 以点的形式标记在第 i 个变量对应的坐标轴上。

（4）对 $j=1,2,\cdots,n$ ，将所有第 j 个样品对应的点依次用直线连接，形成一个多边形。

雷达图可以反映出不同样品（或观测值）之间的相似程度。在上述绘图的过程中，若 p 个变量之间的数值相差较大，则可将数据进行标准化处理，使得对数据相似程度的描述更为清晰。

例 2-5　表 2-10 给出了五个地区居民年度主要食品人均消费量数据，基于该表数据可以绘制雷达图。

表 2-10　2020 年五个地区居民主要食品人均消费量数据　（单位：kg/人）

地区	食用油消费量	肉类消费量	蛋类消费量	奶类消费量
北京	7.5	27.3	16.9	30.1
上海	9.2	29.1	13.9	23.1
山西	8.6	14.7	16.3	17.9
西藏	15.3	30.4	2.4	8.5
广东	9.9	33.6	9.9	9.6

资料来源：国家统计局官网，https://data.stats.gov.cn/easyquery.htm?cn=E0103，访问时间 2022 年 9 月 8 日

由表 2-10 可见，不同列之间数据大小的差异程度较大，先将数据进行如下标准化

处理：

$$x_{ij}^{*}=0.2+0.8\times\frac{x_{ij}-\min\limits_{j}\left\{x_{ij}\right\}}{\max\limits_{j}\left\{x_{ij}\right\}-\min\limits_{j}\left\{x_{ij}\right\}},\quad i=1,2,\cdots,4,j=1,2,\cdots,5$$

利用标准化处理后的数据，可绘制如图 2-15 所示的雷达图。可以看出，不同地区四类食品的消费结构有一定差别。

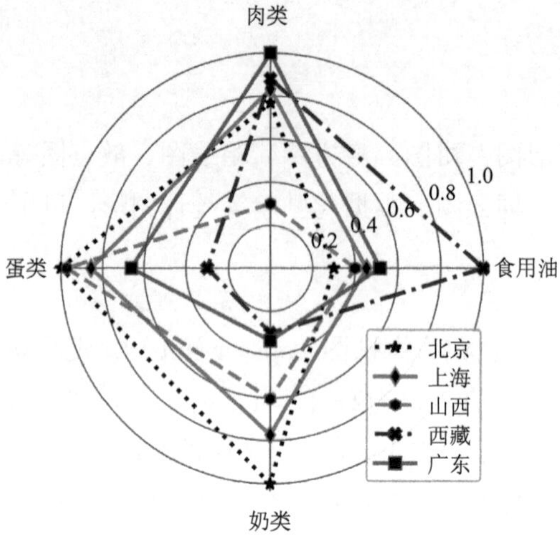

扫一扫见彩图

图 2-15　五个地区居民主要食品消费量雷达图

2. 热力图

热力图用不同的颜色来表现数据的大小，或者以不同的颜色展示不同空间位置数据分布的强弱。热力图可以呈现出数据所在的位置（离散的坐标点）及其所对应的数值强弱（用不同的颜色或者不同的颜色深度进行描述）。例如，热力图可应用于描述不同地区人口密度分析、不同地区某种疾病发病率的高低等。

热力图也可用于展示一组变量的相关系数矩阵，通过热力图可直观地感受到数值大小和差异状况。图 2-16 为表 2-1 中 6 个变量之间相关系数的热力图，由此热力图可清晰看出不同测试项目成绩间的线性相关程度强弱。

	入学单杠	入学仰卧起坐	入学 3000m	10 月份单杠	10 月份仰卧起坐	10 月份 3000m
入学单杠	1	0.31	−0.44	0.72	0.20	−0.38
入学仰卧起坐	0.31	1	−0.37	0.35	0.74	−0.29
入学 3000m	−0.44	−0.37	1	−0.69	−0.34	0.60
10 月份单杠	0.72	0.35	−0.69	1	0.37	−0.58
10 月份仰卧起坐	0.20	0.74	−0.34	0.37	1	−0.30
10 月份 3000m	−0.38	−0.29	0.60	−0.58	−0.30	1

扫一扫见彩图

图 2-16　学生成绩相关系数热力图

3. 玫瑰图

玫瑰图又称为南丁格尔玫瑰图（Nightingale rose diagram）、鸡冠花图（coxcomb chart）或极坐标区域图（polar area diagram）。玫瑰图使用扇形的半径表示数据的大小，各扇形的角度则保持一致。表 2-11 为 2021 年末我国 12 个地区的常住人口数，对这 12 个数据绘制成的玫瑰图如图 2-17 所示，从该图可清晰看出各地区的年末常住人口数，并且从视觉上有明显的对比关系。

表 2-11　2021 年末 12 个地区的常住人口数　　（单位：万人）

地区	人口数	地区	人口数	地区	人口数	地区	人口数	地区	人口数	地区	人口数
广东	12684	河南	9883	四川	8372	湖南	6622	安徽	6113	广西	5037
山东	10170	江苏	8505	河北	7448	浙江	6540	湖北	5830	云南	4690

资料来源：国家统计局，网址 https://data.stats.gov.cn/easyquery.htm?cn=E0103，访问时间：2022 年 10 月 31 日

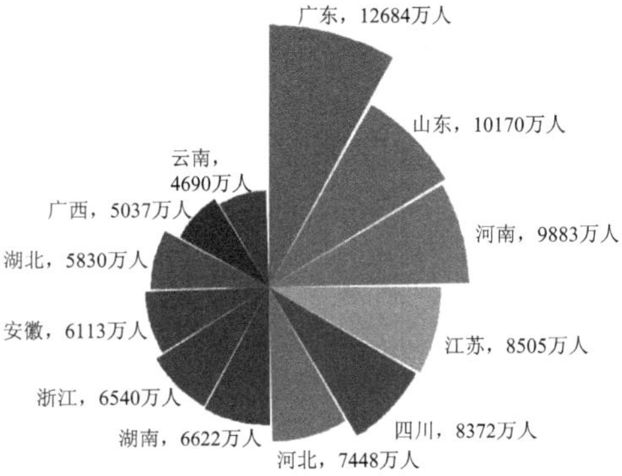

扫一扫见彩图

图 2-17　2021 年末 12 个地区的常住人口数

4. 词云图

词频用来代表一个词在一个文本文件或文件集合中的重复程度。词频分析的结果可以用词云图来进行可视化展示。词云图过滤掉大量的文本信息，而对文本中出现频率较高的“关键词”进行视觉上的突出。图 2-18 是对武小悦、刘琦编著的《应用统计学》(2009 年）第 1 章正文文本内容绘制的词云图。

5. 数据驾驶舱

数据驾驶舱，也称为数据管理驾驶舱、数据可视化驾驶舱，是基于统计表和统计图，将数据进行形象化、直观化和具体化的展示，为管理提供决策支持。数据驾驶舱的主要特点是：①数据的多维度展示。数据驾驶舱将海量的、多维度数据，通过图、表进行统一展示，并实现展示图表的实时更新。②适用性广。通常情况下，管理者，甚至是普通

员工都可以根据具体的应用场景观察和理解数据。图 2-19 为中国电力建设集团发布的电建融信平台数据驾驶舱，从该图可以清晰地看出各类数据业务的变动情况。

扫一扫见彩图

图 2-18　《应用统计学》第 1 章正文词云图

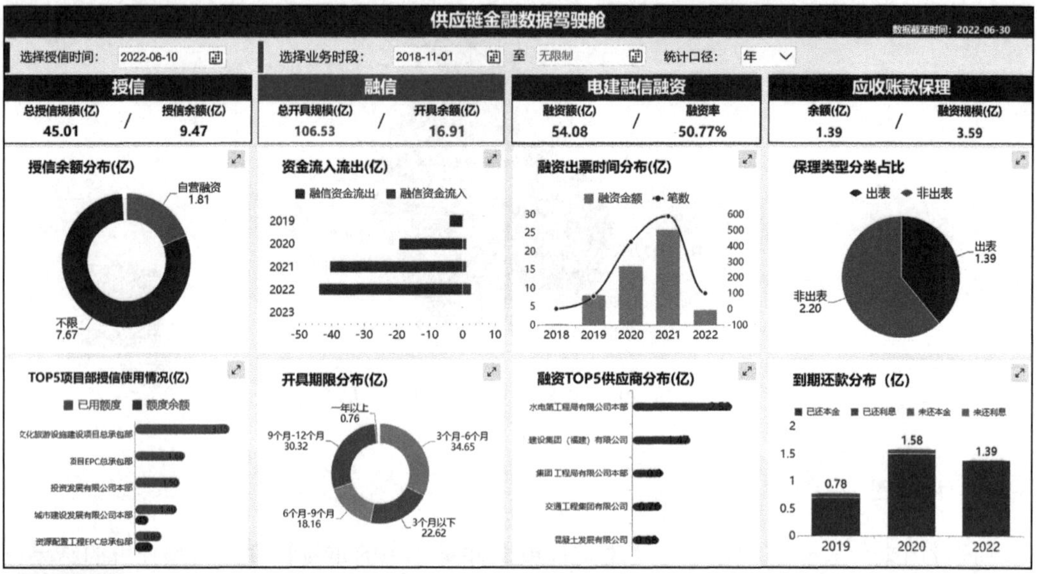

扫一扫见彩图

图 2-19　电建融信平台数据驾驶舱

资料来源：中国电建 http://www.powerchina.cn/art/2022/7/5/art_16624_1451098.html，访问时间：2024 年 4 月 8 日

2.5.2　可视化描述的要求

通过图、表进行直观的数据展示，可以提供直观、可视化的信息，便于其找出数据中的规律，发现数据的特点。在报告和论文等文献中使用图表，可以提升其质量和可读性，使得读者能够快速获取相关信息。但是，对图表的误用也可能传递不正确的信息。因此，应注意正确绘制和使用图表。

1. 正确绘制图表

在图表的绘制过程中，要使得图表的元素齐全，便于从图表初步还原数据，体现数据的原貌。在这方面容易出现的失误有：①坐标轴没有刻度线或者无坐标轴。对于数值型数据，没有坐标轴刻度的统计图是无法进行数据还原的。②图表中的数据无计量单位或计量单位不正确。对于图表中的数据应在合适的位置标出其计量单位，以便使用者明确量纲，对数据能有直观、准确的理解。③采用诱导性的图表标题。同一个统计图表，采用不同的标题会对图表使用人员的观点造成不同的影响，因此在对图表进行命名时，通常应采用中性词客观地描述图表。④图中缺乏图例。当图中数据的类型较多，需要对数据进行分类说明时，应当用图例清晰地描述出各数据类型，以便能够准确区分各类数据。⑤多余元素或色彩引入使得图表主题不清晰。在图或者表中引入多余的元素或过多的色彩，有可能造成视觉上的混淆，甚至忽视图或表的主旨。⑥图表的布局比例或透视角度不合理。在图表绘制中，应避免窄而长、扁而宽的表，避免比例失调及不清晰的图，要能够较为完整地看清其中的内容。

2. 正确使用图表

应当科学合理使用图表进行数据的描述、解释，避免误导读者。正确使用图表的要求包括：①正确标注图表名称的位置。一般情况下，图的名称位于图的下方，表的名称位于表的上方。②指出二手图表的来源。当图表是来源于其他文献、网站等时，需要标明图表的来源，以便于溯源。③正确引用图表，在正文中对图表进行描述、说明时，要指出引用图表的编号。尽量避免“上表”“下表”“上图”“下图”等词，因为有时由于排版要求，图表和描述图表的文字不在一页，根据“上表”“上图”之类的词汇可能难以准确定位到相关的图表。④尽量避免图表跨页。当图表较长、较宽时，需通过一定的手段进行图表的划分，如使用续表、分图等，避免图表跨页，使得图表失去整体性，也不便于阅读展示。⑤正确为图表编号、命名。一般情况下，图和表应有名称和编号，以便于引用，应避免只有编号或者只有名称的情况。⑥正确客观地对图表进行解释。通常情况下，在引用图表时，应对图表所描述的数据、曲线、规律等进行解释、说明，以便于理解图表所表述的要旨。

本章小结

描述性统计是指运用表、图形以及概括性数值等方式来描述数据的总体特征的各项活动。描述性统计的主要工作包括：数据的频数分析、集中趋势分析、离散特征以及分布形态特征的描述、相关性分析，数据的可视化描述。

数据预处理的主要工作包括数据审核、数据筛选和数据排序。

数据审核是指对统计调查所收集到的数据资料进行初步的审查与核对，以确保数据的准确性、完整性、适用性和时效性。数据筛选是对收集到的数据根据研究的目的进行取舍，主要包括：选择符合特定条件的数据、将不符合要求的数据或者有明显错误的数据直接删除、人工或者通过计算补充缺失的数据。数据排序是按照一定顺序将数据进行排列。对于数值型数据，在数据排序的基础上可进一步计算数据的秩、深度。数据的秩分为升秩和降秩。

数据分组是指按照统计研究的目的和要求，选择一个或几个变量（标志），将获取到的数据分为若干个组，并将数据分别列入不同的组内进行汇总。数据分组后可通过频数分布表进行数据展示。根据数据类型的不同，可进行定类、定序数据分组和数值型数据分组描述。对于数值型数据，可采用单项式分组和组距式分组。单项式分组适用于变量取值个数较少的数值型数据。组距式分组适用于变量取值个数较多和连续型变量的分组。组距式分组又分为等距分组和不等距分组两种情况。对于等距分组，需要确定组数、组距和组的上下限。分组后的数据可通过条形图、饼图、直方图、帕累托图、环形图、气泡图等进行图形展示。

数据的概括性度量是用少数的概括性数值描述数据的总体情况，可通过位置特征、离散特征和分布的形态特征对一组数据进行概括性度量。对位置特征可用平均数、中位数、众数等进行测度；对离散特征可用极差、四分位数间距、方差和标准差、平均绝对离差和变异系数等进行测度；对分布的形态特征可用偏态系数和峰态系数进行测度。单峰的分布曲线有对称、左偏、右偏三种形态。

一组数据的最大值、最小值、中位数、下四分位数和上四分位数统称为其五数概括。基于五数概括，可通过箱线图描述一组数据的总体情况。

相关关系是变量之间存在的不确定性相依关系。两个变量之间的相关关系有线性相关、非线性相关、完全相关和不完全相关等类型。相关关系可用散点图进行描述。相关程度的大小可通过皮尔逊相关系数进行度量。

数据可视化旨在借助图形化手段，清晰有效地展示数据信息。常见的可视化描述方式有条形图、饼图、直方图、雷达图、玫瑰图、词云图、数据驾驶舱等。在数据可视化描述中，应正确绘制和使用图表。

习　题

一、单项选择题

1. 对收集到的数据进行预处理，其工作不包括（　　）。

A. 审核　　B. 筛选　　C. 排序　　D. 相关性分析

2. 对一组数据进行排序，设数据的个数为 n，某一数据的升秩和降秩之和为（　　）。

A. n　　B. $n+1$　　C. $n-1$　　D. $2n$

3. 对一组个数为 n 的数据进行等距分组时，按经验公式，较为合适的组数是（　　）。

A. $\frac{\ln n}{\ln 2}$　　B. $1+\left[\frac{\ln n}{\ln 2}\right]$　　C. $\ln n$　　D. $[\ln n]$

4. 对于数据的分组，用组中值代表各组内的一般水平的假设条件是（　　）。

A. 各组内数据的频数相等　　B. 各组的组距相等

C. 组内的数据呈均匀分布或在组中值两侧呈对称分布　　D. 需要分组的数据为定序数据

5. 对于定类数据，难以用（　　）对数据的分布情况进行展示。

A. 箱线图　　B. 条形图　　C. 帕累托图　　D. 饼图

6. 对于数值型数据，度量其离散程度。当数据量较大时，相对而言（　　）最易受极端值的影响。

A. 极差　　B. 变异系数　　C. 方差　　D. 四分位数间距

7. 可以计算平均数的数据类型为（　　）。

A. 定类数据　　B. 定序数据　　C. 数值型数据　　D. A、B、C 均可

8. 对于左偏分布的数据，众数、中位数和平均数的关系是（　　）。

A. 平均数=众数=中位数　　B. 平均数>中位数>众数

C. 平均数<中位数<众数　　D. 中位数<众数<平均数

9. 在对某大型企业员工的收入调查中，发现收入呈现"低收入人数多、高收入人数少"的特点，且分布为不对称的单峰分布，此时偏态系数 a_3（　　）。

A. 大于 0　　B. 小于 0　　C. 等于 0　　D. 无法确定

10. 对于来源于正态分布 $N(0,2)$ 的样本观测值 $x_1,x_2,\cdots,x_n$，当 n 充分大时，峰态系数 a_4（　　）。

A. 大于 0　　B. 小于 0　　C. 趋于 0　　D. 无法确定

11. 设两个变量的相关系数为 r，若 $|r|<0.3$，这两个变量可视为（　　）。

A. 低度相关　　B. 中度相关　　C. 高度相关　　D. 不相关

12. 下列关于相关系数的说法中，不正确的说法是（　　）。

A. 相关系数可用于描述两个变量之间的线性相关关系

B. 当相关系数 $r=0$ 时，表明两变量之间不存在线性相关关系

C. 相关系数的取值范围为-1～1

D. 当相关系数 $r=-1$ 时，表明两变量之间不存在线性相关关系

二、判断题

1. 数据筛选应找出不符合逻辑关系的数据。（　　）

2. 一个数据在一组数据中的秩应小于等于其深度。（　　）

3. 用一组数据可绘制出的直方图是唯一的。（　　）

4. 组距式分组适用于连续型变量。（　　）

5. 数据分组后，可用饼图描述各组数据的频数分布。（　　）

6. 对于给定的一组数据，其众数是唯一的。（　　）

7. 一组数据的变异系数越小，数据的相对离散程度就越小。（　　）

8. 在箱线图上，离群值是大于上截断点或小于下截断点的观测值。（　　）

9. 对于均值 $\mu = 0$，标准差 $\sigma = 0.5$ 的正态分布，其峰态系数 $a_4 < 0$ 。（　　）

10. 矩阵散点图可用来描述多个变量间的两两相关关系。（　　）

11. 玫瑰图用各扇形的角度表示其对应的分组内数据出现的频数。（　　）

三、简答题

1. 简述数据预处理的主要工作内容。
2. 简述数据筛选的主要方法。
3. 简述数值型数据的分组方法。
4. 简述平均数、中位数、众数各自的特点。
5. 简述四分位数间距、标准差、极差对数据极端值的敏感性。
6. 根据偏态系数的取值，数据分布的偏倚可分为哪几种情况？
7. 箱线图主要由哪几部分构成？
8. 如何根据相关系数的取值，从经验上判断两变量之间线性相关关系的强弱？
9. 什么是五数概括？其表示了数据哪些方面的特征？
10. 简述雷达图的绘制过程。

四、计算题

1. 在某次选举中，共有 5 名候选人，各候选人得票数统计如表 2-12 所示，计算对应的频率，并绘制条形图和饼图。

表 2-12　某次选举结果统计

候选人姓名	王五	赵龙	钱虎	孙一	李小明
票数	62	26	92	95	125

2. 在对某电商产品的质量调查中，收集了一个月的顾客投诉数据，经归类整理得到各类投诉的频数如表 2-13 所示。计算各类投诉对应的频率，并绘制条形图、饼图、帕累托图。

表 2-13　顾客投诉情况统计结果

投诉类型	客服	物流	产品质量	使用说明	性价比	其他
频数	142	1042	297	144	335	40

3. 某型火箭弹共有 200 次发射试验数据，其中射程最大值为 89 公里，最小值为 43 公里，为了对这些射程数据进行分组描述，请确定合适的组数与组距。

4. 在某次课程测试中，学生的考试成绩统计结果如表 2-14 所示，请计算组中值、频率、累积频数（向上）、累积频率（向上）、累积频数（向下）、累积频率（向下），并绘制直方图。

表 2-14　考试成绩统计结果

成绩区间	<60	[60,70)	[70,80)	[80,90)	≥90
人数	116	370	1021	361	132

5. 通过对某企业员工月收入的调查，得到 20 名员工的月收入数据（单位：元）为 15000、12500、13500、8900、9500、11500、14500、14400、16000、8900、8800、8900、13400、14550、19000、23000、4500、8900、12000、7800。

（1）计算这 20 名员工月收入的平均数、中位数和众数。

（2）计算这 20 名员工月收入的四分位数间距、方差、标准差、平均绝对离差和变异系数。

（3）计算这 20 名员工月收入分布的偏度和峰度，并说明分布的偏倚情况和高陡情况。

（4）绘制这 20 名员工月收入的箱线图。

6. 在某项农业试验中，共选择 A、B、C 三个品种的水稻进行试验，除品种外，其他试验条件相同，试验后计算每个品种水稻的平均亩产量和标准差，结果如表 2-15 所示，请计算各品种水稻亩产量的变异系数，并指出哪个品种水稻平均亩产量的代表性强。

表 2-15　水稻试验统计结果　（单位：千克）

水稻品种	A	B	C
平均亩产量	1060	985	1120
标准差	15.32	5.65	25.26

7. 样本 A 和 B 的观测值如下所示。请计算 A、B 的平均数、中位数、众数、极差、方差、标准差等统计量。

A 的观测值：2　4　5　5　7　8

B 的观测值：2　4　5　5　7　10

8. 样本 C 和 D 的观测值如下所示。请分别计算 C、D 的平均数、中位数、众数、极差、方差、标准差。若把 C 的两个 60 分别改变为 30 和 90，请进一步分析数据变动后，对平均数、中位数、众数、极差、方差、标准差等统计量的影响。

C 的观测值：20　60　60　70　90

D 的观测值：30　30　70　90　90

9. 在某次调查中，共收集到了 10 对夫妻的平均身高和其成年子女的平均身高，数据如表 2-16 所示，请绘制父母平均身高和其子女平均身高的散点图，计算相关系数，并对两者的相关性作简要说明。

表 2-16　父母与子女身高观测结果　（单位：cm）

观测序号	1	2	3	4	5	6	7	8	9	10
父母平均身高	175	165	163	158	182	177	181	178	159	169
子女平均身高	182	171	168	161	180	170	185	177	162	170

10. 绘制表 2-17 所示变量 X 、Y 的观测数据的散点图，计算 X 和 Y 的相关系数，并对该组数据的相关性作简要说明。

表 2-17 变量 X 与 Y 的成对观测结果

观测序号	1	2	3	4	5	6	7
X	4	6	7	11	14	17	21
Y	18	12	13	8	7	7	4

五、综合应用题

1. 对于表 2-1 所示的数据，进行如下计算：

对于 10 月份单杠成绩、10 月份仰卧起坐成绩、10 月份 3000m 成绩、10 月份总成绩，根据各列数据的特点，进行可视化描述。

2. 对国家统计局网站发布的 2020 年我国部分地区的年末常住总人口、地区生产总值、铁路营业里程数据进行整理，得到表 2-18。请基于该表数据进行如下计算：

（1）对于年末常住总人口、地区生产总值数据，分别绘制玫瑰图。

（2）对于年末常住总人口、地区生产总值、铁路营业里程三个变量，计算相关系数，绘制矩阵散点图和气泡图。

表 2-18 2020 年我国部分地区年末常住总人口、地区生产总值、铁路营业里程数据

地区	年末常住总人口/万人	地区生产总值/亿元	铁路营业里程/万公里	地区	年末常住总人口/万人	地区生产总值/亿元	铁路营业里程/万公里
北京	2189	35943.3	0.14	湖北	5745	43004.5	0.52
天津	1387	14008	0.12	湖南	6645	41542.6	0.56
河北	7464	36013.8	0.79	广东	12624	111151.6	0.49
山西	3490	17835.6	0.63	广西	5019	22120.9	0.52
内蒙古	2403	17258	1.42	海南	1012	5566.2	0.1
辽宁	4255	25011.4	0.66	重庆	3209	25041.4	0.24
吉林	2399	12256	0.5	四川	8371	48501.6	0.53
黑龙江	3171	13633.4	0.68	贵州	3858	17860.4	0.39
上海	2488	38963.3	0.05	云南	4722	24555.7	0.42
江苏	8477	102807.7	0.42	西藏	366	1902.7	0.08
浙江	6468	64689.1	0.32	陕西	3955	26014.1	0.56
安徽	6105	38061.5	0.53	甘肃	2501	8979.7	0.51
福建	4161	43608.6	0.38	青海	593	3009.8	0.3
江西	4519	25782	0.49	宁夏	721	3956.3	0.17
山东	10165	72798.2	0.69	新疆	2590	13800.7	0.78
河南	9941	54259.4	0.65				

资料来源：国家统计局网站，https://data.stats.gov.cn/adv.htm?m=advquery&cn=E0103. 访问时间：2024 年 3 月 22 日

3. 选择本校的两个班，收集这两个班都学习的 5 门课程的期末考试成绩。如收集两个班的“高等数学”“大学物理”“概率论与数理统计”“线性代数”“大学英语”课程成绩。并完成以下统计工作：

（1）任选一个班的一门课成绩进行数据的分组与展示。

（2）计算各门课程成绩之间的相关系数，并绘制矩阵散点图。

（3）对于不同课程，分别绘制课程成绩对应的箱线图。

（4）对于这两个班级，分别绘制反映 5 门课成绩的雷达图，据此分析比较不同班的成绩。

第 3 章　抽样与估计

本 章 导 读

研究统计总体主要是希望了解总体的特征。描述总体特征的概括性数字量称为总体参数，包括：总体特征变量的概率分布函数的参数，以及总体总和、总体均值、方差或标准差、总体比例等总体特征。通常只能观测到总体中的一部分个体，即样本。由于样本来自总体，所以样本包含了关于总体的信息。通过对样本数据的加工处理就可以估计总体的特征。

统计推断主要是指根据样本观测值对总体的特征进行推断。统计推断分为参数统计（parametric statistics）和非参数统计（nonparametric statistics）。当总体特征变量的概率分布形式已知，未知的仅是其概率分布函数的参数时，对参数所作的统计推断称为参数统计。参数统计首先对样本数据所属的总体分布做出某种假设，然后再进行统计分析。例如，假定所分析的样本数据来自正态总体，对总体均值进行假设检验。当总体的分布形式未知时对总体特征所作的统计推断称为非参数统计。非参数统计也称为任意分布或分布自由（distribution-free）统计，是很少依赖于总体分布形式的统计推断方法（有时仅要求总体的分布是连续的、对称的）。

抽样（sampling）是指从总体中抽取一部分单位组成样本的过程。参数估计（parameter estimation）需要利用样本信息估计总体参数。例如，用样本均值估计总体均值、用样本方差 s^2 估计总体方差等。参数估计分为点估计和区间估计两种。

为了提高估计的可信性和精准程度，抽样方法应使样本具有较好的代表性，估计方法应充分地利用样本中的总体特征信息。2021 年 10 月国家统计局开展了“带动三亿人参与冰雪运动”的统计调查。调查结果显示，自 2015 年北京成功申办冬奥会以来，随着冰雪运动的宣传普及和设施条件的改善，群众参与冰雪运动、践行奥运理念的热情不断高涨，越来越多的群众参与到冰雪运动中来。为了确保统计结果真实可靠，首先科学合理地设计了调查问卷，以准确反映备战北京冬奥、推动群众性冰雪运动、带动群众参与冰雪运动的情况。其次，通过国家统计局社情民意电话调查热线 12340，采用分层随机抽样方法进行数据采集，以使样本具有代表性。调查范围涵盖全国 31 个省（自治区、直辖市）（不含港澳台地区），并按第七次全国人口普查的城乡人口比例、各地区常住人口规模等进行样本分配。

本章首先介绍抽样与估计中的相关基本概念、统计量与抽样分布。然后，介绍总体分布参数的点估计与区间估计方法。最后，介绍简单随机抽样、分层随机抽样等抽样方法及相关总体特征的估计方法。

3.1　抽样与估计的相关概念

为了理解抽样与估计的理论方法，需要引入一些相关的基本概念。本节主要介绍抽样总体、抽样单位、总体参数、样本参数等概念。然后，介绍概率抽样和非概率抽样的概念、分类及特点。最后，引入抽样误差的概念，并给出常见的几种抽样误差的测度方法。

3.1.1　总体类型与总体单位

1. 目标总体与抽样总体

在统计学中，总体可分为目标总体（target population）与抽样总体（sampling population）两种类型。目标总体指研究对象的全体，简称为总体（population）、统计总体或母体。组成总体的单位称为总体单位或者单位（unit，item）。例如，对于 2021 年度湖南省高考成绩分析，总体为 2021 年度湖南省所有参加高考的学生，每个考生为一个总体单位。

抽样总体是指实际中可以构造并据以从中抽取样本的总体，也称为调查总体（survey population）或作业总体。从理论上讲，抽样总体应与目标总体完全一致，但有时两者不完全一致。以某品牌手机的满意度调查为例，目标总体为所有购买该品牌手机的客户。利用购买手机时客户所留的联系方式，可以编制客户名单从而构成对应的抽样总体。但是，可能有些购买了该品牌手机的客户并没有在销售商处登记，因而并不在该名单中，这样就使得本应属于目标总体的单位被排除在抽样总体之外。

抽样总体通常是有限总体，其所包含的单位个数称为总体容量（population size），习惯上用 N 表示。

从抽样总体中按抽样法则抽出来的总体单位组成的集合称为样本（sample）或子样。样本中所包含的单位数目称为样本容量（sample size），或样本量，常用 n 表示。样本中的个体称为样本单位或样品。如图 3-1 所示，设总体中包含 10 个总体单位，分别用 0，1，⋯，9 进行编号，从中按不放回的原则进行抽样，抽取容量为 3 的样本，则共有 $C_{10}^{3}=120$ 种可能的样本，如 $S_1=\{0,1,2\}$，$S_2=\{0,1,3\}$ 等。

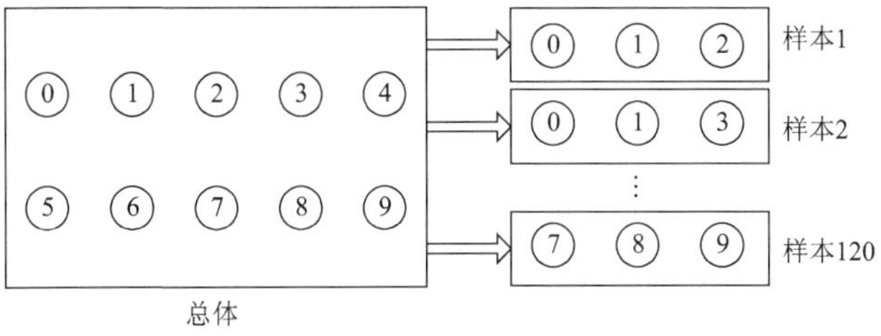

图 3-1　总体与样本

从一个总体中最多可以抽取的容量为 n 的不同样本的数量，称为样本个数（sample number），通常用 m 表示。m 不仅与样本容量有关，还与抽样方法有关。例如，对图 3-1 的抽样，样本个数为 120。

2. 调查单位与抽样单位

根据是否为数据收集的直接对象，总体单位可分为调查单位（survey unit）和抽样单位（sampling unit）。

调查单位是指通过对其进行调查而得到样本观测值（observation）的整体。例如，在某省工业生产情况调查中，调查单位就是每一个从事工业生产活动的经营单位。但调查单位有时与总体单位并不相同，例如，在某大学 2021 年“高等数学”考试成绩的统计分析中，总体单位是 2021 年参加“高等数学”考试的每个学生。如果成绩的获得并不是通过询问每个学生，而是由不同班级提供，那么调查单位就是每一个班级。

抽样单位是用以抽选调查单位进入样本的中介单位，是抽样总体与调查单位之间的连接单位。有时，一个抽样单位包含多个调查单位。例如，在某市居民消费情况调查中，调查单位是居民个人，但抽样单位可以是一个家庭。有时抽样单位就是调查单位。例如，某中学对该校高考成绩进行统计分析时，学校从最终参加高考的学生名单中抽取学生进行分析，则抽样单位与调查单位都是中学生个体。

在多阶段抽样调查中，抽样单位还可以分级。先从抽样总体中抽取初级抽样单位（primary sampling unit，PSU）（第一级抽样单位），再从初级抽样单位中抽取次级抽样单位（secondary sampling unit）（第二级抽样单位），如此递推，最后抽取调查单位。例如，在对某大学 2021 年“高等数学”考试成绩分析中，可先抽样选择学院，再从不同的学院中抽样选择不同的专业，最后从不同的专业抽样选择学生。多阶段抽样过程示意图如图 3-2 所示。

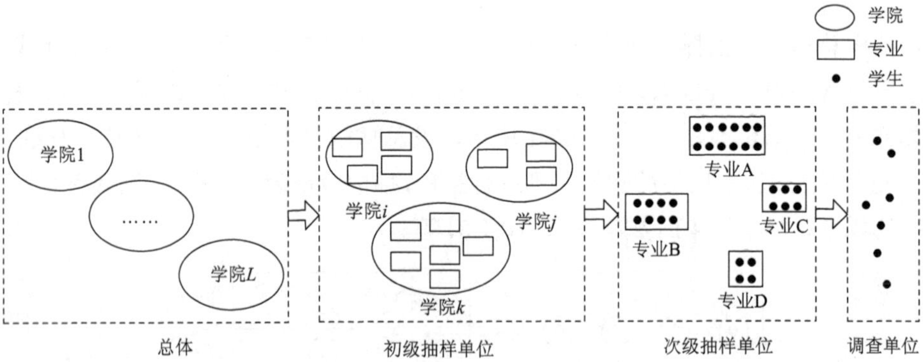

图 3-2　多阶段抽样过程示意图

3. 抽样框

抽样框（sampling frame）是一份包含抽样总体所有抽样单位的名单，是抽样总体的具体表现。例如，在“高等数学”考试成绩分析的例子中，若以每个学生作为抽样单位，抽样框就是所有参加该课程考试的学生名册，如图 3-3 所示。

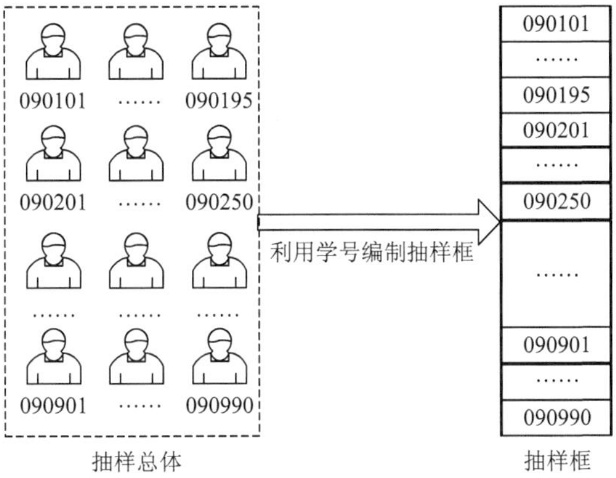

图 3-3　抽样总体与抽样框

3.1.2　概率抽样与非概率抽样

按从总体中选择样本的方法不同，可将抽样方法分为概率抽样（probability sampling）和非概率抽样（non-probability sampling）两种类型。

1. 概率抽样

概率抽样也称为随机抽样，是指采用随机性原则从抽样总体中选择样本，并且要求使抽样总体中的每一个抽样单位都有已知的或可计算的、非零的概率被抽中。

按照每个单位入样的概率是否相等，概率抽样又可分为等概率抽样（equal probability sampling）与不等概率抽样（unequal probability sampling）两种类型。

若概率抽样时总体中每个单位都具有同样的入样概率，则称为等概率抽样，否则称为不等概率抽样。例如，对大学生的体能素质进行评价，假设大一到大四各个年级的人数分别为 N_1、N_2、N_3、N_4，要抽取容量为 n 的样本进行分析。若各年级各学生的入样概率 p 都相等，$p = n/\left(N_1 + N_2 + N_3 + N_4\right)$，则为等概率抽样。若要求在四个年级分别抽取 n_1、n_2、n_3、n_4 个单位，满足 $n = n_1 + n_2 + n_3 + n_4$，则各个年级每个学生的入样概率分别为 n_1/N_1、n_2/N_2、n_3/N_3、n_4/N_4，若这四个入样概率中至少有两个不等，则称为不等概率抽样。

概率抽样具有如下特点：①按一定的概率随机抽取样本。在抽取样本时通过一定的随机化程序排除主观影响，使得每一个单位都有一定的机会被抽中，但在抽样前不知道能选中哪一个单位。②每个单位被抽中的概率是已知的，或者是可计算的，并且是非零的。③样本的随机性使得便于运用统计方法推断总体的特征。④由于样本的有限性，抽样估计的误差是难以避免的，但概率抽样的估计误差是可以计算的和可以通过抽样方法控制的。⑤需要有一定的概率统计知识，技术性较强。

常见的概率抽样方法有简单随机抽样(simple random sampling)、分层抽样(stratified sampling)、整群抽样（cluster sampling）和系统抽样（systematic sampling）等。

2. 非概率抽样

不属于概率抽样的抽样方法称为非概率抽样。非概率抽样通常是根据主观判断或方便的原则抽取样本。非概率抽样具有便于组织、抽样过程迅速快捷等优点，但难以估计抽样误差。

常见的非概率抽样方法有方便抽样、判断抽样、配额抽样、滚雪球抽样、自我选择等。

（1）方便抽样（convenience sampling)，又称随意抽样，是指调查者依据方便原则在总体中抽取样本。例如，在调查某大学学生食堂满意度时，从进出食堂的学生中随意拦截选择部分学生进行调查。方便抽样可以用较少的花费得到对总体情况的近似估计。

（2）判断抽样（judgement sampling)，又称目的抽样，是指调查者根据自己的经验和知识从总体中选择其中有代表性的单位作为样本。例如，某房地产公司为了解大户型房产的市场需求，派调查人员在商业区选择看上去可能属于高收入的人进行调查。

（3）配额抽样（quota sampling)，也称定额抽样，是将总体中的所有单位进行分类，并确定各类的样本量分配数额，再从各类中按其样本分配数额进行方便或判断抽样。例如，某大学开展学生体能统计调查，每个学院分配 10 个名额，再由各个学院采用判断抽样选取有代表性的 10 个学生入样。

（4）滚雪球抽样（snowball sampling)，是基于已有的样本选择其他样本，采用滚雪球的方式逐步扩大样本容量的抽样方法。例如，对于徒步爱好者的调查，在找到第一个调查对象后，他（她）可以推荐另外一个徒步爱好者，如此类推，可以找到一定数量的单位。

（5）自我选择（self-selection)，也称为自我样本，是由总体中自愿参加调查的单位组成样本。例如，物业公司进行小区服务质量调查，将调查问卷放在小区出入口，由小区居民自我选择是否参与调查。

3.1.3 总体参数与样本参数

1. 总体参数

总体参数是指描述总体特征的数字度量，如总体均值（population mean)、总体方差（population variance）和总体总和（population total）等。当总体为有限总体时，设总体 X 中各单位的标志值为 $X_i, i=1,2,\cdots,N$ 。总体均值 $\overline{X}$ 、总体方差 S^2 与总体总和 X^* 分别定义为

$$\mu = \bar{X} = \frac{1}{N}\sum_{i=1}^{N} X_i \tag{3.1.1}$$

$$\sigma^2 = S^2 = \frac{1}{N-1}\sum_{i=1}^{N}\left(X_i - \bar{X}\right)^2 \tag{3.1.2}$$

$$X^* = \sum_{i=1}^{N} X_i \tag{3.1.3}$$

总体方差 S^2 的正的平方根 S 称为总体标准差（population standard deviation）。

总体中具有某种特征的单位总数占全部单位总数的比例称为总体比例（population proportion），记为 P。将总体中符合规定特征的单位的标志值取 1，不符合规定特征的单位的标志值取 0。如在质量检验中，合格产品的标志值取 1，不合格产品的标志值取 0。记 N_1 为 N 个单位中 1 的数目，则总体比例的计算公式为

$$P = \frac{N_1}{N} \tag{3.1.4}$$

相应地，有

$$S^2 = \frac{1}{N-1}\left[N_1(1-P)^2 + (N-N_1)(0-P)^2\right] = \frac{N}{N-1}(1-P)P \tag{3.1.5}$$

2. 样本参数

样本参数是指描述样本特征的数字度量。常见的样本参数有样本均值（sample mean）$\bar{x}$，样本方差（sample variance）s^2，样本总和（sample total）x^*。

记从总体中抽取出的 n 个单位组成的样本为 $x_1, x_2, \cdots, x_n$，注意此处 x_i 并不一定是总体的第 i 个单位，而是指样本中的第 i 个单位。定义如下样本参数：

$$\bar{x} = \frac{1}{n}\sum_{i=1}^{n} x_i \tag{3.1.6}$$

$$s^2 = \frac{1}{n-1}\sum_{i=1}^{n}\left(x_i - \bar{x}\right)^2 \tag{3.1.7}$$

$$x^* = \sum_{i=1}^{n} x_i \tag{3.1.8}$$

样本方差 s^2 的正的平方根 s 称为样本标准差（sample standard deviation）。

样本中具有某种特征的单位总数占样本中所有单位总数的比例称为样本比例（sample proportion）。当 x_i（$i=1,2,\cdots,n$）的取值仅有 0 和 1 两种情况时，$\bar{x}$ 即为样本比例，记为 p，计算公式为

$$p = \frac{n_1}{n} \tag{3.1.9}$$

其中，n_1 为 x_i（$i=1,2,\cdots,n$）中标志值为 1 的单位数。样本方差为

$$s^2=\frac{1}{n-1}\sum_{i=1}^{n}(x_i-p)^2=\frac{1}{n-1}\left(n_1(1-p)^2+(n-n_1)(0-p)^2\right)=\frac{n}{n-1}p(1-p) \tag{3.1.10}$$

3.1.4 抽样误差

设θ为总体参数。记从总体X中抽取的样本为$x=\{x_1,x_2,\cdots,x_n\}$。用x对总体参数θ进行估计，记估计值为$\hat{\theta}$。在参数估计时，由于抽样的随机性，且不能对总体中的所有单位都进行观测，估计值$\hat{\theta}$与总体参数值θ之间会存在差异，这种差异称为抽样误差(sampling error)。以下介绍几种常见的抽样误差测度。

1. 抽样实际误差

抽样实际误差（true error）是指抽样估计值$\hat{\theta}$与总体参数θ之间的偏差$\hat{\theta}-\theta$。由于样本结果是随机的，所以实际抽样误差也是一个随机变量。实际应用中主要关心的是抽样实际误差的绝对值$\left|\hat{\theta}-\theta\right|$。

2. 抽样标准误差

随机变量$\hat{\theta}$的方差$\mathrm{Var}\left(\hat{\theta}\right)$反映了抽样误差的大小。定义其正的平方根为抽样标准误差（standard error)，记为$\mathrm{SE}\left(\hat{\theta}\right)=\sqrt{\mathrm{Var}\left(\hat{\theta}\right)}$。

3. 抽样极限误差

抽样极限误差（limit error）指在概率意义下所允许的最大误差范围，也称最大绝对误差，通常用$\varDelta$表示，定义为

$$P\left\{\left|\hat{\theta}-\theta\right|\leqslant\varDelta\right\}=1-\alpha \tag{3.1.11}$$

其中，$1-\alpha$为置信水平（confidence level)。

4. 最大相对误差

定义抽样相对允许误差（relative error）为$r=\left|\frac{\varDelta}{\theta}\right|$。其中，$\varDelta=\hat{\theta}-\theta$。

最大相对误差（maximum relative error）$r_{\max}$指在概率意义下所允许的最大相对误差范围，定义为

$$P\left\{\left|\left(\hat{\theta}-\theta\right)/\theta\right|\leqslant r_{\max}\right\}=1-\alpha \tag{3.1.12}$$

其中，$1-\alpha$为置信水平。

3.2　统计量与抽样分布

由于样本来自总体，因此可以从样本中提取关于总体的信息。统计量是基于样本数据计算得到的概括性的量，主要用于反映总体的特征。由于样本具有随机性，统计量的取值也具有随机性。根据统计量的概率分布，可评价统计量用于估计总体特征时的性质。本节主要介绍统计量、估计量、抽样分布等相关概念，并介绍统计量涉及的 χ^2 、t 和 F 等三大抽样分布及其主要性质。

3.2.1　统计量与估计量

1. 统计量

统计量（statistic）是样本的函数，且不含任何未知参数。若样本为 $x_1,x_2,\cdots,x_n$ ，则统计量可记为 $T(x_1,x_2,\cdots,x_n)$。常用的统计量有样本均值 $\bar{x}$ 、样本方差 s^2 、样本标准差 s 和样本比例 p 等。由于样本选择是随机的，统计量必然是随机变量，其概率分布称为抽样分布（sampling distribution）。统计量反映了样本中所包含的总体的信息，但信息量的大小既与统计量的函数形式有关，也与总体的分布有关。如果统计量包含了样本数据中关于待估计的总体参数的全部信息，则称该统计量为对应于待估参数的充分统计量（sufficient statistic）。

2. 估计量

参数估计是指利用统计量估计总体的参数。例如，用样本均值 $\bar{x}$ 估计总体均值（期望）μ 、用样本方差 s^2 估计总体方差 σ^2 等。总体参数的估计量（estimator）是指用来估计总体参数的统计量。样本均值、样本方差等都可以是估计量。估计量的具体数值称为总体参数的估计值（estimate）。例如，要估计某校大学生的平均身高，可将全校大学生的平均身高称为参数 θ 。从该校的大学生中抽取一个随机样本，根据样本观测值得到的平均身高 $\bar{x}$ 就可以作为估计量。假定利用样本观测值计算得到 $\bar{x}$ =175cm，则这个 175 就是估计值。

估计量与估计值是两个不同的概念，估计量是随机变量，其取值随样本的变化而变化，估计值是估计量的具体取值，是样本一个具体实现的结果。为了加以区别，可以将估计量用大写字母表示，如 S^2 、$\bar{X}$ 等，将估计值用小写字母表示，如 s^2 、$\bar{x}$ 等。为方便起见，除特别加以说明外，本书将估计量与估计值都以小写字母表示。

3.2.2　抽样分布的概念

抽样分布指统计量的概率分布，通常由统计量的可能取值与对应的概率组成，反映了不同样本估计值出现的概率。

例 3-1　设一个瓮中共有 5 个球，其中 3 个白色球，2 个黑色球。现要求从瓮中抽取两个球用以估计该瓮中黑色球的比例 θ 。

解：对于总体来说，黑色球所占比例为 $\theta=2/5=0.4$ 。采用无放回等概率抽样方法，从总体中抽取容量为 2 的样本，共有 $C_5^2=10$ 个样本，且每个样本出现的概率均为 0.1。

如果以抽取的每个样本中的黑色球所占的比例为估计量 $\hat{\theta}$ ，则可得如表 3-1 所示的抽样估计值。表中，样本观测值为样本中两种球的取值。1 表示黑色球、0 表示白色球，$\hat{\theta}_i$ 表示由编号为 i 的样本计算得到的估计值，f_i 表示编号为 i 的样本出现的概率，p_i 表示编号为 i 的样本估计值出现的概率。例如，第 2 个样本中有 1 个黑色球，1 个白色球，所以样本估计值为 $\hat{\theta}_i=0.5$ ，由于在 10 个样本中，估计值 0.5 共出现了 6 次，每次出现的概率为 0.1，所以估计值 0.5 对应的抽样分布的取值概率为 0.1+0.1+0.1+0.1+0.1+0.1=0.6。

表 3-1　抽样分布与抽样误差示例

样本编号	样本观测值		$\hat{\theta}_i$	f_i	p_i
1	1	1	1	0.1	0.1
2	1	0	0.5	0.1	0.6
3	1	0	0.5	0.1	0.6
4	1	0	0.5	0.1	0.6
5	1	0	0.5	0.1	0.6
6	1	0	0.5	0.1	0.6
7	1	0	0.5	0.1	0.6
8	0	0	0	0.1	0.3
9	0	0	0	0.1	0.3
10	0	0	0	0.1	0.3

综合表 3-1 中的结果，可得估计量 $\hat{\theta}$ 的抽样分布如表 3-2 所示。

表 3-2　估计量 $\hat{\theta}$ 的抽样分布

$\hat{\theta}_i$	1	0.5	0
p_i	0.1	0.6	0.3

其中，$\hat{\theta}_i$ 为由样本 i （ $i=1,2,\cdots,m$ ）得到的参数估计值，记 $P\left(\hat{\theta}_i\right)$ 为 $\hat{\theta}_i$ 出现的概率（简记为 p_i ）。则总体参数估计量的期望为

$$\mathrm{E}\left(\hat{\theta}\right)=\sum_{i=1}^{m}\hat{\theta}_i P\left(\hat{\theta}_i\right) \tag{3.2.1}$$

对于例 3-1，$\mathrm{E}\left(\hat{\theta}\right)=1\times0.1+0.5\times0.6+0\times0.3=0.4$。

图 3-4 给出了服从指数分布 $\mathrm{Exp}(2)$ 的总体，当样本容量 n 分别为 1、2、8、50 时，样本均值的分布密度函数估计（通过 1000 次随机抽样得到的样本结果）。可以看出，当样本容量变大时，样本均值的抽样分布趋于正态分布。

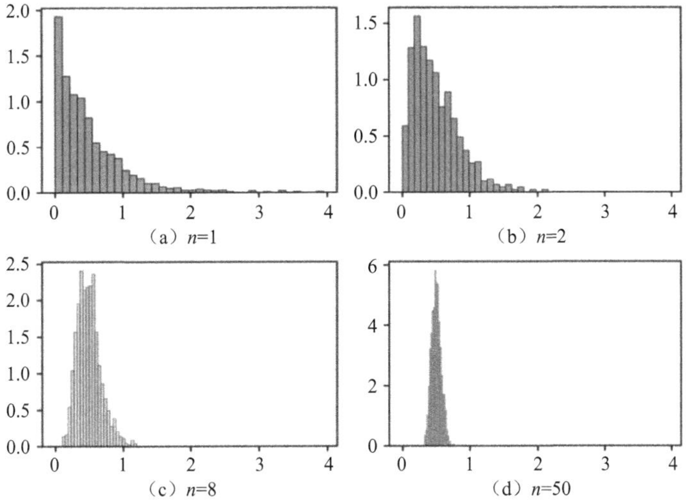

图 3-4　指数分布样本均值的抽样分布密度函数

当 $\mathrm{E}\left(\hat{\theta}\right)=\theta$ 时，称 $\hat{\theta}$ 为 θ 的无偏估计，否则认为 $\hat{\theta}$ 是有偏的。可以证明，$\bar{x}$、s^2、p 分别是 $\bar{X}$、S^2、P 的无偏估计量。称估计量 $\hat{\theta}$ 的偏差（bias）为

$$B=\mathrm{E}\left(\hat{\theta}\right)-\theta \tag{3.2.2}$$

估计量的方差描述了抽样分布的离散程度，其计算公式为

$$\mathrm{Var}\left(\hat{\theta}\right)=\mathrm{E}\left(\hat{\theta}-\mathrm{E}\left(\hat{\theta}\right)\right)^2 \tag{3.2.3}$$

当总体为有限总体时，式(3.2.3)可写为

$$\mathrm{Var}\left(\hat{\theta}\right)=\sum_{i=1}^{m}\left(\hat{\theta}_i-\mathrm{E}\left(\hat{\theta}\right)\right)^2 P\left(\hat{\theta}_i\right) \tag{3.2.4}$$

对于例 3-1，$\mathrm{Var}\left(\hat{\theta}\right)=(1-0.4)^2\times0.1+(0.5-0.4)^2\times0.6+(0-0.4)^2\times0.3=0.09$。

定义均方误差（mean square error，MSE）为

$$\mathrm{MSE}\left(\hat{\theta}\right)=\mathrm{E}\left[\left(\hat{\theta}-\theta\right)^2\right] \tag{3.2.5}$$

对于有限总体，式(3.2.5)可写为

$$\mathrm{MSE}\left(\hat{\theta}\right)=\sum_{i=1}^{m}\left(\hat{\theta}_i-\theta\right)^2 P\left(\hat{\theta}_i\right) \tag{3.2.6}$$

可进一步分解为

$$\begin{aligned}\mathrm{MSE}\left(\hat{\theta}\right)&=\mathrm{E}\left[\left(\hat{\theta}-\theta\right)^2\right]=\mathrm{E}\left[\left(\hat{\theta}-\mathrm{E}\left(\hat{\theta}\right)+\mathrm{E}\left(\hat{\theta}\right)-\theta\right)^2\right]\\&=\mathrm{E}\left[\left(\hat{\theta}-\mathrm{E}\left(\hat{\theta}\right)\right)^2+\left(\mathrm{E}\left(\hat{\theta}\right)-\theta\right)^2+2\left(\hat{\theta}-\mathrm{E}\left(\hat{\theta}\right)\right)\left(\mathrm{E}\left(\hat{\theta}\right)-\theta\right)\right]\\&=\mathrm{E}\left(\hat{\theta}-\mathrm{E}\left(\hat{\theta}\right)\right)^2+\left(\mathrm{E}\left(\hat{\theta}\right)-\theta\right)^2=\mathrm{Var}\left(\hat{\theta}\right)+B^2\end{aligned}\tag{3.2.7}$$

由式(3.2.7)可见，均方误差等于抽样分布的方差与偏差的平方之和。

抽样的目的通常是通过样本参数估计总体参数，因此，实际中经常关注的是估计量相对于总体参数θ的离散情况，即$\mathrm{MSE}\left(\hat{\theta}\right)$。记由样本数据得到的方差与均方误差值分别为$\mathrm{var}\left(\hat{\theta}\right)$和$\mathrm{mse}\left(\hat{\theta}\right)$。

3.2.3　三大抽样分布

统计学中的许多抽样分布都是基于正态分布构造出来的。其中，χ^2分布、t分布和F分布称为统计学中的“三大抽样分布”，在统计推断中具有十分广泛的应用。

1. χ^2分布

设$X_i \sim N(0,1)$（$i=1,2,\cdots,n$），在各X_i相互独立的条件下，$\chi^2=\sum_{i=1}^{n}X_i^2$的分布称为自由度为$n$的$\chi^2$（卡方）分布，记为$\chi^2(n)$，其概率密度函数为

$$f(x)=\begin{cases}\dfrac{1}{2^{n/2}\Gamma(n/2)}x^{n/2-1}\exp\left(-\dfrac{x}{2}\right), & x>0\\0, & x\leqslant 0\end{cases}\tag{3.2.8}$$

其中，$\Gamma(n/2)=\int_0^{\infty}u^{\frac{n}{2}-1}\exp(-u)\mathrm{d}u$为伽马（Gamma）函数。$\chi^2$分布的概率密度函数如图3-5所示。

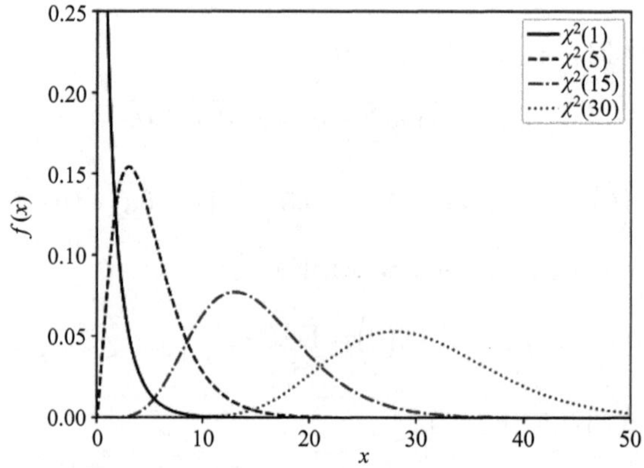

图3-5　χ^2分布的概率密度函数

可以证明，$\chi^2(n)$分布的期望和方差分别为$\mathrm{E}(\chi^2)=n$，$\mathrm{Var}(\chi^2)=2n$。

若 X 服从正态分布 $N(\mu,\sigma^2)$，对来自 X 的样本 $x_1,x_2,\cdots,x_n$，有如下结论。

（1）$\dfrac{(n-1)s^2}{\sigma^2}$ 服从自由度为 $n-1$ 的 χ^2 分布，即

$$\frac{(n-1)s^2}{\sigma^2}\sim\chi^2(n-1) \tag{3.2.9}$$

（2）样本均值 $\overline{x}$ 与样本方差 $s^2=\dfrac{1}{n-1}\sum_{i=1}^{n}(x_i-\overline{x})^2$ 相互独立。

可以证明 χ^2 分布具有如下性质。

若随机变量 $X_1\sim\chi^2(n_1)$，$X_2\sim\chi^2(n_2)$，且 X_1 与 X_2 相互独立，则对随机变量 X_1+X_2 有

$$X_1+X_2\sim\chi^2(n_1+n_2) \tag{3.2.10}$$

即 χ^2 分布具有可加性，该性质可推广到 k 个服从 χ^2 分布的随机变量的情形。

通常，用 $\chi^2_\alpha(n)$ 表示自由度为 n 的 χ^2 分布的 α 分位数。

2. *t* 分布

若 $X\sim N(0,1)$，$Y\sim\chi^2(n)$，且 X 与 Y 相互独立，则随机变量 $t=X\big/\sqrt{Y/n}$ 服从的概率分布称为自由度为 n 的 t 分布，记为 $t(n)$，其概率密度函数为

$$f(x)=\frac{\Gamma\big((n+1)/2\big)}{\sqrt{n\pi}\,\Gamma(n/2)}\left(1+x^2/n\right)^{-\frac{n+1}{2}},\quad -\infty<x<\infty \tag{3.2.11}$$

t 分布的概率密度函数如图 3-6 所示。可以证明，t 分布的均值为 $\mathrm{E}(t)=0$，方差为 $\mathrm{Var}(t)=\dfrac{n}{n-2}$，$n>2$。当 n 趋于无穷大时，t 分布收敛于 $N(0,1)$。

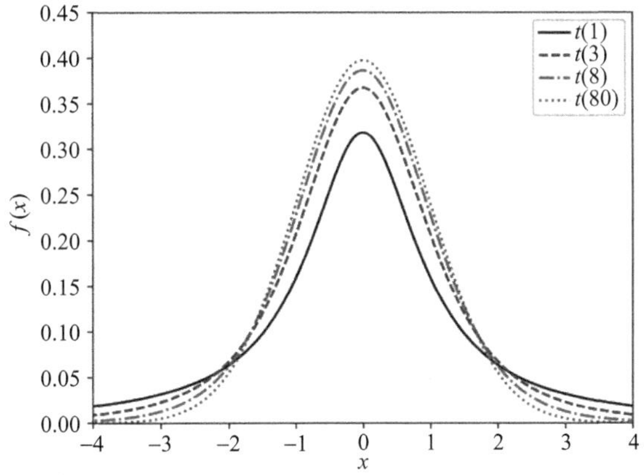

图 3-6　*t* 分布的概率密度函数

由正态分布和 χ^2 分布的性质，当总体 X 服从正态分布 $N(\mu,\sigma^2)$ 时，由于

$$\frac{\overline{x}-\mu}{\sqrt{\sigma^2/n}} \sim N(0,1) \tag{3.2.12}$$

结合 t 分布的定义及式(3.2.9)有

$$t=\frac{\overline{x}-\mu}{\sqrt{\sigma^2/n}}\Bigg/\sqrt{\frac{(n-1)s^2}{\sigma^2}\Big/(n-1)}=\frac{\sqrt{n}(\overline{x}-\mu)}{s} \sim t(n-1) \tag{3.2.13}$$

通常，用 $t_\alpha(n)$ 表示自由度为 n 的 t 分布的 α 分位数。

3. F 分布

若 $X \sim \chi^2(m)$，$Y \sim \chi^2(n)$，且 X 与 Y 相互独立，则随机变量 $F=\dfrac{X/m}{Y/n}$ 服从的概率分布称为自由度为 (m,n) 的 F 分布，其概率密度函数为

$$f(x)=\begin{cases}\dfrac{\Gamma\left(\dfrac{m+n}{2}\right)m^{m/2}n^{n/2}}{\Gamma\left(\dfrac{m}{2}\right)\Gamma\left(\dfrac{n}{2}\right)}\dfrac{x^{m/2-1}}{(n+mx)^{(m+n)/2}}, & x>0\\ 0, & x \leqslant 0\end{cases} \tag{3.2.14}$$

F 分布的概率密度函数如图 3-7 所示。

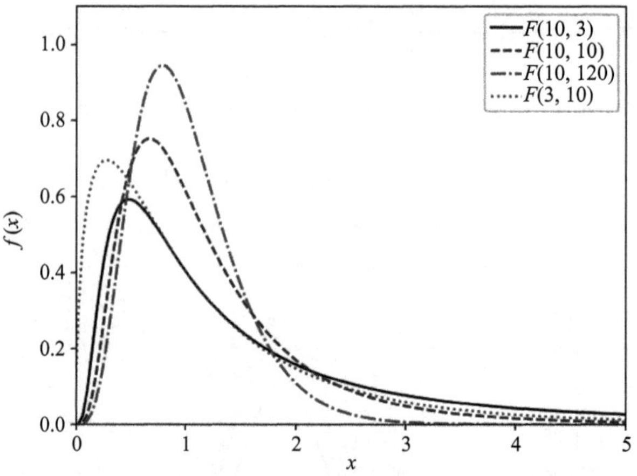

图 3-7　F 分布的概率密度函数

可证，F 分布的均值为 $\mathrm{E}(F)=\dfrac{n}{n-2}$，$n>2$，方差为 $\mathrm{Var}(F)=\dfrac{2n^2(m+n-2)}{m(n-4)(n-2)^2}$，$n>4$。由 F 分布的定义易知，若随机变量 $F \sim F(m,n)$，则 $\dfrac{1}{F} \sim F(n,m)$。

通常，用 $F_\alpha(m,n)$ 表示自由度为 (m,n) 的 F 分布的 α 分位数。

3.3　点　估　计

点估计（point estimate）是将估计值 $\hat{\theta}$ 作为总体参数 θ 的估计。点估计的计算过程为：首先根据总体参数的性质构造一个估计量，然后由样本数据计算出估计量，并将其作为相应的总体参数值的估计。常用的点估计方法有矩估计法（method of moments）和极大似然估计法(method of maximum likelihood)。本节主要介绍这两种点估计方法，并简述点估计优劣的评价准则。

3.3.1　矩估计法

设 X 为随机变量，称 $\mathrm{E}\left(X^i\right)$ 为 X 的 i 阶原点矩，其中 $i=1,2,\cdots$。令 $\mu=\mathrm{E}(X)$，称 $\mathrm{E}\left((X-\mu)^i\right)$ 为 X 的 i 阶中心矩。对于来自 X 的样本 $x_1,x_2,\cdots,x_n$，称 $\frac{1}{n}\sum_{j=1}^{n}x_j^i$ 为样本的 i 阶原点矩，称 $\frac{1}{n}\sum_{j=1}^{n}\left(x_j-\overline{x}\right)^i$ 为样本的 i 阶中心矩。例如，若 $X\sim N\left(\mu,\sigma^2\right)$，则 μ 为一阶原点矩，σ^2 为二阶中心矩。

矩估计法是英国统计学家皮尔逊于 19 世纪提出的，其基本思想就是用样本矩（原点矩或中心矩）作为相应的总体矩的估计，用样本矩的函数替换相应的总体矩的函数，然后据此求解总体分布中的未知参数。

设 X 的分布函数有参数 $\theta=\left(\theta_1,\theta_2,\cdots,\theta_k\right)$，$D$ 是 X 的取值范围。以原点矩为例，矩估计法的主要步骤如下。

（1）计算总体 X 的原点矩 $\mathrm{E}\left(X^i\right)$，$i=1,2,\cdots,k$。当 X 为连续型随机变量，且密度函数 $f(x;\theta)$ 存在时

$$\mathrm{E}\left(X^i\right)=\int_D x^i f(x;\theta)\mathrm{d}x \tag{3.3.1}$$

当 X 为离散型随机变量，$D=\left\{X_1,X_2,\cdots,X_m\right\}$ 时

$$\mathrm{E}\left(X^i\right)=\sum_{j=1}^{m}X_j^i P\left(X_j;\theta\right) \tag{3.3.2}$$

其中，$P\left(X_j;\theta\right)$ 表示在参数取值为 θ 时 $X=X_j$ 的概率。

通常，由这一步得到的 $\mathrm{E}\left(X^i\right)$ 为 θ 的函数。

（2）计算样本的原点矩 $\hat{\mathrm{E}}\left(x^i\right)$，$i=1,2,\cdots,k$，其中

$$\hat{\mathrm{E}}\left(x^i\right)=\frac{1}{n}\sum_{j=1}^{n}x_j^i \tag{3.3.3}$$

（3）求解如下方程组：

$$\mathrm{E}\left(X^i\right)=\hat{\mathrm{E}}\left(x^i\right),\quad i=1,2,\cdots,k \tag{3.3.4}$$

可得$\theta=(\theta_1,\theta_2,\cdots,\theta_k)$的矩估计，记为$\hat{\theta}=(\hat{\theta}_1,\hat{\theta}_2,\cdots,\hat{\theta}_k)$。

例 3-2 设$x_1,x_2,\cdots,x_n$是来自总体X的样本。$\mathrm{E}(X)=\mu$、$\mathrm{Var}(X)=\sigma^2$，μ、σ^2为未知常数。求μ和σ^2的矩估计。

解：总体的一、二阶原点矩分别为

$$\mathrm{E}(X)=\mu,\quad \mathrm{E}(X^2)=\mathrm{Var}(X)+(\mathrm{E}(X))^2=\sigma^2+\mu^2$$

故可得到方程组

$$\begin{cases}\mu=\dfrac{1}{n}\sum\limits_{i=1}^{n}x_i\\ \mu^2+\sigma^2=\dfrac{1}{n}\sum\limits_{i=1}^{n}x_i^2\end{cases}$$

求解上述方程组，可得μ、σ^2的矩估计分别为

$$\hat{\mu}=\frac{1}{n}\sum_{i=1}^{n}x_i=\overline{x} \tag{3.3.5}$$

$$\hat{\sigma}^2=\frac{1}{n}\sum_{i=1}^{n}x_i^2-\overline{x}^2=\frac{1}{n}\sum_{i=1}^{n}(x_i-\overline{x})^2=\frac{n-1}{n}s^2 \tag{3.3.6}$$

例 3-3 设总体X服从伯努利分布$b(1,p)$，$0\leqslant p\leqslant 1$，其概率质量函数（pmf）为

$$P(x)=\begin{cases}p, & x=1\\ 1-p, & x=0\end{cases} \tag{3.3.7}$$

若$x_1,x_2,\cdots,x_n$是来自总体X的一个样本，求p的矩估计。

解：总体的一阶原点矩为$\mathrm{E}(X)=p\times 1+(1-p)\times 0=p$，样本的一阶原点矩为$\hat{\mathrm{E}}(x)=\frac{1}{n}\sum_{i=1}^{n}x_i$。所以$p$的矩估计为

$$\hat{p}=\frac{1}{n}\sum_{i=1}^{n}x_i=\overline{x} \tag{3.3.8}$$

3.3.2 极大似然估计法

极大似然估计法是由英国统计学家费希尔在 20 世纪初提出的参数估计方法。记$x_1,x_2,\cdots,x_n$为从总体X中随机抽出的独立同分布（independently identically distribution，i.i.d.）样本。当X为连续变量时，记其密度函数为$f(x;\theta)$，$\theta=(\theta_1,\theta_2,\cdots,\theta_k)$为未知参数。定义$\theta$的似然函数是随机变量取观测值$x_1,x_2,\cdots,x_n$的联合密度函数，计算公式为

$$L(\theta;x)=\prod_{i=1}^{n}f(x_i;\theta) \tag{3.3.9}$$

当 X 为离散型随机变量时，设 $P(x_i;\theta)$ 为 X 取值为 x_i 的概率，θ 为未知参数，定义似然函数是随机变量取观测值 $x_1,x_2,\cdots,x_n$ 的联合概率，计算公式为

$$L(\theta;x)=\prod_{i=1}^{n}P(x_i;\theta) \tag{3.3.10}$$

极大似然估计法的基本思想是：对给定观测值 $x_1,x_2,\cdots,x_n$，选择使得似然函数 $L(\theta;x)$ 达到最大的 θ 值 $\hat{\theta}$ 作为总体分布参数 θ 的估计值。极大似然估计法的主要步骤如下。

（1）计算似然函数 $L(\theta;x)$。

（2）由于 $L(\theta;x)$ 的极值点与 $\ln L(\theta;x)$ 的极值点相同，为计算方便，通过对 $\ln L(\theta;x)$ 极大值的求解获得 θ 的估计。当只存在一个极值点时，解方程组

$$\begin{cases}\dfrac{\partial \ln L(\theta;x)}{\partial \theta_1}=0\\ \dfrac{\partial \ln L(\theta;x)}{\partial \theta_2}=0\\ \qquad\vdots\\ \dfrac{\partial \ln L(\theta;x)}{\partial \theta_k}=0\end{cases} \tag{3.3.11}$$

即可得到 $\theta=(\theta_1,\theta_2,\cdots,\theta_k)$ 的估计，记为 $\hat{\theta}=(\hat{\theta}_1,\hat{\theta}_2,\cdots,\hat{\theta}_k)$。

矩估计法只需要知道总体分布的若干阶矩的形式，而极大似然估计法则需要知道总体的分布形式。因此，极大似然估计法更为充分地利用了总体分布形式的信息，在总体分布形式已知的情形下，采用极大似然估计法给出的估计具有更优良的性质。

例 3-4　设 $x_1,x_2,\cdots,x_n$ 是来自正态总体 $N(\mu,\sigma^2)$ 的独立同分布（i.i.d.）样本，试用极大似然估计法估计总体参数 $\theta=(\mu,\sigma^2)$。

解：首先，θ 的似然函数为 $L(\theta;x)=\prod\limits_{i=1}^{n}f(x_i;\theta)=\prod\limits_{i=1}^{n}\dfrac{1}{\sqrt{2\pi\sigma^2}}\exp\left(-\dfrac{(x_i-\mu)^2}{2\sigma^2}\right)$，对数似然函数为 $\ln L(\theta;x)=-\dfrac{n}{2}\ln(2\pi\sigma^2)-\sum_{i=1}^{n}\dfrac{(x_i-\mu)^2}{2\sigma^2}$，求关于 μ、σ^2 的偏导数，并令其等于 0，得到

$$\frac{\partial \ln L(\theta;x)}{\partial \mu}=\sum_{i=1}^{n}\frac{(x_i-\mu)}{\sigma^2}=0\text{，}\quad \frac{\partial \ln L(\theta;x)}{\partial \sigma^2}=-\frac{n}{2\sigma^2}+\sum_{i=1}^{n}\frac{(x_i-\mu)^2}{2\sigma^4}=0$$

解上述方程组，可得 μ、σ^2 的极大似然估计为

$$\hat{\mu}=\frac{1}{n}\sum_{i=1}^{n}x_i\text{，}\quad \hat{\sigma}^2=\frac{1}{n}\sum_{i=1}^{n}(x_i-\hat{\mu})^2=\frac{n-1}{n}s^2$$

例 3-5　设 $x_1,x_2,\cdots,x_n$ 是来自伯努利分布 $b(1,p)$ 的独立同分布（i.i.d.）样本，试用极

大似然估计法估计总体比例 p 。

解：p 的似然函数为 $L(p;x)=\prod_{i=1}^{n}P(x_i;p)=p^{\sum_{i=1}^{n}x_i}(1-p)^{n-\sum_{i=1}^{n}x_i}$ ，对数似然函数为 $\ln L(p;x)=\ln p\times\sum_{i=1}^{n}x_i+\ln(1-p)\times\left(n-\sum_{i=1}^{n}x_i\right)$，求关于 p 的导数，并令其等于 0，可得 $\frac{\mathrm{d}\ln L(p;x)}{\mathrm{d}p}=\frac{1}{p}\times\sum_{i=1}^{n}x_i-\frac{1}{1-p}\times\left(n-\sum_{i=1}^{n}x_i\right)=0$，由此求解得到 p 的极大似然估计为

$$\hat{p}=\frac{1}{n}\sum_{i=1}^{n}x_i=\overline{x} \tag{3.3.12}$$

3.3.3 估计量的评价

由于总体参数 θ 的点估计 $\hat{\theta}$ 是根据样本取值 $x_1,x_2,\cdots,x_n$ 计算得到的，所以 $\hat{\theta}$ 是样本的函数，即 $\hat{\theta}=\hat{\theta}(x_1,x_2,\cdots,x_n)$ 。由于样本的随机性，所以 $\hat{\theta}$ 也是随机变量，且服从一定的概率分布。对同一个参数，可以构造出若干个不同的估计量，例如，矩估计量、极大似然估计量等。对于估计量的优劣，常用的评价准则有无偏性（unbiasedness）、有效性（efficiency）和相合性（consistency）。在参数估计中，所选择的估计量应尽可能是无偏的、有效的和相合的。

1. 无偏性

无偏性的直观意义是估计结果在总体上应集中在参数真值的附近，围绕参数真值大致呈现对称性变化，不存在系统性的偏差。即对未知参数 θ 反复使用同一个无偏估计 $\hat{\theta}$ 时，尽管由不同样本观测值计算得到的离差 $\hat{\theta}(x_1,x_2,\cdots,x_n)-\theta$ 未必为零，但平均离差应接近于 0。具体地，若参数 θ 的估计值 $\hat{\theta}$ 满足 $\mathrm{E}(\hat{\theta})=\theta$ ，则称 $\hat{\theta}$ 是 θ 的无偏估计（unbiased estimator）。若估计值 $\hat{\theta}$ 与真实值 θ 的平均离差随着样本容量的增大而变小，即

$$\lim_{n\to\infty}\mathrm{E}\left(\hat{\theta}(x_1,x_2,\cdots,x_n)\right)=\theta \tag{3.3.13}$$

则称 $\hat{\theta}$ 是 θ 的渐近无偏估计。

例 3-6 设总体 $X\sim N(\mu,\sigma^2)$，$x_1,x_2,\cdots,x_n$ 为独立同分布（i.i.d.）样本，由式(3.3.5)和式(3.3.6)可得 μ 、σ^2 的矩估计量。由正态分布与 χ^2 分布的关系有 $\hat{\mu}\sim N\left(\mu,\frac{\sigma^2}{n}\right)$，$\frac{(n-1)s^2}{\sigma^2}\sim\chi^2(n-1)$，因此 $\mathrm{E}(\hat{\mu})=\mu$ ，$\mathrm{E}(\hat{\sigma}^2)=\frac{n-1}{n}\sigma^2=\sigma^2-\frac{1}{n}\sigma^2$ 。所以，$\hat{\mu}$ 是 μ 的无偏估计。由于 $\lim_{n\to\infty}\mathrm{E}(\hat{\sigma}^2)=\sigma^2$ ，故 $\hat{\sigma}^2$ 是 σ^2 的渐近无偏估计。

从例 3-6 的分析看，$\hat{\mu}$ 作为 μ 的无偏估计，对于任意的样本容量 n 都是成立的。而 $\hat{\sigma}^2$ 作为 σ^2 的渐近无偏估计，其系统性误差为 σ^2/n 。因此，若要减少系统性误差就需要增

加样本容量。

2. 有效性

估计量的无偏性只是表示估计值在真值的上下大体呈对称性的变化，但可能每次变化的幅度较大。估计量的有效性要求其不仅是无偏的，而且围绕真值的波动程度相对较小。

对于给定的样本容量 n，设 $\hat{\theta}$ 、$\hat{\theta}'$ 均为参数 θ 的无偏估计，若 $\mathrm{Var}\left(\hat{\theta}\right) \leqslant \mathrm{Var}\left(\hat{\theta}'\right)$，则称 $\hat{\theta}$ 比 $\hat{\theta}'$ 有效（efficient）。若对于 θ 的任一个无偏估计 $\hat{\theta}'$，均有

$$\mathrm{Var}\left(\hat{\theta}\right) \leqslant \mathrm{Var}\left(\hat{\theta}'\right) \tag{3.3.14}$$

则称 $\hat{\theta}$ 为 θ 的一致最小方差无偏估计量（uniformly minimum variance unbiased estimator, UMVUE）。UMVUE 不仅是未知参数的无偏估计，而且估计的偏差较小，但有时 UMVUE 不存在。

例 3-7　设 $x_1, x_2, \cdots, x_n$ 是取自正态总体 $N(\mu, 1)$ 的一个样本，其中 μ 未知，记 $\hat{\mu}_k = \frac{1}{k}\sum_{i=1}^{k} x_i$，$k = 1, 2, \cdots, n$，可以证明，这些 $\hat{\mu}_k$ 都是 μ 的无偏估计，对应的方差分别为 $\mathrm{Var}(\hat{\mu}_k) = \mathrm{Var}\left(\frac{1}{k}\sum_{i=1}^{k} x_i\right) = \frac{1}{k}$，可见 k 越大 $\mathrm{Var}(\hat{\mu}_k)$ 越小，可以证明 $\hat{\mu}_n = \bar{x}$ 是 μ 的 UMVUE。

3. 相合性

一个好的估计量 $\hat{\theta}$ 应当具有这样的性质：当样本所提供的信息越来越多时，估计偏差趋近于 0。具体可表述为：$\forall \varepsilon > 0$，记 $\hat{\theta}_n$ 为由样本 $x_1, x_2, \cdots, x_n$ 得到的关于 θ 的估计，若 $\lim\limits_{n\to\infty} P\left\{\left|\hat{\theta}_n - \theta\right| \geqslant \varepsilon\right\} = 0$，则称 $\hat{\theta}_n$ 是 θ 的相合估计（consistent estimator）。

渐近无偏性使得随着样本容量的增加，估计量的系统性偏差不断减小，并不能保证估计的偏差减少；而相合性确保了在样本容量增加时，估计量的偏差趋于 0 的概率越来越大。

可以证明，样本均值和方差作为总体均值和方差的点估计量，满足无偏性、有效性和相合性要求。

3.4　区 间 估 计

参数点估计虽然能给出关于总体参数的一个明确的估计值，但并不能指出总体参数取该值的把握程度。为此，需要给出关于总体参数取值的一个范围，并明确该范围包含参数真值的概率。这种统计推断称为参数的区间估计（interval estimate）。本节主要介绍区间估计的基本概念，单总体参数的区间估计和两总体参数的区间估计方法。

3.4.1 区间估计的基本概念

1. 置信区间

设 $x_1,x_2,\cdots,x_n$ 为来自总体 X 的样本，用 x 表示，θ 为总体的未知参数，$\hat{\theta}_L$、$\hat{\theta}_U$（$\hat{\theta}_L \leqslant \hat{\theta}_U$）为由样本 x 得到的两个统计量，若对于 $0<\alpha<1$ 有

$$P\left\{\hat{\theta}_L \leqslant \theta \leqslant \hat{\theta}_U\right\} \geqslant 1-\alpha \tag{3.4.1}$$

则称 $\left[\hat{\theta}_L,\hat{\theta}_U\right]$ 为 θ 的置信水平（confidence level）为 $1-\alpha$ 的置信区间，如图 3-8（a）所示，其中 $\hat{\theta}_L$ 称为置信下限(lower confidence limit)，$\hat{\theta}_U$ 称为置信上限(upper confidence limit)。置信水平也称为置信度（degree of confidence），通常以 γ 表示，即 $\gamma=1-\alpha$。对于具有形式 $\left(-\infty,\hat{\theta}_U\right]$ 的置信区间，$\hat{\theta}_U$ 称为单边（侧）置信上限，如图 3-8 (b)所示。对于具有形式 $\left[\hat{\theta}_L,\infty\right)$ 的置信区间，$\hat{\theta}_L$ 称为单边（侧）置信下限，如图 3-8 (c)所示。

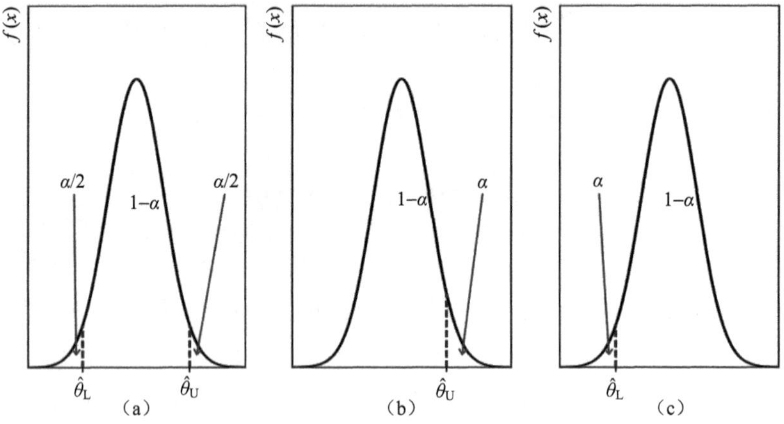

图 3-8　置信水平为 $1-\alpha$ 的置信区间

对于由某一具体样本观测值计算得到的一个置信区间，总体参数的真值可能并不包含于此区间之内。总体参数的真值 θ 虽然是未知的，但不是随机的。置信水平 γ 表示该置信区间覆盖参数 θ 真值的概率，即根据所有的样本观测值，使用同一区间估计方法构造 $\left[\hat{\theta}_L,\hat{\theta}_U\right]$ 时，含有 θ 真值的区间数占全部区间数的比例。对于正态分布总体 $N\left(50,5^2\right)$，假设总体的方差未知，求总体均值的置信区间。设样本容量分别为 $n=30$ 和 $n=60$，通过蒙特卡罗（Monte Carlo）仿真抽样，共得到 20 次抽样结果，可计算得到置信度为 0.95 的 20 个置信区间，如图 3-9 所示。可以看出，并不是每个样本的置信区间都能包含总体参数的真值。当置信水平一定时，随着样本容量的增加，置信区间总体上会变小，对参数真值的估计将更为准确。当样本容量一定时，随置信水平的增加，置信区间总体上会变大。

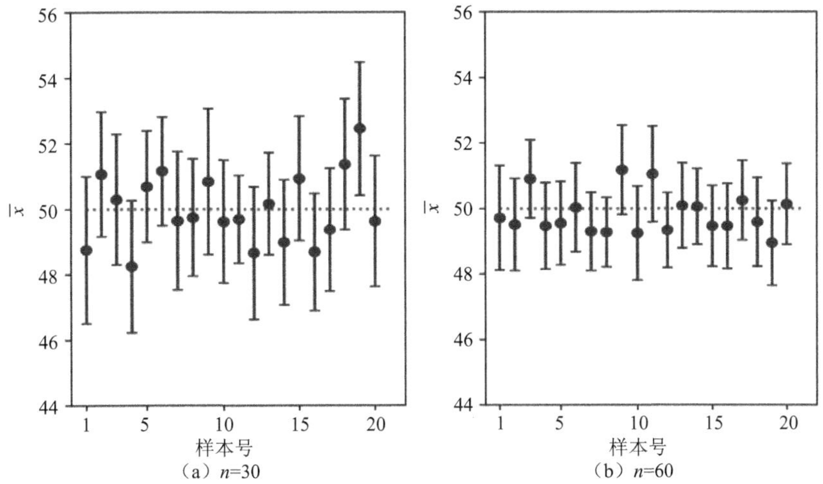

图 3-9　不同样本容量时均值的置信区间大小

2. 区间估计的方法

进行区间估计时，应首先确定参数点估计量的统计分布特性，然后据此确定参数真值的取值范围。以下给出一个示例。

例 3-8　设 $X\sim N\left(\mu,\sigma^2\right)$，$x_1,x_2,\cdots,x_n$ 为 X 的独立同分布(i.i.d.)样本，且由式(3.2.13)可知

$$t=\frac{\sqrt{n}\left(\overline{x}-\mu\right)}{s}\sim t\left(n-1\right) \tag{3.4.2}$$

则如图 3-10 所示，有

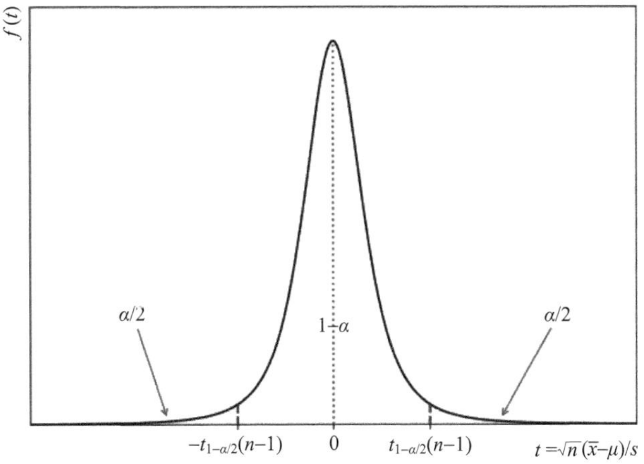

图 3-10　$t(n-1)$ 的分位数

$$P\left\{t_{\alpha/2}\left(n-1\right)\leqslant t\leqslant t_{1-\alpha/2}\left(n-1\right)\right\}=1-\alpha \tag{3.4.3}$$

进而可得

$$
\begin{aligned}
&P\left\{t_{\alpha/2}(n-1) \leqslant \frac{\sqrt{n}(\overline{x}-\mu)}{s} \leqslant t_{1-\alpha/2}(n-1)\right\} \\
&=P\left\{\overline{x}-t_{1-\alpha/2}(n-1)\cdot\frac{s}{\sqrt{n}} \leqslant \mu \leqslant \overline{x}+t_{1-\alpha/2}(n-1)\cdot\frac{s}{\sqrt{n}}\right\}=1-\alpha
\end{aligned}
\tag{3.4.4}
$$

故 μ 的置信度为 $1-\alpha$ 的置信区间为

$$
\left[\overline{x}-t_{1-\alpha/2}(n-1)\cdot\frac{s}{\sqrt{n}}, \overline{x}+t_{1-\alpha/2}(n-1)\cdot\frac{s}{\sqrt{n}}\right] \tag{3.4.5}
$$

上述例子中所用的方法就是进行区间估计常用的枢轴量法(pivot variable method)。枢轴量法的具体步骤如下。

（1）由统计量 θ 的点估计 $\hat{\theta}$，构造一个关于 θ 的随机变量 $g=g\left(\hat{\theta};\theta\right)$，要求该随机变量的分布不依赖于未知参数 θ，具有这一特性的随机变量称为枢轴量（pivot variable）。式(3.4.2)中的 t 即为枢轴量。

（2）对于给定的置信水平 $1-\alpha$，选择两个常数 c'、d'，满足

$$
P\left\{c' \leqslant g\left(\hat{\theta};\theta\right) \leqslant d'\right\} \geqslant 1-\alpha \tag{3.4.6}
$$

（3）将式(3.4.6)中的不等式变形，化为如下形式：

$$
P\left\{c \leqslant \theta \leqslant d\right\} \geqslant 1-\alpha \tag{3.4.7}
$$

满足上述条件的区间 $[c,d]$ 可能有很多，为了使区间的长度尽可能短和简化计算，通常选择具有等尾概率的置信区间，简称等尾置信区间，如图 3-11 所示，即选择使得下式成立的 $\hat{\theta}_{\mathrm{L}}$ 、$\hat{\theta}_{\mathrm{U}}$

$$
P\left\{\theta \leqslant \hat{\theta}_{\mathrm{L}}\right\}=P\left\{\theta \geqslant \hat{\theta}_{\mathrm{U}}\right\}=\frac{\alpha}{2} \tag{3.4.8}
$$

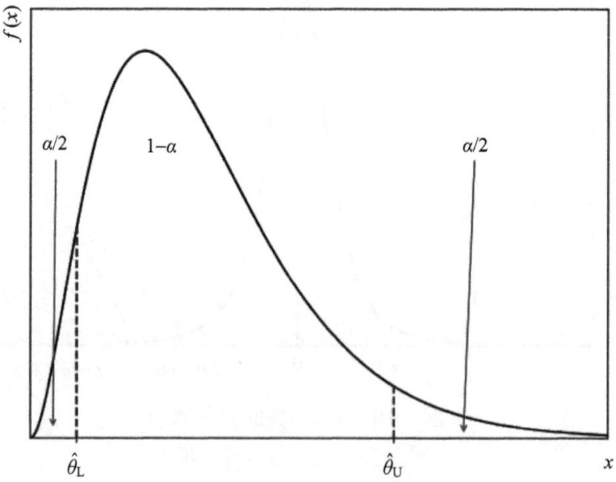

图 3-11　等尾置信区间

则$\left[\hat{\theta}_L,\hat{\theta}_U\right]$就是$\theta$的置信水平为$1-\alpha$的置信区间。

由上述步骤可知，运用枢轴量法的关键是构造出一个合适的枢轴量。

3. 区间估计的评价

对θ的置信区间的优劣，通常可用以下两个准则进行评价。

（1）置信水平：$\left[\hat{\theta}_L,\hat{\theta}_U\right]$包含真值$\theta$的概率越大越好。

（2）精确度（或称精度，precision）：$\left[\hat{\theta}_L,\hat{\theta}_U\right]$的平均长度（期望长度）越短越好。

在样本容量固定的条件下，这两个准则往往相互矛盾。例如，若要提高置信水平，则需放大置信区间，但这就降低了精确度。通常的做法是在保证置信水平达到指定要求的前提下，尽可能提高精确度。对同样的置信水平，尽可能选择宽度最短的区间$\left[\hat{\theta}_L,\hat{\theta}_U\right]$作为置信区间。

3.4.2 单总体参数的区间估计

以下针对单个总体X的情形，给出均值μ、总体比例P、总体方差σ^2的区间估计方法。

1. 均值的置信区间

记$x_1,x_2,\cdots,x_n$为抽自总体X的i.i.d.样本，以下给出$X\sim N\left(\mu,\sigma^2\right)$时，$\mu$的置信区间。

1）σ^2已知时，μ的置信区间

σ^2已知时，由式(3.2.12)可知，$\dfrac{\overline{x}-\mu}{\sigma/\sqrt{n}}\sim N(0,1)$，进而有

$$P\left\{\frac{\left|\overline{x}-\mu\right|}{\sigma/\sqrt{n}}\leqslant \mu_{1-\alpha/2}\right\}=1-\alpha \tag{3.4.9}$$

故μ的置信水平为$1-\alpha$的区间估计为

$$\left[\hat{\mu}_L,\hat{\mu}_U\right]=\left[\overline{x}-\mu_{1-\alpha/2}\sigma/\sqrt{n},\overline{x}+\mu_{1-\alpha/2}\sigma/\sqrt{n}\right] \tag{3.4.10}$$

类似可得，μ的置信水平为$1-\alpha$的单边置信上限和单边置信下限分别为

$$\hat{\mu}_U=\overline{x}+\mu_{1-\alpha}\sigma/\sqrt{n}\text{，}\qquad \hat{\mu}_L=\overline{x}-\mu_{1-\alpha}\sigma/\sqrt{n} \tag{3.4.11}$$

2）σ^2未知时，μ的置信区间

σ^2未知时，由式(3.4.5)可知，μ的置信水平为$1-\alpha$的区间估计为

$$\left[\overline{x}-t_{1-\alpha/2}(n-1)\cdot\frac{s}{\sqrt{n}},\overline{x}+t_{1-\alpha/2}(n-1)\cdot\frac{s}{\sqrt{n}}\right] \tag{3.4.12}$$

类似可得μ的置信水平为$1-\alpha$的单边置信上限和单边置信下限分别为

$$\hat{\mu}_U=\overline{x}+t_{1-\alpha}(n-1)\cdot\frac{s}{\sqrt{n}}\text{，}\qquad \hat{\mu}_L=\overline{x}-t_{1-\alpha}(n-1)\cdot\frac{s}{\sqrt{n}} \tag{3.4.13}$$

3）大样本条件下非正态总体均值的置信区间

有时，总体 X 可能不服从正态分布，甚至总体的分布形式是完全未知的，则可运用中心极限定理（central limit theorem），构造总体均值的置信区间。

中心极限定理指出：设 $x_1,x_2,\cdots,x_n$ 为来自总体 X 的一个 i.i.d.样本，$\mathrm{E}(X)=\mu$、$\mathrm{Var}(X)=\sigma^2$，则随着样本容量 n 的增大，样本均值 $\overline{x}$ 经标准化处理之后的分布将趋于标准正态分布 $N(0,1)$。即 $\forall y$

$$\lim_{n\to\infty} P\left\{\frac{\overline{x}-\mu}{\sigma/\sqrt{n}}\leqslant y\right\}=\varPhi(y) \tag{3.4.14}$$

其中，$\varPhi(y)$ 为标准正态分布的概率分布函数。

由上述定理，若 σ^2 已知（通常可由经验或历史资料估计得出），在大样本条件下，μ 的置信区间、置信上限和置信下限可分别由式(3.4.10)、式(3.4.11)估计；σ^2 未知时，可由式(3.4.12)、式(3.4.13)估计。

例 3-9 购买家用汽车时，百公里油耗是需要考虑的重要指标之一。假设对 A、B 两个品牌的汽车，分别随机选择了 10 名和 15 名已购买汽车的用户进行了调研。收集到的数据如表 3-3 所示。设汽车的百公里油耗服从正态分布，计算 A、B 两个品牌汽车百公里油耗的点估计与置信水平为 $1-\alpha=0.95$ 的置信区间。

表 3-3 两个品牌汽车百公里油耗调查结果 （单位：L）

品牌	百公里油耗													
A	8.3	13.6	10.8	9.9	10.8	9.7	9.8	11.7	11.6	11.7				
B	7.9	7.8	8.6	9.1	9.1	7.1	8.0	6.7	6.8	7.9	9.5	7.2	8.3	7.7	9.1

解：对于品牌 A 百公里油耗的计算，$n=10$，由表 3-3 中的数据，根据式(3.1.6)和式(3.1.7)可算得

$$\overline{x}=\sum_{i=1}^{10}x_i\Big/10=10.79\text{，}\quad s^2=\sum_{i=1}^{10}(x_i-\overline{x})^2\Big/(10-1)=2.152$$

$$t_{1-\alpha/2}(10-1)\cdot s\big/\sqrt{10}=2.2622\times\sqrt{2.152}\big/\sqrt{10}=1.05$$

由式(3.4.12)计算可得，区间估计为 $[\hat{\mu}_{\mathrm{L}},\hat{\mu}_{\mathrm{U}}]=[10.79-1.05,10.79+1.05]=[9.74,11.84]$。类似地，对于品牌 B 计算可得

$$\overline{x}=\frac{1}{15}\sum_{i=1}^{15}x_i=8.0533\text{，}\quad s^2=\frac{1}{15-1}\sum_{i=1}^{15}(x_i-\overline{x})^2=0.787$$

$$[\hat{\mu}_{\mathrm{L}},\hat{\mu}_{\mathrm{U}}]=[8.0533-0.4913,8.0533+0.4913]=[7.5620,8.5446]$$

4）样本量的确定

由式(3.4.10)可知，对于正态总体 $N(\mu,\sigma^2)$，当 σ^2 已知时，μ 的置信区间的宽度为 $d=2\mu_{1-\alpha/2}\sigma\big/\sqrt{n}$。当提高置信水平 $1-\alpha$ 时，$u_{1-\alpha/2}$ 就会增加，若样本量 n 保持不变，将

导致置信区间的宽度 d 变大。但是，当 d 过大时就可能失去了实际应用价值。例如，对于人的身高（cm）的估计，如果置信区间为 $[100,200]$，显然用处不大。为了在保持一定的置信区间宽度的条件下，提高置信水平，就需要增加样本量 n。但增加样本量 n 会增加统计调查的时间和费用。因此，应在区间估计的宽度、置信度和样本量之间进行综合权衡。

当给定置信水平时，为了保证估计误差小于一定的值，需要确定最少的样本量。下面以 σ^2 已知时正态总体 $N(\mu,\sigma^2)$ 的均值 μ 的置信区间估计为例，对样本量的确定方法进行说明。

设允许的抽样极限误差为 Δ，要求的置信水平为 $1-\alpha$，由式(3.1.11)和式(3.4.9)有

$$u_{1-\alpha/2}\cdot\frac{\sigma}{\sqrt{n}}\leqslant\Delta \tag{3.4.15}$$

进而有

$$n\geqslant\left(u_{1-\alpha/2}\frac{\sigma}{\Delta}\right)^2 \tag{3.4.16}$$

因此，实际抽样的样本量 n 可以取满足式(3.4.16)的最小的正整数。

当 σ^2 未知时，正态总体 $N(\mu,\sigma^2)$ 的均值 μ 的置信区间估计的样本量确定方法如下。由式(3.4.12)有

$$t_{1-\alpha/2}(n-1)\cdot\frac{s}{\sqrt{n}}\leqslant\Delta \tag{3.4.17}$$

即

$$n\geqslant\left(t_{1-\alpha/2}(n-1)\cdot\frac{s}{\Delta}\right)^2 \tag{3.4.18}$$

为了求得满足式(3.4.18)的最小样本量 n，需要运用数值计算方法。例如，可以将 n 从 1 开始增加到其首次满足式(3.4.18)时。

2. 总体比例的置信区间

设总体 X 服从伯努利分布 $b(1,p)$，$x_1,x_2,\cdots,x_n$ 是抽自总体 X 的一个样本，样本中取值为 1 的单位数量为 n_1，则 n_1 服从二项分布 $b(n,p)$。对于 p 的区间估计，由式(3.3.12)及二项分布的性质可得

$$\mathrm{E}(\bar{x})=\mathrm{E}\left(\frac{n_1}{n}\right)=p \tag{3.4.19}$$

$$\mathrm{Var}(\bar{x})=\mathrm{Var}\left(\frac{n_1}{n}\right)=\frac{p(1-p)}{n} \tag{3.4.20}$$

由中心极限定理，当样本容量 n 较大时，可得 p 的估计量 $\hat{p}=n_1/n$ 近似服从正态分布 $N(p,p(1-p)/n)$。这样就可采用正态分布均值的估计方法进行 p 的区间估计。由

式(3.4.10)，可得 p 的置信水平为 $1-\alpha$ 的置信区间近似为

$$[\hat{p}_{\mathrm{L}},\hat{p}_{\mathrm{U}}]=\left[\hat{p}-u_{1-\alpha/2}\sqrt{\hat{p}(1-\hat{p})/n},\hat{p}+u_{1-\alpha/2}\sqrt{\hat{p}(1-\hat{p})/n}\right] \tag{3.4.21}$$

p 的置信水平为 $1-\alpha$ 的单边置信上限、单边置信下限估计分别为

$$\hat{p}_{\mathrm{U}}=\hat{p}+u_{1-\alpha}\sqrt{\hat{p}(1-\hat{p})/n}\,,\quad \hat{p}_{\mathrm{L}}=\hat{p}-u_{1-\alpha}\sqrt{\hat{p}(1-\hat{p})/n} \tag{3.4.22}$$

正态分布近似法主要适用于 n 较大时 p 的估计。当计算所得的置信上限大于 1 时，选择置信上限为 1，当计算所得的置信下限小于 0 时，选择置信下限为 0。

例 3-10　设对某成败型产品共试验了 120 次。其中，成功数 s=109，失败数 $f=11$，求 $1-\alpha=0.8$ 时成功率 p 的置信区间、置信上限与置信下限。

解：首先计算得 $\hat{p}=109/120=0.9083$，$\hat{p}(1-\hat{p})/n=6.94\times10^{-4}$，$u_{0.9}=1.28$，$u_{0.8}=0.84$，所以 p 的置信水平为 0.8 的区间估计为

$$[\hat{p}_{\mathrm{L}},\hat{p}_{\mathrm{U}}]=\left[0.9083-1.28\times\sqrt{6.94\times10^{-4}},0.9083+1.28\times\sqrt{6.94\times10^{-4}}\right]=[0.8746,0.9420]$$

p 的置信水平为 0.8 的单边置信上限为 $\hat{p}_{\mathrm{U}}=0.9083+0.84\times\sqrt{6.94\times10^{-4}}=0.9304$，置信水平为 0.8 的单边置信下限为 $\hat{p}_{\mathrm{L}}=0.9083-0.84\times\sqrt{6.94\times10^{-4}}=0.8862$。

3. 总体方差的置信区间

记 $x_1,x_2,\cdots,x_n$ 为抽自正态总体 X 的样本，设 $X\sim N(\mu,\sigma^2)$，下面给出 σ^2 的置信区间估计。

1）μ 未知时，σ^2 的置信区间

在 μ 未知时，由式(3.2.9)可得 $P\left\{\chi^2_{\alpha/2}(n-1)\leqslant\dfrac{(n-1)s^2}{\sigma^2}\leqslant\chi^2_{1-\alpha/2}(n-1)\right\}=1-\alpha$，从而，$\sigma^2$ 的置信水平为 $1-\alpha$ 的置信区间为

$$[\hat{\sigma}^2_{\mathrm{L}},\hat{\sigma}^2_{\mathrm{U}}]=\left[\frac{n-1}{\chi^2_{1-\alpha/2}(n-1)}s^2,\frac{n-1}{\chi^2_{\alpha/2}(n-1)}s^2\right] \tag{3.4.23}$$

σ^2 的置信水平为 $1-\alpha$ 的单边置信上限和单边置信下限分别为

$$\hat{\sigma}^2_{\mathrm{U}}=\frac{n-1}{\chi^2_{\alpha}(n-1)}s^2,\qquad \hat{\sigma}^2_{\mathrm{L}}=\frac{n-1}{\chi^2_{1-\alpha}(n-1)}s^2 \tag{3.4.24}$$

2）μ 已知时，σ^2 的置信区间

在 μ 已知时，由正态分布与 χ^2 分布的关系，可得

$$\sum_{i=1}^{n}\left(\frac{x_i-\mu}{\sigma}\right)^2\sim\chi^2(n) \tag{3.4.25}$$

由式(3.4.25)可得 σ^2 的置信水平为 $1-\alpha$ 的置信区间为

$$[\hat{\sigma}^2_{\mathrm{L}},\hat{\sigma}^2_{\mathrm{U}}]=\left[\sum_{i=1}^{n}(x_i-\mu)^2\Big/\chi^2_{1-\alpha/2}(n),\sum_{i=1}^{n}(x_i-\mu)^2\Big/\chi^2_{\alpha/2}(n)\right] \tag{3.4.26}$$

σ^2 的置信水平为 $1-\alpha$ 的单边置信上限和单边置信下限分别为

$$\hat{\sigma}_{\mathrm{U}}^2=\sum_{i=1}^{n}(x_i-\mu)^2\Big/\chi_{\alpha}^2(n),\quad \hat{\sigma}_{\mathrm{L}}^2=\sum_{i=1}^{n}(x_i-\mu)^2\Big/\chi_{1-\alpha}^2(n) \tag{3.4.27}$$

对于例 3-9 的数据，计算可得

$\chi_{0.975}^2(9)=19.023$，$\chi_{0.025}^2(9)=2.700$，$\chi_{0.975}^2(14)=26.119$，$\chi_{0.025}^2(14)=5.629$

在 $1-\alpha=0.95$ 条件下，A、B 两品牌汽车百公里油耗方差的置信区间分别为

A：$\left[\hat{\sigma}_{\mathrm{L}}^2,\hat{\sigma}_{\mathrm{U}}^2\right]=\left[\dfrac{10-1}{19.023}\times 2.152,\dfrac{10-1}{2.700}\times 2.152\right]=[1.018,7.173]$

B：$\left[\hat{\sigma}_{\mathrm{L}}^2,\hat{\sigma}_{\mathrm{U}}^2\right]=\left[\dfrac{15-1}{26.119}\times 0.787,\dfrac{15-1}{5.629}\times 0.787\right]=[0.422,1.957]$

3.4.3　两总体均值之差的区间估计

设 $x_{11},x_{12},\cdots,x_{1n_1}$ 和 $x_{21},x_{22},\cdots,x_{2n_2}$ 分别为来自正态总体 $X\sim N(\mu_1,\sigma_1^2)$ 和 $Y\sim N(\mu_2,\sigma_2^2)$ 的样本。记样本均值分别为 $\overline{x}_1=\dfrac{1}{n_1}\sum_{i=1}^{n_1}x_{1i}$，$\overline{x}_2=\dfrac{1}{n_2}\sum_{i=1}^{n_2}x_{2i}$，样本方差分别为 $s_1^2=\dfrac{1}{n_1-1}\sum_{i=1}^{n_1}(x_{1i}-\overline{x}_1)^2$，$s_2^2=\dfrac{1}{n_2-1}\sum_{i=1}^{n_2}(x_{2i}-\overline{x}_2)^2$。下面给出两总体均值之差 $\mu_1-\mu_2$ 的区间估计。

1. 正态分布，且方差已知

设 σ_1^2、σ_2^2 已知。由正态分布的可加性，可得

$$\overline{x}_1-\overline{x}_2\sim N\left(\mu_1-\mu_2,\frac{\sigma_1^2}{n_1}+\frac{\sigma_2^2}{n_2}\right) \tag{3.4.28}$$

记 $z=\mu_1-\mu_2$，可得 z 的置信水平为 $1-\alpha$ 的置信区间为

$$[\hat{z}_{\mathrm{L}},\hat{z}_{\mathrm{U}}]=\left[(\overline{x}_1-\overline{x}_2)-u_{1-\alpha/2}\sqrt{\frac{\sigma_1^2}{n_1}+\frac{\sigma_2^2}{n_2}},\ (\overline{x}_1-\overline{x}_2)+u_{1-\alpha/2}\sqrt{\frac{\sigma_1^2}{n_1}+\frac{\sigma_2^2}{n_2}}\right] \tag{3.4.29}$$

z 的置信水平为 $1-\alpha$ 的单边置信上限和单边置信下限分别为

$$\hat{z}_{\mathrm{U}}=(\overline{x}_1-\overline{x}_2)+u_{1-\alpha}\sqrt{\frac{\sigma_1^2}{n_1}+\frac{\sigma_2^2}{n_2}},\quad \hat{z}_{\mathrm{L}}=(\overline{x}_1-\overline{x}_2)-u_{1-\alpha}\sqrt{\frac{\sigma_1^2}{n_1}+\frac{\sigma_2^2}{n_2}} \tag{3.4.30}$$

2. 正态分布，且方差未知

设 $\sigma_1^2=\sigma_2^2=\sigma^2$ 未知，则由式(3.2.9)有

$$\frac{(n_1-1)s_1^2}{\sigma^2}\sim\chi^2(n_1-1),\quad \frac{(n_2-1)s_2^2}{\sigma^2}\sim\chi^2(n_2-1)$$

再由 χ^2 分布的可加性可知

$$\frac{(n_1-1)s_1^2+(n_2-1)s_2^2}{\sigma^2}\sim\chi^2(n_1+n_2-2) \tag{3.4.31}$$

由式(3.4.28)有

$$\overline{x}_1-\overline{x}_2\sim N\left(\mu_1-\mu_2,\frac{\sigma^2}{n_1}+\frac{\sigma^2}{n_2}\right) \tag{3.4.32}$$

故有

$$\begin{aligned}&\frac{(\overline{x}_1-\overline{x}_2)-(\mu_1-\mu_2)}{\sqrt{\sigma^2/n_1+\sigma^2/n_2}}\Bigg/\sqrt{\frac{(n_1-1)s_1^2+(n_2-1)s_2^2}{(n_1+n_2-2)\sigma^2}}\\&=\frac{(\overline{x}_1-\overline{x}_2)-(\mu_1-\mu_2)}{\sqrt{1/n_1+1/n_2}}\Bigg/\sqrt{\frac{(n_1-1)s_1^2+(n_2-1)s_2^2}{n_1+n_2-2}}\sim t(n_1+n_2-2)\end{aligned} \tag{3.4.33}$$

记 $z=\mu_1-\mu_2$，则由式(3.4.33)可得 z 的置信水平为 $1-\alpha$ 的置信区间为

$$[\hat{z}_{\mathrm{L}},\hat{z}_{\mathrm{U}}]=[(\overline{x}_1-\overline{x}_2)-d,(\overline{x}_1-\overline{x}_2)+d] \tag{3.4.34}$$

其中，$d=t_{1-\alpha/2}(n_1+n_2-2)\cdot\sqrt{\frac{1}{n_1}+\frac{1}{n_2}}\sqrt{\frac{(n_1-1)s_1^2+(n_2-1)s_2^2}{n_1+n_2-2}}$。

z 的置信水平为 $1-\alpha$ 的单边置信上限为

$$\hat{z}_{\mathrm{U}}=(\overline{x}_1-\overline{x}_2)+t_{1-\alpha}(n_1+n_2-2)\cdot\sqrt{\frac{1}{n_1}+\frac{1}{n_2}}\sqrt{\frac{(n_1-1)s_1^2+(n_2-1)s_2^2}{n_1+n_2-2}} \tag{3.4.35}$$

z 的置信水平为 $1-\alpha$ 的单边置信下限为

$$\hat{z}_{\mathrm{L}}=(\overline{x}_1-\overline{x}_2)-t_{1-\alpha}(n_1+n_2-2)\cdot\sqrt{\frac{1}{n_1}+\frac{1}{n_2}}\sqrt{\frac{(n_1-1)s_1^2+(n_2-1)s_2^2}{n_1+n_2-2}} \tag{3.4.36}$$

3. 总体分布未知

在大样本条件下，当总体分布未知时，由中心极限定理可知：随着样本容量的增大，$\overline{x}_1$、$\overline{x}_2$ 的分布分别趋于正态分布 $N(\mu_1,\sigma_1^2/n_1)$，$N(\mu_2,\sigma_2^2/n_2)$。若 σ_1^2、σ_2^2 可根据历史数据或经验估计得到，或采用样本方差 s_1^2、s_2^2 替代。则由式(3.4.29)、式(3.4.30)，可完成均值之差的区间估计。

例 3-11 某商场针对某一问题对顾客进行了统计调查，在随机抽取的 200 名男顾客中，有 132 人对该问题的回答为“是”，而在随机抽取的 150 名女顾客中，有 90 人对该问题的回答为“是”，试对男女顾客回答“是”的比例之差进行置信度为 99%的区间估计。

解：用 p_1 表示男顾客回答“是”的比例，p_2 表示女顾客回答“是”的比例。则 $\hat{p}_1=132/200=0.66$，$\hat{p}_2=90/150=0.60$。在大样本的情况下，由式(3.4.20)可得样本

均值 $\hat{p}_1$、$\hat{p}_2$ 分别近似服从正态分布 $N\left(p_1,\dfrac{p_1(1-p_1)}{n_1}\right)$，$N\left(p_2,\dfrac{p_2(1-p_2)}{n_2}\right)$，结合式(3.4.28)、式(3.4.29)，可得 $z=p_1-p_2$ 的区间估计为

$$[\hat{z}_{\mathrm{L}},\hat{z}_{\mathrm{U}}]=\left[(\hat{p}_1-\hat{p}_2)-u_{0.995}\times\hat{\sigma}_p,(\hat{p}_1-\hat{p}_2)+u_{0.995}\times\hat{\sigma}_p\right]$$

其中，$\hat{\sigma}_p=\sqrt{\dfrac{\hat{p}_1(1-\hat{p}_1)}{n_1}+\dfrac{\hat{p}_2(1-\hat{p}_2)}{n_2}}$。由此，计算可得 $[\hat{z}_{\mathrm{L}},\hat{z}_{\mathrm{U}}]=[-0.0744,0.1944]$。

3.4.4 两总体方差之比的区间估计

下面给出两总体方差之比 $\dfrac{\sigma_1^2}{\sigma_2^2}$ 的置信区间。

1. 正态分布，均值已知

当 μ_1、μ_2 已知时，可得 $\sum_{i=1}^{n_1}(x_{1i}-\mu_1)^2\Big/\sigma_1^2\sim\chi^2(n_1)$，$\sum_{i=1}^{n_2}(x_{2i}-\mu_2)^2\Big/\sigma_2^2\sim\chi^2(n_2)$，故

$$\frac{\sum\limits_{i=1}^{n_1}(x_{1i}-\mu_1)^2\Big/(n_1\sigma_1^2)}{\sum\limits_{i=1}^{n_2}(x_{2i}-\mu_2)^2\Big/(n_2\sigma_2^2)}=\frac{\sigma_2^2}{\sigma_1^2}\frac{\sum\limits_{i=1}^{n_1}(x_{1i}-\mu_1)^2\Big/n_1}{\sum\limits_{i=1}^{n_2}(x_{2i}-\mu_2)^2\Big/n_2}\sim F(n_1,n_2) \tag{3.4.37}$$

$\dfrac{\sigma_1^2}{\sigma_2^2}$ 的置信水平为 $1-\alpha$ 的置信区间为

$$\left[\frac{\sum\limits_{i=1}^{n_1}(x_{1i}-\mu_1)^2\Big/n_1}{\sum\limits_{i=1}^{n_2}(x_{2i}-\mu_2)^2\Big/n_2}\cdot\frac{1}{F_{1-\alpha/2}(n_1,n_2)},\ \frac{\sum\limits_{i=1}^{n_1}(x_{1i}-\mu_1)^2\Big/n_1}{\sum\limits_{i=1}^{n_2}(x_{2i}-\mu_2)^2\Big/n_2}\cdot\frac{1}{F_{\alpha/2}(n_1,n_2)}\right] \tag{3.4.38}$$

$\dfrac{\sigma_1^2}{\sigma_2^2}$ 的置信水平为 $1-\alpha$ 的单边置信上限、置信下限分别为

$$\frac{\sum\limits_{i=1}^{n_1}(x_{1i}-\mu_1)^2\Big/n_1}{\sum\limits_{i=1}^{n_2}(x_{2i}-\mu_2)^2\Big/n_2}\cdot\frac{1}{F_{\alpha}(n_1,n_2)},\quad\frac{\sum\limits_{i=1}^{n_1}(x_{1i}-\mu_1)^2\Big/n_1}{\sum\limits_{i=1}^{n_2}(x_{2i}-\mu_2)^2\Big/n_2}\cdot\frac{1}{F_{1-\alpha}(n_1,n_2)}$$

2. 正态分布，均值未知

当 μ_1、μ_2 未知时，可得 $(n_1-1)s_1^2/\sigma_1^2\sim\chi^2(n_1-1)$，$(n_2-1)s_2^2/\sigma_2^2\sim\chi^2(n_2-1)$，所以

$$\frac{s_1^2/\sigma_1^2}{s_2^2/\sigma_2^2}=\frac{\sigma_2^2}{\sigma_1^2}\frac{s_1^2}{s_2^2}\sim F(n_1-1,n_2-1) \tag{3.4.39}$$

由此，$\dfrac{\sigma_1^2}{\sigma_2^2}$ 的置信水平为 $1-\alpha$ 的置信区间为

$$\left[\frac{s_1^2}{s_2^2}\cdot\frac{1}{F_{1-\alpha/2}(n_1-1,n_2-1)},\ \frac{s_1^2}{s_2^2}\cdot\frac{1}{F_{\alpha/2}(n_1-1,n_2-1)}\right] \tag{3.4.40}$$

$\dfrac{\sigma_1^2}{\sigma_2^2}$ 的置信水平为 $1-\alpha$ 的单边置信上限、单边置信下限分别为

$$\frac{s_1^2}{s_2^2}\cdot\frac{1}{F_{\alpha}(n_1-1,n_2-1)},\quad \frac{s_1^2}{s_2^2}\cdot\frac{1}{F_{1-\alpha}(n_1-1,n_2-1)}$$

例 3-12 为了比较两种不同方法生产的某种产品的寿命，抽选了由方法 1 生产的 16 件产品组成寿命试验样本，其方差为 1200。抽选了由方法 2 生产的 21 件产品组成另一个寿命试验样本，得出的方差为 800。假定两个总体均服从正态分布，求 $\dfrac{\sigma_1^2}{\sigma_2^2}$ 的置信水平为 0.95 的置信区间。

解：由题可得 $n_1=16$，$s_1^2=1200$，$n_2=21$，$s_2^2=800$，由式(3.4.40)可得置信区间为

$$\left[\frac{1200}{800}\cdot\frac{1}{F_{0.975}(16-1,21-1)},\frac{1200}{800}\cdot\frac{1}{F_{0.025}(16-1,21-1)}\right]=[0.583,4.134]$$

3.5 简单随机抽样

简单随机抽样是一种理论与实施都较为简单的随机抽样方法，同时也是理解和构造其他概率抽样方法的基础。本节主要介绍简单随机抽样的概念和实施方法，然后阐述基于简单随机抽样结果估计总体参数的方法，以及简单随机抽样样本量的确定方法。

3.5.1 简单随机抽样的思想与实施

1. 简单随机抽样的概念

按照选出的单位是否放回总体中，参与下一个单位的选择，随机抽样可分为有放回抽样（sampling with replacement）和无放回抽样（sampling without replacement）两种。对于有放回抽样，抽样过程中抽样总体的单位数量保持不变，某些单位可能被重复抽到；对于无放回抽样，每次抽样时只能在总体中前面已经抽取后剩余的单位中选择抽取单位，因而所抽取到的单位与前面已抽出的样本单位是无重复的。

设总体中共有 N 个单位，从中拟抽取 n 个单位构成样本。无放回简单随机抽样的过程如图 3-12 所示。首先，从总体中等概率地随机抽取一个单位，对于抽出的单位不再放回总体，然后再从抽样后总体剩下的所有单位中等概率地随机抽取第 2 个单位，依次重复这样的步骤，直到所有抽出的单位数等于 n。显然，共有 C_N^n 个可能的样本。由于抽样

过程中在抽中概率上各总体单位都是被无区别对待的，所以得到每一个样本的概率都为 $1/C_N^n$。

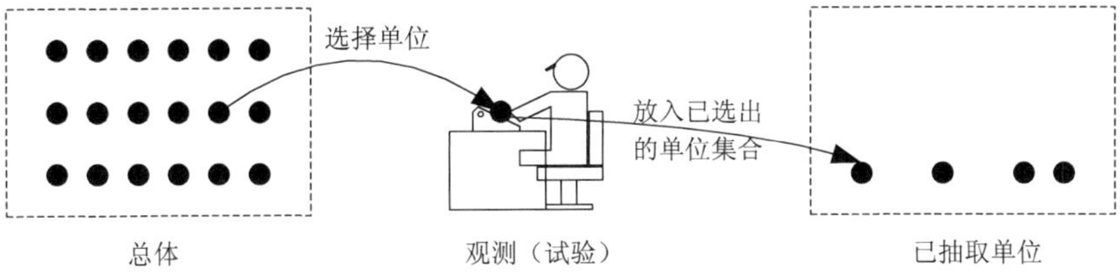

图 3-12　无放回简单随机抽样示意图（1）

图 3-13 给出了总体为 $\{A,B,C,D\}$ 时，每次抽样抽取 2 个单位时无放回简单随机抽样的结果。

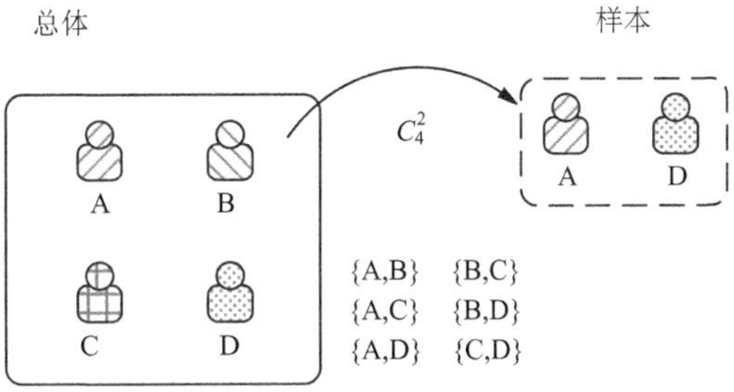

图 3-13　无放回简单随机抽样示意图（2）

有放回简单随机抽样也称为重复抽样，其抽样过程如图 3-14 所示。首先，从总体中等概率地随机抽取一个单位，记录其标号后再将其放回总体，然后再从总体中等概率地随机抽取下一个单位，依次重复这样的步骤，直到选出单位的数量等于 n。显然，共有 N^n 种可能的样本，且每个样本出现的概率都为 $1/N^n$。

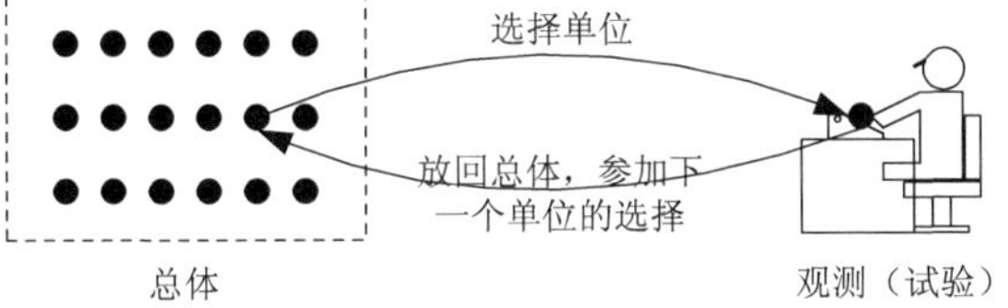

图 3-14　有放回简单随机抽样示意图

对于有放回简单随机抽样，得到的样本中可能存在相同的某些单位，因而由样本单位得到的关于总体的信息可能存在冗余。无放回简单随机抽样的样本中各个单位是不同的，所以包含关于总体的信息量较大，有利于从中获取更多的关于总体的信息。但是，无放回简单随机抽样的样本容量 n 不能大于 N，有放回简单随机抽样则无此限制。

由前述简单随机抽样的过程可知，总体中每个单位被抽中的概率都相等，但这并不能保证得到的样本中的单位均匀分布在总体中。例如，假设某大学共有 20 个学院，6000 名学生，若需要抽取 20 名学生进行英语水平测试，抽到的学生有可能都是某一个学院的学生，需抽取较多的样本单位才能减少这种分布的不均匀性。因而，简单随机抽样一般主要适合于总体中各单位之间差异较小的情形。

2. 简单随机抽样的实施方法

简单随机抽样需要先对总体编制抽样框才能进行抽样。首先，应将抽样框中的 N 个总体单位从 1 到 N 进行编号，使每个单位对应一个唯一的编号。抽样过程中如果抽到某个编号，则将对应的单位入样。简单随机抽样可采用抽签法或者随机数法实施。

抽签法是采用类似“摸奖”的方式进行的，适用于 N 不大的情况。具体实施过程为：①用同质均匀材料制成 N 个“签”，使每个“签”唯一地对应于一个总体单位的编号，再将所有“签”充分均匀混合后放入一个“黑箱”中，以确保每个单位都有相等的概率被选择入样。②从“黑箱”中每次抽一个“签”，“签”上的编号对应的总体单位即被抽中。当采用无放回简单随机抽样时，不放回这个“签”，否则将该“签”放回“黑箱”。然后再将所有的“签”重新均匀混合。③从“黑箱”中按前述方式接着抽取下一个“签”，直到累积共抽出 n 个“签”。当采用无放回简单随机抽样方式抽样时，也可一次同时抽几个签。④抽出的“签”对应的 n 个单位就构成了容量为 n 的样本。

随机数法的实施过程是，首先产生 n 个在 $\{1,2,\cdots,N\}$ 上均匀分布的随机数，然后将抽样框中对应于这些编号的总体单位入样。常见的产生随机数的方法有随机数表、随机数骰子、摇奖机和伪随机数（pseudo-random number）法等。其中，伪随机数法是指用计算机软件按照一定的计算方法（如线性同余法、平方取中法等）产生具有随机数性质的数字。目前，大多数统计软件都具有生成伪随机数的功能，但是伪随机数并不是真正的随机数，通常具有循环周期。

3.5.2 简单随机抽样的参数估计

以下主要讨论无放回简单随机抽样的总体参数估计问题。设总体共有 N 个单位，采用无放回简单随机抽样方法从中抽取 n 个单位构成样本。

1. 总体均值的估计

取总体均值的估计量为式(3.1.6)中的样本均值 $\bar{x}$，可证 $\bar{x}$ 具有如下性质。

（1）$\bar{x}$ 是总体均值 $\bar{X}$ 的无偏估计，即

$$\mathrm{E}(\bar{x})=\bar{X} \tag{3.5.1}$$

（2）$\bar{x}$ 的方差为

$$\mathrm{Var}(\bar{x})=\frac{1-f}{n}S^2 \tag{3.5.2}$$

其中，$f=\dfrac{n}{N}$称为抽样比（sampling fraction），$1-f=\dfrac{N-n}{N}$称为有限总体校正系数（finite population correction factor, fpc），S^2 由式(3.1.2)计算得到。当总体为无限总体时，$N\to\infty$，$\mathrm{Var}(\overline{x})=\dfrac{S^2}{n}$。

（3）样本方差s^2为总体方差S^2的无偏估计，即

$$\mathrm{E}\left(s^2\right)=S^2 \tag{3.5.3}$$

故$\mathrm{Var}(\overline{x})$的无偏估计为

$$\mathrm{var}(\overline{x})=\frac{1-f}{n}s^2 \tag{3.5.4}$$

（4）由中心极限定理，若样本来自期望为$\overline{X}$、方差为S^2的总体，则当样本容量足够大时（通常需$n\geqslant 30$），样本均值$\overline{x}$趋于服从期望为$\overline{X}$、方差为$\dfrac{1-f}{n}S^2$的正态分布。所以$\overline{X}$的置信水平为$1-\alpha$的置信区间近似为

$$\left[\overline{x}-u_{1-\alpha/2}\sqrt{\frac{1-f}{n}S^2},\ \overline{x}+u_{1-\alpha/2}\sqrt{\frac{1-f}{n}S^2}\right] \tag{3.5.5}$$

由于$\mathrm{E}\left(s^2\right)=S^2$，当$S^2$未知时，可由$s^2$估计$S^2$，进而由式(3.5.5)得出总体均值$\overline{X}$的区间估计。

（5）若样本来自方差未知的正态总体，$t=\dfrac{\sqrt{n}\left(\overline{x}-\overline{X}\right)}{\sqrt{(1-f)}s}$服从自由度为$n-1$的$t$分布，从而可得$\overline{X}$的置信水平为$1-\alpha$的置信区间为

$$\left[\overline{x}-t_{1-\alpha/2}(n-1)\sqrt{\frac{1-f}{n}s^2},\ \overline{x}+t_{1-\alpha/2}(n-1)\sqrt{\frac{1-f}{n}s^2}\right] \tag{3.5.6}$$

由$\overline{X}$的点估计与区间估计，可得总体总和X^*的点估计与区间估计，只需在相应的公式中乘以N即可。

例 3-13　从某学校 600 名新生中，采用无放回简单随机抽样方式，随机抽取了 30 名学生测量其身高，所得数据如表 3-4 所示，试估计这 600 名新生的平均身高。

表 3-4　某校 30 名学生身高表　（单位：cm）

编号	身高	编号	身高	编号	身高	编号	身高	编号	身高	编号	身高
1	173	6	166	11	180	16	164	21	171	26	174
2	164	7	172	12	172	17	175	22	175	27	183
3	171	8	160	13	181	18	173	23	176	28	172
4	168	9	167	14	168	19	171	24	181	29	169
5	175	10	174	15	174	20	176	25	172	30	171

解：由表 3-4 中数据计算可得

$N=600$，$n=30$，$\overline{x}=\dfrac{1}{n}\sum_{i=1}^{n}x_i=172.2667$，$s^2=\dfrac{1}{n-1}\sum_{i=1}^{n}(x_i-\overline{x})^2=27.44$

$f=\dfrac{n}{N}=\dfrac{30}{600}=0.05$，$\mathrm{var}(\overline{x})=\dfrac{1-f}{n}s^2=0.8689$

由式(3.5.5)计算可得 $\overline{X}$ 的置信水平为 0.95 的置信区间估计为

$$\left[172.2667-u_{0.975}\sqrt{0.8689},172.2667+u_{0.975}\sqrt{0.8689}\right]=[170.4397,174.0937]$$

由式(3.5.6)计算可得 $\overline{X}$ 的置信水平为 0.95 的置信区间估计为

$$\left[172.2667-t_{0.975}(29)\sqrt{0.8689},172.2667+t_{0.975}(29)\sqrt{0.8689}\right]=[170.3602,174.1732]$$

2. 总体比例的估计

有时需估计总体中具有某一类特征的单位数 N_1 占总体个数 N 的比例 P，如式(3.1.4)所示。例如，在例 3-13 中，统计身高大于 175（cm）的学生比例。为此，可引入变量

$$X_i=\begin{cases}1,\ \text{第}i\text{个总体单位具有所考察的特征}\\0,\ \text{第}i\text{个总体单位不具有所考察的特征}\end{cases},\quad i=1,2,\cdots,N \tag{3.5.7}$$

据此，可将 P 转换为上述总体特征量的均值。即

$$P=\frac{1}{N}\sum_{i=1}^{N}X_i \tag{3.5.8}$$

从而由式(3.1.9)，取 P 的估计量为

$$p=\frac{1}{n}\sum_{i=1}^{n}x_i \tag{3.5.9}$$

可以证明，估计量 p 具有如下性质。

（1）p 是 P 的无偏估计，即 $\mathrm{E}(p)=P$。

（2）p 的方差为

$$\mathrm{Var}(p)=\frac{N-n}{n(N-1)}P(1-P) \tag{3.5.10}$$

（3）由式(3.5.4)和式(3.1.10)可得，$\mathrm{Var}(p)$ 的无偏估计为

$$\mathrm{var}(p)=\frac{1-f}{n}s^2=\frac{1-f}{n}\frac{n}{n-1}p(1-p)=\frac{1-f}{n-1}p(1-p) \tag{3.5.11}$$

（4）当 $N,n,N-n$ 都比较大时，由正态分布近似，可得 P 的置信水平为 $1-\alpha$ 的置信区间估计近似为

$$\left[p-u_{1-\alpha/2}\sqrt{\frac{1-f}{n-1}p(1-p)},\ p+u_{1-\alpha/2}\sqrt{\frac{1-f}{n-1}p(1-p)}\right] \tag{3.5.12}$$

（5）由式(3.5.12)，总体总和 N_1（总体中标志值为 1 的单位总数）的置信水平为 $1-\alpha$ 的置信区间估计近似为

$$\left[Np - Nu_{1-\alpha/2}\sqrt{\frac{1-f}{n-1}p(1-p)}, Np + Nu_{1-\alpha/2}\sqrt{\frac{1-f}{n-1}p(1-p)}\right] \tag{3.5.13}$$

例 3-14　在例 3-13 的基础上，计算身高大于 175（cm）的学生比例的估计以及在置信水平 0.95 下的区间估计。

解：将表 3-4 按照式(3.5.7)进行转化，可得如表 3-5 所示的转化结果。

表 3-5　某校 30 名学生身高表及其是否大于 175cm　（单位：cm）

身高	x_i	身高	x_i	身高	x_i	身高	x_i	身高	x_i	身高	x_i
173	0	166	0	180	1	164	0	171	0	174	0
164	0	172	0	172	0	175	0	175	0	183	1
171	0	160	0	181	1	173	0	176	1	172	0
168	0	167	0	168	0	171	0	181	1	169	0
175	0	174	0	174	0	176	1	172	0	171	0

从转化后的表中结果，可得 $n=30$，$p=0.2$，$\operatorname{var}(p)=0.00524$。由式(3.5.12)计算，可得 P 的区间估计为

$$\left[0.2-\left(u_{0.975}\sqrt{0.00524}\right), 0.2+\left(u_{0.975}\sqrt{0.00524}\right)\right]=[0.0581, 0.3419]$$

3.5.3　样本容量的确定

样本容量的确定受到参数估计精度与抽样费用的影响。通常，假设抽样费用 C 具有如下函数形式：

$$C(n)=c_0+c_1 n \tag{3.5.14}$$

其中，$C(n)$ 表示抽取容量为 n 的样本所需的总费用。c_0 表示抽样的初始费用，包括抽样准备所需的各种费用，如管理人员开支、通信联系费等。c_1 表示抽取单个样本单位所需的费用，如调查费、试验费等。以产品质量检验为例，c_0 表示进行质量检验时的各项准备的费用，包括仪器设备购置费、人员来往的路费、联系通信费等。c_1 表示每检验一件产品所需的费用，如试剂费用、计件工资、产品成本等。

设计抽样方案时，为减少抽样费用，应选取在满足参数估计精度要求的条件下，使式(3.5.14)最小的 n。在抽样极限误差 Δ 要求下，由式(3.5.5)，置信区间的宽度为 $2u_{1-\alpha/2}\sqrt{\frac{1-f}{n}S^2}$，因此抽样极限误差的要求可转化为

$$u_{1-\alpha/2}\sqrt{\frac{1-f}{n}S^2} \leqslant \Delta \tag{3.5.15}$$

即

$$n \geqslant \left(\left(\frac{\Delta}{u_{1-\alpha/2}S}\right)^2 + \frac{1}{N}\right)^{-1} \tag{3.5.16}$$

记 n_0 为

$$n_0 = \left(u_{1-\alpha/2}S/\Delta\right)^2 \tag{3.5.17}$$

将式(3.5.17)代入式(3.5.16)，可得

$$n \geqslant \frac{1}{1/n_0 + 1/N} = \frac{n_0}{1 + n_0/N} \tag{3.5.18}$$

故 n 可取为大于等于 $\dfrac{n_0}{1+n_0/N}$ 的最小整数。

当 N 远大于 n_0 时，$\dfrac{n_0}{1+n_0/N} \approx n_0$，所以可选择 n 为大于等于 n_0 的最小整数。

对于最大相对误差要求，由式(3.1.12)及 $\theta = \bar{X}$ 可知有 $r\bar{X} = \Delta$ 。由式(3.5.17)可得

$$n_0 = \left(\frac{u_{1-\alpha/2}S}{r\bar{X}}\right)^2 \tag{3.5.19}$$

根据式(3.5.19)，即可由式(3.5.18)得到所需的样本容量。

需要说明的是，以上的样本容量估计只是针对一个总体标志的均值的估计精度而言的。如果在抽样调查时，需要考虑总体多个标志的均值的估计精度，则可以分别针对各个标志进行样本容量估计，然后取能满足所有标志均值估计精度要求的样本容量即可。

例 3-15　某大学的校区共有学生 6000 人，拟抽取一个简单随机样本调查每个学生一个月的平均消费开支，要求在置信水平 95%下，抽样极限误差为 100 元。根据以往经验，学生的月平均消费开支的标准差为 500 元，请问应抽取多少学生进行调查？

解：由题设可得 $1-\alpha = 0.95$ ，$\alpha = 0.05$ ，N =6000，$\Delta = 100$ ，$S = 500$ 。由正态分布函数可知，$u_{0.975} = 1.96$ 。由式(3.5.17)有 $n_0 = \left(u_{1-\alpha/2}S/\Delta\right)^2 = (1.96 \times 500/100)^2 = 96.04$ ，再由式(3.5.18)可得 $n \geqslant \dfrac{n_0}{1+n_0/N} = \dfrac{96.04}{1+96.04/6000} = 94.526$ ，所以应抽取 95 名学生进行调查。

3.6　其他随机抽样方法

简单随机抽样主要适用于抽样框构造方便的情形。此外，当总体中的各单位的标志值具有较大差异且在总体中分布不太均匀时，采用简单随机抽样估计总体参数可能会有较大的误差。如果能充分利用已掌握的总体信息，就可以有针对性地采用不同的抽样方法提高估计的精度。例如，可以将总体的单位按其标志值性质划分为不同的子集分别进行抽样。当直接构造抽样框不方便时，可以考虑采用操作实施上更便捷的抽样方法。本

节主要介绍分层随机抽样、整群随机抽样和系统抽样等其他随机抽样方法的概念，并对这些方法的抽样过程及总体参数的估计方法进行概要介绍。

3.6.1　分层随机抽样

1. 分层随机抽样的思想与实施

当总体中单位的标志值之间差异较大，运用简单随机抽样方法进行总体参数估计时，往往会产生较大的抽样误差。例如，某大学对全校博士研究生在 2021 年度人均发表科研论文篇数进行调查时，若将博士研究生按年级分为“一年级”“二年级”“三年级”“四年级及以上”四类，则这四类学生 2021 年度人均论文发表篇数通常应当是有明显差异的。此时，如果采用简单随机抽样的方式从所有的博士研究生中抽样，然后进行统计分析，则有可能选择的学生大部分是低年级的博士研究生，从而导致对学生人均发表论文篇数的估计偏低。因此，可以考虑先对学生按年级进行分类，从不同类的学生中选择样本，调查各类学生的人均论文发表情况，然后综合分析全部学生的人均论文发表情况。由于不同类别的学生都有代表性的样本，避免了样本集中于某一类学生的情况，从而就使得对学生人均论文发表情况的估计更为准确。分层抽样就是基于这种思想，在抽样之前，将总体分成若干子总体，并且使得子总体内单位之间的差异较小，从子总体中抽取的样本单位就具有较好的代表性，从而可以提高整个总体参数估计的精度。

设总体单位的总数为 N ，在抽样之前，需将总体分成 L 个大小分别为 $N_1,N_2,\cdots,N_L$ 的不相重叠的部分（子总体），$\sum_{h=1}^{L}N_h=N$ 。每个子总体称为层（stratum）。将总体分层后，从各层中分别独立地进行抽样，这种抽样方法就称为分层抽样，所得到的样本为分层样本。

在分层抽样中，如果每层都采用简单随机抽样方式抽样，则称为分层随机抽样（stratified random sampling）。通常所说的分层抽样都是指分层随机抽样。分层随机抽样示意图如图 3-15 所示。

2. 分层随机抽样的总体参数估计

1）相关符号

如图 3-16 所示，设总体中的所有单位的个数为 N ，总体共划分为 L 层。第 h 层的总体单位数（通常已知）为 N_h ， $h=1,2,\cdots,L$ ， $\sum_{h=1}^{L}N_h=N$ 。 X_{hi} 为第 h 层第 i 个总体单位的标志值， $i=1,2,\cdots,N_h$ 。第 h 层的层权定义为 $W_h=N_h/N$ 。

第 h 层的总体均值为

$$\bar{X}_h=\frac{1}{N_h}\sum_{i=1}^{N_h}X_{hi} \tag{3.6.1}$$

第 h 层的总体方差，也称为层内方差为

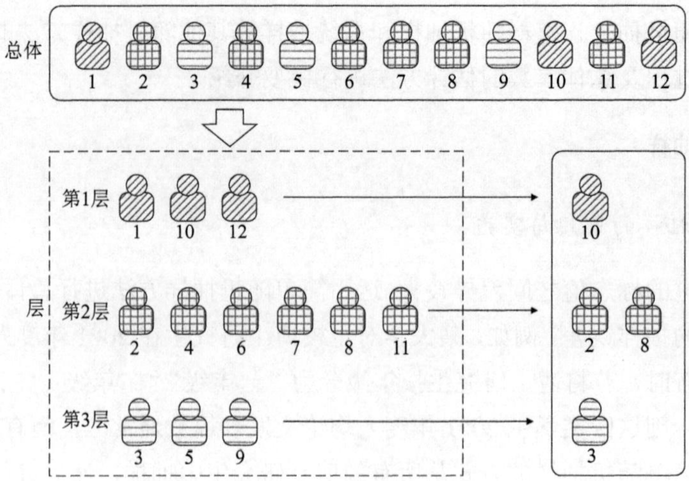

图 3-15　分层随机抽样示意图

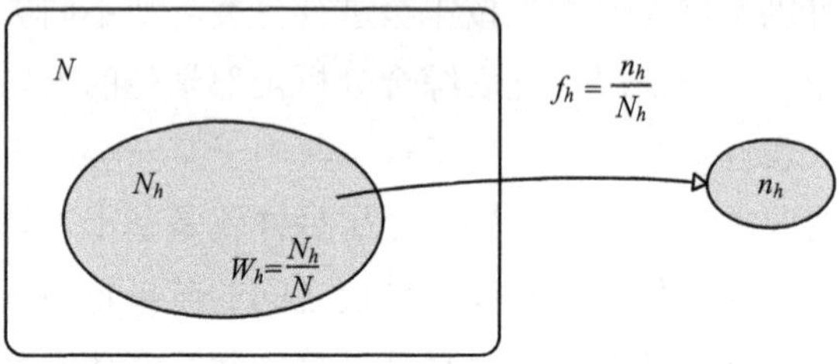

图 3-16　分层随机抽样的相关符号

$$S_h^2=\frac{1}{N_h-1}\sum_{i=1}^{N_h}\left(X_{hi}-\bar{X}_h\right)^2 \tag{3.6.2}$$

设 n 为样本容量，n_h 为第 h 层抽出的样本单位数，$h=1,2,\cdots,L$，$\sum_{h=1}^{L}n_h=n$。x_{hi} 为第 h 层第 i 个样本单位的标志值（观测值），$i=1,2,\cdots,n_h$。注意此处的 x_{hi} 并不一定对应于 X_{hi}，而是指由第 h 层中随机抽取的样本中的第 i 个单位。定义第 h 层的抽样比为 $f_h=\frac{n_h}{N_h}$，总的抽样比为 $f=\frac{n}{N}$，则第 h 层的样本均值为

$$\bar{x}_h=\frac{1}{n_h}\sum_{i=1}^{n_h}x_{hi} \tag{3.6.3}$$

第 h 层的样本方差为

$$s_h^2=\frac{1}{n_h-1}\sum_{i=1}^{n_h}\left(x_{hi}-\bar{x}_h\right)^2 \tag{3.6.4}$$

由于分层随机抽样中，每层都采用简单随机抽样方法进行抽样，根据简单随机抽样参数估计的相关公式，可得 $\bar{x}_h$ 的方差为

$$\mathrm{Var}(\bar{x}_h)=\frac{1-f_h}{n_h}S_h^2=\frac{N_h-n_h}{N_hn_h}S_h^2 \tag{3.6.5}$$

$\mathrm{Var}(\overline{x}_h)$ 的无偏估计为

$$\mathrm{var}(\overline{x}_h)=\frac{1-f_h}{n_h}s_h^2=\frac{N_h-n_h}{N_h n_h}s_h^2 \tag{3.6.6}$$

即

$$\mathrm{E}\big(\mathrm{var}(\overline{x}_h)\big)=\mathrm{Var}(\overline{x}_h) \tag{3.6.7}$$

2）估计量及其性质

在分层随机抽样中，取总体均值的估计 $\hat{\bar{X}}_{st}$ 为层均值估计按层权的加权平均，即

$$\hat{\bar{X}}_{\mathrm{st}}=\sum_{h=1}^{L}W_h\hat{\bar{X}}_h=\frac{1}{N}\sum_{h=1}^{L}N_h\hat{\bar{X}}_h \tag{3.6.8}$$

其中，下标 st 表示分层抽样，$\hat{\bar{X}}_h$ 表示第 h（$h=1,2,\cdots,L$）层总体均值的估计。

总体均值的估计量为

$$\overline{x}_{\mathrm{st}}=\sum_{h=1}^{L}W_h\overline{x}_h \tag{3.6.9}$$

由简单随机抽样估计量的性质，可以证明，$\overline{x}_{\mathrm{st}}$ 是 $\bar{X}$ 的无偏估计，且 $\overline{x}_{\mathrm{st}}$ 的方差为

$$\mathrm{Var}(\overline{x}_{\mathrm{st}})=\sum_{h=1}^{L}W_h^2\mathrm{Var}(\overline{x}_h)=\sum_{h=1}^{L}W_h^2\frac{1-f_h}{n_h}S_h^2=\sum_{h=1}^{L}W_h^2\left(\frac{1}{n_h}-\frac{1}{N_h}\right)S_h^2 \tag{3.6.10}$$

由式(3.6.10)及式(3.6.7)可知，$\mathrm{Var}(\overline{x}_{\mathrm{st}})$ 的无偏估计为

$$\mathrm{var}(\overline{x}_{\mathrm{st}})=\sum_{h=1}^{L}W_h^2\left(\frac{1}{n_h}-\frac{1}{N_h}\right)s_h^2 \tag{3.6.11}$$

$\bar{X}$ 的置信水平为 $1-\alpha$ 的置信区间估计为

$$\left[\overline{x}_{\mathrm{st}}-u_{1-\alpha/2}\sqrt{\mathrm{Var}(\overline{x}_{\mathrm{st}})},\ \overline{x}_{\mathrm{st}}+u_{1-\alpha/2}\sqrt{\mathrm{Var}(\overline{x}_{\mathrm{st}})}\right] \tag{3.6.12}$$

当 $\mathrm{Var}(\overline{x}_{\mathrm{st}})$ 未知时，可由 $\mathrm{var}(\overline{x}_{\mathrm{st}})$ 估计，再进行区间估计。

3. 分层随机抽样的样本量分配方法

当总样本容量 n 一定时，还需知道在各层应分配多少样本量，以便于分层抽样的实施。常用的分配方法有比例分配（proportional allocation）、最优分配（optimum allocation）和奈曼分配（Neyman allocation）。

1）比例分配

比例分配是按照各层单位数占总体单位数的比例分配样本。在分层随机抽样中，若每层的抽样比相同，即 $n_h=\dfrac{N_h}{N}n$，$f_h=n_h/N_h=n/N=f$，$h=1,2,\cdots,L$，则称为按比例分配样本量。可以看出，任何一层中的总体单位的入样概率相等，如图 3-17 所示。

由式(3.6.9)和式(3.6.3)，总体均值的估计量为

$$\overline{x}_{\mathrm{prop}}=\sum_{h=1}^{L}W_h\overline{x}_h=\sum_{h=1}^{L}\left(\frac{N_h}{N}\frac{1}{n_h}\sum_{i=1}^{n_h}x_{hi}\right)=\frac{1}{n}\sum_{h=1}^{L}\sum_{i=1}^{n_h}x_{hi} \tag{3.6.13}$$

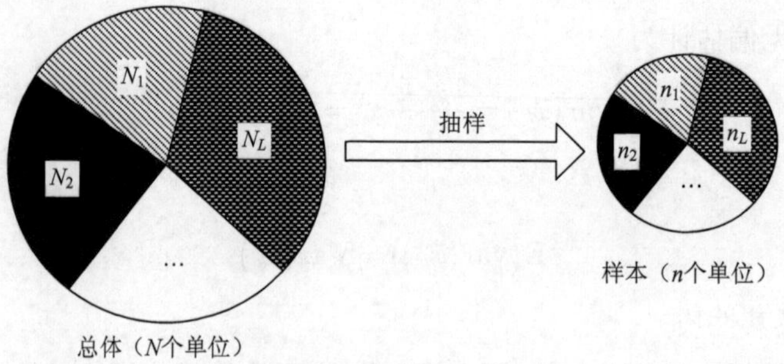

图 3-17 比例分配示意图

由式(3.6.10)，$\overline{x}_{\text{prop}}$ 的方差为

$$\operatorname{Var}\left(\overline{x}_{\text{prop}}\right)=\sum_{h=1}^{L} W_h \frac{N_h}{N} \frac{1-f}{n_h} S_h^2=\sum_{h=1}^{L} W_h \frac{n_h}{n} \frac{1-f}{n_h} S_h^2=\frac{1-f}{n} \sum_{h=1}^{L} W_h S_h^2 \tag{3.6.14}$$

2）最优分配

样本量分配的另一种方法是综合考虑抽样误差和抽样费用，使得在抽样总费用一定的条件下，抽样误差达到最小。这种分配方法称为最优分配。设抽样费用函数为

$$C(n)=c_0+\sum_{h=1}^{L} c_h n_h \tag{3.6.15}$$

其中，c_0 是与抽取的样本量无关的费用，属于不变成本。c_h 是在第 h 层内调查一个单位的平均费用，属于可变单位成本。可以证明，对式(3.6.15)所示的费用函数，最优分配方案为

$$\frac{n_h}{n}=\frac{W_h S_h / \sqrt{c_h}}{\sum_{h=1}^{L} W_h S_h / \sqrt{c_h}} \tag{3.6.16}$$

按最优分配的原则，若某一层包含的单位多（表现为 W_h 大），单位之间的变异程度大（表现为 S_h 大），每单位平均抽样费用小（表现为 c_h 小），则在该层抽取的样本量大。

3）奈曼分配

若各层中抽取一个单位的费用相等，即 $c_1=c_2=\cdots=c_L$，则式(3.6.16)简化为

$$\frac{n_h}{n}=\frac{W_h S_h}{\sum_{h=1}^{L} W_h S_h}=\frac{N_h S_h}{\sum_{h=1}^{L} N_h S_h} \tag{3.6.17}$$

式(3.6.17)给出的样本量分配称为奈曼分配。

4）总样本容量计算

当分层抽样的总样本容量 n 确定时，即可按照前述的比例分配、最优分配和奈曼分配等方法确定各层的样本量。总样本量 n 的确定与 3.5 节介绍的简单随机抽样的样本容量类似，都是基于总体参数估计的方差进行计算的。

假设要求总体均值的估计误差满足抽样极限误差 $\varDelta$ 要求，即

$$u_{1-\alpha/2}\sqrt{\mathrm{Var}\left(\overline{x}_{\mathrm{st}}\right)}=u_{1-\alpha/2}\sqrt{\sum_{h=1}^{L}W_h^2\left(\frac{1}{n_h}-\frac{1}{N_h}\right)S_h^2}\leqslant\varDelta \tag{3.6.18}$$

当采用比例分配法进行样本量分配时，记 $d^2=\left(\dfrac{\varDelta}{u_{1-\alpha/2}}\right)^2$，将 $n_h=\dfrac{N_h}{N}n$ 代入式(3.6.18)，得到

$$n\geqslant\frac{\sum\limits_{h=1}^{L}W_hS_h^2}{d^2+\dfrac{1}{N}\sum\limits_{h=1}^{L}W_hS_h^2} \tag{3.6.19}$$

当采用最优分配进行样本量分配时，由式(3.6.16)，结合式(3.6.18)可得

$$n\geqslant\left(\sum_{h=1}^{L}W_hS_h\sqrt{c_h}\right)\left(\sum_{h=1}^{L}W_hS_h\Big/\sqrt{c_h}\right)\Bigg/\left(d^2+\frac{1}{N}\sum_{h=1}^{L}W_hS_h^2\right) \tag{3.6.20}$$

当采用奈曼分配时，在式(3.6.20)中令 c_h 均相等，则有

$$n\geqslant\left(\sum_{h=1}^{L}W_hS_h\right)^2\Bigg/\left(d^2+\frac{1}{N}\sum_{h=1}^{L}W_hS_h^2\right) \tag{3.6.21}$$

4. 分层随机抽样的特点

分层随机抽样不但可以估计总体参数，还可以估计每层的参数。例如，某大学对于博士研究生人均论文发表情况的调查，按年级进行分层，不仅可以对全校博士研究生的人均论文发表情况进行统计分析，还可以对不同年级博士研究生的论文发表情况进行统计分析。

如果在分层中，层内差异小，层间差异大，则在每层中抽取的样本就能很好地代表该层，就可以提高总体参数估计的精度。例如，对于上述博士研究生人均论文发表情况的统计分析，可以按博士研究生的年级进行分层，此时不同层的博士研究生之间发表论文的情况差异大，而同一层博士研究生之间发表论文的情况差异小。

采用分层抽样也便于组织实施。分层抽样时可将总体按照行政单位、地域等划分为不同的子总体，通过子总体进行样本的选择。各层内总体的容量小了，便于抽样框的编制，也便于抽样调查的组织实施。例如，对长沙市居民收入情况进行调查时，可按各个区县进行分层。当调查的指标与多个分类变量都存在相关关系时，可以考虑多重分层。例如，在长沙市居民收入情况调查中，可先按照区县分为不同的大层，然后在每个地区内按照生活水平分成子层。

3.6.2 整群随机抽样

1. 整群随机抽样的思想与实施

整群抽样将总体划分为初级抽样单位，然后抽取一定数量的初级抽样单位，并对抽中的各个初级抽样单位中的所有单位进行全面调查。初级抽样单位称为群（cluster）。若初级抽样单位是按简单随机抽样法抽取的，则称为整群随机抽样。按照群中所包含的单位数量（群规模），整群抽样分为群规模相等的整群抽样和群规模不等的整群抽样。整群随机抽样的实施过程如图 3-18 所示。

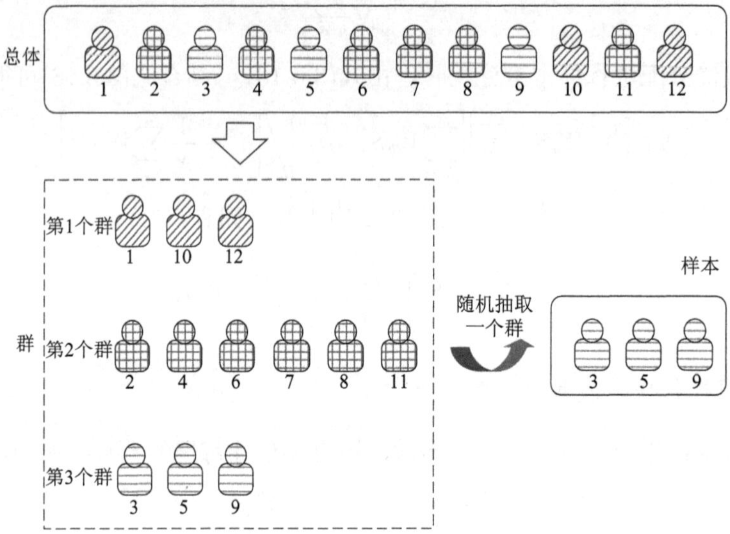

图 3-18 整群随机抽样的实施过程

2. 整群随机抽样的总体参数估计

设总体共划分为 L 个群，从这 L 个群中采用无放回简单随机抽样方式抽取 l 个群，对抽中群的所有单位进行调查。抽样比 $f = l/L$。

如图 3-19 所示，设第 i（$i=1,2,\cdots,L$）个群所包含的单位总数为 M_i，则总体所包含的单位总数为 $M_0 = \sum_{i=1}^{L} M_i$，总体中群规模（大小）的均值为 $\bar{M} = \dfrac{M_0}{L} = \dfrac{1}{L}\sum_{i=1}^{L} M_i$。

记第 i 个群第 j 个单位的标志值为 X_{ij}，则第 i 个群的标志值总和为 $X_i = \sum_{j=1}^{M_i} X_{ij}$，第 i 个群的标志值的均值为 $\bar{X}_i = \dfrac{X_i}{M_i} = \dfrac{1}{M_i}\sum_{j=1}^{M_i} X_{ij}$，总体所有单位的标志值的总和为 $X = \sum_{i=1}^{L}\sum_{j=1}^{M_i} X_{ij}$。按群平均的总体标志值的均值为 $\bar{X} = \dfrac{X}{L} = \dfrac{1}{L}\sum_{i=1}^{L} X_i$，按所有总体

单位平均的总体标志值的均值为 $\overline{\overline{X}}=\dfrac{X}{M_0}=\dfrac{1}{M_0}\sum_{i=1}^{L}X_i=\dfrac{1}{M_0}\sum_{i=1}^{L}M_i\overline{X}_i$。

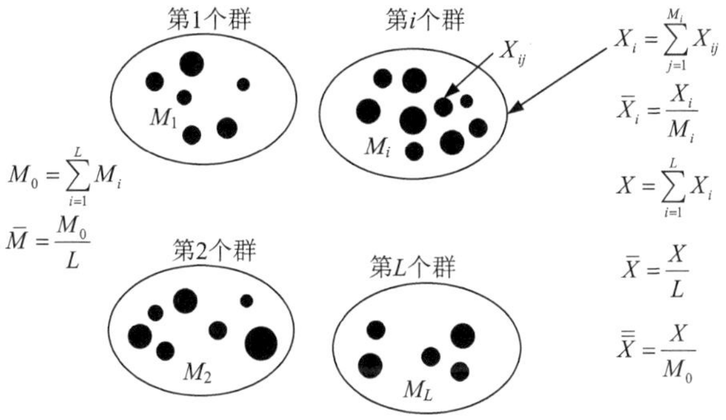

图 3-19　整群抽样的相关符号

对于抽中的 l 个群，记样本的第 i 个群所包含的单位数为 m_i，则样本总容量为 $m_0=\sum_{i=1}^{l}m_i$，样本的群规模均值为 $\overline{m}=\dfrac{m_0}{l}=\dfrac{1}{l}\sum_{i=1}^{l}m_i$。记样本第 i 个群第 j 个单位的标志值为 x_{ij}，则样本的第 i 个群的标志值的总和为 $x_i=\sum_{j=1}^{m_i}x_{ij}$，标志值的均值为 $\overline{x}_i=\dfrac{x_i}{m_i}=\dfrac{1}{m_i}\sum_{j=1}^{m_i}x_{ij}$，样本的所有单位的标志值的总和为 $x=\sum_{i=1}^{l}\sum_{j=1}^{m_i}x_{ij}=\sum_{i=1}^{l}x_i$，按群平均的标志值的样本均值为 $\overline{x}=\dfrac{x}{l}=\dfrac{1}{l}\sum_{i=1}^{l}x_i$。

对于整群随机抽样，总体均值 $\overline{\overline{X}}$ 的估计量取为

$$\hat{\overline{\overline{X}}}_R=\frac{x}{m_0}=\sum_{i=1}^{l}x_i\Big/\sum_{i=1}^{l}m_i=\frac{1}{l\overline{m}}\sum_{i=1}^{l}x_i=\frac{\overline{x}}{\overline{m}} \tag{3.6.22}$$

$\hat{\overline{\overline{X}}}_R$ 也称为比率估计量（ratio estimator）。可以证明如下结论。

（1）$\hat{\overline{\overline{X}}}_R$ 不是 $\overline{\overline{X}}$ 的无偏估计，但当 l 比较大时，有

$$\mathrm{E}\left(\hat{\overline{\overline{X}}}_R\right)\approx\overline{\overline{X}} \tag{3.6.23}$$

（2）$\hat{\overline{\overline{X}}}_R$ 的方差为

$$\mathrm{Var}\left(\hat{\overline{\overline{X}}}_R\right)\approx\frac{1-f}{l\overline{M}^2}\frac{1}{L-1}\sum_{i=1}^{L}\left(X_i-M_i\overline{\overline{X}}\right)^2=\frac{1-f}{l\overline{M}^2}\frac{1}{L-1}\sum_{i=1}^{L}M_i^2\left(\overline{X}_i-\overline{\overline{X}}\right)^2 \tag{3.6.24}$$

（3）$\mathrm{Var}\left(\hat{\overline{\overline{X}}}_R\right)$ 的估计为

$$\mathrm{var}\left(\hat{\overline{\overline{X}}}_R\right)=\frac{1}{\overline{m}^2}\frac{1-f}{l}\frac{1}{l-1}\sum_{i=1}^{l}\left(x_i-m_i\hat{\overline{\overline{X}}}_R\right)^2=\frac{1-f}{l\overline{m}^2}\frac{1}{l-1}\sum_{i=1}^{l}m_i^2\left(\overline{x}_i-\hat{\overline{\overline{X}}}_R\right)^2 \tag{3.6.25}$$

根据上述结论，可以推导出整群随机抽样时，总体均值、总和、比例等参数的点估计与区间估计。

3. 不等概率整群随机抽样

前面的整群抽样采用的是等概率抽样，即每个群的入样概率是相同的，抽样过程简单。在实际中，当各个群的规模相差较大时，等概率抽样得到的样本代表性差，抽样精度低。例如，在对企业员工状况的调查中，以企业为群进行整群抽样，有的企业员工数以千计，有的企业仅有几十个员工。此时，采用等概率抽样方法选择样本群，样本的代表性就比较差。为提高精度，可采用按与群规模 M_i（$i=1,2,\cdots,L$）成比例的概率，进行不等概率抽样。不等概率抽样分为放回的与群规模成比例的概率抽样（probability propotional to size，PPS）和无放回的与群规模成比例的概率抽样两种。前者简称为 PPS 抽样，后者简称为 πPS 抽样，详见相关参考文献。

4. 整群随机抽样的特点

在对总体进行群的划分时，应尽量使得群内单位差异大，各群之间的差异小。总体的方差可分解为群间方差（表现为群和群均值之间的差异）和群内方差（表现为群中各单位之间的差异）。群间方差越小，说明群和群之间的差异越小，样本群的代表性就越好。此外，应尽可能利用现有行政区域或者管理归属划分群。例如，通过选择行政区域、企事业单位、学校等现有的组织结构划分群，特别是当总体比较分散，而群的单位相对比较集中时，利用整群抽样便于调查的组织实施，可节省统计调查的费用和时间。例如，对于一个大学新入学时大学生军训效果的调查，就可将各个学院作为群，进行整群抽样，由抽中的各学院组织调查。

3.6.3 系统抽样

1. 系统抽样的思想与实施

系统抽样的基本思想是：先将总体的全部 N 个单位按一定的顺序排列，在规定的范围内随机抽取第一个样本单位，然后按照某种确定性规则（如每隔 k 个单位抽取下一个单位），顺序抽出 n 个单位构成样本。例如，进行产品质量检验时，在流水生产线上，每隔 100 件产品抽选一件产品进行检查。

系统抽样常见的实施方法有：直线等距抽样（linear systematic sampling）、循环等距抽样（circular systematic sampling）。

1）直线等距抽样

直线等距抽样是将总体的 N 个单位排成一条直线，首先在位置 r 选中第一个样本单位，然后再按固定的间隔依次抽取其他单位。如图 3-20 所示，设需抽取的样本容量为 n，直线等距抽样的实施过程为：①将总体的 N 个单位分别编号为 $1,2,\cdots,N$；②选取最接近且不大于 N/n 的整数 k 为抽样间距；③在 1 至 k 的编号中随机选择一个整数 r，以它作为起始单位的编号；④选择总体中编号为$r+k$,$r+2k$,⋯,$r+(n-1)k$的总体单位；⑤选出的编号为$r,r+k$,$r+2k$,⋯,$r+(n-1)k$的单位构成样本。

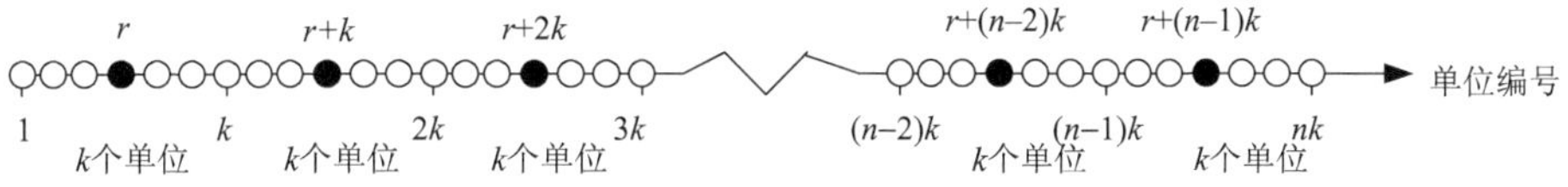

图 3-20　直线等距抽样过程

图 3-21 给出一个直线等距抽样的示例说明。在此例中，$N=12$，$n=4$，$k=3$，$r=2$。

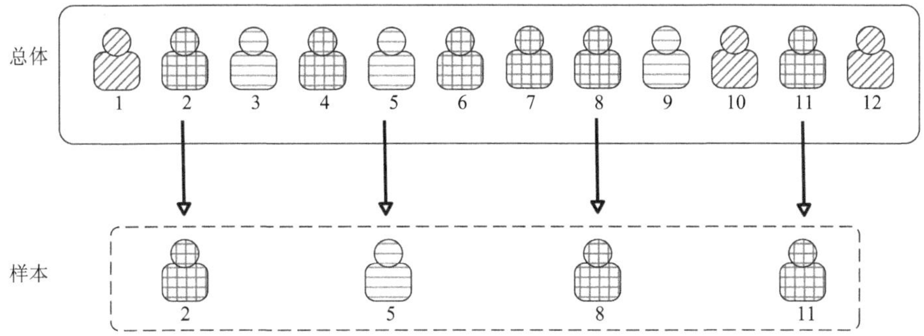

图 3-21　直线等距抽样示例

例 3-16　设某学院共有教师 115 名，要抽取 5 名作为样本进行统计分析。采用直线等距抽样进行样本选择的过程为：①编制抽样框，将教师按照 1 到 115 的方式进行编号。②计算抽样间隔，可得k=115/5=23。③在 1 到 23 之间随机选择一个数字，假设选中 20，则第一个样本单位是编号为 20 的教师。④以 23 为间隔依次选择其余样本单位，可得样本单位在总体中的编号分别为 20、43、66、89、112。

2）循环等距抽样

对直线等距抽样，当N/n不是整数时，一些总体单位不可能被抽中。在例 3-16 中，若要选择 7 名教师进行调查，$\dfrac{115}{7}\approx 16.43$，故取$k=16$，而$kn=16\times 7=112$，这样采用直线等距抽样时，编号为 113、114、115 的教师在抽样时永远不可能被选中。为了避免上述情况的出现，可以采用循环等距抽样方法。

如图 3-22 所示，循环等距抽样的实施步骤为：①将总体的N个单位分别编号为$1,2,\cdots,N$；②将$1,2,\cdots,N$排列成一个首尾相接的圆；③从 1 到N中抽取一个随机整数r作为初始样本单位的编号；④选取最接近且不大于N/n的整数k为抽样间距；⑤每隔k个数抽取其余的样本单位，直到抽足n个数。

循环等距抽样总是能抽到各单位，不会出现直线等距抽样中某些单位永远不会被抽中的情况，并且对于每个单位而言是等概率抽样。在例 3-16 中，若选择 4 名教师进行统计分析，则N/n=115/4=28.75，所以可取为 28。在 1 到 115 中随机抽取一个数为起点，设选中的数为 29，则样本单位在总体中编号依次为 29、57、85、113。

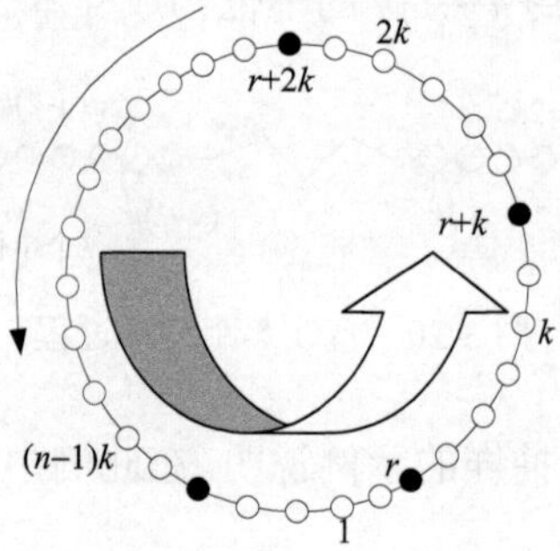

图 3-22　循环等距抽样示意

2. 系统抽样的总体参数估计

在进行总体均值的估计以及抽样误差的计算时，通常可以将系统抽样视为整群随机抽样的一种特殊情况处理。以直线等距抽样为例，可将总体的各单位排列成如图 3-23 所示的行列的形式。

$$
\begin{array}{cccccc}
X_{11} & X_{21} & \cdots & X_{r1} & \cdots & X_{k1} \\
X_{12} & X_{22} & \cdots & X_{r2} & \cdots & X_{k2} \\
 & \vdots & & & & \\
X_{1n} & X_{2n} & \cdots & X_{rn} & \cdots & X_{kn}
\end{array}
$$

图 3-23　系统抽样单位排列图

由图 3-23 可以看出，若随机抽到的第一个单位的编号为 r，则图中的第 r 列就是抽样所得到的等距样本。若把每一列当作一个群，等距抽样就可以看成群大小相等的整群抽样，且只抽取一个群。当 $N = nk$ 时，每个单位被抽中的概率均为 $1/k$。所以在 $N = nk$ 的条件下，直线等距抽样是等概率抽样。当 $N \neq nk$ 时，采用直线等距抽样方法进行总体分群时，得到的 k 个列所包含的总体个数可能不完全相等，此时对总体的均值估计是有偏的，不过当 N, n 均比较大时，其偏差程度不会很大。

3. 系统抽样的特点

系统抽样具有如下特点：①系统抽样的随机性主要体现在第一个样本单位的选择。②第一个抽样单位选定后，其他单位的入选是按既定的规则进行的，第一个单位的位置决定了抽取的其他样本单位。③简单易行，在某些情况下，甚至不需要抽样框。例如，对于产品质量抽检时，在流水生产线上每隔一定的数量抽选一个样品进行检查，就不必事先编制抽样框。

由系统抽样的实施过程可见，样本在总体中分布比较均匀。如果总体单位的排列顺序是随机的，则系统抽样得到的样本对总体有较好的代表性。但是，当总体单位的标志值按其排列顺序呈周期性变化时，若采用等距抽样，则其抽样效果与抽样间距 k 及单位标志值的变化周期 T 有关，当 k 为 T 的整数倍时，样本的代表性差，如图 3-24 所示的样本 1 和样本 2。

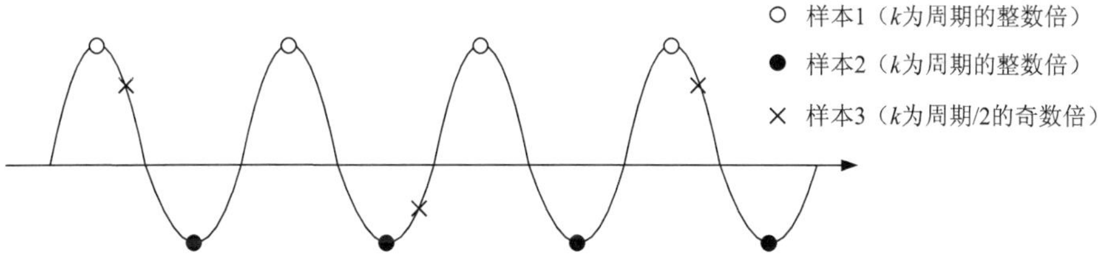

图 3-24　周期性波动总体

有时总体单位的标志值与总体单位的排列顺序相关。例如，统计学生的成绩时，将分数按照从小到大的顺序排列，这时如果运用直线等距抽样或循环等距抽样，如果第一个样本单位偏低或者偏高，必然会导致参数估计结果偏低或者偏高。对于这种情况，可采用对称等距抽样法，又称为平衡系统抽样（banlanced system sampling），详见相关参考文献。

本章小结

目标总体是指研究对象的全体。抽样总体是指实际中可以构造并据以从中抽取样本的总体。根据是否为数据收集的直接对象，总体单位可分为调查单位和抽样单位。抽样是从总体中抽取一部分单位组成样本的过程。抽样框是一份包含抽样总体所有抽样单位的名单。样本容量是样本中所包含的总体单位的数目。按从总体中选择样本的方法不同，可将抽样方法分为概率抽样和非概率抽样两种类型。概率抽样方法包括简单随机抽样、分层随机抽样、整群抽样和系统抽样等。非概率抽样方法包括方便抽样、判断抽样、配额抽样、滚雪球抽样和自我选择等。

统计量是样本的函数。用来估计总体参数的统计量称为总体参数的估计量。描述样本数字特征的度量称为样本参数。统计量的概率分布称为抽样分布。抽样误差是估计值与总体真值之间的差异，包括抽样实际误差、抽样标准误差、抽样极限误差、最大相对误差等。

参数的点估计是用估计量直接作为总体参数的估计。矩估计法和极大似然估计法是两种常用的点估计方法。评价点估计量优劣的准测有无偏性、有效性和相合性。在参数的所有估计量中，使得方差达到最小的无偏估计量称为一致最小方差无偏估计量。

区间估计是在点估计的基础上，给出总体参数取值的一个区间范围。评价区间估计的优劣标准包括估计的精确度和置信水平。对于正态总体，可构建 F 、t 、χ^2 等统计量，完成总体均值、方差、比例、两总体均值之差、两总体方差之比的区间估计。

简单随机抽样使得总体中的每一个单位都有相同概率入样，可分为无放回简单随机抽样和有放回简单随机抽样两种。抽签法和随机数法是常用的实施简单随机抽样的方法。简单随机抽样的参数估计包括总体均值、总体总和与总体比例的估计。根据抽样误差要求可以确定简单随机抽样的样本量。分层随机抽样是先将总体划为不同的层，再在层内进行简单随机抽样。分层的原则是尽可能使层间差异大、层内差异小，各层样本量的分配方法有比例分配、最优分配和奈曼分配。整群抽样是在被抽中的初级抽样单位内对所有单位进行调查的抽样方法。对于等概率整群随机抽样，可采用比率估计量完成总体参数的估计。同一群内各单位的差异性越大，整群抽样的估计误差越小。系统抽样是将总体单位排列后，按某种规则随机选定第一个单位作为起始点入样，再依次按固定的间隔抽取给定样本容量的样本。常用的系统抽样方法有直线等距抽样、循环等距抽样。系统抽样的估计误差和总体单位标志值的排列方式有关。

习　题

一、单项选择题

1. 实际中可以构造并据以从中抽取样本的总体称为（　　）。

A．目标总体　　B．抽样总体　　C．调查单位　　D．无限总体

2. 用以抽选调查单位进入样本的中介单位称为（　　）。

A．总体单位　　B．抽样单位　　C．抽样总体　　D．目标总体

3. 不属于概率抽样的抽样方法是（　　）。

A．方便抽样　　B．分层随机抽样　　C．简单随机抽样　　D．整群随机抽样

4. （　　）是指在概率意义下所允许的最大误差范围。

A．抽样极限误差　　B．抽样实际误差　　C．抽样标准误差　　D．最大相对误差

5. 用来估计总体参数的统计量称为总体参数的（　　）。

A．估计值　　B．估计量　　C．平均值　　D．方差

6. 正态分布随机变量 X 的期望 μ 为（　　）。

A．一阶原点矩　　B．一阶中心矩　　C．二阶原点矩　　D．二阶中心矩

7. 置信区间的精确度用（　　）评价。

A．置信水平　　B．区间的平均长度　　C．区间长度　　D．区间的方差

8. 服从自由度为 n 的 χ^2（卡方）分布的随机变量的均值为（　　）。

A．n　　B．$\sqrt{2n}$　　C．$2n$　　D．$n-1$

9. 若随机变量 $X \sim N(0,1)$，$Y \sim \chi^2(n)$，X 与 Y 相互独立，则（　　）服从自由度为 n 的 t 分布。

A．$\dfrac{X}{\sqrt{Y/n}}$　　B．$\dfrac{X}{\sqrt{Y/(n-1)}}$　　C．$\dfrac{X}{Y/n}$　　D．$\sqrt{\dfrac{X}{Y/(n-1)}}$

10. 若随机变量 $X \sim \chi^2(m)$，$Y \sim \chi^2(n)$，且 X 与 Y 相互独立，则（　　）服从 $F(m,n)$。

A. $\dfrac{X/m}{Y/n}$　　B. $\dfrac{X/m}{\sqrt{Y/n}}$　　C. $\dfrac{Y/n}{X/m}$　　D. $\dfrac{\sqrt{Y/n}}{X/m}$

11. 一致最小方差无偏估计量不一定需要满足（　　）。

A. 有效性　　B. 无偏性　　C. 相合性　　D. 无偏性和有效性

12. 对于正态总体 $N\left(\mu,\sigma^2\right)$，设样本均值、方差和样本量分别为 $\overline{x}$、s^2、n，当 σ^2 已知时，μ 的置信水平为 $1-\alpha$ 的置信区间为（　　）。

A. $\left[\overline{x}-u_{1-\alpha/2}\sigma\big/\sqrt{n},\ \overline{x}+u_{1-\alpha/2}\sigma\big/\sqrt{n}\right]$

B. $\left[\overline{x}-t_{1-\alpha/2}(n-1)\cdot\sigma\big/\sqrt{n},\ \overline{x}+t_{1-\alpha/2}(n-1)\cdot\sigma\big/\sqrt{n}\right]$

C. $\left[\overline{x}-u_{1-\alpha/2}s\big/\sqrt{n},\ \overline{x}+u_{1-\alpha/2}s\big/\sqrt{n}\right]$

D. $\left[\overline{x}-t_{1-\alpha/2}(n-1)\cdot s\big/\sqrt{n},\ \overline{x}+t_{1-\alpha/2}(n-1)\cdot s\big/\sqrt{n}\right]$

13. 在以下方法中，（　　）是区间估计常用的方法。

A. 矩估计法　　B. 极大似然估计法　　C. 枢轴量法　　D. t 分布法

14. 设总体中共有 N 个单位，若采用无放回简单随机抽样方法从总体中抽取 n 个单位，则有限总体校正系数为（　　）。

A. $1-\sqrt{\dfrac{n}{N}}$　　B. $1-\dfrac{n}{N}$　　C. $\dfrac{n}{N-1}$　　D. $\dfrac{n}{N}$

15. 对于无放回简单随机抽样，总体均值估计的方差与（　　）无关。

A. 样本容量　　B. 总体方差　　C. 总体均值　　D. 抽样比

16. 设总体共包含 100 个单位，采用直线等距抽样法实施系统抽样，如果样本容量为 15，则起始单位位置的编号可能是（　　）。

A. 2　　B. 15　　C. 10　　D. 9

二、判断题

1. 抽样框是一份包含目标总体所有单位的名单。（　　）

2. 在概率抽样中，抽样总体中每个单位入样的概率不为 0，并且在抽样前是已知或可计算的。（　　）

3. 统计量是不含任何未知参数的样本的函数。（　　）

4. 用矩估计法进行点估计时需要知道总体分布的若干阶矩的形式。（　　）

5. 总体参数 θ 与其渐近无偏估计的平均离差随着样本容量的增大而变小。（　　）

6. 估计量的有效性并不要求其是无偏的。（　　）

7. 对由某一具体样本的观测值计算得到的置信区间，总体参数真值可能并不包含于此区间之内。（　　）

8. 枢轴量的概率分布与总体参数值无关。（　　）

9. 当各群的规模相差较大时，较适合采用等概率整群抽样。（　　）

10. 进行分层随机抽样时，层内各单位取值的差异越大，抽样估计的误差越小。（　　）

11. 进行整群抽样时，群内各单位取值的差异越小，抽样估计的误差越小。（　　）

12. 对于系统抽样，采用直线等距抽样法可能会导致总体中的某些单位不可能被抽中。（　　）

三、简答题

1. 简述用矩估计法进行点估计的主要步骤。

2. 简述用极大似然估计法进行点估计的主要步骤。

3. 评估点估计量优劣的准则有哪些？

4. 举例说明简单随机抽样、分层随机抽样、整群抽样与系统抽样的实施过程。

5. 对于简单随机抽样，无放回抽样与有放回抽样相比有何优点？

6. 为减少抽样误差，在分层抽样时应如何分层？

7. 奈曼分配与最优分配有何异同？

8. 为减少抽样误差，在整群抽样时应如何分群？

9. 与等概率整群随机抽样相比，采用不等概率整群随机抽样有什么优点？

10. 在实施直线等距抽样时，应如何确定第一个入样单位的编号？

11. 与直线等距抽样相比，采用循环等距抽样有什么优点？

四、计算题

1. 设 9.05，5.505，4.59，6.35，3.81，3.85，1.32，2.70，2.24，6.48 是来自 $[a,b]$ 上的均匀分布的一个随机样本，求 a,b 的矩估计。

2. 已知某型教学用投影仪的使用寿命服从指数分布，今随机抽取 14 台进行试验，测得寿命数据（单位：h）为 3016，3029，2950，3168，3100，3130，3140，2970，2890，3240，2841，2450，3520，2962。求该型投影仪的平均寿命的极大似然估计和矩估计。

3. 为了检查某批产品的质量，从该批产品中随机抽取了 100 件，发现有 6 件不合格，请用极大似然估计法估计该批产品的不合格率。

4. 对某型无人机最大飞行速度进行 15 次独立试验，各次试验测得的最大飞行速度（单位：km/h）为 422.3，418.7，425.6，410.3，435.8，423.1，431.5，428.2，430.3，434.0，412.3，418.2，413.5，431.3，423.7。假定最大飞行速度服从正态分布，试求最大飞行速度的期望与标准差的置信区间（置信水平为 $1-\alpha=0.95$ ）。

5. 从某大学近万名大学本科生中随机抽样调查得到的 36 名学生每天手机的使用时间（单位：h）为 3.3，3.1，6.2，5.8，2.3，4.1，5.4，4.5，3.2，4.4，2，5.4，2.6，6.4，1.8，3.5，5.7，2.3，2.1，1.9，1.2，5.1，4.3，4.2，3.6，0.8，1.5，4.7，1.4，1.2，2.9，3.5，2.4，0.5，3.6，2.5。假设学生每天使用手机的时间服从正态分布，请给出该校本科生每天使用手机时间平均值的点估计以及置信水平为 0.95 的置信区间估计。根据上述结果，如果要以 0.95 的置信度估计每天手机使用时间，并要求抽样极限误差小于 0.1，请问需要抽取多少学生进行调查。

6. 某大学对学院 A 和学院 B 的本科生进行体能测试，从这两个学院的本科男生中分别随机抽取 8 个与 9 个学生，测试 3000m，测量得到的成绩分别为：

A：12′10″，14′15″，13′5″，13′5″，14′8″，12′10″，13′21″，11′8″

B：13′2″，12′30″，14′8″，11′25″，14′34″，12′14″，14′8″，15′1″，14′8″

假设 3000m 的成绩服从正态分布，请给出这两个学院本科男生 3000m 平均成绩之差的置信区间（置信水平 $1-\alpha=0.95$ ）。

7. 某厂对用两种生产工艺 A、B 生产的产品直径进行了对比测试，对工艺 A 抽查了 50 件样品，计算得到产品直径的样本方差为 $s_1^2=10.58$ ，对工艺 B 抽查了 80 件产品，计算得到产品直径的样本方差为 $s_2^2=5.37$ ，假设产品的直径服从正态分布。

（1）请给出两种工艺生产的产品直径方差之比的置信区间（置信水平 $1-\alpha=0.95$ ）。

（2）如果根据过去的数据，已知用两种生产工艺生产的产品的直径均值为 100，请给出两种工艺生产的产品直径方差之比的置信区间（置信水平 $1-\alpha=0.95$ ）。

8. 某大学共有 8000 位本科生，现要估计每位本科生的人均月生活消费额，采用无放回简单随机抽样共选择了 80 位本科生进行了调查。

（1）假定总体的标准差为 500 元，求样本均值的抽样标准误差。

（2）在置信水平 0.95 的条件下，求抽样极限误差。

（3）假定样本均值为 2000 元，求总体均值的置信水平为 0.95 的置信区间。

9. 某地区共有 2000 个居民家庭，各个家庭月收入大体呈标准差为 5000 元的正态分布，要用无放回简单随机抽样估计家庭月均收入，以 0.95 的置信水平保证抽样极限误差不超过 1000 元，应抽取多大的样本量?

10. 某小区共有居民 3000 户，小区物业公司欲调查小区居民对其提供服务的满意比例。为此，采用简单随机抽样抽取了一个容量为 100 户的样本，其中持满意态度的共有 85 户，请估计对该物业公司服务满意的住户的比例，并在 0.95 的置信水平下，给出估计的抽样极限误差和置信区间。

11. 某公司质量管理部门采用简单随机抽样法，从批产量为 6000 的产品中无放回随机抽取了 100 个样品，并对抽出的样品进行了质量检验，其中合格品为 99 个，试估计这批产品的合格率，并给出估计的标准差。如果在 0.95 的置信水平下，要求抽样的极限误差不超过 1%，需要多大的样本量?

12. 某学院共有大学四年级本科生 650 人，想调查某学期该学院四年级每名本科生参加课外各类竞赛活动的平均数量。该学院共有 4 个本科专业，在每个专业用简单随机抽样法抽取 10 名学生，每个专业四年级的总学生人数及调查结果如表 3-6 所示。试估计该学院四年级每名学生参加课外各类竞赛活动的平均数量，并给出估计的方差。

表 3-6　学生参加课外竞赛活动情况调查结果

专业	总人数	样本量	样本中各个本科生参加竞赛数
1	150	10	1，2，1，3，3，2，1，4，0，1
2	200	10	2，3，2，2，3，0，3，1，1，2
3	120	10	2，1，0，1，1，3，2，1，3，1
4	180	10	1，1，2，2，1，3，1，2，3，0

13. 某市共分为 4 个区，该市拟对居民每个家庭拥有汽车数量的情况进行调查，为此按区进行分层随机抽样，每个区抽取了 10 个家庭进行调查，表 3-7 是每个区调查的情况。

（1）估计该市居民每个家庭拥有汽车的平均数量，并给出估计的标准差。

（2）当置信水平为 0.95 时，要求对每个家庭拥有汽车的平均数量估计的抽样极限误差不超过 5%时，按比例分配和奈曼分配时，计算总样本量需求以及各层的样本量。

表 3-7　每个家庭拥有汽车数量调查结果

区	居民户数	样本中各家庭的汽车数量
1	15600	1,0,1,0,2,1,0,2,1,0
2	14200	2,3,0,3,1,3,2,1,2,2
3	16800	1,1,0,1,0,0,1,0,1,0
4	12000	2,3,2,1,2,1,0,3,1,2

14. 某大学拟推行一项教师评价机制改革措施。该大学共有 35 个学院，现采用整群随机抽样抽取 8 个学院，并调查抽中学院的每个教师是否赞成这一改革措施，结果如表 3-8 所示。请估计该大学赞成该改革措施教师人数的比例，并计算估计值的标准误差。

表 3-8　某大学改革措施调查结果

学院编号	总人数	赞成人数	学院编号	总人数	赞成人数
1	65	35	5	100	90
2	55	48	6	47	32
3	44	39	7	90	70
4	78	63	8	57	30

15. 某学院的“高等数学”课程共有 54 名学生学习，现采用系统抽样法抽取 10 名学生作为样本进行教学质量调查，试用直线等距抽样法和循环等距抽样法分别确定样本单位的编号。

五、综合应用题

1. 给定正态分布 $N(30,4)$，编制计算机程序抽取样本容量为不同大小（如 2、5、10、50、100 等）的样本，针对每个样本容量进行充分多次的随机抽样，并根据抽样结果计算总体均值点估计与区间估计，据此绘制不同样本容量下样本均值的抽样分布，说明总体均值的区间估计精度随样本量大小的变化规律。

2. 收集同一年级至少 3 个班级（或专业）都共同学习的某门课成绩，并针对该课程涉及的这些班级（或专业）完成以下计算分析。

（1）用简单随机抽样法在这些班级（或专业）中抽取共计 10%的学生成绩，并估计这些班级（或专业）的总成绩均值，估计抽样误差，将抽样估计结果与总成绩均值真实值进行比较。

（2）设计分层随机抽样方案，按班级（或专业）分层，计算该门课总体成绩均值的估计与抽样误差，并与真实值进行比较。

（3）按班级（或专业）进行整群抽样，并计算该门课总体成绩均值的估计与抽样误差，并与真实值进行比较。

第4章 统计调查

本章导读

获取准确、有效的数据，是进行科学决策的前提和基础。统计调查（statistical survey）是根据调查的目的与要求，运用科学的调查方法，有计划、有组织地收集统计资料的工作。准确、科学的统计调查，是保证统计数据准确性、全面性、及时性的基础。如果统计调查做得不好，收集得到的数据不准确或残缺不全，那么根据这种数据进行统计分析得到的结果，就难以反映客观事物的真相，甚至可能得出错误的结论。

《全国人口普查条例》第二条指出：人口普查的目的是全面掌握全国人口的基本情况，为研究制定人口政策和经济社会发展规划提供依据，为社会公众提供人口统计信息服务。国家统计局网站 2021 年 5 月 11 日发布了第七次全国人口普查公报第一到第八号。《第七次全国人口普查公报（第一号）——第七次全国人口普查工作基本情况》第七条指出：第七次全国人口普查全面查清了我国人口数量、结构、分布等方面情况，掌握了人口变化的趋势性特征，为完善我国人口发展战略和政策体系、制定经济社会发展规划、推动经济高质量发展提供了准确统计信息支持。

为了解“双减”政策（指要有效减轻义务教育阶段学生过重作业负担和校外培训负担）实施的效果，长沙市教育局官方网站于 2021 年 11 月 11 日至 11 月 19 日采取不记名投票的形式，开展了“双减”政策实施效果的问卷调查，调查问卷共设置了 11 道选择题。截至 2021 年 11 月 19 日 24:00，共计 2819 人次参与投票。对于调查结果，从家长是否了解“双减”政策的内容、“双减”政策实施以来孩子的作业时长缩短情况、孩子的校外培训报班减少情况、孩子的睡眠时间增加情况等方面进行了统计分析。例如，在孩子体育锻炼时间增加情况方面，调查结论指出：选择没有变化的有 474 人，占 16.81%，其他 83.19%认为孩子体育锻炼时间增加的投票者中，选择 1 小时以上的有 313 人，占 11.10%。

从上述人口普查和“双减”政策实施效果的问卷调查可见，通过统计调查获取数据资料，可以掌握事物或现象（如人口、政策实施等现象）的结构和变动等方面情况，并为进一步的统计推断和决策提供支持。

本章首先对统计调查进行概述，包括统计调查的基本要求、常用的统计调查组织方式和数据收集方法、统计调查数据的质量，以及统计调查的流程。其次，介绍统计表的结构与作用、设计原则，并对统计表的分类进行阐述。再次，介绍调查问卷的设计，包括调查问卷和问题的分类、问卷的结构、问卷的设计原则、量表设计以及问卷的信度与效度分析方法。最后，介绍调查数据的统计整理方法。

4.1　统计调查概述

统计调查收集的数据的数量和质量，将影响后续统计分析所采用的方法，以及统计描述和统计推断的准确性。所以，对统计调查应提出明确的要求，确定好统计调查的方法，并制订科学合理的调查计划。

4.1.1　统计调查的基本要求

统计调查的目的是收集真实、准确、完整的统计数据，围绕这个目的，对统计调查的要求主要包括以下几个方面。

（1）真实性。统计数据必须是观察、调查、实验（试验）或登记而得到的具体存在的事实数据，而不是凭空捏造的数据。

（2）目的性。统计调查是根据调查的目的和要求而进行的统计工作。在数据收集时，应按照统计工作的目的采集数据，避免收集不必要的数据，造成人力、物力和财力的浪费。

（3）完整性。收集的统计数据应能满足统计分析工作的需要，并具有一定的预见性，防止重要数据被遗漏，尽可能避免进行二次调查。具体要求包括：①统计项目齐全，统计项目应覆盖统计分析工作的全面需求。如在全国人口普查中，应根据人口普查的目的和要求，确定普查项目，避免项目缺失。②要素齐全，统计资料具有时间、空间、数据、计量单位、计算方法等要素，对于统计资料的记录、录入，应保持要素齐全，避免要素不足而导致对资料的误解和错用。

（4）追溯性。统计数据从其来源上可分为原始数据和次级数据两类。对于收集到的统计数据，尤其是次级数据应标明数据的来源、出处。对于原始数据，必要时也应指出数据的来源、时间和统计人员，以便于数据的追溯和验证。

（5）及时性。及时性又称为时效性，是要求保证统计调查所得到的统计数据的时效性，资料提供的越及时，其时效性就越强，就越有使用价值。

及时性的含义包括：①统计数据的采集应及时进行，及时完成，及时提供；②统计数据从采集到加工再到使用的时间间隔应尽量缩短；③统计数据要及时传递，以提高使用的效率；④在使用数据库进行数据管理时，应注意及时更新和充实数据库。

（6）准确性。统计的数据的误差应控制在允许的范围内。

除上述要求外，统计调查还应注意如下问题：①必须制定科学的调查方案。数据的收集要有计划、有步骤地进行；②选择合适的统计调查组织方式；③在确定调查方式的基础上，选择恰当的数据收集方法，如观察、试验、访谈等；④制定科学的调查表或调查问卷，以便于数据的采集与整理；⑤重视对调查人员的选择和培训，减少数据收集过程中的人为误差；⑥重视对调查质量的检查与控制，确保及时、准确、高效地完成数据收集任务。

4.1.2　统计调查的组织方式

统计调查的组织方式是指统计数据的收集方法。常用的统计调查的组织方式有普查、抽样调查、全面调查、重点调查等。下面介绍普查、全面调查、重点调查和典型调查。

1. 普查

普查（census）是指一个国家（或地区、部门或单位）为全面准确地了解某项状况，针对某类统计总体的全体单位，按照统一的普查方案和工作流程，在统一的标准时点，组织开展的大规模、一次性的全面调查。

由于普查的工作量大，需要投入大量的人力、物力和财力。普查通常是每隔一定周期进行一次，因此也称为周期性普查。我国现有的周期性普查主要包括：每隔 10 年开展一次的人口普查，农业普查和每 10 年进行两次的经济普查。

1）普查的组织形式

普查的组织形式有两种：一是组织专门的普查机构，配备一定数量的普查人员，对调查单位直接进行登记。例如，我国分别在 1953 年、1964 年、1982 年、1990 年、2000 年、2010 年和 2020 年进行了全国人口普查。

普查的另一种形式是发放普查表格，由调查单位按要求填报。这种方式比第一种简便，适用于内容比较单一、涉及范围较小的情况，特别是为了满足某种紧迫需要而进行的“快速普查”。例如，我国于 1955 年、1985 年和 1995 年分别进行了工业普查。

2）组织普查的原则

（1）要规定普查的标准时点，即全体调查者在对被调查对象进行登记时所依据的统一时点。就是说，在整个普查空间范围内所调查到的现象都属于某一时点上的状态。例如，第七次全国人口普查的标准时点为 2020 年 11 月 1 日零时。如果没有规定统一的时点，统计出来的数据就可能会因为时间基准不一致而无法使用。

（2）普查中的调查项目和指标一旦统一规定，就必须统一执行，不能任意增减变动，以便保证资料的系统性和质量。

（3）在普查范围内，各调查单位或调查点应同时展开调查，以保证在最短的期限内完成资料的收集，确保资料的准确性和时效性。

（4）普查工作应尽可能按一定周期进行，便于普查资料的对比分析。

2. 全面调查

全面调查，是对统计调查涉及的全部统计调查对象进行的调查，能够掌握比较全面、完整的统计资料，了解全体统计调查对象的全貌。

从全面调查的定义可见，普查是全面调查的一种。全面调查需要耗费较多的人力、物力、财力和时间，因此其适用的范围较窄，通常用于需要获取最基本最重要的资料时的调查。

与全面调查相对应的是非全面调查，非全面调查是只对总体中的一部分单位进行登记或观察的调查方式。这种调查方式所涉及的调查单位少，可以用较少的人力、财力和时间，调查较多的内容，收集到较深入、细致的情况和资料。

非全面调查除前面所述的抽样调查外，还有重点调查、典型调查等调查方式。

3. 重点调查

重点调查是一种非全面调查。重点调查是在全体调查对象中选择部分重点对象进行调查，所取得的统计数据只能反映研究对象的基本情况，不能用于统计推断。

重点调查的特点是所选择的调查对象（即重点单位）的标志值在所要研究的标志总量中占很大比重，能反映总体的基本状况。以国家统计局 2022 年 8 月 26 日发布的《国家统计局关于 2022 年早稻产量数据的公告》为例，根据对早稻的实割实测抽样调查推算，2022 年全国早稻播种面积为 475.51 万公顷（7132.6 万亩）、总产量为 2812.3 万吨（562.5 亿斤）。在列出的各省（自治区、直辖市）中，江西、湖南、广东、广西的播种面积分别为 122.01 万公顷、121.28 万公顷、86.42 万公顷、81.07 万公顷，四个地区的总产量分别为 677.2 万吨、741.3 万吨、520.1 万吨、480.4 万吨。四个地区播种面积、总产量占全国的比例分别为 86.39%、86.02%。可见这四个地区的早稻种植面积和产量已占全国总量的绝大部分，从而可以考虑选择这四个地区进行重点调查，以了解全国早稻生产的相关情况。

进行重点调查时，难度在于重点单位的选择。需要指出的是，此处的“重点”不是汉语意义上的普遍认为重要的、着重的部分，而是标志值在标志总量中有较大比重的总体单位。对于重点单位的选取，主要考虑两个原则：①根据调查任务的要求和调查对象的基本情况确定选取的重点单位及数量。通常情况下，要求重点单位应尽可能少，而其标志值在总体中所占的比重应尽可能大，以保证有足够的代表性；②尽量选取管理比较健全、业务力量较强、统计工作基础较好的单位作为重点单位，以便于快速收集统计数据。

4. 典型调查

典型调查是根据调查目的和要求，在对调查对象进行初步分析的基础上，有意识地选取少数具有代表性的典型单位进行深入细致的调查研究，借以认识同类事物的发展变化规律及本质。

典型调查是一种非全面调查，其特点和优点有：①调查的单位只是调查对象中少数具有代表性的单位。由于调查的范围小，可以进行深入细致的调查，从而可详细了解调查对象的实际情况。特别是在需要研究某些重大问题时，可通过典型调查“解剖麻雀”，查找问题或总结经验。②如果调查单位选择得当，则调查资料具有较好的代表性。③典型调查可弥补全面调查的不足，也可用于验证全面调查数据的准确性、估算总体数量特征。

4.1.3 数据收集方法

数据收集也称为数据采集。确定了统计调查的组织方式、数据收集的对象后，需要选择获取统计数据的方法。下面对常见的数据收集方法进行分类阐述。在实际统计调查中，通常采用多种方法的组合进行数据收集。

1. 直接来源数据的收集方法

对于直接来源数据，数据收集方法主要有统计报表、直接观察法、访问法、实验（试验）法、报告法、登记法、核算法、遥测法等。

（1）统计报表。统计报表（statistical document）是按统一规定的表格形式，统一的报送程序和报表时间，自下而上提供基础统计资料的一种数据收集方式。按调查范围不同，统计报表可分为全面报表和非全面报表；按报表内容和实施范围不同，统计报表可分为国家、部门和地方统计报表等；按报送时间长短，分为日报、旬报、月报、季报、半年报和年报。统计报表常用于全面调查中的数据收集。

统计报表具有以下特点：① 报告单位都要按照统一规定的表格和期限填写统计报表，以保证报表数据的一致性；② 填报资料以原始记录为依据，在严格遵守统计报表填报标准的条件下，统计报表具有较高的可信度；③ 统计报表中对各项指标都规定了明确的统计内容和计算方法，因而所提供的资料便于综合汇总；④ 统计报表可以连续、完整地积累资料，便于用来进行历史对比；⑤ 统计报表数据是编制、检查和监督计划的主要依据；⑥ 利用统计报表，各级管理部门可以了解研究对象的发展变化情况。

采用统计报表收集统计数据具有原始记录全、能满足不同层次统计信息需求等优点。但需花费较多的人力、物力和财力，灵活性和应急性较差，中间环节多，统计数据的质量容易受到人为的干扰。

（2）直接观察法。直接观察法是指调查者深入到调查现场进行直接观察、计数、测量、测试和记录，以取得统计资料的方法。这种方法不需要向被调查者提问，而是凭调查者的直接观察和测量，记录现场发生的事实和有关数据，可使用表格、卡片、速记、器材等工具进行记录。

（3）访问法。访问法又称询问法，是指调查者以个别采访、集体座谈、电话询问、留置问卷访问、邮寄问卷访问、网络问卷访问等形式向被调查者收集统计资料的方法。访问法要求调查者必须事先拟定好调查提纲、问卷或调查表，以便按既定的目的和要求收集所需的统计资料。通过手机、计算机网络发放网络调查问卷进行数据收集，由于具有成本低、速度快、便于快速扩展调查对象等优点，已成为收集数据的一种常见形式。

（4）实验（试验）法。实验（试验）法是指为了特定的研究目的，通过实验（试验）方案设计和具体实验（试验）而获取数据资料的方法。实验（试验）法不仅广泛用于自然科学研究，也可用于社会经济问题的研究。例如，通过新产品试销、试用、展销可以获取必要的市场信息，以便改进产品设计或分析市场行情。

（5）报告法。报告法是指统计调查机构将设计好的调查表分发给被调查者，要求其根据原始记录和有关核算资料自行填报，向统计调查机构提供统计资料。统计报表也可视为报告法的一种特殊形式。

（6）登记法。登记法有两种形式：一是统计机构规定当事人于某种事件发生后到该机构进行有关事项的申报和登记；二是由调查者将调查表分发给被调查者，并向他们讲明填表的要求，被调查者按表中项目自行登填后，再由调查者收回以取得统计资料的方法。

（7）核算法。核算法是指企事业单位直接利用业务活动的原始记录，根据统计报表的填报要求，通过审核、分类、汇总、计算以取得统计数据的方法。

（8）遥测法。遥测法是指利用遥感技术、航测技术等现代科学技术收集统计数据。例如，地矿资源、水土资源、森林资源、农产品播种面积与产量估计、水旱灾害、地震灾害等均可采用遥测法收集资料。

对于不同的统计调查的组织方式，可以有不同的数据收集方法。例如，对于全面调查可采用统计报表、登记法、核算法；此外，同一数据收集方法也可用于不同的统计调查组织方式，如访问法既可用于抽样调查，也可用于重点调查。

2. 间接来源数据的收集方法

（1）直接引用法。直接引用法是直接从统计年鉴、经济年鉴、公开刊物和电子出版物等资料中抄录有关统计数据，以满足统计研究的需要。例如，要想分析 2020 年我国 GDP 总量和各产业比重的相关情况，则可利用《中国统计年鉴 2021》，从中直接引用相关数据。

（2）参考文献查找法。参考文献查找法是利用有关论文、著作、研究报告等文献资料及其末尾开列的参考文献资料，或文中涉及的文献资料，追踪查找有关数据的方法。这种方法获得的数据比较系统，便于直接使用，但要求调查者必须有丰富的专业知识和较强的分析能力。

（3）检索工具查找法。依检索工具不同，检索工具查找法主要有手工检索和计算机检索。手工检索主要是利用目录、索引、文摘等检索工具查找所需的数据，计算机检索主要是利用计算机从有关数据库和网络检索次级数据。

（4）其他方法。例如，调查者可以通过购买、交换等途径获取间接数据。

4.1.4 统计调查数据的质量

根据国家标准《质量管理体系 基础和术语》（GB/T 19000—2016），质量是客体（可感知或可想象到的任何事物）的一组固有特性（可区分的特征）满足要求（明示的、通常隐含的或必须履行的需求和期望）的程度。对于调查数据而言，其质量可从以下三个方面进行衡量。

（1）适用性。适用性指的是收集到的统计数据是否有用，是否符合用户的需求。从质量管理的角度，统计调查数据是为政府、企业、个人等用户提供的一种特殊的“商品”，通过统计调查得到的这种商品，是否是适合用户需求的？怎样使得收集到的统计数据能最大化地满足用户需求？这是保证统计数据适用性的根本。只有符合统计调查目的的数据才可能是适用的。

（2）及时性。统计调查的数据应满足时效性要求，能反映所研究事物或现象最新的状态。对及时性的要求参见 4.1.1 节的相关要求。

（3）准确性。准确性指的是统计调查数据反映真实情况的程度，如在问卷调查中，由问卷所获得的调查对象的态度与调查对象真实态度之间的差异程度。对准确性的要求，参见 4.1.1 节的相关要求。数据的准确性可通过数据的误差进行度量。

数据的误差指数据的观测值与真实值之间的偏差。在统计调查中，数据误差（data error）分为抽样误差和非抽样误差。关于抽样误差，详见 3.1.4 节。

非抽样误差（non-sampling error）是由于其他多种原因引起的误差。统计调查的非抽样误差主要包括以下几种类型。

（1）覆盖误差。覆盖误差是由于所选择的样本不能代表总体而造成的误差。如在全国人均年收入调查中，采用网络调查就可能产生覆盖误差，因为网络调查的样本仅能代表在调查期间内使用了网络并接收到调查问卷的人员。

（2）无回馈误差。无回馈误差是由于调查问卷回收率太低造成的误差。如问卷调查中，问卷发放数为 400 份，而返回的问卷数只有 100 份，即回收率为 25%，在这种情况下，仅依据返回的问卷进行统计推断就会造成较大误差。

（3）回答误差。回答误差是由于被调查者在接受调查时给出的回答与真实情况不符而造成的误差。造成回答误差的原因有多种，主要有理解误差、记忆误差和有意识误差。理解误差是由于被调查者与问题设计者对调查问题的理解不同而造成的误差。记忆误差是指由于被调查者所记忆的数据与事实不符而造成的回答误差。在调查中，需要回忆的时间间隔越久，回忆的数据就可能越不准确。在调查研究中，应尽可能缩短调查所涉及的时间范围，减少记忆误差。有意识误差是当调查的问题比较敏感，被调查者不愿意回答，迫于各种原因又必须回答时，被调查者有意识地选择不真实的答案所造成的误差。

（4）道德误差。道德误差是由于调查人员缺乏职业道德所引起的数据误差。如在调查中，调查人员有意引导被调查者，干扰其正常判断。

（5）系统误差。系统误差是由于一些确定原因所引起的并且可以设法消除或足够精确估计的误差，如测量设备的系统性偏差、记录人员的习惯性偏差等引起的误差。

（6）过失误差。过失误差是由于调查人员的过失而造成的误差，如由于看错数字而造成的数据记录错误、数据记录的缺失等。过失误差通常导致统计数据中异常值的出现。

（7）测量误差。测量误差是由于测量环境、试验环境等不确定因素的影响而造成的数据误差。如测量某件产品的长度时，周围环境温度的影响，使得测量工具受热胀冷缩的影响，从而造成测量误差。

在统计调查中要完全消除误差是十分困难的。对于抽样误差，可以通过选择抽样方式、增加样本容量等方法加以控制。对于非抽样误差可通过运用人员培训、测量校准等相关手段和方法消除或者减小。

4.1.5　统计调查的流程

统计调查的主要流程如图 4-1 所示。

（1）明确统计调查的目的。必须界定统计数据为谁服务、有什么样的需求、统计调查的基本任务和要求等问题。

（2）确定调查对象的范围和调查单位。明确统计数据的来源，确定是从直接来源、间接来源，还是以两种途径相结合的方式获取统计数据。对于直接来源的数据，在确定调查对象时，要正确界定统计总体的时空范围，明确调查的边界条件。例如，规定企业产品质量抽检的产品必须是在特定时间范围内生产的同类型号产品。为了便于对调查的数据跟踪与回溯，在数据收集时，还需要明确负责填报和报送调查数据的单位。对于间接来源的数据，为了便于数据的跟踪与回溯，还需要注明数据的来源。

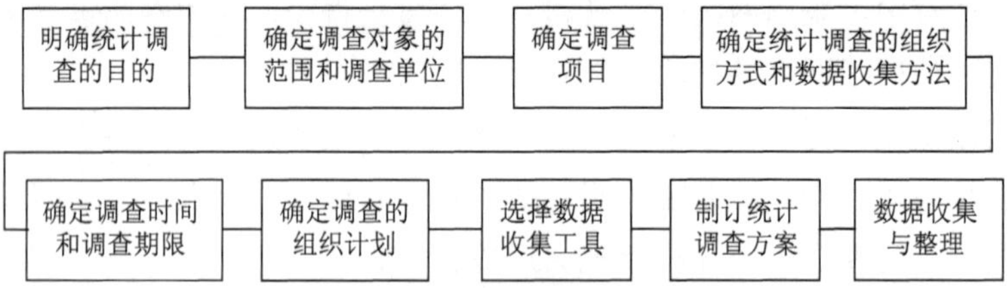

图 4-1　统计调查的主要流程

（3）确定调查项目。调查项目是需要调查的具体内容，即需要向调查单位进行哪些方面的调查，收集哪些数据和有关情况。一般需根据调查目的、调查单位可提供的信息确定调查项目。调查项目一般应包括主体项目和相关项目两大部分，主体项目是进行调查的主要目的，相关项目是为统计调查提供辅助信息，以便于调查结果的分析与解释。确定调查项目时，应对调查项目的必要性、可行性、科学性进行审查。

（4）确定统计调查的组织方式和数据收集方法。应根据调查的目的、调查对象的特点，以及调查项目的要求，确定统计调查的组织方式和数据收集方法。

（5）确定调查时间和调查期限。调查时间是指调查数据所处的时间范围。调查具有时间标志的数据时，应确定数据的起止时间标志，以保证数据收集的统一性和可比性。例如，对于产品的质量抽检，应明确规定抽取的样本的生产时间区间。确定调查期限是指在制订调查计划时，应明确整个调查工作的起止时间及工作进度要求。

（6）确定调查的组织计划。为了确保调查工作的顺利实施，必须确定调查工作的组织领导、调查机构的设置、调查人员的选择和培训、调查经费安排、调查进度计划与数据的质量控制方法等。

（7）选择数据收集工具。数据收集工具主要有统计表和调查问卷。应重视统计表和调查问卷设计的科学性与合理性。

（8）制订统计调查方案。统计调查方案是在正式调查之前，根据统计调查的目的和要求，对统计资料收集的各个方面和各个阶段工作的总体安排。统计调查方案是指导统计调查工作的纲领性文件，是调查工作有计划、有组织、有系统进行的保证。

（9）数据收集与整理。数据收集与整理是以调查方案为依据，进行数据的收集，完成数据的初步规范化整理，为后续的数据描述与统计推断做好准备。

4.2 统　计　表

统计表（statistical table）是反映统计数据的表格，是将统计数据直观化、条理化描述的体现。调查表、原始记录表、统计台账、统计汇总表和统计分析表等统称为统计表。本节主要对统计表的结构和作用、统计表的设计原则、统计表的分类进行介绍。

4.2.1 统计表的结构和作用

统计表的结构如图 4-2 所示。该表来源于国家统计局网站发布的《第七次全国人口普查公报（第五号）——人口年龄构成情况》。统计表从外形结构看，主要包括四个部分：总标题、横行标题、纵栏标题和数据资料。有些统计表需要在表上增加填报单位，在表下增加注解，说明资料来源、某些指标的计算方法、制表方法等。

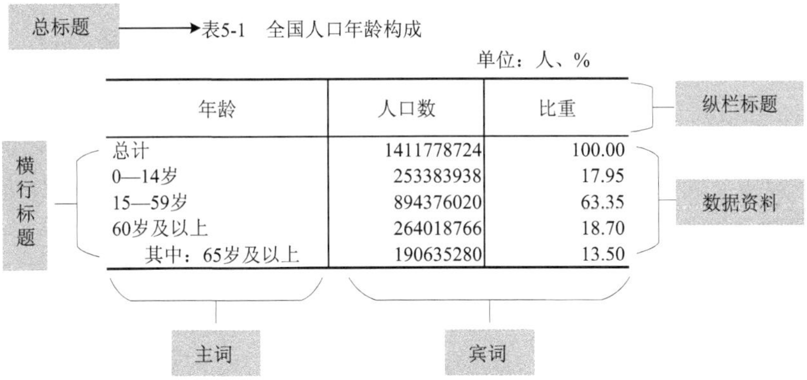

图 4-2　统计表的结构

从统计表的内容看，统计表包括主词和宾词两部分。主词是统计表所研究的总体及各个组成部分的名称，一般列在表的最左方，构成横行标题。宾词是统计表中说明总体特征的统计指标，一般列在表的右侧，构成纵栏标题。根据需要，主词和宾词可以调换位置。当统计表描述的数据有量纲，并且不能省略时，还需要列出宾词的计量单位，根据不同统计表的特点，计量单位可置于统计表的上方或宾词之后。

设计统计表的目的是保证统计数据展示的规范化和标准化，以便于数据的统计分析。其主要作用如下。

（1）收集和登记统计调查数据。在统计调查中，利用统计表，可以把大量的统计数据按照规定的格式从最基层单位逐级上报、汇总到各级管理部门。

（2）汇总和积累统计数据。统计数据的汇总主要是通过统计表完成的，积累统计数据的统计台账、统计手册等也是由各个时期的各种统计表汇编而成的。

（3）分析和使用统计数据。利用统计表，可以对经过分组整理的大量的统计数据，从多方面比较和分析各类统计指标的变化情况及其规律性。运用统计表使得统计数据的描述更加条理化，便于计算，易于分析数据的完整性和准确性。

4.2.2　统计表的设计原则

设计统计表时，应遵循科学、实用、美观的原则，具体要求如下。

（1）统计表的设计要全面考虑表的布局，使得分组和指标的安排适当。统计表的内容要简明扼要，主次分明，便于比较和分析。统计表的宽度和高度要保持一定比例，避免制成窄而长、扁而宽的表。

（2）统计表的总标题要能够确切说明表的内容，标题不宜过长，文字要简要，使人一看标题就能了解该表所要说明的内容。如果有一系列表格，标题前应有编号，以便于表的查找和引用。

（3）统计表的横行标题和纵栏标题各项目的排列应有一个合理的顺序。例如，年龄按大小、时间按先后、编号按大小顺序排列等；计划和实际结果在表中对比时，计划指标在前而实际指标在后，完成百分数在最后等。横行标题和纵栏标题内容表述要准确、简要。

（4）统计表中的数字，要注明单位，一般列在标题之下或表的右上角。各行有不同单位的，另列一个单位栏。各栏单位不同的，在各栏标题后用括号列出，如：体重（kg），前者为栏标题，括号内为单位。

（5）为了在对资料数据有疑问或要得到其他相关资料时可以追溯原始数据，表下应写明资料来源。资料来源在一个以上的，应一一列出。初级资料在表上应注明填报单位。为保证统计表的填写质量，在编制统计表（特别是收集数据的调查表）时，还应增加填表说明，例如，调查项目的内容解释、填写规则、计算方法等。

（6）统计表的资料内容，包括定义、时间、单位或个别数字等，凡需做出说明的，应在资料来源之下加以注解，以便于统计人员准确填表以及使用人员理解数据的内容。

（7）统计表应安排小计、合计或总计的位置。

（8）考虑信息技术和数据库的运用，必要时对收集数据的统计调查表的每个标志上赋予相应的代码，以便于调查资料的数字化。

（9）在一个统计表中，如需描述两类以上不同的事实，可用粗线或双线隔开。

（10）在统计表的填报中，上下数字的位置要对齐；对相同的数字也应填写，不能使用省略号；上下数字位数要对齐，以便于比较；表中不应出现空格，对于不应填写数字的地方，可用“—”表示；数字不详的，可用“…”表示。

4.2.3 统计表的分类

1. 按主词是否分组和分组程度分类

根据不同的分类方式，统计表可分为不同的类型。按主词是否分组和分组程度，可分为简单表、分组表和复合表。

简单表是对总体单位不作任何分组而编制的统计表，如第2章表2-1即是一张简单表。根据统计表中主词排列方式的不同，简单表又可分为按总体单位的名称或编号排列的简单表、按时间顺序排列的简单表、按统计指标顺序排列的简单表等。

分组表也称为简单分组表，是在主词中对总体单位进行分组的统计表，是简单分组数据的表格表现形式。如第2章的表2-2、表2-3就是简单分组表。

复合表又称为复合分组表。就是在主词中把总体单位按照两个或者两个以上的标志结合起来进行重叠分组的统计表，是复合分组数据的表格形式，分组数目随分组标志的增加而成倍增长。如第2章的表2-4就是按照两个标志进行分组的复合分组表。

2. 按统计表用途分类

统计表按其用途可分为调查表、汇总表和分析表。

调查表是以某种形式将需要调查的问题或需要填写的标志列出，然后由调查人员或者调查对象填写数据的表格。根据收集数据时调查单位的范围，调查表又可分为单一表和一览表。单一表是指一张调查表上只登记一个调查单位的表格；一览表是指一张调查表上登记若干个调查单位的表格。从调查表的定义看，本章附录所列的调查问卷就是一种特殊的调查表，而且是单一表。调查表根据用途不同又可分为市场调查表、统计调查表、检查表等。

汇总表也称为整理表，是在统计整理或汇总过程中用于表现整理或汇总结果的统计表。有时一览表也称为汇总表。汇总表有时须在一览表的基础上增加合计、小计等内容，以便对数据的总体情况进行概括。例如，企业月工资发放中，财务所列的统计表，一般情况下是每一行表示一名员工的工资组成和总的工资收入，在表格的最后一行会列出总计，反映本月所发放工资的总体情况。

分析表是用于统计分析或者描述统计分析结果的表格，如第 6 章的方差分析表（表 6-7）、第 7 章的回归分析结果表（表 7-3）等。

4.3 调查问卷设计

调查问卷（questionnaire）又称为调查表、询问表，简称问卷，是根据调查的目的和要求预先设计的由问题及备选答案组成的调查记录清单，是收集原始资料的重要技术工具。本节主要对问题和问卷的分类、问卷的结构、问卷的设计原则、量表设计、问卷的信度与效度分析以及常用的问卷设计工具进行介绍。

4.3.1 问题和问卷的分类

根据问题以及答案选择方式的不同、问卷组织方式的不同，问题和问卷又可分为不同的类型。

1. 问题分类

在设计问卷时，问卷题目是问卷的核心部分。按问题的回答形式，问卷题目可分为开放性问题（open-end questions）和封闭性问题（close-end questions）。

开放性问题是指对问卷题目的回答未提供任何具体的答案，由被调查者根据自己的想法自由作出回答。对于问题的回答，没有规定答案的选择范围，被调查者可以自由地发挥。例如，下述问题均为开放性问题：您对网上购物有何看法？如何看待网络交友？

开放性问题的优点有：问题答案较为灵活，适合于收集更深层次的信息，特别适合于那些尚未弄清楚各种可能答案或潜在答案类型较多的问题。其缺点是：可能出现各种各样的答案，会给调查后期的资料整理带来困难。

封闭性问题是指对问题事先设计出了各种可能的答案，由被调查者从中选择。对于问题的回答，被调查者只能按规定的范围进行选择，不能自由发挥。封闭性问题根据其答案选项的设置以及回答方式的选择又可分为两项选择、多项选择、顺序选择、评定尺度、双向列联等问题类型。

两项选择型指的是封闭性问题的备选答案只有两个，被调查者只需选择其中之一即可。常见的判断题就属于这类问题。如本章附录调查问卷基本信息中的第 2 题、个人情况中的第 2 题。

多项选择型指的是封闭性问题的备选答案有多个，被调查者从中选择答案即可。多项选择型根据答案选择的数量又可分为单选型、多选型和限选型。单选型仅允许在备选答案中选择一项作为题目的答案，如本章附录给出的调查问卷关于实体图书馆服务中的第 1 题、第 2 题。多选型允许被调查者在备选答案中选择一项以上作为题目的答案，如本章附录给出的调查问卷关于信息服务中的第 6 题。限选型要求被调查者在所给出的备选答案中，选出自己认为合适的答案，但数量要受一定限制。例如，在有关商品房购买调查问卷中提出的问题：请问您在购买商品房时，主要考虑哪些因素？（选出您认为最合适的3个答案）

A. 单价　B. 户型　C. 是否为学区房　D. 总价　E. 公摊面积　F. 小区绿化程度
G. 开发公司　H. 楼层　I. 房屋朝向　J. 与医院的距离　K. 配套物业公司
L. 交通便利程度　M. 小区规模　N. 房子的保温隔热处理　O. 其他______________。

顺序选择型是指问题有多个答案，要求被调查者在回答时，对所选的答案按要求的顺序或重要程度加以排列。顺序选择型得出的问题答案不仅可以反映所要调查的内容，而且可以反映被调查者对问题的看法，从而增加了信息量。如本章附录给出的调查问卷关于实体图书馆服务的第3题。

评定尺度型指的是问题的答案由表示不同等级的形容词组成，并按照一定的程度排序，由被调查者依次选择。例如，这样的问题：您对业务员的本次服务满意吗？

A. 非常满意　B. 比较满意　C. 一般　D. 不太满意　E. 不满意

双向列联型是将两类不同的问题综合到一起，通常用列联表的形式对问题和答案进行描述。表的横向是一类问题，纵向是另一类问题。这种问题结构可以反映两方面因素的综合作用，提供单一类型问题无法提供的信息，还可以节省问卷的篇幅。此类问题如本章附录给出的调查问卷关于数字图书馆服务中的第9题、公众号等微服务中的第12题。

2. 问卷分类

根据收集资料方式（调查方式）的不同，问卷分为邮寄问卷（调查者将设计好的问卷邮寄给被调查者，由被调查者填写问卷后再寄回）、网络调查问卷（被调查者在线填写）和访问问卷（向被调查者当面提出问题，或采用电话访问，按被调查者的回答填写问卷）。其中，邮寄问卷和网络调查问卷属于自填式问卷。

自填式问卷的主要优点有：成本低，可节约时间、经费和人力。自填式问卷由于依赖被调查者的合作，通常回收率较低，而且对于被调查者的教育程度有一定的要求。另外，自填式问卷通常难以跟踪数据的来源，因此数据质量难以保证，当出现错填、漏填或误填的数据时，难以对数据进行校对、审核。

访问式问卷采用与被调查者直接交流获取调查数据，因此容易获得可信度较高的调查数据。但是，访问式问卷的调查成本高，对于访问人员的素质有较高的要求。对于一些敏感性较强的问题，不适合进行访问调查。

问卷按照其用途不同，可分为预调查问卷、调查问卷和回访问卷（复核问卷）。预调查问卷是正式调查之前，为评估问卷设计的合理性、科学性而进行预调查时，所使用的问卷。调查问卷是正式实施统计调查时所使用的问卷。回访问卷则是为了检查调查者是否按照访问要求进行调查而设计的问卷。通常，调查问卷是对预调查问卷进行修改、修正后所设计的问卷。回访问卷的设计相对简单，只需要做到对问题进行核实即可。

4.3.2 问卷的结构

问卷在结构上一般由开头部分、甄别部分、主体部分和背景部分组成，如图 4-3 所示。

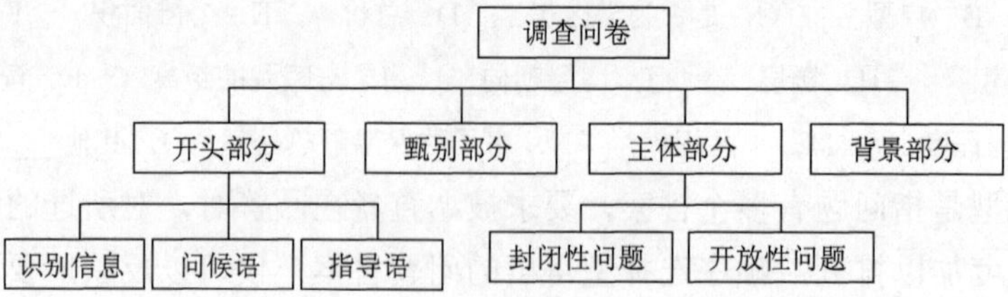

图 4-3 调查问卷的基本结构

1. 开头部分

开头部分用于说明调查研究的目的，指导被调查者如何回答，并作必要的说明，以解除其思想顾虑。一般包括问候语、识别信息和指导语等内容。

（1）识别信息用于问卷的识别，便于问卷数据的检测、核对、校正，以及进行相关的后续调查，一般由问卷标题、问卷编号、调查组织名称、调查员、问卷复核人、问卷编码员等基本信息组成。

（2）问候语包括简要介绍调查的目的和意义，对被调查者合作的感谢等。写好问候语十分重要，可以引起被调查者对调查的重视，消除顾虑，激发其参与意识。

（3）指导语是用来指导被调查者填写问卷的各种说明，以及标明问卷的返回方式等。

2. 甄别部分

甄别也称为过滤，甄别的目的是确保被调查者符合调查研究的需要。在调查或问卷分析时，可通过甄别部分对被调查者进行过滤，确定哪些人是合格的被调查者。

例如，对于本章附录的调查问卷，若目的是调查某个高校的学生或教职工对图书馆的利用情况，则对于甄别部分“基本信息”中的第 1 小题，当被调查者填写的不是该高校时，他（她）就不是合格的被调查者。

3. 主体部分

主体部分是调查问卷的核心内容，包括所有封闭性问题和开放性问题。

4. 背景部分

背景部分主要是有关被调查者的一些背景资料。例如，被调查者的性别、年龄、收入状态、受教育水平、职业类别、家庭人口、居住地区等，以便按照研究目的进行分类比较分析。访问式调查的背景部分一般应安排在问卷最后。

4.3.3 问卷的设计原则

问卷题目、备选答案以及题目的顺序应当进行精心设计，以便于被调查者充分理解问题，赢得被调查者的信任与合作，乐于填写问卷，获取真实信息。

1. 问卷题目的设计

问卷题目的设计应注意以下几个方面。

（1）问卷设计要围绕调查研究的主题进行。例如，对于图书馆利用情况的调查，调查的目的是了解读者对图书馆的利用情况，就不应在该问卷中设计一些关于校园文化的问题。

（2）问卷中的问题不宜过多过难，不必要的问题不要列入。过多的问题容易造成被调查者的负担，使被调查者感到厌烦，影响调查的质量。要避免类似的问题重复出现，且降低被调查者的判断难度。

（3）问题的表达要准确，内容要完整，便于被调查者掌握问题的本质，从而准确回答问题。一般可按照 5W1H 原则进行问题的设置。即按照 who（谁），where（何处），when（何时），why（为什么），what（是什么），how（如何）六个方面判断。例如，对于问题："您最近一年在单位或社区接受过关于文明礼貌、文明言行、文明规范或文明创建方面的宣传资料吗?"问题的设计就比较具体，问题内容唯一，范围明确，人员明确，便于被调查者作答。

另外，在实际调查中，被调查者的个人背景，如教育程度、文化水平、知识经验等均有较大的差别。因此，在问题的设计中要避免使用过于笼统、无明确界定的词语，避免使用有歧义的词语，从而避免造成理解上的误差，降低回答误差。

（4）一项提问只包含一项内容。在统计调查中，如果一项问题包含了两项以上的内容，被调查者就很难回答。例如，对于问题："您对数字文献资源与纸本文件满足本专业学习需求的程度满意吗？"该问题包括了图书馆的数字文献资源和纸本文件两方面的内容，如果被调查者对数字文献资源满意，而对所提供的纸本文件不满意；或者，对数字文献资源不满意，而对所提供的纸本文件满意，那么就很难回答或者评价。

（5）避免诱导性提问。问题不能带有调查者的主观倾向性，应站在客观立场上设置问题，使得调查对象的回答能反映其真实的观点。例如，"大部分人都认为我校图书馆资源丰富，你对我校图书馆的馆藏资源满意吗？"这个问题就带有明显的诱导性。诱导性提问会导致两个后果：一是被调查者不加思考就同意引导问题中所暗示的结论；二是引导性提问引用权威或大多数人的态度，被调查者就会产生心理上的顺向反应。

（6）避免否定形式的提问。通常情况下，人们习惯于正向思维。否定提问会影响被调查者的思维，容易造成与其实际意愿相反的回答或选择。例如，"你是否不满意我校图书馆的馆藏资源？"受习惯思维的影响，被调查者可能倾向于选择答案"是"，即不赞成，实际上并非出自本意。

（7）避免敏感性问题。敏感性问题是指被调查者不愿意让别人知道其真实答案的问题。如学生本人是否考试作弊、个人收入问题、个人私生活问题等。对于这类问题，被调查者可能会拒绝回答，或者采用假报的方法来应付回答。对必须涉及敏感性问题的调查，应当在提问的方式上进行推敲，尽量采用间接询问方式或特殊调查技术（如随机化回答技术），用语也要婉转，以降低问题的敏感程度。

（8）开放性问题尽可能少。开放性问题的回答需要一定的思考时间，而且不便于后续的统计分析，因此在调查问卷设计中应尽量减少开放性问题。

2. 封闭性问题答案的设计

封闭性问题对答案的要求较高，在备选答案的设计上，应注意如下几点。

（1）要包括所有可能的答案，防止出现调查对象找不到适合自己的答案的情况。当答案不能穷尽时，可以加上“其他”选项，以保证被调查者能有所选择或回答。

（2）在答案的设计上，应具有互斥性，各答案间不能相互重叠或包容。在单项选择时，尤其要注意这方面的问题，防止出现调查对象认为不止有一个答案适合自己的情况。

（3）备选答案如果在程度、范围或分量上有顺序大小，最好使得备选答案按顺序排列，便于调查对象的选择判断。

（4）若备选答案涉及两两比较，则备选答案不宜过多，以降低调查对象比较判断的难度，避免其判断出错。

（5）当涉及主观判断的态度性问题时，答案应尽可能用主观模糊性评价语言进行描述。例如，对于满意度评价方面的问题，可设置答案为：十分满意、满意、一般、不满意、十分不满意等。

3. 问题顺序的设计

设计问卷时，应合理安排问题顺序，便于被调查者填写问卷。

（1）问题的安排应具有逻辑性，符合被调查者的思维习惯，以便其容易理解问题的内容与要求，从而便于准确作答。

（2）问题的顺序应先易后难。如果让被调查者一开始就感到很难回答，就会影响其回答的情绪和积极性。

（3）问题的类型应先安排事实性问题，其次安排行为性问题，再安排态度性问题，最后安排敏感性问题。在具体顺序上，应将同类问题排列在一起，避免相互混杂。

（4）当问题涉及时间时，为了便于被调查者回忆，可以按时间先后顺序排列问题，时间近的问题列在前、时间远的问题列在后。

（5）先安排封闭性问题，再安排开放性问题。

（6）当问卷中存在多个正向和逆向问题时，应尽量将正向和逆向问题混合排列，避免正向或逆向问题过于集中的情况。

4. 问卷设计流程

问卷设计流程如图4-4所示。

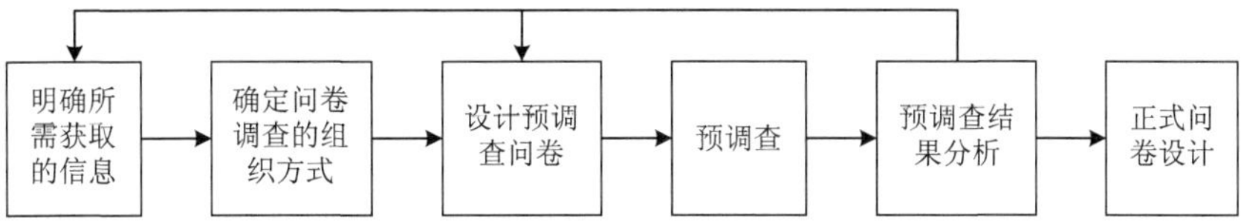

图4-4 问卷设计流程

（1）明确所需获取的信息。在问卷设计中，首先要明确调查的主题是什么，这是整个调查的基础，也是问卷设计的灵魂和核心。在该步骤，设计者需要通过详细分析，了解调查研究的需求与总体目标，深入研究具体需要哪些信息，分析需要验证哪些理论假设，研究调查中哪些方面的信息是可能获取到的，哪些是不能获得或需要花费大量的精力才能获得的，明确各调查项目的重要性。通过研究分析，界定调查的范围，明确调查的主题内容。

（2）确定问卷调查的组织方式。根据问卷发放与回收途径的不同，调查的组织方式包括派员访问调查、电话调查、邮寄调查和网络调查等。

（3）设计预调查问卷。根据调查研究的目的，在详细分析问卷设计的需求、调查对象特点的基础上，编拟初步的调查问卷。在该步骤中要同时完成量表的选择与编制。

（4）预调查。在进行预调查时，预调查问卷发放的目标总体应与正式问卷调查的目标总体相同。预调查问卷发放的人数要适当，应综合考虑调查对象的特点、抽样调查的精度要求、预调查的时间要求等，选择适当的具有代表性的被调查者进行预调查。

（5）预调查结果分析。预调查问卷回收后，要对问卷的回收率、信度与效度进行分析。根据预调查结果，对问卷的各个方面进行分析、修改问卷的设计，使得问卷有较高的信度和效度。

（6）正式问卷设计。在对预调查结果进行分析的基础上，形成正式调查问卷。正式调查问卷应加以编号，并对问卷中各题目进行编码，以便后续的统计分析。

根据问卷设计者的业务水平、问卷调查的难易程度等，以上第（3）、（4）、（5）步也可省略。

4.3.4 量表设计

在社会科学领域，尤其通过调查问卷获得的调查对象对于某些现象的认识，通常是一些模糊的、定性的描述。为便于统计分析，在问卷调查中，应尽可能将调查结果用数字或者符号进行描述。

量表设计就是设计对被调查者的主观认识进行度量的标准。在问卷设计中，如果量表设计得不合适，调查得到的资料就难以得到正确深入的分析。在统计调查中，常用的量表有：项目评比量表（itemized rating scales）、鲍格达斯社会距离量表（Bogardus social distance scales）、李克特量表（Likert scales，也译为利克特量表）、瑟斯通量表（Thurstone scales）、语义差异量表（semantic differential scales）和哥特曼量表（Guttman scales）。

李克特量表是由美国社会心理学家李克特（Rensis Likert，1903—1981）于 1932 年提出的。李克特量表由一组对某事物的态度或看法的陈述组成，这些陈述都与某人对某事物的态度、行为、评价、意见或认识程度等有关，要求被调查者对陈述作出回答。常见的是五级量表，即五个答项，其范围从一个极端态度到另一个极端态度，如从“非常可能”到“根本不可能”，或者从“非常同意”到“非常不同意”。

在李克特量表的设计中，需要根据陈述的类型，对回答项赋予不同的分数，从而便于对问卷进行统计分析。对于问题的陈述，分为正向语句和反向语句两种。正向语句和反向语句打分的方向是相反的。例如，在对食堂服务满意度调查中，其部分问题的李克特量表设计结果如表 4-1 所示，其中“问题”列即为对事物的态度或看法的陈述，问题回答的态度范围从“非常同意”到“非常不同意”。问题 1 和问题 2 属于正向语句，回答“非常不同意”“不同意”“一般”“比较同意”“非常同意”的分数是按照 1、2、3、4、5 赋值的。问题 3 和问题 4 属于反向语句，回答从“非常不同意”到“非常同意”则是按照 5、4、3、2、1 进行赋值的。

表 4-1　调查问卷部分问题的李克特量表设计

问题序号	问题	非常同意	比较同意	一般	不同意	非常不同意
1	食堂饭菜好吃	5	4	3	2	1
2	食堂饭菜的价格合理	5	4	3	2	1
3	食堂的饭菜品种少	1	2	3	4	5
4	食堂的桌面不干净	1	2	3	4	5

对整个问卷主体部分所有需要进行测量的问题，在被调查者选择答案后，即可将被调查者的反馈转化为分值。所有分值的总和记为本次调查中被调查者对可测量问题的总得分。利用每一项小分值以及总得分值即可对被调查者的态度、行为、评价、意见或认识等进行统计分析。

4.3.5 问卷的信度与效度分析

为保证正式调查时能得到真实、可信的数据，在形成正式问卷之前，应通过预调查对问卷进行试测，并对试测结果进行信度和效度分析，根据分析结果筛选问卷题目，调整问卷结构，从而提高问卷的信度和效度。当未进行预调查时，也可通过信度和效度分析，对正式调查数据的可靠性和准确度进行分析。

1. 信度分析

1）信度的概念

信度（reliability）即可靠性，是指采取同样的方法对同一对象重复进行测量时，其所得结果相一致的程度。

在调查中，若用T表示真实值（被调查者的真实态度等），B表示偏差即系统误差，E表示测量的随机误差，X表示测量结果（调查结果），则有

$$X = T + B + E \tag{4.3.1}$$

在上述分解式中，T是潜在的需要估计的值。B是可通过采用一定的手段避免或减少的，而E是难以避免的。

由于系统误差通常很难分解，而且在问卷的设计上要求尽量避免系统误差，所以通常在信度分析中仅考虑随机误差。即在下式的基础上，分析问卷的信度。

$$X = T + E \tag{4.3.2}$$

对于随机误差E，一般假定其期望值为0，且与真实值相独立，在此假定下，有

$$\mathrm{Var}(X) = \mathrm{Var}(T) + \mathrm{Var}(E) \tag{4.3.3}$$

由上式，测量值的方差$\mathrm{Var}(X)$等于真实值的方差$\mathrm{Var}(T)$与误差方差$\mathrm{Var}(E)$之和。$\mathrm{Var}(E)/\mathrm{Var}(X)$越大，说明测量的随机误差越大，测量的可信度越低。信度的大小用信度系数R表示。R定义为真实值的方差$\mathrm{Var}(T)$在测量值方差$\mathrm{Var}(X)$中所占的比例，即

$$R = \mathrm{Var}(T)/\mathrm{Var}(X) = 1 - \mathrm{Var}(E)/\mathrm{Var}(X) \tag{4.3.4}$$

R越大，表明问卷调查的可信程度越大。

2）信度的估计

从R的定义与计算公式看，要准确计算R不仅要对同一调查对象进行多次重复调查，还要知道每次调查时被调查者的内心的真实数据T，这在实际操作中几乎是不可行的。而从问卷设计本身以及被调查者在不同时间的调查数据看，这些数据在逻辑上应是有一定关联的。例如，两次调查的结果应该存在较强的线性相关关系；由于不同题目反映的调查主题相同，对同一份问卷，不同题目的调查结果应存在较强的线性相关关系；如果不同的题目是针对同一主题设计的，则题目和题目之间应存在一定的相关关系，也就是说从变量的角度而言，不同的题目不是相互独立的随机变量。因此，可从这些角度对问卷的信度进行估计。

信度系数的估计方法有重测信度（test-retest reliability）、分半信度（split-half reliability）、α信度系数（reliability coefficient alpha）法等。

（1）重测信度。重测信度也称为再测信度，是对同一组被调查者采用相同的调查问卷，在不同的时间点先后调查两次，然后计算两次调查所得分数的相关系数，由相关系

数表示信度的大小。

记(x_i, y_i)为同一被调查者两次调查的配对结果（问卷的评分），其中，$i=1,2,\cdots,n$，n表示被调查者的总人数。重测信度的计算公式为

$$r=\frac{\sum_{i=1}^{n}(x_i-\overline{x})(y_i-\overline{y})}{\sqrt{\sum_{i=1}^{n}(x_i-\overline{x})^2\sum_{i=1}^{n}(y_i-\overline{y})^2}} \tag{4.3.5}$$

其中，$\overline{x}=\frac{1}{n}\sum_{i=1}^{n}x_i$，$\overline{y}=\frac{1}{n}\sum_{i=1}^{n}y_i$。

由重测信度的计算公式可见，重测信度反映了调查结果（分数）的稳定程度。相关程度高（相关系数的值大），表示前后两次调查结果的一致性高，稳定性好。信度越高，说明被调查者两次对问卷的理解差异越小，对问题的回答前后两次的一致性越高。

对于重测信度，重复进行调查时，要注意两次调查的时间间隔要恰当。如果时间间隔太久，可能会发生一些变故，影响到被调查者的态度，那么前后的调查就会有很大的差异。时间间隔太短，则由于记忆效应，会造成两次调查之间的差异非常小。

（2）分半信度。分半信度指一项调查中，调查问卷的两半题目调查结果的变异程度。计算分半信度时，首先将问卷中全部问题尽可能按照调查题目的内容、形式、题数等分成近似相等的两半，分别记为Q_1和Q_2，用这两半题目进行问卷调查后得分的和分别记为x、y，则对同一个被调查者，问卷调查的总得分为$x+y$。设在问卷调查中共有n个被调查者，则两半题目的得分分别为(x_i, y_i)，$i=1,2,\cdots,n$。

问卷设计是围绕一个核心的调查主题，设计与这个主题有关的题目。那么，所有的调查问题就应具有内部逻辑上的一致性。也就是说，通过量表的设计，分成两半的题目之间应具有隐含的正的相关关系。如果一个被调查者对Q_1部分的回答，通过量表转换，得出的评分较高，那么对于Q_2部分，其评分也应该较高。分半信度就是基于这种思想，计算所有 n 个被调查者两半题目得分之间的相关系数r，计算公式与式(4.3.5)相同，相关系数越大，说明两半题目之间的内部一致性越强。

以r的计算结果为基础，然后再用斯皮尔曼-布朗（Spearman-Brown）公式进行转换，即可计算得出整份问卷的信度系数，具体公式为

$$r_t=\frac{2r}{1+r} \tag{4.3.6}$$

（3）α信度系数法。α信度系数也称为克龙巴赫（Cronbach）α信度系数、同质性信度。测量理论表明，围绕同一测量主题（或维度）的题目之间具有一定的相关性。从问卷设计的角度而言，问卷是围绕一个主题，选择不同的问题，从不同的角度进行调查，从而问卷的题目之间应存在一定的相关关系。利用这种相关关系可对问卷的信度进行估计。

克龙巴赫α信度系数的计算公式为

$$\alpha=\frac{K}{K-1}\left(1-\frac{\sum_{i=1}^{K}\operatorname{Var}(X_i)}{\operatorname{Var}\left(\sum_{i=1}^{K}X_i\right)}\right) \tag{4.3.7}$$

其中，K 为量表（整个问卷或者问卷中的某一测量维度）中题目的总数，$\operatorname{Var}(X_i)$ 为第 i 个题目得分的方差，$\operatorname{Var}\left(\sum_{i=1}^{K}X_i\right)$ 为量表中题目总得分的方差。

由式(4.3.7)，变量 $X_i\,(i=1,2,\cdots,K)$ 之间的正相关性越强，$\sum_{i=1}^{K}\operatorname{Var}(X_i)\Big/\operatorname{Var}\left(\sum_{i=1}^{K}X_i\right)$ 就越小，从而 α 就越大。

从前述对重测信度、分半信度、α 信度系数的计算看，这些信度系数的取值越大，问卷的信度就越高，但具体大到什么程度，难以从数据量上给出解析的标准。一般情况下，可按照如下的原则进行信度的判断。

（1）对于重测信度、分半信度，结合相关系数的定义与计算方法，一般认为，在问卷调查时，重测信度 r、分半信度 r_t 最小应大于等于 0.7，当 r 或 r_t 大于等于 0.9 时，说明问卷的信度非常好。

（2）对于 α 信度系数，一般情况下，认为若 α 小于 0.6，则说明问卷的信度不高，需重新设计问卷；α 达到 0.7~0.8 时，表明问卷设计达到基本的信度要求，可以接受；如果 α 在 0.8 以上，则说明问卷的信度较高。

在实际的信度分析中，对于 α 信度系数的计算可从两方面进行：一是，当问卷题目较少，且题目是围绕一个主题进行设计时，仅需按照式(4.3.7)计算一个 α 信度系数，然后对问卷的信度进行分析；二是，当问卷题目较多，且问卷是针对两个或两个以上的维度进行问题设计，并且不同的维度之间问题的相关性较弱时，可针对不同的维度，分别按照式(4.3.7)计算 α 信度系数，评估不同维度问卷的信度，即将量表中的题目分为不同的组，每一组单独计算 α 信度系数，然后再基于分组计算的 α 信度系数，综合评估问卷的信度。

2. 效度分析

1）效度的概念

测量的效度（validity）也称为测量的有效度或准确度，是指工具或测量手段能够准确测出所要测量的变量的程度，或者说能够准确、真实地度量事物属性的程度。效度越高，即表示测量结果越能显示出所要测量的对象的真实特征。

在调查研究中，测量一个特定的现象时，若成功地测量了该现象，它就被视为一种有效的测量。显然，有效的测量应该包括两个部分：①测量手段实际上测量的正是所要测量的内容；②测量内容被测量手段准确地测量了。

对于式(4.3.1)，真值 T 还可以进一步分为两部分，一部分是与测量目标真正相关的内容（设计问卷时想要测到的内容）T_R，另一部分是与测量目标无关的其他内容T_U。虽然被调查者也会对T_U所涉及的问题进行回答，而且统计的结果还记入了T，但是T_U与调查主题的关系不大，影响调查的有效性或准确性。

当T_R与T_U无关时，式(4.3.3)可进一步分解为

$$\mathrm{Var}(X)=\mathrm{Var}(T_R)+\mathrm{Var}(T_U)+\mathrm{Var}(E) \tag{4.3.8}$$

类似于信度，效度定义为与测量有关的真实值的方差$\mathrm{Var}(T_R)$在测量值方差$\mathrm{Var}(X)$中所占的比例，记为V，即

$$V=\frac{\mathrm{Var}(T_R)}{\mathrm{Var}(X)}=1-\frac{\mathrm{Var}(E)+\mathrm{Var}(T_U)}{\mathrm{Var}(X)} \tag{4.3.9}$$

V越大，表明题目之间的关联性越强，效度越高，越能准确地获取信息。

2）效度的估计

在问卷设计中通常难以准确界定T_R和T_U，从而需要借助其他方式对效度进行估计。问卷效度分析的类型主要有内容效度、结构效度和准则效度三种。

（1）内容效度（content validity）。内容效度指的是问卷的问题与调查要求或调查目标之间相一致的程度，反映了问题的代表性和覆盖调查要求的程度。调查的要求通常是理论的、抽象的。抽象的调查要求x通常具有一些理论上的特性。为了达到调查的目的，需要对调查的要求进行具体化或者量化，提出能够被调查对象（被调查者）理解的问题构成问卷x_1。若x_1具有x的特性，则问卷的效度高。

问卷要具备较好的内容效度必须满足两个条件：一是确定好调查的内容范围，并使得要调查的全部问题均在此范围内。二是构成问卷的问题应能代表已界定的调查内容范围内所有可调查的问题。为了设计具有内容效度的问卷，问卷设计者需根据调查研究的目的，收集所有相关的问题，使得这些问题能够完整地涵盖所界定的研究主题，然后从收集到的问题中选择有代表性的问题构成调查问卷。

评估内容效度时，可采用专家判断法，即请有关专家对问卷的问题与所涉及的内容范围进行符合性判断，看问卷的问题是否较好地代表了所需要调查的内容。

（2）准则效度（criterion validity）。准则效度又称为标校效度、实用效度或共变效度。在问卷调查中，是指使用不同于以往的测量工具（调查问卷）对同一事物进行测量时，将原有的一种测量工具（可以是成熟的调查问卷或者别的测量工具）作为准则，用调查问卷所得的测量结果与原有测量工具的测量结果相比较，如果调查问卷与作为准则的测量工具所得结果相同或具有相同的效果，那么就说调查问卷具有准则效度。也就是说，作为有准则效度的测量工具x_2，其实就是已有的、已经验证的测量工具x_1的有效替代。评价准则效度可用相关分析或差异显著性检验方法。

（3）结构效度（construct validity）。结构效度也称为建构效度、理论效度。在社会调查研究中，结构是研究者从研究目的出发所确定的两个变量之间在理论上的某种关联

关系（如相关关系）。如果在理论上受测变量 x 和 y 是具有某种关系的，那么在具体测量时，对 x 的测量工具 x_1 和对 y 的测量工具 y_1 之间也应具有 x 和 y 之间的关系。

结构效度分析可以采用因子分析方法，详见本书第 8 章的因子分析部分。通过因子分析可以考察问卷是否能够测量出研究者设计问卷时所假设的某种结构。进行因子分析时，可将问卷中的每道题看作一个变量，通过各个问题在每个因子上的载荷将问题进行分类，检验问卷中属于相同理论概念的不同问题是否能落在同一因子上，如果属于相同概念的题都归为同一因子，则说明问卷有着很好的结构效度。

3. 信度和效度的关系

问卷的信度与效度之间既有明显的区别，又存在着相互联系、相互制约的关系。信度主要回答测量结果的一致性、稳定性和可靠性；效度主要回答测量结果的有效性和正确性。

一般来说，信度是效度的必要条件，也就是说，效度必须建立在信度的基础之上；但是没有效度的测量，即使它的信度再高，也是没有意义的。信度和效度之间的关系有如下三种类型。

（1）可信且有效。这种问卷能准确地反映被调查者的真实态度，问卷中的问题是和调查目标紧密关联的。这种情况如图 4-5（a）所示，图中 (x,y) 所在的实心点表示要测量的现象的真实情况，其余点表示经过调查所得的测量结果，若调查结果能真实地反映所调查的内容，测量的误差较小，则说明问卷调查的结果是可信而且有效的。

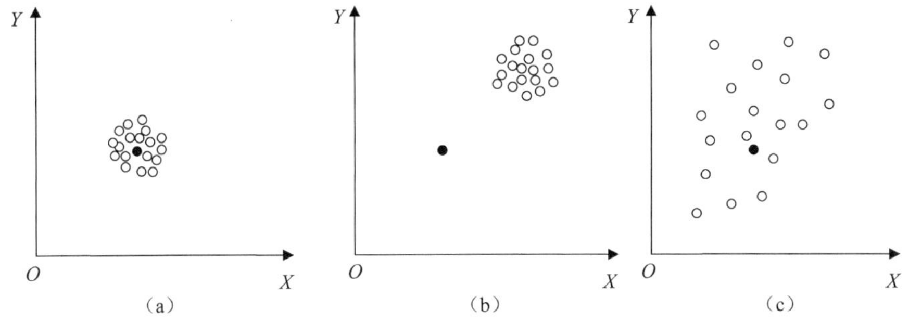

图 4-5　信度和效度的关系示意图

（2）可信但无效。这种问卷调查结果虽然能准确地反映被调查者的真实态度，但问卷中的题目与真实的调查目的关联程度较弱，与调查的目标不一致，如图 4-5（b）所示。这种情况表明，虽然调查中所取得的结果是可信的，但可能在某些环节上出了差错，如问卷中问题的设计使得所有的被调查者都出现了理解的偏差，从而出现了系统性的偏差。

（3）不可信亦无效。在这种情况下，统计调查的结果分布较为分散，难以从问卷中得出有效的结论，如图 4-5（c）所示。

4.3.6 问卷设计工具

问卷是一种规范化的数据收集工具，是经过规范设计的数据收集表。随着信息技术、网络技术的发展，利用辅助工具自动生成问卷，经过调查设计人员修订后，再发布、回收和对结果进行统计分析，不仅可行而且高效。

国内已有一些在线问卷设计、调查平台与软件工具，如问卷星（网址 https://www.wjx.cn/）、腾讯问卷（网址 https://wj.qq.com/）、易表达（网址 https://www.yibiaoda.com/）、番茄表单（网址 https://fanqier.cn/）、金数据（网址 https://jinshuju.net/）、问卷网（网址 https://www.wenjuan.com/）等。这些平台和工具的特点和功能主要包括：①提供了大量的问卷模板，使得问卷设计人员在现有模板的基础上，进行少量修改即可快速完成问卷的设计。②提供了多种问卷创建方式，如导入文档创建（不同的平台可导入的文档格式不同，如腾讯问卷可导入 Excel 文档创建、问卷星可导入 Word 文本创建）、从空白创建、通过模板创建等。③在问题设计上，提供了单选题、填空题、矩阵题、评分题等题型，便于设计者在题型模板的基础上，快速进行编辑修订，快速形成问卷。对于不同的题型，可以形成下拉、滑块等功能，使得被调查者可以快速选择答案、便捷答题。④在结构上，提供了包括开头、甄别、主体、背景部分的编辑录入环节以及相关问题类型的选择。⑤在问卷发放方面，提供了多种发放方式，如系统会自动生成链接和二维码，用户可以通过微信、微博和 QQ 等社交平台发布链接和二维码，邀请受访者填写问卷。部分平台或工具（如腾讯问卷）利用其背后平台用户资源，可以帮忙发放问卷，确保问卷的发放量。⑥在问卷回收设置上，多数平台或工具对问卷回收进行了筛选设置，如提供答题时间设置与提交设置，避免多次提交，造成统计重复。⑦在问卷的统计分析方面，支持统计图表自动绘制以及在线统计分析等，可以使用 Excel、SPSS 等多种格式导出问卷统计结果的数据。

使用平台或工具时，应注意如下事项。

（1）正确引用，避免侵犯他人合法权益，引起法律纠纷。现有的在线问卷调查工具通常会提供不同类型的问卷模板，以供设计者复制、修改、使用，但有些模板是有版权的，此时设计者就需要正确引用模板（包括征求在线问卷调查工具所在平台、模板设计者的同意，标明引用出处等），或者参考现有的模板设计自己的问卷，避免侵犯知识产权，引起法律纠纷。

（2）客观选择问卷的发放方式，避免回收率低、代表性差等问题。平台或工具对问卷的发放，主要依赖网络（如通过二维码，要求被调查者扫码填写），使得被调查者受到限制（如必须有手机扫码功能、可以上网打开链接功能等），从而就可能将某些特定的人群（如无手机的被调查者、不能上网的被调查者、不愿意上网的被调查者）排除在调查对象之外。

（3）避免原始数据的泄露或得不到原始数据。平台或工具是原始数据的收集方，有的平台能把原始数据提供给调查人员进行统计分析，有的平台则只是把统计结果提供给调查人员，而将原始数据留在平台。调查人员需要进行统计时，只能依赖平台，可能难以进行深入的统计；某些被调查者可能不愿参与调查，因为担心平台的调查信息可能通过网络泄露。

（4）调查人员使用平台或工具时，要注意是否存在收费项目。

4.4 统计整理

统计整理是统计调查的继续和发展，是数据描述性分析的前提和基础，在整个统计工作过程中起承上启下的作用。在 1.4.2 节中，已经对统计整理的主要工作进行了简要介绍。以下介绍统计整理中的统计资料的复查和审核、转换与录入、统计数据的管理工作。

1. 统计资料的复查和审核

资料的复查是指研究者在获取调查数据后，为确保数据的真实性，对数据进行的二次审查。统计资料的审查包括两方面：①对原始数据（一手数据）的审查。为避免数据的作假，可通过抽样的方式，对原始数据进行审查。对于问卷调查，可选择区别于原始调查人员的其他调查人员，对所调查的样本中的一部分总体单位进行二次调查，以检查和核实第一次调查的数据。复查的单位数量通常占原始单位数量的5%~15%。②对次级数据（二手数据）的复查。需要对数据的来源和正确性进行二次核对，此时最好由区别于调查人员的其他人员进行，避免思维定式。次级数据的复查，一是确保所引用数据来源正确，避免所引用的文献错误、网址打不开等；二是对引用的数据进行审查，避免抄录错误。

2. 统计资料的转换与录入

完成问卷答案编码、数据回收、复查之后，还要经过一个转换、录入的过程，将数据录入计算机，才能利用计算机软件辅助进行统计分析。通常情况下，原始数据的总量是很大的，特别是通过统计报表、调查问卷等获得的原始数据，可由多人共同协作完成数据的录入工作。

3. 统计数据的管理

数据管理，是对数据的存储、传输等进行管理。主要工作包括：①数据的保密管理。由于国家安全、商业、个人隐私等需要，某些数据有一定的保密要求。此时，需按照要求进行管理、传输和分发，避免数据的泄露，造成损失。②数据的档案管理。通过统计调查获取数据，仅是统计工作的一个中间环节，进一步的工作是对数据进行更深层次的挖掘与运用。应做好数据的存储、传输、使用等管理，以防止数据的丢失、版本错误、误用等。

本章小结

统计调查也称为数据收集，是根据调查的目的与要求，运用科学的调查方法，有计划、有组织地收集统计资料的工作。

统计调查的组织方式，是指统计数据的收集方法，即确定或选取统计调查对象的方法。根据调查范围的大小，统计调查的组织方式分为全面调查和非全面调查。全面调查是对统计调查涉及的全部统计调查对象进行的调查，非全面调查则是只对总体中的一部分单位进行登记或观察的调查方式。普查是全面调查的一种。非全面调查的方式有抽样调查、重点调查、典型调查等。

数据收集方法是从调查对象获取数据的方法。对直接来源数据，数据收集方法主要有统计报表、直接观察法、访问法、实验（试验）法、报告法、登记法、核算法、遥测法等。对间接来源数据，数据收集方法主要有直接引用法、参考文献查找法、检索工具查找法等。

统计调查数据的质量，可从适用性、及时性、准确性等方面进行衡量。数据的误差指数据的观测值与真实值之间的偏差。数据误差分为抽样误差和非抽样误差。

统计表是反映统计数据的表格。从结构看，统计表主要包括四个主要部分：总标题、横行标题、纵栏标题和数据资料。从内容看，统计表包括主词和宾词两部分。按主词是否分组和分组程度，统计表可分为简单表、分组表和复合表。统计表按其用途可分为调查表、汇总表和分析表。

问卷是由调查者根据调查的目的，设计相关问题以及问题的备选答案，并按照一定的方式组合形成的调查表。按问题的回答形式，问卷中的问题可分为开放性问题和封闭性问题。问卷一般由开头部分、甄别部分、主体部分和背景部分组成。调查问卷中常用的量表是李克特量表。

信度指的是采取同样的方法对同一对象重复进行测量时，其所得结果相一致的程度。信度系数的估计方法有重测信度、分半信度、α 信度系数法等。效度是指测量工具或测量手段能够准确测出所要测量的变量的程度。问卷效度分析的类型主要有内容效度、准则效度和结构效度。

统计资料的复查包括原始数据的审查和对次级数据的复查。统计数据的管理包括数据的保密管理和档案管理等。

附录 某高校图书馆利用情况调查问卷

问卷编号：______________

尊敬的读者：

您好！感谢参与本次问卷调查，本调查旨在了解您对我校图书馆的资源与服务的利用情况，以便进一步优化图书馆的文献资源保障体系，提升服务水平，更好地支持教学科研工作。再次感谢您的参与支持！

填写说明：请在选项前的“□”内或编号上打“√”，或填写在横线处；有*号标识为必选题。

基本信息：

1.*您的学校：________

2.*您在过去一个月之内接受过关于图书馆利用情况方面的访问吗？

□ 有　　□ 没有

个人情况：

1.*您的身份：□本科生　□硕士生　□博士生　□教师　□其他人员

2.*您的性别：□男　□女

3.*您所在的学科门类：　（单选）

□哲学　□经济学　□法学　□教育学　□文学　□历史学　□理学

□工学　□军事学　□农学　□医学　□管理学　□艺术学　□其他______

图书馆利用情况：

一、实体图书馆服务

1.*您平均每月到访实体图书馆的次数（闭馆时间除外）：

A．<1 次　B．1~9 次　C．10~20 次　D．>20 次

2.*您平均每次在图书馆的时间：

A．1 小时以内　B．1~3 小时　C．3 小时以上

3.*到馆目的（请按照目的主要程度由高到低进行排序，最主要的目的请填写 1，其余依次为 2、3、4……，若有其他，请写明目的，并标记主要程度）。

查找资料__________借阅图书__________自习__________交流研讨________创客空间__________________论文引证收录服务_______________组织或参与图书馆培训及活动______________参与图书馆具体实务工作________________其他______________

4.*您现在平均一学期从图书馆中借阅多少本书？

A．20 本以内　B．20~40 本　C．41~60 本　D．60 本以上

5.*您经常使用的图书馆区域空间：　（多选）

A．报刊阅览区　B．社科图书阅览空间　C．自科图书阅览空间

D．研修研讨空间　　E．学习共享空间　　F．创客空间
G．教学培训空间　　H．文化活动空间　　I．特殊书库
J．其他____________

二、信息服务

6.*您利用过的图书馆信息服务有哪些？（多选）
A．馆际互借与文献传递　B．读者培训（信息素养教育、嵌入教学、竞赛保障等）
C．论文收录引证　D．学术评价
E．定题服务　F．其他________

三、阅读推广

7.*您经常参加哪些图书馆阅读推广活动？（多选）
A．品牌活动　B．主题活动（世界读书日、毕业季、迎新季等主题活动）
C．文化展览　D．读书分享会　E．其他____________

四、数字图书馆服务

8.*您使用数字图书馆的频率：
A．平均一周大于 4 次　　B．平均一周 3~4 次
C．平均一周 1~2 次　　D．平均一周不到 1 次

9.*您使用数字图书馆提供的服务情况为：　（请在下表相应的空白处打“√”）

服务类型	不使用	很少用	一般	比较频繁	很频繁
数字文献资源服务					
个人图书馆服务					
信息服务					
预约服务					
个性化服务平台					
阅读推广服务					

五、公众号等微服务

10.*您是否关注学校图书馆公众号？
A．关注　　B．未关注

11.*您喜爱的推文类型有哪些？（多选）
A．活动推文　B．前沿科技　C．时事政治　D．文学分享
E．资源使用　F．培训与讲座通知　G．其他____________

12.*您使用以下公众号提供的服务情况为：　（请在下表相应的空白处打“√”）

服务类型	不使用	很少用	一般	比较频繁	很频繁
咨询问答					
搜索查询					

续表

服务类型	不使用	很少用	一般	比较频繁	很频繁
资源阅读					
空间预约					
图书借阅					
电子借阅证办理					
资源荐购					
活动报名					

为了进一步提升图书馆的建设的质量和水平，请留下您的建议、意见和要求。谢谢您的建议和支持！

习 题

一、单项选择题

1. 关于统计调查的组织方式，以下说法错误的是（ ）。

A. 普查通常是按照一定周期进行的 B. 抽样调查中数据的误差是可以避免的

C. 重点调查属于非全面调查 D. 典型调查属于非全面调查

2. 下列统计调查的做法，你认为较科学合理的是（ ）。

A. 汽车配件厂为检验某种型号汽车前保险杠的防撞能力，采用全面调查方式，将该型号汽车保险杠全部进行一遍防撞试验

B. 旅客乘坐飞机前的安全检查，采用抽样调查方式，随机选择部分乘客对其所带行李进行安全检查

C. 为调查我国小麦种植中的病虫害情况，随机选择一个地区，检查其小麦种植中的病虫害情况

D. 为了解某产品的生产质量，采用系统抽样方式，抽取生产线上的产品，检查其质量情况

3. 下面情况不适合用概率抽样调查的是（ ）。

A. 大学生睡眠质量的调查 B. 乘坐飞机前的安全检查

C. 某地区农民人均收入的调查 D. 长沙市居民平均年收入的调查

4. 选择一部分学生对食堂的满意度进行问卷调查，这种收集资料的方法属于（ ）。

A. 试验法 B. 直接观察法 C. 访问法 D. 报告法

5. 不属于统计数据质量要求的是（ ）。

A. 适用性 B. 及时性 C. 准确性 D. 大量性

6. 在某次调查中，设计了统计表，要求每张表收集一名被调查者的信息，这种表属于（ ）。

A. 单一表 B. 汇总表 C. 分析表 D. 一览表

7. 以下说法中不符合统计表的设计原则的是（ ）。

A. 标题要能简要说明表的内容 B. 表内不宜有空格

C. 对于统计表中的数字，要注明单位 D. 当表内数据不详时，不用填写

8. 以下问题中符合调查问卷设计原则的是（　　）。

A. 您喜欢吃食堂的面食和菜吗？

B. 大部分人都对食堂的就餐环境不满意，请问您对食堂的就餐环境满意吗？

C. 您对食堂的早餐时间安排满意吗？

D. 您是否对食堂的面食安排不满意？

9. 调查问卷的（　　）是调查者所要收集的主要信息，是问卷的主要部分。

A. 开头部分　　B. 甄别部分　　C. 主体部分　　D. 背景部分

10. 某调查问卷的问题："您对图书馆馆藏资源的建设有何意见？"，属于（　　）问题。

A. 否定式　　B. 开放性　　C. 保守性　　D. 封闭性

11. 不属于统计整理工作的内容是（　　）。

A. 统计数据的复查　　B. 统计资料的转换与录入

C. 统计数据的管理　　D. 基于数据进行统计推断

二、判断题

1. 在进行全国人口普查时，各地区可根据自身的特点确定标准时点。（　　）

2. 重点调查是根据调查的目的和要求，在所研究的对象中选择重点单位进行的调查研究。（　　）

3. 通过重点调查，可以了解对象的基本情况。（　　）

4. 典型调查时，调查对象的选择是由调查人员根据个人喜好确定的。（　　）

5. 典型调查是选取少数具有代表性的典型单位进行的一种非全面调查。（　　）

6. 进行全面调查后，可获得每个总体单位的调查数据。（　　）

7. 在统计调查中，测量误差是可以避免的。（　　）

8. 一览表是指一张调查表上登记若干个调查单位的表格。（　　）

9. 在访问式问卷调查中，调查人员要尽量用带有倾向性的语句诱导被调查者回答问卷上的问题。（　　）

10. 效度反映了采用同样的方法对同一对象重复进行测量时所得结果的一致性。（　　）

11. 调查问卷的信度反映的是问卷中问题与调查目的的一致性。（　　）

三、简答题

1. 统计数据的来源主要有哪些？

2. 简述全面调查与非全面调查的特点。

3. 举例说明典型调查和重点调查的异同。

4. 统计调查数据误差的来源主要有哪些？

5. 简要描述统计表的作用。

6. 简要描述统计表的设计原则。

7. 调查问卷主要包含哪些部分？简要说明各个部分的主要作用。

8. 设计调查问卷主要有哪些原则？

9. 给出一个李克特量表设计的例子。

10. 简要描述信度和效度分析的方法。

11. 简述统计整理的主要工作。

四、计算题

1. 某地区的城市人均居住面积 2017 年为 17.2m²/人，2018 年为 18.0m²/人，2019 年为 19.1m²/人，2020 年为 22.3m²/人，2021 年为 24.6m²/人；该地区的农村人均居住面积 2017 年为 24.7m²/人，2018 年为 27.3m²/人，2019 年为 30.5m²/人，2020 年为 32.6m²/人，2021 年为 37.2m²/人。根据这些数据，设计一张反映 2017~2021 年该地居民居住情况的统计表，并说明该表的主词栏、宾词栏、总标题、横行标题、纵栏标题和数据资料。

2. 在调查问卷的信度分析中，同一份调查问卷对 10 人间隔 1 个月进行了 2 次调查，两次问卷评分结果如下所示，计算问卷的重测信度。

第一次调查：88 89 78 76 59 89 75 68 62 98

第二次调查：85 84 73 79 62 92 78 70 65 95

3. 某专业 2021 届毕业班共有 30 人，他们就业的情况如表 4-2 所示。利用所给资料，分别编制按年龄顺序的简单表、简单分组表、年龄分组与性别的复合表。

表 4-2 某专业 2021 届毕业班人员情况

学号	性别	年龄	分配工作单位	学号	性别	年龄	分配工作单位
20170501	男	24	制造业	20170516	女	20	物流运营业
20170502	男	21	制造业	20170517	男	23	物流运营业
20170503	女	22	制造业	20170518	女	23	物流运营业
20170504	女	23	金融服务业	20170519	女	20	制造业
20170505	男	21	金融服务业	20170520	男	19	制造业
20170506	男	21	金融服务业	20170521	男	19	金融服务业
20170507	女	22	金融服务业	20170522	女	20	金融服务业
20170508	女	20	制造业	20170523	女	20	物流运营业
20170509	女	23	制造业	20170524	女	21	物流运营业
20170510	男	23	物流运营业	20170525	女	23	制造业
20170511	女	24	物流运营业	20170526	男	24	金融服务业
20170512	女	21	制造业	20170527	女	19	金融服务业
20170513	女	23	金融服务业	20170528	男	20	制造业
20170514	女	20	金融服务业	20170529	女	20	物流运营业
20170515	女	20	制造业	20170530	男	21	物流运营业

4. 某调查问卷共 6 个题目，每题的总分为 15 分，共选择了 10 名人员参加预调查。各题目的得分如表 4-3 所示。请进行如下计算：

（1）若将题目 1 到题目 3 作为 Q_1，题目 4 到题目 6 作为 Q_2，计算分半信度。

（2）利用表中的数据计算 α 信度系数。

表 4-3　某调查问卷 10 名被调查人员得分统计

人员编号	题目 1	题目 2	题目 3	题目 4	题目 5	题目 6	总和	题目 1 至题目 3 之和	题目 4 至题目 6 之和
1	11	12	10	13	12	11	69	33	36
2	9	10	11	9	11	12	62	30	32
3	8	6	9	10	9	8	50	23	27
4	10	11	12	11	10	9	63	33	30
5	12	11	13	12	11	13	72	36	36
6	9	11	10	10	9	11	60	30	30
7	12	10	11	13	12	11	69	33	36
8	7	8	9	8	7	9	48	24	24
9	9	11	10	11	10	9	60	30	30
10	10	12	11	12	11	11	67	33	34
样本方差	2.678	3.511	1.600	2.767	2.400	2.489	63.556		

五、综合应用题

请对一个自己感兴趣的调查研究问题，设计一份统计调查问卷。要求调查问卷的结构要素齐全，包括开头、甄别、主体和背景部分，题目的设计及顺序符合问卷设计原则，题目类型多样，要求问卷中包括了运用李克特量表的题目。

第5章 假设检验

本章导读

在实际工作中经常需要基于样本信息做出关于总体的决策。例如，在原材料采购时，企业质量管理部门通常要从拟购进的原材料中随机抽取部分进行检测检验或试用，以判断拟购进的原材料是否符合企业质量要求；在新产品投放市场（或交付客户使用）之前，厂家随机选择部分产品进行试验，以验证产品是否合格。此外，某型汽车在广告上标明：市区工况下，油耗为 7.2L/100km；某类空调标注的广告语为：一晚低至 1 度电；如何验证这种说法是否可信？

“假设”是关于总体参数或分布等特征的一个猜想（或命题）。假设检验（hypothesis testing）是先提出关于总体的某种假设，然后通过对样本观测值的统计分析做出接受或拒绝某种假设的决策。假设检验的理论基础是小概率事件原理。

假设检验在产品质量分析、出厂合格率检验、市场上销售产品的质量监督等方面有非常广泛的应用。例如，在生产合同中，双方约定产品的出厂合格率要求，在验收时，采用假设检验方法，对产品是否符合合同要求进行假设检验。

国内外已制定发布了一系列关于假设检验的标准。《数据的统计处理和解释 二项分布参数的估计与检验》（GB/T 4088—2008）不仅给出了二项分布参数的估计与检验方法，而且在其附录中列出了假设检验的临界值表；《数据的统计处理和解释 正态分布均值和方差的估计与检验》（GB/T 4889—2008）分别从单正态总体均值的检验与估计、两正态总体均值的比较、单正态总体方差或标准差的检验与估计、两总体方差或标准差的比较等方面对均值和方差的估计与检验方法进行了阐述，并且在其附录的统计数值表中给出了所需的分位数表。对于不同总体分布的参数估计与检验，可由全国标准信息公共服务平台检索获取国家标准的完整文件。

假设检验是统计推断的重要内容。本章首先对假设检验的概念与分类、基本原理和方法进行介绍；其次，对分布拟合优度检验的 χ^2 检验、K-S 检验、P-P 图与 Q-Q 图方法进行阐述；对单总体特征，分别介绍均值、方差、比例和中位数的检验方法；对于两总体特征，分别介绍两总体均值、方差比较的检验方法，以及两总体的位置特征比较的检验方法；最后，介绍变量之间相关系数的 t 检验方法和独立性的列联表检验方法。

5.1　假设检验概述

在统计学中，将需要根据样本推断其是否成立的命题称为假设(hypothesis)。在总体的分布函数完全未知或只知其形式但不知其参数的情况下，为推断总体的某些未知特征，通常是先对未知特征提出某种假设（即给出关于未知特征的某个命题），然后通过样本对这种假设是否成立进行检验，做出其是否成立的推断，这就是假设检验。本节重点对假设检验的相关概念与分类、假设检验的方法进行介绍。

5.1.1　假设检验的基本概念

1. 原假设与备择假设

在假设检验中，假设分为原假设（null hypothesis）和备择假设（alternative hypothesis）两类。原假设也称为零假设，是指希望通过样本推断其正确与否的假设，记为 H_0。备择假设是原假设被拒绝时采用的假设，记为 H_1。

通常情况下，原假设是研究者对其正确性有所怀疑，希望通过样本数据验证其正确性或者通过反证法证明其错误的假设。

在构建原假设与备择假设时需要注意如下两点：①原假设与备择假设应覆盖检验对象（如总体分布形式、特征以及总体分布之间关系）的所有可能范围，而且相互对立。这就意味着，对一项假设检验而言，原假设和备择假设有且只能有一个成立。②由于研究目的不同，对于同一问题可能构造出不同的假设。

例如，对于产品出厂合格率的检验，记合格率为 p，对其进行检验可构造的假设为

$$H_0: p \geqslant 0.9 \qquad H_1: p < 0.9 \tag{5.1.1}$$

2. 检验统计量与拒绝域

在假设检验中，需要根据样本 X 确定一个统计量 $t=\varphi(X)$，并根据 t 的取值决定原假设是否被拒绝，该统计量称为检验统计量（test statistic）。显然，检验统计量 t 是随机变量。上例中，不合格品的出现次数即可作为检验统计量。例如，可以规定在 100 件抽检的产品中，若有 2 件以上不合格，则拒绝接受 H_0。

在不引起混淆的条件下，本章将检验统计量及其观测值都用相同的符号描述。

拒绝域（reject region）是指根据检验规则所确定的拒绝接受原假设的检验统计量的取值集合。因此，若检验统计量的取值属于这个集合，则原假设被拒绝；否则，原假设不被拒绝，亦称为“不拒绝原假设”。拒绝域通常记为 W。

称拒绝域 W 的边界点为临界点（临界值，critical value）。例如，设检验统计量为 t，检验的拒绝域为 $W=\{t \mid t \leqslant c\}$，则 c 为临界值，表示拒绝 H_0 时，t 的最大取值。

3. 两类错误与风险

根据样本观测值对假设是否成立进行判断时，由于样本的随机性，判断结论可能正确，也可能不正确。这就会产生以下两类错误。

1）第一类错误（type I error）

第一类错误又称为“弃真”错误，是指当原假设 H_0 为真时，做出了拒绝 H_0 的错误决策。检验犯第一类错误的概率 $\alpha = P\{H_1 \mid H_0\}$ 称为第一类错误概率或“弃真”概率。例如，对于上述合格品率假设，第一类错误为：在 $p \geqslant 0.9$ 时，判定为 $p < 0.9$ 发生的概率。

2）第二类错误（type II error）

第二类错误又称为“采伪”错误，是指当 H_0 不成立时，做出了接受 H_0 的错误决策。检验犯第二类错误的概率 $\beta = P\{H_0 \mid H_1\}$ 称为第二类错误概率或“采伪”概率，即 H_0 不成立时，没有拒绝 H_0 的概率。

将犯第一类错误的概率和犯第二类错误的概率分别称为犯第一类错误的风险（也称为 I 类风险）和犯第二类错误的风险（也称为 II 类风险）。

4. 势函数

对于给定的检验法则，将以检验统计量的观测值为自变量，以落在拒绝域的概率为因变量的函数称为该检验法则的势函数（power function），也称为功效函数。显然，势函数可表示为 $\pi = P(t \in W)$。

5.1.2　假设检验的分类

1. 参数检验和非参数检验

根据总体分布形式的确定程度，可将假设检验分为参数检验和非参数检验。参数检验（parametric test）是在总体分布类型已知的条件下，针对总体分布中的未知参数的假设进行的检验；非参数检验（nonparametric test）是在总体分布不能确定或不依赖于总体分布时，对总体的某些特征的假设进行的检验。

相对参数检验而言，由于对总体分布的限制较少，非参数检验的适用面较广，但也有局限性。例如，当总体的分布类型已知时，由于没有参数检验的针对性强，非参数检验所需的样本量往往较大。

对于参数检验，原假设和备择假设本质上都是总体分布的参数空间 Θ 中的一个子集。

当总体参数 θ 为实数时，根据其位置的不同，可以将原假设分为单边（one sided，或单侧）假设和双边（two-sided，或双侧）假设，对应的假设检验分别称为单边检验和双边检验。根据备择假设中的总体参数 θ 与给定的值 θ_0 的关系，单边检验可分为左边检验和右边检验。

左边检验的假设具有如下形式

$$H_0:\theta \geqslant \theta_0 \quad H_1:\theta < \theta_0 \tag{5.1.2}$$

右边检验的假设具有如下形式

$$H_0:\theta \leqslant \theta_0 \quad H_1:\theta > \theta_0 \tag{5.1.3}$$

双边检验的假设具有如下形式

$$H_0:\theta = \theta_0 \quad H_1:\theta \neq \theta_0 \tag{5.1.4}$$

需要注意的是，在提出单边检验的假设时，通常约定等号放置在原假设 H_0 中。

2. 单总体特征的检验和多总体特征的检验

根据总体数量的对比，假设检验可分为单总体特征的检验和多总体特征的检验。

单总体特征的检验是针对一个总体的特征（如对均值、方差、比例、中位数等）的假设进行的检验。例如，式（5.1.1）就是针对一个总体的比例提出的假设。

多总体特征的检验是指针对两个或者两个以上的总体特征的假设（例如，两个总体均值、方差、比例、中位数等总体特征的相对大小）进行的检验。例如，对于两个品牌的汽车，比较其百公里油耗的相对大小时，若假设两个品牌汽车的百公里油耗分别服从正态分布 $N\left(\mu_1,\sigma^2\right)$、$N\left(\mu_2,\sigma^2\right)$，可构造如下假设进行检验。

$$H_0:\mu_1 \leqslant \mu_2 \quad H_1:\mu_1 > \mu_2 \tag{5.1.5}$$

3. 总体分布的检验和总体参数的检验

根据检验的对象，假设检验可分为总体分布的检验和总体参数的检验。

对总体分布的形式的假设进行的检验称为总体分布的检验。例如，根据样本数据，检验其总体的分布是否为正态分布类型。

总体参数的检验是对总体分布的参数进行的检验，通常分为总体均值、方差、比例、中位数等的取值大小的检验，以及两个总体均值、方差、比例、中位数等相对大小的检验等。

5.1.3 假设检验的基本原理

1. N-P 原则

如图 5-1 所示，设针对正态分布均值的假设检验给出的拒绝域为 $W=\{t\,|\,t\leqslant c\}$，记 H_0 成立条件下 t 的分布密度函数为 $f\left(t\,|\,H_0\right)$，H_1 成立条件下 t 的分布密度函数为 $f\left(t\,|\,H_1\right)$。从图 5-1 可以看出，若要使 α 变小，则需要将 c 向左移，这将导致 β 增大。反之，若要使 β 变小，则需要将 c 向右移，这将导致 α 增大。

可以证明，对于给定的样本容量 n，假设检验不可能同时减少犯两类错误的风险。减少了“弃真”的概率，相当于减少了拒绝域的大小，就会增加“采伪”的概率。

要同时减少 α、β，就必须增加 n。由于 n 的增加将增加试验或观测的成本，所以在实际应用中，需要综合考虑多方面的因素进行权衡选择合适的 n 。

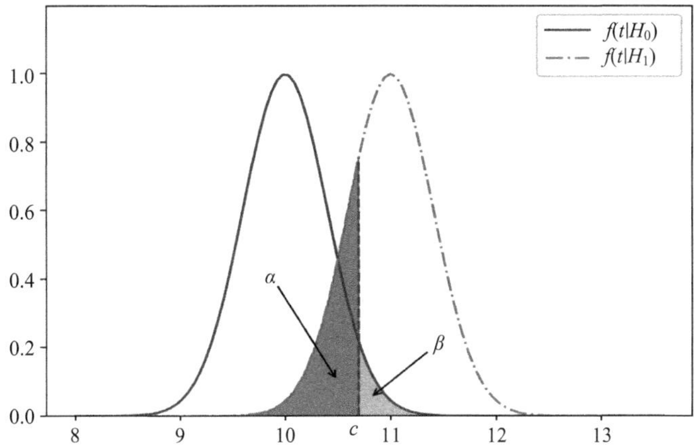

图 5-1 两类风险的关系

奈曼（Neyman）和皮尔逊提出了处理上述问题的基本原则，也称为 N-P 原则：首先将犯第一类错误的概率控制在一定水平内，然后再使犯第二类错误的概率尽可能小。由于 N-P 原则首先确保了犯第一类错误的概率 α 受到控制，所以体现了对 H_0 的一种保护。

2. 小概率事件原理

显著性检验(test of significance)是一种控制 I 类风险的假设检验方法：当原假设 H_0 为真时，要求不支持原假设的事件发生的概率不大于 α 。α 称为显著性水平。$\alpha \in (0,1)$，通常取为 0.01，0.05，0.1 等较小的数值。在实际应用时，应当注意 α 的选择应考虑到假设检验结论出现错误的后果或代价。第一类错误的后果越严重，就应取越小的 α 值。

显著性检验的基本思想是小概率事件原理：若原假设 H_0 为真，那么不支持这一假设的小概率事件在一次试验中是几乎不可能发生的。从反证法的角度看，要是在一次试验中，这样的小概率事件竟然发生了，就有理由怀疑 H_0 的真实性，因此，应当拒绝接受这一假设。这样，也就控制了犯第一类错误的概率不会超过显著性水平 α 。

以式（5.1.1）所示的假设检验为例，假设选择 10 个样品进行检验，结果出现了 4 个不合格品。如果 H_0 为真，合格率 p 最低为 0.9。在 $p=0.9$ 的条件下，10 个样品中出现 m 个不合格品的概率为 $C_{10}^{m} \times 0.9^{10-m} \times 0.1^{m}$ 。对于 $m=0,1,2,\cdots,10$ ，可计算得出如表 5-1 所示的概率值，对应的不合格品数出现的概率变化过程如图 5-2 所示。在 $p=0.9$ 的条件下，10 次试验出现大于等于 4 件不合格品的概率为 0.0128，这是一个非常小的概率，在一次试验中是几乎不可能发生的。基于显著性检验原理，若以 10 个样品中的不合格品数为统计量，则可在显著性水平 $\alpha=0.05$ 下，将拒绝域确定为 $W=\{m|m \geqslant 4\}$ 。当出现大于等于 4 个样品不合格时，拒绝接受原假设 H_0 。

表 5-1　合格率 p 下不合格品数 m 出现的概率

m	$p=0.9$	$p=0.7$
0	0.3487	0.0282
1	0.3874	0.1211
2	0.1937	0.2335
3	0.0574	0.2668
4	0.0112	0.2001
5	0.0015	0.1029
6	0.0001	0.0368
7	0.0000	0.0090
8	0.0000	0.0014
9	0.0000	0.0001
10	0.0000	0.0000

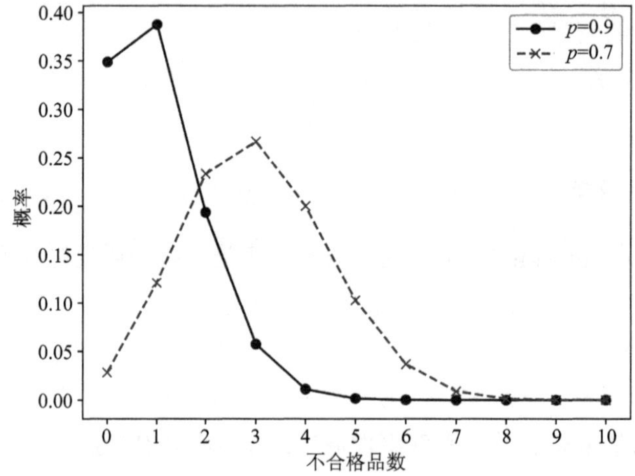

图 5-2　合格品率 p 下不合格品数出现的概率

3. p 值

显著性水平 α 是在检验之前确定的，只要检验统计量的值落入拒绝域就拒绝原假设 H_0。但是，α 只是犯第一类错误的上限控制值，不能给出观测值与 H_0 不一致程度的具体大小。

p 值（p-value）是 H_0 为真时，检验统计量在不支持 H_0 的方向偏离其观测值的概率。p 值也称为观察到的显著性水平（observed level of significance）。p 值越小，说明观测数据与 H_0 之间不一致的程度越大。因此，p 值本质上反映了观测到的数据与 H_0 之间不一致的程度。

在根据样本观测值计算检验统计量 t 对应的 p 值后，将其与给定的 α 进行比较，当 p 值小于等于 α 时，说明在 H_0 成立时小概率事件竟然发生了，所以有理由拒绝接受 H_0。因此，可以利用 p 值进行显著性检验，同时还能给出所犯第一类错误的实际概率，即 p 值。

综上所述，利用 p 值进行显著性检验的法则为：若 p 值 $\leqslant \alpha$，则拒绝接受 H_0；反之不能拒绝 H_0。但是，在实际应用中应当注意：p 值只表示观测到的样本数据与一个特定的假设相容的程度，并不表示该假设为真的概率。

对于本节前面给出的出厂不合格品率的假设检验，取 $\alpha = 0.05$。设在抽取的 10 个样品中有 m 个不合格品。显然 m 越大，越不利于 H_0。因此，若观测到 4 个不合格品，则对应的 p 值为观测到的不合格品数 m 大于或等于 4 的概率。由表 5-1 计算可得 p 值 $=P\{m|m \geqslant 4\}=0.0128 < \alpha$。若 H_0 成立，如果此时拒绝接受 H_0，则犯第一类错误的概率为 p 值，从而也小于 α，故可在显著性水平 0.05 下拒绝原假设。

4. 显著性检验的过程

对于参数假设检验问题，其显著性检验的一般过程如下。

（1）根据实际问题做出原假设与备择假设，即给出 H_0 与 H_1。

（2）构造检验统计量 t，确定在 H_0 为真时 t 的分布 $f(t \mid H_0)$。

（3）基于给定显著性水平 α 确定拒绝域 W，或者根据 t 的观测值计算 p 值。

（4）做出统计判决，具体规则为：若 t 的观测值属于 W 或者 p 值 $\leqslant \alpha$，则拒绝接受 H_0；反之不能拒绝接受 H_0。

5.2　分布的拟合优度检验

在参数检验中，通常要求已知总体的分布类型或者假定总体的分布是已知的。但是，在实际问题中，有时总体的分布是未知的。此时，一般的做法是先对总体的分布做出某种假设，然后利用样本数据对这一假设进行检验，这就是分布的拟合优度检验（goodness of fit test）。本节分别介绍 χ^2 检验、K-S 检验、P-P 图和 Q-Q 图等常用的拟合优度检验方法。

5.2.1　χ^2 检验

设 $F(x)$ 为样本所属的总体分布，对应的随机变量为 X，$F_0(x)$ 为给定的分布。拟合优度检验的目的是检验 $F(x)$ 与 $F_0(x)$ 是否一致。分布的拟合优度检验的原假设和备择假设为

$$H_0:\ F(x)=F_0(x) \qquad H_1:\ F(x)\neq F_0(x) \tag{5.2.1}$$

χ^2 检验是英国统计学家皮尔逊提出的，适合于样本容量 n 较大时的拟合优度检验。

如图 5-3 所示，χ^2 检验的基本思想是将样本空间 S 分成 k 个互不相交的事件集合 $A_1,A_2,\cdots,A_k$，其中，$\bigcup_{i=1}^{k} A_i = S$，且当 $i \neq j$ 时，$A_i \bigcap A_j = \varnothing$。记样本 $x_1,x_2,\cdots,x_n$ 中每个事件 A_i 发生的实际频数为 f_i，在原假设 H_0 成立时，基于 $F_0(x)$ 估计每个事件 A_i 发生的理论频数 $\hat{f}_i$，相应的计算公式为

$$f_i = \#\left\{x_j \in A_i, j=1,2,\cdots,n\right\}, \quad i=1,2,\cdots,k \tag{5.2.2}$$

$$\hat{f}_i = nP\left\{X \in A_i\right\} = nP\left(A_i\right), \quad i=1,2,\cdots,k \tag{5.2.3}$$

其中，# 表示计数符号。$P(A_i)$为基于 $F_0(x)$得到的事件 A_i 的概率。

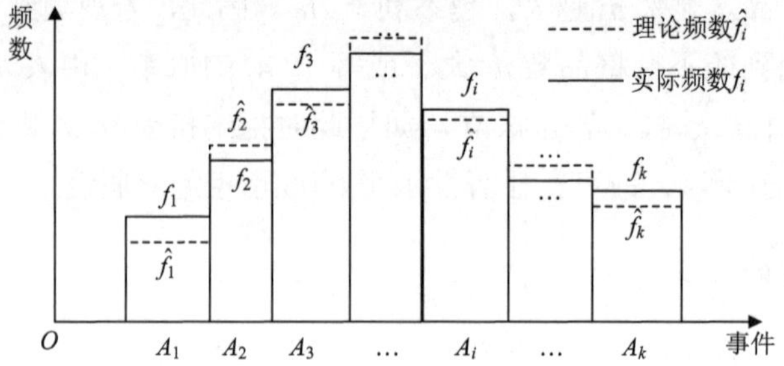

图 5-3　χ^2 检验示意图

在 H_0 成立时，各 f_i 和 $\hat{f}_i$ 应比较接近，反之若两者差异过大，则有理由怀疑 H_0 的正确性。为此，皮尔逊定义了检验统计量

$$\chi^2 = \sum_{i=1}^{k} \frac{\left(f_i - \hat{f}_i\right)^2}{\hat{f}_i} \tag{5.2.4}$$

并证明：当 n 充分大时，式(5.2.4)中的统计量 χ^2 近似地服从自由度为 $k-r-1$ 的 χ^2 分布 $\chi^2\left(k-r-1\right)$，其中 r 为 $F_0(x)$ 中需要估计的未知参数的个数。给定显著性水平 α 下的拒绝域和 p 值分别为

$$W = \left\{\chi^2 \middle| \chi^2 \geqslant \chi^2_{1-\alpha}\left(k-r-1\right)\right\} \tag{5.2.5}$$

$$p = P\left\{\chi^2 \geqslant \sum_{i=1}^{k} \frac{\left(f_i - \hat{f}_i\right)^2}{\hat{f}_i}\right\} = 1 - F\left(\sum_{i=1}^{k} \frac{\left(f_i - \hat{f}_i\right)^2}{\hat{f}_i}\right) \tag{5.2.6}$$

其中，$\chi^2_{1-\alpha}\left(k-r-1\right)$ 是 $\chi^2\left(k-r-1\right)$ 的 $1-\alpha$ 分位数，$F(x)$ 是 $\chi^2\left(k-r-1\right)$ 的概率分布函数。

例 5-1　碳纤维是含碳量在 90%以上的高强度纤维，主要用于先进复合材料制造，广泛应用于航天航空等领域。拉力测试是测量碳纤维强度的常用方法，在测试中通常只对一定长度的碳纤维样品进行测量，相应的长度称为标距。表 5-2 给出了某型碳纤维在 20mm 标距下测量得到的强度数据，强度的计量单位是吉帕（GPa），其中 $1\text{GPa} = 10^9\text{Pa}$。

要求检验该型碳纤维的强度是否服从正态分布。

表 5-2　在 20mm 标距下碳纤维的强度测量数据　　（单位：GPa）

1.312	1.314	1.479	1.552	1.700	1.803	1.861	1.865	1.944	1.958
1.966	1.997	2.006	2.021	2.027	2.055	2.063	2.098	2.14	2.179
2.224	2.24	2.253	2.27	2.272	2.274	2.301	2.301	2.359	2.382
2.382	2.426	2.434	2.435	2.478	2.49	2.511	2.514	2.535	2.554
2.566	2.57	2.586	2.629	2.633	2.642	2.648	2.684	2.697	2.726
2.77	2.773	2.8	2.809	2.818	2.821	2.848	2.88	2.954	3.012
3.067	3.084	3.09	3.096	3.128	3.233	3.433	3.585	3.585	

资料来源：Kundu D, Gupta R D, 2006. Estimation of $P(Y< X)$ for Weibull distributions [J]. IEEE Transactions on Reliability, 55(2): 270-280

记碳纤维强度为 X，所服从的分布为 $F(x)$，则可给出检验假设

$$H_0:\ F(x)\text{为正态分布}\qquad H_1:\ F(x)\text{不是正态分布}$$

若 $F(x)$ 为正态分布 $N\left(\mu_0,\sigma_0^2\right)$，根据表 5-2 的数据可得到如下点估计

$$\hat{\mu}_0=\frac{1}{n}\sum_{i=1}^{n}x_i=2.4513,\quad \hat{\sigma}_0^2=\frac{1}{n-1}\sum_{i=1}^{n}\left(x_i-\overline{x}\right)^2=0.2452 \tag{5.2.7}$$

将区间 $(-\infty,+\infty)$ 划分为互不相交的区间 $A_1=(-\infty,1.997)$，$A_2=[1.997,2.27)$，$A_3=[2.27,2.478)$，$A_4=[2.478,2.648)$，$A_5=[2.648,2.88)$ 和 $A_6=[2.88,+\infty)$，则在 H_0 成立时，碳纤维强度处于区间 A_i 的概率为 $P(A_i)=P\{X\in A_i\}$，其中 $i=1,2,\cdots,6$。例如，$P(A_1)$ 为

$$P(A_1)=P\{X<1.997\}=\Phi\left(\frac{1.997-2.4513}{\sqrt{0.2452}}\right)=0.1794$$

于是对于表 5-2 中的数据，理论上应有 $\hat{f}_1=69\times0.1794\approx12.38$ 个观测值处于区间 A_1 内。类似可得其他区间内的理论频数 $\hat{f}_i$，同时，将表 5-2 中的数据按照区间 A_i 进行分组整理，可得各区间内的实际频数 f_i，其中 $i=1,2,\cdots,6$。具体如表 5-3 所示。

表 5-3　碳纤维强度的分组频数

区间	样本观测值	实际频数	理论频数
$(-\infty, 1.997)$	1.312, 1.314, 1.479, 1.552, 1.7, 1.803, 1.861, 1.865, 1.944, 1.958, 1.966	11	12.38
$[1.997, 2.27)$	1.997, 2.006, 2.021, 2.027, 2.055, 2.063, 2.098, 2.14, 2.179, 2.224, 2.24, 2.253	12	12.2599
$[2.27, 2.478)$	2.27, 2.272, 2.274, 2.301, 2.301, 2.359, 2.382, 2.382, 2.426, 2.434, 2.435	11	11.3419
$[2.478, 2.648)$	2.478, 2.49, 2.511, 2.514, 2.535, 2.554, 2.566, 2.57, 2.586, 2.629, 2.633, 2.642	12	9.1709

续表

区间	样本观测值	实际频数	理论频数
[2. 648, 2.88)	2.648, 2.684, 2.697, 2.726, 2.77, 2.773, 2.8, 2.809, 2.818, 2.821, 2.848	11	10.5085
[2. 88, +∞)	2.88, 2.954, 3.012, 3.067, 3.084, 3.09, 3.096, 3.128, 3.233, 3.433, 3.585, 3.585	12	13.3388

进一步利用式(5.2.4)计算可得检验统计量 χ^2 的观测值为

$$\chi^2=\sum_{i=1}^{6}\frac{\left(f_i-\hat{f}_i\right)^2}{\hat{f}_i}=\frac{(12.38-11)^2}{12.38}+\cdots+\frac{(13.3388-12)^2}{13.3388}=1.1998$$

由于 $k=6$，$r=2$，可知检验统计量服从自由度为 3 的 χ^2 分布。取 $\alpha=0.05$，如图 5-4 所示。计算可得拒绝域为 $W=\left\{\chi^2\left|\chi^2\geqslant\chi^2_{0.95}(3)=7.8147\right.\right\}$，由于 $\chi^2=1.1998\notin W$，所以不能拒绝 H_0； p 值为 $0.7531>0.05$，所以也不能拒绝 H_0。因此，可认为该型碳纤维的强度服从正态分布。

对于 χ^2 检验法的运用，应注意如下几点。

（1） χ^2 检验法要求在样本容量 n 较大的条件下使用，建议 $n\geqslant 30$。

（2）在变量取值空间分割过程中，要求分割后的每个子集合上 f_i 的数目相对比较均衡，可以通过更改子集合的大小来保证 f_i 的均衡性。

（3）为减少误差，应尽量使得 $f_i\geqslant 5$、$\hat{f}_i\geqslant 5$。若不满足这个条件，可以对相应的分组进行合并。

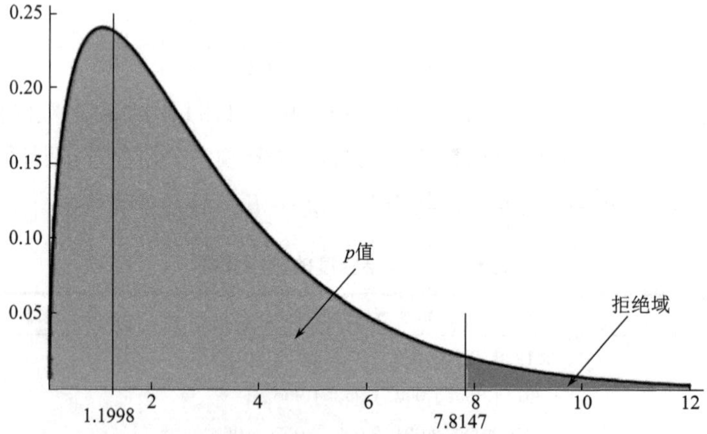

图 5-4 χ^2 检验判决规则示意图

5.2.2 K-S 检验

在样本容量 n 较小时，可采用 K-S 检验（Kolmogorov-Smirnov test，科尔莫戈罗夫-

斯米尔诺夫检验）法进行分布的拟合优度检验。当已知总体的分布为连续函数时，可用科尔莫戈罗夫检验法来检验一个数据总体是否服从某个给定的分布，当需要检验两个总体的分布是否相同时可以用斯米尔诺夫检验法。有时不加区分地将科尔莫戈罗夫检验和斯米尔诺夫检验统称为 K-S 检验。

1. 科尔莫戈罗夫检验

科尔莫戈罗夫检验是俄罗斯数学家 Kolmogorov（1903—1987）于 1933 年给出的。记 $x_1,x_2,\cdots,x_n$ 为总体 X 的样本观测值，不妨设 $x_1 \leqslant x_2 \leqslant \cdots \leqslant x_n$，定义两种经验分布函数为

$$F_n(x)=\frac{\#\{x_i<x \quad i=1,2,\cdots,n\}}{n} \tag{5.2.8}$$

$$F_n'(x)=\frac{\#\{x_i \leqslant x \quad i=1,2,\cdots,n\}}{n} \tag{5.2.9}$$

从 $F_n(x)$、$F_n'(x)$ 的定义看，若样本容量 n 趋于无穷大，则 $F_n(x)$、$F_n'(x)$ 逼近于 X 的理论分布函数 $F(x)$。当 $F(x)$ 连续时，可以证明 $P\left\{\lim\limits_{n\to\infty}\sup\limits_{x}\left|F_n(x)-F(x)\right|=0\right\}=1$，$P\left\{\lim\limits_{n\to\infty}\sup\limits_{x}\left|F_n'(x)-F(x)\right|=0\right\}=1$。

如图 5-5 所示，当式(5.2.1)中的 H_0 为真时，对于所有的 x，$F_0(x)$ 与 $F_n(x)$ 和 $F_n'(x)$ 之间在垂直方向上的垂直距离应都非常小，但如果存在 x 使得 $F_0(x)$ 与 $F_n(x)$ 或者 $F_n'(x)$ 之间差异较大，则难以说明总体的分布为 $F_0(x)$。取 $F_0(x)$ 与 $F_n(x)$、$F_n'(x)$ 在垂直方向上的最大距离为

$$D_n=\max_i\left\{\left|F_0(x_i)-F_n(x_i)\right|,\left|F_0(x_i)-F_n'(x_i)\right|,i=1,2,\cdots,n\right\} \tag{5.2.10}$$

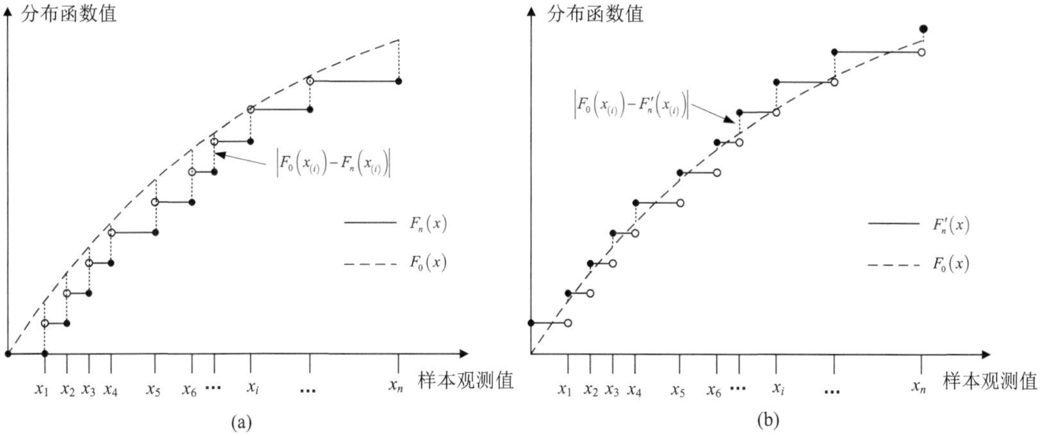

图 5-5　科尔莫戈罗夫检验示意图

将 D_n 作为检验统计量，此时在显著性水平 α 下的拒绝域为 $W=\left\{D_n \middle| D_n \geqslant d_{1-\alpha}(n)\right\}$，其中 $d_{1-\alpha}(n)$ 为 D_n 的 $1-\alpha$ 分位数，见附表 3。

例 5-2　对例 5-1 中所述的碳纤维，将标距改为 10mm，并重新开展强度测试，收集到一组数据 1.901，2.203，2.257，2.361，2.397，2.454，2.518，2.525，2.575，2.616（单位：GPa）。在显著性水平 0.05 下，试问碳纤维的强度是否还服从正态分布 $N(\mu,\sigma^2)$？

对于例 5-2，检验假设为

$$H_0：F(x) \text{是正态分布} N(\mu,\sigma^2) \qquad H_1：F(x) \text{不是正态分布} N(\mu,\sigma^2)$$

由于 μ，σ^2 未知，由样本数据进行估计，计算可得

$$\hat{\mu}=\overline{x}=\frac{1}{n}\sum_{i=1}^{n}x_i=2.3807,\ \hat{\sigma}^2=\frac{1}{n-1}\sum_{i=1}^{n}(x_i-\overline{x})^2=0.0462$$

据此，给出正态分布的具体形式 $N(2.3807,0.0462)$，可计算 $F_0(x)$。分别计算 $F_n(x_i)$、$F_n'(x_i)$，可得表 5-4 所示的结果，其中 $i=1,2,\cdots,n$，$n=10$。在显著性水平 0.05 下，查附表 3，可得拒绝域为 $W=\left\{D_n \middle| D_n \geqslant 0.40925\right\}$，由于 $D_n=0.1635 \notin W$，所以不能拒绝 H_0，可以认为该型碳纤维在 10mm 标距下测量的强度服从正态分布 $N(2.3807,0.0462)$。

附表 3 中的科尔莫戈罗夫检验表仅给出了 $n \leqslant 100$ 的分位点 $d_{1-\alpha}(n)$。当 $n>100$ 时，可在以下定理的基础上，计算 D_n 的近似分布。

科尔莫戈罗夫定理：若 $F_0(x)$ 连续，在 H_0 成立的条件下，当 $n\to\infty$ 时，$\sqrt{n}D_n$ 依分布收敛于分布 $K(x)$，如图 5-6 所示，其中

表 5-4　科尔莫戈罗夫检验计算过程

x	$F_0(x)$	$F_n(x)$	$F_n'(x)$	$\lvert F_n-F_0\rvert$	$\lvert F_n'-F_0\rvert$	第 5 列、第 6 列数据的最大值
1.901	0.0128	0	0.1	0.0128	0.0872	0.0872
2.203	0.2042	0.1	0.2	0.1042	0.0042	0.1042
2.257	0.2825	0.2	0.3	0.0825	0.0175	0.0825
2.361	0.4635	0.3	0.4	0.1635	0.0635	0.1635
2.397	0.5302	0.4	0.5	0.1302	0.0302	0.1302
2.454	0.6335	0.5	0.6	0.1335	0.0335	0.1335
2.518	0.7385	0.6	0.7	0.1385	0.0385	0.1385
2.525	0.7490	0.7	0.8	0.0490	0.0510	0.0510
2.575	0.8170	0.8	0.9	0.0170	0.0830	0.0830
2.616	0.8632	0.9	1	0.0368	0.1368	0.1368
D_n			—			0.1635

$$K(x)=\begin{cases}0, & x\leqslant 0\\ \sum\limits_{j=-\infty}^{\infty}(-1)^{j}\exp\left(-2j^{2}x^{2}\right), & x>0\end{cases} \tag{5.2.11}$$

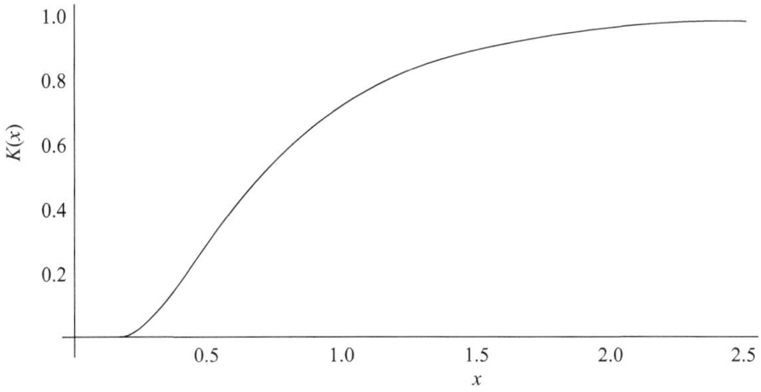

图 5-6　$K(x)$ 的图像

对于给定的 α ，在计算 D_n 后，利用附表 4 进行假设检验时，取统计量 $\lambda=\sqrt{n}D_n$ ，在附表 4 中选择与 $1-\alpha$ 最为接近的概率值，然后将该概率值对应的第 1 行、第 1 列的数值相加，得到 $\lambda_{1-\alpha}$ ，再进行判断：若 $\lambda\geqslant\lambda_{1-\alpha}$ ，则拒绝 H_0 ；否则，不能拒绝 H_0 。

2. 斯米尔诺夫检验

科尔莫戈罗夫检验主要用于检验单一总体的分布是否属于某一分布的问题，但有时还需要判断两个总体是否具有相同的分布形式，此时可用斯米尔诺夫检验完成。

设 $x_1,x_2,\cdots,x_n$ 为来自分布 $F_1(x)$ 的观测值， $y_1,y_2,\cdots,y_m$ 为来自分布 $F_2(x)$ 的观测值，不妨设 $x_1\leqslant x_2\leqslant\cdots\leqslant x_n$ ， $y_1\leqslant y_2\leqslant\cdots\leqslant y_m$ 。斯米尔诺夫检验的假设为

$$H_0:\ F_1(x)=F_2(x) \qquad H_1:\ F_1(x)\neq F_2(x)$$

斯米尔诺夫检验的步骤如下：

（1）将 $x_1,x_2,\cdots,x_n$ 与 $y_1,y_2,\cdots,y_m$ 混合，并按照从小到大的顺序排序，记排序结果为 $z_{(1)},z_{(2)},\cdots,z_{(k)}$ 。

（2）按照式(5.2.8)分别计算 $F_1(x)$ 和 $F_2(x)$ 的经验分布函数，分别记为 $F_{1n}(x)$ 和 $F_{2m}(x)$ 。

（3）计算检验统计量 $D_{n,m}=\max\limits_{j}\left\{\left|F_{1n}\left(z_{(j)}\right)-F_{2m}\left(z_{(j)}\right)\right|,j=1,2,\cdots,k\right\}$，其中 $F_{1n}\left(z_{(j)}\right)$ 表示 $z_{(j)}$ 在 $F_{1n}(x)$ 中对应的累积概率值， $F_{2m}\left(z_{(j)}\right)$ 表示 $z_{(j)}$ 在 $F_{2m}(x)$ 中对应的累积概率值。如图 5-7 所示，当 H_0 成立时， $D_{n,m}$ 应是较小的数值，若 $D_{n,m}$ 较大，则应拒绝 H_0 。

（4）给定显著性水平 α ，查附表 5 或附表 6 中的斯米尔诺夫检验表，确定拒绝域 $W=\left\{D_{n,m}\,\middle|\,D_{n,m}\geqslant w_{1-\alpha}\right\}$ 。

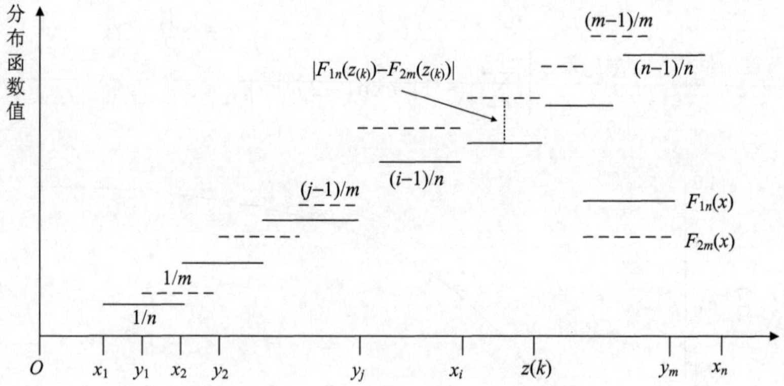

图 5-7　斯米尔诺夫检验示意图

在附表 5 或附表 6 的最后一行给出了大样本时 $w_{1-\alpha}$ 的近似值。事实上，在大样木条件下，仍然可采用式(5.2.11)所示的 $K(x)$ 进行检验。

当 $n\to\infty, m\to\infty$ 时，斯米尔诺夫证明了，当 H_0 成立时，有

$$\lim_{\substack{n\to\infty\\ m\to\infty}} P\left\{\sqrt{\frac{mn}{m+n}}D_{n,m}<x\right\}=K(x) \tag{5.2.12}$$

从而，可取 $\lambda=\sqrt{\dfrac{mn}{m+n}}D_{n,m}$，对于给定的显著性水平 α，由附表 4 计算得到 $\lambda_{1-\alpha}$，再进行判断：若 $\lambda\geqslant\lambda_{1-\alpha}$，则拒绝 H_0；否则，不能拒绝 H_0。

例 5-3　对例 5-2 中所述的碳纤维强度问题，在 10mm 标距下对另一种碳纤维开展强度测试，收集到另一组测试数据 2.132，2.228，2.35，2.396，2.445，2.474，2.522，2.532，2.614（单位：GPa）。然后检验两种碳纤维的强度是否服从相同分布。

对于本例，可得 $n=10$，$m=9$，将例 5-2 和例 5-3 中两组数据混合并从小到大排序，按照斯米尔诺夫检验的步骤计算，可得如表 5-5 所示的中间结果，表中第偶数个数

表 5-5　斯米尔诺夫检验过程

$z_{(j)}$	$F_{1n}(z_{(j)})$	$F_{2m}(z_{(j)})$	$\lvert F_{1n}-F_{2m}\rvert$	$z_{(j)}$	$F_{1n}(z_{(j)})$	$F_{2m}(z_{(j)})$	$\lvert F_{1n}-F_{2m}\rvert$
1.901	0/10	0/9	0.0000	2.454	5/10	5/9	0.0556
2.132	1/10	0/9	0.1000	2.474	6/10	5/9	0.0444
2.203	1/10	1/9	0.0111	2.518	6/10	6/9	0.0667
2.228	2/10	1/9	0.0889	2.522	7/10	6/9	0.0333
2.257	2/10	2/9	0.0222	2.525	7/10	7/9	0.0778
2.350	3/10	2/9	0.0778	2.532	8/10	7/9	0.0222
2.361	3/10	3/9	0.0333	2.575	8/10	8/9	0.0889
2.396	4/10	3/9	0.0667	2.614	9/10	8/9	0.0111
2.397	4/10	4/9	0.0444	2.616	9/10	9/9	0.1000
2.445	5/10	4/9	0.0556				

据为例 5-3 中的数据。进一步对比所有的$\left|F_{1n}\left(z_{(j)}\right)-F_{2m}\left(z_{(j)}\right)\right|$，可得检验统计量观测值为 $D_{n,m}=0.1$ 。$\alpha=0.05$ 时，查附表 6 可得拒绝域$W=\left\{D_{n,m}\left|D_{n,m}\geqslant 26/45\right.\right\}$，由于 $D_{n,m}=0.1\notin W$，所以不能拒绝 H_0。此时$\lambda=\sqrt{\dfrac{9\times 10}{9+10}}\times 0.1=0.2176$，由附表 4，$\lambda_{0.950512}=1.36>0.2176$，仍然可得到不能拒绝 H_0 的结论。

5.2.3 P-P 图和 Q-Q 图

P-P 图（probability-probability plots）和 Q-Q 图（quantile-quantile plots）是图形化的分布拟合优度检验方法，由 P-P 图和 Q-Q 图可直观地判断样本数据是否服从某种给定的分布。

1. P-P 图

设总体的概率分布函数为$F(x)$，则总体中标志值小于等于 x 的总体单位出现的概率为$F(x)$。记样本观测值为$x_1,x_2,\cdots,x_n$。当$F(x)$已知时，可计算得到在各观测值点的概率 $F(x_i)$，$i=1,2,\cdots,n$。当仅知道总体分布的形式，而分布参数未知时，可先运用$x_1,x_2,\cdots,x_n$ 估计出总体分布 $F(x)$中的未知参数。再计算得到在各观测值点的$F(x_i)$，$i=1,2,\cdots,n$。

还可根据观测值$x_1,x_2,\cdots,x_n$ 本身，在不对总体分布形式作任何假定的条件下，计算出观测到的概率值，记为$\hat{F}(x_i)$，$i=1,2,\cdots,n$。对$\hat{F}(x_i)$的估计可采用的方法有 Blom 法、Tukey 法、Rankit 法和 Van der Waerden 转换法等。各方法的计算公式如下。

Blom 法：

$$\hat{F}(x_i)=\frac{R(x_i)-3/8}{n+1/4}$$

Tukey 法：

$$\hat{F}(x_i)=\frac{R(x_i)-1/3}{n+1/3}$$

Rankit 法：

$$\hat{F}(x_i)=\left(R(x_i)-0.5\right)/n$$

Van der Waerden 转换法：

$$\hat{F}(x_i)=R(x_i)/(n+1)$$

上述公式中，$R(x_i)$为观测值x_i的秩，$i=1,2,\cdots,n$。

如对于例 5-3，若要检验碳纤维强度是否服从正态分布，计算可得：$\overline{x}=2.4103$，$s^2=0.0236$，$s=0.1535$。由$N(2.4103,0.0236)$可分别得到正态分布在 2.132、2.228 等点上的概率，利用 Blom 法、Tukey 法等也可得到在各观测值点上的概率估计。结果如表 5-6 所示。

P-P 图是将由观测值计算得到的 $\hat{F}(x_i)$ 和由总体分布得到的 $F(x_i)$ 通过散点图的形式在平面坐标系上展示出来。对于表 5-6 中的数据，选择正态分布列和某一方法列的数据绘制散点图，即可得到对应于该列方法的 P-P 图，如图 5-8 所示。

表 5-6　碳纤维强度数据概率计算结果

x_i	正态分布	Blom	Tukey	Rankit	Van der Waerden
2.132	0.0349	0.0676	0.0714	0.0556	0.1
2.228	0.1175	0.1757	0.1786	0.1667	0.2
2.350	0.3472	0.2838	0.2857	0.2778	0.3
2.396	0.4629	0.3919	0.3929	0.3889	0.4
2.445	0.5894	0.5000	0.5000	0.5000	0.5
2.474	0.6609	0.6081	0.6071	0.6111	0.6
2.522	0.7666	0.7162	0.7143	0.7222	0.7
2.532	0.7861	0.8243	0.8214	0.8333	0.8
2.614	0.9078	0.9324	0.9286	0.9444	0.9

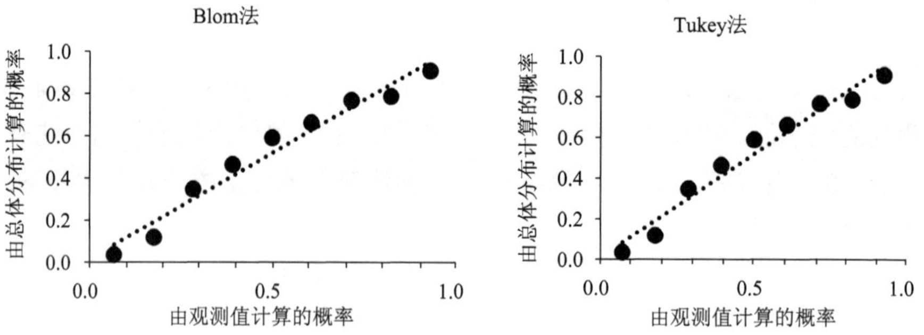

图 5-8　碳纤维强度 P-P 图

2. Q-Q 图

P-P 图利用概率绘制散点图进行分布的拟合优度检验，Q-Q 图则是利用分位数（参考第 1 章分位数的定义和第 2 章百分位数的定义）绘制散点图，完成对分布的拟合优度检验，或者进行两个总体分布是否相等的检验。

Q-Q 图绘制的步骤如下。

（1）将样本观测值 $x_1,x_2,\cdots,x_n$ 按升序排列。

（2）由 Blom、Tukey、Rankit 和 Van der Waerden 等方法计算观测到的概率值 $\hat{F}(x_i)$，$i=1,2,\cdots,n$。

（3）对于要检验的总体分布 $F(x)$，计算概率值 $\hat{F}(x_i)$ 对应的分位数，记为 y_i，称为期望的分位数值，其中 $i=1,2,\cdots,n$。

（4）将数对 $(x_i, y_i), i=1,2,\cdots,n$ 绘制在平面直角坐标系上，形成散点图，即为 Q-Q 图。

对于例 5-3 所示的数据，在表 5-6 的基础上，如需检验该组数据是否服从正态分布，则可利用正态分布 $N(2.4103, 0.0236)$，分别计算由 Blom、Tukey、Rankit 和 Van der Waerden 方法计算得出的概率对应的分位数，结果如表 5-7 所示。对于表 5-7 所示的数据，选择第一列和其他列，绘制散点图，即可得到 Q-Q 图。样本观测值和 Blom 法分位数、Tukey 法分位数对应的 Q-Q 图如图 5-9 所示。

表 5-7　碳纤维强度数据期望的分位数计算结果

x_i	Blom 分位数	Tukey 分位数	Rankit 分位数	Van der Waerden 分位数
2.132	2.1809	2.1854	2.1657	2.2136
2.228	2.2672	2.2690	2.2618	2.2811
2.350	2.3226	2.3234	2.3198	2.3298
2.396	2.3682	2.3686	2.3670	2.3714
2.445	2.4103	2.4103	2.4103	2.4103
2.474	2.4524	2.4520	2.4536	2.4492
2.522	2.4980	2.4972	2.5008	2.4908
2.532	2.5534	2.5516	2.5588	2.5395
2.614	2.6397	2.6352	2.6549	2.6070

从 P-P 图、Q-Q 图绘制的原理和过程看，若总体分布的假设正确，即样本数据来源于给定的分布 $F(x)$，则在 P-P 图、Q-Q 图上，所有观测值和期望值对应的点应在一条直线附近随机抖动。若散点偏离该直线的程度较大或者在直线两侧呈现某种规律性的排列，则说明总体分布为给定分布 $F(x)$ 的假设不成立。

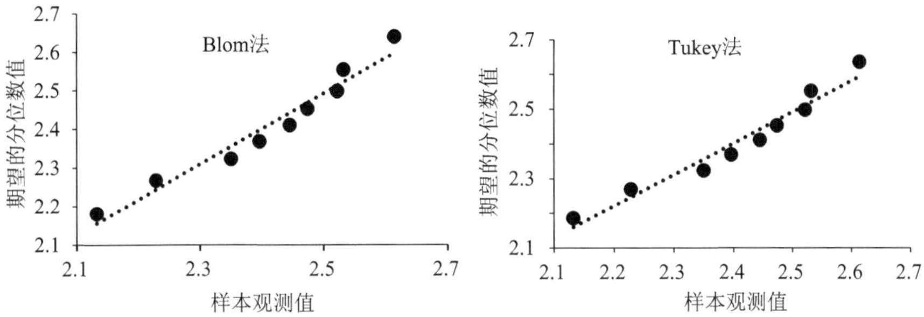

图 5-9　碳纤维强度数据 Q-Q 图

5.3　单总体特征的检验

描述单个总体特征的参数有总体均值、方差、比例、中位数等。记从总体中抽样获得的样本为 $x_1, x_2, \cdots, x_n$ 。本节对总体服从正态分布 $N(\mu, \sigma^2)$ 时总体均值和方差的检验方法、总体服从二项分布$b(n,p)$时总体比例的检验方法，以及不考虑总体分布类型时总体中位数的检验方法进行阐述。记样本均值为$\overline{x}$，样本方差为s^2。

5.3.1 总体均值的检验

假设总体X服从正态分布，对总体均值μ的检验，分为σ^2已知和未知两种情况。

1. σ^2已知时μ的检验

对μ的检验，分为双边检验、左边检验、右边检验三种情况。下面以μ的双边检验为例，对检验统计量的构造、拒绝域构建、p值计算进行阐述，对于左边检验、右边检验仅给出拒绝域和p值的计算公式。

μ的双边检验假设为

$$H_0:\mu=\mu_0 \qquad H_1:\mu\neq\mu_0 \tag{5.3.1}$$

当σ^2已知时，构造检验统计量为

$$U=\frac{\overline{x}-\mu_0}{\sigma/\sqrt{n}} \tag{5.3.2}$$

在H_0成立的条件下，$U\sim N(0,1)$。以服从正态分布的统计量为基础进行的假设检验，称为U检验（或Z检验）。

在显著性水平α下，上述U检验的拒绝域W、p值分别为

$$W=\left\{U\middle\|U\right|\geqslant u_{1-\alpha/2}\}\text{或}\left\{\overline{x}\middle|\overline{x}\leqslant\mu_0+\frac{\sigma}{\sqrt{n}}u_{\alpha/2}\text{或}\overline{x}\geqslant\mu_0+\frac{\sigma}{\sqrt{n}}u_{1-\alpha/2}\right\} \tag{5.3.3}$$

$$p=2\times\left[1-\Phi\left(|U|\right)\right] \tag{5.3.4}$$

其中，$\Phi(x)=\int_{-\infty}^{x}\frac{1}{\sqrt{2\pi}}\exp\left(-\frac{t^2}{2}\right)\mathrm{d}t$ 是标准正态分布N（0,1）的分布函数。

在σ^2已知时，对μ进行检验的假设、检验统计量、拒绝域、p值，如表5-8所示。

表 5-8 σ^2已知时μ的检验

	双边检验	右边检验	左边检验
假设	$H_0:\mu=\mu_0$ $H_1:\mu\neq\mu_0$	$H_0:\mu\leqslant\mu_0$ $H_1:\mu>\mu_0$	$H_0:\mu\geqslant\mu_0$ $H_1:\mu<\mu_0$
检验统计量		$U=\frac{\overline{x}-\mu_0}{\sigma/\sqrt{n}}$	
拒绝域W	$\lvert U\rvert\geqslant u_{1-\alpha/2}$	$U\geqslant u_{1-\alpha}$	$U\leqslant u_{\alpha}$
p值	$2\left[1-\Phi(\lvert U\rvert)\right]$	$1-\Phi(U)$	$\Phi(U)$

例 5-4 根据大量历史数据可知，某车床生产的滚珠直径服从正态分布，且均值为15.01mm，方差为0.1。现从某月生产的滚珠中抽取9个测量其直径，并算得直径的均值

为 14.99mm。假设滚珠直径的方差不变。在显著性水平 0.05 下，试问该月生产的滚珠直径是否为 15.01mm？

对这一问题，记 $\mu_0 = 15.01\,\text{mm}$，$\sigma^2 = 0.1$，则可构造式(5.3.1)所示的双边检验。计算可得式(5.3.2)中的 $U = -0.1897$。当 $\alpha = 0.05$ 时，计算可得 $u_{1-\alpha/2} = 1.96$，式(5.3.4)所示的 p 值为 0.8495，式(5.3.3)所示的拒绝域为 $W = \left\{U \middle| |U| \geqslant 1.96\right\}$。由于 $U = -0.1897 \notin W$，$p = 0.8495 > \alpha$，故不能拒绝 H_0，即认为该月生产的滚珠直径为 15.01mm。

在样本容量 n 较大时，若总体分布为非正态总体，由中心极限定理，可得

$$\overline{x} \sim N\left(\mu, \sigma^2/n\right) \tag{5.3.5}$$

其中，$\mu = E(X)$ 和 $\sigma^2 = \text{Var}(X)$ 分别为总体 X 的期望和方差，以式(5.3.5)为基础，可构造如式(5.3.2)所示的检验统计量，进一步可以得出拒绝域和 p 值。

2. σ^2 未知时 μ 的检验

对于式(5.3.1)所示的双边检验，可构造如下的检验统计量：

$$t = \frac{\overline{x} - \mu_0}{s/\sqrt{n}} \tag{5.3.6}$$

在 H_0 成立的条件下，由式（3.2.13）可知 t 服从自由度为 $n-1$ 的 t 分布，即 $t \sim t(n-1)$。以服从 t 分布的统计量为基础进行的假设检验，称为 t 检验。

在显著性水平 α 下，上述 t 检验的拒绝域 W 、p 值分别为

$$W = \left\{t \middle| |t| \geqslant t_{1-\alpha/2}(n-1)\right\} \text{或} \left\{\overline{x} \middle| \overline{x} \leqslant \mu_0 + \frac{s}{\sqrt{n}} t_{\alpha/2}(n-1) \text{或} \overline{x} \geqslant \mu_0 + \frac{s}{\sqrt{n}} t_{1-\alpha/2}(n-1)\right\} \tag{5.3.7}$$

$$p = 2P\left\{t \geqslant \left|\frac{\overline{x} - \mu_0}{s/\sqrt{n}}\right|\right\} = 2\left(1 - F\left(\left|\frac{\overline{x} - \mu_0}{s/\sqrt{n}}\right|\right)\right) \tag{5.3.8}$$

在 σ^2 未知时，对 μ 进行检验的假设、检验统计量、拒绝域、p 值，如表 5-9 所示。

表 5-9 σ^2 未知时 μ 的检验

	双边检验	右边检验	左边检验
假设	$H_0: \mu = \mu_0$ $H_1: \mu \neq \mu_0$	$H_0: \mu \leqslant \mu_0$ $H_1: \mu > \mu_0$	$H_0: \mu \geqslant \mu_0$ $H_1: \mu < \mu_0$
检验统计量		$t = \frac{\overline{x} - \mu_0}{s/\sqrt{n}}$	
拒绝域 W	$\lvert t \rvert \geqslant t_{1-\alpha/2}(n-1)$	$t \geqslant t_{1-\alpha}(n-1)$	$t \leqslant t_{\alpha}(n-1)$
p 值	$2\left[1 - F_{t(n-1)}(\lvert t \rvert)\right]$	$1 - F_{t(n-1)}(t)$	$F_{t(n-1)}(t)$

注：$F_{t(n-1)}(t)$ 表示 $t(n-1)$ 的概率分布函数。

表 5-9 中，$t_{1-\alpha/2}(n-1)$、$t_{1-\alpha}(n-1)$、$t_{\alpha/2}(n-1)$、$t_{\alpha}(n-1)$分别为分布$t(n-1)$的$1-\alpha/2$、$1-\alpha$、$\alpha/2$、α分位数，$F(x)$是$t(n-1)$分布的概率分布函数。

例 5-5 对于表 5-2 所示的数据，若假定碳纤维强度$X \sim N(\mu,\sigma^2)$，σ^2未知。在显著性水平 0.05 下，试问μ是否满足不低于 2.5GPa 的要求。

记$\mu_0 = 2.5\,\text{GPa}$，构造表 5-9 所示的左边检验。利用表 5-2 的样本数据，计算可得$t=-0.8164$。当$\alpha=0.05$时，由于$n=69$，计算可得$t_{\alpha}(n-1)=-1.6676$、p值为 0.2085、$W=\{t | t \leqslant -1.6676\}$。由于$t=-0.8164 \notin W$，$p=0.2085>\alpha$，故不能拒绝$H_0$，即可以认为碳纤维的强度均值不低于 2.5GPa。

5.3.2 总体方差的检验

假设总体 X 服从正态分布$N(\mu,\sigma^2)$，对总体方差σ^2的检验，分为μ已知和未知两种情况。

1. μ 已知时σ^2的检验

σ^2的双边检验假设为

$$H_0:\sigma^2=\sigma_0^2 \quad H_1:\sigma^2 \neq \sigma_0^2 \tag{5.3.9}$$

当μ已知时，构造检验统计量为

$$\chi^2=\frac{\sum_{i=1}^{n}(x_i-\mu)^2}{\sigma_0^2} \tag{5.3.10}$$

H_0成立时，由χ^2分布定义可知统计量χ^2服从自由度为n的χ^2分布，即$\chi^2 \sim \chi^2(n)$。对于假设(5.3.9)，在显著性水平α下的拒绝域W、p值分别为

$$W=\left\{\chi^2 \middle| \chi^2 \geqslant \chi^2_{1-\alpha/2}(n)\text{或}\chi^2 \leqslant \chi^2_{\alpha/2}(n)\right\} \tag{5.3.11}$$

$$p=2\min\left\{P\left\{\chi^2 \geqslant \frac{\sum_{i=1}^{n}(x_i-\mu)^2}{\sigma_0^2}\right\}, P\left\{\chi^2 \leqslant \frac{\sum_{i=1}^{n}(x_i-\mu)^2}{\sigma_0^2}\right\}\right\} \tag{5.3.12}$$

在μ已知时，对σ^2进行检验的假设、检验统计量、拒绝域、p值，如表 5-10 所示。表 5-10 中，$\chi^2_{1-\alpha/2}(n)$、$\chi^2_{\alpha/2}(n)$、$\chi^2_{\alpha}(n)$、$\chi^2_{1-\alpha}(n)$分别为分布$\chi^2(n)$的$1-\alpha/2$、$\alpha/2$、α、$1-\alpha$分位数，$P\{\chi^2 \leqslant x\}=F(x)$是分布$\chi^2(n)$的累积概率。

例 5-6 在某自动化生产线上灌装某种原材料，已知其平均灌装重量为 50kg，生产要求标准差为 0.25kg。现随机抽取了 10 件灌装好的原材料，称重得到样本为 50.08，50.11，50.35，49.98，49.82，50.17，49.82，49.88，49.64，50.12（单位：kg）。假定灌装原材料的重量服从正态分布，在显著性水平 0.05 下，试问灌装原材料重量的方差是否小于等于规定值？

表 5-10　μ 已知时 σ^2 的检验

	双边检验	右边检验	左边检验
假设	$H_0:\sigma^2=\sigma_0^2$ $H_1:\sigma^2\neq\sigma_0^2$	$H_0:\sigma^2\leqslant\sigma_0^2$ $H_1:\sigma^2>\sigma_0^2$	$H_0:\sigma^2\geqslant\sigma_0^2$ $H_1:\sigma^2<\sigma_0^2$
检验统计量		$\chi^2=\dfrac{\sum_{i=1}^{n}(x_i-\mu)^2}{\sigma_0^2}$	
拒绝域 W	$\chi^2\geqslant\chi_{1-\alpha/2}^2(n)$ 或 $\chi^2\leqslant\chi_{\alpha/2}^2(n)$	$\chi^2\geqslant\chi_{1-\alpha}^2(n)$	$\chi^2\leqslant\chi_{\alpha}^2(n)$
p 值	$2\min\left\{F_{\chi^2(n)}(\chi^2),1-F_{\chi^2(n)}(\chi^2)\right\}$	$1-F_{\chi^2(n)}(\chi^2)$	$F_{\chi^2(n)}(\chi^2)$

注：$F_{\chi^2(n)}(\chi^2)$ 表示 $\chi^2(n)$ 的概率分布函数

对这一问题，记 $\mu=50$ ，$\sigma_0^2=0.25^2=0.0625$ ，则可构造表 5-10 所示的右边检验，计算可得 $n=10$ 、式(5.3.10)所示的统计量为 $\chi^2=6.296$ ，当 $\alpha=0.05$ 时，计算可得 $W=\left\{\chi^2\middle|\chi^2\geqslant18.307\right\}$、$p$ 值为 0.7898。因 $6.296\notin W$ 或 p值 $=0.7898>\alpha$，故不能拒绝 H_0，即认为灌装原材料的方差大于等于规定值。

2. μ 未知时 σ^2 的检验

当 μ 未知时，构造检验统计量为

$$\chi^2=\frac{(n-1)s^2}{\sigma_0^2} \tag{5.3.13}$$

由式(3.2.9)可知，式(5.3.9)所示的 H_0 成立时，统计量 χ^2 服从自由度为 $n-1$ 的 χ^2 分布，即 $\chi^2\sim\chi^2(n-1)$。从而可得 σ^2 的双边检验、右边检验和左边检验的假设、检验统计量、拒绝域、p 值，如表 5-11 所示。

表 5-11　μ 未知时 σ^2 的检验

	双边检验	右边检验	左边检验
假设	$H_0:\sigma^2=\sigma_0^2$ $H_1:\sigma^2\neq\sigma_0^2$	$H_0:\sigma^2\leqslant\sigma_0^2$ $H_1:\sigma^2>\sigma_0^2$	$H_0:\sigma^2\geqslant\sigma_0^2$ $H_1:\sigma^2<\sigma_0^2$
检验统计量		$\chi^2=\dfrac{(n-1)s^2}{\sigma_0^2}$	
拒绝域 W	$\chi^2\geqslant\chi_{1-\alpha/2}^2(n-1)$ 或 $\chi^2\leqslant\chi_{\alpha/2}^2(n-1)$	$\chi^2\geqslant\chi_{1-\alpha}^2(n-1)$	$\chi^2\leqslant\chi_{\alpha}^2(n-1)$
p 值	$2\min\left\{F_{\chi^2(n-1)}(\chi^2),1-F_{\chi^2(n-1)}(\chi^2)\right\}$	$1-F_{\chi^2(n-1)}(\chi^2)$	$F_{\chi^2(n-1)}(\chi^2)$

注：$F_{\chi^2(n-1)}(\chi^2)$ 表示 $\chi^2(n-1)$ 的概率分布函数，$s^2=\dfrac{1}{n-1}\sum_{i=1}^{n}(x_i-\overline{x})^2$ 。

例 5-7　对例 5-1 的碳纤维的强度数据，假定碳纤维强度服从正态分布但均值未知，试在显著性水平 0.05 下检验强度的方差是否为 0.25。

对这一问题，记强度方差为σ^2，$\sigma_0^2 = 0.25$，则可构造表 5-11 所示的双边检验。由例 5-1 的强度样本数据，计算可得表 5-11 的检验统计量为$\chi^2 = 66.6856$。当$\alpha = 0.05$时，计算可得$W = \left\{\chi^2 \middle| \chi^2 \geqslant 92.6885 \text{或} \chi^2 \leqslant 47.0920\right\}$，$p$ 值为 0.9552，故不能拒绝H_0，即可以认为碳纤维的强度方差为 0.25。

5.3.3　总体比例的检验

当总体分布为二项分布$b(n,p)$时，对 p 的假设检验称为总体比例的检验。给定以下检验假设：

$$H_0: p = p_0 \quad H_1: p \neq p_0 \tag{5.3.14}$$

对 p 的假设检验，假定 p 表示成败型试验中成功的概率，选择在 n 次试验中的成功次数 m 作为检验统计量。n 次试验中，观测到的成功次数小于等于 m 次的概率为

$$P\{k \leqslant m\} = \sum_{k=0}^{m} C_n^k p^k (1-p)^{n-k} \tag{5.3.15}$$

由小概率事件原理，在H_0成立的条件下，拒绝H_0时，n 次试验中的成功次数 m 应满足

$$\sum_{k=0}^{m} C_n^k p_0^k (1-p_0)^{n-k} \leqslant \frac{\alpha}{2} \quad \text{或} \quad \sum_{k=m}^{n} C_n^k p_0^k (1-p_0)^{n-k} \leqslant \frac{\alpha}{2} \tag{5.3.16}$$

对式(5.3.16)求解，可得满足前一个式子的 m 的最大整数，记为$M_{\max}$；以及满足后一个式子的 m 的最小整数，记为$M_{\min}$。可得拒绝域$W = \{m \mid m \leqslant M_{\max} \text{或} m \geqslant M_{\min}\}$。

事实上，并不需要计算拒绝域，因为$\sum_{k=0}^{m} C_n^k p_0^k (1-p_0)^{n-k}$ 就是试验中出现小于等于 m 次成功的概率，即 p 值的一半。$\sum_{k=m}^{n} C_n^k p_0^k (1-p_0)^{n-k}$ 就是试验中出现大于等于 m 次成功的概率。这样就可以利用 p 值进行检验。检验时将试验中的实际成功次数 m 代入式(5.3.16)，只要两个式子有一个成立，则拒绝原假设H_0。

成功概率 p 的双边检验、右边检验和左边检验的假设、拒绝H_0的条件如表 5-12 所示。

表 5-12　总体比例 p 的检验

类型	假设	拒绝 H_0 的条件
右边检验	$H_0: p \leqslant p_0 \quad H_1: p > p_0$	$\sum_{k=m}^{n} C_n^k p_0^k (1-p_0)^{n-k} \leqslant \alpha$
左边检验	$H_0: p \geqslant p_0 \quad H_1: p < p_0$	$\sum_{k=0}^{m} C_n^k p_0^k (1-p_0)^{n-k} \leqslant \alpha$
双边检验	$H_0: p = p_0 \quad H_1: p \neq p_0$	$\sum_{k=0}^{m} C_n^k p_0^k (1-p_0)^{n-k} \leqslant \frac{\alpha}{2}$ 或 $\sum_{k=m}^{n} C_n^k p_0^k (1-p_0)^{n-k} \leqslant \frac{\alpha}{2}$

注：m 表示成功试验次数，n 表示试验总次数，α 为显著性水平。

例 5-8　对某型导弹，研制总要求中要求其飞行可靠度（即飞行成功率）不低于 0.98，

在 33 发飞行试验中出现了 1 发失败，在显著性水平 0.05 下，试问该型导弹的飞行可靠度是否达到研制要求？

该题的检验为表 5-12 所示的左边检验。取 $p_0 = 0.98$ ，$n = 33$，$m = 33-1 = 32$，$\alpha = 0.05$，计算得 $\sum_{k=0}^{32} C_{33}^k \times 0.98^k \times (1-0.98)^{33-k} = 1-0.98^{33} = 0.4866 > \alpha$，故不能拒绝 H_0 。

当样本容量 n 较大时，由中心极限定理和式(3.4.19)、式(3.4.20)，可构造检验统计量

$$U = \frac{p - p_0}{\sqrt{p_0(1-p_0)/n}} \tag{5.3.17}$$

再进一步采用 U 检验法进行检验。

5.3.4 总体中位数的检验

当总体分布类型未知时，通常用总体中位数表示总体的位置特征，此处对符号检验（sign test）法进行介绍。

总体中位数 M_e 的双边检验假设为

$$H_0: M_e = x_0 \quad H_1: M_e \neq x_0 \tag{5.3.18}$$

对于样本观测值 $x_1, x_2, \cdots, x_n$ ，结合给定的中位数 x_0 ，确定 $x_i - x_0$ 对应的符号，记为

$$z_i = \operatorname{sgn}(x_i - x_0), \quad i = 1, 2, \cdots, n \tag{5.3.19}$$

其中，$\operatorname{sgn}(x)$ 为符号函数，$\operatorname{sgn}(x) = \begin{cases} +, & x > 0 \\ 0, & x = 0 \\ -, & x < 0 \end{cases}$ 。

在进行符号检验时，首先，应剔除 $z_i = 0$ 的点。然后，统计 z_i 取值为“+”的数据个数 S^+ 和 z_i 取值为“−”的数据个数 S^- 。由中位数的定义，当原假设 H_0 成立时，S^+ 和 S^- 应近似相等。若两者差距较大，即 S^+ 或 S^- 过小，则有理由怀疑 H_0 的正确性。根据中位数的定义，若记 p 为样本中出现 $z_i =$ “+”的概率，式(5.3.18)所示的中位数 M_e 的双边检验可转化为

$$H_0: p = 0.5 \quad H_1: p \neq 0.5 \tag{5.3.20}$$

取 $S = \min\{S^+, S^-\}$ 为检验统计量。在显著性水平 α 下，若 H_0 成立，取 $k_{\alpha/2}$ 为满足下式的最大整数

$$\sum_{i=0}^{k_{\alpha/2}} C_m^i 0.5^m \leqslant \alpha / 2 \tag{5.3.21}$$

其中，$m = S^+ + S^- \leqslant n$ 。当 $S \leqslant k_{\alpha/2}$ 成立时，说明 S 是一个比较小的数，从而说明 S^+ 与 S^- 之间的差异较大，所以拒绝 H_0 。在显著性水平 α 下，检验(5.3.20)的拒绝域为 $W = \{S \mid S \leqslant k_{\alpha/2}\}$，$p$ 值为

$$p\text{值}=2\sum_{i=0}^{S}C_m^i 0.5^m \tag{5.3.22}$$

总体中位数检验的假设、检验统计量、拒绝域W、p值，如表5-13所示。

表 5-13　总体中位数的检验

	双边检验	右边检验	左边检验
假设	$H_0:M_e=x_0$ $H_1:M_e\neq x_0$	$H_0:M_e\leqslant x_0$ $H_1:M_e>x_0$	$H_0:M_e\geqslant x_0$ $H_1:M_e<x_0$
检验统计量	S	S^+	
拒绝域 W	$S\leqslant k_{\alpha/2}$	$S^+\geqslant k_{1-\alpha}$	$S^+\leqslant k_\alpha$
p 值	$2\sum_{i=0}^{S}C_m^i 0.5^m$	$\sum_{i=S^+}^{m}C_m^i 0.5^m$	$\sum_{i=0}^{S^+}C_m^i 0.5^m$

例 5-9　在某单位人员身高的统计分析中，随机抽取10人测量其身高为175，178，165，169，170，179，186，166，168，177（单位：cm）。在显著性水平0.05下，请检验该单位人员身高的中位数是否为175cm？

检验假设为

$$H_0:M_e=175;\quad H_1:M_e\neq 175$$

符号的计算结果如表5-14所示。

表 5-14　总体中位数的符号检验结果

数据	175	178	165	169	170	179	186	166	168	177
符号	0	+	−	−	−	+	+	−	−	+

原始数据样本容量$n=10$，剔除一个等于0的符号后可得$S^+=4$，$S^-=5$，故$m=9$，检验统计量为$S=4$。当$\alpha=0.05$时，计算可得拒绝域为$W=\{S|S\leqslant 1\}$，p值为$2\times\sum_{i=0}^{4}C_9^i\times 0.5^9\approx 1>\alpha$，所以不能拒绝$H_0$。

当样本容量n较大时，对于双边检验(5.3.18)，由于H_0为真时，S服从二项分布$b(m,0.5)$，$E(S)=0.5m$、$\mathrm{Var}(S)=0.25m$。根据中心极限定理可得

$$U=\frac{S-0.5m}{\sqrt{0.25m}}\dot{\sim}N(0,1) \tag{5.3.23}$$

即检验统计量U近似服从标准正态分布。从而，当样本容量n较大时，可采用U检验法进行中位数的假设检验，在此不再详述。

5.4　两总体特征比较的检验

本节介绍总体分别服从正态分布时，两总体均值、方差的比较的检验方法，以及不考虑总体分布类型时两总体中位数的比较的检验方法。在检验中，记两个样本的样本均值分别为 $\overline{x}_1$ 和 $\overline{x}_2$，样本方差分别为 s_1^2 和 s_2^2。记 $x_{11},x_{12},\cdots,x_{1n_1}$ 和 $x_{21},x_{22},\cdots,x_{2n_2}$ 分别是抽自两个总体 X_1、X_2 的容量为 n_1 和 n_2 的样本。

5.4.1　两个总体均值比较的检验

设有两正态总体 $X_1 \sim N\left(\mu_1,\sigma_1^2\right)$，$X_2 \sim N\left(\mu_2,\sigma_2^2\right)$。

当 σ_1^2、σ_2^2 已知时，由式(3.4.28)有

$$U=\frac{\left(\overline{x}_1-\overline{x}_2\right)-\left(\mu_1-\mu_2\right)}{\sqrt{\sigma_1^2/n_1+\sigma_2^2/n_2}} \sim N(0,1) \tag{5.4.1}$$

在式(5.4.1)的基础上，可构造 U 检验统计量，实现对两总体均值比较的检验，过程与单总体均值的检验类似。检验的假设、检验统计量、拒绝域、p 值如表 5-15 所示。

表 5-15　σ_1^2 和 σ_2^2 已知时两总体均值比较的检验

	双边检验	右边检验	左边检验
假设	$H_0:\mu_1=\mu_2$ $H_1:\mu_1\neq\mu_2$	$H_0:\mu_1\leqslant\mu_2$ $H_1:\mu_1>\mu_2$	$H_0:\mu_1\geqslant\mu_2$ $H_1:\mu_1<\mu_2$
检验统计量		$U=\frac{\overline{x}_1-\overline{x}_2}{\sqrt{\sigma_1^2/n_1+\sigma_2^2/n_2}}$	
拒绝域 W	$\lvert U\rvert\geqslant u_{1-\alpha/2}$	$U\geqslant u_{1-\alpha}$	$U\leqslant u_\alpha$
p 值	$2\left[1-\Phi\left(\lvert U\rvert\right)\right]$	$1-\Phi(U)$	$\Phi(U)$

表中 $u_{1-\alpha/2}$、$u_{1-\alpha}$、u_α 分别为标准正态分布的 $1-\alpha/2$、$1-\alpha$、α 分位数。

例 5-10　甲乙两厂生产同样的材料，已知该材料的抗压强度服从正态分布，且 $\sigma_1^2=63^2$，$\sigma_2^2=57^2$，从两厂生产的材料中分别随机抽取 81 个和 64 个样品，测得抗压强度的均值分别为 $\overline{x}_1=1070\,\mathrm{kg/cm^2}$ 和 $\overline{x}_2=1020\,\mathrm{kg/cm^2}$，在显著性水平 0.05 下，试问两种材料的平均抗压强度是否相同？

对于本题，可构造表 5-15 所示的双边检验，计算可得 $U=5.0059$。当 $\alpha=0.05$ 时，计算可得 $u_{1-\alpha/2}=1.96$、p 值为 5.56×10^{-7}，故拒绝 H_0，认为平均抗压强度不同。

当 $\sigma_1^2=\sigma_2^2=\sigma^2$ 且 σ 未知时，由式(3.4.31)、式(3.4.33)有

$$t=\frac{\dfrac{(\overline{x}_1-\overline{x}_2)-(\mu_1-\mu_2)}{\sqrt{1/n_1+1/n_2}}}{\sqrt{\dfrac{(n_1-1)s_1^2+(n_2-1)s_2^2}{n_1+n_2-2}}}\sim t(n_1+n_2-2) \tag{5.4.2}$$

可在式(5.4.2)的基础上，可以构造t检验统计量，实现对两总体均值比较的检验，过程与单总体均值的检验类似。检验的假设、检验统计量、拒绝域、p值如表 5-16 所示。

表 5-16　σ_1^2和σ_2^2未知且相等时两总体均值比较的检验

	双边检验	右边检验	左边检验
假设	$H_0:\mu_1=\mu_2$ $H_1:\mu_1\neq\mu_2$	$H_0:\mu_1\leqslant\mu_2$ $H_1:\mu_1>\mu_2$	$H_0:\mu_1\geqslant\mu_2$ $H_1:\mu_1<\mu_2$
检验统计量		$t=\dfrac{\dfrac{\overline{x}_1-\overline{x}_2}{\sqrt{1/n_1+1/n_2}}}{\sqrt{\dfrac{(n_1-1)s_1^2+(n_2-1)s_2^2}{n_1+n_2-2}}}$	
拒绝域W	$\lvert t\rvert\geqslant t_{1-\alpha/2}(m)$	$t\geqslant t_{1-\alpha}(m)$	$t\leqslant t_{\alpha}(m)$
p值	$2\left[1-F_{t(m)}(\lvert t\rvert)\right]$	$1-F_{t(m)}(t)$	$F_{t(m)}(t)$

注：$m=n_1+n_2-2$。

例 5-11　已知例 5-1 和例 5-2 中的数据分别服从正态分布$N(\mu_1,\sigma_1^2)$和$N(\mu_2,\sigma_2^2)$，假定$\sigma_1^2=\sigma_2^2=\sigma^2$但$\sigma^2$未知。试在显著性水平 0.05 下检验$\mu_1=\mu_2$是否成立。

对于本题，可构造表 5-16 中的双边检验，例 5-1 和例 5-2 中的样本数据量分别为$n_1=69$和$n_2=10$，计算可得$t=0.4431$。当$\alpha=0.05$时，计算可得$W=\{t\,\|t|\geqslant 1.9913\}$、$p$值为 0.6589，故不能拒绝$H_0$，认为$\mu_1=\mu_2$成立。

在$x_{11},x_{12},\cdots,x_{1n_1}$和$x_{21},x_{22},\cdots,x_{2n_2}$为大样本时，若$\sigma_1^2$、$\sigma_2^2$不相等且未知，也可用样本方差$s_1^2$和$s_2^2$或经验对$\sigma_1^2$和$\sigma_2^2$进行估计，然后利用表 5-15 所示的相关结论进行两总体均值之差的检验。

5.4.2　两个正态总体方差比较的检验

当μ_1、μ_2已知时，由式(3.4.37)有

$$F=\frac{\sum_{i=1}^{n_1}(x_{1i}-\mu_1)^2\Big/(n_1\sigma_1^2)}{\sum_{i=1}^{n_2}(x_{2i}-\mu_2)^2\Big/(n_2\sigma_2^2)}\sim F(n_1,n_2) \tag{5.4.3}$$

在式(5.4.3)的基础上，可构造F检验统计量，实现对两总体方差比较的检验。检验的假设、检验统计量、拒绝域、p值如表 5-17 所示。

表 5-17　μ_1 和 μ_2 已知时两总体方差比较的检验

	双边检验	右边检验	左边检验
假设	$H_0:\sigma_1^2=\sigma_2^2$ $H_1:\sigma_1^2\neq\sigma_2^2$	$H_0:\sigma_1^2\leqslant\sigma_2^2$ $H_1:\sigma_1^2>\sigma_2^2$	$H_0:\sigma_1^2\geqslant\sigma_2^2$ $H_1:\sigma_1^2<\sigma_2^2$
检验统计量	$F=\dfrac{\sum_{i=1}^{n_1}(x_{1i}-\mu_1)^2\Big/n_1}{\sum_{i=1}^{n_2}(x_{2i}-\mu_2)^2\Big/n_2}$		
拒绝域 W	$F\geqslant F_{1-\alpha/2}(n_1,n_2)$ 或 $F\leqslant F_{\alpha/2}(n_1,n_2)$	$F\geqslant F_{1-\alpha}(n_1,n_2)$	$F\leqslant F_{\alpha}(n_1,n_2)$
p 值	$2\min\left\{F_{F(n_1,n_2)}(F),1-F_{F(n_1,n_2)}(F)\right\}$	$1-F_{F(n_1,n_2)}(F)$	$F_{F(n_1,n_2)}(F)$

当 μ_1、μ_2 未知时，由式(3.4.39)有

$$F=\frac{\sum_{i=1}^{n_1}(x_{1i}-\overline{x}_1)^2\Big/\left((n_1-1)\sigma_1^2\right)}{\sum_{i=1}^{n_2}(x_{2i}-\overline{x}_2)^2\Big/\left((n_2-1)\sigma_2^2\right)}=\frac{s_1^2}{s_2^2}\cdot\frac{\sigma_2^2}{\sigma_1^2}\sim F(n_1-1,n_2-1) \tag{5.4.4}$$

在式(5.4.4)的基础上，可构造 F 检验统计量，实现 μ_1、μ_2 未知时两总体方差之比的检验。检验的假设、检验统计量、拒绝域、p 值如表 5-18 所示。

表 5-18　μ_1 和 μ_2 未知时两总体方差比较的检验

	双边检验	右边检验	左边检验
假设	$H_0:\sigma_1^2=\sigma_2^2$ $H_1:\sigma_1^2\neq\sigma_2^2$	$H_0:\sigma_1^2\leqslant\sigma_2^2$ $H_1:\sigma_1^2>\sigma_2^2$	$H_0:\sigma_1^2\geqslant\sigma_2^2$ $H_1:\sigma_1^2<\sigma_2^2$
检验统计量	$F=s_1^2/s_2^2$		
拒绝域 W	$F\geqslant F_{1-\alpha/2}(n_1-1,n_2-1)$ 或 $F\leqslant F_{\alpha/2}(n_1-1,n_2-1)$	$F\geqslant F_{1-\alpha}(n_1-1,n_2-1)$	$F\leqslant F_{\alpha}(n_1-1,n_2-1)$
p 值	$2\min\left\{F_{F(n_1-1,n_2-1)}(F),1-F_{F(n_1-1,n_2-1)}(F)\right\}$	$1-F_{F(n_1-1,n_2-1)}(F)$	$F_{F(n_1-1,n_2-1)}(F)$

例 5-12　对例 5-11 的问题，若已知例 5-1 和例 5-2 中的数据分别服从正态分布 $N(\mu_1,\sigma_1^2)$ 和 $N(\mu_2,\sigma_2^2)$，假定已知 $\mu_1=\mu_2=2.5\,\text{GPa}$。试问在显著性水平 0.05 下 $\sigma_1^2=\sigma_2^2$ 是否成立？

对于本题，可构造表 5-17 所示的双边检验，计算可得 $F=4.3714$。当 $\alpha=0.05$ 时，计算可得 $W=\left\{F\middle|F\leqslant 0.4464\text{或}F\geqslant 3.1833\right\}$，$p$ 值为 0.0149，故拒绝 H_0，认为 $\sigma_1^2=\sigma_2^2$ 不成立。

例 5-13　对例 5-11 的问题，如已知例 5-1 和例 5-2 中的数据分别服从正态分布 $N(\mu_1,\sigma_1^2)$ 和 $N(\mu_2,\sigma_2^2)$，其中 μ_1 和 μ_2 未知。试问在显著性水平 0.05 下是否存在 $\sigma_1^2=\sigma_2^2$？

对于本题，可构造表 5-18 所示的双边检验，计算可得 $F=5.3065$。当 $\alpha=0.05$ 时，计算可得 $W=\left\{F\middle|F\leqslant 0.4334\text{或}F\geqslant 3.4359\right\}$、$p$ 值为 0.0106，故拒绝 H_0，认为 $\sigma_1^2=\sigma_2^2$ 不成立。

5.4.3 两总体的位置特征比较的检验

当两个总体的分布仅中位数（或均值）等位置特征不同时，两个总体分布之间的相对位置存在如图 5-10 所示的三种情况，其中 θ_1,θ_2 表示中位数（或均值）。

（1）两个总体所服从的分布一致，如图 5-10（a）所示，此时两个总体的密度函数或分布函数重合，可表示为 $f_1(x)=f_2(x)$、$F_1(x)=F_2(x)$。

（2）总体 1 的分布 $f_1(x)$ 位于总体 2 的分布 $f_2(x)$ 的右侧，如图 5-10（b）所示，可表示为 $\theta_1\geqslant\theta_2$，用分布表示为 $F_1(x)\leqslant F_2(x)$。

（3）总体 1 的分布 $f_1(x)$ 位于总体 2 的分布 $f_2(x)$ 的左侧，如图 5-10（c）所示，可表示为 $\theta_1\leqslant\theta_2$，用分布表示为 $F_1(x)\geqslant F_2(x)$。

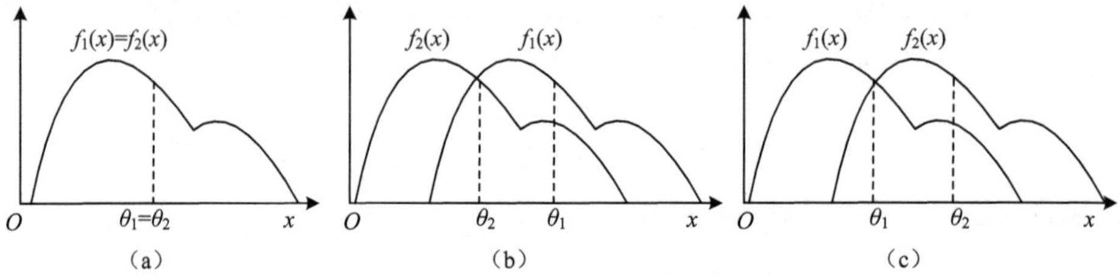

图 5-10 两总体分布之间的关系

设 $x_1,x_2,\cdots,x_n$ 和 $y_1,y_2,\cdots,y_m$ 分别为来自总体 X、Y 的样本，X、Y 的分布函数分别为连续函数 $F_1(x)$ 和 $F_2(x)$。因此，对 $F_1(x)$ 和 $F_2(x)$ 的分布比较等价于对 θ_1 和 θ_2 的比较检验，可分为双边检验、右边检验和左边检验三种情况，如表 5-19 所示。常用的检验方法有符号检验、秩和检验（rank sum test）和符号秩检验（signed rank sum test）等。下面对秩和检验方法进行介绍。

秩和检验是以秩为基础构造统计量进行的统计推断。如图 5-11（a）所示，以“●”表示 X 的观测值，以“○”表示 Y 的观测值，将 X 与 Y 的观测值在同一横坐标上列出，则当总体 X 和 Y 的分布相同时，两个样本观测值在坐标轴上应当是随机排列的。从秩的角度看，当所有观测值混合排列时，所有 X 的 n 个观测值或 Y 的 m 个观测值的秩应大致均匀地分布在 $n+m$ 个观测值的中位数的秩 $\dfrac{m+n+1}{2}$ 的两侧。当出现图 5-11（b）和图 5-11（c）所示的情况时，X 的 n 个观测值的秩大部分处于 $\dfrac{m+n+1}{2}$ 的左侧或者右侧，此时难以相信 X 和 Y 的分布的位置特征是一致的。这就是秩和检验的基本思想。

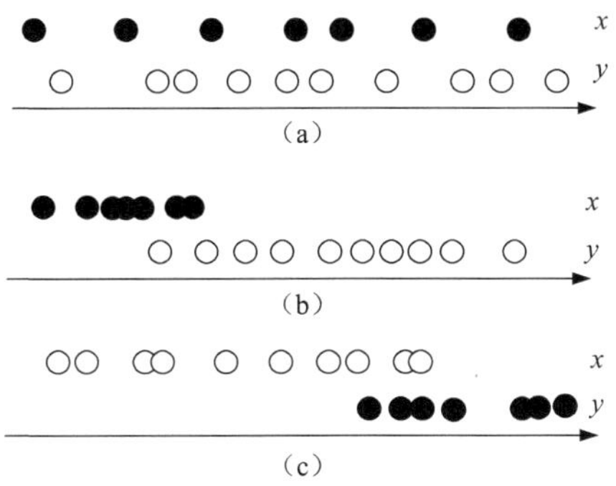

图 5-11　两样本之间的散布关系

将 $x_1,x_2,\cdots,x_n$ 和 $y_1,y_2,\cdots,y_m$ 按从小到大的顺序混合排列后，得到混合样本 $z_1,z_2,\cdots,z_{n+m}$，设 $x_1,x_2,\cdots,x_n$ 在 $z_1,z_2,\cdots,z_{n+m}$ 中的秩分别为 $R_1,R_2,\cdots,R_n$，记 $x_1,x_2,\cdots,x_n$ 的秩和为

$$T=R_1+R_2+\cdots+R_n \tag{5.4.5}$$

称由式(5.4.5)定义的 T 为 Wilcoxon 统计量。当 X 和 Y 的分布相同时，可以证明 T 具有如下性质。

（1）T 的最小值 $T_{\min}$ 和最大值 $T_{\max}$ 分别为

$$T_{\min}=\sum_{i=1}^{n} i=\frac{n(n+1)}{2} \tag{5.4.6}$$

$$T_{\max}=\sum_{i=1}^{n}(m+i)=\frac{n(n+2m+1)}{2} \tag{5.4.7}$$

（2）T 的期望为

$$E(T)=\frac{n(n+m+1)}{2} \tag{5.4.8}$$

（3）当 $x_1,x_2,\cdots,x_n,y_1,y_2,\cdots,y_m$ 中无结存在时

$$P\{T=d\}=\frac{t_{n,m}(d)}{C_{m+n}^{n}} \tag{5.4.9}$$

$$P\{T\leqslant d\}=\frac{1}{C_{m+n}^{n}}\sum_{i=T_{\min}}^{d} t_{n,m}(i) \tag{5.4.10}$$

其中，$t_{n,m}(d)$ 表示从 $1,2,\cdots,m+n$ 这 $m+n$ 个数中任取 n 个数，其秩的和恰为 d 的所有取法的总数，C_{m+n}^{n} 为从 $m+n$ 个数中任取 n 个数的所有取法的总数，$T_{\min}\leqslant d\leqslant T_{\max}$。

（4）T 的概率分布是对称的，对称轴为 $E(T)$。

当 $F_1(x)=F_2(x)$ 时，附表 7 给出了不同 n、m 取值下 T 的 α 分位数 T_α，满足 $P(T\leqslant T_\alpha)\leqslant\alpha$。由于 T 的分布为对称的，所以有

$$T_{1-\alpha}=T_{\max}-(T_\alpha-T_{\min})=n(n+m+1)-T_\alpha \tag{5.4.11}$$

利用秩和检验法对两总体的中位数进行比较时，在显著性水平为 α 时其检验的假设、

统计量、拒绝域 W、p 值如表 5-19 所示。

表 5-19 两总体中位数比较的秩和检验

	双边检验	右边检验	左边检验
假设	$H_0:\theta_1=\theta_2$ $H_1:\theta_1\neq\theta_2$	$H_0:\theta_1\leqslant\theta_2$ $H_1:\theta_1>\theta_2$	$H_0:\theta_1\geqslant\theta_2$ $H_1:\theta_1<\theta_2$
检验统计量		$T=\sum_{i=1}^{n}R_i$	
拒绝域 W	$T\leqslant T_{\alpha/2}$ 或 $T\geqslant T_{1-\alpha/2}$	$T\geqslant T_{1-\alpha}$	$T\leqslant T_{\alpha}$
p 值	$2\min\{1-F_T(d),F_T(d)\}$	$1-F_T(d)$	$F_T(d)$

注：$F_T(d)$ 为检验统计量 T 的概率分布函数，表中 d 为检验统计量 T 的观测值，即 $R_1+R_2+\cdots+R_n$ 的取值。

例 5-14 设某商品在城市 A 的 3 家商场和城市 B 的 5 家商场的售价分别为 35，51，15 和 60，89，45，79，80（单位：元）。假定两城市商品售价的分布除位置特征外，其余完全相同。在显著性水平 0.1 下，试问该商品在两个城市售价的中位数是否相同？

记该商品在城市 A 和 B 的售价总体分别为 X 和 Y，相应的中位数为 θ_1 和 θ_2，针对这一问题可构造表 5-19 所示的双边检验。将两组数据混合后，求各观测值的秩，如表 5-20 所示，其中 $n=3$，$m=5$。可求得式(5.4.5)所示的为 $T=1+2+4=7$。当 $\alpha=0.1$ 时，通过附表 7 查得 $T_{\alpha/2}=8$。由于 $E(T)=13.5$，可知拒绝域为 $W=\{T|T\leqslant 8 \text{ 或 } T\geqslant 19\}$，故拒绝 H_0，认为售价中位数不相同。

表 5-20 商品售价秩的计算过程

X	Y	R	X	Y	R	X	Y	R
15	—	1	51	—	4	—	80	7
35	—	2	—	60	5	—	89	8
—	45	3	—	79	6	—	—	—

附表 7 仅给出了 n、m 小于等于 20 且无结存在时 T 的分位数。当 n、m 较大时，可采用 T 的极限分布进行检验。当 X 与 Y 的分布一致，且 $x_1,x_2,\cdots,x_n,y_1,y_2,\cdots,y_m$ 中无结存在时，秩和检验统计量 T 的方差为

$$\mathrm{Var}(T)=\frac{nm(n+m+1)}{12} \tag{5.4.12}$$

基于式(5.4.8)中的 $E(T)$ 和式(5.4.12)中的 $\mathrm{Var}(T)$，由中心极限定理可构造检验统计量

$$U=\frac{T-E(T)}{\sqrt{\mathrm{Var}(T)}}\sim N(0,1) \tag{5.4.13}$$

因而可用 U 检验法进行假设检验。

5.5　变量的相关性检验

变量的相关性检验是通过对样本的统计分析，检验两个总体之间的统计相关关系。本节首先基于皮尔逊相关系数，对两个变量之间线性相关关系的成立性进行检验，称为相关系数的检验。然后，基于两变量分组形成的列联表，介绍列联表独立性检验方法，以检验两个分类变量的独立性。

5.5.1　相关系数的检验

假设两个变量近似地服从双变量正态分布，当检验两个变量之间的线性相关关系是否成立时，可通过对相关系数 ρ 的显著性检验完成。此时，可构造双边假设

$$H_0:\rho=0 \quad H_1:\rho\neq 0 \tag{5.5.1}$$

在上述假设中，若 H_0 成立，则不能说明两变量之间存在显著的线性相关性。

可以证明，在 H_0 成立的条件下，对于皮尔逊相关系数 r 有

$$F=\frac{r^2}{\left(1-r^2\right)/\left(n-2\right)}\dot{\sim} F\left(1,n-2\right) \tag{5.5.2}$$

从而，对式(5.5.1)的假设检验，可由式(5.5.2)构造 F 检验统计量，然后基于 F 分布完成相关系数的显著性检验。也可由 F 分布与 t 分布之间的关系（若 $t\sim t(n)$，则 $t^2\sim F(1,n)$）构造如下的 t 检验统计量

$$t=\sqrt{\frac{r^2}{\left(1-r^2\right)/\left(n-2\right)}}=|r|\sqrt{\frac{n-2}{1-r^2}} \tag{5.5.3}$$

对于线性相关关系的显著性进行检验时，给定显著性水平 α，可确定拒绝域 $W=\left\{t\middle|t\geqslant t_{1-\alpha/2}(n-2)\right\}$，此时 p 值为 $2\times P\left\{t\geqslant|r|\sqrt{\frac{n-2}{1-r^2}}\right\}$，其中 $P\left\{t\geqslant|r|\sqrt{\frac{n-2}{1-r^2}}\right\}$ 表示在服从分布 $t(n-2)$ 的条件下随机变量 t 大于等于 $|r|\sqrt{\frac{n-2}{1-r^2}}$ 的概率。

例 5-15　对 2.4 节关于仰卧起坐与单杠成绩的相关系数，计算得到 $r=0.37$，要求在显著性水平 0.05 下进行显著性检验。由于 $n=30$，$t=2.1074$，计算可得拒绝域为 $W=\left\{t\middle|t\geqslant 2.0484\right\}$，$p$ 值为 0.0442，故拒绝 H_0，认为两变量之间存在线性相关关系。

5.5.2　列联表独立性检验

从原理上，列联表的独立性检验适用于任意类型两个变量的独立性检验，只要能对变量进行分组，并形成列联表即可。但在实际应用中，列联表的独立性检验多用于两个分类变量的独立性检验。在对变量的独立性检验中，首先需构造 $r\times c$ 列联表（contingency table，crosstab table），它是一个排成 r 行 c 列的表格，表中的自然数代表某事件发生的频数，如表 5-21 所示。

表 5-21 中 A_i、B_j 分别表示变量 A 和 B 取值的不同水平（分组），f_{ij} 表示 A_i 和 B_j 同时发生的频数，$f_{i\cdot}=\sum_{j=1}^{c}f_{ij}$ 表示 A_i 发生的总频数，称为行总和（row total）；$f_{\cdot j}=\sum_{i=1}^{r}f_{ij}$ 表示 B_j 发生的总频数，称为列总和（column total）；$n=\sum_{i=1}^{r}\sum_{j=1}^{c}f_{ij}$ 为样本容量，其中 $i=1,2,\cdots,r$，$j=1,2,\cdots,c$。

表 5-21　二变量分类列联表

变量 A	变量 B					
	B_1	…	B_j	…	B_c	合计
A_1	f_{11}	…	f_{1j}	…	f_{1c}	$f_{1\cdot}$
⋮	⋮	…	⋮	…	…	⋮
A_i	f_{i1}	…	f_{ij}	…	f_{ic}	$f_{i\cdot}$
⋮	⋮	…	⋮	…	…	⋮
A_r	f_{r1}	…	f_{rj}	…	f_{rc}	$f_{r\cdot}$
合计	$f_{\cdot 1}$	…	$f_{\cdot j}$	…	$f_{\cdot c}$	n

独立性检验的假设为

$$H_0：变量 A、B 相互独立 \qquad H_1：变量 A、B 相互不独立$$

在 H_0 为真时，有

$$P(A_iB_j)=P(A_i)P(B_j) \tag{5.5.4}$$

其中，$P(A_i)$ 和 $P(B_j)$ 的估计分别为

$$\hat{p}(A_i)=f_{i\cdot}/n，\ \hat{p}(B_j)=f_{\cdot j}/n，\ i=1,2,\cdots,r，\ j=1,2,\cdots,c \tag{5.5.5}$$

事件 A_i 和 B_j 同时发生的期望频数或理论频数为

$$\hat{f}_{ij}=np(A_i)p(B_j)=f_{i\cdot}f_{\cdot j}/n \tag{5.5.6}$$

在式(5.5.4)成立的条件下 f_{ij} 与 $\hat{f}_{ij}$ 应相差不大。若两者相差太大，则有理由怀疑 H_0 成立的正确性。从而，可构造如下统计量进行变量的独立性检验

$$\chi^2=\sum_{i=1}^{r}\sum_{j=1}^{c}\frac{\left(f_{ij}-\hat{f}_{ij}\right)^2}{\hat{f}_{ij}} \tag{5.5.7}$$

可以证明，χ^2 近似服从自由度为 $(r-1)(c-1)$ 的 χ^2 分布 $\chi^2\left((r-1)(c-1)\right)$。因此，拒绝域为 $W=\left\{\chi^2\middle|\chi^2\geqslant\chi^2_{1-\alpha}\left((r-1)(c-1)\right)\right\}$，$p$值$=P\left\{\chi^2\geqslant\sum_{i=1}^{r}\sum_{j=1}^{c}\frac{\left(f_{ij}-\hat{f}_{ij}\right)^2}{\hat{f}_{ij}}\right\}=1-$

$F\left(\sum_{i=1}^{r}\sum_{j=1}^{c}\frac{\left(f_{ij}-\hat{f}_{ij}\right)^2}{\hat{f}_{ij}}\right)$，其中，$\chi_{1-\alpha}^2\left((r-1)(c-1)\right)$是$\chi^2\left((r-1)(c-1)\right)$的$1-\alpha$分位数，$F(x)$是$\chi^2\left((r-1)(c-1)\right)$的概率分布函数。

例 5-16 某大学在某项教学改革措施正式实施之前，为了解教师对该项改革措施的态度，对部分学院进行了抽样调查，调查结果如表 5-22 所示，表中的数据为持不同态度的人数。要求在$\alpha=0.05$的条件下，检验“学院”与“教学改革措施的态度”是否相互独立？

表 5-22 某项教学改革措施抽样调查结果

学院	对教学改革措施的态度		
	支持	反对	合计
A 学院	55	25	80
B 学院	90	10	100
C 学院	84	16	100
D 学院	78	12	90
E 学院	63	27	90
合计	370	90	460

本题的检验假设为

H_0：“学院”与“对教学改革措施的态度”两个变量相互独立

H_1：“学院”与“对教学改革措施的态度”两个变量相互不独立

根据表 5-22 的数据计算可得表 5-23 所示的计算结果，其中括号内为理论频数。

表 5-23 学院与对教学改革措施的态度列联表计算结果

学院（A）	对教学改革措施的态度（B）			
	支持（B_1）	反对（B_2）	行总和（$f_{i\cdot}$）	$p(A_i)$
A 学院（A_1）	55（64.3478）	25（15.6522）	80	0.1739
B 学院（A_2）	90（80.4348）	10（19.5652）	100	0.2174
C 学院（A_3）	84（80.4348）	16（19.5652）	100	0.2174
D 学院（A_4）	78（72.3913）	12（17.6087）	90	0.1957
E 学院（A_5）	63（72.3913）	27（17.6087）	90	0.1957
列总和（$f_{\cdot j}$）	370	90	460	—
$p(B_j)$	0.8043	0.1957	—	1

由式(5.5.7)可得：$\chi^2=\frac{(55-64.3478)^2}{64.3478}+\cdots+\frac{(27-17.6087)^2}{17.6087}=22.0102$。对于$\alpha=0.05$，计算可得$\chi_{0.95}^2\left((5-1)\times(2-1)\right)=9.4877$。由于 22.0102>9.4877，所以拒绝$H_0$。

p 值为 $1-F(22.0102)=0.0002$，由于 $0.0002<0.05$，也可以得到拒绝 H_0 的结论，可以认为两个变量之间不是相互独立的。

本章小结

假设分为原假设和备择假设两类。假设检验是先提出关于总体的某种假设，然后对提出的假设进行检验。假设检验的基本原理是通过对样本观测值的统计分析，基于小概率事件原理，做出接受或拒绝某种假设的决策。

根据总体分布形式的确定程度，假设检验可分为参数检验和非参数检验；当总体参数为 1 维时，根据对总体参数位置的判定方式，可分为单边检验和双边检验；根据对比的总体个数，可分为单总体特征的检验和多总体特征的检验；根据检验的对象，可分为总体分布的检验和总体参数的检验。

假设检验中可能犯弃真和采伪两类错误。显著性检验法是基于给定的显著性水平 α，构造关于检验统计量的一个取值集合，称为拒绝域，当检验统计量的观测值属于拒绝域时，就可以做出拒绝接受原假设的决策。p 值是当原假设为真时，检验统计量向不支持原假设方向偏离其观测值的概率，是观察到的显著性水平。当 p 值小于等于 α 时，应拒绝接受原假设。

分布拟合优度检验是用样本数据对总体分布类型进行的统计推断，其中 χ^2 检验法通过比较理论频数和实际频数的差异构造 χ^2 统计量进行推断，K-S 检验法通过比较分布之间的最大距离以检验总体分布类型或比较两个总体分布是否相同，P-P 图法和 Q-Q 图法利用图形化的方式判断总体是否服从某一给定的分布。

当总体服从正态分布时，对总体均值的检验，在方差已知和未知时可分别采用 U 检验和 t 检验方法，对总体方差的检验可由 χ^2 检验完成。当总体服从二项分布时，对总体比例的检验可以利用具有某种特征的样品出现次数，直接计算 p 值。当总体分布类型未知时，可运用符号检验法对总体中位数进行检验。

当两个总体都服从正态分布时，对两个总体均值进行比较的检验，如果两个总体的方差都已知，可采用 U 检验法进行检验；如果两个总体的方差未知但相等，可采用 t 检验法进行检验。对总体方差比较的检验，可采用 F 检验法。当两个总体的分布类型都未知时，可将两个总体的分布比较检验转化为总体中位数的比较检验，以判断总体分布的相对位置。

可采用 t 检验法对两变量之间的线性相关性进行检验。对于两个分类变量的独立性检验，可采用列联表独立性检验法，构造 χ^2 统计量进行检验。

习　题

一、选择题

1. 根据过去的经验，有位老师认为某班“高等数学”课程的不及格率不低于 5%，要检验该老师的说法是否正确，记不及格率为 p，可构造的假设形式是（　　）。

A. $H_0: p \geqslant 0.05 \quad H_1: p < 0.05$　　B. $H_0: p < 0.05 \quad H_1: p \geqslant 0.05$

C. $H_0: p = 0.05 \quad H_1: p \neq 0.05$　　D. $H_0: p \neq 0.05 \quad H_1: p = 0.05$

2. 下列假设检验中，（　　）属于右边检验。

A. $H_0: \theta \geqslant \theta_0 \quad H_1: \theta < \theta_0$　　B. $H_0: \theta \leqslant \theta_0 \quad H_1: \theta > \theta_0$

C. $H_0: \theta = \theta_0 \quad H_1: \theta \neq \theta_0$　　D. $H_0: \theta \neq \theta_0 \quad H_1: \theta = \theta_0$

3. 在假设检验中，第一类错误是指（　　）。

A. H_0 成立时拒绝 H_0　　B. H_0 错误时拒绝 H_0

C. H_1 成立时拒绝 H_1　　D. H_1 错误时拒绝 H_1

4. 在假设检验中，p 值表示（　　）。

A. H_0 为真时拒绝 H_0 的概率　　B. H_1 为真时拒绝 H_1 的概率

C. H_0 为真时，检验统计量向不支持 H_0 方向偏离其观测值的概率

D. H_1 为真时，检验统计量向不支持 H_1 方向偏离其观测值的概率

5. 在一个给定的假设检验中，显著性水平 α 与拒绝域 W 的关系是（　　）。

A. 当 α 变小时，W 缩小　　B. 当 α 变小时，W 扩大

C. α 变化不影响 W 的变化　　D. α 与 W 之间的变化关系不确定

6. 下列哪种检验方法不适用于检验一个总体是否服从正态分布？（　　）

A. K-S 检验　　B. Q-Q 图　　C. χ^2 检验　　D. 秩和检验法

7. 利用 P-P 图或 Q-Q 图进行分布的拟合优度检验时，下列正确的说法是（　　）。

A. 当样本数据是来自预定的总体分布时，散点图的点应在 $y = x$ 直线附近波动

B. P-P 图只能检验总体是否服从正态分布

C. P-P 图是将期望的分位数与观察到的分位数绘制成散点图

D. Q-Q 图是将期望的概率与观察到的概率绘制成散点图

8. 当一个正态总体的方差未知时，检验总体均值最常用的统计量分布为（　　）。

A. 正态分布　　B. t 分布　　C. χ^2 分布　　D. F 分布

9. 当均值已知时，检验一个正态总体的方差所用的分布为（　　）。

A. 正态分布　　B. t 分布　　C. χ^2 分布　　D. F 分布

10. 当样本容量 n 较大时，对二项分布总体比例的检验，可用（　　）法进行。

A. U 检验　　B. t 检验　　C. χ^2 检验　　D. F 检验

11. 检验两个正态总体方差之比所用的检验统计量的分布为（　　）。

A. 正态分布　　B. t 分布　　C. χ^2 分布　　D. F 分布

12. 对两个总体中位数的比较，适用的检验方法为（　　）。

A. 秩和检验　　B. t 检验　　C. χ^2 检验　　D. F 检验

13. 相关系数的显著性检验是检验两个变量之间的（　　）。

A. 非线性相关关系　　B. 线性相关关系　　C. 函数关系　　D. 独立性

14. 利用 $r \times c$ 列联表，检验两个分类变量的独立性时，检验统计量所服从的分布是（　）。

A. $\chi^2\left((r-1)(c-1)\right)$　　B. $\chi^2(rc)$　　C. $t(rc)$　　D. $t\left((r-1)(c-1)\right)$

二、判断题

1. 对总体参数的假设检验，是先对总体参数提出某种假设，然后利用样本观测值判断假设是否成立。（　）

2. 当检验统计量的取值落入拒绝域时，应拒绝接受原假设。（　）

3. p 值越小，拒绝原假设的可能性越大。（　）

4. 当样本容量较小时，可以采用 χ^2 检验方法检验总体的分布类型。（　）

5. 斯米尔诺夫检验法可用于检验两个总体的分布是否相同。（　）

6. 科尔莫戈罗夫检验法可用于检验观测数据是否为来自给定总体分布的样本观测值。（　）

7. 假定一个总体服从正态分布，且方差已知时，可采用 U 检验法对该总体的均值进行检验。（　）

8. 对一个总体的比例进行检验时，p 值是样本观测值中具有某种特征的观测值出现的概率。（　）

9. 对总体中位数运用符号检验法进行检验时，需要剔除等于给定中位数的点。（　）

10. 秩和检验不适用于两个总体的中位数比较检验。（　）

11. 列联表检验是一种非参数检验方法。（　）

12. 利用 t 检验法和 F 检验法都可以进行相关系数检验。（　）

13. 依据一个 r 行 c 列的列联表，进行两个变量的独立性检验时，χ^2 统计量的自由度为 rc。（　）

三、简答题

1. 什么是原假设？什么是备择假设？举例说明二者之间的区别与联系。

2. 简要阐述显著性检验法的基本思想。

3. 第一类错误和第二类错误分别指什么？它们发生的概率之间是什么关系？

4. 什么是显著性水平？它对于假设检验的意义是什么？

5. 试述用 p 值进行假设检验的一般过程。

6. 简述运用 χ^2 检验法检验总体分布类型的一般步骤。

7. 对于一个正态总体，简述其均值和方差检验所用的检验统计量。

8. 简述运用符号检验法对一个总体的中位数进行检验的一般步骤。

9. 对于两个正态总体，试写出总体均值比较和方差比较检验所用的检验统计量。

10. 简述运用秩和检验法对两个总体的位置特征进行比较检验的一般步骤。

四、计算题

1. 现有一组数据 19.1，22.3，22.7，23.6，24.5，25.8，26.5。在显著性水平 0.05 下，试问该组数据是否服从正态分布？

2. 已知某药品中维生素含量服从正态分布 $N\left(5.2, 0.11^2\right)$，假设方差不变，从某天生产的药品中随机抽查 10 瓶并检测得出维生素平均含量为 5.02，在显著性水平 0.05 下，试问该天生产的药品的维生素含量均值是否等于 5.2？

3. 某产品直径的方差为 0.001，后来采用了一种新的生产方法，并从新方法生产的零件中随机抽取

100 个样品，测得样品直径的方差为 0.002，在显著性水平 0.05 下，能否认为新方法生产的零件直径的方差小于等于 0.001？

4. 若合同规定某产品的次品率不得高于 5%，现从某批产品中随机抽取 15 个产品，发现有 1 个次品，在显著性水平 0.05 下，是否能够接收该批产品？

5. 随机抽取某学院 11 名新生并测量其身高，得出身高数据为 175，168，165，169，170，179，186，166，168，177，164(单位：cm)。在显著性水平 0.05 下，试检验该学院新生身高的中位数是否为 175cm？

6. 在两种操作方法 A 和 B 下，某生产线装配时间的样本均值分别为 14.8min 和 10.4min，样本方差分别为 0.8 和 0.6，样本量分别为 100 和 50，假定装配时间服从正态分布，在显著性水平 0.05 下，试问两种操作的装配时间之差是否大于 5min？

7. 根据两个正态分布总体的随机样本，计算得到 $s_1^2=10$，$s_2^2=20$，其中样本量各为 80 和 40，在显著性水平 0.05 下，试问两总体的方差是否相同？

8. 来自总体 X 和 Y 的样本分别为 158, 160, 164 和 161, 165, 168, 170, 175，试基于总体 X 的样本的秩和，在显著性水平 0.05 下判断 X 和 Y 的中位数是否相同？

9. 在样本容量为 10 时，计算得到变量 x 和 y 之间的相关系数为 0.96，在显著性水平 0.05 下，试问 x 和 y 之间的线性相关关系是否显著？

10. 假设对 60 位肺癌患者及 40 名非肺癌患者调查了其中的吸烟人数，其中肺癌患者中有 56 人吸烟，非肺癌患者中有 29 人吸烟。基于这些数据，在显著性水平 0.05 下，请推断吸烟是否与患肺癌有关。

五、综合应用题

现从某大学两个学院选修“高等数学”的学员中随机抽取的学生的考试成绩（百分制）如下所示：

学院 1	64，82，65，60，86，62，73，73，80，75，92，79，79，74，64，65，61，65，61，72，76，74，77，75，71，76，82，87，61
学院 2	74，79，81，82，64，74，69，84，70，68，69，76，60，79，61，75，69，78，76，61，76，63，78，70，86，75，82，92

试利用这些数据分析以下问题：

（1）学院 1 和学院 2 的课程成绩是否服从正态分布？

（2）假定两个学院的成绩服从正态分布，试问学院 1 成绩的平均分是否大于 75 分？且两个学院成绩的平均分和方差是否相等？

（3）假定成绩不低于 90 分为优秀，试问学院 1 的优秀率是否为 0.1？

（4）假定两个学院的成绩不服从正态分布，试问学院 1 成绩的中位数是否大于 75 分？两个学院成绩的中位数是否相等？

（5）成绩与学院两个变量是否相互独立？（可按照优、良、中、及格、不及格将成绩进行分组。）

第 6 章 方差分析与试验设计

本章导读

在实际问题中，所关注的观测变量的取值大小常常受到一个或多个因素变化的影响。例如，商品的销量受广告方式和价格等因素的影响，机械产品的质量受到设备、操作技术等因素的影响，装备的寿命受到温度、湿度等环境变量的影响，学生的课程学习成绩受不同教师的教学水平的影响。对于这些不同因素，常常需要研究哪些因素对观测变量存在显著影响，从而为决策提供判断依据。由于抽样的随机性，难以直接通过样本观测值来判断因素的变化对观测变量取值的影响是否是显著的。方差分析（analysis of variance，ANOVA）是判断分类自变量对数值型因变量是否有显著影响的一种统计方法。

目前，方差分析方法已被广泛应用于心理学、医药、管理学、社会学和工程技术等众多领域。例如，NEPE（Nitrate Ester Plasticized Polyether，酯增塑聚醚）是一种被广泛应用于固体导弹和火箭的高能复合固体推进剂。NEPE 推进剂的老化是影响导弹储存寿命的重要因素。国内在对 NEPE 推进剂老化试验的一项研究中，将温度和湿度视为两个因素，温度取 60℃、70℃两个水平，湿度取 80%RH、90%RH 两个水平，在两个因素的四种水平组合下对 NEPE 推进剂进行了加速老化试验，每种环境条件下取 10 个样品，通过单轴拉伸试验测得推进剂在 0.5 天、2 天、8 天的最大抗拉强度 σ_m。方差分析结果表明，高温湿环境会使 NEPE 的 σ_m 急剧下降，导致其内部结构受到破坏。在老化前期温度、湿度对 σ_m 都有影响，而且湿度的影响更大，加速老化 2 天后温度、湿度的耦合作用减弱。这些分析结论可为产品的科学管理与应用提供参考依据。

按照通常的理解，试验（test）是为了获取关于系统的信息而进行的活动，用以评估或验证系统的性能、效能以及适用性等。例如，药品试验、导弹试验和飞机试飞等。实验（experiment）是用来检验某种科学理论或假设而进行的操作或从事的某种活动。例如，物理学中的霍尔效应实验。本书对“试验”和“实验”不做严格区分，一律用“试验”一词。试验设计是在试验实施之前，根据试验对象和目的，对试验工作进行系统思考和统筹安排，支持形成试验方案，以便经济有效地获取数据，得到可信的结论。例如，围栏封育（围封）被认为是一种使草原可持续发展的措施。为了研究围封对荒漠草原植物群落的盖度、密度、生物量以及多样性指数和土壤的影响，我国研究人员从 2004 年到 2011 年利用完全随机化区组设计方法设计了相关的试验，共设计了 3 个区组，每个区组安排围封、轻度放牧、中度放牧和重度放牧四种放牧强度开展现场试验。结果表明，围封对半干旱的短花针茅荒漠草原的植被恢复具有很好的作用。

本章首先介绍了方差分析的基本概念、假设和基本原理，然后介绍单因素方差分析模型的形式，给出单因素方差分析模型的求解方法，讨论模型假设的检验和多重比较。对于无交互作用和有交互作用双因素方差分析问题，分别介绍了方差分析模型和求解方法。本章还介绍了试验设计的相关概念和基本原则，重点介绍了完全随机化设计和随机化完全区组设计方法。此外，还介绍了常用的因子设计方法和数字仿真试验设计方法。

6.1　方差分析的基本概念和原理

方差分析是英国统计学家费希尔提出的。费希尔于 1919 年到 1933 年在 Rothamsted 农业试验站工作。在此期间，他提出了方差分析的基本思想与方法。方差分析根据样本数据变异比较多个总体的均值是否相等，进而判断因素影响的显著性。本节引入方差分析问题和基本概念，然后介绍方差分析的假设和基本原理。

6.1.1　方差分析问题和相关概念

方差分析是一种特殊的假设检验，主要研究多个总体的均值比较问题，涉及的主要概念包括因素、水平、交互作用等。

1. 方差分析问题

下面通过一个例子说明方差分析的相关基本概念。

例 6-1　某连锁超市为了制定后期的销售策略，需要比较不同促销方式下的月销售额是否存在差异，为此选择下属 3 个门店分别采用 3 种不同的促销方式进行 4 个月的试验，每个月的销售额如表 6-1 所示（张建同等，2020）。

表 6-1　某商品的月销售额　（单位：万元）

促销方式	月销售额			
	1	2	3	4
普通销售	12.5	15.4	11.8	13.2
广告宣传	13.1	14.7	12.3	13.6
买一送一	18.2	17.1	16.5	16.2

图 6-1 是根据表 6-1 的数据画出的不同促销方式下的月销售额的散点图。由图可见，不同促销方式下的月销售额存在差异，其中“买一送一”方式下的月销售额较大。假定每种促销方式下的月销售额各是一个总体，记其均值为 μ_i， $i=1,2,3$。由于月销售额是随机的，难以直接通过样本观测值来准确判断 μ_i 是否相同，为此可以考虑第 5 章的假设检验方法。若采用 U 检验和 t 检验等一般的假设检验方法，每次只能比较两个总体的均

值，即判定 $H_0: \mu_i = \mu_j$ 是否成立，其中 $i < j$ ，$i,j = 1,2,3$ ，于是共需要比较 $C_3^2 = 3$ 次。如果促销方式更多，则需要比较的次数也会增加。多次假设检验不仅使得问题分析十分烦琐，也会增加犯第一类错误的概率。例如，取显著性水平 $\alpha = 0.05$ ，虽然每次检验犯第一类错误的概率为 α ，但在连续 3 次检验后犯第一类错误的实际概率为 $1-(1-\alpha)^3 = 0.1426$ 。如果为了控制 3 次检验犯第一类错误的概率为 0.05，则每次检验需取显著性水平 $\alpha = 1 - 0.95^{1/3} = 0.0170$ ，这样又会增加犯第二类错误的概率。

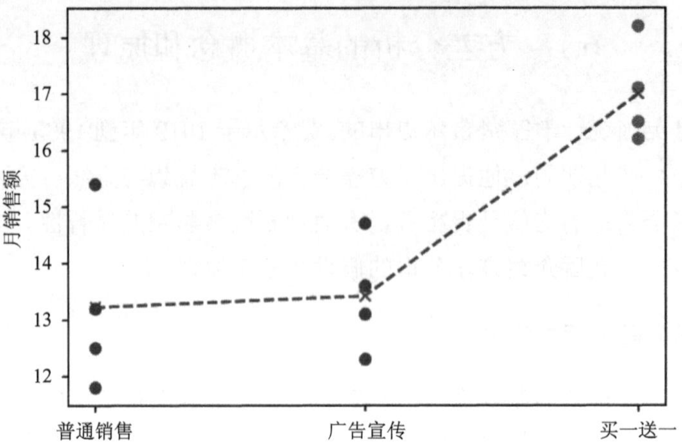

图 6-1　不同促销方式下的月销售额散点图

对这个问题，采用 U 检验和 t 检验等一般的假设检验方法难以满足要求。方差分析方法能够通过一次检验判断不同因素对观测变量的显著性影响。

2. *方差分析的基本概念*

在方差分析中，称影响因变量的分类自变量为因素或因子（factor），通常以大写的字母 A 、B 等表示，称因素的不同状态或者不同取值为水平（level），用相应的大写字母加下标表示，如 A_1 、A_2 等。根据因素数量的不同，方差分析又可分为不同的类型。考虑一个因素时，称为单因素方差分析；考虑两个因素时，称为双因素方差分析；考虑多个因素时，称为多因素方差分析。对于例 6-1 的问题，因素为促销方式，是分类变量，由于共有 3 种不同的促销方式，所以该因素的水平共有 3 个；月销售额为因变量，是数值型变量；由于仅考虑了促销方式因素，所以是单因素方差分析。因素的水平组合称为处理（treatment）。例如，如果有两个因素 A 、B ，则 A 、B 的各个水平组合均称为一个处理。

在每个处理下，因变量可以看作一个总体，所得到的样本数据称为观测值。例如，在例 6-1 的表 6-1 中，每种促销方式下的月销售额就是观测值。

当存在多个因素时，需要考虑因素之间的相互搭配对因变量的影响。如果一个因素对因变量的影响受到另一个因素水平取值的影响，则称两个因素之间存在交互作用

(interaction)，即两个因素之间的相互影响造成了类似“1+1≠2”的效应。相反，如果因素之间不存在交互作用，则称各个因素对因变量的影响是相互独立的。

例 6-2　假设使用 4 种燃烧剂、3 种氧化剂作某型火箭的射程试验，表 6-2 给出了试验得到的射程数据（改编自《应用统计学》，刘思峰，2020，高等教育出版社）。

表 6-2　火箭射程试验数据　（单位：km）

燃烧剂	氧化剂 1	氧化剂 2	氧化剂 3
燃烧剂 1	58.2, 52.6	56.2, 41.2	65.3, 60.8
燃烧剂 2	49.1, 42.8	54.1, 50.5	51.6, 48.4
燃烧剂 3	60.1, 58.3	70.9, 73.2	39.2, 40.7
燃烧剂 4	75.8, 71.5	58.2, 51.0	48.7, 41.4

记燃烧剂为因素 A，氧化剂为因素 B，因素 A 和因素 B 取水平为 A_i 和 B_j 时的射程为 x_{ij}，其中，$i=1,2,3,4$，$j=1,2,3$。表 6-2 中 24 个数据的平均值为 $\bar{x}=54.99$，代表了在所有 12 个组合下火箭的平均射程。对 3 种氧化剂各自所在的列和 4 种燃烧剂各自所在的行以及 12 个处理下的火箭射程求平均，可得表 6-3 所示的结果（括号外的数据）。从计算结果看，在不考虑 A 的影响的条件下，B 的第一个水平 B_1 对整个平均水平的影响程度为 $\bar{x}_{\cdot 1}-\bar{x}=3.56$，类似地可得其他的分析结果。当 A 与 B 对火箭的射程独立起作用时，那么在处理 A_iB_j 下，火箭的射程应近似等于 $\bar{x}+\left(\bar{x}_{i\cdot}-\bar{x}\right)+\left(\bar{x}_{\cdot j}-\bar{x}\right)=\bar{x}_{i\cdot}+\bar{x}_{\cdot j}-\bar{x}$。计算结果见表 6-3 括号内的部分。对比括号内外的数据可见，两者之间还是有显著差异的。这说明火箭的射程由于 A、B 之间的相互影响产生了 A 和 B 的单独作用不可能产生的整体效果，这就是交互作用。

表 6-3　火箭射程试验中各个处理下的样本均值　（单位：km）

	氧化剂 1	氧化剂 2	氧化剂 3	均值 $\bar{x}_{i\cdot}$	$\bar{x}_{i\cdot}-\bar{x}$
燃烧剂 1	55.4（59.28）	48.7（57.64）	63.05（50.24）	55.72	0.73
燃烧剂 2	45.95（52.98）	52.3（51.34）	50（43.94）	49.42	–5.57
燃烧剂 3	59.2（60.63）	72.05（58.99）	39.95（51.59）	57.07	2.08
燃烧剂 4	73.65（61.33）	54.6（59.69）	45.05（52.29）	57.77	2.78
均值 $\bar{x}_{\cdot j}$	58.55	56.91	49.51	$\bar{x}=54.99$	
$\bar{x}_{\cdot j}-\bar{x}$	3.56	1.92	–5.48		

图 6-2（a）表示给定氧化剂后，火箭射程的均值随燃烧剂的变化而变化的过程。可以发现各个曲线相互不平行，说明燃烧剂和氧化剂两个因素对火箭的射程有交互作用。如图 6-2（b）所示，假如 A 与 B 对火箭的射程是独立起作用的，则在给定氧化剂后，火箭射程随各燃烧剂的变化曲线应该是平行的，这说明在不同的燃烧剂下，氧化剂对射

程的影响效果是相同的，因而可认为两个因素之间无交互作用。

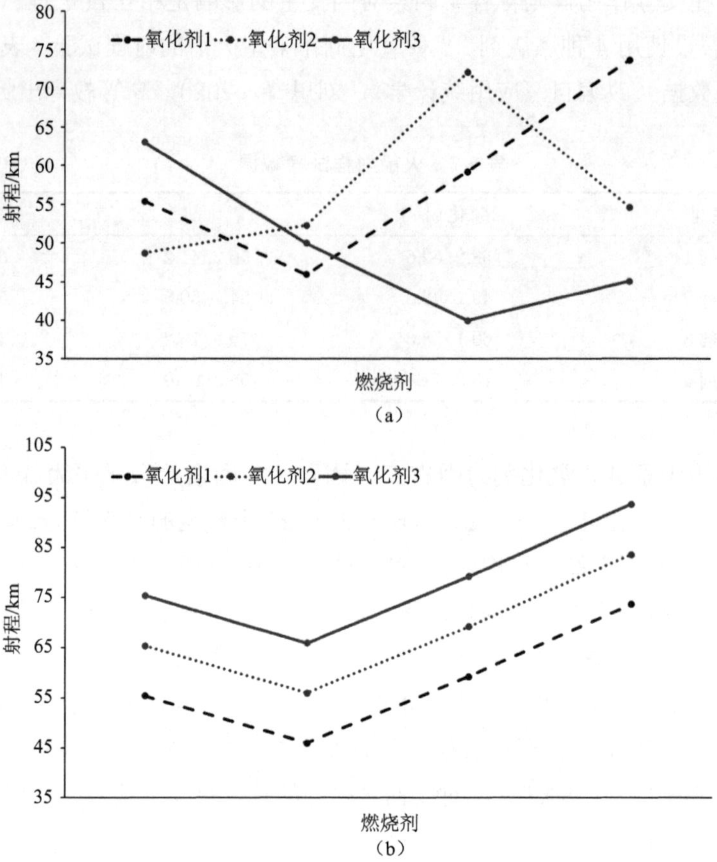

图 6-2　交互作用示意图

3. *方差分析的基本假设*

方差分析方法需要满足正态性、方差齐性和独立性假设。

（1）正态性（normality）。方差分析假定每个总体都服从正态分布，即在每个处理下，观测值都是来自正态分布的随机样本。通常，在实际问题中是难以得到完全满足正态性假定要求的数据的。例如，人员收入、学生成绩、学生身高等是不可能出现小于 0 或者取无穷大值的情况的。此时，实际中只要求总体的分布近似为正态分布即可。

（2）方差齐性（homogeneity of variance）。方差齐性要求不同处理下的正态总体具有相同的方差。也就是说，各组观测数据都是从具有相同方差的正态总体中抽取的。

（3）独立性（independence）。独立性要求所有的观测值是相互统计独立的。即各个处理下的正态总体是相互独立的，而且观测数据是来自正态总体的独立样本观测值。

进行方差分析的前提是方差分析的基本假定是成立的，因而需要对正态性、方差齐性和独立性假设进行检验。正态性假定可用 5.2 节所述的分布拟合优度检验方法进行验证，独立性假定一般通过试验设计满足，只要试验是按随机顺序安排的，一般能够满足独立性。方差齐性检验的方法详见 6.2.3 节。

6.1.2　方差分析的基本原理

方差分析是从分析观测值差异来源的角度对不同总体的均值是否相等进行判断，其中观测值之间的差异用误差平方和来表示。全部观测值之间的差异称为总误差（total error），也称为总平方和。

如果因素不同水平对因变量没有影响，可以认为不同水平下的样本观测值来自同一个正态总体，此时各水平下正态总体的均值相等，观测值之间的差异可以认为完全是由抽样随机误差造成的。反之，当各水平下正态总体的均值不全相等时，表明样本观测值之间的差异除了随机误差，还包含因素不同水平的影响。为了判断因素是否对因变量产生影响，需要将总误差进行拆分，分别反映由随机原因造成的误差和因素不同水平造成的误差。

由于抽样的随机性，来自同一正态总体的样本观测值之间存在着差异，可以将其看成是由随机因素引起的误差。这种误差称为组内误差（within groups error），反映了来自同一个总体的样本数据的离散程度，组内误差的大小称为组内平方和。在例 6-1 中，同一销售方式下不同月份的销售额之间的差异就是组内误差。由于因素的不同水平造成来自不同正态总体的样本观测值也可能存在差异，这种误差称为组间误差（between groups error），反映了来自不同总体的样本数据的离散程度，组间误差的大小称为组间平方和。在例 6-1 中，不同销售方式下月销售额之间的差异就是组间误差。

方差分析的基本思想是将总平方和分解为组间平方和与组内平方和，然后通过比较组间平方和与组内平方和的大小构造统计量，对各总体均值是否相等进行假设检验。

在方差分析中，确定相关统计量所服从的分布需用到科克伦（Cochrane，1909—1980）于 1934 年提出的科克伦定理（也称为平方和分解定理）。该定理的表述如下。

定理 6-1　设 X 为均值为 0 向量，协方差阵为单位阵的多元正态分布随机向量，$Q=X^{\mathrm{T}}X$ 服从自由度为 n 的 χ^2 分布，且满足 $Q_1+Q_2+\cdots+Q_r=Q$，其中 $Q_i=X^{\mathrm{T}}A_iX$ 是秩等于 f_i 的非负二次型，$i=1,2,\cdots,r$，则 Q_i 相互独立，且分别服从自由度为 f_i 的 χ^2 分布的充要条件是 $f_1+f_2+\cdots+f_r=n$。

6.2　单因素方差分析

单因素方差分析（one way ANOVA）是指在试验中只考虑单个因素，对该因素不同水平下总体的均值是否相等进行统计分析。本节首先介绍单因素方差分析模型，然后按照假设检验的一般过程介绍单因素方差分析方法。

6.2.1 单因素方差分析模型

设单个因素为 A，共有 r 个水平，分别记为 $A_1, A_2, \cdots, A_r$。记在水平 A_i 下的正态总体为

$$X_i \sim N\left(\mu_i, \sigma^2\right) \tag{6.2.1}$$

记通过试验得到对应的样本观测值为 $x_{i1}, x_{i2}, \cdots, x_{in_i}$，其中 n_i 为样本容量 $(i=1,2,\cdots,r)$。总样本容量为 $n=\sum_{i=1}^{r} n_i$，如表 6-4 所示。

表 6-4 单因素试验数据表

水平	样本（观测值）			
A_1	x_{11}	x_{12}	$\cdots$	x_{1n_1}
$\vdots$	$\vdots$	$\vdots$		$\vdots$
A_r	x_{r1}	x_{r2}	$\cdots$	x_{rn_r}

由前述方差分析的基本假设，x_{ij} 可写成

$$\begin{cases} x_{ij} = \mu_i + \varepsilon_{ij} \\ \varepsilon_{ij} \sim N\left(0, \sigma^2\right) \end{cases} \tag{6.2.2}$$

其中，所有 ε_{ij} 是相互统计独立的，$i=1,2,\cdots,r$，$j=1,2,\cdots,n_i$。

定义总平均为

$$\mu = \frac{1}{n}\sum_{i=1}^{r} n_i \mu_i \tag{6.2.3}$$

定义因素 A 在水平 A_i 下的效应（effect）为

$$a_i = \mu_i - \mu, \quad i=1,2,\cdots,r \tag{6.2.4}$$

可以证明

$$\sum_{i=1}^{r} n_i a_i = 0 \tag{6.2.5}$$

由上述定义，x_{ij} 可写为

$$x_{ij} = \mu + a_i + \varepsilon_{ij}, \quad i=1,2,\cdots,r, \quad j=1,2,\cdots,n_i \tag{6.2.6}$$

对上述方差分析模型，若因素 A 的 r 个水平是在试验前设定好的，并可在试验中得到很好控制，则称其为固定效应模型（fixed effect model）。通常所讲的单因素方差分析模型就是指这种模型。对固定效应模型，可通过方差分析进行 μ_i 或 a_i 之间差异性的检验，但这种结论仅适合于试验所用的 r 个水平，而不能将这些结论推广到试验中未出现过的其他水平。

如果因素 A 的 r 个水平是在试验前从 A 的所有可能水平中随机选择的，则 r 个水平

可视为来自某个总体的随机样本，在这种情况下建立的模型称为随机效应模型（random effect model）。对随机效应模型，也可通过方差分析进行 μ_i 或 a_i 之间差异性的检验，由于 r 个水平是随机选择的，从而可以将结论推广到其他未选中的因素水平。

除非特别说明，以下介绍的方差分析模型都是指固定效应模型。

6.2.2　固定效应模型的方差分析

针对固定效应模型的单因素方差分析，其过程包括：提出假设、构造检验统计量、根据样本观测值做出统计决策等。

1. 提出假设

为了比较在因素 A 不同水平下的总体均值 μ_i（$i=1,2,\cdots,r$）之间有无差异，可以提出如下假设进行检验。

$$H_0: a_1 = a_2 = \cdots = a_r = 0 \quad H_1: a_1, a_2, \cdots, a_r \text{ 不全为 } 0 \tag{6.2.7}$$

方差分析通过观测值 x_{ij}（$j=1,2,\cdots,n_i$，$i=1,2,\cdots,r$）对上述假设进行假设检验，若拒绝假设 H_0，则称因素 A 显著，否则称因素 A 不显著。在因素 A 显著的条件下，可进一步分析因素各水平的效应。

2. 构造检验统计量

为了进行假设检验，需要先引入以下定义。

水平 A_i 下的样本均值为

$$\overline{x}_i = \frac{1}{n_i}\sum_{j=1}^{n_i} x_{ij}, \quad i=1,2,\cdots,r \tag{6.2.8}$$

所有样本的总平均为

$$\overline{x} = \frac{1}{n}\sum_{i=1}^{r}\sum_{j=1}^{n_i} x_{ij} = \frac{1}{n}\sum_{i=1}^{r} n_i \overline{x}_i \tag{6.2.9}$$

总平方和（sum of squares for total，SST）为

$$\text{SST} = \sum_{i=1}^{r}\sum_{j=1}^{n_i}\left(x_{ij} - \overline{x}\right)^2 \tag{6.2.10}$$

组内平方和（within-group sum of squares，SSE）为

$$\text{SSE} = \sum_{i=1}^{r}\sum_{j=1}^{n_i}\left(x_{ij} - \overline{x}_i\right)^2 \tag{6.2.11}$$

其中，$\sum_{j=1}^{n_i}\left(x_{ij} - \overline{x}_i\right)^2$ 表示在水平 A_i 下的组内平方和，$i=1,2,\cdots,r$。

组间平方和（between-group sum of squares，SSA）为

$$\mathrm{SSA}=\sum_{i=1}^{r} n_i\left(\bar{x}_i-\bar{x}\right)^2 \tag{6.2.12}$$

由式(6.2.12)可见，SSA 反映了因素 A 各水平下的观测值均值与样本观测值总平均值的偏离程度，代表了各水平下的平均值之间的差异。

由上述定义不难验证 $\mathrm{SST}=\mathrm{SSE}+\mathrm{SSA}$ 。相关符号如图 6-3 所示。

由 $x_{ij}\sim N\left(\mu+a_i,\sigma^2\right)$ ，可以证明

$$\mathrm{E}(\mathrm{SSE})=\mathrm{E}\left[\sum_{i=1}^{r}\sum_{j=1}^{n_i}\left(x_{ij}-\bar{x}_i\right)^2\right]=(n-r)\sigma^2 \tag{6.2.13}$$

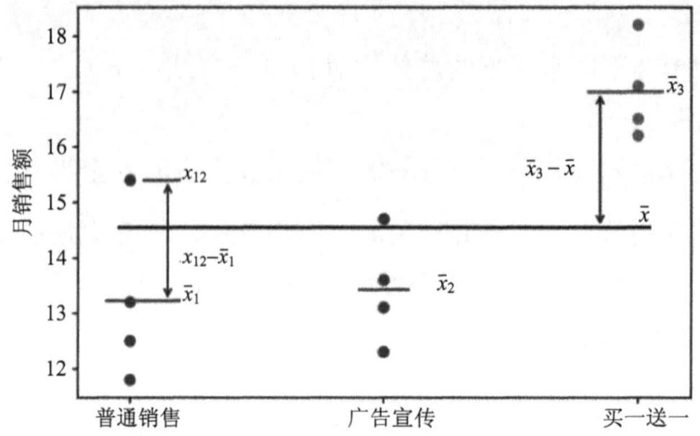

图 6-3　单因素方差分析误差来源及分解

$$\mathrm{E}(\mathrm{SSA})=\mathrm{E}\left[\sum_{i=1}^{r} n_i\left(\bar{x}_i-\bar{x}\right)^2\right]=(r-1)\sigma^2+\sum_{i=1}^{r} n_i a_i^2 \tag{6.2.14}$$

定义组间均方（between-group mean square，MSA）为

$$\mathrm{MSA}=\frac{\mathrm{SSA}}{r-1} \tag{6.2.15}$$

定义组内均方误差（within-group mean square error，MSE）为

$$\mathrm{MSE}=\frac{\mathrm{SSE}}{n-r} \tag{6.2.16}$$

由式(6.2.13)和式(6.2.16)可知，MSE 是 σ^2 的无偏估计。并且，在 H_0 成立时，由式(6.2.14)和式(6.2.15)可知，MSA 也是 σ^2 的无偏估计，从而可通过比较 MSA 与 MSE 完成对 H_0 的检验。若 MSA 与 MSE 差异较大，则说明 H_0 不成立。

当 H_0 为真时，所有样本观测值来自同一正态总体，根据 3.2.3 节可知 SST/σ^2 服从自由度为 $f_T=n-1$ 的 χ^2 分布，即

$$\frac{\mathrm{SST}}{\sigma^2}\sim\chi^2(n-1) \tag{6.2.17}$$

由于 $\mathrm{SST}=\mathrm{SSE}+\mathrm{SSA}$ ，SSE 和 SSA 都是非负的二次型随机变量，且相应的自由度

分别为 $f_E = n-r$ 和 $f_A = r-1$。根据科克伦定理，SSE/σ^2 、SSA/σ^2 相互独立，且分别服从自由度为 f_E 、f_A 的 χ^2 分布。因此，可以构造如下检验统计量：

$$F = \left(\frac{\mathrm{SSA}}{\sigma^2}\bigg/ f_A\right)\bigg/\left(\frac{\mathrm{SSE}}{\sigma^2}\bigg/ f_E\right) = \frac{\mathrm{MSA}}{\mathrm{MSE}} \tag{6.2.18}$$

由 3.2.3 节可知，当 H_0 成立时，F 服从自由度为 (f_A, f_E) 的 F 分布，即 $F \sim F(f_A, f_E)$。

3. 统计决策

给定显著性水平 α 时，可得假设(6.2.7)对应的拒绝域为 $W = \{F \mid F \geqslant F_{1-\alpha}(f_A, f_E)\}$，$p$值$= P\left\{F \geqslant \frac{\mathrm{MSA}}{\mathrm{MSE}}\right\} = 1 - F\left(\frac{\mathrm{MSA}}{\mathrm{MSE}}\right)$，其中，$F_{1-\alpha}(f_A, f_E)$ 是 $F(f_A, f_E)$ 的 $1-\alpha$ 分位点，$F\left(\frac{\mathrm{MSA}}{\mathrm{MSE}}\right)$ 是 $F(f_A, f_E)$ 在点 $\frac{\mathrm{MSA}}{\mathrm{MSE}}$ 的分布函数值。得到样本观测值后，若检验统计量 $\frac{\mathrm{MSA}}{\mathrm{MSE}} \in W$ 则拒绝 H_0，否则不能拒绝 H_0；若 p值 $\leqslant \alpha$ 则拒绝 H_0，否则不能拒绝 H_0。拒绝 H_0 表明因素 A 是显著的，即因素的不同水平对试验结果有显著性影响。

上述检验过程可用方差分析表表述，如表 6-5 所示。

表 6-5　单因素方差分析表

变异源	平方和	自由度	均方	F 值	p 值
组间（A）	$\mathrm{SSA} = \sum_{i=1}^{r} n_i(\bar{x}_i - \bar{x})^2$	$f_A = r-1$	MSA	$\frac{\mathrm{MSA}}{\mathrm{MSE}}$	$P\left\{F \geqslant \frac{\mathrm{MSA}}{\mathrm{MSE}}\right\}$
组内	$\mathrm{SSE} = \sum_{i=1}^{r}\sum_{j=1}^{n_i}(x_{ij} - \bar{x}_i)^2$	$f_E = n-r$	MSE		
总平方和	$\mathrm{SST} = \sum_{i=1}^{r}\sum_{j=1}^{n_i}(x_{ij} - \bar{x})^2$	$f_T = n-1$			

4. 参数估计

由式(6.2.13)可得 $\mathrm{E}(\mathrm{SSE}/f_E) = \mathrm{E}(\mathrm{MSE}) = \sigma^2$，故 σ^2 的无偏估计为 $\hat{\sigma}^2 = \mathrm{MSE}$。由正态分布样本均值与样本方差相互独立的性质：$\bar{x}_i$ 与 $\sum_{j=1}^{n_i}(x_{ij} - \bar{x}_i)^2$ 统计独立，而且不同水平下的样本相互独立，所以 $\bar{x}_i$ 与 SSE 统计独立。由于 $\bar{x}_i \sim N(\mu_i, \sigma^2/n_i)$，$\mathrm{SSE}/\sigma^2 \sim \chi^2(f_E)$（无论 H_0 是否为真都成立），所以有

$$\frac{\bar{x}_i - \mu_i}{\sqrt{\sigma^2/n_i}}\bigg/\sqrt{\frac{\mathrm{SSE}/\sigma^2}{f_E}} = \sqrt{n_i} \times \frac{\bar{x}_i - \mu_i}{\sqrt{\mathrm{MSE}}} \sim t(f_E) \tag{6.2.19}$$

由式(6.2.1)可知，A 的不同水平下的观测值服从正态分布。获得样本观测值后，可以根据表 6-6 估计正态分布总体的参数。

表 6-6　单因素方差模型参数估计

参数	σ^2	μ	μ_i
点估计	MSE	$\overline{x}$	$\overline{x}_i$
置信区间	$\left[\dfrac{SSE}{\chi^2_{1-\alpha/2}(f_E)},\dfrac{SSE}{\chi^2_{\alpha/2}(f_E)}\right]$		$\left[\overline{x}_i - t_{1-\alpha/2}(f_E)\sqrt{\dfrac{MSE}{n_i}},\overline{x}_i + t_{1-\alpha/2}(f_E)\sqrt{\dfrac{MSE}{n_i}}\right]$

其中，置信水平为$1-\alpha$，$t_{1-\alpha/2}(f_E)$是t分布$t(f_E)$的$1-\alpha/2$分位点，$\chi^2_{1-\alpha/2}(f_E)$和$\chi^2_{\alpha/2}(f_E)$分别是χ^2分布$\chi^2(f_E)$的$1-\alpha/2$、$\alpha/2$分位点。

例 6-3　对于例 6-1，假定已验证不同促销方式下的月销售额服从正态分布且方差相同。根据表 6-1 给出的数据，易知$n_1=n_2=n_3=4$，构造式(6.2.7)所示的假设，计算可得“普通销售”“广告宣传”“买一送一”三种不同方式下的样本均值分别为$\overline{x}_1=13.23$万元、$\overline{x}_2=13.43$万元、$\overline{x}_3=17$万元，样本总均值为$\overline{x}=14.55$万元，进一步可得表 6-7 所示的方差分析表。当$\alpha=0.05$时，计算可得拒绝域为$W=\left\{F\middle|F\geqslant F_{0.95}(2,9)=4.26\right\}$。由于$12.84\in W$，$p=0.002<\alpha$，所以拒绝原假设$H_0$，即认为不同促销方式下的月销售额存在显著差异。

表 6-7　各促销方式下月销售额的单因素方差分析表

变异源	平方和	自由度	均方	F 值	p 值
组间	36.10	2	18.05	12.84	0.002
组内	12.66	9	1.41		
总平方和	48.76	11			

σ^2的点估计为1.41，在置信水平 0.95 下，置信区间为$[0.67,4.69]$。各促销方式下月销售额均值的点估计及置信区间如表 6-8 所示。

表 6-8　各促销方式下月销售额的均值和置信水平 0.95 下的置信区间

参数估计	普通销售	广告宣传	买一送一
点估计	13.23	13.43	17
置信区间	[11.89, 14.57]	[12.09, 14.77]	[15.66, 18.34]

6.2.3　方差齐性的检验

进行方差分析时，需进行方差齐性检验。方差齐性检验的假设为

$$H_0:\sigma_1^2=\cdots=\sigma_r^2=\sigma^2 \qquad H_1:\sigma_1^2,\cdots,\sigma_r^2\text{不全相等} \tag{6.2.20}$$

当$n_1=n_2=\cdots=n_r=n_0$且正态性假设成立时，可采用哈特莱（Hartley）检验进行方差齐性检验。

哈特莱检验也称为最大 F 比检验，是两总体方差的 F 检验的推广，检验统计量为

$$F_{\max}=\frac{s_{\max}^2}{s_{\min}^2} \tag{6.2.21}$$

其中，$s_{\max}^2=\max\left(s_1^2,s_2^2,\cdots,s_r^2\right)$，$s_{\min}^2=\min\left(s_1^2,s_2^2,\cdots,s_r^2\right)$。

可以证明，当 H_0 成立时，统计量 $F_{\max}$ 服从 $H(r,n_0-1)$ 分布。给定显著性水平 α，可得拒绝域为 $W=\left\{F_{\max} \mid F_{\max}\geqslant H_{1-\alpha}(r,n_0-1)\right\}$。当 $\alpha=0.01$、$\alpha=0.05$ 时，$H_{1-\alpha}(r,n_0-1)$ 可从附表 8 查到。

例 6-4　对例 6-1 中的数据，由于 $n_1=n_2=n_3$，计算可得 $F_{\max}=2.43/0.78=3.11$，查附表 8 可得 $H_{0.95}(3,4-1)=27.8$，$3.11<27.8$，所以不能拒绝 H_0，即认为该数据来源的总体分布的方差是相等的。

当 $n_1,n_2,\cdots,n_r$ 不全相等时，可采用 Levene 检验或者 Bartlett 检验进行方差齐性检验。以 Bartlett 检验为例，其检验统计量为

$$B=\frac{f_E\ln(\mathrm{MSE})-\sum_{i=1}^{r}(n_i-1)\ln\left(s_i^2\right)}{1+\dfrac{1}{3(r-1)}\left(\sum\limits_{i=1}^{r}\dfrac{1}{n_i-1}-\dfrac{1}{f_E}\right)} \tag{6.2.22}$$

可以证明，当 H_0 成立时，统计量 B 近似服从 $\chi^2(r-1)$ 分布。给定显著性水平 α，可得拒绝域为 $W=\left\{B \mid B\geqslant \chi_{1-\alpha}^2(r-1)\right\}$。

6.2.4　多重比较

当通过方差分析的结论为拒绝接受原假设 H_0 时，只是表明在这 r 个水平下的总体均值不全相等，并不一定意味着两两之间都存在差异。随之而来的一个问题是：究竟因素的哪些水平之间的总体均值不相等？这就需要进行多重比较（multiple comparisons）。具体地讲，多重比较需要同时检验以下 C_r^2 个假设

$$H_0^{ij}:\mu_i=\mu_j \qquad H_1^{ij}:\mu_i\neq\mu_j，\quad i,j=1,2,\cdots,r，\ i<j \tag{6.2.23}$$

多重比较的方法有 Duncan 多重极差检验法、LSD（least significance difference）法、Bonferroni 法、Tukey 法、Scheffé 法、S-N-K 法等。下面简要介绍 Scheffé 法。

Scheffé 法是由 Scheffé（1907—1977）在 1953 年提出的，简称 S 法，可适用于 $n_1,n_2,\cdots,n_r$ 不全相等的情形。记

$$c_{ij}=\sqrt{(r-1)F_{1-\alpha}(r-1,f_E)\left(\frac{1}{n_i}+\frac{1}{n_j}\right)\mathrm{MSE}} \tag{6.2.24}$$

可以证明，在给定的显著性水平 α 下，H_0^{ij} 的拒绝域为

$$W=\left\{\left|\overline{x}_i-\overline{x}_j\right|\geqslant c_{ij}\right\} \qquad i<j,\ i,j=1,2,\cdots,r \tag{6.2.25}$$

6.3 双因素方差分析

双因素方差分析（two way ANOVA）考虑两种因素对因变量的影响，并判断不同处理下总体的均值是否相等。本节首先引入双因素方差分析模型，然后分别介绍因素之间无交互作用和有交互作用时的双因素方差分析方法。

6.3.1 双因素方差分析模型

根据两个因素是否存在交互作用，可以将双因素方差分析模型分为无交互作用的双因素方差分析（two way ANOVA without interaction）和有交互作用的双因素方差分析（two way ANOVA with interactions）两类模型。

1. 双因素方差分析问题

设考虑的两个因素为A和B，A有r个水平，分别记为$A_1,A_2,\cdots,A_r$，B有s个水平，分别记为$B_1,B_2,\cdots,B_s$。当A取为水平A_i且B取为水平B_j时，称对应的处理为$\left(A_i,B_j\right)$，并简记为A_iB_j。假设在A_iB_j条件下，总体$X_{ij}\sim N\left(\mu_{ij},\sigma^2\right)$。

设在A_iB_j下进行m次重复试验，记第k次试验的结果为x_{ijk}，$k=1,2,\cdots,m$。对所有的A_iB_j试验，共进行$n=mrs$次试验，结果如表 6-9 所示。例如，在例 6-2 中，火箭在燃烧剂和氧化剂两种因素水平的每个组合下，重复进行了 2 次试验。

表 6-9　双因素试验数据表

	B_1	$\cdots$	B_s
A_1	$x_{111},x_{112},\cdots,x_{11m}$	$\cdots$	$x_{1s1},x_{1s2},\cdots,x_{1sm}$
$\vdots$	$\vdots$		$\vdots$
A_r	$x_{r11},x_{r12},\cdots,x_{r1m}$	$\cdots$	$x_{rs1},x_{rs2},\cdots,x_{rsm}$

在表 6-9 中，各个处理下有m个观测值。研究表明，仅靠单次试验数据难以分析交互作用的效果。所以，对于有交互作用，每个水平组合下要进行重复试验，此时$m>1$。对于无交互作用，每个水平组合下只需进行一次试验，即可进行两个因素效应的分析，此时$m=1$。

2. 相关概念与模型分类

由方差分析的基本假设，可建立如下双因素方差分析模型：

$$x_{ijk}=\mu_{ij}+\varepsilon_{ijk} \tag{6.3.1}$$

其中，$\varepsilon_{ijk}\sim N\left(0,\sigma^2\right)$且相互统计独立，$i=1,2,\cdots,r$，$j=1,2,\cdots,s$，$k=1,2,\cdots,m$。

定义总平均μ为

$$\mu = \frac{1}{rs}\sum_{i=1}^{r}\sum_{j=1}^{s}\mu_{ij} \tag{6.3.2}$$

定义因素 A 取 A_i 时所有 A_iB_j 对应的 s 个总体均值的平均值为

$$\bar{\mu}_{i\cdot} = \frac{1}{s}\sum_{j=1}^{s}\mu_{ij} \tag{6.3.3}$$

定义

$$a_i = \bar{\mu}_{i\cdot} - \mu \tag{6.3.4}$$

为因素 A 在水平 A_i 的主效应，表示 A 取 A_i 时的 s 个总体均值的平均值 $\bar{\mu}_{i\cdot}$ 与 μ 的差异。

类似地，定义

$$\bar{\mu}_{\cdot j} = \frac{1}{r}\sum_{i=1}^{r}\mu_{ij} \tag{6.3.5}$$

为因素 B 取 B_j 时所有 A_iB_j 所对应的 r 个总体均值的平均值。

定义

$$b_j = \bar{\mu}_{\cdot j} - \mu \tag{6.3.6}$$

为 B 在水平 B_j 的主效应，表示 B 取 B_j 时的 r 个总体均值的平均值 $\bar{\mu}_{\cdot j}$ 与 μ 的差异。

可以验证 a_i 和 b_j 满足

$$\sum_{i=1}^{r}a_i = 0\text{，}\quad \sum_{j=1}^{s}b_j = 0 \tag{6.3.7}$$

与单因素方差分析类似，如果因素 A 的 r 个水平和因素 B 的 s 个水平是在试验前设定好的，并在试验中得到很好的控制，这种情况下的统计模型称为固定效应模型，也是通常所讲的双因素方差分析。本节主要介绍固定效应模型的双因素方差分析方法。

3. 无交互作用模型

当 A 与 B 之间不存在交互作用时，$\mu_{ij} = \mu + a_i + b_j$，此时每个水平组合下仅需进行一次试验即可进行双因素方差分析。记 A_iB_j 下的试验结果为 x_{ij}，则模型(6.3.1)可写为如下形式的无交互作用模型：

$$\begin{cases} x_{ij} = \mu + a_i + b_j + \varepsilon_{ij} \\ \varepsilon_{ij} \sim N\left(0,\sigma^2\right) \\ \sum_{i=1}^{r}a_i = 0, \quad \sum_{j=1}^{s}b_j = 0 \end{cases} \tag{6.3.8}$$

其中，$i = 1,2,\cdots,r$，$j = 1,2,\cdots,s$。

上述模型中，在水平 A_i 与 B_j 组合下的观测值作为随机变量也可以写为

$$x_{ij} \sim N\left(\mu + a_i + b_j, \sigma^2\right) \tag{6.3.9}$$

4. 有交互作用模型

当 A、B 之间存在交互作用时，$\mu_{ij} \neq \mu + a_i + b_j$，记

$$(ab)_{ij} = \mu_{ij} - \left(\mu + a_i + b_j\right) \tag{6.3.10}$$

为水平 A_i 与 B_j 的交互效应，表示除两个因素的主效应外，由于 A_i 与 B_j 的搭配引起的效应。由前述定义不难验证以下关系成立：

$$\sum_{i=1}^{r}(ab)_{ij} = 0, \quad \sum_{j=1}^{s}(ab)_{ij} = 0 \tag{6.3.11}$$

综上，模型(6.3.1)可写为如下形式：

$$\begin{cases} x_{ijk} = \mu + a_i + b_j + (ab)_{ij} + \varepsilon_{ijk} \\ \varepsilon_{ijk} \sim N\left(0, \sigma^2\right) \\ \sum\limits_{i=1}^{r} a_i = 0, \ \sum\limits_{j=1}^{s} b_j = 0 \\ \sum\limits_{i=1}^{r}(ab)_{ij} = 0, \ \sum\limits_{j=1}^{s}(ab)_{ij} = 0 \end{cases} \tag{6.3.12}$$

其中，$i = 1,2,\cdots,r$，$j = 1,2,\cdots,s$，$k = 1,2,\cdots,m$。

6.3.2 无交互双因素方差分析

针对固定效应模型的无交互作用双因素方差分析，其过程包括：提出假设、构造检验统计量、根据样本观测值做出统计决策等。

1. 提出假设

无交互作用双因素方差分析的假设为

$$\begin{matrix} H_{0A}: a_1 = a_2 = \cdots = a_r = 0 & H_{1A}: a_1, a_2, \cdots, a_r \text{不全为0} \\ H_{0B}: b_1 = b_2 = \cdots = b_s = 0 & H_{1B}: b_1, b_2, \cdots, b_s \text{不全为0} \end{matrix} \tag{6.3.13}$$

2. 构造检验统计量

为了进行假设检验，需要引入以下定义和符号。

记 $n = rs$ 个样本的总平均为

$$\overline{x} = \frac{1}{rs}\sum_{i=1}^{r}\sum_{j=1}^{s} x_{ij} \tag{6.3.14}$$

因素 A 在水平 A_i 下的样本均值为

$$\overline{x}_{i\cdot} = \frac{1}{s}\sum_{j=1}^{s} x_{ij} \tag{6.3.15}$$

因素 B 在水平 B_j 下的样本均值为

$$\overline{x}_{\cdot j} = \frac{1}{r}\sum_{i=1}^{r} x_{ij} \tag{6.3.16}$$

定义总平方和为

$$\mathrm{SST} = \sum_{i=1}^{r}\sum_{j=1}^{s}\left(x_{ij} - \overline{x}\right)^2 \tag{6.3.17}$$

因素 A 的组间平方和为

$$\mathrm{SSA} = \sum_{i=1}^{r}\sum_{j=1}^{s}\left(\overline{x}_{i\cdot} - \overline{x}\right)^2 = s\sum_{i=1}^{r}\left(\overline{x}_{i\cdot} - \overline{x}\right)^2 \tag{6.3.18}$$

因素 B 的组间平方和为

$$\mathrm{SSB} = \sum_{i=1}^{r}\sum_{j=1}^{s}\left(\overline{x}_{\cdot j} - \overline{x}\right)^2 = r\sum_{j=1}^{s}\left(\overline{x}_{\cdot j} - \overline{x}\right)^2 \tag{6.3.19}$$

组内平方和为

$$\mathrm{SSE} = \sum_{i=1}^{r}\sum_{j=1}^{s}\left(x_{ij} - \left(\overline{x}_{i\cdot} + \overline{x}_{\cdot j} - \overline{x}\right)\right)^2 \tag{6.3.20}$$

可以验证，$\mathrm{SST} = \mathrm{SSE} + \mathrm{SSA} + \mathrm{SSB}$ 。

类似单因素方差分析的讨论，可以证明 $\mathrm{MSE} = \mathrm{SSE}/[(r-1)(s-1)]$ 是 σ^2 的无偏估计，在 H_{0A} 为真时 $\mathrm{MSA} = \mathrm{SSA}/(r-1)$ 是 σ^2 的无偏估计，在 H_{0B} 为真时 $\mathrm{MSB} = \mathrm{SSB}/(s-1)$ 是 σ^2 的无偏估计。据此，可以通过比较 MSA 、MSB 与 MSE 的相对大小来检验 H_{0A} 和 H_{0B} 是否成立。

可以证明，当 H_{0A} 和 H_{0B} 都成立时，前述 SSA 、SSB 和 SSE 都是非负二次型随机变量，自由度分别为 $f_A = r-1$ 、 $f_B = s-1$ 、 $f_E = (r-1)(s-1)$ 且 $\mathrm{SST}/\sigma^2 \sim \chi^2(rs-1)$ 。$\mathrm{SST} = \mathrm{SSE} + \mathrm{SSA} + \mathrm{SSB}$ ，$f_T = f_A + f_B + f_E$ ，由科克伦定理，SSA 、SSB 、SSE 均相互独立，$\mathrm{SSA}/\sigma^2 \sim \chi^2(f_A)$ ，$\mathrm{SSB}/\sigma^2 \sim \chi^2(f_B)$ ，$\mathrm{SSE}/\sigma^2 \sim \chi^2(f_E)$ 。据此，可定义如下检验统计量并得到其对应的分布

$$F_A = \left(\frac{\mathrm{SSA}}{\sigma^2}\middle/ f_A\right)\middle/\left(\frac{\mathrm{SSE}}{\sigma^2}\middle/ f_E\right) = \frac{\mathrm{MSA}}{\mathrm{MSE}} \sim F(f_A, f_E) \tag{6.3.21}$$

$$F_B = \left(\frac{\mathrm{SSB}}{\sigma^2}\middle/ f_B\right)\middle/\left(\frac{\mathrm{SSE}}{\sigma^2}\middle/ f_E\right) = \frac{\mathrm{MSB}}{\mathrm{MSE}} \sim F(f_B, f_E) \tag{6.3.22}$$

3. 统计决策

给定显著性水平 α ，可得 H_{0A} 的拒绝域为 $W_A = \left\{F_A \mid F_A \geqslant F_{1-\alpha}(f_A, f_E)\right\}$ ，

$p=P\left\{F_A \geqslant \frac{\text{MSA}}{\text{MSE}}\right\}=1-F\left(\frac{\text{MSA}}{\text{MSE}}\right)$， H_{0B} 的拒绝域为 $W_B=\left\{F_B \mid F_B \geqslant F_{1-\alpha}(f_B,f_E)\right\}$，$p=P\left\{F_B \geqslant \frac{\text{MSB}}{\text{MSE}}\right\}=1-F\left(\frac{\text{MSB}}{\text{MSE}}\right)$，其中 $F_{1-\alpha}(f_A,f_E)$、$F_{1-\alpha}(f_B,f_E)$ 分别是 $F(f_A,f_E)$、$F(f_B,f_E)$ 的 $1-\alpha$ 分位点，$F\left(\frac{\text{MSA}}{\text{MSE}}\right)$ 是 $F(f_A,f_E)$ 在点 $\frac{\text{MSA}}{\text{MSE}}$ 的分布函数值、$F\left(\frac{\text{MSB}}{\text{MSE}}\right)$ 是 $F(f_B,f_E)$ 在点 $\frac{\text{MSB}}{\text{MSE}}$ 的分布函数值。

若根据样本观测值计算得到的检验统计量属于拒绝域，则拒绝接受相应的原假设，否则不能拒绝；或者当 p 值 $\leqslant \alpha$ 拒绝相应的原假设，否则不能拒绝。

前述检验过程可表示为表 6-10 所示的无交互作用双因素方差分析表。

表 6-10　无交互作用的双因素方差分析表

变异源	平方和	自由度	均方	F 值	p 值
组间（A）	SSA	$f_A=r-1$	$\text{MSA}=\frac{\text{SSA}}{f_A}$	$\frac{\text{MSA}}{\text{MSE}}$	$P\left\{F_A \geqslant \frac{\text{MSA}}{\text{MSE}}\right\}$
组间（B）	SSB	$f_B=s-1$	$\text{MSB}=\frac{\text{SSB}}{f_B}$	$\frac{\text{MSB}}{\text{MSE}}$	$P\left\{F_B \geqslant \frac{\text{MSB}}{\text{MSE}}\right\}$
组内	SSE	$f_E=(r-1)(s-1)$	$\text{MSE}=\frac{\text{SSE}}{f_E}$		
总平方和	SST	$n-1$			

4. 参数估计

与单因素方差分析类似，当获得样本观测值后，可以根据表 6-11 给出双因素方差分析模型各参数的无偏估计。对 μ_{ij} 的计算，当 A 和 B 都显著时取 $\hat{\mu}_{ij}=\hat{\mu}+\hat{a}_i+\hat{b}_j$，当 A 显著而 B 不显著时取 $\hat{\mu}_{ij}=\hat{\mu}_{i\cdot}=\hat{\mu}+\hat{a}_i=\overline{x}_{i\cdot}$，当 B 显著而 A 不显著时取 $\hat{\mu}_{ij}=\hat{\mu}_{\cdot j}=\hat{\mu}+\hat{b}_j=\overline{x}_{\cdot j}$，当两个因素的影响都不显著时取 $\hat{\mu}_{ij}=\hat{\mu}=\overline{x}$。

表 6-11　无交互双因素方差模型参数估计

参数	σ^2	$\mu_{i\cdot}$	$\mu_{\cdot j}$	μ	a_i	b_j
点估计	MSE	$\overline{x}_{i\cdot}$	$\overline{x}_{\cdot j}$	$\overline{x}$	$\overline{x}_{i\cdot}-\overline{x}$	$\overline{x}_{\cdot j}-\overline{x}$

μ_{ij} 在置信水平 $1-\alpha$ 下的置信区间为

$$\left[\hat{\mu}_{ij}-t_{1-\alpha/2}(f_E)\hat{\sigma}/\sqrt{n_E},\hat{\mu}_{ij}+t_{1-\alpha/2}(f_E)\hat{\sigma}/\sqrt{n_E}\right] \tag{6.3.23}$$

其中，$\hat{\sigma}=\sqrt{\text{MSE}}$，$n_E=\frac{n}{1+(\text{显著因素的自由度的和})}$，$i=1,2,\cdots,r$，$j=1,2,\cdots,s$。

例 6-5　设四名工人分别操作机床 A、B、C 且生产同样的产品，日产量数据如表 6-12 所示（赵选民, 2006）。试问在显著性水平 0.05 下工人和机床对日产量有无显著性影响？

表 6-12　工人和机床的日产量数据　（单位：个）

机床	甲	乙	丙	丁
1	50	47	47	53
2	63	54	57	58
3	52	42	41	48

记机床和工人分别为因素 A 和 B，构造式(6.3.13)的假设 H_{0A}，H_{0B}，分别计算均值 $\bar{x}_{i.}$ 和 $\bar{x}_{.j}$，结果列于表 6-13。

表 6-13　无交互作用双因素方差分析的样本均值

机床	甲	乙	丙	丁	各机床样本均值
1	50	47	47	53	49.25
2	63	54	57	58	58.00
3	52	42	41	48	45.75
日产量均值	55	47.67	48.33	53	总均值 51

方差分析结果如表 6-14 所示。计算可得 $F_{0.95}(2,6)=5.14$，$F_{0.95}(3,6)=4.76$，故拒绝接受 H_{0A} 和 H_{0B}，即认为机床和工人都对日产量有显著影响（由 p 值也可得到相同的结论）。

表 6-14　机床和工人对日产量的无交互作用双因素方差分析表

变异源	平方和	自由度	均方	F 值	p 值
组间（A）	318.50	2	159.25	29.10	8.16×10^{-4}
组间（B）	114.67	3	38.22	6.98	0.022
组内	32.83	6	5.47		
总平方和	466.00	11			

参数 μ_{ij} 的点估计和置信水平 0.95 的置信区间如表 6-15 所示。表中第 i 行和第 j 列所对应的值为 μ_{ij} 的点估计及置信区间，$i=1,2,3$，$j=1,2,3,4$。

表 6-15　无交互作用双因素方差分析的均值估计

机床	甲	乙	丙	丁
1	53.25，[49.20, 57.30]	45.92，[41.87, 49.96]	46.58，[42.54, 50.63]	51.25，[47.20, 55.30]
2	62.00，[57.95, 66.05]	54.67，[50.62, 58.71]	55.33，[51.29, 59.38]	60.00，[55.95, 64.05]
3	49.75，[45.70, 53.80]	42.42，[38.37, 46.46]	43.08，[39.04, 47.13]	47.75，[43.70, 51.80]

6.3.3 有交互双因素方差分析

固定效应模型的有交互作用双因素方差分析的过程包括：提出假设、构造检验统计量、根据样本观测值做出统计决策等。

1. 提出假设

当考虑两个因素 A 和 B 的交互作用时，假设为

$$\begin{aligned} &H_{0A}: a_1 = a_2 = \cdots = a_r = 0 \qquad H_{1A}: a_1, a_2, \cdots, a_r \text{不全为}0 \\ &H_{0B}: b_1 = b_2 = \cdots = b_s = 0 \qquad H_{1B}: b_1, b_2, \cdots, b_s \text{不全为}0 \\ &H_{0,A\times B}: \text{全部}(ab)_{ij} = 0 \qquad H_{1,A\times B}: \text{至少有一个}(ab)_{ij} \neq 0 \end{aligned} \tag{6.3.24}$$

2. 构造检验统计量

为了进行假设检验，需要先引入以下定义和符号。

定义在处理 A_iB_j 下的样本均值为

$$\overline{x}_{ij\cdot} = \frac{1}{m}\sum_{k=1}^{m} x_{ijk} \tag{6.3.25}$$

因素 A 的水平 A_i 下的样本均值为

$$\overline{x}_{i\cdot\cdot} = \frac{1}{s}\sum_{j=1}^{s}\overline{x}_{ij\cdot} = \frac{1}{sm}\sum_{j=1}^{s}\sum_{k=1}^{m} x_{ijk} \tag{6.3.26}$$

因素 B 的水平 B_j 下的样本均值为

$$\overline{x}_{\cdot j\cdot} = \frac{1}{r}\sum_{i=1}^{r}\overline{x}_{ij\cdot} = \frac{1}{rm}\sum_{i=1}^{r}\sum_{k=1}^{m} x_{ijk} \tag{6.3.27}$$

所有观测值的样本均值为

$$\overline{x}_{\cdots} = \frac{1}{rsm}\sum_{i=1}^{r}\sum_{j=1}^{s}\sum_{k=1}^{m} x_{ijk} \tag{6.3.28}$$

定义总平方和为

$$\text{SST} = \sum_{i=1}^{r}\sum_{j=1}^{s}\sum_{k=1}^{m}\left(x_{ijk} - \overline{x}_{\cdots}\right)^2 \tag{6.3.29}$$

因素 A 的组间平方和为

$$\text{SSA} = \sum_{i=1}^{r}\sum_{j=1}^{s}\sum_{k=1}^{m}\left(\overline{x}_{i\cdot\cdot} - \overline{x}_{\cdots}\right)^2 = sm\sum_{i=1}^{r}\left(\overline{x}_{i\cdot\cdot} - \overline{x}_{\cdots}\right)^2 \tag{6.3.30}$$

因素 B 的组间平方和为

$$\text{SSB} = \sum_{i=1}^{r}\sum_{j=1}^{s}\sum_{k=1}^{m}\left(\overline{x}_{\cdot j\cdot} - \overline{x}_{\cdots}\right)^2 = rm\sum_{j=1}^{s}\left(\overline{x}_{\cdot j\cdot} - \overline{x}_{\cdots}\right)^2 \tag{6.3.31}$$

交互作用的误差平方和为

$$\mathrm{SSAB}=\sum_{i=1}^{r}\sum_{j=1}^{s}\sum_{k=1}^{m}\left(\overline{x}_{ij\cdot}-\overline{x}_{i\cdot\cdot}-\overline{x}_{\cdot j\cdot}+\overline{x}_{\cdots}\right)^{2}=m\sum_{i=1}^{r}\sum_{j=1}^{s}\left(\overline{x}_{ij\cdot}-\overline{x}_{i\cdot\cdot}-\overline{x}_{\cdot j\cdot}+\overline{x}_{\cdots}\right)^{2} \quad (6.3.32)$$

组内平方和为

$$\mathrm{SSE}=\sum_{i=1}^{r}\sum_{j=1}^{s}\sum_{k=1}^{m}\left(x_{ijk}-\overline{x}_{ij\cdot}\right)^{2} \quad (6.3.33)$$

可以验证，$\mathrm{SST}=\mathrm{SSA}+\mathrm{SSB}+\mathrm{SSAB}+\mathrm{SSE}$。

由统计理论可以证明，$\mathrm{MSE}=\dfrac{\mathrm{SSE}}{rs(m-1)}$ 是 σ^2 的无偏估计，且当 H_{0A}、H_{0B} 和 $H_{0,A\times B}$ 成立时，SSA、SSB、SSAB 与 SSE 相互独立，具有如下统计量和分布

$$F_A=\left(\frac{\mathrm{SSA}}{\sigma^2}\Big/f_A\right)\Big/\left(\frac{\mathrm{SSE}}{\sigma^2}\Big/f_E\right)=\frac{\mathrm{MSA}}{\mathrm{MSE}}\sim F\left(f_A,f_E\right) \quad (6.3.34)$$

$$F_B=\left(\frac{\mathrm{SSB}}{\sigma^2}\Big/f_B\right)\Big/\left(\frac{\mathrm{SSE}}{\sigma^2}\Big/f_E\right)=\frac{\mathrm{MSB}}{\mathrm{MSE}}\sim F\left(f_B,f_E\right) \quad (6.3.35)$$

$$F_{AB}=\left(\frac{\mathrm{SSAB}}{\sigma^2}\Big/f_{AB}\right)\Big/\left(\frac{\mathrm{SSE}}{\sigma^2}\Big/f_E\right)=\frac{\mathrm{MSAB}}{\mathrm{MSE}}\sim F\left(f_{AB},f_E\right) \quad (6.3.36)$$

3. 统计决策

由前述结论，给定显著性水平 α 时，H_{0A}、H_{0B} 和 $H_{0,A\times B}$ 对应的拒绝域、p 值如表 6-16 所示。

表 6-16　有交互作用时的拒绝域和 p 值

原假设	拒绝域	p 值
H_{0A}	$W_A=\left\{F_A \mid F_A\geqslant F_{1-\alpha}\left(f_A,f_E\right)\right\}$	p值$=P\left\{F_A\geqslant\dfrac{\mathrm{MSA}}{\mathrm{MSE}}\right\}=1-F\left(\dfrac{\mathrm{MSA}}{\mathrm{MSE}}\right)$
H_{0B}	$W_B=\left\{F_B \mid F_B\geqslant F_{1-\alpha}\left(f_B,f_E\right)\right\}$	p值$=P\left\{F_B\geqslant\dfrac{\mathrm{MSB}}{\mathrm{MSE}}\right\}=1-F\left(\dfrac{\mathrm{MSB}}{\mathrm{MSE}}\right)$
$H_{0,A\times B}$	$W_{AB}=\left\{F_{AB} \mid F_{AB}\geqslant F_{1-\alpha}\left(f_{AB},f_E\right)\right\}$	p值$=P\left\{F_{AB}\geqslant\dfrac{\mathrm{MSAB}}{\mathrm{MSE}}\right\}=1-F\left(\dfrac{\mathrm{MSAB}}{\mathrm{MSE}}\right)$

表中 $F_{1-\alpha}\left(f_A,f_E\right)$、$F_{1-\alpha}\left(f_B,f_E\right)$、$F_{1-\alpha}\left(f_{AB},f_E\right)$ 分别是 $F\left(f_A,f_E\right)$、$F\left(f_B,f_E\right)$、$F\left(f_{AB},f_E\right)$ 的 $1-\alpha$ 分位点。$F\left(\dfrac{\mathrm{MSA}}{\mathrm{MSE}}\right)$ 是 $F\left(f_A,f_E\right)$ 在点 $\dfrac{\mathrm{MSA}}{\mathrm{MSE}}$ 的分布函数值、$F\left(\dfrac{\mathrm{MSB}}{\mathrm{MSE}}\right)$ 是 $F\left(f_B,f_E\right)$ 在点 $\dfrac{\mathrm{MSB}}{\mathrm{MSE}}$ 的分布函数值。$F\left(\dfrac{\mathrm{MSAB}}{\mathrm{MSE}}\right)$ 是 $F\left(f_{AB},f_E\right)$ 在点 $\dfrac{\mathrm{MSAB}}{\mathrm{MSE}}$ 的分布函数值。

与无交互作用双因素方差分析模型类似，有交互作用双因素方差分析的过程可表述为如表 6-17 所示的方差分析表。

表 6-17 有交互作用的双因素方差分析表

变异源	平方和	自由度	均方	F 值	p 值
组间（A）	SSA	$f_A=r-1$	$\text{MSA}=\dfrac{\text{SSA}}{f_A}$	$\dfrac{\text{MSA}}{\text{MSE}}$	$P\left\{F_A \geqslant \dfrac{\text{MSA}}{\text{MSE}}\right\}$
组间（B）	SSB	$f_B=s-1$	$\text{MSB}=\dfrac{\text{SSB}}{f_B}$	$\dfrac{\text{MSB}}{\text{MSE}}$	$P\left\{F_B \geqslant \dfrac{\text{MSB}}{\text{MSE}}\right\}$
交互作用 $A\times B$	SSAB	$f_{AB}=(r-1)(s-1)$	$\text{MSAB}=\dfrac{\text{SSAB}}{f_{AB}}$	$\dfrac{\text{MSAB}}{\text{MSE}}$	$P\left\{F_{AB} \geqslant \dfrac{\text{MSAB}}{\text{MSE}}\right\}$
组内	SSE	$f_E=rs(m-1)$	$\text{MSE}=\dfrac{\text{SSE}}{f_E}$		
总平方和	SST	$n-1$			

4. 参数估计

获得样本观测值后，可以根据表 6-18 给出有交互作用方差分析模型各参数的无偏估计。对 μ_{ij} 的计算需要分类讨论，当交互作用显著时取 $\hat{\mu}_{ij}=\hat{\mu}+\hat{a}_i+\hat{b}_j+\left(\widehat{ab}\right)_{ij}=\bar{x}_{ij\cdot}$，当两个因素都显著而交互作用不显著时取 $\hat{\mu}_{ij}=\hat{\mu}+\hat{a}_i+\hat{b}_j$，因素 A 显著而因素 B 及交互作用不显著时取 $\hat{\mu}_{ij}=\hat{\mu}_{i\cdot}=\hat{\mu}+\hat{a}_i=\bar{x}_{i\cdot\cdot}$，因素 B 显著而因素 A 及交互作用不显著时取 $\hat{\mu}_{ij}=\hat{\mu}_{\cdot j}=\hat{\mu}+\hat{b}_j=\bar{x}_{\cdot j\cdot}$，当两个因素和交互作用都不显著时取 $\hat{\mu}_{ij}=\hat{\mu}$。

μ_{ij} $(i=1,2,\cdots,r,\ j=1,2,\cdots,s)$，在置信水平 $1-\alpha$ 下的置信区间见式(6.3.23)，其中，$n=rsm$。

表 6-18 有交互双因素方差模型参数估计

参数	σ^2	μ	a_i	b_j	$(ab)_{ij}$
点估计	MSE	$\bar{x}_{\cdots}$	$\bar{x}_{i\cdot\cdot}-\bar{x}_{\cdots}$	$\bar{x}_{\cdot j\cdot}-\bar{x}_{\cdots}$	$\bar{x}_{ij\cdot}-\bar{x}_{i\cdot\cdot}-\bar{x}_{\cdot j\cdot}+\bar{x}_{\cdots}$

例 6-6 对例 6-2，根据表 6-2 的数据，分析燃烧剂和氧化剂两种因素及其交互作用对火箭射程的影响是否显著。将燃烧剂和氧化剂分别视为因素 A 和 B，构造式(6.3.24)所示的假设，分别计算 $\bar{x}_{ij\cdot}$、$\bar{x}_{i\cdot\cdot}$ 和 $\bar{x}_{\cdot\cdot j}$，见表 6-3。表 6-19 是对应的方差分析表。经计算

表 6-19 燃烧剂和氧化剂的有交互作用双因素方差分析表

变异源	平方和	自由度	均方	F 值	p 值
组间（A）	261.68	3	87.225	4.42	0.026
组间（B）	370.98	2	185.49	9.39	0.0035
交互作用 $A\times B$	1768.69	6	294.78	14.93	0.0001
组内	236.95	12	19.75		
总平方和	2638.3	23			

可得，$F_{0.95}(3,12)=3.49$，$F_{0.95}(2,12)=3.89$，$F_{0.95}(6,12)=3.00$，故拒绝接受 H_{0A}、H_{0B} 和 $H_{0,A\times B}$，即认为不同燃烧剂、不同氧化剂及其交互作用对火箭射程的影响都是显著的。

参数 μ_{ij} 的点估计见表 6-3 中的样本均值，其在置信水平 0.95 下的置信区间如表 6-20 所示。

表 6-20 有交互作用双因素方差分析的均值估计 （单位：km）

燃烧剂	氧化剂 1	氧化剂 2	氧化剂 3
燃烧剂 1	[48.55，62.25]	[41.85，55.55]	[56.20，69.90]
燃烧剂 2	[39.10，52.80]	[45.45，59.15]	[43.15，56.85]
燃烧剂 3	[52.35，66.05]	[65.20，78.90]	[33.10，46.80]
燃烧剂 4	[66.80，80.50]	[47.75，61.45]	[38.20，51.90]

6.4 试 验 设 计

试验设计（design of experiment，DOE）主要是指运用统计学方法，科学合理地制定试验方案和分析试验数据，以便经济高效地得到可信的试验结论。

6.4.1 试验设计的概念与原则

试验设计涉及的相关概念有响应变量、观测值、因子、试验单元等。英国统计学家费希尔是试验设计理论的早期研究者，不但提出了试验设计的方差分析方法，而且提出了试验设计的三个基本原则。

1. 相关概念

在试验中，称衡量试验结果的指标为响应变量（response variable)，也称为因变量（dependent variable)。多数情况下，响应变量可用定量的数值表示，称为定量的响应变量。有时响应变量是定性描述的，称为定性的响应变量。例如，装备使用者对某装备的满意度可能是“非常满意”“很好”等语言描述，这种响应变量就是定性的。

称由试验得到的响应变量的样本数据为观测值（observation)。试验中需考察的影响试验结果的变量称为因素或因子。当因子属于数值型变量时，称为定量因子，否则称为定性因子。因子所处的不同状态称为因子的水平。试验单元（experiment unit）是指接受试验的对象或实体。

根据试验中对因子控制程度的不同，因子又可分为可控因子和不可控因子。可控因子是在试验过程中可以通过某种方式改变其水平的因子；在试验的实际操作中不能控制、难以控制、需花费昂贵经费才能控制的因子，称为不可控因子，又称为噪声因子或误差因子。试验设计的重点是选择重要的可控因子，控制其水平。对于不可控因子，在试验过程中要尽可能地进行观察和记录，以便在试验结果分析时参考。

例如，对例 6-2 中的火箭射程试验问题，可将火箭射程视为响应变量，燃烧剂和氧化剂可能影响射程，都是因子。例如，由于假定共有 4 种燃烧剂类型可选，故燃烧剂作为定性因子共有 4 个水平。投入到试验中的火箭称为试验单元。

2. 试验设计的基本原则

为了降低不可控因子的影响，控制试验分析结果的误差，进行试验设计时应把握以下基本原则。

1）随机化（randomization）

随机化是指随机地安排试验单元、试验进行的次序、试验实施的人员等。对于试验结果的统计分析，通常要求试验观测值是相互独立的随机变量。用随机化原则设计和实施的试验，可使不可控因子的影响相互“抵消”，不至于“积叠”成灾。使各种因子对试验结果的影响成为随机的，有助于“平均出”各种因子的效应。进行随机化的方法很多，可以用随机数表进行，也可用抽签法或计算机软件辅助进行。

2）重复（replication）

重复是指在一组确定的试验条件下独立地重复进行某种试验。例如，在表 6-2 中，火箭在燃烧剂和氧化剂两种因素的每种水平组合下均进行两次试验，就是重复试验。

重复的目的包括两个方面：一是可以减少试验效应的估计偏差；二是有利于估计试验的随机误差。由于试验单元的个体差异、操作差异以及其他影响因素的存在，同一处理对不同的试验单元所产生的效果可能是有一定差异的。通过一定数量的重复试验，该处理的真实效应就会明确显现出来，从而可以从统计的角度对处理的效应给出判别。重复的次数越多（样本容量越大），试验结果的可信度就越高。

应当注意重复试验（replication）和重复测量（repeated measurements）的区别。重复测量是指对同一样品在相同条件下的试验结果作多次重复测量，以减少测量仪器等产生的误差对分析结果的影响。

3）区组化（blocking）

区组化是按照一定的规则把试验单元分成若干同质的组，称为区组（block），再将处理随机地指派给各个区组。

通过区组化，将不感兴趣但影响试验结果的变量设定为区组，可以在近似相同条件下（相同区组内），只比较感兴趣变量的不同水平，从而降低不可控因子以及随机因素的影响，提高试验结果的可比性。

例如，在企业员工培训中，为了对 A、B、C、D 四种不同方法的培训效果进行评价，就可以按照学历将所有参与培训的人员分为几个区组，使得每个区组内人员的学历比较相近，再将每个区组内的人员分成 4 个小组，每个小组随机选择一种培训方案进行培训。这样，通过区组化，就可以凸显出由于培训方案产生的差异，而减少由于不同的学历差异对试验结果分析造成的影响。

6.4.2 试验设计的方法

常用的试验设计方法有析因设计、回归设计、最优设计和空间填充设计等。在实际应用时，可以根据实际问题的需要选用适合的试验设计方法。本小节主要介绍完全随机化设计、随机化完全区组设计、因子设计方法，以及用于数学仿真试验的设计方法。

1. 完全随机化设计

完全随机化设计（completely randomized design）将每种处理随机地指派给一个试验单元。通常，可以采用方差分析对完全随机化设计的结果进行分析。

例 6-7 某工厂想通过试验比较某一产品的 3 种装配方法 A、B、C 的平均装配时间，按照完全随机化设计，可以随机地抽取 15 个工人，然后将每种装配方法随机地指派给 5 个工人实施试验。试验结果可表示为表 6-21，其中每一行代表采用该行装配方法的 5 个工人的实际装配时间。

根据上述试验结果，将 A、B、C 视为装配方法这个因子的 3 个水平，可以直接采用单因素方差分析方法分析不同装配方法的平均装配时间是否存在显著差异。

表 6-21　3 种不同装配方法的装配时间　　（单位：min）

装配方法	装配时间
A	58，64，55，66，67
B	58，69，71，64，68
C	48，57，59，47，49

2. 随机化完全区组设计

由式(6.2.18)，在完全随机化设计的方差分析时，用到的统计量为 $F = \mathrm{MSA}/\mathrm{MSE}$ 。当有某种已知的外部因素使 MSE 变大时，F 值变小，导致难以检验出各水平均值间存在的差异。随机化完全区组设计（randomized complete block design，RCBD）就是通过消除 MSE 中已知的外部因素的影响，提高方差分析的精度。其基本思想是：使同一区组内的试验单元尽可能同质。对于每一区组随机均等地安排全部的处理。通常，对于试验中可控但不感兴趣的因子，可以将其设定为区组变量因子，而将感兴趣且可控的因子设定为试验的因子。

最早采用随机化完全区组设计的是费希尔。费希尔在农业试验中运用了随机化区组设计，其研究的主要目的是考察不同品种的种子对于产量的影响，由于试验是在不同的地块上进行的，不同的地块可能会对产量产生影响。所以，费希尔将不同的地块设定为区组，每个品种的种子都在各个区组中试验。

例 6-8　在例 6-7 中，如果工人之间的装配操作水平差异较大，则可以将工人视为区组进行随机化完全区组设计。每个工人视为一个区组，并按随机顺序使用 A，B，C 三种装配方法进行产品装配。假设共有 5 个工人参加试验，结果表示为表 6-22。

表 6-22　3 种不同装配方法的装配时间　（单位：min）

工人	A	B	C
1	55	58	47
2	58	64	48
3	64	66	49
4	67	68	57
5	69	71	59

对于随机化完全区组设计试验结果的分析，当试验数据满足方差分析的假定时，可将区组变量作为一个因素，采用无交互作用双因素方差分析方法进行分析。例如，在例 6-8 中，可将装配的方法和工人视为 2 个因素。此时，进行区组变量的显著性检验对于问题的分析没有直接意义，但可以说明是否有必要采用区组设计。当区组变量的效应显著时，说明设立区组是必要的。

3. 因子设计

因子设计（factorial design）有时也称为析因设计，主要用于考虑多个因子以及因子不同水平之间的搭配，分析因子及因子间交互作用的影响。若在所有的因子水平组合下都做试验，则称为完全因子设计。针对 p 个因子，常见的完全因子设计有 2^p（每个因子考虑 2 个水平）和 3^p 因子设计（每个因子考虑 3 个水平）。对例 6-2，假定火箭射程只与燃烧剂和氧化剂有关，燃烧剂共有 4 个水平，氧化剂共有 3 个水平，则该例的试验设计属于完全因子设计。完全因子设计的优点是可以得到关于因子效应较全面的信息，缺点是随着因子个数或水平数的增加，试验次数呈指数增长。

因子数多于 1 个时，若只在部分水平组合下做试验，称为部分因子设计（fractional factorial design）。部分因子设计可以大大减少试验次数，不过可能会丢失某些信息。部分因子设计难以分析所有交互作用，所以需要重点考虑低阶交互作用。对于 2 水平因子设计，部分因子设计试验次数通常是全面试验次数的 1/2，1/4 或 1/8。常用的部分因子设计方法包括正交试验设计和均匀试验设计等。

正交试验设计（orthogonal experimental design）是一种多因子的试验设计方法，仅选出一些有代表性的水平组合进行试验，根据试验结果，分析因子的效应，目前已得到了广泛的应用。正交试验设计采用水平组合均衡的原则，使得选出的试验点具有“均匀分散”和“整齐可比”的特点。正交试验设计使用正交表来安排试验。任何一张正交表必须满足两个条件，一是任一列中诸水平出现的次数相等，二是任两列中所有可能的水平组合出现的次数相等。表 6-23 是一张具有 4 个因子 3 个水平的正交表（不考虑交互作用），可以看出，只安排了 9 次试验，试验点的代表性较好。如果进行全面试验，则需 81 次试验。

表 6-23　4 因子 3 水平正交表

试验号	A	B	C	D
1	1	1	1	1
2	1	2	2	2
3	1	3	3	3
4	2	1	2	3
5	2	2	3	1
6	2	3	1	2
7	3	1	3	2
8	3	2	1	3
9	3	3	2	1

均匀设计（uniform design）是 1978 年由我国学者方开泰、王元提出的一种部分因子设计方法，并且已经得到广泛应用。均匀设计的思想是，在试验空间中尽可能均匀地布点。

进行正交设计或均匀设计时，可查阅相关专著教材选用合适的正交设计表或均匀设计表，也可由专业的统计软件生成正交设计表或均匀设计表。

4. *用于数学仿真试验的设计方法*

数学仿真试验是指通过运行数学模型而进行的试验。此类仿真试验因子数量多，响应模型复杂，数学仿真试验通常采用代理模型（如 Kriging 模型）进行仿真试验，常用空间填充设计方法进行试验设计。空间填充设计的主要思想是使试验点尽可能均匀地布满整个试验空间，具体实现时可采用拉丁超立方设计（Latin hypercube design, LHD）、正交拉丁超立方设计（OLHD）等设计方法。

在实际工作中，可运用专门的试验设计软件辅助进行试验设计和结果分析。

本 章 小 结

方差分析主要用于检验分类自变量对数值型因变量的均值是否存在显著性影响。根据方差分析中因素数量的不同，方差分析可分为单因素方差分析、双因素方差分析和具有更多因素的方差分析。交互作用是由于因素之间的相互影响，使得出现多个单因素试验简单叠加无法出现的效应。

方差分析的基本假定有正态性、方差齐性和独立性。组间误差是由于各水平下总体的不同造成的样本观测值之间的差异，组间误差的大小通过组间平方和衡量。组内误差是相同总体的样本观测值之间的差异，组内误差的大小通过组内平方和衡量。方差分析的基本思想是通过各种误差平方和之间的对比构造相应的 F 统计量，检验各因素的效应是否显著。

根据方差分析中因素水平选择的随机性，可以分别建立方差分析的固定效应模型和随机效应模型。若因素的所有水平是试验前设计好的，则应建立固定效应模型。固定效应模型的统计分析结果仅限于已出现的因素水平，而不能外推到因素的其他水平。多重比较的主要目的是同时比较任意两个均值间有无显著性差异。在运用方差分析方法时，可视情况对方差分析模型的正态性、独立性和方差齐性假设进行检验。

响应变量是表示试验结果的变量。因子是影响响应变量的因素。因子所处的不同状态称为因子的水平。因子分为可控因子和不可控因子。试验设计主要指选择参加试验的因子，确定各因子的水平，挑出要进行试验的水平组合，明确试验的顺序。试验设计的目的是以尽可能少的试验次数获得充分的信息。试验设计的基本原则是随机化、重复和区组。随机化原则包括随机选择试验单元、随机安排试验顺序、随机确定因子的搭配，随机选择试验实施人员等。重复的目的是降低由于试验单元的个体因素引起的随机误差。区组是按照一定的规则把试验单元分成若干同质组。随机化完全区组设计要求使同一区组内的试验单元尽可能同质，对于每一区组随机均等地安排全部的处理。因子设计考虑了多个因子以及因子不同水平之间的搭配，并分析因子及因子间交互作用对因变量的影响。部分因子设计是指只在部分水平组合下做试验。正交试验设计和均匀试验设计是常用的部分因子设计方法。数学仿真试验是指通过运行数学模型而进行的试验，其试验设计常用空间填充设计方法。

习　　题

一、选择题

1. 在方差分析中，（　　）的因素的各个水平是从其所在总体中随机选定的。

   A. 固定效应模型　　B. 随机效应模型

   C. 单因素方差分析模型　　D. 多因素方差分析模型

2. 在单因素方差分析中，反映各个水平的样本均值之间差异大小的平方和称为（　　）。

   A. 总平方和　　B. 组内平方和

   C. 组间平方和　　D. 均方

3. 均方的计算是平方和除以相应的（　　）。

   A. 水平数　　B. 数据个数

   C. 自由度　　D. 标准差

4. 在 r 个水平的单因素方差分析中，若总试验次数为 n，则组内平方和对应的自由度为（　　）。

A．$r-1$　　B．$n-r$　　C．$n-1$　　D．$r+1$

5. 单因素方差分析的原假设认为（　　）。

A．各水平下的试验结果的均值不全相等　　B．各水平下的试验结果的均值全相等

C．所有试验结果全相等　　D．所有试验结果全不相等

6. 方差分析中常用服从（　　）的统计量进行假设检验。

A．正态分布　　B．F 分布

C．指数分布　　D．χ^2 分布

7. 在单因素方差分析中，Scheffé 法可用于（　　）。

A．具有不等重复的多重比较　　B．均值的点估计

C．检验所有水平下总体均值是否都相等　　D．方差齐性检验

8. 在单因素方差分析中，哈特莱检验适用于（　　）。

A．具有等重复数的多重比较　　B．正态性检验

C．方差齐性检验　　D．各水平下总体均值是否都相等

9. 针对具有 A、B 两个因素的有交互作用双因素方差分析，若 A 有 3 个水平，B 有 4 个水平，每个水平组合下的重复试验数为 2，组内平方和的自由度为（　　）。

A．2　　B．3　　C．6　　D．12

10. 针对具有 A、B 两个因素的无交互作用双因素方差分析，若 A 有 3 个水平，B 有 4 个水平，则组内平方和的自由度为（　　）。

A．2　　B．3　　C．6　　D．12

二、判断题

1. 方差分析依据各误差平方和及其自由度构造检验统计量。（　　）

2. 方差分析假定所有响应变量都服从正态分布。（　　）

3. 方差分析中，用组内平方和衡量不同水平下样本数据之间的偏差。（　　）

4. 单因素方差分析的原假设是各水平下总体的均值都相等。（　　）

5. 要分析双因素的交互作用，需要在不同水平组合下进行重复试验。（　　）

6. 可控因子是在试验过程中可以通过某种方式改变其水平的因子。（　　）

7. 在某型导弹命中精度试验时，向靶标发射了一枚导弹，然后对该次试验结果的落点偏差进行了多次测量，这种情况属于重复试验。（　　）

8. 对随机化完全区组设计，同一区组的试验单元应具有较小的差异。（　　）

9. 正交试验设计是一种部分因子设计。（　　）

10. 在随机化完全区组设计中，区组变量是可控但不感兴趣的变量。（　　）

三、简答题

1. 简述方差分析的基本思想。

2. 方差分析有哪些基本假定？

3. 简述单因素方差分析的基本步骤。

4. 什么是多重比较？

5. 举例说明交互作用的含义。

6. 简述具有交互作用的双因素方差分析的基本步骤。

7. 说明无交互作用双因素方差分析与有交互作用双因素方差分析的异同。

8. 简述试验设计的基本原则。

9. 请说明试验设计中区组的概念以及引入区组的主要目的。

10. 简述随机化完全区组设计的基本思想。

11. 简述正交表的特点。

12. 简述均匀设计的基本思想。

四、计算题

1. 对某个单因素方差分析问题，该因素有 5 个水平，因素的每一个水平都有 7 个独立的观测值。请在显著性水平 0.05 下完成方差分析表 6-24 的计算。

表 6-24 题 1 方差分析表

方差来源	平方和	自由度	均方	F 值	p 值
组间	300				
组内					
总平方和	460				

2. 一个单因素试验包含了 3 个水平，收集到的样本数据如表 6-25 所示。请在显著性水平 0.05 下检验各个处理的观测变量均值之间是否存在显著性差异，并给出方差分析表。

表 6-25 3 水平单因素试验结果

因素水平	观测值		
1	40	50	60
2	30	100	50
3	50	30	40

3. 某矿泉水厂为确定各车间生产的矿泉水含量是否有显著性差异，随机选择了 5 个车间，每个车间随机抽取 6 瓶矿泉水，然后测定其实际容量，结果如表 6-26 所示。请建立方差分析模型，并在显著性水平 $\alpha = 0.05$ 下检验各车间生产的矿泉水实际容量是否有显著性差异。

4. 通过测量在潮湿的道路上停下（刹住）一辆车所需的距离（单位：m），比较 A、B、C、D 四家主要品牌的轮胎性能。对每种品牌，都在除轮胎外其他配置都几乎完全相同的车上且在可控制的潮湿道路上进行检测。有关数据列于表 6-27，在显著性水平 $\alpha = 0.05$ 下，是否有充分的证据做出“各品牌轮胎的平均停止距离不完全相同”的结论？如果原假设被拒绝，请进行多重比较，检验哪两个品牌的平均停止距离有显著性差异。

表 6-26　矿泉水试验结果　（单位：mL）

车间编号	观测值					
1	505	504	502	498	496	495
2	495	498	478	490	510	511
3	496	498	497	500	501	503
4	498	499	492	503	505	507
5	498	489	499	503	507	508

表 6-27　停车距离检测结果　（单位：m）

车号	品牌 A	品牌 B	品牌 C	品牌 D
车 1	37	37	33	41
车 2	34	40	34	41
车 3	38	37	38	40
车 4	36	42	35	39
车 5	40	38	42	41
车 6	32		34	43

5. 为减少某种钢材淬火后的弯曲变形，对 4 种不同材料 A_1 、 A_2 、 A_3 、 A_4 分别用 5 种不同的淬火温度进行了试验，测得淬火后试件的延伸率数据如表 6-28 所示。

表 6-28　试件的延伸率数据　（单位：%）

温度/℃	A_1	A_2	A_3	A_4
800	4.4	5.2	4.3	4.9
820	5.3	5.0	5.1	4.7
840	5.8	5.5	4.8	4.9
860	6.6	6.9	6.6	7.3
880	8.4	8.3	8.5	7.9

请在显著性水平 $\alpha=0.05$ 下，进行无交互作用双因素方差分析，检验不同温度下材料的延伸率是否存在显著性差异，以及检验不同材料的延伸率是否存在显著性差异，并估计方差分析模型的参数。

6. 一个无交互作用的双因素方差分析的因素 A 包括 6 个水平，因素 B 包括 3 个水平，请根据表 6-29 中数据，在显著性水平 0.05 下检验因素 A 和 B 的效应是否显著，给出计算过程并在表 6-29 中相应处填写计算结果。

7. 某超市将同一种商品采用 A_1 、 A_2 、 A_3 三种不同的包装，并随机将商品摆放在 B_1 、 B_2 、 B_3 三个不同的货架区进行销售试验，随机抽取 3 天的销售量作为样本，如表 6-30 所示。试问在显著性水平 0.05 下商品包装、摆放位置及其搭配对销售量是否有显著影响？

表 6-29 题 6 的方差分析表

方差来源	平方和	自由度	均方	F 值	p 值
组间（A）	50				
组间（B）	10				
组内					
总平方和	70				

表 6-30 包装与位置的销售试验数据 （单位：件）

包装	B_1	B_2	B_3
A_1	5，6，4	6，8，7	4，3，5
A_2	7，8，8	5，5，6	3，6，4
A_3	3，2，4	6，6，5	8，9，6

8. 某公司做了一项随机化设计的试验，考察 3 种广告方案 A_1、A_2、A_3 和两种广告媒体 B_1、B_2 对某产品销售量的影响，各个处理下进行了 2 次独立试验，试验得到的销售量如表 6-31 所示，请在显著性水平 0.05 下检验广告方案、广告媒体或其交互作用对销售量的影响是否显著。

表 6-31 广告方案和广告媒体销售试验数据 （单位：件）

方案	B_1	B_2
A_1	8，12	12，8
A_2	22，14	26，30
A_3	10，10	18，14

9. 在一个随机化完全区组设计中，包含了一个因子，设该因子共有 5 个水平，有 3 个区组，根据试验结果得到总平方和为 440，因子对应的组间平方和为 320，区组对应的组间平方和为 80。请在显著性水平 0.05 下，判断因子的各个水平之间是否存在显著性差异。

10. 国外某公司测定了 10 名氟作业工人在工前、工中及工后 4 小时的尿氟浓度（μmol/L），结果见表 6-32。请利用随机化完全区组设计分析方法，检验氟作业工人在这三种不同时间的尿氟浓度有无差别（显著性水平 $\alpha = 0.05$ ）。

表 6-32 尿氟浓度数据 （单位：μmol/L）

工人编号	工前	工中	工后
1	90.53	142.12	87.38
2	88.43	163.17	65.27
3	47.37	63.16	68.43
4	175.80	166.33	210.54
5	100.01	144.75	194.75

续表

工人编号	工前	工中	工后
6	46.32	126.33	65.27
7	73.69	138.96	200.02
8	105.27	126.33	100.01
9	86.32	121.06	105.27
10	60.01	73.69	58.95

五、综合应用题

某大学为全校本科学生开设了“系统工程导论”选修课程并实施小班教学，按 3 种教学法和 3 种教学环境的组合，对报名参加的学生进行了随机化分班教学，每个班共有 10 名学生，各个教学班学生的期末统考成绩如表 6-33 所示。

表 6-33　各班学生的期末统考成绩

	普通教室	多媒体教室	教研中心实验室
讲授式	83,77,79,86,84, 70,79,74,74,77	79,86,82,79,81, 80,86,77,80,74	58,74,75,67,82, 63,71,70,78,78
案例式	69,70,64,59,67, 69,75,75,67,67	71,69,68,86,74, 74,70,80,68,75	80,86,82,79,84, 87,85,86,81,83
讲授式+案例式	80,82,79,75,84, 81,75,86,79,84	99,96,101,89,98, 92,91,93,94,96	78,88,86,76,91, 93,89,83,78,89

请在显著性水平 $\alpha = 0.05$ 下，在上表的每个教学班中，随机抽取 3 名学生的成绩作为对应处理的独立观测样本，针对如下问题开展双因素方差分析

（1）不同教学法的学习成绩是否满足方差齐性？

（2）不同教学法下的学习成绩是否有显著差异？

（3）教学法与教学环境两个因素是否存在交互作用？

（4）对双因素方差分析模型的各个模型参数进行估计。

第 7 章 回 归 分 析

本 章 导 读

在工程技术、国民经济、管理等领域，问题中感兴趣的变量通常受到一个或多个因素的影响。例如，居民消费支出受到可支配收入的影响，水稻的亩产量受到浇水量和施肥量的影响，火箭的射程受到燃烧剂类型和氧化剂类型的影响，汽车轮胎的磨损程度受到行驶里程与路况的影响等。此类变量称为因变量，对因变量有影响的因素称为自变量。因变量和自变量之间通常存在线性或非线性的相关关系。利用变量之间的这种关系，建立模型，并进行因变量的估计与预测，就是回归分析。

统计学上的“回归”一词最早是由英国统计学家高尔顿（Francis Galton，1822—1911）在研究人类遗传问题时提出来的。为研究父代与子代身高之间的关系，高尔顿收集了父母与子女的身高数据，以每对父母的平均身高为自变量，取他们成年子女的身高为因变量，分析子女身高与父母平均身高之间的关系，发现两者近乎为一条斜率为 2/3 的直线。高尔顿将这一现象称为“向平均数方向的回归”（regression toward mediocrity）。

目前，回归已成为研究因变量对自变量的依赖关系的一种统计分析方法，其主要内容包括：①构建回归模型，即构建自变量和因变量之间的定量关系式。②对回归模型进行检验。③利用所构建的回归模型，基于自变量的取值估计或预测因变量的取值。

在工程技术领域，有的产品的某些关键性能指标（如充电电池容量、轮胎磨损量等）会随着使用时间（使用次数）的增加呈现线性或非线性的变化趋势，由此，可建立回归分析模型对产品的性能指标进行预测和评估。美国 Maxwell 公司在对国家点火装置（national ignition facility, NIF）能源系统中金属化膜电容器容值退化轨道进行分析后，认为电容器的容值退化是线性的。国内学者以金属化膜电容器的容值为因变量，以使用时间为自变量，建立了一元线性回归模型，以此为基础估计金属化膜电容器可靠性，并给出了可靠度的置信区间估计。直膨式太阳能热泵（direct-expansion solar-assisted heat pump，DX-SAHP）系统可实现太阳能的高效规模化利用，而影响 DX-SAHP 系统性能的参数较多。国内学者以 DX-SAHP 的性能系数（coefficient of performance, COP）为因变量，以压缩机频率、太阳辐射强度、环境温度为自变量，建立了三元线性回归模型，并将春秋季、夏季和冬季工况下的实验数据作为模型的训练数据，得到了不同季节工况下的系统性能预测模型。

本章对回归分析的理论与方法进行阐述，重点介绍一元和多元线性回归模型，包括回归模型的建模、参数求解、模型检验以及线性回归预测等。在非线性回归方面，介绍了非线性回归模型的建模与求解方法，以及因变量为定类变量时的Logistic回归分析模型。

7.1　一元线性回归分析

一元线性回归也称为简单线性回归（simple linear regression），主要研究两个变量之间的统计关系。在回归分析中，通常用 y 表示因变量，也称为响应变量或被解释变量；用 x 表示自变量，也称为预报变量（predictor variable）或解释变量（explanatory variable）。

7.1.1　一元线性回归模型

一元线性回归模型也称为简单直线回归模型，具体可表示为

$$y = \beta_0 + \beta_1 x + \varepsilon \tag{7.1.1}$$

其中，β_0 为回归常数，β_1 为回归系数，ε 为随机误差（random error）。ε 反映了除 x 之外的随机因素对 y 的影响，反映了不能由 x 和 y 之间的线性关系所解释的变异性。

对于式(7.1.1)，通常做如下假定：

（1）自变量 x 是确定性变量。

（2）ε 为服从正态分布的随机变量，其期望为 0，方差为 σ^2，即满足如下条件：

$$\varepsilon \sim N\left(0,\sigma^2\right) \tag{7.1.2}$$

由式(7.1.1)和式(7.1.2)，有

$$\mathrm{E}\left(y\right) = \beta_0 + \beta_1 x \tag{7.1.3}$$

在自变量 x 的不同取值 x_i 下，$i = 1,2,\cdots,n$，观测因变量 y，可得到一组容量为 n 的样本，如表 7-1 所示。为便于分析，将样本记为 $\left(x_i, y_i\right), i = 1,2,\cdots,n$。

表 7-1　一元线性回归模型的样本结构

序号	1	2	…	n
x	x_1	x_2	…	x_n
y	y_1	y_2	…	y_n

由式(7.1.1)，y_i 可表示为

$$y_i = \beta_0 + \beta_1 x_i + \varepsilon_i, \quad i = 1,2,\cdots,n \tag{7.1.4}$$

其中，ε_i 表示自变量取值为 x_i 时，因变量 y_i 的实际值和期望值 $\beta_0 + \beta_1 x_i$ 之间的误差。根据式(7.1.1)和式(7.1.2)有 $\varepsilon_i \sim N\left(0,\sigma^2\right)$、$y_i \sim N\left(\beta_0 + \beta_1 x_i, \sigma^2\right)$。假定各 ε_i 之间相互独立。据此，一元线性回归模型的样本结构可用图 7-1 进行描述。

若记 $\boldsymbol{X}=\begin{bmatrix}1 & 1 & \cdots & 1\\ x_1 & x_2 & \cdots & x_n\end{bmatrix}^{\mathrm{T}}$， $\boldsymbol{Y}=\begin{bmatrix}y_1 & y_2 & \cdots & y_n\end{bmatrix}^{\mathrm{T}}$， $\boldsymbol{\varepsilon}=\begin{bmatrix}\varepsilon_1 & \varepsilon_2 & \cdots & \varepsilon_n\end{bmatrix}^{\mathrm{T}}$，

$\boldsymbol{\beta}=\begin{bmatrix}\beta_0\\ \beta_1\end{bmatrix}$，则式(7.1.4)可写成如下向量形式

$$\boldsymbol{Y}=\boldsymbol{X\beta}+\boldsymbol{\varepsilon} \tag{7.1.5}$$

并且 $\boldsymbol{\varepsilon}$ 服从 n 元正态分布

$$\boldsymbol{\varepsilon}\sim N\left(\boldsymbol{0},\sigma^2\boldsymbol{I}_n\right) \tag{7.1.6}$$

其中，$\boldsymbol{I}_n$ 表示 $n\times n$ 单位矩阵。

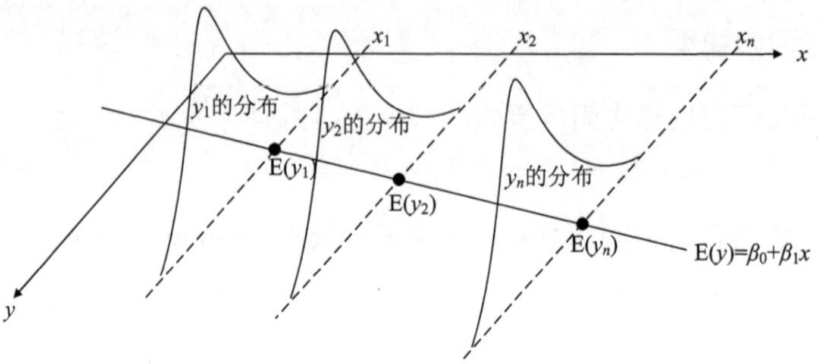

图 7-1 一元线性回归模型样本结构图

7.1.2 一元线性回归模型求解

求解一元线性回归模型，主要是基于样本 $(x_i,y_i),i=1,2,\cdots,n$，对 β_0、β_1 进行估计。

记 β_0、β_1 的估计值为 $\hat{\beta}_0$、$\hat{\beta}_1$，称下述方程为 y 关于 x 的一元线性经验回归方程，或估计的回归方程（estimated regression equation）、回归方程。

$$\hat{y}=\hat{\beta}_0+\hat{\beta}_1x \tag{7.1.7}$$

由式(7.1.4)有

$$\mathrm{E}\left(y_i\right)=\beta_0+\beta_1x_i \tag{7.1.8}$$

y_i 与 $\mathrm{E}\left(y_i\right)$ 之间的离差为

$$y_i-\mathrm{E}\left(y_i\right)=y_i-\beta_0-\beta_1x_i \tag{7.1.9}$$

离差平方和为

$$Q\left(\beta_0,\beta_1\right)=\sum^{n}[y_i-\mathrm{E}(y_i)]^2=\sum_{i=1}^{n}\left(y_i-\beta_0-\beta_1x_i\right)^2 \tag{7.1.10}$$

求解一元线性回归模型，通常采用最小二乘法（method of least squares）。其基本思想是求解 β_0、β_1，使得离差平方和 $Q\left(\beta_0,\beta_1\right)$ 达到最小，如图 7-2 所示。

设最小化 $Q\left(\beta_0,\beta_1\right)$ 得到的解为 $\hat{\beta}_0$、$\hat{\beta}_1$，则称 $\hat{\beta}_0$、$\hat{\beta}_1$ 为 β_0、β_1 的最小二乘估计，且有

$$Q\left(\hat{\beta}_0,\hat{\beta}_1\right)=\min_{\beta_0,\beta_1}\sum_{i=1}^{n}\left(y_i-\beta_0-\beta_1 x_i\right)^2 \tag{7.1.11}$$

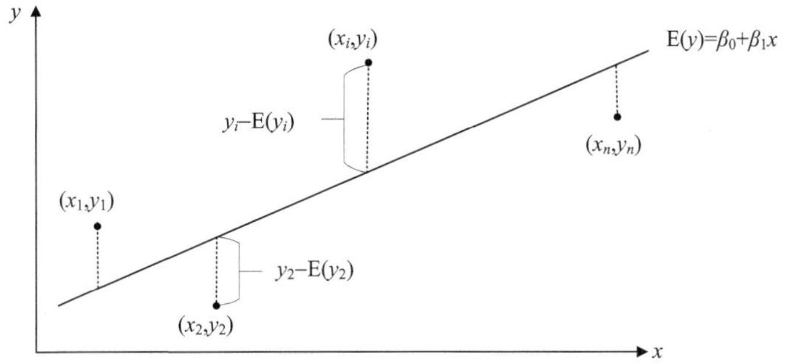

图 7-2　最小二乘法示意图

由多元函数求极小值的方法，$\hat{\beta}_0$、$\hat{\beta}_1$应满足以下方程组

$$\begin{cases}\left.\dfrac{\partial Q\left(\beta_0,\beta_1\right)}{\partial\beta_0}\right|_{\beta_0=\hat{\beta}_0,\beta_1=\hat{\beta}_1}=0\\\left.\dfrac{\partial Q\left(\beta_0,\beta_1\right)}{\partial\beta_1}\right|_{\beta_0=\hat{\beta}_0,\beta_1=\hat{\beta}_1}=0\end{cases} \tag{7.1.12}$$

将式(7.1.10)代入，可得

$$\begin{cases}\hat{\beta}_0=\overline{y}-\hat{\beta}_1\overline{x}\\\hat{\beta}_1=\dfrac{\sum\limits_{i=1}^{n}\left(x_i-\overline{x}\right)\left(y_i-\overline{y}\right)}{\sum\limits_{i=1}^{n}\left(x_i-\overline{x}\right)^2}\end{cases} \tag{7.1.13}$$

其中，$\overline{x}=\dfrac{1}{n}\sum_{i=1}^{n}x_i$，$\overline{y}=\dfrac{1}{n}\sum_{i=1}^{n}y_i$。

若引入符号

$$S_{xx}=\sum_{i=1}^{n}\left(x_i-\overline{x}\right)^2，\ S_{xy}=\sum_{i=1}^{n}\left(x_i-\overline{x}\right)\left(y_i-\overline{y}\right)，\ S_{yy}=\sum_{i=1}^{n}\left(y_i-\overline{y}\right)^2$$

则式(7.1.13)可写为

$$\begin{cases}\hat{\beta}_0=\overline{y}-\hat{\beta}_1\overline{x}\\\hat{\beta}_1=\dfrac{S_{xy}}{S_{xx}}\end{cases} \tag{7.1.14}$$

关于$\hat{\beta}_0$、$\hat{\beta}_1$，可以证明如下定理。

定理 7-1　$\hat{\beta}_1$服从正态分布$N\left(\beta_1,\dfrac{\sigma^2}{S_{xx}}\right)$，$\hat{\beta}_0$服从正态分布$N\left(\beta_0,\left(\dfrac{1}{n}+\dfrac{\overline{x}^2}{S_{xx}}\right)\sigma^2\right)$，且有

$$\operatorname{Cov}\left(\hat{\beta}_0, \hat{\beta}_1\right) = -\frac{\overline{x}}{S_{xx}}\sigma^2 \tag{7.1.15}$$

对于给定的 x，结合方程 $\hat{y} = \hat{\beta}_0 + \hat{\beta}_1 x$，可得关于 $\hat{y}$ 的如下定理（证略）。

定理 7-2 $\hat{y}$ 服从正态分布 $N\left(\beta_0 + \beta_1 x, \left(\frac{1}{n} + \frac{(x-\overline{x})^2}{S_{xx}}\right)\sigma^2\right)$。

下面对 ε 的方差 σ^2 进行估计。对于给定的 x_i，记回归值 $\hat{y}_i = \hat{\beta}_0 + \hat{\beta}_1 x_i$ 对应的残差 e_i 为

$$e_i = y_i - \hat{y}_i = y_i - \hat{\beta}_0 - \hat{\beta}_1 x_i \tag{7.1.16}$$

记残差平方和（sum of squares due to error， SSE ）为

$$\mathrm{SSE} = \sum_{i=1}^{n} e_i^2 = \sum_{i=1}^{n} \left(y_i - \hat{y}_i\right)^2 \tag{7.1.17}$$

在 $y = \beta_0 + \beta_1 x + \varepsilon$ 成立的条件下，可证如下定理（证略）。

定理 7-3 $\hat{\beta}_0$、$\hat{\beta}_1$ 与 SSE 是统计独立的，并且

$$\frac{\mathrm{SSE}}{\sigma^2} \sim \chi^2(n-2) \tag{7.1.18}$$

由此，可得到 σ^2 、σ 的点估计分别为

$$\hat{\sigma}^2 = \frac{\mathrm{SSE}}{n-2}, \quad \hat{\sigma} = \sqrt{\frac{\mathrm{SSE}}{n-2}} \tag{7.1.19}$$

$\hat{\sigma}$ 也称为估计标准误差（standard error of estimate），可用于度量实际观测值在回归直线周围的散布状况。

获得观测值 (x_i, y_i)，$i = 1, 2, \cdots, n$，即可利用式(7.1.14)，计算得到 $\hat{\beta}_0$、$\hat{\beta}_1$ 的具体值，完成对 β_0、β_1 的估计。

例 7-1 在国民经济分析中，居民人均可支配收入和人均消费支出是两个重要的统计指标。表 7-2 列出了 2020 年全国部分地区的统计数据（其中 x 表示居民人均可支配收入、y 表示居民人均消费支出，单位：万元）。x 和 y 的散点图见图 7-3，可见居民人均消费支出和居民人均可支配收入呈现围绕直线上下波动的趋势。从而，可通过线性拟合的方式分析 y 随 x 的变化规律，建立 x 与 y 之间的线性回归模型。

表 7-2 2020 年部分地区居民人均可支配收入与消费支出 （单位：万元）

地区	x	y	地区	x	y
北京	6.94335	3.89033	湖北	2.78806	1.92459
天津	4.38541	2.84614	湖南	2.93799	2.09976
河北	2.71359	1.80370	广东	4.10286	2.84919
山西	2.52137	1.57327	广西	2.45623	1.63568
内蒙古	3.14973	1.97945	海南	2.79041	1.89716
辽宁	3.27383	2.06721	重庆	3.08239	2.16781
吉林	2.57510	1.73177	四川	2.65221	1.97834

续表

地区	x	y	地区	x	y
黑龙江	2.49020	1.70564	贵州	2.17954	1.48738
上海	7.22324	4.25363	云南	2.32949	1.67924
江苏	4.33904	2.62251	西藏	2.17441	1.32248
浙江	5.23974	3.12947	陕西	2.62260	1.74176
安徽	2.81032	1.88773	甘肃	2.03351	1.61749
福建	3.72024	2.51258	青海	2.40374	1.82842
江西	2.80165	1.79553	宁夏	2.57349	1.75058
山东	3.28857	2.09401	新疆	2.38447	1.65121
河南	2.48101	1.61426			

数据来源：https://www.stats.gov.cn/sj/ndsj/2021/indexch.htm,访问时间：2024 年 1 月 16 日

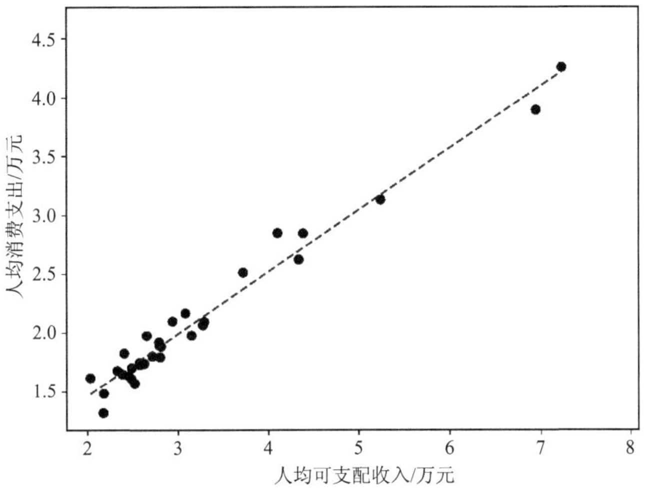

图 7-3　居民人均收入支出数据散点图

对于表 7-2 所示的数据，计算可得 $\overline{x}=3.2086$，$\overline{y}=2.1012$，$S_{xy}=25.3237$，$S_{xx}=48.0904$，$S_{yy}=13.7323$，$\hat{\beta}_0=0.4116$，$\hat{\beta}_1=0.5266$，从而可得一元线性经验回归方程为 $\hat{y}=0.4116+0.5266x$。对于 σ^2 的估计，计算可得 $\mathrm{SSE}=0.3972$，$\hat{\sigma}^2=\dfrac{0.3972}{31-2}=0.0137$，$\hat{\sigma}=0.1170$。

7.1.3　一元线性回归模型的检验

建立线性回归模型(7.1.1)，应有回归系数 $\beta_1\neq 0$，否则 y 就是和 x 线性无关的随机变量。7.1.1 节给出了线性回归模型的相关假定。为了使得基于线性回归模型得到的分析结论和预测结果科学与精准，就需要对线性模型的假定是否成立进行检验，并对线性模型的优良性进行评价。

1. 线性模型优良性评价的主要内容

线性模型优良性评价可通过对模型的检验完成，主要包括以下三种情况。

（1）线性模型的成立性检验。该检验包括两部分：①确定自变量 x 和因变量 y 之间是否存在线性关系，即确定是否可以通过式(7.1.1)描述两个变量之间的关系；②确定自变量 x 对因变量 y 的影响是否显著，即检验式(7.1.1)中的 β_1 是否等于 0。若 $\beta_1 = 0$ 成立，则表明 y 是和 x 无线性关系的随机变量。该检验称为回归系数的显著性检验。在实际的应用中还需要分析 β_1 的符号。若根据研究问题的背景分析，得出自变量和因变量之间呈现正的线性相关关系，则应有 $\beta_1 > 0$；若自变量和因变量之间呈现负的线性相关关系，则应有 $\beta_1 < 0$。

（2）模型拟合效果的检验。该检验主要是用散点图分析样本观测值是否在回归直线的上下抖动，以及抖动的幅度。若抖动的幅度过大，则利用回归模型进行拟合或预测的精度偏低，失去模型的实用价值。该检验称为模型的拟合优度（goodness of fit）检验，可通过分析判定系数的大小完成。

（3）误差的正态性检验。当线性模型成立时，式(7.1.16)所示的残差应是服从正态分布的随机变量，因而要求对式(7.1.2)的正态性假设是否成立进行检验。该检验可通过残差分析完成。

当上述检验通过后，就可以将所建立的线性模型，用于进一步的分析和预测。

2. 线性模型的成立性检验

1）线性关系的存在性检验

对于一元线性回归，因为仅涉及一个自变量，所以当式(7.1.1)所示的线性模型成立时，应有 $\beta_1 \neq 0$，从而线性关系的存在性检验的统计假设为

$$H_0: \beta_1 = 0 \qquad H_1: \beta_1 \neq 0 \tag{7.1.20}$$

总平方和（SST）表示因变量 y 的总波动情况，定义为

$$\mathrm{SST} = \sum_{i=1}^{n} \left(y_i - \overline{y}\right)^2 \tag{7.1.21}$$

用回归平方和（sum of squares due to regression，SSR）表示回归值 $\hat{y}$ 的波动情况，定义为

$$\mathrm{SSR} = \sum_{i=1}^{n} \left(\hat{y}_i - \overline{y}\right)^2 \tag{7.1.22}$$

结合式(7.1.17)给出的SSE 的定义，不难验证如下关系式（称为一元线性回归的平方和分解式）成立：

$$\mathrm{SST} = \mathrm{SSR} + \mathrm{SSE} \tag{7.1.23}$$

由SSR 的定义，可见SSR 反映了SST 中可以由回归直线 $\hat{y} = \hat{\beta}_0 + \hat{\beta}_1 x$ 解释的 y 的变

动部分。SSE 则反映了SST 中不能由回归直线所解释的 y 的变动部分。SST 、SSR 、SSE 计算的示意如图 7-4 所示。

对于SSR 、SST ，可证明有如下定理。

定理 7-4 当一元线性回归模型的假设 $H_0:\beta_1=0$ 成立时，$\frac{\text{SSR}}{\sigma^2}$、$\frac{\text{SST}}{\sigma^2}$ 分别服从自由度为 1、$n-1$ 的 χ^2 分布，即

$$\frac{\text{SSR}}{\sigma^2}\sim\chi^2(1),\quad \frac{\text{SST}}{\sigma^2}\sim\chi^2(n-1) \tag{7.1.24}$$

由定理 7-3、定理 7-4，结合式(7.1.18)、式(7.1.24)，构造 F 统计量 $F=\frac{\text{SSR}}{1}\Big/\frac{\text{SSE}}{n-2}$，可证明：

$$F=\frac{\text{SSR}}{1}\Big/\frac{\text{SSE}}{n-2}\sim F(1,n-2) \tag{7.1.25}$$

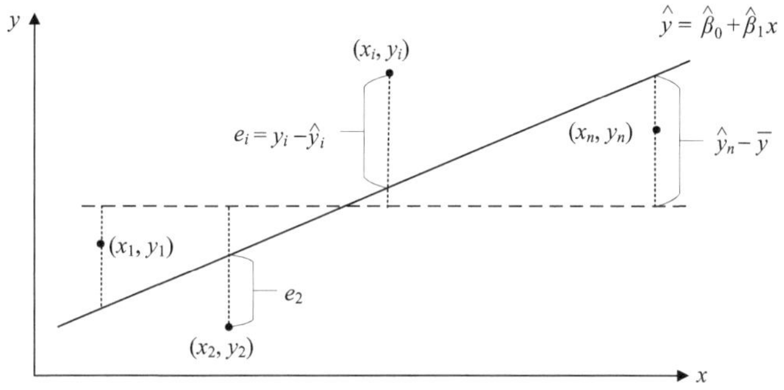

图 7-4 SST 、SSR 、SSE 的计算示意图

从SSR 、SSE 的定义看，当式(7.1.1)所示的线性模型成立时，SSR 应该可以解释绝大部分 y 的变动；SSE 则是由随机误差引起的 y 的变动部分。因此，在式(7.1.1)所示的线性模型成立时，$F=\frac{\text{SSR}}{1}\Big/\frac{\text{SSE}}{n-2}$ 应是一个较大的数，否则不能认为线性模型成立。对于回归模型线性关系的检验，即式(7.1.20)所要求的检验，可采用 F 检验法进行。检验时，首先是基于样本观测值计算统计量 F 的观测值，然后可采用显著性检验法或 p 值进行检验。此时：p 值 $=P\left\{F\geqslant\frac{\text{SSR}}{1}\Big/\frac{\text{SSE}}{n-2}\right\}$。判决规则为：

（1）若 $F\geqslant F_{1-\alpha}(1,n-2)$ 或 p 值 $\leqslant\alpha$ ，则说明回归方程是显著的，拒绝 H_0 。

（2）若 $F<F_{1-\alpha}(1,n-2)$ 或 p 值 $>\alpha$ ，则不能拒绝 H_0 。

对于例 7-1 所示的数据，计算可得：$\text{SSR}=13.3350, F=973.5312$ 。当 $\alpha=0.05$ 时，$F_{0.95}(1,29)=4.1830$， p 值 ≈ 0 。利用判决规则，得到拒绝 H_0 的结论。

2）回归系数的显著性检验

回归系数的显著性检验可采用 t 检验法进行。对一元线性回归，因为仅涉及 β_1 一个

回归系数，仍采用式(7.1.20)所示的统计假设。所以，对一元线性回归，β_1的显著性检验等价于线性关系的存在性检验。

定义检验统计量为

$$t=\frac{\hat{\beta}_1-\beta_1}{\sqrt{\sigma^2/S_{xx}}}\bigg/\sqrt{\frac{(n-2)\hat{\sigma}^2}{\sigma^2}\bigg/(n-2)}=\frac{\left(\hat{\beta}_1-\beta_1\right)\sqrt{S_{xx}}}{\hat{\sigma}} \tag{7.1.26}$$

由定理 7-1、定理 7-3，以及 t 分布的定义可知，在H_0成立的条件下，统计量$t=\dfrac{\hat{\beta}_1\sqrt{S_{xx}}}{\hat{\sigma}}$服从自由度为$n-2$的$t$分布，即$t\sim t(n-2)$。

对于给定的显著性水平α，基于样本观测值计算统计量t的观测值。进行双边检验时 p 值$=2\times P\left\{t\geqslant\left|\dfrac{\hat{\beta}_1\sqrt{S_{xx}}}{\hat{\sigma}}\right|\right\}=2\left(1-F\left(\left|\dfrac{\hat{\beta}_1\sqrt{S_{xx}}}{\hat{\sigma}}\right|\right)\right)$，其中$\mathrm{F}\left(\left|\dfrac{\hat{\beta}_1\sqrt{S_{xx}}}{\hat{\sigma}}\right|\right)$为分布$t(n-2)$在点$\left|\dfrac{\hat{\beta}_1\sqrt{S_{xx}}}{\hat{\sigma}}\right|$的累积概率。判决规则为：

（1）若$|t|\geqslant t_{1-\alpha/2}(n-2)$或$p\leqslant\alpha$，说明回归系数$\beta_1$是显著的，拒绝$H_0$。

（2）若$|t|<t_{1-\alpha/2}(n-2)$或$p>\alpha$，则不能拒绝H_0。

对表 7-2 所示的数据，计算可得

$$t=\frac{0.5266\times\sqrt{48.0904}}{0.1170}=31.2122$$

当$\alpha=0.05$时，计算可得$t_{0.975}(29)=2.0452$，$p\approx 0$。利用判决规则，得到拒绝H_0的结论。

3. 模型的拟合优度检验

回归直线$\hat{y}=\hat{\beta}_0+\hat{\beta}_1 x$在一定程度上描述了自变量$x$与因变量$y$之间的数量关系，由该方程，可以根据$x$估计或预测$y$的取值，但估计或预测的精度取决于回归直线对观测数据的拟合程度。不难想象，若各观测数据(x_i,y_i)的散点都落在这一直线上，那么这条直线就是对数据的完全拟合，此时用$\hat{y}$来估计y是没有误差的。各观测点越是紧密围绕回归直线，说明其对观测数据的拟合程度越好，反之则越差。称回归直线与各观测点的接近程度为其对数据的拟合优度（goodness of fit）。

判定系数(coefficient of determination) R^2也称为决定系数，定义为SSR与SST之比，即

$$R^2=\frac{\mathrm{SSR}}{\mathrm{SST}}=\frac{\mathrm{SSR}}{\mathrm{SSR}+\mathrm{SSE}}=1-\frac{\mathrm{SSE}}{\mathrm{SST}}=1-\frac{\mathrm{SSE}}{\mathrm{SSR}+\mathrm{SSE}} \tag{7.1.27}$$

判定系数描述了回归直线对观测值的拟合程度，判定系数具有如下性质。

（1）$0\leqslant R^2\leqslant 1$。

（2）$R^2=1$时，$\mathrm{SSE}=0$，$\mathrm{SSR}=\mathrm{SST}$，说明所有的观测点在回归直线上，拟合是

完全的，此时 x 和 y 呈现出函数关系。

（3）$R^2=0$ 时，$\mathrm{SSE}=\mathrm{SST}$，$\mathrm{SSR}=0$，$\hat{y}_i=\overline{y}$，说明回归直线平行于 x 轴，此时 x 和 y 无线性相关关系。

（4）R^2 越接近于 1，表明SSR 在SST 中所占的比例越大，说明用回归方程进行拟合的效果越好。

可以证明 $R^2=r^2$，$r=\dfrac{S_{xy}}{\sqrt{S_{xx}\cdot S_{yy}}}$ 为 x 和 y 之间的皮尔逊相关系数。可见，不仅可以由相关系数直接计算判定系数，而且可以得出变量之间线性相关关系越强，回归方程的拟合效果越好的结论，但需要注意如下几点。

（1）由相关系数 r 的定义和回归方程中 $\hat{\beta}_1$ 的几何意义（回归直线的斜率），可知 r 与 $\hat{\beta}_1$ 的正负号相同。

（2）$|r|$ 的值越大，回归方程的拟合效果越好，但不能简单地仅从 $|r|$ 数值的角度描述拟合的程度。如 $|r|=0.8$ 时，从相关关系的角度，两个变量之间的相关关系已经比较强了，但此时 $R^2=0.64$，表示回归直线仅能解释因变量 y 的总变动中的 64%，还有 36% 的变动源于随机因素的影响。

对于表 7-2 所示的数据，计算可得判定系数为 $R^2=0.9711$。可见，回归方程的拟合效果非常好，这从图 7-3 中数据紧密地围绕在直线上下波动也可以看出。

4. 残差分析

对于 $(x_i,y_i),i=1,2,\cdots,n$，式(7.1.16)给出了残差的定义。在式(7.1.2)成立的条件下有 $y_i\sim N\left(\beta_0+\beta_1x_i,\sigma^2\right)$，由定理 7-2 有 $\hat{y}_i\sim N\left(\beta_0+\beta_1x_i,\left(\dfrac{1}{n}+\dfrac{(x_i-\overline{x})^2}{S_{xx}}\right)\sigma^2\right)$。因此，由正态分布的性质可知，残差 $e_i=y_i-\hat{y}_i$ 服从正态分布。

可以证明，残差具有如下性质：① $\mathrm{E}(e_i)=0$。② $\mathrm{Var}(e_i)=(1-h_{ii})\sigma^2$。其中，$h_{ii}=\dfrac{1}{n}+\dfrac{(x_i-\overline{x})^2}{S_{xx}}$ 称为杠杆值（leverage value），$0<h_{ii}<1$。当 n 较大、S_{xx} 和 $(x_i-\overline{x})^2$ 大小相差较大时，$h_{ii}\approx 0$，可取 $\mathrm{Var}(e_i)=\sigma^2$，从而 e_i 可用正态分布 $N(0,\sigma^2)$ 进行分析。

残差分析结果可通过残差图进行展示。残差图是一种以残差为纵坐标的散点图。通常，残差图的横坐标有如下三种：以 y 为横坐标；以 x 为横坐标；以观测值序号为横坐标。

从残差的定义及其相关性质可见，如果对所有的 x 值，ε 的方差都相同，而且假定 x 和 y 之间关系的回归模型是合理的，那么如图 7-5（a）所示，由（x_i，e_i）绘制得到的残差图中的所有点（除极少数的异常值外）都应落在一条水平带中间，且呈现随机波动的趋势，并且越靠近 $\overline{x}$ 残差越大（参见性质②）。当残差图不具有上述趋势时，说明所选择的线性回归模型不合理，或者回归模型的假设不成立，如图 7-5（b）、（c）所示。

由性质②可知，对于不同的 i，$\mathrm{Var}(e_i)$ 并不一定相等，并且对于量纲不同的数据，难以对不同点的残差相对大小进行直观比较。为此，需要引入新的残差度量。

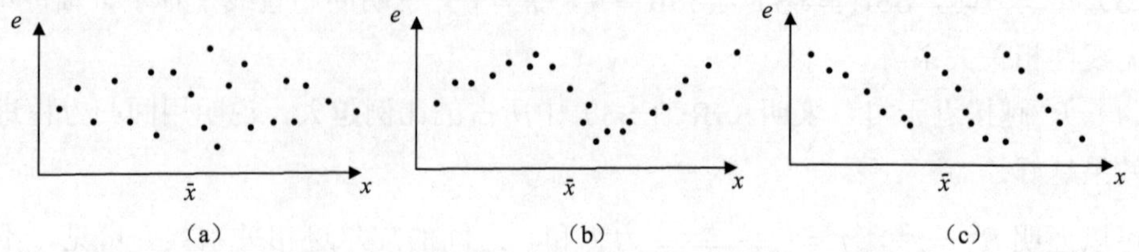

图 7-5　残差示意图

标准化残差（standardized residuals，ZRE）定义为残差除以σ的无偏估计，即

$$\mathrm{ZRE}_i = \frac{e_i}{\hat{\sigma}} = \frac{y_i - \hat{y}_i}{\sqrt{\mathrm{SSE}/(n-2)}} \tag{7.1.28}$$

学生化残差（studentized residuals，SRE）定义为

$$\mathrm{SRE}_i = \frac{e_i}{\hat{\sigma}\sqrt{1-h_{ii}}} \tag{7.1.29}$$

从上述定义可见，若$\varepsilon \sim N\left(0,\sigma^2\right)$这一假设成立，由定理 7-3 及$t$分布的定义，学生化残差$\mathrm{SRE}_i$服从自由度为$n-2$的$t$分布$t(n-2)$，当$n$较大时可近似看成服从于标准正态分布$N(0,1)$的随机变量，从而，在学生化残差图中，大约有 95.45%的学生化残差落于区间$[-2,2]$中，大约有 99.73%的学生化残差落于区间$[-3,3]$中。因此，可将$|\mathrm{SRE}_i|>2$或$|\mathrm{SRE}_i|>3$的观测值视为异常值。对表 7-2 所示的数据，可计算得出如表 7-3 所示的残差分析结果。

结合表 7-2 和表 7-3 的数据，可绘制如图 7-6 所示的残差和学生化残差图，从该图可见所有的学生化残差在区间$[-3,3]$中，而且随机散布在直线$\mathrm{SRE}_i=0$两侧，说明线性回归误差的正态性假设成立。

表 7-3　2020 年全国部分地区居民人均可支配收入和消费支出数据残差分析结果

地区	e	SRE	地区	e	SRE
北京	−0.1775	−1.8428	湖北	0.0448	0.3901
天津	0.1252	1.1043	湖南	0.1410	1.2260
河北	−0.0369	−0.3209	广东	0.2771	2.4275
山西	−0.1661	−1.4497	广西	−0.0693	−0.6060
内蒙古	−0.0908	−0.7884	海南	0.0162	0.1406
辽宁	−0.0684	−0.5937	重庆	0.1331	1.1558
吉林	−0.0359	−0.3128	四川	0.1701	1.4824
黑龙江	−0.0173	−0.1509	贵州	−0.0719	−0.6321
上海	0.0384	0.4121	云南	0.0410	0.3587
江苏	−0.0740	−0.6516	西藏	−0.2341	−2.0575

续表

地区	e	SRE	地区	e	SRE
浙江	−0.0413	−0.3759	陕西	−0.0509	−0.4435
安徽	−0.0038	−0.0327	甘肃	0.1351	1.1909
福建	0.1419	1.2363	青海	0.1510	1.3210
江西	−0.0914	−0.7952	宁夏	−0.0162	−0.1413
山东	−0.0493	−0.4284	新疆	−0.0160	−0.1403
河南	−0.1038	−0.9069			

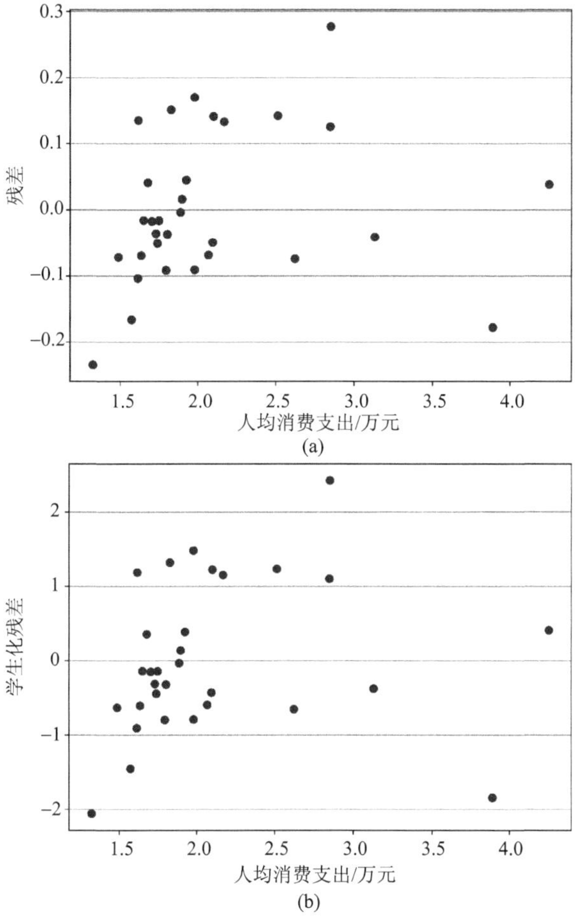

图 7-6　居民人均消费支出线性回归残差图

7.1.4　一元线性回归预测

给定 x 的取值 x_0，对 x_0 对应的 y 的值 y_0 做出统计推断，就称为回归预测。如果经过回归模型的检验，表明线性回归模型成立，并且通过对实际背景问题的分析，可以认为为回归模型的假设成立，就可以基于回归模型进行预测。回归预测分为点估计与区间估计两种情况。

1. 点估计

当 $x=x_0$ 时，由式(7.1.1)，y_0 的真实值为 $y_0=\beta_0+\beta_1x_0+\varepsilon$，并且有 $y_0\sim N\left(\beta_0+\beta_1x_0,\sigma^2\right)$。由式(7.1.7)，$y_0$的回归值为 $\hat{y}_0=\hat{\beta}_0+\hat{\beta}_1x_0$。由定理 7-2 有

$$\hat{y}_0\sim N\left(\beta_0+\beta_1x_0,\left(\frac{1}{n}+\frac{\left(x_0-\overline{x}\right)^2}{S_{xx}}\right)\sigma^2\right) \tag{7.1.30}$$

由上述结论可见，当给定 x_0 时，回归预测值 $\hat{y}_0$ 与真实值 y_0 具有相同的期望值。回归预测值的点估计为

$$\hat{y}_0=\hat{\beta}_0+\hat{\beta}_1x_0 \tag{7.1.31}$$

2. 区间估计

在进行预测时，区间估计分为期望值 $\mathrm{E}\left(\hat{y}_0\right)$ 的区间估计和观测值 y_0 的区间估计两种情况，前者称为期望值的置信区间估计，后者称为预测区间估计。

1）期望值的置信区间估计

由式(7.1.30)可得 $\mathrm{E}\left(\hat{y}_0\right)=\beta_0+\beta_1x_0$。期望值的区间估计即是计算在给定置信水平 $1-\alpha$、给定 x_0 的条件下，$\mathrm{E}\left(\hat{y}_0\right)$ 的置信区间。

构造统计量 t_e

$$t_e=\frac{\hat{y}_0-\left(\beta_0+\beta_1x_0\right)}{\sqrt{\left(\frac{1}{n}+\frac{\left(x_0-\overline{x}\right)^2}{S_{xx}}\right)\sigma^2}}\Bigg/\sqrt{\frac{\mathrm{SSE}}{\sigma^2}\Big/(n-2)}=\frac{\hat{y}_0-\left(\beta_0+\beta_1x_0\right)}{\hat{\sigma}\sqrt{\frac{1}{n}+\frac{\left(x_0-\overline{x}\right)^2}{S_{xx}}}} \tag{7.1.32}$$

由定理 7-3 和 t 分布的定义，可证 $t_e\sim t(n-2)$。记

$$d_e=t_{1-\alpha/2}(n-2)\cdot\hat{\sigma}\sqrt{\frac{1}{n}+\frac{\left(x_0-\overline{x}\right)^2}{S_{xx}}} \tag{7.1.33}$$

基于式(7.1.32)、式(7.1.33)，可得 $\mathrm{E}\left(\hat{y}_0\right)=\beta_0+\beta_1x_0$ 的置信水平为 $1-\alpha$ 的置信区间为

$$\left[\hat{y}_0-d_e,\hat{y}_0+d_e\right] \tag{7.1.34}$$

2）预测区间估计

预测区间估计是对于给定的 x_0，在考虑 $\hat{\beta}_0$、$\hat{\beta}_1$ 受到观测值的影响为随机变量的条件下，计算在给定置信水平 $1-\alpha$ 条件下，y_0 的观测值可能出现的范围。

由式(7.1.1)，有 $y_0\sim N\left(\beta_0+\beta_1x_0,\sigma^2\right)$，且考虑到 $\hat{y}_0$ 为 $y_1,y_2,\cdots,y_n$ 的函数，故与 y_0 统计独立，再考虑式(7.1.30)，有

$$y_0-\hat{y}_0\sim N\left(0,\left(1+\frac{1}{n}+\frac{(x_0-\overline{x})^2}{S_{xx}}\right)\sigma^2\right) \tag{7.1.35}$$

构造统计量 t_p

$$t_p=\frac{y_0-\hat{y}_0}{\sqrt{\left(1+\frac{1}{n}+\frac{(x_0-\overline{x})^2}{S_{xx}}\right)\sigma^2}}\Bigg/\sqrt{\frac{\text{SSE}}{\sigma^2}\Big/(n-2)}=\frac{y_0-\hat{y}_0}{\hat{\sigma}\sqrt{1+\frac{1}{n}+\frac{(x_0-\overline{x})^2}{S_{xx}}}} \tag{7.1.36}$$

由定理 7-3 及 t 分布的定义可证 $t_p\sim t(n-2)$。记

$$d_p=t_{1-\alpha/2}(n-2)\cdot\hat{\sigma}\sqrt{1+\frac{1}{n}+\frac{(x_0-\overline{x})^2}{S_{xx}}} \tag{7.1.37}$$

基于式(7.1.36)、式(7.1.37)，可得 y_0 的置信水平为 $1-\alpha$ 的置信区间为

$$\left[\hat{y}_0-d_p,\hat{y}_0+d_p\right] \tag{7.1.38}$$

对于表 7-2 的数据，计算可得不同地区给定居民人均收入条件下，居民人均消费支出的点估计、0.95 置信水平下期望值的置信区间和预测区间估计，如表 7-4 所示。

表 7-4　2020 年全国部分地区居民人均消费支出预测分析结果

地区	x	y	点估计	期望值的置信区间		预测区间	
				下限	上限	下限	上限
北京	6.94335	3.89033	4.06788	3.93199	4.20377	3.79263	4.34313
天津	4.38541	2.84614	2.72091	2.66176	2.78005	2.47434	2.96747
河北	2.71359	1.80370	1.84055	1.79429	1.88681	1.59675	2.08435
山西	2.52137	1.57327	1.73933	1.69023	1.78843	1.49498	1.98368
内蒙古	3.14973	1.97945	2.07022	2.02718	2.11326	1.82701	2.31342
辽宁	3.27383	2.06721	2.13557	2.09251	2.17862	1.89236	2.37877
吉林	2.57510	1.73177	1.76762	1.71939	1.81586	1.52345	2.01180
黑龙江	2.49020	1.70564	1.72292	1.67329	1.77255	1.47846	1.96738
上海	7.22324	4.25363	4.21527	4.07018	4.36035	3.93536	4.49517
江苏	4.33904	2.62251	2.69649	2.63843	2.75455	2.45018	2.94280
浙江	5.23974	3.12947	3.17078	3.08854	3.25302	2.91768	3.42389
安徽	2.81032	1.88773	1.89149	1.84635	1.93662	1.64790	2.13507
福建	3.72024	2.51258	2.37064	2.32416	2.41712	2.12680	2.61448
江西	2.80165	1.79553	1.88692	1.84169	1.93215	1.64332	2.13053
山东	3.28857	2.09401	2.14333	2.10025	2.18641	1.90011	2.38654
河南	2.48101	1.61426	1.71808	1.66829	1.76787	1.47359	1.96257
湖北	2.78806	1.92459	1.87977	1.83439	1.92514	1.63614	2.12340
湖南	2.93799	2.09976	1.95872	1.91472	2.00271	1.71534	2.20209
广东	4.10286	2.84919	2.57212	2.51920	2.62504	2.32697	2.81727

续表

地区	x	y	点估计	期望值的置信区间		预测区间	
				下限	上限	下限	上限
广西	2.45623	1.63568	1.70503	1.65480	1.75526	1.46045	1.94961
海南	2.79041	1.89716	1.88100	1.83565	1.92635	1.63738	2.12463
重庆	3.08239	2.16781	2.03476	1.99154	2.07797	1.79152	2.27799
四川	2.65221	1.97834	1.80823	1.76114	1.85532	1.56427	2.05218
贵州	2.17954	1.48738	1.55933	1.50356	1.61510	1.31355	1.80511
云南	2.32949	1.67924	1.63829	1.58567	1.69091	1.39321	1.88337
西藏	2.17441	1.32248	1.55663	1.50075	1.61251	1.31082	1.80243
陕西	2.62260	1.74176	1.79264	1.74512	1.84015	1.54860	2.03667
甘肃	2.03351	1.61749	1.48243	1.42332	1.54154	1.23587	1.72899
青海	2.40374	1.82842	1.67739	1.62620	1.72858	1.43261	1.92217
宁夏	2.57349	1.75058	1.76678	1.71852	1.81504	1.52259	2.01096
新疆	2.38447	1.65121	1.66724	1.61569	1.71879	1.42239	1.91210

由式(7.1.33)和式(7.1.37)不难看出：当 x_0 与 $\overline{x}$ 的距离越远时，d_e，d_p 的值越大，从而置信区间的宽度越宽，估计的精度越低。此外还可得出 $d_p > d_e$ 的结论，这是因为：d_p 分析的是观测值 y_0，其变动不仅需要考虑回归直线的变动，还要考虑观测值本身的随机性。运用线性回归模型进行预测时，x_0 与 $\overline{x}$ 的距离较远时，预测误差较大。图 7-7 给出了运用一元线性回归模型进行预测时，其观测值、预测的点估计、区间估计等的示意图。

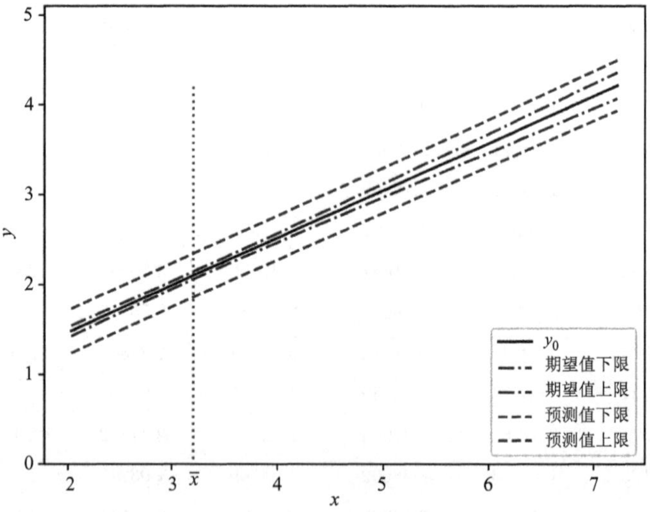

图 7-7　一元线性回归预测示意图

基于表 7-2 的数据，对 $x = 8$ 万元、$x = 10$ 万元两种情况进行预测，计算可得点估计分别为 4.6243、5.6775；$\alpha = 0.05$ 时期望值的置信区间估计分别为 $[4.4534, 4.7952]$、

$[5.4391, 5.9158]$。前者的区间宽度为 0.3418，后者的区间宽度为 0.4767；$\alpha = 0.05$ 时的预测区间估计分别为 $[4.3302, 4.9184]$、$[5.3397, 6.0152]$，前者的区间宽度为 0.5882，后者的区间宽度为 0.6755。可见与 $\bar{x}$ 的距离越远，区间的宽度越宽。

7.2　多元线性回归分析

在实际问题中，因变量的变化通常受到多个自变量的影响。多元线性回归主要研究多个自变量与一个因变量之间的线性相关关系。多元线性回归分析的基本原理与一元线性回归相同，但由于自变量个数的增加，计算分析变得更为复杂。

7.2.1　多元线性回归模型

多元线性回归模型（multiple linear regression model）为

$$y = \beta_0 + \beta_1 x_1 + \beta_2 x_2 + \cdots + \beta_p x_p + \varepsilon \tag{7.2.1}$$

其中，$x_1, x_2, \cdots, x_p$ 为自变量，y 为因变量；$\beta_0, \beta_1, \cdots, \beta_p$ 为 $p+1$ 个模型参数，β_0 称为回归常数，$\beta_1, \beta_2, \cdots, \beta_p$ 称为回归系数；ε 为随机误差，并且满足

$$\varepsilon \sim N\left(0, \sigma^2\right) \tag{7.2.2}$$

当 $p = 1$ 时，上述模型就是一元线性回归模型。

由式(7.2.1)、式(7.2.2)可得

$$E(y) = E(\beta_0 + \beta_1 x_1 + \beta_2 x_2 + \cdots + \beta_p x_p + \varepsilon) = \beta_0 + \beta_1 x_1 + \beta_2 x_2 + \cdots + \beta_p x_p \tag{7.2.3}$$

与一元线性回归模型类似，n 次观测得到的样本数据如表 7-5 所示。第 i 个样品可表示为 $(x_{i1}, x_{i2}, \cdots, x_{ip}; y_i)$，$i = 1, 2, \cdots, n$。

表 7-5　多元线性回归模型的样本结构

样品	随机变量	自变量			
	y	x_1	x_2	$\cdots$	x_p
1	y_1	x_{11}	x_{12}	$\cdots$	x_{1p}
2	y_2	x_{21}	x_{22}	$\cdots$	x_{2p}
$\vdots$	$\vdots$	$\vdots$	$\vdots$		$\vdots$
n	y_n	x_{n1}	x_{n2}	$\cdots$	x_{np}

若记

$$\boldsymbol{Y} = \begin{bmatrix} y_1 \\ y_2 \\ \vdots \\ y_n \end{bmatrix}, \quad \boldsymbol{X} = \begin{bmatrix} 1 & x_{11} & x_{12} & \cdots & x_{1p} \\ 1 & x_{21} & x_{22} & \cdots & x_{2p} \\ \vdots & \vdots & \vdots & & \vdots \\ 1 & x_{n1} & x_{n2} & \cdots & x_{np} \end{bmatrix}, \quad \boldsymbol{\beta} = \begin{bmatrix} \beta_0 \\ \beta_1 \\ \vdots \\ \beta_p \end{bmatrix} = \begin{bmatrix} \beta_0 & \beta_1 & \cdots & \beta_p \end{bmatrix}^{\mathrm{T}}, \quad \boldsymbol{\varepsilon} = \begin{bmatrix} \varepsilon_1 \\ \varepsilon_2 \\ \vdots \\ \varepsilon_n \end{bmatrix}$$

则多元线性回归模型的矩阵形式为

$$\boldsymbol{Y}=\boldsymbol{X}\boldsymbol{\beta}+\boldsymbol{\varepsilon} \tag{7.2.4}$$

对上述多元线性回归模型，通常做如下假定。

（1）$x_1,x_2,\cdots,x_p$ 为确定性变量，且 $\operatorname{rank}(\boldsymbol{X})=p+1<n$ 。

（2）$\boldsymbol{\varepsilon}$ 满足如下条件：

$$\mathrm{E}(\varepsilon_i)=0,\quad i=1,2,\cdots,n$$

$$\operatorname{Cov}(\varepsilon_i,\varepsilon_j)=\begin{cases}\sigma^2, i=j\\ 0,\ i\neq j\end{cases},\quad i,j=1,2,\cdots,n$$

上述条件表示：随机误差的平均值为 0，不同样本点的随机误差相互独立。

（3）正态性假设，即 $\varepsilon_i\sim N(0,\sigma^2)$，$i=1,2,\cdots,n$ 。

$$\boldsymbol{\varepsilon}\sim N(0,\sigma^2\boldsymbol{I_n}) \tag{7.2.5}$$

$p=2$ 时，线性回归模型的样本观测值、样本期望值之间的相对位置关系如图 7-8 所示。

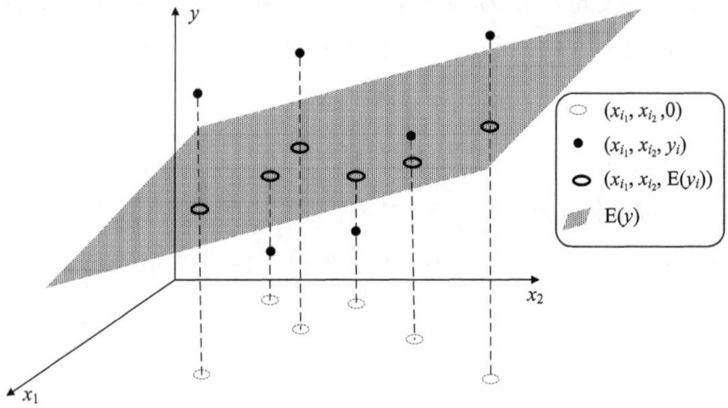

图 7-8　二元线性回归样本观测值、期望值示意图

例 7-2　在国民经济中，GDP 与国家铁路、公路、劳动力等存在相关关系，表 7-6 给出了 2001~2020 年我国 GDP（单位：万亿元，记为 y ）、铁路营业里程（单位：万公里，记为 x_1 ）、公路里程（单位：百万公里，记为 x_2 ）、劳动力（单位：亿人，记为 x_3 ）的统计数据。若需分析 y 与 x_1,x_2,x_3 之间的线性关系，可建立如下线性回归模型

$$y=\beta_0+\beta_1x_1+\beta_2x_2+\beta_3x_3+\varepsilon$$

表 7-6　2001~2020 年我国 GDP、铁路、公路及劳动力相关数据

年度	y	x_1	x_2	x_3
2001	11.08631	7.01	1.6980	7.3884
2002	12.17174	7.19	1.7652	7.4492
2003	13.74220	7.30	1.8098	7.4911
2004	16.18402	7.44	1.8707	7.5290

续表

年度	y	x_1	x_2	x_3
2005	18.73189	7.54	3.3452	7.6120
2006	21.94385	7.71	3.4570	7.6315
2007	27.00923	7.80	3.5837	7.6531
2008	31.92446	7.97	3.7302	7.7046
2009	34.85177	8.55	3.8608	7.7510
2010	41.21193	9.12	4.0082	7.8388
2011	48.79402	9.32	4.1064	7.8579
2012	53.85800	9.76	4.2375	7.8894
2013	59.29632	10.31	4.3562	7.9300
2014	64.35631	11.18	4.4639	7.9690
2015	68.88582	12.10	4.5773	8.0091
2016	74.63951	12.40	4.6963	7.9282
2017	83.20359	12.70	4.7735	7.9042
2018	91.92811	13.17	4.8465	7.8653
2019	98.65152	13.99	5.0125	7.8985
2020	101.35670	14.63	5.1981	7.8392

数据来源：https://data.stats.gov.cn/adv.htm?m=advquery&cn=C01 访问时间 2024 年 1 月 16 日

7.2.2　多元线性回归模型的求解

与一元线性回归类似，可以采用最小二乘法进行多元线性回归模型参数 $\boldsymbol{\beta}$ 的求解。即选择恰当的 $\boldsymbol{\beta}=\begin{bmatrix}\beta_0 & \beta_1 & \cdots & \beta_p\end{bmatrix}^{\mathrm{T}}$，使离差平方和 $Q(\boldsymbol{\beta})$ 达到最小。$Q(\boldsymbol{\beta})$ 定义为

$$Q(\boldsymbol{\beta})=\sum_{i=1}^{n}\left(y_i-\beta_0-\beta_1x_{i1}-\beta_2x_{i2}-\cdots-\beta_px_{ip}\right)^2 \tag{7.2.6}$$

上述最小二乘问题可表述为如下非线性最优化问题：

$$Q\left(\hat{\boldsymbol{\beta}}\right)=\min_{\beta_0,\beta_1,\cdots,\beta_p}\sum_{i=1}^{n}\left(y_i-\beta_0-\beta_1x_{i1}-\beta_2x_{i2}-\cdots-\beta_px_{ip}\right)^2 \tag{7.2.7}$$

假设 $\operatorname{rank}(\boldsymbol{X})=p+1$，$\boldsymbol{X}^{\mathrm{T}}\boldsymbol{X}$ 为可逆矩阵。求解上述最优化问题，可得参数 $\boldsymbol{\beta}$ 的解，写成矩阵形式为

$$\hat{\boldsymbol{\beta}}=\left(\boldsymbol{X}^{\mathrm{T}}\boldsymbol{X}\right)^{-1}\boldsymbol{X}^{\mathrm{T}}\boldsymbol{Y} \tag{7.2.8}$$

记

$$\hat{y}=\hat{\beta}_0+\hat{\beta}_1x_1+\cdots+\hat{\beta}_px_p \tag{7.2.9}$$

为多元线性经验回归方程，由上述方程确定的 $\hat{y}$ 称为回归值或拟合值。

$\hat{y}$ 也可写为如下的矩阵形式：

$$\hat{y} = \boldsymbol{x}\hat{\boldsymbol{\beta}} \tag{7.2.10}$$

其中，$\boldsymbol{x} = [1 \quad x_1 \quad x_2 \quad \cdots \quad x_p]$。

基于式(7.2.9)或式(7.2.10)，对表 7-5 所示的数据，可写出不同自变量取值下因变量的回归值 $\hat{y}_i, i = 1,2,\cdots,n$。若记 $\hat{\boldsymbol{Y}} = [\hat{y}_1 \quad \hat{y}_2 \quad \cdots \quad \hat{y}_n]^{\mathrm{T}}$，则回归值可写为如下矩阵形式：

$$\hat{\boldsymbol{Y}} = \boldsymbol{X}\hat{\boldsymbol{\beta}} = \boldsymbol{X}\left(\boldsymbol{X}^{\mathrm{T}}\boldsymbol{X}\right)^{-1}\boldsymbol{X}^{\mathrm{T}}\boldsymbol{Y} = \boldsymbol{H}\boldsymbol{Y} \tag{7.2.11}$$

其中，$\boldsymbol{H} = \boldsymbol{X}\left(\boldsymbol{X}^{\mathrm{T}}\boldsymbol{X}\right)^{-1}\boldsymbol{X}^{\mathrm{T}}$。由于 $\boldsymbol{Y}$ 通过 $\boldsymbol{H}$ 变换为 $\hat{\boldsymbol{Y}}$，故 $\boldsymbol{H}$ 称为“帽子”矩阵（hat matrix）。

对于 $\hat{\boldsymbol{\beta}}$、$\hat{y}$，可证明如下两个定理。

定理 7-5　$\hat{\boldsymbol{\beta}}$ 服从多维正态分布

$$\hat{\boldsymbol{\beta}} \sim N\left(\boldsymbol{\beta}, \left(\boldsymbol{X}^{\mathrm{T}}\boldsymbol{X}\right)^{-1}\sigma^2\right) \tag{7.2.12}$$

定理 7-6　$\hat{y}$ 服从正态分布

$$\hat{y} \sim N\left(\boldsymbol{x}\boldsymbol{\beta}, \boldsymbol{x}\left(\boldsymbol{X}^{\mathrm{T}}\boldsymbol{X}\right)^{-1}\boldsymbol{x}^{\mathrm{T}}\sigma^2\right) \tag{7.2.13}$$

与一元线性回归类似，定义 $\hat{y}_i = \hat{\beta}_0 + \hat{\beta}_1 x_{1i} + \cdots + \hat{\beta}_p x_{pi}$ 对应的残差 e_i、残差平方和 SSE 分别为

$$e_i = y_i - \hat{y}_i = y_i - \hat{\beta}_0 - \hat{\beta}_1 x_{i1} - \cdots - \hat{\beta}_p x_{ip} \tag{7.2.14}$$

$$\mathrm{SSE} = \sum_{i=1}^{n} e_i^2 = \sum_{i=1}^{n}\left(y_i - \hat{y}_i\right)^2 \tag{7.2.15}$$

对于 SSE，在 $y = \beta_0 + \beta_1 x_1 + \beta_2 x_2 + \cdots + \beta_p x_p + \varepsilon$ 成立的条件下，有如下定理（证略）。

定理 7-7　$\hat{\beta}$ 与 SSE 是统计独立的，并且 $\dfrac{\mathrm{SSE}}{\sigma^2}$ 服从自由度为 $(n-p-1)$ 的 χ^2 分布，即

$$\frac{\mathrm{SSE}}{\sigma^2} \sim \chi^2(n-p-1) \tag{7.2.16}$$

由定理 7-7 可得到 σ^2、σ 的估计分别为

$$\hat{\sigma}^2 = \frac{\mathrm{SSE}}{n-p-1}, \quad \hat{\sigma} = \sqrt{\frac{\mathrm{SSE}}{n-p-1}} \tag{7.2.17}$$

获得观测数据 $(x_{i1}, x_{i2}, \cdots, x_{ip}; y_i)$ 后，$i = 1,2,\cdots,n$，即可利用式(7.2.8)，完成对 $\boldsymbol{\beta}$ 的估计，计算得到 $\hat{\boldsymbol{\beta}}$ 的具体值。

对于例 7-2 所示的数据，计算可得

$$\boldsymbol{X}^{\mathrm{T}}\boldsymbol{X} = \begin{bmatrix} 20 & 197.1900 & 75.3970 & 155.1395 \\ 197.1900 & 2064.4877 & 789.5406 & 1536.6118 \\ 75.3970 & 789.5406 & 308.7930 & 588.5929 \\ 155.1395 & 1536.6118 & 588.5929 & 1204.0792 \end{bmatrix}$$

$$
\left(\boldsymbol{X}^{\mathrm{T}}\boldsymbol{X}\right)^{-1}=\begin{bmatrix}536.9488 & -0.1209 & 11.4391 & -74.6206\\ -0.1209 & 0.0298 & -0.0569 & 0.0053\\ 11.4391 & -0.0569 & 0.3902 & -1.5920\\ -74.6206 & 0.0053 & -1.5920 & 10.3867\end{bmatrix}
$$

$$
\boldsymbol{X}^{\mathrm{T}}\boldsymbol{Y}=\begin{bmatrix}973.8273\\ 11036.0013\\ 4253.6703\\ 7642.6087\end{bmatrix},\quad \hat{\boldsymbol{\beta}}=\begin{bmatrix}-77.1372\\ 10.1333\\ 4.4941\\ 1.1573\end{bmatrix}
$$

经验回归方程为 $\hat{y}=-77.1372+10.1333x_1+4.4941x_2+1.1573x_3$。

进一步计算可得 $\mathrm{SSE}=176.4135$，$\hat{\sigma}^2=\dfrac{176.4135}{20-3-1}=11.0258$，$\hat{\sigma}=3.3205$。

7.2.3 多元线性回归模型的检验

与一元线性回归模型类似，为确保模型对于要分析的问题是适合的，需要通过模型检验对多元线性回归模型的优良性进行评价。

在进行模型检验时，需要注意的是：在一元线性回归模型中，因为仅涉及 β_1 一个回归系数，所以线性关系的存在性检验和回归系数显著性检验，采用的检验假设是相同的。多元线性回归模型涉及 p 个回归系数 $\beta_1,\beta_2,\cdots,\beta_p$，此时只需这 p 个回归系数中至少一个显著不为零，则线性模型成立。此外，对于每一个自变量 $x_1,x_2,\cdots,x_p$，还需检验其对因变量的影响是否显著，从而需对每一个回归系数进行显著性检验。

1. 线性模型的成立性检验

线性模型的成立性检验分为两种情况：一是线性关系的存在性检验，即通过样本观测数据检验式(7.2.1)所示的线性模型是否成立；二是检验某个自变量是否在式(7.2.1)所示的线性模型中起到显著性作用，称为回归系数的显著性检验。

1）线性关系的存在性检验

线性关系的存在性检验的统计假设为

$$
H_0:\beta_1=\beta_2=\cdots=\beta_p=0 \qquad H_1:\text{至少存在一个}\beta_j\neq 0
$$

与一元线性回归分析类似，基于式(7.1.21)定义总平方和，定义回归平方和（SSR）为

$$
\mathrm{SSR}=\sum_{i=1}^{n}\left(\hat{y}_i-\overline{y}\right)^2=\sum_{i=1}^{n}\left(\hat{\beta}_0+\hat{\beta}_1x_{i1}+\cdots+\hat{\beta}_px_{ip}-\overline{y}\right)^2 \tag{7.2.18}
$$

其中，$\overline{y}=\dfrac{1}{n}\sum_{i=1}^{n}y_i$。

可证如下定理。

定理 7-8 SSR 与 SSE 相互独立。

与一元线性回归类似，计算出 SST、SSE、SSR 后，可证 $\mathrm{SST}=\mathrm{SSR}+\mathrm{SSE}$。由

SST、SSR 与SSE 的定义可见：SST 描述了因变量 y 相对于其均值的总变动的大小，SSR 描述了SST 中可由线性模型解释的变动，SSE 描述了SST 中不能由线性模型解释的变动。对于SSR，可证如下定理。

定理 7-9 原假设 H_0 成立时，SSR/σ^2 服从自由度为 p 的 χ^2 分布，即

$$\frac{\mathrm{SSR}}{\sigma^2}\sim\chi^2(p) \tag{7.2.19}$$

由定理 7-7、定理 7-8、定理 7-9，可构造 F 统计量

$$F=\frac{\mathrm{SSR}}{p}\Big/\frac{\mathrm{SSE}}{n-p-1} \tag{7.2.20}$$

且 $F\sim F(p,n-p-1)$。检验时，对于给定的显著性水平 α，基于样本观测值计算统计量 F 的观测值。可采用临界值检验法或 p 值进行检验。此时，$p=P\left\{F\geqslant\frac{\mathrm{SSR}}{p}\Big/\frac{\mathrm{SSE}}{n-p-1}\right\}$。判决规则如下。

（1）若 $F\geqslant F_{1-\alpha}(p,n-p-1)$ 或 $p\leqslant\alpha$，则说明回归方程是显著的，拒绝 H_0。

（2）若 $F<F_{1-\alpha}(p,n-p-1)$ 或 $p>\alpha$，则不能拒绝 H_0。

对于例 7-2 所示的数据，计算可得：$\mathrm{SSR}=17257.1482$，$F=521.7181$。当 $\alpha=0.05$ 时，计算可得 $F_{0.95}(3,16)=3.2389$，p 值≈0，利用判决规则，得到拒绝 H_0 的结论。

2）回归系数的显著性检验

线性关系检验中，否定 H_0，只表示 $\beta_1,\beta_2,\cdots,\beta_p$ 不全为 0，说明多元线性回归模型作为整体是显著的，但并不能排除有某个自变量的影响不显著，即存在 $\beta_j=0$ 成立。因此，对回归系数逐个进行其显著性检验是有必要的。

对第 j（$j=1,2,\cdots,p$）个回归系数进行显著性检验的统计假设为

$$H_0^{(j)}:\beta_j=0 \qquad H_1^{(j)}:\beta_j\neq 0$$

记 c_{jj} 为矩阵 $\left(\boldsymbol{X}^{\mathrm{T}}\boldsymbol{X}\right)^{-1}$ 对角线上的第 $j+1$ 个元素，由定理 7-5 有

$$\hat{\beta}_j\sim N\left(\beta_j,c_{jj}\sigma^2\right),\quad j=1,2,\cdots,p \tag{7.2.21}$$

结合式(7.2.16)，定义统计量 t_j 为

$$t_j=\frac{\hat{\beta}_j-\beta_j}{\sqrt{c_{jj}}\,\sigma}\Big/\sqrt{\frac{\mathrm{SSE}}{\sigma^2}\Big/(n-p-1)}=\frac{\hat{\beta}_j-\beta_j}{\sqrt{c_{jj}}\,\hat{\sigma}},\quad j=1,2,\cdots,p \tag{7.2.22}$$

当 $H_0^{(j)}$ 成立时，可证统计量 $t_j=\frac{\hat{\beta}_j}{\sqrt{c_{jj}}\,\hat{\sigma}}\sim t(n-p-1)$。

据此，对于给定的 α，进行回归系数的检验可采用临界值检验法或 p 值进行。检验时，对于给定的显著性水平 α，基于样本观测值计算统计量 t_j 的观测值 $\frac{\hat{\beta}_j}{\sqrt{c_{jj}}\,\hat{\sigma}}$。此时，$p=2\times P\left\{t_j\geqslant\left|\frac{\hat{\beta}_j}{\sqrt{c_{jj}}\,\hat{\sigma}}\right|\right\}=2\left(1-F\left(\left|\frac{\hat{\beta}_j}{\sqrt{c_{jj}}\,\hat{\sigma}}\right|\right)\right)$，其中 $F\left(\left|\frac{\hat{\beta}_j}{\sqrt{c_{jj}}\,\hat{\sigma}}\right|\right)$ 是分布 $t(n-p-1)$ 在点 $\left|\frac{\hat{\beta}_j}{\sqrt{c_{jj}}\,\hat{\sigma}}\right|$

的分布函数值。检验的判决规则如下。

（1）若 $|t_j| \geqslant t_{1-\alpha/2}(n-p-1)$ 或 $p \leqslant \alpha$，拒绝 H_0。

（2）若 $|t_j| < t_{1-\alpha/2}(n-p-1)$ 或 $p > \alpha$，则不能拒绝 H_0。

对例 7-2 所示的数据，当 $\alpha = 0.05$ 时，基于前述结果可得

$$c_{11} = 0.0298，\quad c_{22} = 0.3902，\quad c_{33} = 10.3867，\quad t_1 = \frac{10.1333}{\sqrt{0.0298} \times 3.3205} = 17.6782$$

$$t_2 = \frac{4.4941}{\sqrt{0.3902} \times 3.3205} = 2.1667，\quad t_3 = \frac{1.1573}{\sqrt{10.3867} \times 3.3205} = 0.1081$$

计算可得 $t_{0.975}(16) = 2.1199$，再计算 p 值，有

$p(t_1) \approx 0$，$p(t_2) = 0.0457$，$p(t_3) = 0.9152$

由此可见，回归系数 β_1 和 β_2 都是显著的，而 β_3 是不显著的。

2. 模型的拟合优度检验

多元线性回归模型对观测数据拟合效果的分析，即模型的拟合优度检验，可用的方法较多。在此介绍常用的复判定系数、复相关系数、调整后的复判定系数三种方法。

1）复判定系数

复判定系数，也称为多重判定系数（coefficient of multiple determination），定义为

$$R^2 = \frac{\text{SSR}}{\text{SST}} = 1 - \frac{\text{SSE}}{\text{SST}} = 1 - \frac{\text{SSE}}{\text{SSR} + \text{SSE}} \tag{7.2.23}$$

显然，R^2 的取值范围为[0,1]。R^2 反映了回归方程整体上对于观测数据的拟合效果。R^2 越大，说明回归方程对数据的拟合效果越好。

2）复相关系数

复相关系数（coefficient of multiple correlation）R 定义为

$$R = \sqrt{R^2} \tag{7.2.24}$$

R 也称为全相关系数或多重相关系数。R 同样反映了回归方程整体对于观测数据的拟合效果。

3）调整后的复判定系数

对多元线性回归模型而言，随着自变量个数 p 的增加，即使增加的自变量在统计上并不显著，通常也会使回归拟合的效果增强，即使得SSR 变大、R^2 变大、SSE 变小。为避免因增加自变量而高估 R^2，在同时考虑总样本容量 n 和自变量个数 p 的基础上，引入调整后的复判定系数，也称为调整的多重判定系数（adjusted coefficient of multiple determination），记为 R_a^2，计算公式为

$$R_a^2 = 1 - (1 - R^2)\left(\frac{n-1}{n-p-1}\right) \tag{7.2.25}$$

由式(7.2.25)可见，$R_a^2 < R^2$。此外，R_a^2 的计算考虑了 R^2、n、p，所以 R_a^2 也可用

于描述线性回归模型对观测数据的拟合程度，R_a^2 越大，拟合效果越好。由于 R_a^2 中考虑了 p，不会出现随着自变量个数 p 的增加而使 R_a^2 不断逼近于 1 的情况。

对于例 7-2 所示的数据，计算可得：$\mathrm{SST}=17433.5618$。在考虑 x_1,x_2,x_3 三个自变量时，有 $\mathrm{SSE}=176.4135$、$\mathrm{SSR}=17257.1482$，从而

$$R^2=0.9899\,,\ R=0.9949\,,\ R_a^2=0.9880$$

可见该线性回归模型的拟合效果非常好，但从前面回归系数的检验情况看，β_3 是不显著的，因此可只分析两个自变量 x_1,x_2，再对模型的拟合效果进行分析。此时重复回归分析过程，可得经验回归方程为

$$\hat{y}=-68.8232+10.1327x_1+4.6715x_2 \tag{7.2.26}$$

进一步计算，可得 $\mathrm{SSE}=176.5425$，$\hat{\sigma}^2=\dfrac{176.5425}{20-2-1}=10.3849$，$\hat{\sigma}=3.2226$，$R^2=0.9899$、$R=0.9949$、$R_a^2=0.9887$。

比较两个模型，可见两者在 R^2 上的差距可以忽略不计，但 R_a^2 在考虑两个自变量时要好一些，说明对于该问题，可能并不需要考虑三个自变量。

3. 残差分析

式(7.2.14)定义了多元线性回归模型的残差，与一元线性回归类似，获取样本观测值后，可计算多元线性回归模型的残差、标准化残差、学生化残差。

可证残差 e_i 服从如下的正态分布：

$$e_i\sim N\left(0,(1-h_{ii})\sigma^2\right) \tag{7.2.27}$$

其中，h_{ii} 为帽子矩阵 $\boldsymbol{H}=\boldsymbol{X}\left(\boldsymbol{X}^{\mathrm{T}}\boldsymbol{X}\right)^{-1}\boldsymbol{X}^{\mathrm{T}}$ 的第 i 个对角元素值，h_{ii} 为杠杆值，$0<h_{ii}<1$。

类似于一元线性回归，定义标准化残差为

$$\mathrm{ZRE}_i=\frac{e_i}{\hat{\sigma}}=\frac{y_i-\hat{y}_i}{\sqrt{\mathrm{SSE}/(n-p-1)}} \tag{7.2.28}$$

定义学生化残差为

$$\mathrm{SRE}_i=\frac{e_i}{\hat{\sigma}\sqrt{1-h_{ii}}} \tag{7.2.29}$$

与一元情况类似，若 $\varepsilon\sim N\left(0,\sigma^2\right)$ 成立，SRE_i 服从自由度为 $n-p-1$ 的 t 分布 $t(n-p-1)$，当 n 较大时可近似看成独立同分布于标准正态分布 $N(0,1)$ 的随机变量。据此，可以利用学生化残差进行回归模型假设的检验，也可以利用学生化残差分析样本数据中的异常值。

对例 7-2 所示的数据，考虑两个自变量的经验回归方程(7.2.26)时，可计算得出如表 7-7 所示的残差分析结果，并可绘制如图 7-9 所示的残差图和学生化残差图。由图可见：学生化残差数据处于–3 到 3 之间，且大致随机分布于直线 $\mathrm{SRE}_i=0$ 的两侧，可见该线性回归模型可以较好地描述变量之间的关系。

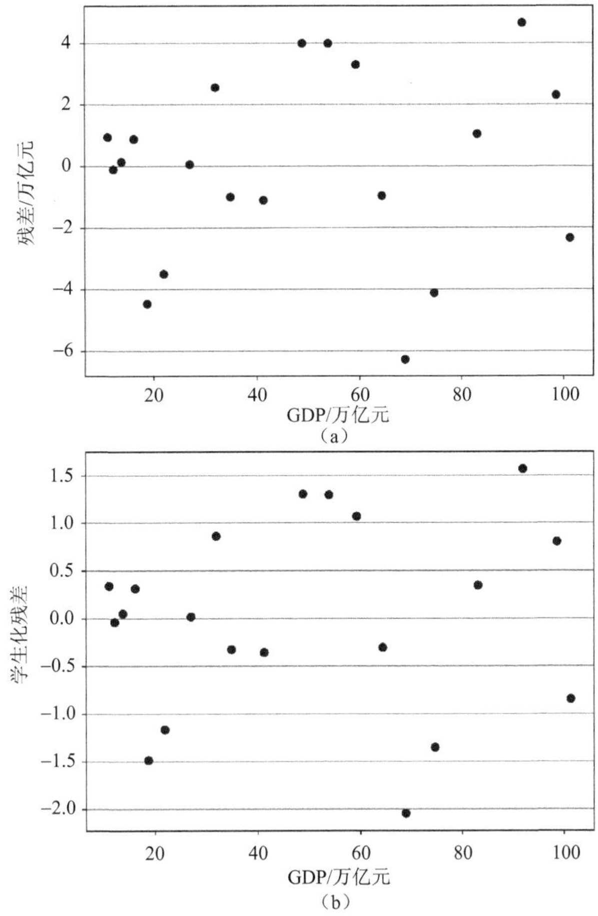

图 7-9 GDP 与铁路公路里程线性回归残差图

表 7-7 GDP 与铁路、公路里程数据残差分析结果

年度	y	e	SRE
2001	11.08631	0.94682	0.34095
2002	12.17174	−0.10557	−0.03782
2003	13.74220	0.14194	0.05067
2004	16.18402	0.88068	0.31274
2005	18.73189	−4.47283	−1.48500
2006	21.94385	−3.50571	−1.16413
2007	27.00923	0.05584	0.01867
2008	31.92446	2.56413	0.86221
2009	34.85177	−0.99564	−0.32856
2010	41.21193	−1.09972	−0.35860
2011	48.79402	3.99708	1.30426
2012	53.85800	3.99022	1.29621
2013	59.29632	3.30103	1.06603

续表

年度	y	e	SRE
2014	64.35631	−0.95759	−0.30807
2015	68.88582	−6.27995	−2.04524
2016	74.63951	−4.12199	−1.35130
2017	83.20359	1.04163	0.34421
2018	91.92811	4.66274	1.56626
2019	98.65152	2.30184	0.80312
2020	101.35670	−2.34496	−0.84754

7.2.4 多重共线性问题

1. 多重共线性的概念与问题产生原因

在多元线性回归分析中，式(7.2.1)所示回归模型的假定之一为 $\text{rank}(\boldsymbol{X})=p+1$，即要求设计矩阵 $\boldsymbol{X}$ 的列向量之间线性无关。若此假定不成立，则称自变量 $x_1,x_2,\cdots,x_p$ 之间存在多重共线性。造成多重共线性问题的主要原因如下。

（1）不同变量之间存在较强的相关性。建立多元线性回归模型时，不是选择的自变量越多越好，因为有一部分自变量之间可能存在较强的相关性。如在国民经济分析中，经济变量之间往往存在同方向的变化趋势，并且存在着密切的内在关联度。当相关性较强的多个变量引入同一个模型时，容易造成多重共线性问题。

（2）利用截面数据建模也可能产生多重共线性。例如，以企业的截面数据为样本估计企业的生产函数 $y=AK^{\alpha}L^{\beta}e^{\varepsilon}$ 时，较大企业的资本投入（K）、劳动力投入（L）等都会较多，较小企业的 K 和 L 都会较小，K 与 L 通常是高度线性相关的。

（3）样本数据的原因。在实际工作中，样本数据有时较难收集，往往只能采用已有的数据资料。如使用网站、文献上的数据。这些数据往往是根据某种需要，将反映某些现象的数据进行汇总、整理得到的，数据之间往往存在某种程度的相关性，直接利用这些数据进行分析也会造成多重共线性问题。

（4）模型中包含滞后变量，变量不同时间点上的值有可能高度相关。例如，居民消费变动的影响因素不仅有本期可支配收入，还有以往各期的可支配收入。同一变量的前后期值之间很可能是高度线性相关的。若在模型中引入了滞后变量，那么多重共线性便难以避免。

多重共线性可分为完全多重共线性和不完全多重共线性（也称为复共线性）两类。

对于自变量 $x_1,x_2,\cdots,x_p$，若存在不全为 0 的常数 $c_0,c_1,c_2,\cdots,c_p$，使得

$$c_0+c_1x_1+c_2x_2+\cdots+c_px_p=0 \tag{7.2.30}$$

则称各自变量之间存在完全多重共线性。

若存在不全为 0 的常数 $c_0, c_1, c_2, \cdots, c_p$，使得

$$c_0 + c_1 x_1 + c_2 x_2 + \cdots + c_p x_p \approx 0 \tag{7.2.31}$$

则称各自变量之间存在不完全多重共线性。

当 $p=2$ 时，若变量 x_1, x_2 完全线性相关，则相关系数的绝对值 $\left|r\left(x_1, x_2\right)\right| = 1$，从而满足式(7.2.30)，变量之间存在完全多重共线性；若 $\left|r\left(x_1, x_2\right)\right|$ 接近于 1，从而满足式(7.2.31)，变量之间存在不完全多重共线性。

2. 多重共线性对回归模型产生的影响

为便于说明问题，对观测数据进行如下的中心化处理：

$$y_i^* = y_i - \overline{y}\text{，}\quad x_{ij}^* = x_{ij} - \overline{x}_j\text{，}\quad i=1,2,\cdots,n\text{，}\quad j=1,2,\cdots,p \tag{7.2.32}$$

其中，$\overline{y} = \dfrac{1}{n}\sum_{i=1}^{n} y_i$，$\overline{x}_j = \dfrac{1}{n}\sum_{i=1}^{n} x_{ij}$。

中心化处理后，模型(7.2.4)转化为过原点的线性回归模型

$$\boldsymbol{Y}^* = \boldsymbol{X}^* \boldsymbol{\beta}^* + \varepsilon \tag{7.2.33}$$

其中

$$\boldsymbol{Y}^* = \begin{bmatrix} y_1^* \\ y_2^* \\ \vdots \\ y_n^* \end{bmatrix}, \quad \boldsymbol{X}^* = \begin{bmatrix} x_{11}^* & x_{12}^* & \cdots & x_{1p}^* \\ x_{21}^* & x_{22}^* & \cdots & x_{2p}^* \\ \vdots & \vdots & & \vdots \\ x_{n1}^* & x_{n2}^* & \cdots & x_{np}^* \end{bmatrix}, \quad \boldsymbol{\beta}^* = \begin{bmatrix} \beta_1 \\ \beta_2 \\ \vdots \\ \beta_p \end{bmatrix}$$

从中心化处理的过程看，中心化处理不改变回归系数及随机误差 ε，仅仅只是将原有的回归模型做了线性平移。由式(7.2.8)，有

$$\hat{\boldsymbol{\beta}}^* = \left(\boldsymbol{X}^{*\mathrm{T}} \boldsymbol{X}^*\right)^{-1} \boldsymbol{X}^{*\mathrm{T}} \boldsymbol{Y}^* \tag{7.2.34}$$

由定理 7-5，$\hat{\boldsymbol{\beta}}^*$ 服从如下的多维正态分布

$$\hat{\boldsymbol{\beta}}^* \sim N\left(\boldsymbol{\beta}^*, \left(\boldsymbol{X}^{*\mathrm{T}} \boldsymbol{X}^*\right)^{-1} \sigma^2\right) \tag{7.2.35}$$

多重共线性问题对回归分析产生的影响主要有以下两个方面。

（1）无法估计模型参数。当变量之间存在完全多重共线性时，即式(7.2.30)成立时，$\operatorname{rank}(\boldsymbol{X}) < p+1$（对应于 $\operatorname{rank}\left(\boldsymbol{X}^*\right) < p$），由线性代数的知识有：$\left|\boldsymbol{X}^{\mathrm{T}} \boldsymbol{X}\right| = 0$，$\left(\boldsymbol{X}^{\mathrm{T}} \boldsymbol{X}\right)^{-1}$ 不存在，从而难以由式(7.2.34)估计模型参数。

（2）参数估计的方差增大。以 $p=2$ 为例进行说明，此时协方差矩阵为

$$\boldsymbol{X}^{*\mathrm{T}} \boldsymbol{X}^* = \begin{bmatrix} \sum_{i=1}^{n} \left(x_{i1} - \overline{x}_1\right)^2 & \sum_{i=1}^{n} \left(x_{i1} - \overline{x}_1\right)\left(x_{i2} - \overline{x}_2\right) \\ \sum_{i=1}^{n} \left(x_{i1} - \overline{x}_1\right)\left(x_{i2} - \overline{x}_2\right) & \sum_{i=1}^{n} \left(x_{i2} - \overline{x}_2\right)^2 \end{bmatrix} = \begin{bmatrix} S_{11} & S_{12} \\ S_{12} & S_{22} \end{bmatrix}$$

其中，$S_{12}=\sum_{i=1}^{n}(x_{i1}-\overline{x}_1)(x_{i2}-\overline{x}_2)$ ，$S_{11}=\sum_{i=1}^{n}(x_{i1}-\overline{x}_1)^2$ ，$S_{22}=\sum_{i=1}^{n}(x_{i2}-\overline{x}_2)^2$ ，由相关系数的计算公式，可得 $r(x_1,x_2)=\dfrac{S_{12}}{\sqrt{S_{11}S_{22}}}$。

$\boldsymbol{X}^{*\mathrm{T}}\boldsymbol{X}^*$ 的逆矩阵为

$$\left(\boldsymbol{X}^{*\mathrm{T}}\boldsymbol{X}^*\right)^{-1}=\frac{1}{S_{11}S_{22}-S_{12}^2}\begin{bmatrix}S_{22} & -S_{12}\\ -S_{12} & S_{11}\end{bmatrix}=\frac{1}{S_{11}S_{22}\left(1-r^2(x_1,x_2)\right)}\begin{bmatrix}S_{22} & -S_{12}\\ -S_{12} & S_{11}\end{bmatrix}$$

由式(7.2.35)有

$$\operatorname{Var}\left(\hat{\beta}_1\right)=\frac{\sigma^2}{\left(1-r^2(x_1,x_2)\right)S_{11}},\quad \operatorname{Var}\left(\hat{\beta}_2\right)=\frac{\sigma^2}{\left(1-r^2(x_1,x_2)\right)S_{22}}$$

可见随着变量之间线性相关性的增加（对应于 $r^2(x_1,x_2)$ 增加），参数估计的方差增加，特别地有

$$\lim_{r^2(x_1,x_2)\to 1}\operatorname{Var}\left(\hat{\beta}_1\right)=\lim_{r^2(x_1,x_2)\to 1}\operatorname{Var}\left(\hat{\beta}_2\right)=\infty$$

从而，回归自变量相关程度越高，那么回归系数估计值的方差越大，因而，估计的精确性会大幅度降低，估计的稳定性会变得很差。

以例 7-2 所示的数据为例，若将能源消耗总量（单位：亿吨标准煤）加入自变量中，记为 x_4 ，数据如表 7-8 所示。

表 7-8　我国 2001~2020 年能源消耗总量

年度	x_4	年度	x_4	年度	x_4	年度	x_4
2001	15.5547	2006	28.6467	2011	38.7043	2016	44.1492
2002	16.9577	2007	31.1442	2012	40.2138	2017	45.5827
2003	19.7083	2008	32.0611	2013	41.6913	2018	47.1925
2004	23.0281	2009	33.6126	2014	42.8334	2019	48.7488
2005	26.1369	2010	36.0648	2015	43.4113	2020	49.8314

数据来源：https://data.stats.gov.cn/adv.htm?m=advquery&cn=C01，访问时间：2024 年 1 月 16 日

综合表 7-6、表 7-8 的数据，采用 4 个自变量进行分析，可得 $\hat{\beta}_0=113.1610$ 、$\hat{\beta}_1=7.7438$、$\hat{\beta}_2=-3.0187$ 、$\hat{\beta}_3=-24.5434$ 、$\hat{\beta}_4=1.7282$ 。从结果看，$\hat{\beta}_2<0$ 、$\hat{\beta}_3<0$ ，说明公路里程的增加、劳动力人口的增加不仅不能使得 GDP 实现增长，反而会引起下降，这显然不太合理。

分析相关系数，可得 $r(x_1,x_4)=0.9170$ ，$r(x_2,x_4)=0.9741$ ，$r(x_3,x_4)=0.9377$ ，$r(x_1,x_3)=0.7836$ ，$r(x_2,x_3)=0.9249$ ，$r(x_1,x_2)=0.8494$ 。可见自变量 x_4 和其他三个自变量之间都存在较强的线性相关关系，并且 x_3 和其他三个自变量之间也存在较强的线性相关关系。所以对该组数据进行线性回归建模时，可能并不需要同时考虑三个或者四个自变量。

3. 多重共线性的诊断

可以采用多种方法判断是否存在多重共线性现象，常用的方法有方差扩大因子（variance inflation factors，VIF）法和特征根判别法。

1）方差扩大因子法

方差扩大因子法的主要步骤如下。

第一步，计算自变量 x_j 的判定系数 R_j^2，其中 $j=1,2,\cdots,p$。把 x_j 作为因变量，剩余的 $x_1,x_2,\cdots,x_{j-1},x_{j+1},\cdots,x_p$ 作为自变量，进行线性回归，计算得到的（多重）判定系数 R^2 就称为自变量 x_j 的判定系数，记为 R_j^2。

第二步，计算方差扩大因子。由式(7.2.35)可得出 $\hat{\beta}^*$ 的分布，记 $\boldsymbol{X}^{*\mathrm{T}}\boldsymbol{X}^*$ 为 $\left[S_{ij}\right]_{p\times p}$，记 $\left(\boldsymbol{X}^{*\mathrm{T}}\boldsymbol{X}^*\right)^{-1}$ 为 $\left[S_{ij}^*\right]_{p\times p}$，记 $C_{ij}=S_{ij}^*\cdot\sqrt{S_{ii}S_{jj}}$，可证

$$C_{jj}=S_{jj}^*\cdot S_{jj}=\frac{1}{1-R_j^2}\triangleq \mathrm{VIF}_j,\quad j=1,2,\cdots,p \tag{7.2.36}$$

进一步，有

$$\mathrm{Var}\left(\hat{\beta}_j\right)=S_{jj}^*\sigma^2=\frac{C_{jj}\sigma^2}{S_{jj}},\quad j=1,2,\cdots,p \tag{7.2.37}$$

对于给定的自变量 x_j，获取观测数据后，S_{jj} 为固定值。由式(7.2.37)可见，C_{jj} 决定了随着 x_j 与其他自变量相关性强弱的变化，参数估计值方差 $\mathrm{Var}\left(\hat{\beta}_j\right)$ 的变动情况。称 C_{jj} 为方差扩大因子或方差膨胀因子，记为 VIF_j。可以看出，当方差扩大因子取值较大时，造成回归系数估计的方差较大，容易使回归模型失去意义。从 VIF_j 的计算公式(7.2.36)可以看出，R_j^2 反映了 x_j 与其余 $p-1$ 个变量的线性相关程度。因而 R_j^2 越大，VIF_j 也就越大，自变量之间的多重共线性就越强。

由一元线性回归模型的相关结论可知：将 x_1 作为自变量，x_2 作为因变量；或者将 x_2 作为自变量，x_1 作为因变量，进行一元线性回归时，得到的判定系数为 $R_1^2=R_2^2=r^2\left(x_1,x_2\right)$。从而，$\mathrm{VIF}_1=\mathrm{VIF}_2=\dfrac{1}{1-r^2\left(x_1,x_2\right)}$，进一步有

$$\mathrm{Var}\left(\hat{\beta}_1\right)=\mathrm{VIF}_1\cdot\frac{\sigma^2}{S_{11}},\quad \mathrm{Var}\left(\hat{\beta}_2\right)=\mathrm{VIF}_2\cdot\frac{\sigma^2}{S_{22}}$$

可见，变量之间的相关系数 $\left|r\left(x_1,x_2\right)\right|$ 越接近于 1，参数估计的方差越大。

第三步，基于方差扩大因子进行判断。令 $\mathrm{VIF}=\max\limits_j\left\{\mathrm{VIF}_j\right\}$，可用以下准则对多重共线性进行判断：① $\mathrm{VIF}<5$，基本不存在多重共线性；② $5\leqslant\mathrm{VIF}\leqslant 10$，存在中等程度或较强的多重共线性；③ $\mathrm{VIF}>10$，存在严重的多重共线性；④记 $\overline{\mathrm{VIF}}=\dfrac{1}{p}\sum_{j=1}^{p}\mathrm{VIF}_j$，则也可认为当 $\overline{\mathrm{VIF}}$ 远大于 1 时，存在严重的多重共线性问题。

称 $\mathrm{Tol}_j = 1 - R_j^2$ 为 x_j 的容忍度，其中 $j = 1,2,\cdots,p$ 。当容忍度值较小时，说明 x_j 与其他自变量的线性相关性较强，引入该自变量容易产生多重共线性。

对于表 7-6、表 7-8 所示的数据，经计算可得四个变量的 VIF 、容忍度，数据如表 7-9 所示。从表中的数据可见， VIF 均超过 10，存在严重的多重共线性问题。

表 7-9　VIF 和容忍度计算结果

变量	VIF	容忍度
能源消耗总量 x_4	79.2286	0.0126
铁路营业里程 x_1	11.8866	0.0841
公路里程 x_2	26.3246	0.0380
劳动力 x_3	12.2307	0.0818

2）特征根判别法

由线性代数理论可知，当存在多重共线性时，$\left|\boldsymbol{X}^{\mathrm{T}}\boldsymbol{X}\right| \approx 0$，故 $\boldsymbol{R} = \boldsymbol{X}^{\mathrm{T}}\boldsymbol{X}$ 至少有一个特征值近似为 0。反之也可证明：当 $\boldsymbol{X}^{\mathrm{T}}\boldsymbol{X}$ 有一个近似于 0 的特征值时，$\boldsymbol{X}$ 的列向量存在多重共线性。特征根判别法的步骤如下。

第一步，计算出 $\boldsymbol{X}^{\mathrm{T}}\boldsymbol{X}$ 的所有特征根 $\lambda_1,\lambda_2,\cdots,\lambda_{p+1}$ ，令最大特征根为 λ_m ，称 $\mathrm{CI}_i = \sqrt{\dfrac{\lambda_m}{\lambda_i}}$ 为特征根 λ_i 的条件数（condition index，CI）。记 $\mathrm{CN} = \max\limits_j \left\{\mathrm{CI}_j\right\}$ 。

由条件数的定义可见：条件数度量了矩阵 $\boldsymbol{X}^{\mathrm{T}}\boldsymbol{X}$ 的特征根的散布程度。

第二步，基于条件数进行判断。由于 $X^{\mathrm{T}}X$ 的特征值受变量尺度影响，所以应首先将 $\boldsymbol{X}$ 中的各列变量进行向量长度归一化处理，再计算 CN。可依据以下准则进行判断：① $0 < \mathrm{CN} < 10$ ，基本不存在多重共线性；② $10 \leqslant \mathrm{CN} < 100$ ，存在较强的多重共线性；③ $\mathrm{CN} \geqslant 100$，存在严重的多重共线性。

对于表 7-6、表 7-8 所示的数据，计算可得如表 7-10 所示的结果。从表中的数据可见，$\mathrm{CN} = 454.6369 > 100$ ，故存在严重的多重共线性。

当 VIF 与 CN 的判断结果不一致时，通常应依据 VIF 的结果，CN 的结果可供参考。

表 7-10　特征根和条件数计算结果

编号	特征根	条件数
1	4.9091	1.0000
2	0.0795	7.8570
3	0.0102	21.8977
4	0.0011	66.3941
5	2.37×10^{-5}	454.6369

4. 消除多重共线性的方法

一旦发现回归模型中存在多重共线性问题，就应采取措施，常用的方法就是将一个或者多个相关的自变量从模型中剔除，使保留的自变量尽可能不相关。

在多元线性回归建模时，总希望以最少的变量来建立模型，以降低分析的难度，避免多重共线性问题。为此，需要在建模过程中对自变量进行筛选，将合适的自变量引入模型。自变量的选择方法主要有向前选择（forward）、向后剔除（backward）、逐步回归（stepwise）三种。

向前选择是从模型中没有自变量开始，每次增加一个自变量，该自变量使得式(7.2.20)所定义的F值达到最大，并且该回归系数的显著性检验结果为显著的。通过这种方式逐步增加自变量的个数，选择合适的自变量进入模型。

向后剔除则相反，是先用所有的自变量建立回归模型，然后每次删除一个使得SSE增加最小（或F不显著）的自变量，直到剔除一个自变量会使SSE 显著增加或者没有F不显著的变量。

逐步回归法是将向前选择和向后剔除相结合的方法，其主要思想是依次拟合一系列回归方程，后一个回归方程是在前一个的基础上增加或删除一个自变量，增加或删除某个自变量的准则用残差平方和SSE 大小变化（或F的显著性）来衡量。

5. 多元线性回归建模注意事项

从上述多重共线性的分析看，多元线性回归建模比一元线性回归建模要复杂，因此给出如下建议。

（1）尽可能不要引入过多的自变量。自变量过多容易造成多重共线性问题。

（2）自变量的选择要尽量全面覆盖所研究问题的不同角度，即要考虑自变量的全面性。当考虑的自变量之间不存在多重共线性或者仅存在较弱的多重共线性时，建立回归模型可以对现有数据进行更好的拟合，也可以进行更为精确的预测分析。

7.2.5 多元线性回归预测

得出$\hat{\boldsymbol{\beta}}$后，对于给定的$\boldsymbol{x}_0=[1 \quad x_{01} \quad x_{02} \quad \cdots \quad x_{0p}]$，记$y_0=\boldsymbol{x}_0\boldsymbol{\beta}+\varepsilon_0$，即可基于式(7.2.9)或式(7.2.10)中的多元线性回归模型进行多元回归预测。

1. 点估计

由式(7.2.10)，$\boldsymbol{x}=\boldsymbol{x}_0$时，$y_0$的回归值为$\hat{y}_0=\boldsymbol{x}_0\hat{\boldsymbol{\beta}}$。由定理 7-6 有

$$\mathrm{E}(\hat{y}_0)=\mathrm{E}\left(\boldsymbol{x}_0\hat{\boldsymbol{\beta}}\right)=\boldsymbol{x}_0\boldsymbol{\beta} \tag{7.2.38}$$

由上述结论可见，当给定自变量$\boldsymbol{x}_0$后，回归预测值$\hat{y}_0$与真实值y_0具有相同的期望值，因此，可由下式给出回归预测值的点估计：

$$\hat{y}_0 = \boldsymbol{x}_0\hat{\boldsymbol{\beta}} = \hat{\beta}_0 + \hat{\beta}_1 x_{01} + \hat{\beta}_2 x_{02} + \cdots + \hat{\beta}_p x_{0p} \tag{7.2.39}$$

2. 区间估计

与一元线性回归预测类似，对 y_0 的区间估计可分为期望值的置信区间估计与预测区间估计两种情况。

由式(7.2.1)、式(7.2.2)有 $y_0 \sim N\left(\beta_0 + \beta_1 x_{01} + \beta_2 x_{02} + \cdots + \beta_p x_{0p}, \sigma^2\right)$，即 $y_0 \sim N\left(\boldsymbol{x}_0\boldsymbol{\beta}, \sigma^2\right)$。由定理 7-6 有

$$\mathrm{Var}\left(\hat{y}_0\right) = \boldsymbol{x}_0\left(\boldsymbol{X}^{\mathrm{T}}\boldsymbol{X}\right)^{-1}\boldsymbol{x}_0^{\mathrm{T}}\sigma^2 \tag{7.2.40}$$

1）期望值的置信区间估计

由定理 7-6 有 $\hat{y}_0 \sim N\left(\boldsymbol{x}_0\boldsymbol{\beta}, \boldsymbol{x}_0\left(\boldsymbol{X}^{\mathrm{T}}\boldsymbol{X}\right)^{-1}\boldsymbol{x}_0^{\mathrm{T}}\sigma^2\right)$，再结合式(7.2.16)，构造统计量 t_e 为

$$t_e = \frac{\hat{y}_0 - \boldsymbol{x}_0\boldsymbol{\beta}}{\sqrt{\left(\boldsymbol{x}_0\left(\boldsymbol{X}^{\mathrm{T}}\boldsymbol{X}\right)^{-1}\boldsymbol{x}_0^{\mathrm{T}}\right)\sigma^2}} \Bigg/ \sqrt{\frac{\mathrm{SSE}}{\sigma^2(n-p-1)}} = \frac{\hat{y}_0 - \boldsymbol{x}_0\boldsymbol{\beta}}{\hat{\sigma}\sqrt{\boldsymbol{x}_0\left(\boldsymbol{X}^{\mathrm{T}}\boldsymbol{X}\right)^{-1}\boldsymbol{x}_0^{\mathrm{T}}}} \tag{7.2.41}$$

结合定理 7-7，可知 $t_e \sim t(n-p-1)$。

记 $d_e = t_{1-\alpha/2}(n-p-1)\cdot\hat{\sigma}\sqrt{\boldsymbol{x}_0\left(\boldsymbol{X}^{\mathrm{T}}\boldsymbol{X}\right)^{-1}\boldsymbol{x}_0^{\mathrm{T}}}$，基于式(7.2.41)，可得 $\mathrm{E}\left(\hat{y}_0\right) = \boldsymbol{x}_0\boldsymbol{\beta}$ 的置信水平为 $1-\alpha$ 的置信区间（期望值的置信区间）为

$$\left[\hat{y}_0 - d_e, \hat{y}_0 + d_e\right] \tag{7.2.42}$$

2）预测区间估计

考虑到 $\hat{y}_0 = \boldsymbol{x}_0\hat{\boldsymbol{\beta}} = \boldsymbol{x}_0\left(\boldsymbol{X}^{\mathrm{T}}\boldsymbol{X}\right)^{-1}\boldsymbol{X}^{\mathrm{T}}\boldsymbol{Y}$ 为 $y_1, y_2, \cdots, y_n$ 的线性组合，与 y_0 统计独立。从而

$$y_0 - \hat{y}_0 \sim N\left(0, \left(1 + \boldsymbol{x}_0\left(\boldsymbol{X}^{\mathrm{T}}\boldsymbol{X}\right)^{-1}\boldsymbol{x}_0^{\mathrm{T}}\right)\sigma^2\right) \tag{7.2.43}$$

构造统计量 t_p 为

$$t_p = \frac{y_0 - \hat{y}_0}{\sqrt{\left(1 + \boldsymbol{x}_0\left(\boldsymbol{X}^{\mathrm{T}}\boldsymbol{X}\right)^{-1}\boldsymbol{x}_0^{\mathrm{T}}\right)\sigma^2}} \Bigg/ \sqrt{\frac{\mathrm{SSE}}{\sigma^2(n-p-1)}} = \frac{y_0 - \hat{y}_0}{\hat{\sigma}\sqrt{1 + \boldsymbol{x}_0\left(\boldsymbol{X}^{\mathrm{T}}\boldsymbol{X}\right)^{-1}\boldsymbol{x}_0^{\mathrm{T}}}} \tag{7.2.44}$$

结合定理 7-7，可知 $t_p \sim t(n-p-1)$。

记 $d_p = t_{1-\alpha/2}(n-p-1)\cdot\hat{\sigma}\sqrt{1 + \boldsymbol{x}_0\left(\boldsymbol{X}^{\mathrm{T}}\boldsymbol{X}\right)^{-1}\boldsymbol{x}_0^{\mathrm{T}}}$，基于式(7.2.44)，可得 y_0 的置信水平为 $1-\alpha$ 的置信区间为

$$\left[\hat{y}_0 - d_p, \hat{y}_0 + d_p\right] \tag{7.2.45}$$

对于例 7-2，当采用自变量 x_1, x_2 进行回归分析时，有 $\hat{\sigma} = 3.2226$。基于表 7-6 的数据计算，可得

$$\left(\boldsymbol{X}^{\mathrm{T}}\boldsymbol{X}\right)^{-1}=\begin{bmatrix}0.8581 & -0.0827 & 0.0020\\ -0.0827 & 0.0298 & -0.0561\\ 0.0020 & -0.0561 & 0.1462\end{bmatrix}$$

对 $x_1=15.6, x_2=5.3$ 的情况进行预测，此时 $\boldsymbol{x}_0=[1\quad 15.6\quad 5.3]$，可得点估计为

$$\hat{y}=-68.8232+10.1327\times 15.6+4.6715\times 5.3=114.0059$$

$\alpha=0.05$ 时，计算可得 d_e=4.2466，$d_p=8.0162$，期望值的置信区间估计为[109.7599，118.2530]，从而预测区间估计为 $[105.9902,122.0227]$。

7.3　非线性回归分析

在实际的工程应用中，因变量和自变量之间呈现的往往是非线性关系，此时就需要建立非线性回归模型（nonlinear regression model）。

相比线性回归模型，非线性回归模型的构建和求解都较为复杂。下面对可转化为线性模型的一些简单非线性回归模型进行介绍，并给出本质非线性回归模型的建模与求解思路。

7.3.1　简单非线性回归模型

当获得关于自变量和因变量的一组观测值后，对原始观测数据或经过一定数学变换后的观测数据绘制散点图，若散点图的数据点散布在某个曲线周围，则可建立简单非线性回归模型，甚至在某些情况下，可将其转化为线性回归模型进行求解和分析。

例 7-3　为分析轮胎随行驶里程的变化情况，某实验室针对某种型号的轮胎进行了胎面磨损试验。在试验中仅考虑行驶里程一个因素。对一个新轮胎选择 4 个固定的位置，测量其行驶不同里程后的平均沟槽深度，得到如表 7-11 所示的试验数据。其中，x 表示行驶里程数，单位：万 km；y 表示平均沟槽深度，单位：mm。对于该组数据可绘制出

表 7-11　胎面磨损量试验结果

序号	x	y	$\ln y$
1	0.0000	10.0200	2.3046
2	0.6437	8.3700	2.1247
3	1.2875	7.3900	2.0001
4	1.9312	6.4800	1.8687
5	2.5749	5.8300	1.7630
6	3.2187	5.2000	1.6487
7	3.8624	4.5500	1.5151
8	4.5062	4.1600	1.4255
9	5.1499	3.8200	1.3403
10	6.0000	3.1600	1.1506

如图 7-10（a）所示的散点图，由该图可见轮胎的平均沟槽深度随行驶里程的变动呈现出非线性变化。

若将因变量 y 取对数，可得如表 7-11 所示的数据，再针对该组数据绘制散点图，如图 7-10（b）所示。从该散点图可见，自变量和因变量已近似在一条直线上，从而可用线性回归的方法进行分析。

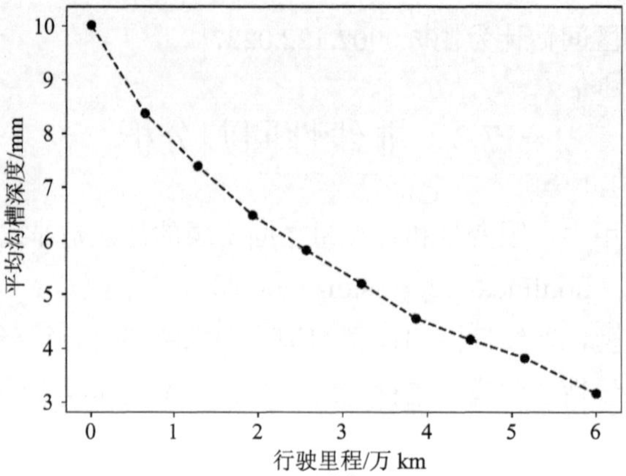

（a）

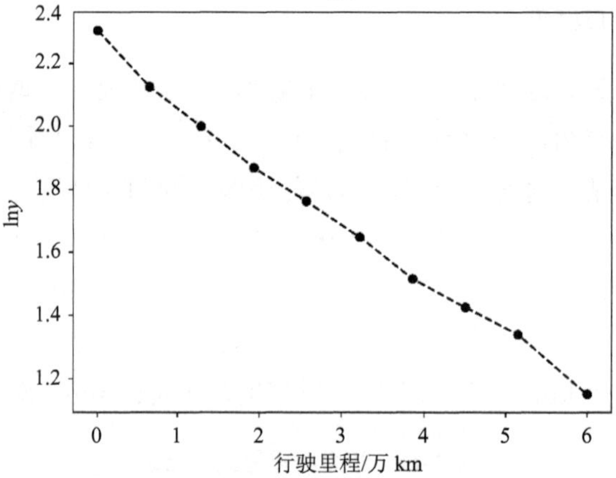

（b）

图 7-10　轮胎数据散点图

基于例 7-3 的思想，可将一些形式上的非线性回归模型转化为线性回归模型，表 7-12 给出了一些常用的非线性回归模型转化方法。

在实际的工作中，首先需对观测值绘制成散点图进行观察，选择对应的非线性模型。然后，运用表 7-12 第 3 列的方式，对观测值进行转化，若转化后数据的散点图呈现直线形式，并符合线性模型的假设条件，则可利用第 5 列所示的线性回归模型进行分析。

从上述非线性模型线性化的过程看，线性化的前提是对现有非线性函数和问题背景有较好的理解和认识，并且对研究的工程背景有深入的认识，以便选择恰当的模型描述所要研究的问题。

表 7-12　非线性回归模型向线性回归模型的转化

非线性模型	模型形式	观测值转化方式	模型转化方式	线性回归模型
幂函数	$y=ax^b$	$(x_i,y_i)\to(\ln x_i,\ln y_i)$	$y'=\ln y$, $x'=\ln x$	$y'=\ln a+bx'+\varepsilon$
指数函数	$y=\beta\exp(\gamma x)$	$(x_i,y_i)\to(x_i,\ln y_i)$	$y'=\ln y$	$y'=\ln\beta+\gamma x+\varepsilon$
逆函数	$y=\beta_0+\dfrac{\beta_1}{x}$	$(x_i,y_i)\to\left(\dfrac{1}{x_i},y_i\right)$	$x'=\dfrac{1}{x}$	$y=\beta_0+\beta_1x'+\varepsilon$
S 形曲线	$y=\exp\left(\beta_0+\dfrac{\beta_1}{x}\right)$	$(x_i,y_i)\to\left(\dfrac{1}{x_i},\ln y_i\right)$	$y'=\ln y,\ x'=\dfrac{1}{x}$	$y'=\beta_0+\beta_1x'+\varepsilon$
多项式函数	$y=\sum_{i=0}^{p}\beta_ix^i$	$(x_i^1,x_i^2,\cdots,x_i^p;y_i)\to(x_{1i},x_{2i},\cdots,x_{pi};y_i)$	$x_1=x^1$, $x_2=x^2$, …, $x_p=x^p$	$y=\sum_{i=0}^{p}\beta_ix_i+\varepsilon$

7.3.2　简单非线性回归模型的求解

当非线性模型可线性化时，直接采用前两节的方法进行求解，并进行预测分析。一般情况下，由于难以得到非线性模型统计量的精确分布，进行非线性模型参数的区间估计、显著性检验等较为困难，此时可采用大样本下的近似分布进行分析。

对于例 7-3 所示的数据，若采用线性模型 $y'=\ln\beta+\gamma x+\varepsilon$ 进行分析，可得

$$\ln\hat{\beta}=2.2519 \quad \gamma=-0.1843$$

据此，可得回归方程为

$$\hat{y}=\exp(2.2519-0.1843x) \tag{7.3.1}$$

上述公式计算得到的回归残差为

$$e_i'=y_i-\hat{y}_i=y_i-\exp(2.2519-0.1843x)$$

计算结果如表 7-13 和图 7-11 所示。

表 7-13　不同模型下胎面磨损量试验结果的残差

序号	y_i	$\ln y_i$	e_i'	e_i''	序号	y_i	$\ln y_i$	e_i'	e_i''
1	10.02	2.3046	0.5141	0.3500	6	5.2	1.6487	−0.0519	−0.0154
2	8.37	2.1247	−0.0723	−0.1767	7	4.55	1.5151	−0.1143	−0.0596
3	7.39	2.0001	−0.1076	−0.1638	8	4.16	1.4255	0.0177	0.0859
4	6.48	1.8687	−0.1787	−0.1964	9	3.82	1.3403	0.1412	0.2192
5	5.83	1.7630	−0.0837	−0.0709	10	3.16	1.1506	0.0147	0.1010

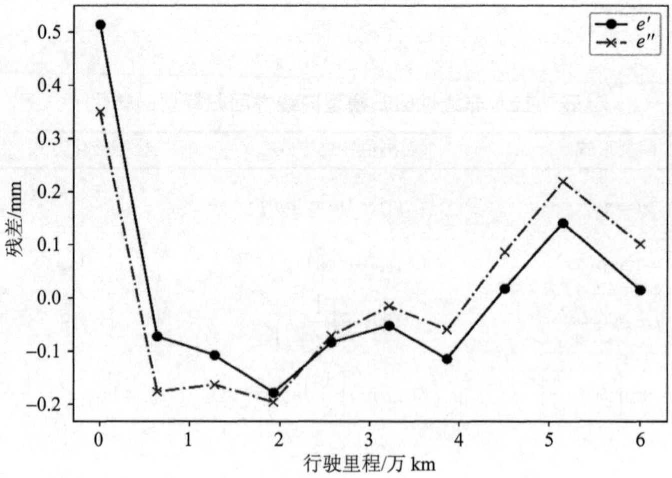

图 7-11 非线性回归残差图

7.3.3 本质非线性回归模型

有的非线性回归模型难以通过变量变换转换为线性回归模型求解，称为本质非线性回归模型。对此类模型可直接采用最小二乘法或极大似然法进行参数估计。

设有 n 个观测数据 $(\boldsymbol{x}_i, y_i)$，一般的非线性回归模型可写为

$$y_i = f(\boldsymbol{x}_i;\boldsymbol{\beta}) + \varepsilon_i,\quad i = 1,2,\cdots,n \tag{7.3.2}$$

其中，$\boldsymbol{x}_i = [x_{i1} \quad x_{i2} \quad \cdots \quad x_{ip}]$ 为自变量，y_i 为因变量，$\boldsymbol{\beta} = [\beta_1 \quad \beta_2 \quad \cdots \quad \beta_p]^{\mathrm{T}}$ 为参数向量，ε_i 为误差项。

通常还假设 ε_i 是相互独立的等方差正态分布变量，即

$$\mathrm{E}(\varepsilon_i) = 0\,,\quad i = 1,2,\cdots,n$$

$$\mathrm{Cov}(\varepsilon_i, \varepsilon_j) = \begin{cases} \sigma^2, i = j \\ 0,\ i \neq j \end{cases},\quad i,j = 1,2,\cdots,n$$

对于这类非线性回归模型，可采用最小二乘法或极大似然法进行参数 $\boldsymbol{\beta}$ 的估计。具体的参数估计与检验方法请参考相关文献。

对于例 7-3 所示的数据，如直接采用模型 $y = \beta\exp(\gamma x) + \varepsilon$，计算可得参数估计为 $\hat{\beta} = 9.67$、$\hat{\gamma} = -0.19182$。记 $e_i'' = y_i - \hat{y}_i = y_i - 9.67 \times \exp(-0.19182 x_i)$，则可计算得到利用本质非线性模型进行回归估计的残差，结果如表 7-13 所示，e_i'' 的图形如图 7-11 所示。

对比表 7-13、图 7-11 可见，e_i'、e_i'' 的结果还是有所区别的。对于给定的数据，需要对数据进行分析，观察其散点图的情况，进而选择恰当的模型进行回归分析。

7.4 Logistic 回归分析

前面介绍的回归模型，假设因变量y是数值型变量。然而，在实际问题中，有时因变量可能是定类变量。例如，在电子产品可靠性研究中，产品的使用环境温度、使用寿命等条件对产品是否发生故障会有一定影响。此时，就需要对因变量为定类变量的情况进行分析，研究某一随机事件发生的概率与某些自变量之间的关系。对这种定类变量的研究可采用 Logistic 回归分析完成，当因变量的取值为两类时可用二项 Logistic 回归完成；当因变量的取值为两类以上时可用多项 Logistic 回归完成。本节主要介绍二项 Logistic 回归。

7.4.1 Logistic 回归建模

设y为 0-1 型的因变量。$y=0$表示事件A没有发生（如无故障），$y=1$表示事件A已发生（如故障）。事件A发生的概率为$\pi=\mathrm{P}(y=1)=\mathrm{E}(y)$。

设事件发生的概率π与$\boldsymbol{x}=\begin{bmatrix}1 & x_1 & x_2 & \cdots & x_p\end{bmatrix}^{\mathrm{T}}$之间的多元函数关系为

$$\pi(\boldsymbol{x})=f(\boldsymbol{x}) \tag{7.4.1}$$

其中，$\pi(\boldsymbol{x})$为概率，即为 0 到 1 之间的实数。这就使得$f(\boldsymbol{x})$的形式受到一定限制。如果直接采用多元线性函数形式，则$f(\boldsymbol{x})$的取值范围可能在$[0,1]$之外。为此，可对$\pi(\boldsymbol{x})$进行变换，使变换后的取值区间为$(-\infty,+\infty)$，这样$f(\boldsymbol{x})$就可以取一般的函数形式。这里，取如下形式的变换

$$\pi(\boldsymbol{x})\to\ln\left[\frac{\pi(\boldsymbol{x})}{1-\pi(\boldsymbol{x})}\right] \tag{7.4.2}$$

这一变换称为π的 Logit 变换（Logit transformation）。其中，$\dfrac{\pi}{1-\pi}$称为事件发生的几率比（odds ratio）。

假定$\ln\left[\dfrac{\pi(\boldsymbol{x})}{1-\pi(\boldsymbol{x})}\right]=f(\boldsymbol{x})$，$f(\boldsymbol{x})$取多元线性函数形式$f(\boldsymbol{x})=\boldsymbol{x}^{\mathrm{T}}\boldsymbol{\beta}$。其中，$\boldsymbol{\beta}=[\beta_0,\beta_1,\cdots,\beta_p]^{\mathrm{T}}$，则有

$$\ln\left[\frac{\pi(\boldsymbol{x})}{1-\pi(\boldsymbol{x})}\right]=\boldsymbol{x}^{\mathrm{T}}\boldsymbol{\beta} \tag{7.4.3}$$

即得到

$$\pi(\boldsymbol{x})=\frac{1}{1+\exp\left(-\boldsymbol{x}^{\mathrm{T}}\boldsymbol{\beta}\right)} \tag{7.4.4}$$

上式称为线性 Logistic 回归模型，或简称为 Logistic 模型。图 7-12 给出了一元线性

回归的 Logistic 模型示意。由图可见，运用线性回归模型，计算得到的回归曲线呈 S 形。

在许多文献中，常采用关系式(7.4.4)的等价形式

$$\frac{\pi(\boldsymbol{x})}{1-\pi(\boldsymbol{x})}=\exp\left(\boldsymbol{x}^{\mathrm{T}}\boldsymbol{\beta}\right) \tag{7.4.5}$$

由上式可知，对于一元 Logistic 回归模型，当自变量 x 增加一个单位时（即变为 $x+1$），$\exp(\beta_1)$ 给出了事件发生几率比的变化量。当自变量 x 增加 k 个单位时（即变为 $x+k$），$\exp(k\beta_1)$ 给出了事件发生几率比的变化量。即

$$\frac{\pi(x+k)}{1-\pi(x+k)}\Bigg/\frac{\pi(x)}{1-\pi(x)}=\exp(k\beta_1) \tag{7.4.6}$$

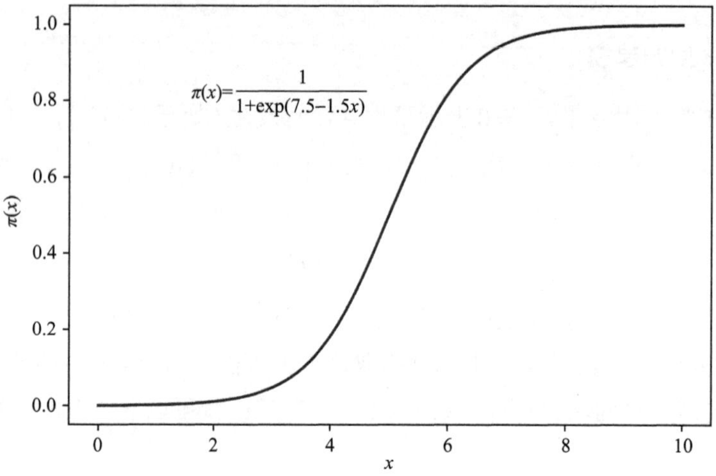

图 7-12　Logistic 函数示例

7.4.2　Logistic 回归模型的参数估计

设已得到 n 组观测数据为 $(\boldsymbol{x}_i,y_i)$，$i=1,2,\cdots,n$。其中，$\boldsymbol{x}_i=\begin{bmatrix}1 & x_{i1} & x_{i2} & \cdots & x_{ip}\end{bmatrix}^{\mathrm{T}}$。记 $\pi_i=\mathrm{P}\{y_i=1\}$，则 y_i 发生的概率为

$$\mathrm{P}(y_i)=\pi_i^{y_i}(1-\pi_i)^{1-y_i},\quad y_i=0,1,\quad i=1,2,\cdots,n \tag{7.4.7}$$

设 n 组观测为独立观测，则 $y_1,y_2,\cdots,y_n$ 的似然函数为

$$L=\prod_{i=1}^{n}\pi_i^{y_i}(1-\pi_i)^{1-y_i} \tag{7.4.8}$$

一般采用极大似然法求解 Logitstic 回归模型。将式(7.4.8)两边取对数，可得

$$\begin{aligned}\ln L&=\ln\prod_{i=1}^{n}\pi_i^{y_i}(1-\pi_i)^{1-y_i}=\sum_{i=1}^{n}\left(y_i\ln\pi_i+(1-y_i)\ln(1-\pi_i)\right)\\&=\sum_{i=1}^{n}\left(y_i\ln\frac{\pi_i}{1-\pi_i}+\ln(1-\pi_i)\right)=\sum_{i=1}^{n}\left(y_i\boldsymbol{x}_i^{\mathrm{T}}\boldsymbol{\beta}-\ln\left(1+\exp\left(\boldsymbol{x}_i^{\mathrm{T}}\boldsymbol{\beta}\right)\right)\right)\end{aligned}$$

求解使上述 $\ln L$ 取最大值的 $\boldsymbol{\beta}$，则可得到 $\boldsymbol{\beta}$ 的极大似然估计 $\hat{\boldsymbol{\beta}}$。

$\boldsymbol{\beta}$ 的费希尔信息矩阵为

$$\boldsymbol{I}_{\boldsymbol{\beta}}=\mathrm{E}\left[-\frac{\partial^2\ln L}{\partial\boldsymbol{\beta}^2}\right]=\mathrm{E}\left[-\frac{\partial^2\ln L}{\partial\beta_i\partial\beta_j}\right]=\boldsymbol{X}^{\mathrm{T}}\boldsymbol{A}\boldsymbol{X} \tag{7.4.9}$$

其中

$$\begin{aligned}\boldsymbol{A}&=\begin{bmatrix}\pi_1(1-\pi_1)&&&\\&\pi_2(1-\pi_2)&&\\&&\ddots&\\&&&\pi_n(1-\pi_n)\end{bmatrix}\\&=\mathrm{diag}\big(\pi_1(1-\pi_1)\quad\pi_2(1-\pi_2)\quad\cdots\quad\pi_n(1-\pi_n)\big)\end{aligned}$$

由数理统计理论可知，在 n 充分大时，$\boldsymbol{\beta}$ 的极大似然估计 $\hat{\boldsymbol{\beta}}$ 的协方差矩阵可近似为

$$\mathrm{Cov}\left(\hat{\boldsymbol{\beta}}\right)\approx\boldsymbol{I}_{\boldsymbol{\beta}}^{-1}=\left(\boldsymbol{X}^{\mathrm{T}}\boldsymbol{A}\boldsymbol{X}\right)^{-1} \tag{7.4.10}$$

求出 $\hat{\boldsymbol{\beta}}$ 的极大似然估计后，可以将其代入 π_i 的表达式(7.4.4)中，求出其估计值 $\{\hat{\pi}_i\}$，再将得到的结果代入 $\boldsymbol{A}$ 中，即可得到 $\boldsymbol{A}$ 的估计 $\hat{\boldsymbol{A}}$，从而得到 $\mathrm{Cov}\left(\hat{\boldsymbol{\beta}}\right)$ 的估计为

$$\widehat{\mathrm{Cov}\left(\hat{\boldsymbol{\beta}}\right)}=\left(\boldsymbol{X}^{\mathrm{T}}\hat{\boldsymbol{A}}\boldsymbol{X}\right)^{-1} \tag{7.4.11}$$

因而，$\left(\boldsymbol{X}^{\mathrm{T}}\hat{\boldsymbol{A}}\boldsymbol{X}\right)^{-1}$ 主对角线上的第 $k+1$ 个元素就是 $\mathrm{Var}\left(\hat{\boldsymbol{\beta}}_k\right)$ 的估计，记为 $S_{\hat{\beta}_k}^2$。

例 7-4　某项统计调查收集了司机对某型汽车轮胎的评价意见。每位司机对轮胎的湿牵引性能（x_1）和噪声水平（x_2）按照 10 分制进行打分，并给出是否会再次购买该轮胎的意见。共有 50 名司机参与了调查，调查结果如表 7-14 所示。其中，y=1 表示被调查的司机表示愿意再次购买该型轮胎，y=0 则表示不愿意再次购买该型轮胎。

表 7-14　轮胎湿牵引性能和噪声水平对是否购买的影响有关数据

序号	x_1	x_2	y	序号	x_1	x_2	y
1	8	7.2	0	11	9.2	8.9	1
2	8	7.2	1	12	8.1	8.2	1
3	7.6	7.5	1	13	9	8.5	1
4	6.6	5.4	0	14	6	5.2	0
5	5.8	6.3	0	15	8	7.8	1
6	6.3	5.7	0	16	6	6.5	0
7	7.7	5.2	0	17	6.9	5.7	0
8	5	6.2	0	18	6.6	5.6	0
9	5.6	6.4	0	19	7.3	7.9	0
10	8.8	8.5	1	20	8	7.6	1

续表

序号	x_1	x_2	y	序号	x_1	x_2	y
21	8	7.3	0	36	8.2	5.2	0
22	4.8	5.7	0	37	8.2	7	1
23	5.2	4.8	0	38	8.1	6.9	0
24	5.9	3.6	0	39	5.6	6	0
25	7.6	5.7	0	40	4.9	6	0
26	5.3	5.3	0	41	7.5	7.5	0
27	5.5	3.8	0	42	5.9	6.7	0
28	7.4	7	0	43	8.5	8.3	1
29	8.4	6.4	1	44	7.1	7.2	1
30	9.1	8.3	1	45	7.8	7.9	1
31	8.1	8.6	1	46	6.5	6.9	0
32	7.2	7.3	0	47	8.4	8	1
33	8.9	7.4	1	48	8.4	8.3	1
34	9.1	7.5	1	49	9	7.7	1
35	8.1	6.6	1	50	6.6	7	0

资料来源：安德森等. 2017. 商务与经济统计（原书第 13 版）. 张建华, 等译. 北京：机械工业出版社.

由上述数据，拟合 Logistic 模型，计算可得

$$\hat{\boldsymbol{\beta}}=\begin{bmatrix}-38.5477 & 3.2868 & 1.8126\end{bmatrix}^{\mathrm{T}}$$

$$\widehat{\mathrm{Cov}\left(\hat{\boldsymbol{\beta}}\right)}=\begin{bmatrix}210.0211 & -18.4940 & -8.9771\\ -18.4940 & 2.0160 & 0.3713\\ -8.9771 & 0.3713 & 0.8428\end{bmatrix}$$

故有，$\mathrm{P}\{y=1\}=\pi(x)=\dfrac{1}{1+\exp(38.5477-3.2868x_1-1.8126x_2)}$

7.4.3 Logistic 回归模型的检验

1. 模型的成立性检验

进行 Logistic 回归方程的显著性检验采用的统计假设为：原假设 H_0 为所有的回归系数为 0，表明解释变量对于事件的发生概率没有影响，此时进行 Logistic 回归没有实际意义。备择假设 H_1 为至少存在一个回归系数不为 0。即

$$H_0:\beta_1=\beta_2=\cdots=\beta_p=0 \qquad H_1:\text{至少存在一个}\beta_j\neq 0$$

对于 Logistic 回归方程的显著性检验，当所有的解释变量都没有引入回归方程时，记对数似然函数的值为 L_0。当所有的 p 个解释变量均引入回归方程后，对数似然函数的取值为 L_p。构造对数似然比统计量为

$$K^2 = -\ln\left(\frac{L_0}{L_p}\right)^2 = 2\left(\ln L_p - \ln L_0\right)$$

可以证明，当 $n \to \infty$ 时，K^2 渐近服从自由度为 p 的 χ^2 分布，$K^2 \sim \chi^2(p)$。据此，即可进行给定显著水平为 α 的显著性检验。例如，若采用 p 值进行检验，则当计算得到的 p 值小于等于 α 时，应拒绝 H_0，表明回归方程是显著的。

2. 回归系数的显著性检验

回归方程的显著性检验只是检验回归系数是否全为 0，拒绝 H_0 并不意味着所有的回归系数都不为 0。回归系数检验是检验某一个解释变量 x_k 对于事件发生的概率是否有显著影响，对应的统计检验假设为

$$H_0 : \beta_k = 0 \qquad H_1 : \beta_k \neq 0$$

可以证明，当 $n \to \infty$ 时，有

$$\frac{\hat{\beta}_k - \beta_k}{S_{\hat{\beta}_k}} \sim N(0,1) \tag{7.4.12}$$

其中，$S_{\hat{\beta}_k}^2$ 为 $\hat{\beta}_k$ 的方差的估计。因此，当 H_0 成立时有

$$U = \frac{\hat{\beta}_k}{S_{\hat{\beta}_k}} \sim N(0,1) \tag{7.4.13}$$

令 $W = U^2$，称为 Wald 值，则 $W \sim \chi^2(1)$。据此，可以对 x_k 的显著性进行检验，这种统计检验称为 Wald 检验（Wald test）。

对于例 7-4，计算可得各自变量的 Wald 检验结果如表 7-15 所示。由表 7-15 的结果可以看出，各变量的影响效果都是显著的。

表 7-15　Wald 检验结果

	β_0	β_1	β_2
W	7.0751	5.3585	3.8983
p 值	0.0078	0.0206	0.0483

3. 拟合优度检验

在 Logistic 回归中，拟合优度具有以下含义：拟合优度好，说明解释变量可以解释因变量的大部分方差；由回归方程计算出的预测值与实际值吻合的程度好，总体错判率低。

通常采用 Hosmer-Lemeshow 统计量进行 Logistic 回归方程的拟合优度检验。Hosmer-Lemeshow 统计量的基本思想是：当被解释变量的实际值为 1 时，由 Logistic 回归模型计算出的被解释变量取 1 的概率值应较大。下面以表 7-14 所示的数据为例说明检验过程。

在进行检验时，首先根据预测概率值从小到大将数据排序，并按等间隔分位数划分将所有数据分为规模大致相同的 m 组（通常取 $m=10$）。

表 7-14 共有 50 行数据，表 7-16 给出了这 50 行数据中 $y=1$ 的预测概率，并按预测概率从小到大进行了排序。在排序的基础上，将数据分为 10 组。各组对应的预测概率取值区间依次为 $[0, 9.87\times10^{-6}]$，$(9.87\times10^{-6}, 0.00029]$，$(0.00029, 0.00113]$，$(0.00113, 0.0313]$，$(0.0313, 0.301]$，$(0.301, 0.649]$，$(0.649, 0.765]$，$(0.765, 0.973]$，$(0.993, 1.0]$。

表 7-16 还给出了组内的预测概率和，即每一组内由各行观测变量计算得到的 $P(y=1)$ 的概率之和，组内的预测概率和理论上等于在组内观测到 $y=1$ 的期望频数。

表 7-16 预测与分组结果

序号	y	$P(y=1)$	组内概率和	序号	y	$P(y=1)$	组内概率和
27	0	1.2624×10^{-6}		41	0	0.4250	
23	0	2.8849×10^{-6}		19	0	0.4416	
24	0	3.2713×10^{-6}	0.000021	3	1	0.5066	2.524206
22	0	3.9593×10^{-6}		35	1	0.5096	
40	0	9.4737×10^{-6}		38	0	0.6415	
26	0	9.9190×10^{-6}		29	1	0.6597	
8	0	1.8910×10^{-5}		2	1	0.6894	
14	0	8.2590×10^{-5}	0.000401	1	0	0.6894	3.513975
39	0	9.4556×10^{-5}		21	0	0.7268	
9	0	1.9522×10^{-4}		37	1	0.7488	
5	0	3.1422×10^{-4}		45	1	0.8035	
6	0	5.4771×10^{-4}		20	1	0.8209	
4	0	8.5210×10^{-4}	0.003486	15	1	0.8682	4.414671
16	0	8.7080×10^{-4}		12	1	0.9497	
42	0	9.0074×10^{-4}		47	1	0.9724	
18	0	0.0012		31	1	0.9750	
17	0	0.0039		48	1	0.9838	
46	0	0.0092	0.051218	33	1	0.9840	4.924054
50	0	0.0153		43	1	0.9883	
7	0	0.0216		34	1	0.9930	
25	0	0.0378		49	1	0.9932	
36	0	0.1024		10	1	0.9969	
44	1	0.1033	0.581439	30	1	0.9984	4.986530
32	0	0.1610		13	1	0.9984	
28	0	0.1769		11	1	0.9996	

将表 7-16 的数据进行进一步整理，即可得到如表 7-17 所示的 Hosmer-Lemeshow 检验列联表。

$$\chi_{\mathrm{HL}}^2=\sum_{i=1}^{m}\left[\frac{\left(o_i-E_i\right)^2}{E_i}+\frac{\left[\left(n_i-o_i\right)-\left(n_i-E_i\right)\right]^2}{n_i-E_i}\right] \tag{7.4.14}$$

上述统计量即为 Hosmer-Lemeshow 拟合优度统计量（Hosmer-Lemeshow goodness-of-fit statistic）。可以证明，当 Logistic 模型假设成立时，上述统计量近似服从自由度为 $m-2$ 的 χ^2 分布，$\chi_{\mathrm{HL}}^2\sim\chi^2(m-2)$。据此，就可以进行 Logistic 回归模型的拟合优度检验。χ_{HL}^2 的 p 值为：$p=P\left(\chi^2\geqslant\chi_{\mathrm{HL}}^2\right)$。判决规则如下。

表 7-17　Hosmer-Lemeshow 检验列联表

分组	$y=0$		$y=1$		合计
	观测频数	期望频数	观测频数	期望频数	
1	5	5.0000	0	2.0852×10^{-5}	5
2	5	4.9996	0	4.0119×10^{-4}	5
3	5	4.9965	0	0.0035	5
4	5	4.9488	0	0.0512	5
5	4	4.4186	1	0.5814	5
6	3	2.4758	2	2.5242	5
7	2	1.4860	3	3.5140	5
8	0	0.5853	5	4.4147	5
9	0	0.0759	5	4.9241	5
10	0	0.0135	5	4.9865	5

（1）若 p 值小于等于给定的显著性水平 α，则说明 Logistic 回归模型对观测数据的拟合程度较差，解释变量不能解释因变量的大部分方差。

（2）若 p 值大于给定的显著性水平 α，说明所建立的 Logistic 回归模型能反映解释变量与被解释变量之间的回归关系。

对于例 7-4，计算可得

$$\chi_{\mathrm{HL}}^2=\frac{(5-5)^2}{5}+\frac{\left(0-2.0852\times10^{-5}\right)^2}{2.0852\times10^{-5}}+\cdots+\frac{(0-0.0135)^2}{0.0135}+\frac{(5-4.9865)^2}{4.9865}=1.6230$$

由自由度为 $m-2=8$ 的 χ^2 分布计算可得 p 值为 0.9905，大于显著性水平 0.05，说明模型的拟合程度较高。

本 章 小 结

回归分析是运用因变量和自变量之间的相关关系构建回归模型。根据自变量的个数，回归分析分为一元回归分析和多元回归分析。根据因变量和自变量之间函数关系的类型，回归分析分为线性回归分析和非线性回归分析。对于回归模型的参数，可运用最小二乘法进行估计。

模型的成立性检验主要是检验回归模型是否有意义，包括线性关系的存在性检验、回归系数的显著性检验。前者主要检验回归系数不全为 0，后者主要检验各个回归变量的影响是否显著。模型的拟合优度检验则主要检验回归方程对于观测数据的拟合程度。可用判定系数（复判定系数）分析回归模型的拟合效果。可以通过残差分析方法对线性回归模型的假设进行检验。利用学生化残差可以判别样本数据中的异常值。

在多元线性回归分析中，自变量之间存在的相关性称为多重共线性。多重共线性会造成回归模型参数估计困难以及估计方差增大等问题。通过计算方差扩大因子和条件数，可以判断多重共线性的程度。

线性回归预测分为点估计和区间估计两种情况。进行区间估计时，在置信水平相同时，与现有自变量中心位置（自变量的均值）相距越远的自变量，置信区间的宽度越宽。

有的非线性回归模型可以通过变量代换转化为线性回归模型进行求解。对于难以转换的本质非线性回归模型，可采用最小二乘法或极大似然法进行参数的估计。

Logistic 回归是一种对于定类变量进行回归的模型。Logistic 回归模型的参数估计主要采用极大似然法。通常采用对数似然比进行 Logistic 回归方程的显著性检验。可以用 Wald 检验对回归系数的显著性进行检验。Hosmer-Lemeshow 统计量可用于 Logistic 回归方程的拟合优度检验。

习　　题

一、选择题

1. 一元线性回归模型 $y=\beta_0+\beta_1x+\varepsilon$ 中的 ε 是（　　）。

A．服从正态分布的随机误差　　B．对自变量的随机扰动

C．服从 t 分布的随机误差　　D．对回归常数 β_0 的随机扰动

2. 设产量 x（千件）与单位成本 y（元/件）之间的经验回归方程为 $\hat{y}=77-3x$，这表示产量每提高 1000 件，单位成本平均（　　）。

A．增加 3 元　　B．减少 3000 元　　C．增加 3000 元　　D．减少 3 元

3. 对一元线性回归，通常用 R^2 来刻画回归的效果，以下正确的叙述是（　　）。

A．R^2 越小，残差平方和越小　　B．R^2 等于残差平方/总平方和

C．R^2 与残差平方和无关　　D．R^2 越小，残差平方和越大

4. 对多元线性回归模型的某个回归系数进行显著性检验，通常采用的检验方法是（　　）。

A．t 检验　　B. F 检验　　C．U 检验　　D．χ^2 检验

5. 对多元线性回归模型的线性关系进行检验，通常采用的检验方法是（　　）。

A．t 检验　　B. F 检验　　C．U 检验　　D．χ^2 检验

6. 对于二元线性回归模型，当存在严重的多重共线性时，对两个自变量之间的相关系数 r 有（　　）。

A. $r \approx 0$　　B. $|r| \approx 0$　　C. $r \approx 1$　　D. $|r| \approx 1$

7. 对于多元线性回归模型，当方差扩大因子 VIF（　　）时，存在严重的多重共线性。

A. 大于 5　B. 小于 5　C. 小于 10　D. 大于 10

8. 若自变量 x 和因变量 y 配对观测值的散点图大致围绕指数曲线 $y = ae^{bx}$ 波动，可考虑用（　　）转化为线性回归模型求解指数曲线中的未知参数。

A. 取 $u = \ln y$ 、 $c = \ln a$ ，转化为 $u = c + bx + \varepsilon$

B. 取 $x_1 = e^x$ 、 $c = e^b$ ，转化为 $y = acx_1 + \varepsilon$

C. 取 $x_1 = e^{bx}$ ，转化为 $y = ax_1 + \varepsilon$

D. 取 $u = \ln y$ ，转化为 $u = a + bx + \varepsilon$

9. 下列说法中正确的是（　　）。

A. 多元线性回归的因变量必须为定类变量

B. Logistic 回归的因变量必须为定类变量

C. Logistic 回归的自变量必须是定类变量

D. 多元线性回归的自变量必须是定类变量

10. 采用 Hosmer-Lemeshow 统计量对 Logistic 回归模型进行拟合优度检验，可用（　　）法。

A. t 检验　B. U 检验　C. F 检验　D. χ^2 检验

二、判断题

1. 无论相关分析还是回归分析，都必须确定自变量和因变量。（　　）

2. 在线性回归模型中，通常假定误差 $\varepsilon \sim N(0, \sigma^2)$ 。（　　）

3. 回归模型中自变量的个数越多越好。（　　）

4. 对一元线性回归模型 $y = \beta_0 + \beta_1 x + \varepsilon$，回归系数 β_1 的最小二乘估计 $\hat{\beta}_1$ 是服从正态分布的随机变量。（　　）

5. 当多元线性回归模型的假设成立时，残差平方和 SSE 越大，线性回归模型的预测精度越高。（　　）

6. 对一元线性回归模型的残差进行分析时，若有某个数据的学生化残差小于–3，则该数据为异常值的概率较大。（　　）

7. 基于回归模型进行预测分析，可得到因变量的点估计和区间估计。（　　）

8. 在进行线性回归分析时，只要自变量的个数超过两个，就一定存在多重共线性问题。（　　）

9. 所有非线性回归模型都可转化为线性回归模型进行求解。（　　）

10. 对线性回归模型，一个自变量的容忍度越大，表明其与模型中的其他自变量的相关性越小。（　　）

三、简答题

1. 一元线性回归预测中置信区间估计和预测区间估计有什么不同？

2. 写出一元线性回归和多元线性回归模型中第 1 个自变量的回归系数 β_1 的区间估计表达式。

3. 多元线性回归模型主要有哪些假设？

4. 对于多元线性回归模型，线性关系的存在性检验的主要目的是什么？

5. 对于多元线性回归模型，回归系数显著性检验的主要目的是什么？

6. 对于多元线性回归模型，回归方程拟合优度检验的主要目的是什么？

7. 观测数据异常值判断的主要依据是什么？

8. 多重共线性是指什么？

9. 当存在多重共线性时，可能会造成什么结果？

10. 什么是本质非线性回归模型？举例说明。

11. 简述 Logistic 回归中 Logit 变换的目的。

四、计算题

1. 在某次线性回归中，对于 $n=10$，得到经验回归方程为：$\hat{y}=2.4961+0.1980x$，$\mathrm{SSE}=6.9402$，$R^2=0.8454$，$\bar{x}=28.3$，$S_{xx}=968.1$。据此，做如下计算：

（1）估计 σ，计算 y 与 x 的相关系数 r、SST、SSR；

（2）当 $\alpha=0.05$ 时，进行回归系数 β_1 的显著检验；

（3）当 $x=45$ 时，给出 y 的置信水平为 0.95 的区间估计和点估计。

2. 汽车的销售量和不同地区的地区生产总值有较强的相关关系。表 7-18 是 2020 年全国部分地区的地区生产总值（单位：亿元，记为 x）和该地区私人汽车拥有量（单位：万辆，记为 y）的统计数据。根据该数据进行如下分析：

（1）建立地区私人汽车拥有量关于地区生产总值的一元线性回归方程。

（2）给出回归系数的置信水平为 95%的置信区间。

表 7-18　2020 年全国部分地区地区生产总值和私人汽车拥有量

地区	x	y	地区	x	y	地区	x	y
北京	35943.3	507.07	安徽	38061.5	869.01	重庆	25041.4	441.54
天津	14008	279.67	福建	43608.6	631.86	四川	48501.6	1139.26
河北	36013.8	1606.46	江西	25782	588.56	贵州	17860.4	532.13
山西	17835.6	687.57	山东	72798.2	2267.94	云南	24555.7	739.57
内蒙古	17258	568.74	河南	54259.4	1602.37	西藏	1902.7	52.59
辽宁	25011.4	819.24	湖北	43004.5	840.09	陕西	26014.1	663.98
吉林	12256	435.75	湖南	41542.6	885.85	甘肃	8979.7	319.66
黑龙江	13633.4	501.76	广东	111151.6	2191.41	青海	3009.8	108.41
上海	38963.3	347.59	广西	22120.9	687.05	宁夏	3956.3	155.08
江苏	102807.7	1742.05	海南	5566.2	129.25	新疆	13800.7	390.33
浙江	64689.1	1559.34						

数据来源：https://data.stats.gov.cn/adv.htm?m=advquery&cn=E0103 访问时间 2024 年 1 月 16 日

（3）进行回归方程的显著性检验、回归系数的显著性检验以及回归方程的拟合优度检验（显著性水平 $\alpha=0.05$ ）。

（4）绘制学生化残差图。

3. 在动物学研究中有时需要找出动物体积与重量之间的关系。表 7-19 是 18 只某种动物的体积 y（单位：dm^3）与其重量 x（单位：kg）的数据。请进行以下分析：

（1）建立动物体积关于其重量的一元线性回归方程。

（2）给出回归系数的置信水平为 95%的置信区间。

（3）进行回归方程的显著性检验、回归系数的显著性检验以及回归方程的拟合优度检验（显著性水平 $\alpha=0.05$ ）。

（4）若某一动物的重量为 17.6 kg，请给出该动物体积的估计值及置信水平为 0.95 的预测区间。

表 7-19　某种动物体积与其重量的观测数据

x	y	x	y	x	y
10.4	10.2	15.1	14.8	16.5	15.9
10.5	10.4	15.1	15.1	16.7	16.6
11.9	11.6	15.1	14.5	17.1	16.7
12.1	11.9	15.7	15.7	17.1	16.7
13.8	13.5	15.8	15.2	17.8	17.6
15.0	14.5	16.0	15.8	18.4	18.3

4. 为分析某地区超市的年广告费用 x 与年销售额 y 之间的关系，随机选择了 9 家超市进行了调查，表 7-20 给出了 9 家超市的调查结果（单位：万元）。请做如下分析：

（1）绘制散点图，观察两变量之间的关系。

（2）将 y 作为因变量，建立 x 与 y 之间的线性回归模型。

（3）给出回归系数的置信水平为 95%的置信区间。

（4）进行回归方程的显著性检验、回归系数的显著性检验以及回归方程的拟合优度检验（显著性水平 $\alpha=0.05$ ）。

表 7-20　年广告费用与销售额数据

x	y	x	y	x	y
50	1022	20	486	92	1905
65	1230	82	1623	100	2021
35	810	60	1280	85	1785

5. 在某次线性回归中，对于 $n=40$ ，得到：$\text{SSE}=5.9876$ ，$R^2=0.6811$ ，经验回归方程为 $\hat{y}=-1.5705+0.0257x_1+0.0336x_2$ 。并计算得到：

$$\left(\boldsymbol{X}^{\mathrm{T}}\boldsymbol{X}\right)^{-1}=\begin{bmatrix}1.5065 & -0.0082 & -0.0121\\ -0.0082 & 0.0001 & 1.31\times10^{-5}\\ -0.0121 & 1.31\times10^{-5} & 0.0002\end{bmatrix}$$

据此，做如下计算：

（1）估计σ，计算R_a^2、SST、SSR；

（2）当$\alpha=0.05$时，进行回归系数β_1、β_2的检验；

（3）当$\alpha=0.05$时，进行回归模型线性关系成立性的检验；

（4）当$x_1=95$，$x_2=100$时，给出y的置信水平为0.95的置信区间估计和点估计。

6. 在某次线性回归中，对于$n=100$，计算得到中间结果为：$\hat{\sigma}=0.2$，$R^2=0.78$，经验回归方程为$\hat{y}=3.6+0.68x_1+1.6x_2+0.92x_3$。据此，做如下计算：

（1）当$\alpha=0.05$时，进行回归模型线性关系成立性的检验；

（2）当$x_1=50$，$x_2=80$，$x_3=120$时，给出y的点估计。

7. 表7-21给出了2020年度全国部分地区的地区生产总值（单位：亿元，记为y）、普通高等学校数（单位：所，记为x_1）、年末常住人口（单位：万人，记为x_2）、铁路营业里程（单位：万km，记为x_3）、公路里程（单位：万km，记为x_4）。基于该组数据，进行如下分析：

（1）以y为因变量，建立多元线性回归模型，并在$\alpha=0.05$时进行模型的线性关系成立性检验和回归系数检验。

（2）讨论模型中存在的多重共线性问题。

（3）绘制多元线性回归模型的学生化残差图，并进行分析。

（4）当$x_1=120$，$x_2=12000$，$x_3=0.70$，$x_4=32$时，给出y的点估计和置信水平为0.95的区间估计。

表7-21　2020年度全国部分地区的地区生产总值、普通高等学校数、年末常住人口、铁路营业里程和公路里程数据

地区	y	x_1	x_2	x_3	x_4	地区	y	x_1	x_2	x_3	x_4
北京	35943.3	92	2189	0.14	2.23	湖北	43004.5	129	5745	0.52	28.96
天津	14008.0	56	1387	0.12	1.64	湖南	41542.6	128	6645	0.56	24.11
河北	36013.8	125	7464	0.79	20.47	广东	111151.6	154	12624	0.49	22.19
山西	17835.6	85	3490	0.63	14.43	广西	22120.9	82	5019	0.52	13.16
内蒙古	17258.0	54	2403	1.42	21.02	海南	5566.2	21	1012	0.1	4.02
辽宁	25011.4	114	4255	0.66	13.09	重庆	25041.4	68	3209	0.24	18.08
吉林	12256.0	64	2399	0.5	10.78	四川	48501.6	132	8371	0.53	39.44
黑龙江	13633.4	80	3171	0.68	16.81	贵州	17860.4	75	3858	0.39	20.67
上海	38963.3	63	2488	0.05	1.29	云南	24555.7	82	4722	0.42	29.25
江苏	102807.7	167	8477	0.42	15.81	西藏	1902.7	7	366	0.08	11.82
浙江	64689.1	109	6468	0.32	12.31	陕西	26014.1	96	3955	0.56	18.07
安徽	38061.5	120	6105	0.53	23.65	甘肃	8979.7	50	2501	0.51	15.6

续表

地区	y	x_1	x_2	x_3	x_4	地区	y	x_1	x_2	x_3	x_4
福建	43608.6	89	4161	0.38	11.01	青海	3009.8	12	593	0.3	8.51
江西	25782.0	105	4519	0.49	21.06	宁夏	3956.3	20	721	0.17	3.69
山东	72798.2	152	10165	0.69	28.68	新疆	13800.7	56	2590	0.78	20.92
河南	54259.4	151	9941	0.65	27.03						

数据来源：https://data.stats.gov.cn/adv.htm?m=advquery&cn=E0103 访问时间：2024 年 1 月 16 日

8. 某公司的产品在 16 个地区的销售总额 y（万元）和各地区的人口数 x_1（万人）、平均月工资水平 x_2（元）的统计数据如表 7-22 所示。请求解以 y 为因变量的线性回归方程，并进行回归模型的检验。

表 7-22　各地区销售额数据表

地区	y	x_1	x_2	地区	y	x_1	x_2
1	163	274	2452	9	116	195	2137
2	120	183	3254	10	65	58	2560
3	217	375	3812	11	252	435	4020
4	143	205	2838	12	232	375	4427
5	67	87	2347	13	144	246	2660
6	169	265	3782	14	103	159	2088
7	88	98	3128	15	212	370	2605
8	192	330	2450	16	189	297	2743

9. 为了检验 X 射线的杀菌作用，用某一强度的 X 射线进行照射试验，设照射次数为 x 时，照射后所剩细菌数为 y，实验得到的数据如表 7-23 所示。根据经验知，y 关于 x 的回归方程形式为 $y = a\mathrm{e}^{bx}$。试求解回归系数 a,b 以及判定系数 R^2。

表 7-23　照射次数与剩余细菌数

照射次数 x	剩余细菌数 y	照射次数 x	剩余细菌数 y
1	783	11	72
2	621	12	50
3	433	13	43
4	431	14	31
5	287	15	28
6	251	16	20
7	175	17	16
8	154	18	12
9	129	19	9
10	103	20	7

资料来源：茆诗松等. 2004. 概率论与数理统计教程. 北京：高等教育出版社.

10. 在 1986 年美国“挑战者（Challenger）”号航天飞机失事前，美国航天飞机发射时的环境温度和火箭助推器的 O 形密封圈（O-rings）失效事件的 24 组数据如表 7-24 所示。请建立 O 形密封圈失效概率的 Logistic 回归方程。若 “挑战者”号航天飞机发射时的环境温度为 31°F，请预测 O 形密封圈的失效概率。

表 7-24　发射温度与 O 形密封圈失效记录

发射温度/°F	是否失效	发射温度/°F	是否失效
53	Y	70	N
56	Y	70	Y
57	Y	72	N
63	N	73	N
66	N	75	N
67	N	75	Y
67	N	76	N
67	N	76	N
68	N	78	N
69	N	79	N
70	N	80	N
70	Y	81	N

资料来源：Devore J L. 2004. Probability and Statistics (fifth ed). 影印版. 北京：高等教育出版社.

五、综合应用题

收集最近一年我国各地地区生产总值、劳动力、铁路营业里程、公路里程、在校大学生数量、能源消耗总量等相关数据，并选择恰当的模型，以地区生产总值为因变量进行回归分析。重点进行如下分析：

（1）分析多重共线性问题，并对多重共线性进行诊断。

（2）运用逐步回归法，进行线性回归建模与分析。

（3）基于逐步回归法建立的模型，依据所收集到的数据，计算因变量的预测值，并计算残差和学生化残差，绘制残差图。

第 8 章　主成分分析与因子分析

本 章 导 读

在实际问题中，常常需要用多个观测变量描述同一对象，这些变量之间往往存在一定的相关性和冗余信息。当观测变量较多时，一方面可从不同的角度提供关于对象的信息，另一方面也增加了理解问题对象的复杂性。通过数据降维，可以把多个变量转化为少数几个综合变量，这些综合变量可以代表原来变量的大部分信息。主成分分析（principal components analysis，PCA）和因子分析（factor analysis，FA）都是针对具有多个变量数据的数据降维方法。主成分分析采用线性变换将一组观测变量综合为一组称为主成分的变量，使之能代表原来变量的大部分信息。通过因子分析，可以把具有信息重叠、错综复杂关系的多个观测变量归因为少数几个独立的公共因子（common factors）变量。这些变量也称为潜变量或隐变量，通常不能直接观测。

PCA 和 FA 目前已得到了广泛应用，应用领域包括图像识别与分类、压缩存储、航空发动机剩余寿命预测、威胁评估、装备综合评价、高维数据降维等。例如，针对在石油工业广泛应用的电潜泵（electric submersible pump, ESP）的故障诊断，国内学者基于从传感器获取的数据，利用主成分分析将 19 个参数降维为 5 个主成分，且能代表原 19 个参数约 90%的信息量。通过构建基于主成分的统计量，较好地实现了对 ESP 的故障监测。区域技术创新能力与很多指标相关，通常难以直接进行评价。国内学者运用因子分析法，将涉及技术创新能力的专利申请数、高科技企业数、地方财政科学技术支出等 24 个指标归结为 3 个因子，分别表示企业创新能力、学研方创新能力和教育环境影响。这 3 个因子能够代表原 24 个指标约 92%的信息量。基于因子取值，实现了对各个地区技术创新能力在 3 个因子领域的评价和综合评价。

本章介绍主成分分析的概念内涵、主成分的求解方法、主成分的性质和应用步骤，因子分析的基本思想、公共因子模型和正交因子模型、模型的求解方法和应用步骤，并给出主成分分析与因子分析的计算示例。

8.1　主成分分析概述

主成分分析法最早是由英国学者皮尔逊和美国学者霍特林（Hotelling，1895—1973）于 20 世纪初提出的。通过主成分分析，可以将一组观测变量通过线性组合转换为一组新的互不相关的变量，并且最大限度地用尽可能少的新变量保留原变量组的信息。本节主要介绍主成分分析的思想、主成分的数学定义以及主成分的主要作用。

8.1.1　主成分分析的概念

1. 主成分分析的思想

设有两个观测变量 X_1,X_2。这两个变量的 n 次观测值在二维空间中表现为 n 个点，其散布情况如图 8-1 所示。从图上看，这些观测点在 X_1,X_2 两个坐标方向上都有较大的离散性，其离散程度可以分别用 X_1,X_2 的方差进行度量。假设将该坐标系进行旋转，设旋转后的新坐标系对应于 Y_1,Y_2 两个新的变量。可以看出，Y_1,Y_2 是 X_1,X_2 的线性组合，且 n 个点在 Y_1 方向上的方差达到最大，在 Y_2 方向上的方差较小。因此，Y_1 代表了原观测变量的大部分信息。只要 Y_1 的值确定了，各观测点的相对位置也就大致确定了。这样，就可以用 Y_1 代表原来的 X_1,X_2 所表示的大部分信息，可使变量的维数由 2 维降到 1 维，这就是主成分分析的思想。

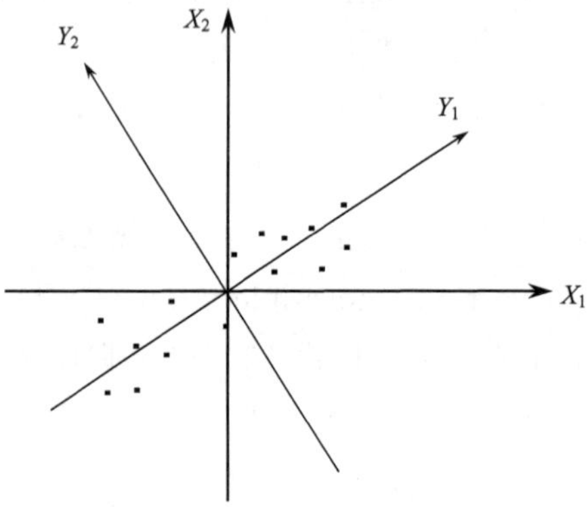

图 8-1　主成分示意图

在主成分分析中，信息量的大小可用变异程度（方差）来描述，即一个维度的变异程度（方差）越大，那么这个维度所含有的信息量就越大。能反映原观测变量变异程度最大的方向称为第 1 主成分方向。与第 1 主成分正交的方向中，能反映原观测变量变异程度最大的方向称为第 2 主成分方向，依次类推。设原观测变量空间为 p 维空间，则理论上共计可以得到 p 个主成分方向。将样品点在各个主成分方向的投影值定义为其对应的主成分。从几何上看，主成分分析是对原坐标系的一种线性变换，将原观测变量空间所在的坐标系进行特定角度的正交旋转变换，旋转后各坐标轴的方向就是主成分的方向。

2. 主成分的定义

设有 p 个随机变量 $X_1,X_2,\cdots,X_p$，随机向量 $\boldsymbol{X}=\begin{bmatrix}X_1 & X_2 & \cdots & X_p\end{bmatrix}^{\mathrm{T}}$，定义 $\boldsymbol{X}$ 的协

方差矩阵为 $\text{Cov}(\boldsymbol{X},\boldsymbol{X})=\left[\text{Cov}(X_i,X_j)\right]_{p\times p}$。记 $\text{Cov}(\boldsymbol{X})=\text{Cov}(\boldsymbol{X},\boldsymbol{X})$，简记为 $\boldsymbol{\Sigma}$。由线性代数理论可以证明，$\boldsymbol{\Sigma}$ 为半正定矩阵。

设有 $\boldsymbol{X}$ 的线性组合 $Z=\boldsymbol{a}^{\mathrm{T}}\boldsymbol{X}$，其中，$\boldsymbol{a}=\begin{bmatrix}a_1 & a_2 & \cdots & a_p\end{bmatrix}^{\mathrm{T}}$。显然，若能找出 $\boldsymbol{a}$，使 $\text{Var}(Z)$ 最大，则可得到一个方向 $\boldsymbol{a}$，在这个方向上 Z 的波动最大，因而可充分地代表 $\boldsymbol{X}$ 的信息。为得到唯一最优解，须对 $\boldsymbol{a}$ 做出限制，否则 $\text{Var}(Z)$ 可以任意大。若要确定方差最大的方向，只需限制 $\boldsymbol{a}$ 的长度即可。为此，定义长度为 1 的 p 维向量集合 $\varGamma$ 为

$$\varGamma=\left\{\boldsymbol{a}\middle|\boldsymbol{a}^{\mathrm{T}}\boldsymbol{a}=1,\boldsymbol{a}\in\mathrm{R}^p\right\} \tag{8.1.1}$$

称 $\varOmega=\left\{Z\middle|Z=\boldsymbol{a}^{\mathrm{T}}\boldsymbol{X},\boldsymbol{a}\in\varGamma,\boldsymbol{X}\in\mathrm{R}^p\right\}$ 为由单位向量生成的线性组合空间。

引入上述符号后，可以给出主成分的数学形式定义如下。

第 1 主成分（first principal component）定义为原观测变量的线性组合中具有最大方差的线性组合。即第 1 主成分 Y_1 是 $\varOmega$ 中方差最大的线性组合。

$$Y_1=\arg\max_{Z\in\varOmega}\text{Var}(Z) \tag{8.1.2}$$

其中，$\arg\max\limits_{Z\in\varOmega}\text{Var}(Z)$ 表示问题 $\max\limits_{Z\in\varOmega}\text{Var}(Z)$ 的解。

第 2 主成分 Y_2 定义为 $\varOmega$ 中与第 1 主成分 Y_1 不相关的方差最大的线性组合。即

$$Y_2=\arg\max_{Z\in\varOmega}\left\{\text{Var}(Z)\middle|\text{Cov}(Z,Y_1)=0\right\} \tag{8.1.3}$$

同理，定义第 i 个主成分为

$$Y_i=\arg\max_{Z\in\varOmega}\left\{\text{Var}(Z)\middle|\text{Cov}(Z,Y_k)=0,k<i\right\},\quad i=1,2,\cdots,p \tag{8.1.4}$$

由于在 p 维线性空间中最多可能存在 p 个相互独立的向量，故 $\boldsymbol{X}$ 最多只能有 p 个主成分。

8.1.2　主成分分析的作用

主成分分析主要有如下几个方面的作用。

1. 数据压缩

通过主成分分析，可以把多个观测变量简化为少数几个综合性变量（称为主成分变量），并且这些综合变量可以反映原来多个观测变量所表示的大部分信息。例如，利用主成分可以实现图像压缩处理。图 8-2(a)是一张分辨率为 600×600 的原始图片，为了实现图像压缩，可以将其视为具有 600 个特征和 600 个样本点的数据，提取 30 个主成分，得到 600×30 的数据矩阵。然后，再将其视为具有 600 个特征和 30 个样本点的数据，提取 30 个主成分，得到 30×30 的数据矩阵。考虑存储各个主成分所需的空间，存储图片所需的空间减少到原来的 10.25%。图 8-2 (b)为根据压缩后的数据恢复得到的图片，可以看出，整体上保留了原图片的大部分信息。

2. 数据解释

在寻找新的综合变量的过程中，还有可能发现存在于原来观测变量间的某些隐含关系。这些关系并不是一目了然地呈现在原始数据中的，主成分分析可以揭示变量间的关系。例如，在对学生的学习能力进行分析时，通过主成分分析，可以发现其语文、英语、日语等科目成绩具有较高的相关性，而高等数学、线性代数、概率论与数理统计等科目成绩也具有较高的相关性，进而可以用语言能力、数理思维能力作为主成分对学习能力进行概括。

（a）　　（b）

扫一扫见彩图

图 8-2　基于主成分的图片压缩

3. 中间处理

主成分分析的结果可以用于回归、聚类分析与判别分析的输入。一方面，减少了输入变量的数量，简化了输入的表示。另一方面，由于主成分变量之间的相互独立性强，可以提高这些模型的分析精度。例如，在多元回归分析中，可以减少多重共线性问题对回归效果的影响。在聚类分析中，可以首先运用主成分分析对数据进行降维处理，然后再进行聚类分析。

8.2　主成分的求解

由观测变量 $\boldsymbol{X}$ 的总体分布求解得到的各个主成分称为总体主成分（population principal components）。由观测变量 $\boldsymbol{X}$ 的样本数据求解得到的主成分称为样本主成分。本节讨论总体主成分及样本主成分的求解方法及其相关性质。其中，总体主成分是根据样本观测值求解样本主成分的理论基础。

8.2.1　总体主成分的求解及其性质

由观测变量组成的随机向量 $\boldsymbol{X}$ 的协方差阵的特征值和特征向量，可以得到总体主成分的方向和对应的信息量。本小节首先给出与此相关的定理，然后，介绍总体主成分的若干性质。最后介绍对原始观测变量进行标准化处理后的总体主成分相关结论。

1. 总体主成分的求解

由线性代数理论，属于不同特征值的特征向量是相互正交的。当存在重根时，可以将属于重根的特征子空间的特征向量正交化。$\boldsymbol{\Sigma}$ 为半正定阵，可以得到 p 个正交的标准化（正交归一化）特征向量 $\boldsymbol{u}_1,\boldsymbol{u}_2,\cdots,\boldsymbol{u}_p$。

以下两个定理给出了求解总体主成分的方法（证略）。

定理 8-1　设 $\boldsymbol{B}$ 为 $p\times p$ 的半正定矩阵，且有特征值 $\lambda_1\geqslant\lambda_2\geqslant\cdots\geqslant\lambda_p\geqslant 0$，各特征值对应的归一化（即正交归一化）特征向量为 $\boldsymbol{u}_1,\boldsymbol{u}_2,\cdots,\boldsymbol{u}_p$，则有

$$\max_{\boldsymbol{x}\neq 0}\frac{\boldsymbol{x}^{\mathrm{T}}\boldsymbol{B}\boldsymbol{x}}{\boldsymbol{x}^{\mathrm{T}}\boldsymbol{x}}=\lambda_1\text{，且 }\boldsymbol{x}=\boldsymbol{u}_1\text{ 为最优解}$$

$\forall k=1,2,\cdots,p-1$，有

$$\max_{\boldsymbol{x}\neq\boldsymbol{0},\boldsymbol{x}\perp\boldsymbol{u}_1,\cdots,\boldsymbol{u}_k}\frac{\boldsymbol{x}^{\mathrm{T}}\boldsymbol{B}\boldsymbol{x}}{\boldsymbol{x}^{\mathrm{T}}\boldsymbol{x}}=\lambda_{k+1}\text{，}\qquad\text{且 }\boldsymbol{x}=\boldsymbol{u}_{k+1}\text{ 为最优解}$$

其中，$\boldsymbol{x}\in\mathrm{R}^p$，$\boldsymbol{x}\perp\boldsymbol{u}_1,\boldsymbol{u}_2,\cdots,\boldsymbol{u}_k$ 表示 $\boldsymbol{x}$ 与 $\boldsymbol{u}_1,\boldsymbol{u}_2,\cdots,\boldsymbol{u}_k$ 相互正交。

定理 8-2　设观测向量 $\boldsymbol{X}=\begin{bmatrix}X_1 & X_2 & \cdots & X_p\end{bmatrix}^{\mathrm{T}}$ 的协方差矩阵为 $\boldsymbol{\Sigma}$，其 p 个特征值为 $\lambda_1\geqslant\lambda_2\geqslant\cdots\geqslant\lambda_p\geqslant 0$，对应的 p 个归一化特征向量为 $\boldsymbol{u}_1,\boldsymbol{u}_2,\cdots,\boldsymbol{u}_p$，则 $\boldsymbol{X}$ 的第 i 个主成分为

$$Y_i=\boldsymbol{u}_i^{\mathrm{T}}\boldsymbol{X},\quad i=1,2,\cdots,p \tag{8.2.1}$$

且 $\boldsymbol{Y}=\begin{bmatrix}Y_1 & Y_2 & \cdots & Y_p\end{bmatrix}^{\mathrm{T}}$ 的协方差矩阵为 $\boldsymbol{\Lambda}=\mathrm{diag}(\lambda_1,\lambda_2,\cdots,\lambda_p)$。

2. 总体主成分的性质

由线性代数理论，矩阵 $\boldsymbol{A}$ 的迹（trace）$\mathrm{tr}(\boldsymbol{A})$ 定义为其对角元素之和。设 $\boldsymbol{\Sigma}=[\sigma_{ij}]_{p\times p}$，则有 $\mathrm{tr}(\boldsymbol{\Sigma})=\sum_{i=1}^{p}\sigma_{ii}$，$\mathrm{tr}(\boldsymbol{\Lambda})=\sum_{i=1}^{p}\lambda_i$。可以证明，总体主成分具有如下性质。

（1）$\boldsymbol{\Sigma}$ 与 $\boldsymbol{\Lambda}$ 的对角元素之和相等。

$$\mathrm{tr}(\boldsymbol{\Sigma})=\mathrm{tr}(\boldsymbol{\Lambda}) \tag{8.2.2}$$

（2）定义第 k 个主成分 Y_k 的方差贡献率为 Y_k 的方差在观测变量的总方差（$\sum_{i=1}^{p}\sigma_{ii}$）中所占的比例。由定理 8-2 可知，$Y_k$ 的方差为 λ_k，其方差贡献率等于 $\lambda_k\Big/\sum_{i=1}^{p}\lambda_i$。

由于 Y_1 对应的特征值 λ_1 最大，所以其方差贡献率最大，因此 Y_1 综合原始变量 $X_1,X_2,\cdots,X_p$ 信息的能力最强，$Y_2,\cdots,Y_p$ 的综合能力依次减弱。

对于前 m 个主成分 $Y_1,Y_2,\cdots,Y_m$，称

$$\frac{\lambda_1+\lambda_2+\cdots+\lambda_m}{\lambda_1+\lambda_2+\cdots+\lambda_p} \tag{8.2.3}$$

为 $Y_1,Y_2,\cdots,Y_m$ 的累计方差贡献率（cumulative percentage of total variance）。

累计方差贡献率反映了 $Y_1,Y_2,\cdots,Y_m$ 综合 $X_1,X_2,\cdots,X_p$ 信息的能力。在确定 m 的取值时，通常应当考虑使得累计方差贡献率达到一个较高的比例（如80%以上）。

（3）定义 X_k 与 Y_i 的相关系数 ρ_{Y_i,X_k} 为 X_k 在 Y_i 上的载荷量（principal component loadings），可用于度量 X_k 对于 Y_i 的重要程度，其与主成分向量的关系由以下定理给出（证略）。

定理 8-3　若 $Y_1=\boldsymbol{u}_1^{\mathrm{T}}\boldsymbol{X}$，$Y_2=\boldsymbol{u}_2^{\mathrm{T}}\boldsymbol{X}$，…，$Y_p=\boldsymbol{u}_p^{\mathrm{T}}\boldsymbol{X}$ 是由 $\boldsymbol{X}$ 的协方差矩阵 $\boldsymbol{\Sigma}$ 求得的主成分，则有

$$\rho_{Y_i,X_k}=\frac{\mathrm{Cov}(Y_i,X_k)}{\sqrt{\mathrm{Var}(Y_i)}\sqrt{\mathrm{Var}(X_k)}}=\frac{u_{ik}\sqrt{\lambda_i}}{\sqrt{\sigma_{kk}}} \tag{8.2.4}$$

其中，$\boldsymbol{X}=[X_1\quad X_2\quad\cdots\quad X_p]^{\mathrm{T}}$，$\boldsymbol{u}_i=[u_{i1}\quad\cdots\quad u_{ik}\quad\cdots\quad u_{ip}]^{\mathrm{T}}$。

3. 标准化变量的主成分求解

当各个观测变量具有不同的度量单位或不同变量取值差异较大时，通常需要先进行标准化处理，以使不同的观测变量的取值具有同一量级，减少其对主成分分析的影响。

设 $\mathrm{E}(\boldsymbol{X})=\boldsymbol{\mu}=[\mu_1\quad\mu_2\quad\cdots\quad\mu_p]^{\mathrm{T}}$，引入如下标准化变量：

$$Z_k=\frac{X_k-\mu_k}{\sqrt{\sigma_{kk}}},\quad k=1,2,\cdots,p \tag{8.2.5}$$

写成矩阵形式有

$$\boldsymbol{Z}=\left(\boldsymbol{V}^{\frac{1}{2}}\right)^{-1}(\boldsymbol{X}-\boldsymbol{\mu}) \tag{8.2.6}$$

其中

$$\boldsymbol{V}^{\frac{1}{2}}=\mathrm{diag}\left(\sqrt{\sigma_{11}},\sqrt{\sigma_{22}},\cdots,\sqrt{\sigma_{pp}}\right) \tag{8.2.7}$$

可以证明如下推论。

推论 8-1　对于标准化处理后得到的向量 $\boldsymbol{Z}$，若记其协方差矩阵为 ρ，对应的特征值与归一化特征向量分别为 $\lambda_i,\boldsymbol{u}_i$，$i=1,2,\cdots,p$，则其各个主成分为

$$Y_i=\boldsymbol{u}_i^{\mathrm{T}}\boldsymbol{Z}=\boldsymbol{u}_i^{\mathrm{T}}\left(\boldsymbol{V}^{\frac{1}{2}}\right)^{-1}(\boldsymbol{X}-\boldsymbol{\mu}),\qquad i=1,2,\cdots,p \tag{8.2.8}$$

且有

$$\sum_{i=1}^{p}\mathrm{Var}(Y_i)=\sum_{i=1}^{p}\mathrm{Var}(Z_i)=p$$

$$\rho_{Y_i,Z_k}=u_{ik}\sqrt{\lambda_i}\,,\quad i,k=1,2,\cdots,p$$

由推论 8-1 知，标准化随机向量 $\boldsymbol{Z}$ 的总方差为 p ，其对应的第 k 个主成分的方差贡献率为 λ_k/p 。

不难验证，标准化处理后得到的向量 $\boldsymbol{Z}$ 的协方差矩阵 $\boldsymbol{\rho}$ 就是原始观测变量 $\boldsymbol{X}$ 的相关系数矩阵。通常，由 $\boldsymbol{\Sigma}$ 和 $\boldsymbol{\rho}$ 得到的特征值与特征向量是不相同的，因而两者的主成分向量也不同。

8.2.2　样本主成分及其求解

在实际应用中，由于观测向量 $\boldsymbol{X}$ 的总体分布常常是未知的，因而难以直接得到其协方差矩阵 $\boldsymbol{\Sigma}$，只能根据 $\boldsymbol{X}$ 的样本数据推断其主成分，用样本协方差矩阵 $\boldsymbol{S}$ 替代总体协方差 $\boldsymbol{\Sigma}$ 进行主成分分析。这样得到的主成分称为样本主成分（sample principal components）。

1. 样本主成分的定义

设由 p 维随机向量总体 $\boldsymbol{X}$ 抽样得到的观测样本为 $\boldsymbol{x}_i=\begin{bmatrix}x_{i1} & x_{i2} & \cdots & x_{ip}\end{bmatrix}^{\mathrm{T}}$ ，$i=1,2,\cdots,n$ 。可用样本数据矩阵 $\boldsymbol{X}_D$ 表示为

$$\boldsymbol{X}_D=\begin{bmatrix}\boldsymbol{x}_1^{\mathrm{T}}\\ \boldsymbol{x}_2^{\mathrm{T}}\\ \vdots\\ \boldsymbol{x}_n^{\mathrm{T}}\end{bmatrix}=\begin{bmatrix}x_{11} & x_{12} & \cdots & x_{1p}\\ x_{21} & x_{22} & \cdots & x_{2p}\\ \vdots & \vdots & & \vdots\\ x_{n1} & x_{n2} & \cdots & x_{np}\end{bmatrix}\tag{8.2.9}$$

记样本均值向量与样本协方差矩阵分别为 $\overline{\boldsymbol{x}}$ 和 $\boldsymbol{S}=\left[s_{ij}\right]_{p\times p}$ ，则

$$\overline{\boldsymbol{x}}=\frac{1}{n}\sum_{i=1}^{n}\boldsymbol{x}_i\tag{8.2.10}$$

$$\boldsymbol{S}=\frac{1}{n-1}\sum_{i=1}^{n}\left(\boldsymbol{x}_i-\overline{\boldsymbol{x}}\right)\left(\boldsymbol{x}_i-\overline{\boldsymbol{x}}\right)^{\mathrm{T}}=\frac{1}{n-1}\left[\boldsymbol{X}_D^{\mathrm{T}}\boldsymbol{X}_D-n\overline{\boldsymbol{x}}\cdot\overline{\boldsymbol{x}}^{\mathrm{T}}\right]\tag{8.2.11}$$

设观测向量 $\boldsymbol{x}$ 的线性组合为 $z=\boldsymbol{a}^{\mathrm{T}}\boldsymbol{x}$ ，$\boldsymbol{a}\in\varGamma$ ，$\varGamma$ 的定义见式(8.1.1)。记 $z_i=\boldsymbol{a}^{\mathrm{T}}\boldsymbol{x}_i$ ，$i=1,2,\cdots,n$ ，则有

$$\overline{z}=\boldsymbol{a}^{\mathrm{T}}\overline{\boldsymbol{x}}\,,\quad S_z=\frac{1}{n-1}\sum_{i=1}^{n}\left(z_i-\overline{z}\right)^2=\boldsymbol{a}^{\mathrm{T}}\boldsymbol{S}\boldsymbol{a}$$

记 $\varOmega=\left\{z\middle|z=\boldsymbol{a}^{\mathrm{T}}\boldsymbol{x},\boldsymbol{x}\in\mathrm{R}^p,\boldsymbol{a}\in\varGamma\right\}$。与总体主成分类似，定义样本主成分如下。

第 1 样本主成分（first sample principal component）$\hat{y}_1$ 为 $\boldsymbol{x}$ 的线性组合 $z=\boldsymbol{a}^{\mathrm{T}}\boldsymbol{x}$ ，且使 S_z 达到最大。即

$$\hat{y}_1=\arg\max_{z\in\varOmega}\left(S_z\right)\tag{8.2.12}$$

第 2 样本主成分 $\hat{y}_2$ 为所有与第 1 样本主成分的样本协方差为 0 的观测变量 $\boldsymbol{x}$ 的线性

组合 $z = \boldsymbol{a}^{\mathrm{T}}\boldsymbol{x}$，$\boldsymbol{a} \in \Gamma$ 中，使 S_z 达到最大。即

$$\hat{y}_2 = \arg\max_{\substack{z\in\Omega \\ \langle z,\hat{y}_1\rangle=0}} (S_z) \tag{8.2.13}$$

其中，$\langle z, \hat{y}_1\rangle$ 表示向量 z 与 $\hat{y}_1$ 正交。

类似地，依次定义第 i 样本主成分为

$$\hat{y}_i = \arg\max_{z\in\Omega}\left\{S_z \middle| \langle z, \hat{y}_k\rangle = 0, k < i\right\},\quad i = 1,2,\cdots,p \tag{8.2.14}$$

其中 $\langle z, \hat{y}_k\rangle$ 表示向量 z 与 $\hat{y}_k$ 正交。

由于 $\boldsymbol{x}$ 为 p 维向量，故最多也只能有 p 个样本主成分。

2. 样本主成分的求解

与总体主成分类似，设样本协方差矩阵 $\boldsymbol{S}$ 的特征值为 $\hat{\lambda}_1 \geqslant \hat{\lambda}_2 \geqslant \cdots \geqslant \hat{\lambda}_p$，对应的归一化特征向量分别为 $\hat{\boldsymbol{u}}_1, \hat{\boldsymbol{u}}_2, \cdots, \hat{\boldsymbol{u}}_p$。可以证明如下结论。

（1）$\boldsymbol{x}$ 的样本主成分为

$$\hat{y}_i = \hat{\boldsymbol{u}}_i^{\mathrm{T}}\boldsymbol{x},\quad i = 1,2,\cdots,p \tag{8.2.15}$$

（2）$\hat{\boldsymbol{y}} = [\hat{y}_1\ \ \hat{y}_2\ \ \cdots\ \ \hat{y}_p]^{\mathrm{T}}$ 的样本协方差矩阵为

$$\hat{\boldsymbol{\Lambda}} = \mathrm{diag}(\hat{\lambda}_1, \hat{\lambda}_2, \cdots, \hat{\lambda}_p)$$

总样本方差（total sample variance）为 $\sum_{i=1}^{p} s_{ii} = \sum_{i=1}^{p}\hat{\lambda}_i$，第 i 个主成分的样本方差贡献为 $\hat{\lambda}_i \Big/ \sum_{i=1}^{p}\hat{\lambda}_i$，样本相关系数为 $r_{\hat{y}_i, x_k} = \dfrac{\hat{u}_{ik}\sqrt{\hat{\lambda}_i}}{\sqrt{s_{kk}}}$，其中 $i,k = 1,2,\cdots,p$。

当不同变量观测数据的取值差异较大时，对样本主成分的计算可类似地采用标准化变量主成分的求解方法进行。

定义样本相关系数矩阵为

$$\boldsymbol{R} = [r_{ij}]_{p\times p} = \begin{bmatrix} \dfrac{s_{11}}{\sqrt{s_{11}}\sqrt{s_{11}}} & \dfrac{s_{12}}{\sqrt{s_{11}}\sqrt{s_{22}}} & \cdots & \dfrac{s_{1p}}{\sqrt{s_{11}}\sqrt{s_{pp}}} \\ \dfrac{s_{12}}{\sqrt{s_{11}}\sqrt{s_{22}}} & \dfrac{s_{22}}{\sqrt{s_{22}}\sqrt{s_{22}}} & \cdots & \dfrac{s_{2p}}{\sqrt{s_{22}}\sqrt{s_{pp}}} \\ \vdots & \vdots & & \vdots \\ \dfrac{s_{1p}}{\sqrt{s_{11}}\sqrt{s_{pp}}} & \dfrac{s_{2p}}{\sqrt{s_{22}}\sqrt{s_{pp}}} & \cdots & \dfrac{s_{pp}}{\sqrt{s_{pp}}\sqrt{s_{pp}}} \end{bmatrix}$$

首先对于观测变量的样本进行标准化处理，可得

$$\boldsymbol{z}_j = \boldsymbol{D}^{-\frac{1}{2}}(\boldsymbol{x}_j - \overline{\boldsymbol{x}}) = \begin{bmatrix} \dfrac{x_{j1} - \overline{x}_1}{\sqrt{s_{11}}} & \dfrac{x_{j2} - \overline{x}_2}{\sqrt{s_{22}}} & \cdots & \dfrac{x_{jp} - \overline{x}_p}{\sqrt{s_{pp}}} \end{bmatrix}^{\mathrm{T}},\quad j = 1,2,\cdots,n \tag{8.2.16}$$

其中

$$\boldsymbol{D}^{-\frac{1}{2}}=\operatorname{diag}\left(\frac{1}{\sqrt{s_{11}}},\frac{1}{\sqrt{s_{22}}},\cdots,\frac{1}{\sqrt{s_{pp}}}\right) \tag{8.2.17}$$

从而得到$n\times p$的样本数据矩阵

$$\boldsymbol{Z}=\begin{bmatrix}\boldsymbol{z}_1^{\mathrm{T}}\\\boldsymbol{z}_2^{\mathrm{T}}\\\vdots\\\boldsymbol{z}_n^{\mathrm{T}}\end{bmatrix}=\begin{bmatrix}\dfrac{x_{11}-\overline{x}_1}{\sqrt{s_{11}}} & \dfrac{x_{12}-\overline{x}_2}{\sqrt{s_{22}}} & \cdots & \dfrac{x_{1p}-\overline{x}_p}{\sqrt{s_{pp}}}\\ \dfrac{x_{21}-\overline{x}_1}{\sqrt{s_{11}}} & \dfrac{x_{22}-\overline{x}_2}{\sqrt{s_{22}}} & \cdots & \dfrac{x_{2p}-\overline{x}_p}{\sqrt{s_{pp}}}\\ \vdots & \vdots & & \vdots\\ \dfrac{x_{n1}-\overline{x}_1}{\sqrt{s_{11}}} & \dfrac{x_{n2}-\overline{x}_2}{\sqrt{s_{22}}} & \cdots & \dfrac{x_{np}-\overline{x}_p}{\sqrt{s_{pp}}}\end{bmatrix} \tag{8.2.18}$$

求得样本的相关系数矩阵为

$$\boldsymbol{R}=\frac{1}{n-1}\boldsymbol{Z}^{\mathrm{T}}\boldsymbol{Z} \tag{8.2.19}$$

由$\boldsymbol{R}$可以求出其各个特征值及其归一化特征向量，记为$\left(\hat{\lambda}_i,\hat{\boldsymbol{u}}_i\right)$，其中$i=1,2,\cdots,p$，并可进一步求出$\boldsymbol{Z}$的主成分。类似总体主成分，第$i$样本主成分的样本方差贡献为$\hat{\lambda}_i$，第$i$样本主成分的方差占总方差的比例(方差贡献率)为$\hat{\lambda}_i/p$。基于样本相关系数矩阵$\boldsymbol{R}$求得的样本主成分与采用协方差矩阵$\boldsymbol{S}$得到的样本主成分通常是不同的。

8.3　主成分分析的应用

实际应用中，数据总体通常是未知的，因此需要从样本数据出发进行主成分分析。此外，主成分分析方法在实际应用时，通常还要确定降维需要保留的主成分的数量。本节主要介绍主成分数的确定方法，以及主成分分析方法在实际应用时的一般流程。

8.3.1　主成分数的确定

在实际应用时，可应用如下方法确定主成分的个数。

1. 按能解释的总方差比例确定

设第i个主成分对应的特征值为$\lambda_i, i=1,2,\cdots,p$，则第$i$个主成分对总方差的贡献率为

$$b_i=\lambda_i\Big/\sum_{k=1}^{p}\lambda_k \tag{8.3.1}$$

前i个主成分对总方差的累计方差贡献率为

$$c_i=\sum_{k=1}^{i}\lambda_k\Big/\sum_{k=1}^{p}\lambda_k,\quad i=1,2,\cdots,p \tag{8.3.2}$$

在确定主成分个数时，通常要求提取的主成分的累计方差贡献率大于 80%。当 $c_i \geqslant 0.8$ 时，可提取前 i 个主成分，舍去第 $i+1,\cdots,p$ 个主成分。这样，使前 i 个主成分含有足够多的信息，充分反映样本数据的变异情况。

若观测变量已经过标准化处理，且主成分是通过样本相关系数矩阵求得的，则可以根据特征值是否大于 1，确定是否保留对应的主成分。这是因为考虑到 p 个观测变量总的样本方差为 p，故保留的每个主成分应至少贡献总样本方差的 $1/p$。

2. 根据特征值的变化情况确定

在实际应用中，还可以用碎石图（scree plot）辅助进行主成分个数的确定。碎石图是 λ_i 与 i 的关系图。当该图显示的曲线出现明显的变化拐点（elbow）时，表明提取更多的主成分对累计方差的贡献率影响已不大，因而拐点处对应的主成分数就可以考虑作为选用的主成分数。如图 8-4 中，λ_i 曲线在 $i=2$ 时出现了明显变化，因此，可以确定主成分数为 2。

8.3.2 主成分分析的步骤

本小节以样本主成分方法为例，说明主成分分析的主要步骤。主成分分析法一般包括数据预处理、特征值与特征向量计算、主成分提取、结果分析等步骤。

1. 样本数据预处理

设通过对随机向量 $\boldsymbol{X}=\begin{bmatrix}X_1 & X_2 & \cdots & X_p\end{bmatrix}^{\mathrm{T}}$ 进行 n 次观测得到 p 维样本数据。如果各个变量的数量级或量纲单位不同，则会造成方差大小的差异，从而使得主成分可能会偏向于具有较大方差的观测变量。为减少这种差异，在主成分分析时，通常需要先对样本数据进行标准化处理。以下将标准化处理后得到的样本观测值仍记为 $\boldsymbol{x}_1,\boldsymbol{x}_2,\cdots,\boldsymbol{x}_n$，样本数据矩阵为 $\boldsymbol{X}_D$。为方便计，当未进行标准化处理时，以下仍然用同样的符号表示。

2. 特征值与特征向量计算

由 $\boldsymbol{X}_D$ 计算得到样本均值 $\bar{\boldsymbol{x}}$ 与样本协方差矩阵 $\boldsymbol{S}$。设 $\boldsymbol{S}$ 的 p 个特征值从大到小依次为 $\hat{\lambda}_1 \geqslant \hat{\lambda}_2 \geqslant \cdots \geqslant \hat{\lambda}_p$，对应的归一化特征向量分别为 $\hat{\boldsymbol{u}}_1,\hat{\boldsymbol{u}}_2,\cdots,\hat{\boldsymbol{u}}_p$。据此，得到对应观测向量的第 i 个主成分向量的取值为

$$\boldsymbol{Y}_i=\boldsymbol{X}_D\hat{\boldsymbol{u}}_i,\quad i=1,2,\cdots,p \tag{8.3.3}$$

3. 主成分提取

根据主成分的贡献率可以确定提取的主成分的个数。通常以累计方差贡献率大于 80%为准则确定提取主成分的个数，也可以根据对碎石图的分析，提取一定数量的主成分。

4. 结果分析

当提取出一定数量的主成分时，应对主成分模型进行合理性验证与分析。在分析时，主要应注意以下几个方面

1）分析各个特征值的大小

若最后几个特征值接近于 0，则说明原观测变量中可能存在较强的线性相关性。因此，可能有一些观测变量的信息是冗余的。这时，应当认真分析原始观测变量，适当进行删除。过多的冗余观测变量可能带来主成分解释困难和数值计算精度差等方面的问题。

若各个特征根近似相等，则表明原观测变量不太适合进行主成分分析。这时，应画出原始观测变量的散点图进行辅助分析。例如，当各个特征根近似相等时，意味着观测变量的散点图可能近似为球形分布（二维变量时如图 8-3 所示），这时，无论如何进行坐标旋转变换，都难以找到代表方差最大的方向。因而，失去了进行主成分分析的意义。

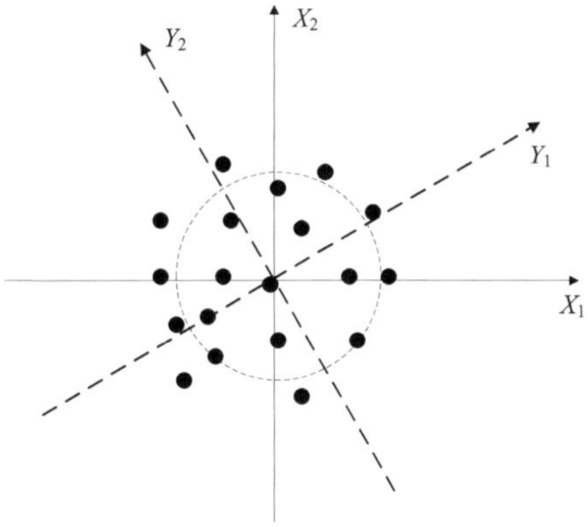

图 8-3　不适合进行主成分分析的情形

2）对主成分进行解释和命名

对最终提取得到的主成分，根据其与原始观测变量的线性表达式，结合实际问题背景分析其代表的实际意义，并做出合理的解释和命名。

8.3.3　应用示例

在某中学随机抽取 30 名学生，测量其身高（X_1，单位：cm)、体重（X_2，单位：kg)、胸围（X_3，单位：cm） 和坐高（X_4，单位：cm)，数据如表 8-1 所示。试根据表中的数据进行主成分分析。

表 8-1　某中学 30 名中学生身体 4 项指标数据

序号	X_1	X_2	X_3	X_4	序号	X_1	X_2	X_3	X_4
1	148	41	72	78	16	152	35	73	79
2	139	34	71	76	17	149	47	82	79
3	160	49	77	86	18	145	35	70	77
4	149	36	67	79	19	160	47	74	87
5	159	45	80	86	20	156	44	78	85
6	142	31	66	76	21	151	42	73	82
7	153	43	76	83	22	147	38	73	78
8	150	43	77	79	23	157	39	68	80
9	151	42	77	80	24	147	30	65	75
10	139	31	68	74	25	157	48	80	88
11	140	29	64	74	26	151	36	74	80
12	161	47	78	84	27	144	36	68	76
13	158	49	78	83	28	141	30	67	76
14	140	33	67	77	29	139	32	68	73
15	137	31	66	73	30	148	38	70	78

首先对数据进行标准化处理，样本均值与标准差如表 8-2 所示。

表 8-2　样本均值与标准差

	X_1	X_2	X_3	X_4
均值	149	38.7	72.23333	79.36667
标准差	7.31555	6.46022	5.15072	4.27086

样本的相关系数矩阵 $\boldsymbol{R}$ 为

$$\boldsymbol{R}=\begin{bmatrix} 1 & 0.863162 & 0.732112 & 0.920462 \\ 0.863162 & 1 & 0.896506 & 0.882731 \\ 0.732112 & 0.896506 & 1 & 0.782883 \\ 0.920462 & 0.882731 & 0.782883 & 1 \end{bmatrix}$$

$\boldsymbol{R}$ 的特征值与归一化特征向量（向量长度归一化）如表 8-3 所示。

根据表 8-3 给出的特征值，可以做出如图 8-4 所示的碎石图。

由累计方差贡献率可以看出，第一主成分的贡献率为 88.53%，前两个主成分的累计贡献率为 96.36%。由碎石图可见，在第二个特征值处出现明显拐点。因此，前两个主成分就可以较好地代表观测数据，所以只需提取两个主成分。

表 8-3　特征值与归一化特征向量

$\hat{\lambda}$	3.5411	0.3134	0.0794	0.0661
特征向量	0.4970	0.5432	0.4496	0.5057
	0.5146	–0.2102	0.4623	–0.6908
	0.4809	–0.7246	–0.1752	0.4615
	0.5069	0.3683	–0.7439	–0.2323
贡献率	0.8853	0.0784	0.0199	0.0165
累计贡献率	0.8853	0.9636	0.9835	1

第一、二主成分的表达式分别为

$$\hat{y}_1 = 0.4970Z_1 + 0.5146Z_2 + 0.4809Z_3 + 0.5069Z_4$$

$$\hat{y}_2 = 0.5432Z_1 - 0.2102Z_2 - 0.7246Z_3 + 0.3683Z_4$$

其中，$Z_i\left(i=1,2,3,4\right)$为标准化后的观测变量。

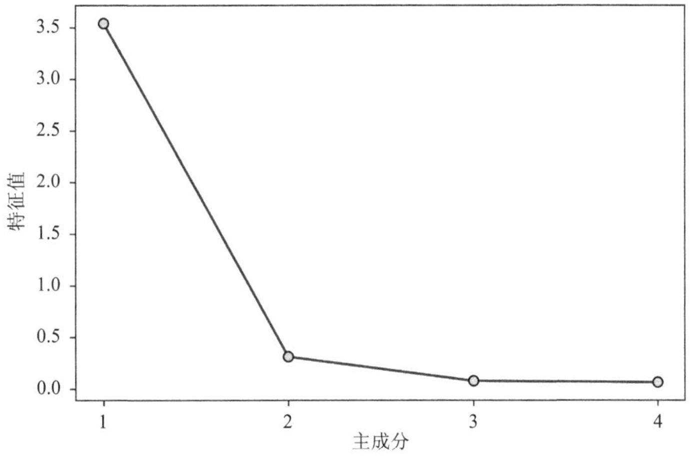

图 8-4　学生身体指标主成分分析的碎石图

由第一主成分的表达式可以看出，各个观测变量的系数都在 0.5 左右，且都为正值，主要反映了学生的身材魁梧程度。身体高大的学生，其 4 个部位的尺寸都比较大。而身体矮小的学生，其 4 个部位的尺寸都比较小。因此，第一主成分可称为大小因子。

由第二个主成分的表达式可以看出，第一个观测变量（身高）和第四个观测变量（坐高）对应的系数为正值，而第二个观测变量（体重）和第三个观测变量（胸围）对应的系数为负值。反映了学生的胖瘦情况，可称为体形因子。

以下给出第一主成分对第二主成分的散点图，如图 8-5 所示。

由散点图可看出，以第一主成分得分值–1 和 2 作为分界点，这 30 名学生大致可分为三组。学生的分组由各点对应的序号确定。第一组（第一主成分小于–1）为身材矮小的学生，第二组（第一主成分处于–1 到 2 之间）为身材比较适中的学生，第三组（第一主成分大于 2）为身材偏高的学生。

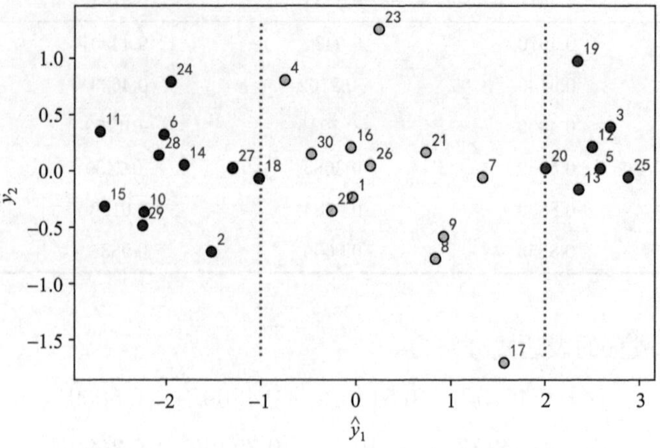

图 8-5 第一主成分对第二主成分得分的散点图

8.4 因子分析概述

因子分析也是一种重要的降维方法。因子分析可以根据各个观测变量之间的相关性，以最少的信息损失将原有的众多观测变量综合为较少的几个因子变量。因子分析最初是由英国心理学家斯皮尔曼（Spearman，1863—1945）于 1904 年首先提出的。本节主要介绍因子分析的思想与作用、正交因子分析模型及性质。

8.4.1 因子分析的思想与作用

在众多的可观测变量背后，通常存在少数决定性的因素，这些因素反映了数据的本质特性。因子分析就是通过建立这些内在因素与观测变量的结构模型，用这些少数因素反映原始观测变量的信息，达到降维和简化问题分析的目的。本小节介绍因子分析的思想，以及因子分析在实际应用中的主要作用。

1. 因子分析的思想

设有多个观测变量，并且这些观测变量可以被划分为若干组（group）。在组内，各变量之间的相关性较强，而不同组之间的相关性较弱。这时，就可以推测，每一组变量可以用一个具有代表性的因子表示。例如，有时需对本科学生的课程成绩进行统计分析与评价。某大学管理工程专业本科的课程包括：高等数学、线性代数、应用统计学、运筹学、计算机导论、程序设计、数据结构、数据库原理等。其中，高等数学、线性代数、应用统计学、运筹学等课程的成绩反映了学生的数学能力，而计算机导论、程序设计、数据结构、数据库原理等课程的成绩则反映了学生的计算机能力。如果用一个新的变量表示数学能力，用另一个新的变量表示计算机能力，则问题可以得到简化，也便于对学生的能力进行分析比较。这里的考试成绩是可观测的，能力水平（如数学能力或计算机能力）则是难以直接测量的潜在变量。

根据各个观测变量之间的相关性，可以将所有的观测变量划分为不同的组。每一组用一个潜在的变量表示该组的观测变量。这样，若能以最少的信息损失将原有的观测变量综合为较少的几个综合指标，这些综合指标就称为公共因子。在因子分析中，通常希望达到如下效果：①因子数少于原有的观测变量数目；②因子能反映原有观测变量的大部分信息；③由不同因子所代表的观测变量之间的相关关系较弱；④提取出的因子具有可解释性。为了使因子分析法能取得较好的效果，原有的各个变量之间应具有较强的相关性结构。

2. 因子分析的分类

因子分析可分为两种类型：一种是探索性因子分析（exploratory factor analysis），一种是验证性因子分析（confirmatory factor analysis）。探索性因子分析是通过对观测变量的数据分析，识别出公共因子、特殊因子以及各因子对观测变量的影响关系。探索性因子分析本质上是通过观测变量数据的关联性确定因子模型。验证性因子分析则假设已经有了关于模型结构的信息，主要任务是用给定的观测数据对该模型进行验证。

3. 因子分析的作用

在实际应用中，因子分析主要有以下作用。

1）简化数据

因子分析是用潜在的变量（公共因子）去解释可观测变量。通过因子分析，可以用少数公共因子代表许多可观测变量的特征。例如，可以用数学能力、计算机能力等能力因子综合反映学生的学习成绩，而不必直接用众多的课程成绩对学生进行评价。

2）识别系统的不可观测特性

有时对象的特征难以直接测量。对于信念、态度、满意度等这些特征的了解，通常的做法是设计调查问卷，提出与特征相关的若干问题。每个调查的问题反映了该特征的某一方面。而后，通过对收集的数据进行因子分析，可以识别和提取出问题所反映的特征变量（公共因子），给出不同对象的公共因子的取值，从而完成对这些抽象特征的评价。

3）进行相关性分析

因子分析有助于了解观测变量之间的关联模式。例如，通过将原有的众多观测变量用 2 个因子进行图形表示，可以直观地反映出研究对象之间的相关性。

因子分析方法已广泛应用于管理学、心理学、医学、生物统计等领域。因子分析是一门实践性很强的技术，带有较多的主观性，其应用效果最终依赖于分析人员的经验和判断。

8.4.2 公共因子模型与正交因子模型

本小节首先介绍公共因子模型的概念，然后给出公共因子模型的形式。在此基础上，再进一步介绍正交因子模型及其假设。

1. 公共因子模型

公共因子模型（common factor model）认为每个观测变量既有特殊性又有公共性。观测变量的公共性是指各个观测变量均受一些共同因子的作用，因此各个观测变量之间存在相关性。观测变量的特殊性是指每个观测变量都可能存在一些由其他观测变量反映不出来的信息。

根据公共因子模型的思想，每个原始变量可以分解成两部分因素，一部分由所有变量共有的少数几个公共因子组成，另一部分是每个变量独有的因素，称为特殊因子。

设观测变量用随机向量表示为 $\boldsymbol{X}=\begin{bmatrix}X_1 & X_2 & \cdots & X_p\end{bmatrix}^{\mathrm{T}}$，且有 $\mathrm{E}(\boldsymbol{X})=\boldsymbol{\mu}=(\mu_1,\mu_2,\cdots,\mu_p)^{\mathrm{T}}$，$\mathrm{Cov}(\boldsymbol{X})=\mathrm{E}\left[(\boldsymbol{X}-\boldsymbol{\mu})(\boldsymbol{X}-\boldsymbol{\mu})^{\mathrm{T}}\right]=\boldsymbol{\Sigma}$，则公共因子模型认为 $\boldsymbol{X}$ 可由 $p+m$ 个随机变量 $F_1,F_2,\cdots,F_m,\varepsilon_1,\varepsilon_2,\cdots,\varepsilon_p$ 表示，为如下形式

$$\begin{cases}X_1-\mu_1=a_{11}F_1+a_{12}F_2+\cdots+a_{1m}F_m+\varepsilon_1\\X_2-\mu_2=a_{21}F_1+a_{22}F_2+\cdots+a_{2m}F_m+\varepsilon_2\\\qquad\cdots\\X_p-\mu_p=a_{p1}F_1+a_{p2}F_2+\cdots+a_{pm}F_m+\varepsilon_p\end{cases}\tag{8.4.1}$$

采用矩阵形式，上述表示可写为

$$\boldsymbol{X}-\boldsymbol{\mu}=\boldsymbol{A}\boldsymbol{F}+\boldsymbol{\varepsilon}\tag{8.4.2}$$

其中，$\boldsymbol{F}=\begin{bmatrix}F_1 & F_2 & \cdots & F_m\end{bmatrix}^{\mathrm{T}}$，$F_1,F_2,\cdots,F_m$ 称为公共因子（common factor），$\varepsilon_1,\varepsilon_2,\cdots,\varepsilon_p$ 称为误差或特殊因子（specific factor），记 $\boldsymbol{\varepsilon}=\begin{bmatrix}\varepsilon_1 & \varepsilon_2 & \cdots & \varepsilon_p\end{bmatrix}^{\mathrm{T}}$。$\boldsymbol{A}=\left[a_{ij}\right]_{p\times m}$ 为 $p\times m$ 矩阵，称为因子载荷（factor loadings）矩阵。其中，a_{ij} 表示变量 X_i 在因子 F_j 上的因子载荷。在公共因子模型中，因子 $\boldsymbol{F},\boldsymbol{\varepsilon}$ 都假设为不可观测的。

例如，为了分析某大学本科生掌握课程知识的能力水平。在统计调查中，共选取了 6 门课程的成绩，包括：大学英语 $1(X_1)$、大学语文 $1(X_2)$、大学物理 $1(X_3)$、线性代数(X_4)、高等数学 $1(X_5)$、高等数学 $2(X_6)$。假定对这 6 门课程的成绩数据进行了标准化处理，标准化处理后的数据仍记为 $X_1,X_2,\cdots,X_6$。如果前 2 门课程的成绩代表学生的语言能力(F_1)，后 4 门课程的成绩代表学生的逻辑思维能力(F_2)，则可以构建如下的因子分析模型。

$$\begin{cases}X_1=a_{11}F_1+a_{12}F_2+\varepsilon_1\\X_2=a_{21}F_1+a_{22}F_2+\varepsilon_2\\\qquad\cdots\\X_6=a_{61}F_1+a_{62}F_2+\varepsilon_6\end{cases}$$

上述模型可以用如图 8-6 所示的路径图（path diagram）表示。

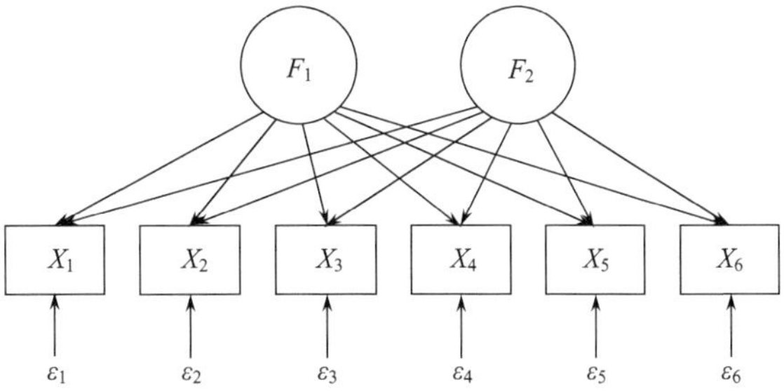

图 8-6　课程知识能力的路径图

在图 8-6 中，圆形内的变量为隐变量（latent variable），表示公共因子。方框内的变量是可观测变量。指向方框内变量的箭头表示影响该可观测变量波动的因素。$\varepsilon_1,\varepsilon_2,\cdots,\varepsilon_6$ 是测量误差，反映对变量 $X_1,X_2,\cdots,X_6$ 进行观测时引入的未知误差。ε_i（$i=1,2,\cdots,6$）是特殊因子，是变量 X_i（$i=1,2,\cdots,6$）所特有的因子。

2. 正交因子模型

正交因子模型（orthogonal factor model）是一种特殊的公共因子模型。记 $\mathrm{Cov}(\boldsymbol{F})=\mathrm{Cov}(\boldsymbol{F},\boldsymbol{F})$，$\mathrm{Cov}(\boldsymbol{\varepsilon})=\mathrm{Cov}(\boldsymbol{\varepsilon},\boldsymbol{\varepsilon})$，则具有 m 个因子的正交因子模型同式(8.4.2)，并且满足如下假设。

（1）$\boldsymbol{F}$ 的期望为 $\mathbf{0}$，各分量的方差为 1，且互不相关。$\mathrm{E}(\boldsymbol{F})=0$，$\mathrm{Cov}(\boldsymbol{F})=E\left(\boldsymbol{F}\boldsymbol{F}^{\mathrm{T}}\right)=\boldsymbol{I}$。$\boldsymbol{I}$ 为单位矩阵。

（2）$\boldsymbol{\varepsilon}$ 的期望为 $\mathbf{0}$，且各分量互不相关。$\mathrm{E}(\boldsymbol{\varepsilon})=0$，$\mathrm{Cov}(\boldsymbol{\varepsilon})=E\left(\boldsymbol{\varepsilon}\boldsymbol{\varepsilon}^{\mathrm{T}}\right)=\boldsymbol{\Psi}=\mathrm{diag}\left(\psi_1,\psi_2,\cdots,\psi_p\right)$。

（3）$\boldsymbol{F}$ 与 $\boldsymbol{\varepsilon}$ 互不相关，即 $\mathrm{Cov}(\boldsymbol{\varepsilon},\boldsymbol{F})=\mathrm{E}\left(\boldsymbol{\varepsilon}\boldsymbol{F}^{\mathrm{T}}\right)=0$。

8.4.3　正交因子模型的性质与相关概念

本小节首先介绍观测变量的协方差结构分解，然后介绍变量共同度、因子的方差贡献、特殊方差等相关概念，最后介绍正交因子模型的旋转不定性。

1. 正交因子模型的协方差结构

对于正交因子模型，可以证明

$$\mathrm{Cov}(\boldsymbol{X})=\boldsymbol{\Sigma}=\boldsymbol{A}\boldsymbol{A}^{\mathrm{T}}+\boldsymbol{\Psi} \tag{8.4.3}$$

$$\mathrm{Cov}(\boldsymbol{X},\boldsymbol{F})=\boldsymbol{A} \tag{8.4.4}$$

上述结论给出了观测随机向量的协方差矩阵的结构分解形式，也称为正交因子模型的协方差结构（covariance structure）。

由前述定义和结论，$\boldsymbol{\Sigma}$ 共有 p 个对角元素和 $\dfrac{p(p-1)}{2}$ 个非对角元素（注意 $\boldsymbol{\Sigma}$ 的对称性）。正交因子模型本质上是将 $\boldsymbol{X}$ 的 $p+\dfrac{p(p-1)}{2}$ 个方差和协方差值，用 pm 个因子载荷和 p 个特殊因子的方差表示出来。当 $m \ll p$ 时，$\boldsymbol{\Sigma}$ 通常难以分解为 $\boldsymbol{\Sigma}=\boldsymbol{A}\boldsymbol{A}^{\mathrm{T}}+\boldsymbol{\Psi}$ 的形式。即难以用 pm 个载荷因子和 p 个特殊因子完全准确地表示出 $\boldsymbol{\Sigma}$。在实际应用中，常希望 $m \ll p$，这时 $\boldsymbol{\Sigma}=\boldsymbol{A}\boldsymbol{A}^{\mathrm{T}}+\boldsymbol{\Psi}$ 只能近似成立。

2. 变量共同度和因子的方差

将式(8.4.3)、式(8.4.4)展开后有

$$
\begin{aligned}
&\operatorname{Var}(X_i)=a_{i1}^2+a_{i2}^2+\cdots+a_{im}^2+\psi_i\\
&\operatorname{Cov}(X_i,X_j)=a_{i1}a_{j1}+a_{i2}a_{j2}+\cdots+a_{im}a_{jm}\\
&\operatorname{Cov}(X_i,F_j)=a_{ij}
\end{aligned}
$$

定义 8-1 全部 m 个公共因子对观测变量 X_i 的方差 $\operatorname{Var}(X_i)=\sigma_{ii}$ 的贡献称为变量 X_i 的共同度（communality），记为 h_i^2。

根据定义有 $h_i^2=a_{i1}^2+a_{i2}^2+\cdots+a_{im}^2$，即变量 X_i 的共同度为其在各个共同因子上的载荷的平方和。变量 X_i 的共同度越大，说明该变量能被所有 m 个公共因子解释的程度越高，因而因子分析的效果也就越好。

定义 8-2 特殊因子对 $\operatorname{Var}(X_i)$ 的贡献称为 X_i 的特殊方差（specific variance, uniqueness）。显然，X_i 的特殊方差为 ψ_i。

由以上定义可知

$$
\sigma_{ii}=h_i^2+\psi_i,\quad i=1,2,\cdots,p \tag{8.4.5}
$$

由于观测变量的方差是确定的，如果已知方差 ψ_i，则 h_i^2 可以由式(8.4.5)计算得到。变量共同度与其特殊方差具有互补性。变量共同度越大，特殊方差就越小。

定义 8-3 因子 F_j 的方差贡献 V_j 是所有各个观测变量在该因子上的载荷的平方和，即

$$
V_j=\sum_{i=1}^{p}a_{ij}^2,\quad j=1,2,\cdots,m \tag{8.4.6}
$$

可以看出，因子的方差贡献越大，说明该公共因子对于解释所有原始观测变量的作用就越大。因此，因子的方差贡献可用于衡量各个公共因子的重要程度。

3. 正交因子模型的旋转不定性

线性代数中的正交变换对应于坐标系的旋转变换。例如，在 2 维平面中，对应于顺时针旋转角度为 α 的旋转变换矩阵 $\boldsymbol{T}$ 为

$$
\boldsymbol{T}=\begin{bmatrix}\cos\alpha & -\sin\alpha\\ \sin\alpha & \cos\alpha\end{bmatrix} \tag{8.4.7}
$$

设有一点 P 在直角坐标系 $X-Y$ 中的坐标为 (x,y)，则经过上述旋转变换坐标系后，该点在新坐标系 X^*-Y^* 中的坐标 (x',y') 的计算公式为

$$\begin{bmatrix} x' \\ y' \end{bmatrix} = \boldsymbol{T} \begin{bmatrix} x \\ y \end{bmatrix} \tag{8.4.8}$$

这一公式的几何解释如图 8-7 所示。

一般地，设 $\boldsymbol{T}$ 为 $m \times m$ 正交矩阵，即有

$$\boldsymbol{T}\boldsymbol{T}^{\mathrm{T}} = \boldsymbol{T}^{\mathrm{T}}\boldsymbol{T} = \boldsymbol{I} \tag{8.4.9}$$

若令 $\boldsymbol{A}^* = \boldsymbol{A}\boldsymbol{T}$，$\boldsymbol{F}^* = \boldsymbol{T}^{\mathrm{T}}\boldsymbol{F}$，则有

$$\boldsymbol{X} - \boldsymbol{\mu} = \boldsymbol{A}\boldsymbol{F} + \boldsymbol{\varepsilon} = \boldsymbol{A}\boldsymbol{T}\boldsymbol{T}^{\mathrm{T}}\boldsymbol{F} + \boldsymbol{\varepsilon} = \boldsymbol{A}^*\boldsymbol{F}^* + \boldsymbol{\varepsilon} \tag{8.4.10}$$

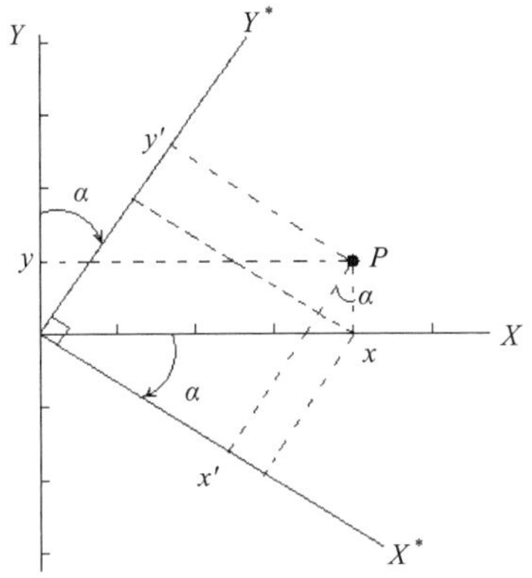

图 8-7　旋转变换前后的坐标关系

$$\boldsymbol{\Sigma} = \boldsymbol{A}\boldsymbol{T}\boldsymbol{T}^{\mathrm{T}}\boldsymbol{A}^{\mathrm{T}} + \boldsymbol{\Psi} = \left(\boldsymbol{A}^*\right)\left(\boldsymbol{A}^*\right)^{\mathrm{T}} + \boldsymbol{\Psi} \tag{8.4.11}$$

不难验证：$\mathrm{E}\left(\boldsymbol{F}^*\right)=0$，$\mathrm{Cov}\left(\boldsymbol{F}^*\right)=\boldsymbol{I}$，$\mathrm{Cov}\left(\boldsymbol{\varepsilon},\boldsymbol{F}^*\right)=0$。

由式(8.4.11)可见，对任意的正交矩阵 $\boldsymbol{T}$，载荷矩阵 $\boldsymbol{A}$ 与 $\boldsymbol{A}^* = \boldsymbol{A}\boldsymbol{T}$ 尽管不同，但都可以对观测变量 $\boldsymbol{X}$ 给出同样的协方差结构解释。由 $\boldsymbol{\Sigma} = \boldsymbol{A}\boldsymbol{A}^{\mathrm{T}} + \boldsymbol{\Psi} = \left(\boldsymbol{A}^*\right)\left(\boldsymbol{A}^*\right)^{\mathrm{T}} + \boldsymbol{\Psi}$ 可知，正交变换 $\boldsymbol{A}^* = \boldsymbol{A}\boldsymbol{T}$ 不影响各个变量的共同度。

综上所述，仅根据观测变量的协方差阵 $\boldsymbol{\Sigma}$ 难以唯一地确定载荷矩阵。这种现象称为正交因子模型的旋转不定性。

8.5　正交因子模型的求解

要进行因子分析，就必须估计因子分析模型的参数。对于因子分析模型的参数，已有多种求解方法，包括主成分法、极大似然法等。本节介绍比较常用的主成分法。

8.5.1 主成分法的基本原理

进行因子分析模型求解的关键是求解因子载荷矩阵。为此，按照因子分析模型对观测变量的协方差阵进行分解。设变量 $\boldsymbol{X}$ 的协方差阵 $\boldsymbol{\Sigma}$ 的特征根为 $\lambda_1 \geqslant \lambda_2 \geqslant \cdots \geqslant \lambda_p \geqslant 0$，对应的归一化特征向量为 $\boldsymbol{u}_1, \boldsymbol{u}_2, \cdots, \boldsymbol{u}_p$，则有

$$\begin{aligned}\boldsymbol{\Sigma} &= \lambda_1 \boldsymbol{u}_1 \boldsymbol{u}_1^{\mathrm{T}} + \lambda_2 \boldsymbol{u}_2 \boldsymbol{u}_2^{\mathrm{T}} + \cdots + \lambda_p \boldsymbol{u}_p \boldsymbol{u}_p^{\mathrm{T}} \\ &= \begin{bmatrix} \sqrt{\lambda_1}\boldsymbol{u}_1 & \sqrt{\lambda_2}\boldsymbol{u}_2 & \cdots & \sqrt{\lambda_p}\boldsymbol{u}_p \end{bmatrix} \begin{bmatrix} \sqrt{\lambda_1}\boldsymbol{u}_1^{\mathrm{T}} \\ \sqrt{\lambda_2}\boldsymbol{u}_2^{\mathrm{T}} \\ \vdots \\ \sqrt{\lambda_p}\boldsymbol{u}_p^{\mathrm{T}} \end{bmatrix} = \boldsymbol{A}\boldsymbol{A}^{\mathrm{T}}\end{aligned} \tag{8.5.1}$$

其中，$\boldsymbol{A} = \begin{bmatrix} \sqrt{\lambda_1}\boldsymbol{u}_1 & \sqrt{\lambda_2}\boldsymbol{u}_2 & \cdots & \sqrt{\lambda_p}\boldsymbol{u}_p \end{bmatrix}$。

按正交因子模型，式（8.5.1）实现了对 $\boldsymbol{\Sigma}$ 的分解。其中，特殊因子的贡献为 0。即 $\boldsymbol{\Sigma} = \boldsymbol{A}\boldsymbol{A}^{\mathrm{T}} + 0 = \boldsymbol{A}\boldsymbol{A}^{\mathrm{T}}$，且公共因子的个数与观测变量的维数是相等的。通常希望能用少数的公共因子解释协方差矩阵 $\boldsymbol{\Sigma}$，因此需要进一步减少公共因子的数量。如果去除特征值较小的成分，只提取特征值较大的前 m 个公共因子，则由上述 $\boldsymbol{\Sigma}$ 的分解结构，可取

$$\boldsymbol{A} \approx \begin{bmatrix} \sqrt{\lambda_1}\boldsymbol{u}_1 & \sqrt{\lambda_2}\boldsymbol{u}_2 & \cdots & \sqrt{\lambda_m}\boldsymbol{u}_m \end{bmatrix} \tag{8.5.2}$$

其中，因子载荷矩阵的第 j 列为 $\sqrt{\lambda_j}\boldsymbol{u}_j$，$j = 1, 2, \cdots, m$。

因此，$\boldsymbol{\Sigma}$ 可近似表示为

$$\boldsymbol{\Sigma} \approx \begin{bmatrix} \sqrt{\lambda_1}\boldsymbol{u}_1 & \sqrt{\lambda_2}\boldsymbol{u}_2 & \cdots & \sqrt{\lambda_m}\boldsymbol{u}_m \end{bmatrix} \begin{bmatrix} \sqrt{\lambda_1}\boldsymbol{u}_1^{\mathrm{T}} \\ \sqrt{\lambda_2}\boldsymbol{u}_2^{\mathrm{T}} \\ \vdots \\ \sqrt{\lambda_m}\boldsymbol{u}_m^{\mathrm{T}} \end{bmatrix} = \boldsymbol{A}\boldsymbol{A}^{\mathrm{T}} \tag{8.5.3}$$

若在上述近似式中考虑特殊因子的影响，可将上述表达式写为

$$\begin{aligned}\boldsymbol{\Sigma} &\approx \begin{bmatrix} \sqrt{\lambda_1}\boldsymbol{u}_1 & \sqrt{\lambda_2}\boldsymbol{u}_2 & \cdots & \sqrt{\lambda_m}\boldsymbol{u}_m \end{bmatrix} \begin{bmatrix} \sqrt{\lambda_1}\boldsymbol{u}_1^{\mathrm{T}} \\ \sqrt{\lambda_2}\boldsymbol{u}_2^{\mathrm{T}} \\ \vdots \\ \sqrt{\lambda_m}\boldsymbol{u}_m^{\mathrm{T}} \end{bmatrix} + \begin{bmatrix} \psi_1 & & & \\ & \psi_2 & & \\ & & \ddots & \\ & & & \psi_p \end{bmatrix} \\ &= \boldsymbol{A}\boldsymbol{A}^{\mathrm{T}} + \boldsymbol{\Psi}\end{aligned} \tag{8.5.4}$$

其中，$\boldsymbol{\Psi} = \mathrm{diag}(\psi_1, \psi_2, \cdots, \psi_p)$，$\psi_i = \sigma_{ii} - \sum_{j=1}^{m} a_{ij}^2$。

可以看出，上述因子分析模型是对观测变量的协方差矩阵的分解和近似。由于 $\boldsymbol{\Psi}$ 的引入，上述分解式对协方差矩阵 $\boldsymbol{\Sigma}$ 的对角元素的表示是准确的，但对其非对角元素的表示是近似的。

由于因子载荷是由前几个主成分的系数进行尺度变换后得到的，故求解得到的分解

模型 $\boldsymbol{\Sigma}=\boldsymbol{A}\boldsymbol{A}^{\mathrm{T}}+\boldsymbol{\Psi}$ 称为因子模型的主成分解（principal component solution）。

8.5.2 基于样本的模型求解

在实际应用时，由于难以获得总体数据，因此通常用样本协方差矩阵 $\boldsymbol{S}$ 替代总体协方差矩阵 $\boldsymbol{\Sigma}$ 进行求解。与主成分分析法类似，进行因子分析前，为消除观测变量之间的量纲差异以及不同变量在数值上差异较大的影响，需要对观测变量进行标准化处理。

设样本协方差矩阵 $\boldsymbol{S}=\left[s_{ij}\right]_{p\times p}$ 的特征值为 $\hat{\lambda}_1\geqslant\hat{\lambda}_2\geqslant\cdots\geqslant\hat{\lambda}_p$，对应的各个归一化特征向量为 $\hat{\boldsymbol{u}}_1,\hat{\boldsymbol{u}}_2,\cdots,\hat{\boldsymbol{u}}_p$，$m<p$，则因子载荷矩阵的估计为

$$\hat{\boldsymbol{A}}=\left[\hat{a}_{ij}\right]_{p\times m}=\left[\sqrt{\hat{\lambda}_1}\hat{\boldsymbol{u}}_1\quad\sqrt{\hat{\lambda}_2}\hat{\boldsymbol{u}}_2\quad\cdots\quad\sqrt{\hat{\lambda}_m}\hat{\boldsymbol{u}}_m\right]\tag{8.5.5}$$

特殊因子的方差 $\boldsymbol{\Psi}$ 估计 $\hat{\boldsymbol{\Psi}}$ 为 $\boldsymbol{S}-\hat{\boldsymbol{A}}\hat{\boldsymbol{A}}^{\mathrm{T}}$ 的对角元素，即

$$\hat{\boldsymbol{\Psi}}=\operatorname{diag}\left(\hat{\psi}_1,\hat{\psi}_2,\cdots,\hat{\psi}_p\right)\tag{8.5.6}$$

其中，$\hat{\psi}_i=s_{ii}-\sum_{j=1}^{m}\hat{a}_{ij}^2$，$i=1,2,\cdots,p$。

总样本方差（total sample variance）为 $\operatorname{tr}(\boldsymbol{S})=\sum_{i=1}^{p}s_{ii}$。

由 $s_{ii}=\sum_{j=1}^{m}\hat{a}_{ij}^2+\hat{\psi}_i$ 可知，第 j 个公共因子对于 s_{ii} 的贡献为 $\hat{a}_{ij}^2$。因此，第 j 个因子对于总样本方差的贡献（contribution to the total sample variance）为 $\sum_{i=1}^{p}\hat{a}_{ij}^2$，且 $\sum_{i=1}^{p}\hat{a}_{ij}^2$ 为 $\hat{\boldsymbol{A}}$ 的第 j 列元素的平方和，即

$$\sum_{i=1}^{p}\hat{a}_{ij}^2=\left(\sqrt{\hat{\lambda}_j}\hat{\boldsymbol{u}}_j\right)^{\mathrm{T}}\left(\sqrt{\hat{\lambda}_j}\hat{\boldsymbol{u}}_j\right)=\hat{\boldsymbol{u}}_j^{\mathrm{T}}\hat{\lambda}_j\hat{\boldsymbol{u}}_j=\hat{\lambda}_j\tag{8.5.7}$$

因此，第 j 个公共因子对总样本方差的贡献率为 $\hat{\lambda}_j\Big/\sum_{i=1}^{p}s_{ii}$。

若对样本数据的预处理是标准化处理，则在上述参数估计中应以样本相关系数矩阵 $\boldsymbol{R}$ 代替 $\boldsymbol{S}$ 进行，这时有 $\boldsymbol{S}=\boldsymbol{R}$，且 $s_{ii}=1$，$i=1,2,\cdots,p$，故第 j 个公共因子对总样本方差的贡献率为 $\hat{\lambda}_j/p$。由于每个观测变量本身对于总样本方差的贡献为 1（方差为 1），因此，在确定公共因子时，通常只选择因子的方差贡献大于 1 的因子。即要求每个公共因子（对应的特征值大于 1）至少能代表一个观测变量。

8.5.3 因子旋转

建立因子分析模型的目的不仅在于找出公共因子，更重要的是知道每一个公共因子的意义，以便于对实际问题进行分析。然而，有时求解得到的各因子所代表的变量不是很明显，使因子的含义不清，不便于对实际问题进行分析。为此，可以对初始因子进行因子旋转，以找到实际意义更明显的公共因子。在实际应用中，对于正交因子模型，可以将模型的载荷矩阵进行正交旋转变换，从而获得某种特殊的矩阵结构，以利于因子的解释。本小节首先介绍因子旋转的基本思想，然后介绍因子旋转的方法。

1. 因子旋转的基本思想

因子旋转（factor rotation）就是将因子载荷矩阵 $\boldsymbol{A}$ 右乘一个正交（旋转）矩阵 $\boldsymbol{T}$ 后得到一个新的矩阵 $\boldsymbol{B}=\boldsymbol{AT}$，相当于做一次正交旋转（orthogonal rotation）。

若 $\boldsymbol{A}^*=\boldsymbol{AT}$、$\boldsymbol{F}^*=\boldsymbol{T}^{\mathrm{T}}\boldsymbol{F}$，由 8.4.3 节的旋转不变性，对于正交因子模型，在所有正交变换下的协方差阵都相同。即

$$\boldsymbol{\Sigma}=\boldsymbol{A}\boldsymbol{A}^{\mathrm{T}}+\boldsymbol{\Psi}=\boldsymbol{A}^*\boldsymbol{A}^{*\mathrm{T}}+\boldsymbol{\Psi} \tag{8.5.8}$$

由式(8.5.8)可知，进行正交旋转变换后，协方差阵的拟合程度并不受影响。进行旋转变换改变了载荷矩阵的各个元素值和各个公共因子对总样本方差的贡献，但不改变各观测变量的共同度，即不改变全体公共因子对于原有观测变量的总方差的贡献程度。所有公共因子对 X_i 的贡献 h_i^2 并不改变。由于载荷矩阵发生变化，公共因子本身就可能发生很大的变化，每一个公共因子对原始变量的贡献 a_{ij}^2 不再与原来相同。

由前面讨论可知，对于正交因子模型而言，因子正交旋转变换不影响对于观测变量的解释能力，因此可以有无数旋转解存在，并且这些解在正交变换下相互等价。利用这种不定性，可以选择便于理解和解释因子的旋转变换。当采用主成分分析法得到因子载荷阵后，难以给出对公共因子的合理解释时，就可以对公共因子进行旋转变换。经过适当的旋转，若能获得一个结构相对简单的载荷矩阵，就可以得到比较容易解释的公共因子。

在几何上，可以将各个公共因子理解为互相垂直的单位向量。正交旋转要求旋转后新的坐标轴之间依然是正交的，因而是一种刚性旋转。较为理想的结果是，经过旋转变换后，每一个原始的观测变量都只在某一个公共因子上有较大的载荷，而在其他公共因子上的载荷较小，这样有利于对公共因子的解释。综上所述，经过旋转后得到的载荷矩阵应达到如下效果：①能够对公共因子做出更好的解释，使一个变量尽可能只由一个公共因子说明。为此，每一个观测变量应只在少数公共因子上的因子载荷绝对值较大，而在大多数公共因子上的因子载荷绝对值较小。②不同的公共因子应能说明不同的观测变量组。因此，载荷矩阵不同列呈现出的因子载荷的模式（pattern）应不相同。

2. 因子旋转的方法

因子旋转通常采用 1958 年由美国学者凯瑟（Kaiser，1927—1992）提出的方差最大（旋转）法（Kaiser's varimax rotation）。方差最大旋转法的主要思想是：使载荷矩阵每一列中的各个元素之间呈现出较大差异性，即不同的观测变量在同一公共因子上的载荷尽量拉大差异，分为较明显的两组，一组取值尽可能接近于 0，另一组取值尽可能接近于 1。

由因子分析模型可知，a_{ij}^2 表示公共因子 F_j 对于观测变量 X_i 的贡献程度。观测变量

X_i 的共同度为 $h_i^2=\sum_{j=1}^m a_{ij}^2$ 。记 $d_{ij}^2 \triangleq \left(\dfrac{a_{ij}}{h_i}\right)^2$，$d_{ij}^2$ 表示公共因子 F_j 对于变量 X_i 的共同度的贡献程度。公共因子 F_j 对于所有观测变量共同度的平均贡献程度为 $\overline{d_j^2} \triangleq \dfrac{1}{p}\sum_{i=1}^p d_{ij}^2$ 。

载荷矩阵第 j 列（ $j=1,2,\cdots,m$ ）对应的 $\left\{d_{ij}^2\right\}$ 的方差为

$$V_j=\frac{1}{p}\sum_{i=1}^p\left(d_{ij}^2-\overline{d_j^2}\right)^2=\frac{1}{p}\left[\sum_{i=1}^p d_{ij}^4-\frac{1}{p}\left(\sum_{i=1}^p d_{ij}^2\right)^2\right] \tag{8.5.9}$$

将上述方差对各因子求和，得总方差为

$$V=\frac{1}{p}\sum_{j=1}^m\left[\sum_{i=1}^p d_{ij}^4-\frac{1}{p}\left(\sum_{i=1}^p d_{ij}^2\right)^2\right] \tag{8.5.10}$$

方差最大法的基本思想是：选取 $\boldsymbol{T}$ 使得 V 达到最大。这是一个约束最优化问题，可用计算机软件直接求解。显然，当每一列的各 d_{ij}^2 较为分散，即趋向于 0 或 1 时，会使 V 达到最大。因此，对于由方差最大法得到的载荷矩阵，每一列的元素会呈现出较明确的 0-1 两极分化模式。根据 d_{ij}^2 的定义，当某一元素的 d_{ij}^2 接近于 1 时，其所在行的其他元素将接近于 0。

通常通过逐次迭代法完成因子旋转。具体做法是逐次在两个公共因子确定的平面上进行旋转。全部配对的旋转共有 C_m^2 次。由于每次旋转时，$m=2$，便于得到最佳旋转角度的解析公式。通过逐次选择两个因子旋转，不断增加 V，到满意为止。

8.6　因子分析的应用

因子分析是一种需要科学与艺术相结合的工作，必须在对实际问题背景有较深入的分析和理解的基础上，熟练掌握因子分析方法，才能做出正确可信的结论。本节主要介绍因子得分的计算方法及其应用步骤，并通过示例对其应用过程进行说明。

8.6.1　因子得分计算

每一个样品的观测向量对应的公共因子值称为因子得分（factor scores）。因此，因子得分是公共因子对于每个观测样品的取值，即公共因子 $F_1,F_2,\cdots,F_m$ 对应于每个观测样品观测变量的取值。以本章前面所说的大学本科学生课程成绩的分析为例，当构建得到正交因子模型时，就可以根据因子模型求解这样的问题：若已知某一个学生的各门课程成绩，求对应于该学生的数学能力、计算机能力等公共因子的值。从而，可以据此对学生的各项能力进行综合评价。因子分析常常用作数据处理与分析的中间步骤，因而需要计算每一观测向量在由公共因子组成的新坐标空间中的取值。例如，因子得分可以用于故障诊断或进一步处理的输入。

在主成分分析中，主成分是原有观测变量的线性组合，因此计算主成分值较为方便。但是在因子分析中，公共因子和特殊因子是不可观测的，因此难以直接计算因子得分。回归法（regression method）是一种常用的求解因子得分的方法，是通过将公共因子表示为观测变量的线性组合，然后求解线性回归方程，最后根据观测变量的取值计算因子得分。

对于式(8.4.2)的公共因子模型，假设 $\boldsymbol{F},\boldsymbol{\varepsilon}$ 分别为服从正态分布的 m 维和 p 维向量，相互独立，并有

$$\mathrm{E}(\boldsymbol{F})=0\text{，}\ \mathrm{Cov}(\boldsymbol{F})=\boldsymbol{I}\text{，}\ \mathrm{E}(\boldsymbol{\varepsilon})=0\text{，}\ \mathrm{Cov}(\boldsymbol{\varepsilon})=\boldsymbol{\Psi}$$

则可知，$\boldsymbol{X}-\boldsymbol{\mu}$ 和 $\boldsymbol{F}$ 的联合分布也为正态分布，且有

$$\begin{bmatrix}\boldsymbol{X}-\boldsymbol{\mu}\\ \boldsymbol{F}\end{bmatrix}\sim N\left(\boldsymbol{0},\boldsymbol{\Sigma}^{*}\right)$$

其中，$\boldsymbol{\Sigma}^{*}=\begin{bmatrix}\boldsymbol{\Sigma} & \boldsymbol{A}\\ \boldsymbol{A}^{\mathrm{T}} & \boldsymbol{I}\end{bmatrix}$。由多元正态分布的性质可知，当给定 $\boldsymbol{X}=\boldsymbol{x}$ 时，$\boldsymbol{F}$ 的条件分布服从多元正态分布，且有

$$\mathrm{E}\left(\boldsymbol{F}\middle|\boldsymbol{X}=\boldsymbol{x}\right)=\boldsymbol{A}^{\mathrm{T}}\boldsymbol{\Sigma}^{-1}(\boldsymbol{X}-\boldsymbol{\mu}) \tag{8.6.1}$$

由此可以看出，若以 $\boldsymbol{F}$ 对 $\boldsymbol{X}$ 的条件数学期望作为因子得分的估计，因子得分可以表示为 $\boldsymbol{x}$ 的线性组合，即可以认为 $\boldsymbol{F}$ 是由 $\boldsymbol{X}$ 进行线性回归得到的。

在实际计算中，可用样本协方差矩阵 $\boldsymbol{S}$ 代替 $\boldsymbol{\Sigma}$，用样本均值 $\overline{\boldsymbol{x}}$ 代替 $\boldsymbol{\mu}$，则可得到回归法的因子得分计算公式为

$$\hat{\boldsymbol{f}}=\hat{\boldsymbol{A}}^{\mathrm{T}}\hat{\boldsymbol{\Sigma}}^{-1}(\boldsymbol{x}-\overline{\boldsymbol{x}})=\hat{\boldsymbol{A}}^{\mathrm{T}}\boldsymbol{S}^{-1}(\boldsymbol{x}-\overline{\boldsymbol{x}}) \tag{8.6.2}$$

其中，$\hat{\boldsymbol{f}}$ 是相对于样品观测值 $\boldsymbol{x}$ 的因子得分，$\hat{\boldsymbol{A}}$ 为由前述因子模型求解方法得到的因子载荷矩阵。

由于 $\boldsymbol{A}$ 在旋转变换下的不唯一性，因子得分同样受旋转矩阵的影响。若旋转矩阵为 $\boldsymbol{T}$，且有 $\hat{\boldsymbol{A}}^{*}=\hat{\boldsymbol{A}}\boldsymbol{T}$，则旋转后的因子得分计算公式为

$$\hat{\boldsymbol{f}}^{*}=\boldsymbol{T}^{\mathrm{T}}\hat{\boldsymbol{f}} \tag{8.6.3}$$

8.6.2 因子分析的步骤

因子分析法的主要步骤如图 8-8 所示。

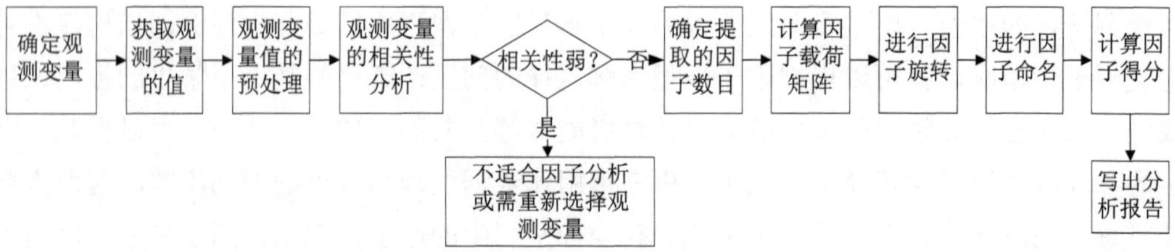

图 8-8　因子分析法的主要步骤

（1）确定观测变量。根据因子分析的目的，确定需要研究的观测变量。例如，若要反映学生的数学能力，可以选取高等数学、线性代数、概率论与数理统计等课程的成绩作为观测变量。

（2）获取观测变量的值。例如，选定观测变量后，就可以据此设计调查问卷或选择其他数据收集工具，组织进行统计调查，获取样品的观测变量值。

（3）观测变量值的预处理。通常，要对样本观测变量数据进行标准化预处理，以消除量纲等的影响。

（4）观测变量的相关性分析。因子分析的前提是各个观测变量之间存在一定的相关性。否则，进行因子分析就失去了意义。在进行因子分析前，应对各个观测变量的相关性进行统计检验，以验证是否适合进行因子分析。

进行相关性分析时可以运用以下几种方法：相关系数检验、KMO 检验和 Bartlett 球度检验。必要时，可运用多种方法进行检验，并据此对原观测变量的相关性进行综合判定。若经过相关性分析，说明各变量之间的相关性较弱，则表明原问题不适合进行因子分析，或者观测变量选取得不合适，需要重新考虑观测变量的选取。

① 相关系数检验。首先求出观测变量的样本相关系数矩阵 $\boldsymbol{R}$，若样本相关系数矩阵中的大多数相关系数均小于 0.3，则说明原观测变量之间的相关性较弱。

② KMO 检验。KMO 统计量（Kaiser-Meyer-Olkin measure of sampling adequacy，KMO）主要测量各观测变量之间的相关性。KMO 的取值在 0 到 1 之间。KMO 越接近于 1，表示各观测变量之间的相关性越强，越适合做因子分析。表 8-4 给出了基于 KMO 值的适用性判据。

表 8-4　基于 KMO 值的适用性判据

KMO 取值	因子分析适用性
0.90～1.00	非常适合
0.80～0.89	很适合
0.70～0.79	适合
0.60～0.69	不太适合
0.50～0.59	很勉强
0.00～0.49	不适合

③ Bartlett 球度检验。Bartlett 球度检验（Bartlett's test of sphericity）是关于观测变量相关系数矩阵 $\boldsymbol{R}$ 的假设检验，主要检验各观测变量之间是否存在线性相关性。原假设 H_0 认为 $\boldsymbol{R}$ 为单位阵。Bartlett 球度检验统计量是通过观测变量 $\boldsymbol{X}$ 的样本协方差阵 $\boldsymbol{S}$ 构造的，可以证明其近似服从 χ^2 分布。若该统计量较大，且对应的 p 值小于等于给定的显著性水平 α，则应拒绝 H_0，表示各观测变量之间存在一定的相关性，可以进行因子

分析。

（5）确定提取的因子数目。为此，可用以下两种方法。

①根据特征值的大小和变化情况确定。求出样本相关系数 $\boldsymbol{S}$ 的特征值，然后选择大于等于 1 的特征值的数目为公共因子数。也可以根据碎石图中各个特征值的变化确定拟提取的因子数。

②根据因子的累计方差贡献率确定。由前面的讨论可知，前 k 个公共因子的累计方差贡献率为 $\sum_{j=1}^{k}\hat{\lambda}_j\Big/\sum_{i=1}^{p}s_{ii}$ 。通常选取累计方差贡献率大于 80%对应的最小的 k 作为提取的公共因子数。

（6）计算因子载荷矩阵。根据观测变量的样本相关系数矩阵，运用主成分法等方法进行因子分析模型求解，得到因子载荷矩阵。

（7）进行因子旋转。运用方差最大法等方法进行因子旋转计算。

（8）进行因子命名。分析旋转后的因子与原观测变量之间的关系，结合问题背景，为每个公共因子赋予具有一定实际意义的名称，并给出合理的解释说明。

（9）计算因子得分。计算各样品的因子得分。必要时，应在以公共因子为坐标轴的坐标系中根据因子得分标出各样品点，以便于据此对样品进行分类或综合评价。

（10）写出分析报告。在实际应用中，可以进行因子数量的灵敏度分析，分析当增加一个因子时，对观测变量分组的影响程度，以判定观测变量分组的稳定性。当观测的样本容量较大时，可以将样本数据集分为两部分，分别建立因子分析模型和进行因子分析。最后与全数据集的因子分析结果进行对比，这样也可以对因子分析的可信性进行判断。

8.6.3 应用示例

以下用一个示例说明因子分析方法的主要计算过程。

某学院数学专业某班 34 名学生的 7 门课程考试成绩如表 8-5 所示。其中，“分析”表示“数学分析”，“常微”表示“常微分方程”，“复变”表示“复变函数”。请进行因子分析，并给出因子的解释（杨宇音等，2005）。

表 8-5 学生各门课程的考试成绩

序号	英语 1	分析	政治	常微	复变	英语 2	物理
1	64	84	83	78	82	73	74
2	68	87	78	90	97	73	81
3	60	53	78	60	80	65	60
4	66	58	83	64	72	71	75
5	52	69	85	60	87	73	71
6	66	84	82	79	92	70	91
7	69	62	77	60	85	70	72
8	49	82	83	70	75	69	75
9	55	11	71	44	37	70	39

续表

序号	英语 1	分析	政治	常微	复变	英语 2	物理
10	54	11	81	60	67	67	60
11	60	0	83	60	45	66	52
12	69	62	87	60	75	71	66
13	54	32	75	67	85	65	61
14	62	72	83	61	92	72	67
15	83	76	82	88	90	84	77
16	60	42	76	60	67	72	61
17	72	60	75	65	64	71	60
18	52	65	82	61	83	68	61
19	73	74	83	79	87	78	86
20	62	66	84	76	90	73	85
21	62	44	77	71	86	78	69
22	55	13	85	60	62	69	64
23	69	63	88	60	78	74	76
24	60	48	82	77	84	76	82
25	69	16	80	65	63	63	52
26	71	67	84	64	79	75	80
27	67	77	77	69	82	78	77
28	74	43	81	56	60	72	48
29	66	42	81	64	74	71	66
30	65	75	81	68	96	76	75
31	69	84	76	84	87	80	85
32	68	69	76	73	71	82	73
33	54	17	77	60	66	61	70
34	66	47	85	61	84	72	60

以下是因子分析的具体求解步骤。

（1）将数据进行标准化处理，计算得到相关系数矩阵 $\boldsymbol{R}$ 如表 8-6 所示。

表 8-6　学生各门课程的考试成绩相关系数矩阵

	英语 1	分析	政治	常微	复变	英语 2	物理
英语 1	1.000	0.378	0.075	0.408	0.214	0.561	0.263
分析	0.378	1.000	0.181	0.621	0.760	0.598	0.728
政治	0.075	0.181	1.000	0.040	0.247	0.038	0.286
常微	0.408	0.621	0.040	1.000	0.650	0.550	0.758
复变	0.214	0.760	0.247	0.650	1.000	0.420	0.749
英语 2	0.561	0.598	0.038	0.550	0.420	1.000	0.515
物理	0.263	0.728	0.286	0.758	0.749	0.515	1.000

（2）观测变量的相关性检验。经计算得，KMO 值为 0.782，Bartlett 球度检验的 p 值近似为 0。因此，适合进行因子分析。

（3）确定提取的因子数目。求出 $\boldsymbol{R}$ 的各个特征值以及对应的方差贡献率，算出累计方差贡献率，结果如表 8-7 所示。

表 8-7 特征值与方差贡献率

序号	特征值	方差贡献率/%	累计方差贡献率/%
1	3.837	54.816	54.816
2	1.131	16.162	70.978
3	0.882	12.599	83.577
4	0.421	6.012	89.588
5	0.367	5.246	94.834
6	0.203	2.894	97.729
7	0.159	2.271	100.000

画出碎石图，如图 8-9 所示。

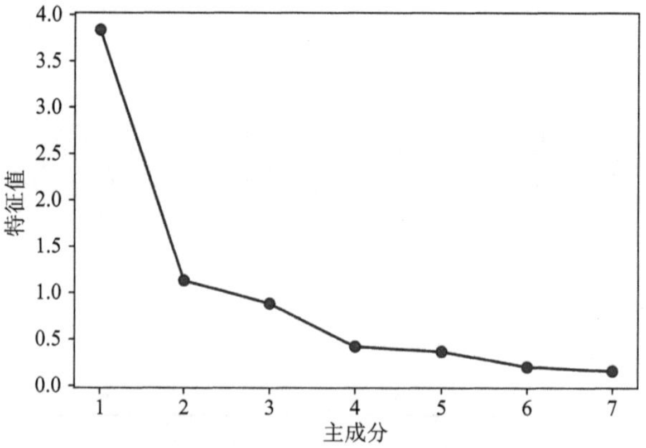

图 8-9 考试成绩因子分析碎石图

由上述结果，可以看出当提取因子数为 3 时，累计方差贡献率就达到 83.577%。在碎石图上，第二个因子处就已出现明显拐点。因此，确定提取因子数为 3。

（4）计算因子载荷矩阵。由主成分法，计算得到因子载荷矩阵如表 8-8 所示。

表 8-8 因子载荷矩阵

变量	F_1	F_2	F_3
英语 1	0.535	−0.553	0.540
分析	0.876	0.061	−0.092
政治	0.253	0.702	0.655
常微	0.841	−0.102	−0.220

续表

变量	F_1	F_2	F_3
复变	0.832	0.299	−0.227
英语 2	0.740	−0.416	0.178
物理	0.879	0.240	−0.150

各门课程的变量共同度如表 8-9 所示。

表 8-9　各门课程的变量共同度

课程	英语 1	分析	政治	常微	复变	英语 2	物理
共同度	0.883	0.780	0.985	0.766	0.832	0.752	0.852

（5）进行因子旋转。采用最大方差旋转法进行因子旋转。经计算得到旋转变换矩阵为

$$\boldsymbol{T}=\begin{bmatrix}0.874 & 0.467 & 0.133\\ 0.255 & -0.674 & 0.693\\ -0.414 & 0.572 & 0.709\end{bmatrix}$$

旋转后得到的因子载荷矩阵如表 8-10 和图 8-10 所示。可以看出，经旋转后，各因子的意义变得十分明显。由于数学分析、常微分方程、复变函数、物理在第一个因子 F_1 上的因子载荷系数较大，因此，第一个因子可理解为数理学习能力因子。由于英语 1、英语 2 在第二个因子 F_2 上的因子载荷系数较大，因此，F_2 可理解为外语学习能力因子。政治在第三个因子 F_3 上的载荷系数较大，因此，F_3 可理解为政治学习能力因子。

表 8-10　旋转后的因子载荷矩阵

变量	F_1	F_2	F_3
英语 1	0.104	**0.931**	0.071
分析	**0.819**	0.316	0.094
政治	0.129	0.019	**0.984**
常微	**0.800**	0.336	−0.114
复变	**0.897**	0.057	0.156
英语 2	0.467	**0.728**	−0.064
物理	**0.891**	0.164	0.177

（6）计算因子得分。经计算，得到各因子的表达式为

$$F_1=-0.256X_1+0.256X_2-0.091X_3+0.272X_4+0.363X_5-0.009X_6+0.325X_7$$

$$F_2=0.744X_1+0.011X_2+0.037X_3+0.021X_4-0.224X_5+0.453X_6-0.133X_7$$

$$F_3=0.114X_1-0.006X_2+0.964X_3-0.210X_4+0.029X_5-0.086X_6+0.057X_7$$

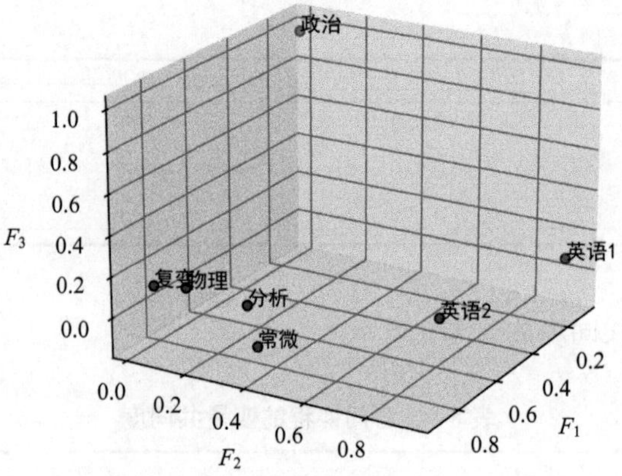

图 8-10　旋转后的因子载荷分布

注意，上式中的变量均为标准化处理后的变量。

据此，可以计算各个学生的因子得分，并评价各个学生各方面的能力。

本 章 小 结

主成分分析本质上是一种通过降维方式对观测数据结构进行简化的方法。主成分分析采用线性变换将一组变量进行变换得到新的一组综合变量，再用少数新的综合变量代表原来变量的信息。主成分分析的主要作用是数据压缩、数据解释和中间处理。

总体主成分是基于观测变量总体的协方差矩阵或相关系数矩阵导出的主成分。样本主成分是基于观测变量的样本，由样本协方差矩阵或样本相关系数矩阵导出的主成分。

主成分的求解对应于求解总体、样本的协方差矩阵的特征值与归一化特征向量。各个主成分的方差分别对应于总体、样本的协方差矩阵的特征值。设有 p 个观测变量，则按特征值的大小，分别称其对应的主成分为第 $1,2,\cdots,p$ 主成分。各主成分是以对应的归一化特征向量为系数的原观测变量的线性组合。为了消除观测变量的量纲或不同变量在数值上差异较大对主成分分析的影响，在主成分分析前，应对观测变量进行标准化处理。主成分与原始观测变量的相关系数称为载荷量。各个主成分的方差贡献率反映了其所含信息量的多少。碎石图反映了各个特征值的大小变化，可用于确定主成分的个数。

因子分析主要研究用少数几个公共因子去描述众多的可观测变量。公共因子分析模型认为观测变量可以表示为公共因子和特殊因子的线性组合。正交因子模型假设各个公共因子间相互独立、各个特殊因子间相互独立、各个公共因子与各个特殊因子间相互独立。全部公共因子对某个观测变量的方差的贡献称为该观测变量的共同度。

求解因子分析模型的关键是求解因子载荷矩阵，为此需要对变量的协方差矩阵（相关系数矩阵）进行分解。常用的分解方法是主成分分析法。可以依据因子的累计方差贡献率或根据特征值的大小及变化情况确定提取的因子数目。正交因子模型的协方差结构矩阵具有旋转不变性。对于正交因子模型进行正交旋转变换，改变了载荷矩阵的各个元素值和因子的方差贡献，但不改变各观测变量的共同度。方差最大法是一种常用的正交旋转方法。因子旋转后易于因子命名和解释。某一样品的观测变量对应的公共因子取值称为其因子得分。因子得分可以采用回归法计算。

习　题

一、选择题

1. 对于样本主成分分析，当（　　）时，说明样本数据适合运用主成分分析。

A．样本协方差阵的各个特征值近似相等

B．样本协方差阵最小的若干特征值接近于 0

C．样本相关系数矩阵的各个特征值相差较大

D．样本相关系数矩阵的非对角元素的绝对值很小

2. 在主成分分析中，第一主成分为 Y_1，第二主成分为 Y_2，则（　　）。

A．Y_2 的方差小于等于 Y_1 的方差　　B．Y_2 的方差大于等于 Y_1 的方差

C．Y_1-Y_2 也是一个主成分　　D．Y_1+Y_2 也是一个主成分

3. 若观测变量 $\boldsymbol{X}$ 是 p 维的，则 $\boldsymbol{X}$ 最多有（　　）个主成分。

A．p　　B．$p+1$　　C．$p-1$　　D．$p-2$

4. 设正交因子模型的观测变量协方差阵为 $\boldsymbol{\Sigma}$，当提取的公共因子数 m 小于观测变量的维数 p 时，正交因子模型的分解式对 $\boldsymbol{\Sigma}$ 的（　　）的表示是准确的。

A．所有元素　　B．对角元素　　C．非对角元素　　D．前 m 列和前 p 行的所有元素

5. 针对正交因子模型，设某一观测变量的方差为 0.9，共同度为 0.6，则该变量的特殊方差为（　　）。

A．0.1　　B．0.3　　C．0.4　　D．1.5

6. 针对因子分析法的以下说法中，正确的说法是（　　）。

A．样本的 KMO 值越小，各观测变量的相关性越好

B．样本的 KMO 值越大，各观测变量的相关性越好

C．样本的 KMO 值的取值大于等于 1

D．样本的 KMO 值接近于 0 时，表明适合做因子分析

7. 在因子分析法中，方差最大法是使载荷矩阵（　　）。

A．不同列的元素之间呈现较大的差异性

B．不同行的元素之间呈现较大的差异性

C．每一列内各元素之间呈现较大的差异性

D．每一行内各元素之间呈现较大的差异性

8. 针对 p 维观测变量 $\boldsymbol{X}$ 用主成分分析法求解其正交因子模型，提取 2 个公共因子，设得到的载荷矩阵为 $\boldsymbol{A}=[a_{ij}]_{p\times 2}$，则观测变量 X_1 的共同度为（　　）。

A．$a_{11}+a_{12}$　　B．$a_{11}^2+a_{12}^2$　　C．$\sqrt{a_{11}+a_{12}}$　　D．$\sqrt{a_{11}^2+a_{12}^2}$

9. 关于正交因子模型的以下说法中，错误的是（　　）。

A．公共因子与特殊因子是互不相关的　　B．各个特殊因子之间是互不相关的

C．特殊因子都服从正态分布　　D．正交旋转不改变变量的共同度

10. 关于因子分析的以下说法中，错误的说法是（　　）。

A．正交变换不改变各个变量的共同度

B．在正交因子模型中，因子载荷矩阵不是唯一确定的

C．公共因子是不可观测的随机变量

D．因子分析中的公共因子是原始变量的线性组合

二、判断题

1. 各个主成分之间是线性不相关的。（　　）
2. 方差贡献率最大的主成分为第一主成分。（　　）
3. 主成分是原始变量的线性组合。（　　）
4. 所有主成分的方差的和等于观测变量的方差的和。（　　）
5. 碎石图可用于辅助确定主成分个数。（　　）
6. 正交因子模型是一种特殊的公共因子模型。（　　）
7. 变量的共同度越大，说明因子分析效果越好。（　　）
8. 特殊因子对观测变量的方差贡献称为观测变量的特殊方差。（　　）
9. 观测变量的特殊方差越大，表明因子分析效果越好。（　　）
10. 进行因子正交旋转不会改变因子的载荷矩阵。（　　）
11. 某一观测变量的共同度越大，其对应的特殊方差就越大。（　　）

三、简答题

1. 进行主成分分析主要有哪些作用？
2. 总体主成分分析与样本主成分分析有何不同之处？
3. 主成分分析中的累计方差贡献率是什么含义？
4. 观测变量之间的相关程度对主成分的提取有什么影响？
5. 在应用主成分分析法时，应如何合理确定提取的主成分的个数？
6. 因子分析与主成分分析有什么不同？
7. 正交因子模型的基本假定有哪些？
8. 变量的共同度的含义是什么？
9. 公共因子的方差贡献的含义是什么？
10. 简述运用主成分法进行因子模型求解的基本过程。
11. 因子分析中，应如何确定提取的因子数目？
12. 因子旋转的目的是什么？
13. 方差最大法的主要思想是什么？
14. 什么是因子得分？应如何计算？
15. 进行因子分析的主要步骤有哪些？

16. 因子分析主要有什么用途？

四、计算题

1. 设观测变量 $\boldsymbol{X}$ 的协方差矩阵为 $\boldsymbol{\Sigma}=\begin{bmatrix}1 & 0.3\\0.3 & 1\end{bmatrix}$，试求其第一主成分和第二主成分。

2. 设观测变量 $\boldsymbol{X}$ 的协方差矩阵为 $\boldsymbol{\Sigma}=\begin{bmatrix}5 & 2\\2 & 2\end{bmatrix}$，求 $\boldsymbol{X}$ 的两个主成分，并计算第一主成分的方差贡献率。

3. 设观测变量 $\boldsymbol{X}$ 的协方差阵为

$$\boldsymbol{\Sigma}=\begin{bmatrix}91.43 & 171.92 & 297.99\\171.92 & 373.92 & 545.21\\297.99 & 545.21 & 1297.26\end{bmatrix}$$

计算 $\boldsymbol{X}$ 的 3 个主成分，并给出各个主成分的方差贡献率。

4. 设观测变量 $\boldsymbol{X}$ 的协方差阵为

$$\boldsymbol{\Sigma}=\begin{bmatrix}1 & -2 & 0\\-2 & 5 & 0\\0 & 0 & 2\end{bmatrix}$$

求解各主成分的方差贡献率、累计方差贡献率，计算各个主成分与各个观测变量的相关系数（不进行数据标准化变换）。

5. 将题 4 中的 $\boldsymbol{\Sigma}$ 变换为相关系数矩阵 $\boldsymbol{R}$，求将 $\boldsymbol{X}$ 经过标准化处理后，得到的主成分以及各主成分的方差贡献率，计算各个主成分与各个观测变量的相关系数，并将结果与题 4 中的结果进行对比，看有什么差异。

6. 设观测变量 $\boldsymbol{X}$ 的协方差矩阵为

$$\boldsymbol{\Sigma}=\begin{bmatrix}9 & -11 & -5 & 20\\-11 & 27 & 17 & -42\\-5 & 17 & 52 & -5\\20 & -42 & -5 & 86\end{bmatrix}$$

求解其公共因子数为 2 的正交因子模型。

7. 设观测变量 $\boldsymbol{X}$ 的协方差矩阵为

$$\boldsymbol{\Sigma}=\begin{bmatrix}19 & 30 & 2 & 12\\30 & 57 & 5 & 23\\2 & 5 & 38 & 47\\12 & 23 & 47 & 68\end{bmatrix}$$

试求解观测变量的相关系数矩阵，并将观测变量进行标准化处理，求解公共因子数为 2 的正交因子模型，给出各个因子的方差贡献率。

8. 已知观测变量 $\boldsymbol{X}$ 的协方差阵为

$$\boldsymbol{\Sigma}=\begin{bmatrix}1 & 0.2 & 0.7\\0.2 & 1 & 0.4\\0.7 & 0.4 & 1\end{bmatrix}$$

请验证：不存在公共因子数为 1 的正交因子模型。

9. 设观测变量 $\boldsymbol{X}$ 的协方差阵为

$$\boldsymbol{\Sigma}=\begin{bmatrix}1 & 0.975 & 0.613\\ 0.975 & 1 & 0.620\\ 0.613 & 0.620 & 1\end{bmatrix}$$

假设采用正交因子模型，拟提取 2 个公共因子，请计算各个公共因子并给出其对应的累计方差贡献率。

10. 设观测变量 $\boldsymbol{X}$ 的协方差矩阵为

$$\boldsymbol{\Sigma}=\begin{bmatrix}5 & 2\\ 2 & 2\end{bmatrix}$$

请采用主成分分析法建立正交因子模型，并进行顺时针方向 45°的正交旋转变换，给出旋转变换以后的正交因子模型。

五、综合应用题

在 2020 中国统计年鉴中，《6-20 分地区居民人均消费支出（2019 年）》统计了 2019 年全国 31 个地区（不含港澳台地区）在食品烟酒、衣着、居住、生活用品及服务、交通通信、教育文化娱乐、医疗保健、其他用品及服务等 8 个方面的消费支出，如表 8-11 所示。其中，X_1：食品烟酒，X_2：衣着，X_3：居住，X_4：生活用品及服务，X_5：交通通信，X_6：教育文化娱乐，X_7：医疗保健，X_8：其他用品及服务。

表 8-11　2019 年人均消费支出数据　　（单位：元）

地区	类型	X_1	X_2	X_3	X_4	X_5	X_6	X_7	X_8
北京	直辖市	8488.5	2229.5	15751.4	2387.3	4979	4310.9	3739.7	1151.9
天津	直辖市	8983.7	1999.5	6946.1	1956.7	4236.4	3584.4	2991.9	1154.9
河北	省	4675.7	1304.8	4301.6	1170.4	2415.7	1984.1	1699	435.8
山西	省	3997.2	1289.9	3331.6	910.7	1979.7	2136.2	1820.7	396.5
内蒙古	自治区	5517.3	1765.4	3943.7	1185.8	3218.4	2407.7	2108	597.1
辽宁	省	5956.6	1586.1	4417	1275.3	2848.5	2929.3	2434.2	756
吉林	省	4675.4	1406.8	3351.5	948.3	2518.1	2436.6	2174	564.7
黑龙江	省	4781.1	1437.6	3314.2	844.8	2317.4	2444.9	2457.1	514.4
上海	直辖市	10952.6	2071.8	15046.4	2122.8	5355.7	5495.1	3204.8	1355.9
江苏	省	6847	1573.4	7247.3	1496.4	3732.2	2946.4	2166.5	688.1
浙江	省	8928.9	1877.1	8403.2	1715.9	4552.8	3624	2122.6	801.3
安徽	省	6080.8	1300.6	4281.3	1154.3	2286.6	2132.8	1489.9	411.2
福建	省	8095.6	1319.6	6974.9	1269.7	3019.4	2509	1506.8	619.3
江西	省	5215.2	1077.6	4398.8	1128.6	2104.3	2094.2	1264.5	367.3
山东	省	5416.8	1443.1	4370.1	1538.9	2991.5	2409.7	1816.5	440.8
河南	省	4186.8	1226.5	3723.1	1101.5	1976	2016.8	1746.1	354.9

续表

地区	类型	X_1	X_2	X_3	X_4	X_5	X_6	X_7	X_8
湖北	省	5946.8	1422.4	4769.1	1418.5	2822.2	2459.6	2230.9	497.5
湖南	省	5771	1262.2	4306.1	1226.2	2538.5	3017.4	1961.6	395.8
广东	省	9369.2	1192.2	7329.1	1560.2	3833.6	3244.4	1770.4	695.5
广西	自治区	5031.2	648	3493.2	944.1	2384.7	2007	1616	294.2
海南	省	7122.3	697.7	4110.4	932.7	2578.2	2413.4	1294	406.2
重庆	直辖市	6666.7	1491.9	3851.2	1392.5	2632.8	2312.2	1925.4	501.3
四川	省	6466.8	1213	3678.8	1201.3	2576.4	1813.5	1934.9	453.7
贵州	省	4110.2	984	2941.7	873.8	2405.6	1865.6	1274.8	324.3
云南	省	4558.4	822.7	3370.6	926.6	2439	1950	1401.4	311.2
西藏	自治区	4792.5	1446.3	2320.6	847.7	2015.2	690.3	519.2	397.4
陕西	省	4671.9	1227.5	3625.3	1151.1	2154.8	2243.4	1977.4	413.3
甘肃	省	4574	1125.3	3440.4	945.3	1972.7	1843.5	1619.3	358.6
青海	省	5130.9	1359.8	3304	953.2	2587.6	1731.8	1995.6	481.8
宁夏	自治区	4605.2	1476.6	3245.1	1144.5	3018.1	2352.4	1929.3	525.5
新疆	自治区	5042.7	1472.1	3270.9	1159.5	2408.1	1876.1	1725.4	441.7

数据来源：https://www.stats.gov.cn/sj/ndsj/2020/indexch.htm，访问时间：2024-01-05

试对上述数据进行主成分分析和因子分析，并写出统计分析报告。

第 9 章　判别分析与聚类分析

本 章 导 读

在工程实际中经常需要根据已出现的信息判别一个未知归属的个体到底属于哪一个总体。例如，在战场目标识别时，当雷达扫描到一个目标时，需要根据扫描到的信息判别该目标属于已知类型的目标（如飞机、导弹等）中的哪一个。在医疗诊断中，需要根据患者的逐项检验指标，判断其应属于什么病种。判别分析（discriminant analysis）主要用于推断待判别个体来自多个总体中的哪一个。

分类是人类认识世界的重要方法。通常人们可以依据知识与经验定性地对事物进行分类，将相似的事物归为同一类，但这种分类方法具有主观性，当分类的对象较为复杂时，就难以准确地把握事物的特征及差异。聚类分析（cluster analysis）是一种对给定的客观事物对象进行定量分类的方法，可以较好地解决具有多种复杂特征的事物的分类问题。例如，在公司的市场研究方面，若有许多顾客的年龄、受教育程度、收入水平、婚姻状况、职业、子女数等相关资料，就可以据此将顾客分为不同的群体或类，以研究各种类型顾客的购买习惯，针对不同的顾客群体采用不同的营销策略。

判别分析和聚类分析在经济管理、心理学、医学、生物学、目标识别、故障诊断等领域具有广泛的应用。例如，鸟类和无人机的识别对于重要机场的低空小型飞行器安全防控具有重要的应用价值。采用雷达探测具有效率高、定位准确的特点。在一项研究中，国内研究人员基于 4692 个鸟类目标数据和 7976 个无人机目标数据，以反映探测目标的雷达散射截面（radar cross section，RCS）特征和速度等特征的 18 个特征量为变量，运用费希尔（Fisher）判别法进行了判别分析。通过实测验证，对无人机目标正确识别率约为 91%，有效减少了虚警。又如，飞机发动机结构复杂、工作环境苛刻，其健康状态对于飞机的安全飞行具有重要的影响。发动机在试飞过程中得到的数据包含了大量工作状态相近、信息冗余度高的发动机信息。国内研究人员基于试飞获取反映发动机工作状态的飞行马赫数、气压高度、发动机油门杆角度、高压转子转速、低压涡轮出口总温等 5 个参数，运用 K-均值算法对发动机工作状态进行了聚类，将数据点由 21 万个减少为 1500 个。据此，建立了发动机气路系统参数的神经网络模型。通过试飞数据验证，该模型能较好地实现发动机异常状态检测。

近年来，随着大数据技术的发展，判别和聚类的算法不断改进与丰富。本章主要介绍判别分析和聚类分析的基本方法。9.1 节介绍距离判别法、费希尔判别法等常见的判别分析方法。9.2 节介绍聚类分析的基本概念和模型，引入几种距离及相似性度量，介绍系统聚类法、动态聚类法等聚类分析方法。

9.1　判别分析法

判别分析有距离判别法、费希尔判别法、贝叶斯判别法、逐步判别法，以及支持向量机等许多方法。本节主要介绍距离判别法和费希尔判别法。首先引入判别分析问题，然后介绍这两种基本方法的思想和分析过程。

9.1.1　判别分析问题

本小节首先通过一个示例提出判别分析问题，然后介绍判别分析的形式表述。

1. 判别分析的不同情况

判别分析的前提是假设已知有一批样品或总体分成若干已知的类型，然后研究如何建立判别准则，用于对未知类型的样品进行判别归类。

例 9-1　雷达目标识别利用目标的方位角、运动速度、俯仰角和 RCS 等信息，对目标的属性进行判别。假设已有两种类型飞机的一批观测和识别结果的数据（表 9-1）。若有一个新目标的方位角、运动速度、俯仰角和 RCS 分别为 0.7，368，2.89，–0.42。请判断该目标属于哪一类型的飞机?

表 9-1　雷达识别飞机结果

序号	飞机类型	方位角/（°）	运动速度/（m/s）	俯仰角/（°）	RCS /（dBsm）
1	1	1.649	332.292	4.133	2.22
2	1	1.007	339.424	2.278	3.78
3	1	0.835	336.090	0.733	6.22
4	1	1.215	328.244	2.089	7.138
5	1	0.961	344.082	2.340	7.472
6	1	–0.241	344.598	2.814	–9.602
7	1	0.537	371.826	2.034	2.741
8	1	0.553	343.799	3.056	13.756
9	1	0.167	331.547	3.048	2.114
10	1	2.382	370.215	0.912	11.328
11	2	1.180	403.037	2.627	–2.307
12	2	2.080	399.188	3.010	4.195
13	2	1.759	386.123	3.293	–12.039
14	2	1.069	386.025	1.374	–2.128
15	2	0.139	349.401	2.938	–4.294
16	2	0.178	397.625	2.237	–3.022

续表

序号	飞机类型	方位角/（°）	运动速度/（m/s）	俯仰角/（°）	RCS /（dBsm）
17	2	2.022	351.202	3.466	5.937
18	2	−0.781	353.412	2.983	6.71
19	2	0.805	388.794	3.287	−6.296
20	2	−1.118	375.494	2.027	−1.684

判别分析问题包括两种情况：第一种情况是已有一批关于部分样品及其所属类型的观测数据。例如，在雷达目标识别中，从已识别的各类目标中，获取到了目标的信息。这时，判别分析属于一种有监督的学习方法；第二种情况是已知各类别的总体分布。在实际应用中，各类别的总体分布常常难以知晓，第一种情况最为常见。所以，本节主要介绍第一种情况的判别分析方法。

2. 判别分析的形式表述

假设有一个新观测到的样品 $\boldsymbol{x}$，需要基于 $\boldsymbol{x}$ 的具体数据，判断 $\boldsymbol{x}$ 属于哪一个类别。判别分析的主要任务是根据总体 $\boldsymbol{G}_i$（$i=1,2,\cdots,m$）的数据矩阵，建立分类判别规则，在获取样品观测值 $\boldsymbol{x}=\begin{bmatrix}x_1 & x_2 & \cdots & x_p\end{bmatrix}^{\mathrm{T}}$ 后，判别其属于哪一个总体。例如，$p=2$ 时，已知样本数据的散点图如图 9-1(a) 所示，要求判别新的样本观测值 $\boldsymbol{x}=\begin{bmatrix}x_1 & x_2\end{bmatrix}^{\mathrm{T}}$ 属于 $\boldsymbol{G}_i$（$i=1,2,3,4$）中的哪一个。

在例 9-1 中，共涉及 2 种类型的飞机，方位角、运动速度、俯仰角和 RCS 共 4 个观测变量，故 $m=2$，$p=4$。由已知数据得到的矩阵散点图如图 9-1（b）所示。两类飞机总体的样品在该散点图上有一定交织，但也能看出各自的样品点有一定的聚集性。针对此例的判别问题表述为：当新收集到一个飞机的样本观测值 $\boldsymbol{x}=\begin{bmatrix}x_1 & x_2 & x_3 & x_4\end{bmatrix}^{\mathrm{T}}$ 时，判别这个飞机属于两种类型中的哪一个。

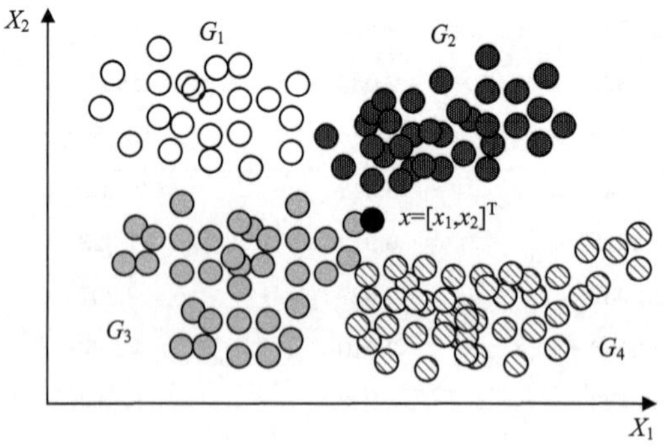

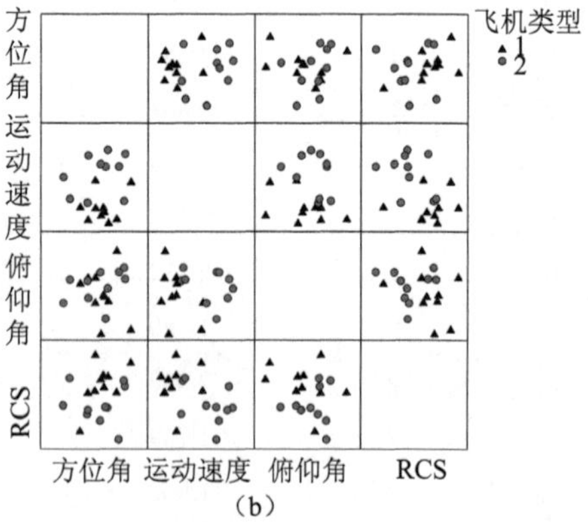

图 9-1 判别分析问题

9.1.2　距离判别法

1. 距离判别法的原理

距离判别法也称为马哈拉诺比斯距离（简称马氏距离）法，是由印度统计学家马哈拉诺比斯（Mahalanobis，1893—1972）于 1930 年提出的。距离判别法的思想较为直观，即将观测样品判别为离其最近（距离最短）的总体。

设有两个一维正态总体 $\boldsymbol{G}_1$ 和 $\boldsymbol{G}_2$，分别服从正态分布 $N(5,1)$ 和 $N(11,4)$。有一个样本 x，其观测值为 $x=7.5$，如图 9-2 所示，样本 $x=7.5$（点 A）距离哪个总体近一些呢？由图 9-2 可见，从绝对距离而言，$d_1=7.5-5=2.5$，$d_2=11-7.5=3.5$，$d_1<d_2$，所以点 A 距 $\mu_1=5$ 比距 $\mu_2=11$ 要近一些，即 A 距总体 $\boldsymbol{G}_1$ 要近一些。但从概率的角度看，对于 $\boldsymbol{G}_1$，$\sigma_1=1$，则 A 点位于 $2.5\sigma_1$ 处；对于 $\boldsymbol{G}_2$，$\sigma_2=2$，点 A 位于 $1.75\sigma_2$ 处。若以标准差的观点来衡量，点 A 距 $\boldsymbol{G}_2$ 近一些。可见从概率上，判别 $x\in\boldsymbol{G}_2$ 应更合理一些。

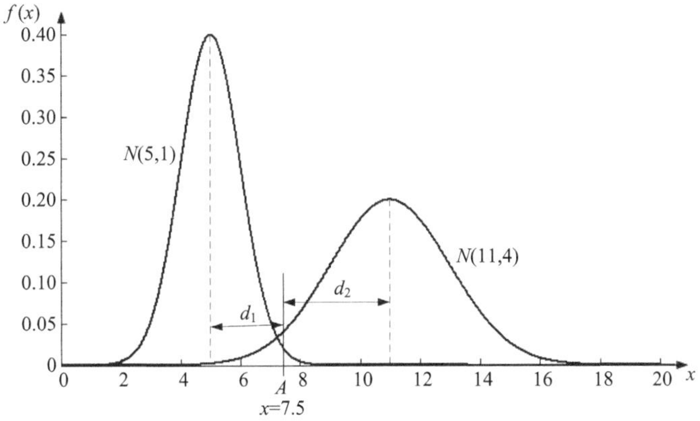

图 9-2　马氏距离示意图

设有 p 维正态分布总体 $\boldsymbol{G}\sim N_p(\boldsymbol{\mu},\boldsymbol{\Sigma})$，定义观测样品 $\boldsymbol{x}=[x_1\quad x_2\quad\cdots\quad x_p]^{\mathrm{T}}$ 与 $\boldsymbol{G}$ 的马氏距离为

$$d(\boldsymbol{x},\boldsymbol{G})=\sqrt{(\boldsymbol{x}-\boldsymbol{\mu})^{\mathrm{T}}\boldsymbol{\Sigma}^{-1}(\boldsymbol{x}-\boldsymbol{\mu})}\tag{9.1.1}$$

从计算公式看，马氏距离考虑了数据的变异性。例如，在图 9-3 中，设各观测点为来源于二维正态分布的样本。尽管点 A 与原点 O 的欧氏距离大于点 B 与原点 O 的欧氏距离，但却具有同样的马氏距离。

假设有 m 个 p 维正态分布总体

$$\boldsymbol{G}_i\sim N_p(\boldsymbol{\mu}_i,\boldsymbol{\Sigma}_i)\tag{9.1.2}$$

其中，$i=1,2,\cdots,m$，则样品 $\boldsymbol{x}$ 与 $\boldsymbol{G}_i$ 的马氏距离为

$$d(\boldsymbol{x},\boldsymbol{G}_i)=\sqrt{(\boldsymbol{x}-\boldsymbol{\mu}_i)^{\mathrm{T}}\boldsymbol{\Sigma}_i^{-1}(\boldsymbol{x}-\boldsymbol{\mu}_i)}\tag{9.1.3}$$

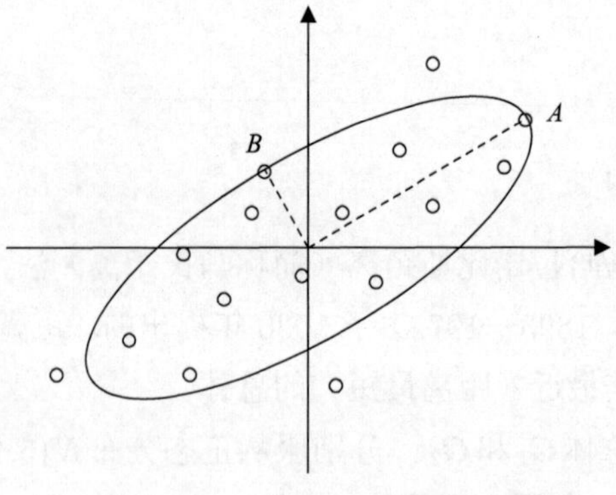

图 9-3　A 与 B 的马氏距离相等

距离判别法通过比较 $\boldsymbol{x}$ 与各总体的马氏距离判别其所属的总体。若存在唯一的 d_k，使

$$d_k = \min\left\{d_1, d_2, \cdots, d_m\right\} \tag{9.1.4}$$

则判别 $\boldsymbol{x}$ 来自 $\boldsymbol{G}_k$。如果最短距离对应于多个总体，则可选取其中任一个总体为 $\boldsymbol{x}$ 所属总体。

对总体参数，当各个总体的均值向量及协方差阵都未知时，可利用来自各总体的样本数据对其进行估计，然后据此进行判别。针对例 9-1 的问题，记飞机类型 1 和类型 2 分别为总体 $\boldsymbol{G}_1$ 和 $\boldsymbol{G}_2$，利用表 9-1 两个总体的样本观测值，可计算得到相应的均值和协方差分别为

$$\begin{aligned}\boldsymbol{\mu}_1 &= \left[0.9065 \quad 344.2117 \quad 2.3437 \quad 4.7167\right]^{\mathrm{T}} \\ \boldsymbol{\mu}_2 &= \left[0.7333 \quad 379.0301 \quad 2.7242 \quad -1.4928\right]^{\mathrm{T}}\end{aligned} \tag{9.1.5}$$

$$\begin{aligned}\hat{\boldsymbol{\Sigma}}_1 &= \begin{bmatrix} 0.5519 & 2.6165 & -0.2169 & 2.7207 \\ 2.6165 & 231.7092 & -6.5197 & 13.7860 \\ -0.2169 & -6.5197 & 1.0262 & -2.0485 \\ 2.7207 & 13.7860 & -2.0485 & 40.4384 \end{bmatrix} \\ \hat{\boldsymbol{\Sigma}}_2 &= \begin{bmatrix} 1.2473 & 7.2172 & 0.2789 & -0.4508 \\ 7.2172 & 427.1213 & -4.0765 & -43.6329 \\ 0.2789 & -4.0765 & 0.4379 & 0.1971 \\ -0.4508 & -43.6329 & 0.1971 & 33.3800 \end{bmatrix}\end{aligned} \tag{9.1.6}$$

其中，$\boldsymbol{G}_1$ 和 $\boldsymbol{G}_2$ 的协方差分别用样本协方差进行估计。对待判别的样本 $\boldsymbol{x} = \left[0.7 \quad 368 \quad 2.89 \quad -0.42\right]^{\mathrm{T}}$，利用式(9.1.3)，可得 $d_1\left(\boldsymbol{x}, \boldsymbol{G}_1\right) = 2.1663$、$d_2\left(\boldsymbol{x}, \boldsymbol{G}_2\right) = 0.5536$。由于 $d_1\left(\boldsymbol{x}, \boldsymbol{G}_1\right) > d_2\left(\boldsymbol{x}, \boldsymbol{G}_2\right)$，故判别 $\boldsymbol{x}$ 属于总体 $\boldsymbol{G}_2$，即 $\boldsymbol{x}$ 为飞机类型 2。

2. 协方差相等时的判别准则

假设各个总体的协方差阵相等，即 $\boldsymbol{\Sigma}_1 = \cdots = \boldsymbol{\Sigma}_m = \boldsymbol{\Sigma}$，则有

$$d_i = \sqrt{(\boldsymbol{x}-\boldsymbol{\mu}_i)^{\mathrm{T}} \boldsymbol{\Sigma}^{-1}(\boldsymbol{x}-\boldsymbol{\mu}_i)} = \sqrt{\boldsymbol{x}^{\mathrm{T}}\boldsymbol{\Sigma}^{-1}\boldsymbol{x} - 2(\boldsymbol{\mu}_i)^{\mathrm{T}}\boldsymbol{\Sigma}^{-1}\boldsymbol{x} + (\boldsymbol{\mu}_i)^{\mathrm{T}}\boldsymbol{\Sigma}^{-1}\boldsymbol{\mu}_i} = \sqrt{\boldsymbol{x}^{\mathrm{T}}\boldsymbol{\Sigma}^{-1}\boldsymbol{x} - 2W_i} \tag{9.1.7}$$

其中，$W_i = (\boldsymbol{\Sigma}^{-1}\boldsymbol{\mu}_i)^{\mathrm{T}}\boldsymbol{x} - (\boldsymbol{\mu}_i)^{\mathrm{T}}\boldsymbol{\Sigma}^{-1}\boldsymbol{\mu}_i/2$。

考察 $\boldsymbol{x}$ 到总体 $\boldsymbol{G}_i$ 和 $\boldsymbol{G}_j$ 之间马氏距离的差，易见

$$d_i > d_j \Leftrightarrow W_j > W_i \tag{9.1.8}$$

此时，距离判别法的判别准则可写为：若存在唯一的 k，使得

$$W_k = \max_j \{W_j\} \tag{9.1.9}$$

则判别 $\boldsymbol{x}$ 来自 $\boldsymbol{G}_k$。如果最大值在多个总体达到，可任取其中一个总体作为 $\boldsymbol{x}$ 所属的总体。

当各总体的均值向量及共同的协方差阵都未知时，可利用来自各总体的样本数据进行估计。记从 $\boldsymbol{G}_i$ 中抽取容量为 n_i 的样本为 $\boldsymbol{x}_1^{(i)},\boldsymbol{x}_2^{(i)},\cdots,\boldsymbol{x}_{n_i}^{(i)}$，其中 $\boldsymbol{x}_j^{(i)} = \begin{bmatrix} x_{j1}^{(i)} & x_{j2}^{(i)} & \cdots & x_{jp}^{(i)} \end{bmatrix}^{\mathrm{T}}$，$i=1,2,\cdots,m$，$j=1,2,\cdots,n_i$。可估计总体 $\boldsymbol{G}_i$ 的均值向量 $\boldsymbol{\mu}_i$ 和协方差矩阵 $\boldsymbol{\Sigma}$ 的估计分别为

$$\hat{\boldsymbol{\mu}}_i = \frac{1}{n_i}\sum_{j=1}^{n_i}\boldsymbol{x}_j^{(i)} = \overline{\boldsymbol{x}}_i \tag{9.1.10}$$

$$\hat{\boldsymbol{\Sigma}}_i = \frac{1}{n_i-1}\sum_{j=1}^{n_i}\left(\boldsymbol{x}_j^{(i)}-\overline{\boldsymbol{x}}_i\right)\left(\boldsymbol{x}_j^{(i)}-\overline{\boldsymbol{x}}_i\right)^{\mathrm{T}} \tag{9.1.11}$$

各总体共同的协方差阵的估计为

$$\hat{\boldsymbol{\Sigma}} = \frac{1}{n-m}\sum_{i=1}^{m}(n_i-1)\hat{\boldsymbol{\Sigma}}_i \tag{9.1.12}$$

其中，$n = n_1 + n_2 + \cdots + n_m$。

例 9-2　针对例 9-1 中的问题，假定两个飞机类型 $\boldsymbol{G}_1$ 和 $\boldsymbol{G}_2$ 的协方差相同，其中 $\boldsymbol{G}_1$ 和 $\boldsymbol{G}_2$ 的容量都为 10。根据式(9.1.12)可得总体协方差为

$$\hat{\boldsymbol{\Sigma}} = \frac{9\hat{\boldsymbol{\Sigma}}_1 + 9\hat{\boldsymbol{\Sigma}}_2}{20-2} = \begin{bmatrix} 0.8996 & 4.9168 & 0.0310 & 1.1349 \\ 4.9168 & 329.4153 & -5.2981 & -14.9235 \\ 0.0310 & -5.2987 & 0.7320 & -0.9257 \\ 1.1349 & -14.9235 & -0.9257 & 36.9092 \end{bmatrix} \tag{9.1.13}$$

其中，$\hat{\boldsymbol{\Sigma}}_1$ 和 $\hat{\boldsymbol{\Sigma}}_2$ 见式(9.1.6)。根据式(9.1.5)的均值，对待判别样本 $\boldsymbol{x}$ 进行判别估计，由于 $d_1(\boldsymbol{x},\boldsymbol{G}_1) = 1.9301 > d_2(\boldsymbol{x},\boldsymbol{G}_2) = 0.6280$，故判别 $\boldsymbol{x}$ 属于总体 $\boldsymbol{G}_2$，即 $\boldsymbol{x}$ 为飞机类型 2。

在实际应用时，通常应先对数据进行标准化处理。对于马氏距离判别法，将各个变量的数据进行正态标准化处理，会影响均值向量和协方差阵，但不影响各个样品点相对于给定总体的马氏距离，所以也不影响最后的判别结果。

9.1.3 费希尔判别法

费希尔判别法是一种线性判别法，它将所有总体的样本点都投影到某个一维空间上，使得在该一维空间中，来自不同总体的样本点能尽可能分开。然后，再分别计算新的样本观测值在该一维空间上的投影与各总体均值在一维空间上的投影之间的距离，并据此将样品归类为距离最近的总体，如图 9-4 所示。

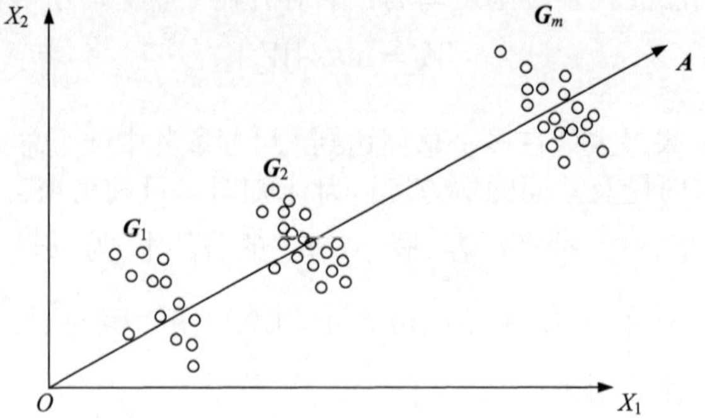

图 9-4　费希尔判别法的投影示意图

费希尔判别法的关键就是寻找方向 $\boldsymbol{A}$，通过向该方向进行一维投影，可以最大限度地区分来自不同总体的样本观测值。

设有 m 个 p 维正态总体 $\boldsymbol{G}_i \sim N_p(\boldsymbol{\mu}_i, \boldsymbol{\Sigma})$，各总体的协方差矩阵均为 $\boldsymbol{\Sigma}$，来自总体 $\boldsymbol{G}_i$ 的第 j 个样品观测值为 $\boldsymbol{x}_j^{(i)} = \begin{bmatrix} x_{j1}^{(i)} & x_{j2}^{(i)} & \cdots & x_{jp}^{(i)} \end{bmatrix}^{\mathrm{T}}$，其中 $i=1,2,\cdots,m$，$j=1,2,\cdots,n_i$。

由式(9.1.10)，根据第 i 个总体的样本均值 $\overline{\boldsymbol{x}}_i$，可得所有样本观测值的总平均为

$$\overline{\boldsymbol{x}} = \sum_{i=1}^{m} n_i \overline{\boldsymbol{x}}_i \Big/ \sum_{i=1}^{m} n_i \tag{9.1.14}$$

记代表方向 $\boldsymbol{A}$ 的向量为 $\boldsymbol{a} = \begin{bmatrix} a_1 & a_2 & \cdots & a_p \end{bmatrix}^{\mathrm{T}}$，则 $\boldsymbol{x}_j^{(i)}$ 在 $\boldsymbol{A}$ 方向上的投影为

$$y_j^{(i)} = \boldsymbol{a}^{\mathrm{T}} \boldsymbol{x}_j^{(i)} = \sum_{h=1}^{p} a_h x_{jh}^{(i)}, \quad j=1,2,\cdots,n_i \tag{9.1.15}$$

$\overline{\boldsymbol{x}}$、$\overline{\boldsymbol{x}}_i$ 在 $\boldsymbol{A}$ 方向上的投影分别为

$$\overline{y} = \boldsymbol{a}^{\mathrm{T}} \overline{\boldsymbol{x}}, \quad \overline{y}_i = \boldsymbol{a}^{\mathrm{T}} \overline{\boldsymbol{x}}_i, \qquad i=1,2,\cdots,m \tag{9.1.16}$$

定义组内平方和为

$$\mathrm{SSE} = \sum_{i=1}^{m} \sum_{j=1}^{n_i} \left(y_j^{(i)} - \overline{y}_i \right)^2 = \sum_{i=1}^{m} \sum_{j=1}^{n_i} \left(\boldsymbol{a}^{\mathrm{T}} \boldsymbol{x}_j^{(i)} - \boldsymbol{a}^{\mathrm{T}} \overline{\boldsymbol{x}}_i \right)^2 = \boldsymbol{a}^{\mathrm{T}} \boldsymbol{E} \boldsymbol{a} \tag{9.1.17}$$

其中

$$\boldsymbol{E} = \sum_{i=1}^{m} \sum_{j=1}^{n_i} \left(\boldsymbol{x}_j^{(i)} - \overline{\boldsymbol{x}}_i \right) \left(\boldsymbol{x}_j^{(i)} - \overline{\boldsymbol{x}}_i \right)^{\mathrm{T}} \tag{9.1.18}$$

为组内离差矩阵（within-group sum of squares matrix）。

由式(9.1.12)和式(9.1.11)，可得

$$\boldsymbol{E}=(n-m)\hat{\boldsymbol{\Sigma}} \tag{9.1.19}$$

定义组间平方和为

$$\mathrm{SSB}=\sum_{i=1}^{m}n_i\left(\overline{y}_i-\overline{y}\right)^2=\sum_{i=1}^{m}n_i\left(\boldsymbol{a}^{\mathrm{T}}\overline{\boldsymbol{x}}_i-\boldsymbol{a}^{\mathrm{T}}\overline{\boldsymbol{x}}\right)^2=\boldsymbol{a}^{\mathrm{T}}\boldsymbol{B}\boldsymbol{a} \tag{9.1.20}$$

其中，$\boldsymbol{B}$ 为组间离差矩阵（across-group sum of squares matrix）。

$$\boldsymbol{B}=\sum_{i=1}^{m}n_i\left(\overline{\boldsymbol{x}}_i-\overline{\boldsymbol{x}}\right)\left(\overline{\boldsymbol{x}}_i-\overline{\boldsymbol{x}}\right)^{\mathrm{T}} \tag{9.1.21}$$

$\boldsymbol{a}^{\mathrm{T}}\boldsymbol{E}\boldsymbol{a}$ 反映了投影后样本的组内误差的大小，$\boldsymbol{a}^{\mathrm{T}}\boldsymbol{B}\boldsymbol{a}$ 反映了投影后样本的组间误差的大小。为使各个总体之间尽可能分开，应使 $\boldsymbol{a}^{\mathrm{T}}\boldsymbol{B}\boldsymbol{a}$ 尽可能大，$\boldsymbol{a}^{\mathrm{T}}\boldsymbol{E}\boldsymbol{a}$ 尽可能小，即使得 $\Delta(\boldsymbol{a})=\dfrac{\boldsymbol{a}^{\mathrm{T}}\boldsymbol{B}\boldsymbol{a}}{\boldsymbol{a}^{\mathrm{T}}\boldsymbol{E}\boldsymbol{a}}$ 最大化。

由于 $\boldsymbol{B}$ 为对称矩阵，$\boldsymbol{E}$ 为非负定矩阵，可以证明以下结论：使 $\Delta(\boldsymbol{a})$ 达到极大的向量 $\boldsymbol{a}$ 为 $\boldsymbol{E}^{-1}\boldsymbol{B}$ 的最大特征值 λ_1 对应的具有单位长度的特征向量 $\boldsymbol{v}_1$，且满足约束条件 $\boldsymbol{a}^{\mathrm{T}}\boldsymbol{E}\boldsymbol{a}=1$。

有时，仅用一个线性判别函数还不能够很好地区分各个总体，此时可取 $\boldsymbol{E}^{-1}\boldsymbol{B}$ 的第二大特征值所对应的特征向量 $\boldsymbol{v}_2$ 建立第二个线性判别函数进行判别。若这两个判别函数还不够，则可依次建立更多的线性判别函数。

运用费希尔判别法进行判别分析时，主要的步骤如下。

（1）根据样本观测数据，求解 $\boldsymbol{E}$ 和 $\boldsymbol{B}$。

（2）求 $\boldsymbol{E}^{-1}\boldsymbol{B}$ 的最大特征值及对应的特征向量 $\boldsymbol{v}_1$。

（3）计算各总体均值向量在 $\boldsymbol{v}_1$ 上的一维投影为

$$\overline{y}_i=\boldsymbol{v}_1^{\mathrm{T}}\overline{\boldsymbol{x}}_i,\quad i=1,2,\cdots,m \tag{9.1.22}$$

（4）计算新样品观测值 $\boldsymbol{x}$ 在 $\boldsymbol{v}_1$ 上的一维投影为

$$y=\boldsymbol{v}_1^{\mathrm{T}}\boldsymbol{x} \tag{9.1.23}$$

（5）计算 y 与各 $\overline{y}_i$ 之间的绝对距离为

$$d_i=\left|y-\overline{y}_i\right|,\quad i=1,2,\cdots,m \tag{9.1.24}$$

（6）若存在 $d_k=\min\left\{d_1,d_2,\cdots,d_m\right\}$，则判别 $\boldsymbol{x}$ 来自总体 $\boldsymbol{G}_k$。

若存在多个相等的最小值，则根据相继大小特征值对应的特征向量，仿照上述步骤做进一步判别。

例 9-3　针对例 9-1，记飞机类型 1 和类型 2 分别为总体 $\boldsymbol{G}_1$ 和 $\boldsymbol{G}_2$，利用表 9-1 中两个总体的样本观测值，首先将样本观测值进行正态标准化处理，然后基于处理后的数据进行判别分析。计算得到各总体的均值和协方差分别为

$$\boldsymbol{\mu}_1 = \begin{bmatrix} 0.0934 & -0.6930 & -0.2224 & 0.4622 \end{bmatrix}$$

$$\boldsymbol{\mu}_2 = -\boldsymbol{\mu}_1$$

$$\hat{\boldsymbol{\Sigma}}_1 = \begin{bmatrix} 0.6416 & 0.1123 & -0.2734 & 0.4368 \\ 0.1123 & 0.3671 & -0.3034 & 0.0817 \\ -0.2734 & -0.3034 & 1.4026 & -0.3566 \\ 0.4368 & 0.0817 & -0.3566 & 0.8964 \end{bmatrix}$$

$$\hat{\boldsymbol{\Sigma}}_2 = \begin{bmatrix} 1.4501 & 0.3098 & 0.3516 & -0.0724 \\ 0.3098 & 0.6768 & -0.1897 & -0.2586 \\ 0.3516 & -0.1897 & 0.5985 & 0.0343 \\ -0.0724 & -0.2586 & 0.0343 & 0.7399 \end{bmatrix}$$

进一步根据式(9.1.14)给出样本总平均为 $\bar{\boldsymbol{x}} = \begin{bmatrix} 0 & 0 & 0 & 0 \end{bmatrix}^{\mathrm{T}}$ 。

根据式(9.1.12)给出各总体公共的协方差为

$$\hat{\boldsymbol{\Sigma}} = \begin{bmatrix} 1.0459 & 0.2110 & 0.0391 & 0.1822 \\ 0.2110 & 0.5220 & -0.2466 & -0.0884 \\ 0.0391 & -0.2466 & 1.0006 & -0.1611 \\ 0.1822 & -0.0884 & -0.1611 & 0.8181 \end{bmatrix}$$

然后，由式(9.1.19)和式(9.1.21)得

$$\boldsymbol{E} = \begin{bmatrix} 18.8256 & 3.7986 & 0.7037 & 3.2795 \\ 3.7986 & 9.3953 & -4.4382 & -1.5920 \\ 0.7037 & -4.4382 & 18.0105 & -2.9003 \\ 3.2795 & -1.5920 & -2.9003 & 14.7266 \end{bmatrix}$$

$$\boldsymbol{B} = \begin{bmatrix} 0.1744 & -1.2942 & -0.4154 & 0.8633 \\ -1.2942 & 9.6047 & 3.0828 & -6.4066 \\ -0.4154 & 3.0828 & 0.9895 & -2.0563 \\ 0.8633 & -6.4066 & -2.0563 & 4.2734 \end{bmatrix}$$

通过求解可得 $\boldsymbol{E}^{-1}\boldsymbol{B}$ 的最大特征值 λ_1 为 1.6674，对应的特征向量为

$$\boldsymbol{v}_1 = \begin{bmatrix} -0.2293 & 0.9113 & 0.3347 & -0.0707 \end{bmatrix}^{\mathrm{T}}$$

计算 2 个总体均值向量在 $\boldsymbol{v}_1$ 上的一维投影分别为

$$\bar{y}_1 = \boldsymbol{v}_1^{\mathrm{T}} \bar{\boldsymbol{x}}_1 = -0.76 \text{，} \quad \bar{y}_2 = \boldsymbol{v}_1^{\mathrm{T}} \bar{\boldsymbol{x}}_2 = 0.76$$

对于待判别的新样品 $\boldsymbol{x}$ ，基于已知分类的样本观测值的均值和标准差得到其正态标准化向量为 $\begin{bmatrix} -0.1293 & 0.2539 & 0.4163 & -0.3025 \end{bmatrix}^{\mathrm{T}}$ ，其在 $\boldsymbol{v}_1$ 上的投影为 $y = \boldsymbol{v}_1^{\mathrm{T}} \boldsymbol{x} = 0.4217$ ，该投影与总体 $\boldsymbol{G}_1$ 、$\boldsymbol{G}_2$ 均值向量投影的绝对距离分别为 $d_1 = 1.1818$ ，$d_2 = 0.3382$ 。因此，判别 $\boldsymbol{x}$ 属于飞机类型 2。

上述分析结果可用图 9-5 表示。图中，$\boldsymbol{G}_1$ 、$\boldsymbol{G}_2$ 分别表示飞机类型 1 与飞机类型 2

的标准化样本数据均值向量在 $\boldsymbol{v}_1$ 方向（图中的 $\boldsymbol{A}$ 方向）的投影位置。U 表示待判别的样品点在 $\boldsymbol{v}_1$ 方向的投影位置。“ • ”表示属于飞机类型 1 的样品的投影位置，“X”表示属于飞机类型 2 的样品的投影位置。为便于区分投影后的可能重叠的点，在纵轴方向对各投影点的位置进行了小幅度的随机扰动。

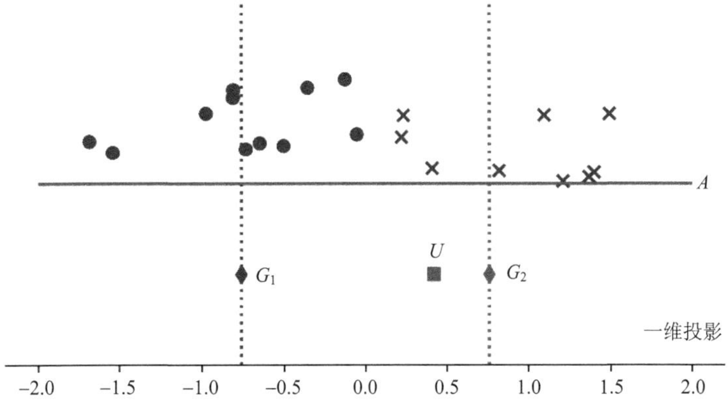

图 9-5　一维投影结果

9.1.4　错判概率的估计

错判概率（probabilities of misclassification）是评价判别分析准则优劣的重要依据。以下介绍两种常用的错判概率估计方法。

1. 回代估计法

在确定判别准则时，将用于确定判别准则的样品称为训练样品。回代估计法（resubstitution estimation）是根据确定的判别法则逐个判别训练样品的分类，对错判的次数进行统计分析，并据此给出错判概率的估计。由于是回代估计，得到的错判概率比真实的错判概率通常会小一些。

设有 m 个总体 $\boldsymbol{G}_1,\boldsymbol{G}_2,\cdots,\boldsymbol{G}_m$，对于训练样品的分类判别统计见表 9-2。

表 9-2　分类统计表

判别分类	训练样品类别		
	$\boldsymbol{G}_1$	$\cdots$	$\boldsymbol{G}_m$
$\boldsymbol{G}_1$	f_{11}	$\cdots$	f_{1m}
$\vdots$	$\vdots$	$\vdots$	$\vdots$
$\boldsymbol{G}_m$	f_{m1}	$\cdots$	f_{mm}
样品数	n_1		n_m

表中，f_{ij} 表示属于 $\boldsymbol{G}_j$ 而通过判别得出属于 $\boldsymbol{G}_i$ 的样品个数，记训练样品的总数为

$n=\sum_{i=1}^{m}\sum_{j=1}^{m}f_{ij}$ ，由表 9-2，可以得到总的错判概率 p 的点估计为

$$p=\frac{1}{n}\sum_{j=1}^{m}\sum_{\substack{i=1\\i\neq j}}^{m}f_{ij} \tag{9.1.25}$$

例 9-4 对例 9-1 已分别利用距离判别和费希尔判别法，根据表 9-1 的 20 个样本建立了判别准则。利用回代法重新判别这 20 个样本所属的总体，可形成如表 9-3 所示的分类统计表，其中距离判别法假设了两个类的协方差阵相等。利用式(9.1.25)，可求得距离判别法和费希尔判别法的总错判概率都为 0.15。

表 9-3 基于回代法的飞机判别分类统计表

判别分类	飞机类型 1		飞机类型 2	
	距离判别法	费希尔判别法	距离判别法	费希尔判别法
飞机类型 1	9	9	2	2
飞机类型 2	1	1	8	8
样品数	10	10	10	10

2. 交叉确认估计法

错判概率的交叉确认估计法(cross-validation)又称为刀切法(Jack-knife procedure)，其基本思想是每次剔除训练样品集合中的一部分样品集（作为测试样品集），再利用剩余的全部样品建立判别分类准则，并根据这一判别准则对已剔除的测试样品进行分类判别。对于训练样品集反复进行这种方式的分类判别，最后以误判比率的平均值作为错判概率的估计。

例 9-1 中共有 20 个样品数据，可以选择其中 1 个样品作为测试样本，用剩余的 19 个样品作为训练样本，建立判别分类准则，然后再对测试样本进行判别，得到判别结果，如此反复重新选择即可得到对错判概率的估计。

由于交叉确认估计法是对没有参与建立判别准则的样品进行的，所以得到的错判概率相比回代估计法要更为合理。

9.2 聚类分析法

聚类分析的基本思想是根据对象之间的相似程度（similarity，proximity）划分对象。为此，需要清晰地定义“相似”或“相异（dissimilarity）”的概念。本节首先介绍相似性的度量方法，然后介绍常用的系统聚类法（hierarchical clustering method）和 K-均值聚类法（K-means method）等方法。

9.2.1　聚类分析问题

聚类分析的目的是将“相似”的观测对象归为一类（cluster），使得同一类内的各对象具有更多的共同特性，而属于不同类的对象之间的差异性（dissimilarity）较大。

例 9-5　《中国统计年鉴（2020 年）》公布了 2019 年全国 31 个省（自治区、直辖市）（不包括港澳台地区）的居民人均可支配收入来源情况。相关数据如表 9-4 所示。将这 31 个地区按照收入情况进行聚类，可以将收入相近的地区划分到一起，便于了解各地区居民的收入水平。

表 9-4　我国 2019 年地区居民人均可支配收入来源　（单位：元）

编号	地区	工资性收入	经营净收入	财产净收入	转移净收入	编号	地区	工资性收入	经营净收入	财产净收入	转移净收入
1	北京	41214.1	1200.6	11257	14084.1	17	湖北	14046.2	5982.8	1949.2	6341.3
2	天津	27002.3	3095.5	3908	8398.4	18	湖南	13917.5	5609.3	2089.2	6063.7
3	河北	15535.2	3911.9	1789.8	4427.9	19	广东	26554.3	5154.7	4776.9	2528.4
4	山西	13396	3108.6	1306.4	6017.4	20	广西	11169.6	5777.7	1527.8	4853.1
5	内蒙古	15922.2	7994.2	1613.8	5024.9	21	海南	15580.7	4597.6	2038.5	4462.7
6	辽宁	16776	5319.1	1485.8	8238.8	22	重庆	15474.7	4696.7	1792.4	6956.7
7	吉林	13157.6	5266.6	1044	5094.7	23	四川	12048.8	5058.1	1593.3	6002.9
8	黑龙江	11751	5004.2	1112.2	6386.2	24	贵州	10557.5	4359.7	1471.1	4009.2
9	上海	40024.7	2208.9	10055.1	17152.9	25	云南	10606	5332.7	2184.3	3959.5
10	江苏	23835.7	5636.2	4372.2	7555.6	26	西藏	10334.1	4953.3	1251.3	2962.6
11	浙江	28511	8498.2	5707.9	7181.7	27	陕西	13308.7	3256.2	1475.8	6625.6
12	安徽	13956.5	5967.5	1729.4	4761.7	28	甘肃	10705.2	3551.7	1139.3	3742.8
13	福建	20679.5	6582.5	3527.6	4826.5	29	青海	13204.1	3305.9	1140.9	4966.7
14	江西	15005.9	4366.6	1735.5	5154.4	30	宁夏	14887.5	4198	944	4382.4
15	山东	18111.3	6812.6	2211.7	4461.3	31	新疆	12579.1	5308.4	838.8	4377.1
16	河南	11962.6	5139	1588.7	5212.3						

数据来源：https://www.stats.gov.cn/sj/ndsj/2020/indexch.htm，访问时间：2024 年 1 月 15 日

与判别分析不同，在聚类分析时，通常事先并不知道共有多少种类型，也不知道各个类的特征，而且样品所属的类型也是未知的。在例 9-1 中，对飞机类型进行判别时已事先清楚只有两种类型，而在例 9-5 中对各地区收入进行划分时并不知道总共有多少类型。

聚类分析问题可以描述为：给定 n 个数据项（item）或样品（case）$\boldsymbol{x}_1,\boldsymbol{x}_2,\cdots,\boldsymbol{x}_n$，有 p 个特征指标或变量 $\boldsymbol{c}_1,\boldsymbol{c}_2,\cdots,\boldsymbol{c}_p$，其中 $\boldsymbol{x}_i=\begin{bmatrix}x_{i1} & x_{i2} & \cdots & x_{ip}\end{bmatrix}^{\mathrm{T}}$，

$\boldsymbol{c}_j = \begin{bmatrix} x_{1j} & x_{2j} & \cdots & x_{nj} \end{bmatrix}^{\mathrm{T}}$，$i = 1,2,\cdots,n$，$j = 1,2,\cdots,p$。将这 n 个数据项或 p 个变量进行适当的分类，所用的数据矩阵 $\boldsymbol{X}_D$ 如表 9-5 所示，其中 $\boldsymbol{X}_D = \begin{bmatrix} \boldsymbol{x}_1 & \boldsymbol{x}_2 & \cdots & \boldsymbol{x}_n \end{bmatrix}^{\mathrm{T}} = \begin{bmatrix} x_{ij} \end{bmatrix}_{n\times p}$。例如，表 9-4 给出了 31 个数据项和 4 个变量。聚类分析分类的数目 m 有时是给定的，有时是未知的。

根据分类对象的不同，聚类分析可分为两种类型。一种是 Q 型聚类，分类对象是各观测样品，即将给定的 n 个样品进行适当的分类。另一种是 R 型聚类，分类对象是变量，即将 p 个变量进行适当的分类。Q 型聚类是最常用的聚类分析类型。

表 9-5　聚类分析的数据矩阵

样品	指标		
	$\boldsymbol{c}_1$	$\cdots$	$\boldsymbol{c}_p$
$\boldsymbol{x}_1^{\mathrm{T}}$	x_{11}		x_{1p}
$\vdots$	$\vdots$		$\vdots$
$\boldsymbol{x}_n^{\mathrm{T}}$	x_{n1}		x_{np}

9.2.2　相似性度量

聚类对象之间的“相似”程度是基于相似性测度（measure of similarity）或距离测度（distance measure）进行度量的。下面介绍样品之间及变量之间相似程度测度的方法。

1. 样品相似性的度量

1）常用的标准化方法

为了避免不同指标的量纲不同或不同指标数值差异较大对聚类分析计算造成影响，在聚类之前应将数据矩阵中的各个观测数据进行标准化处理。设聚类数据矩阵 $\boldsymbol{X}_D$ 标准化处理后的数据矩阵为 $\boldsymbol{Z} = \begin{bmatrix} z_{ij} \end{bmatrix}_{n\times p}$。记 $i = 1,2,\cdots,n$，$j = 1,2,\cdots,p$，常用的标准化方法有如下几种。

（1）中心化变换

$$z_{ij} = x_{ij} - \overline{x}_j \tag{9.2.1}$$

其中，$\overline{x}_j = \dfrac{1}{n}\sum_{i=1}^{n} x_{ij}$ 为第 j 个变量的样本均值。

（2）极差标准化变换

$$z_{ij} = \frac{x_{ij} - \overline{x}_j}{\max\limits_i x_{ij} - \min\limits_i x_{ij}} \tag{9.2.2}$$

（3）正态标准化变换

$$z_{ij} = \frac{x_{ij} - \overline{x}_j}{s_j} \tag{9.2.3}$$

其中，$s_j^2 = \frac{1}{n-1}\sum_{i=1}^{n}\left(x_{ij} - \overline{x}_j\right)^2$ 为第 j 个变量的样本方差，$s_j = \sqrt{s_j^2}$ 。

（4）极差正规化变换

$$z_{ij} = \frac{x_{ij} - \min\limits_{i} x_{ij}}{\max\limits_{i} x_{ij} - \min\limits_{i} x_{ij}} \tag{9.2.4}$$

（5）对数变换

$$z_{ij} = \ln x_{ij}, \quad x_{ij} > 0 \tag{9.2.5}$$

在实际应用中，应根据问题的特点及数据的类型进行标准化方法的选择。

在对样品进行分类时，常用样品之间的距离反映它们之间的差异程度。对聚类数据矩阵 $\boldsymbol{X}_D$ ，记样品 $\boldsymbol{x}_i = \begin{bmatrix} x_{i1} & x_{i2} & \cdots & x_{ip} \end{bmatrix}^{\mathrm{T}}$ 和 $\boldsymbol{x}_j = \begin{bmatrix} x_{j1} & x_{j2} & \cdots & x_{jp} \end{bmatrix}^{\mathrm{T}}$ 之间的距离为 $d_{ij} = d\left(\boldsymbol{x}_i, \boldsymbol{x}_j\right)$ ，其中 $i, j = 1, 2, \cdots, n$ 。据此，可构建距离矩阵

$$\boldsymbol{D} = \left[d_{ij}\right]_{n \times n} \tag{9.2.6}$$

2）距离的公理

定义距离的方法有许多种，但是需要满足以下三条公理。

（1）非负性

$$d\left(\boldsymbol{x}_i, \boldsymbol{x}_j\right) \geqslant 0 \text{ 且 } d\left(\boldsymbol{x}_i, \boldsymbol{x}_j\right) = 0 \Leftrightarrow \boldsymbol{x}_i = \boldsymbol{x}_j$$

即距离只能取大于或等于 0 的值，只有样品自己和自己的距离才为 0。

（2）对称性

$$d\left(\boldsymbol{x}_i, \boldsymbol{x}_j\right) = d\left(\boldsymbol{x}_j, \boldsymbol{x}_i\right), \quad \forall i, j$$

即距离是对称函数，与样品的排列顺序无关。

（3）三角不等式

$$d\left(\boldsymbol{x}_i, \boldsymbol{x}_j\right) \leqslant d\left(\boldsymbol{x}_i, \boldsymbol{x}_k\right) + d\left(\boldsymbol{x}_k, \boldsymbol{x}_j\right), \quad \forall i, j, k$$

即两点间的距离以直线距离最短。

3）聚类分析中常用的几种距离

（1）绝对值距离也称为城市街区距离（city block distance）或曼哈顿距离（Manhattan distance）

$$d\left(\boldsymbol{x}_i, \boldsymbol{x}_j\right) = \sum_{k=1}^{p}\left|x_{ik} - x_{jk}\right| \tag{9.2.7}$$

（2）欧氏距离（Euclidean distance）

$$d\left(\boldsymbol{x}_i, \boldsymbol{x}_j\right) = \left[\sum_{k=1}^{p}\left(x_{ik} - x_{jk}\right)^2\right]^{1/2} = \sqrt{\left(\boldsymbol{x}_i - \boldsymbol{x}_j\right)^{\mathrm{T}}\left(\boldsymbol{x}_i - \boldsymbol{x}_j\right)} \tag{9.2.8}$$

（3）切比雪夫距离（Chebychev distance）

$$d\left(\boldsymbol{x}_i, \boldsymbol{x}_j\right) = \max_{k}\left|x_{ik} - x_{jk}\right| \tag{9.2.9}$$

（4）闵可夫斯基距离（Minkowski distance）

$$d(\boldsymbol{x}_i,\boldsymbol{x}_j)=\left[\sum_{k=1}^{p}\left|x_{ik}-x_{jk}\right|^q\right]^{1/q} \tag{9.2.10}$$

显然，绝对值距离、欧氏距离和切比雪夫距离分别是 $q=1$、$q=2$ 和 $q=\infty$ 时的闵可夫斯基距离。

（5）马氏距离

$$d(\boldsymbol{x}_i,\boldsymbol{x}_j)=\sqrt{(\boldsymbol{x}_i-\boldsymbol{x}_j)^{\mathrm{T}}\boldsymbol{\Sigma}^{-1}(\boldsymbol{x}_i-\boldsymbol{x}_j)} \tag{9.2.11}$$

类似于式(9.1.1)，在计算马氏距离时，首先需要知道所属类型的协方差阵。

有时，聚类分析问题也会涉及定性变量的描述。例如，有两个学生 $\boldsymbol{x}_1=$[男，本科生，山西]^{T}，$\boldsymbol{x}_2=$[女，本科生，湖南]^{T}。这时，可以根据两个样品 $\boldsymbol{x}_i=\begin{bmatrix}x_{i1} & x_{i2} & \cdots & x_{ip}\end{bmatrix}^{\mathrm{T}}$ 和 $\boldsymbol{x}_j=\begin{bmatrix}x_{j1} & x_{j2} & \cdots & x_{jp}\end{bmatrix}^{\mathrm{T}}$ 的匹配情况定义两个变量的相似度。可定义

$$m_k=\begin{cases}1, & x_{ik}=x_{jk}\\0, & x_{ik}\neq x_{jk}\end{cases} \tag{9.2.12}$$

则两个样品的距离为

$$d(\boldsymbol{x}_i,\boldsymbol{x}_j)=\sum_{k=1}^{p}(1-m_k) \tag{9.2.13}$$

2. 变量相似性的度量

在对变量进行分类时，常用相似性测度度量各变量之间的相似性，称为相似度。设用 c_{ij} 表示变量 $\boldsymbol{c}_i$ 和 $\boldsymbol{c}_j$ 之间的相似度。若变量所在的空间为欧氏空间，则相似度一般应满足如下条件：①$\left|c_{ij}\right|\leqslant 1$。②$c_{ij}=\pm 1\Leftrightarrow \boldsymbol{c}_i=a\boldsymbol{c}_j$，$a\neq 0$ 为常数。③$c_{ij}=c_{ji}$。

记 $\boldsymbol{c}_i$、$\boldsymbol{c}_j$ 的观测值向量分别为 $\begin{bmatrix}x_{1i} & x_{2i} & \cdots & x_{ni}\end{bmatrix}^{\mathrm{T}}$ 和 $\begin{bmatrix}x_{1j} & x_{2j} & \cdots & x_{nj}\end{bmatrix}^{\mathrm{T}}$，相似度可用相关系数和夹角余弦测度。

变量 $\boldsymbol{c}_i$ 和 $\boldsymbol{c}_j$ 的相关系数为

$$c_{ij}=\frac{\sum_{k=1}^{n}(x_{ki}-\overline{x}_i)(x_{kj}-\overline{x}_j)}{\sqrt{\sum_{k=1}^{n}(x_{ki}-\overline{x}_i)^2\sum_{k=1}^{n}(x_{kj}-\overline{x}_j)^2}} \tag{9.2.14}$$

其中，$\overline{x}_i=\frac{1}{n}\sum_{k=1}^{n}x_{ki},\overline{x}_j=\frac{1}{n}\sum_{k=1}^{n}x_{kj}$。

夹角余弦为

$$c_{ij}=\frac{\sum_{k=1}^{n}x_{ki}x_{kj}}{\sqrt{\sum_{k=1}^{n}x_{ki}^2\sum_{k=1}^{n}x_{kj}^2}} \tag{9.2.15}$$

式（9.2.15）可理解为欧氏空间中两个向量的夹角余弦概念的推广。显然，夹角越小，两个变量的相似度越大，对应的余弦值就越大。

例 9-6　对表 9-4 的聚类数据，计算变量“财产净收入”和“转移净收入”之间的相似度。由式(9.2.14)可得，相关系数为 0.8081。

9.2.3　系统聚类法

1. 基本思想

系统聚类法通过不断进行合并或划分完成聚类对象的聚类，也称为层次聚类法或分层聚类法。根据聚类过程的不同，可以分为聚合型系统聚类法和分解型系统聚类法。

聚合型系统聚类法是自下而上进行聚类的。首先将每个聚类对象视为一类，并明确所采用的类与类之间距离的定义。在所有的类中，先选择距离最小的一对类合并成为一个新的类，再计算所得的新类和所有其他各类的距离，然后再将距离最近的两个类合并。这样，每次合并两个类，直到将所有对象都合并为一个类。分解型系统聚类法的过程与上述相反，是自上而下进行的。先将所有的聚类对象视为一个类，再按类距离最远的原则，将其分为两个类，这两个类再进一步划分为更小的类，最终每个聚类对象都成为一个类。

系统聚类法的结果可以表示为一个树形结构，称为聚类谱系图，通过明确表示包含 $k+1$ 个类的聚类结果与 k 个类的聚类结果之间的关系，清晰地表示聚类分析中的聚合或分解的过程。

2. 聚类过程

以下主要以 Q 型聚类为例介绍聚合型系统聚类法，R 型聚类与此类似。设有 n 个样品的数据，如图 9-6 所示，聚合型系统聚类的基本步骤如下。

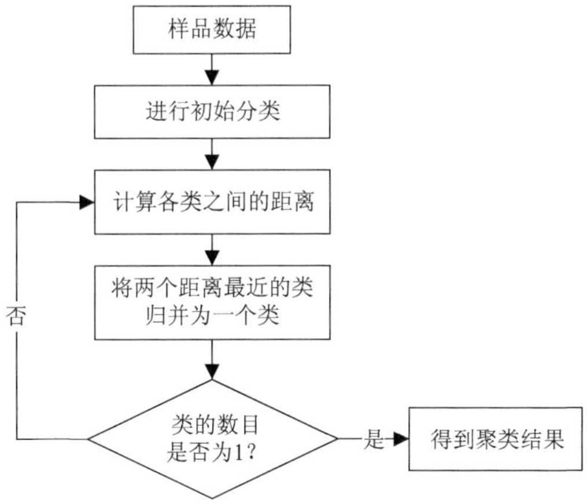

图 9-6　聚合型系统聚类的过程

（1）进行初始分类，将每个样品各自作为一类，共有 n 个类 $\boldsymbol{G}_1,\boldsymbol{G}_2,\cdots,\boldsymbol{G}_n$。记当前工作集合为 $W=\{\boldsymbol{W}_1,\boldsymbol{W}_2,\cdots,\boldsymbol{W}_m\}$，其中 $m=n$，$\boldsymbol{W}_i=\boldsymbol{G}_i$，$i=1,2,\cdots,n$。

（2）计算 W 中每对类之间的距离 $d_{ij}=d(\boldsymbol{W}_i,\boldsymbol{W}_j)$，$i=1,2,\cdots,m$，$j=1,2,\cdots,m$。

（3）构建距离矩阵，求出工作集合中距离最近的两个类 $\boldsymbol{U},\boldsymbol{V}$，即

$$D_{U,V}=\min\{d_{ij}|\boldsymbol{W}_i,\boldsymbol{W}_j\in W\} \tag{9.2.16}$$

（4）将 $\boldsymbol{U},\boldsymbol{V}$ 聚合为一个新类 $\boldsymbol{UV}$。当多个类之间的距离都达到最小时，可以任选其中的一对类进行合并。

（5）更新工作集合，令 $[W\cup\{\boldsymbol{UV}\}]\backslash\{\boldsymbol{U},\boldsymbol{V}\}$ 为新的工作集合 W，$m=m-1$。

（6）返回步骤（2）。

重复进行上述过程，直到全部样品都并入一个类中。

3. 实现算法

根据采用的类之间距离的不同，聚合型系统聚类法又分为多种实现算法。以下主要介绍常用的最短距离法（single linkage）、最长距离法（complete linkage）和重心法（centroid method）。假设有两个类 $\boldsymbol{U},\boldsymbol{V}$，记 $\boldsymbol{U},\boldsymbol{V}$ 之间的距离定义为 $D_{U,V}$。

1）最短距离法

最短距离法将两个类之间的距离定义为两个类中距离最近的两个样品之间的距离。如图 9-7 所示。

$$D_{U,V}=\min_{\boldsymbol{x},\boldsymbol{y}}\{d(\boldsymbol{x},\boldsymbol{y})|\boldsymbol{x}\in\boldsymbol{U},\boldsymbol{y}\in\boldsymbol{V}\} \tag{9.2.17}$$

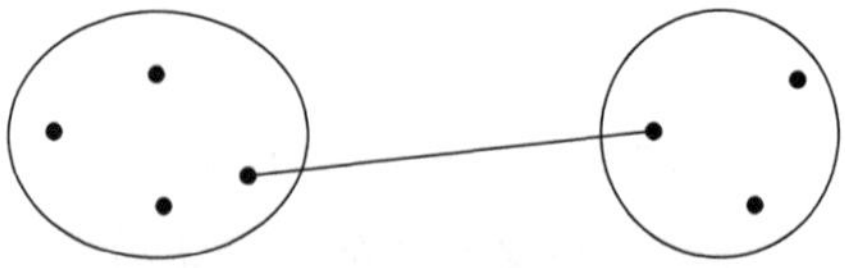

图 9-7 最短距离法的类间距离

两个类 $\boldsymbol{U},\boldsymbol{V}$ 合并后产生的新类 $\boldsymbol{UV}$ 与另外的类 $\boldsymbol{S}$ 之间的距离可以按下式递推计算：

$$\begin{aligned}D_{UV,S}&=\min_{\boldsymbol{x},\boldsymbol{y}}\{d(\boldsymbol{x},\boldsymbol{y})|\boldsymbol{x}\in\boldsymbol{UV},\boldsymbol{y}\in\boldsymbol{S}\}\\&=\min\left\{\min_{\boldsymbol{x},\boldsymbol{y}}\{d(\boldsymbol{x},\boldsymbol{y})|\boldsymbol{x}\in\boldsymbol{U},\boldsymbol{y}\in\boldsymbol{S}\},\min_{\boldsymbol{x},\boldsymbol{y}}\{d(\boldsymbol{x},\boldsymbol{y})|\boldsymbol{x}\in\boldsymbol{V},\boldsymbol{y}\in\boldsymbol{S}\}\right\}\\&=\min\{D_{U,S},D_{V,S}\}\end{aligned} \tag{9.2.18}$$

例 9-7 设有 5 个样品，已计算出各个样品之间的距离矩阵为（由于距离矩阵的对称性，只给出下三角阵）：

$$D=[d_{ij}]=\begin{array}{c} \\ 1\\2\\3\\4\\5\end{array}\begin{array}{c}\begin{array}{ccccc}1&2&3&4&5\end{array}\\ \begin{bmatrix}0&&&&\\9&0&&&\\3&7&0&&\\6&5&9&0&\\11&10&2&8&0\end{bmatrix}\end{array}$$

采用最短距离法对 5 个样品进行聚类，具体步骤如下。

（1）首先，算法开始时，每个对象自成 1 类，共有 5 个类。$n=5$。

$$\boldsymbol{G}_1=\{1\}，\boldsymbol{G}_2=\{2\}，\boldsymbol{G}_3=\{3\}，\boldsymbol{G}_4=\{4\}，\boldsymbol{G}_5=\{5\}$$

当前工作集为 $W=\{\boldsymbol{G}_1,\boldsymbol{G}_2,\boldsymbol{G}_3,\boldsymbol{G}_4,\boldsymbol{G}_5\}$。对应的距离矩阵为

$$D=[d_{ij}]=\begin{array}{c} \\ 1\\2\\3\\4\\5\end{array}\begin{array}{c}\begin{array}{ccccc}1&2&3&4&5\end{array}\\ \begin{bmatrix}0&&&&\\9&0&&&\\3&7&0&&\\6&5&9&0&\\11&10&\underline{2}&8&0\end{bmatrix}\end{array}$$

由距离矩阵可知，W 中距离最短的两个类为 $\boldsymbol{G}_3,\boldsymbol{G}_5$。即有

$$d_{35}=\min\{d_{ij}\}=2$$

因此，将 $\boldsymbol{G}_3,\boldsymbol{G}_5$ 合并为一个类 $\boldsymbol{G}_{35}$。得到新的当前工作集为

$$W=\{\boldsymbol{G}_{35},\boldsymbol{G}_1,\boldsymbol{G}_2,\boldsymbol{G}_4\}$$

然后，按最短距离法公式计算 $\boldsymbol{G}_{35}$ 与其他类的距离。

$$d_{(35)1}=\min\{d_{31},d_{51}\}=\min\{3,11\}=3$$
$$d_{(35)2}=\min\{d_{32},d_{52}\}=\min\{7,10\}=7$$
$$d_{(35)4}=\min\{d_{34},d_{54}\}=\min\{9,8\}=8$$

在 $\boldsymbol{D}$ 中删除 $\boldsymbol{G}_3,\boldsymbol{G}_5$ 对应的各个行和列，并增加一个新的行和列对应于 $\boldsymbol{G}_{35}$，则可得到对应于 W 的新的距离矩阵为

$$D=\begin{array}{c} \\ (35)\\1\\2\\4\end{array}\begin{array}{c}\begin{array}{cccc}(35)&1&2&4\end{array}\\ \begin{bmatrix}0&&&\\\underline{3}&0&&\\7&9&0&\\8&6&5&0\end{bmatrix}\end{array}$$

（2）由上述矩阵知，W 中距离最短的两个类为 $\boldsymbol{G}_1,\boldsymbol{G}_{35}$。即有

$$d_{1(35)}=\min\{d_{ij}\}=3$$

因此，将 $\boldsymbol{G}_1,\boldsymbol{G}_{35}$ 合并为一个类 $\boldsymbol{G}_{135}$。得到新的当前工作集为 $W=\{\boldsymbol{G}_{135},\boldsymbol{G}_2,\boldsymbol{G}_4\}$。

然后，按最短距离法公式计算 $\boldsymbol{G}_{135}$ 与其他类的距离。

$$d_{(135)2} = \min\left\{d_{(35)2}, d_{12}\right\} = \min\{7,9\} = 7$$

$$d_{(135)4} = \min\left\{d_{(35)4}, d_{14}\right\} = \min\{8,6\} = 6$$

在 $\boldsymbol{D}$ 中删除 $\boldsymbol{G}_1, \boldsymbol{G}_{35}$ 对应的各个行和列，并增加一个新的行和列对应于 $\boldsymbol{G}_{135}$，则可得到对应于 W 的新的距离矩阵为

$$\boldsymbol{D} = \begin{array}{c} \\ (135) \\ 2 \\ 4 \end{array} \begin{array}{c} \begin{array}{ccc} (135) & 2 & 4 \end{array} \\ \begin{bmatrix} 0 & & \\ 7 & 0 & \\ 6 & \underline{5} & 0 \end{bmatrix} \end{array}$$

（3）由上述矩阵知，W 中距离最短的两个类为 $\boldsymbol{G}_2, \boldsymbol{G}_4$。即有

$$d_{24} = \min\left\{d_{ij}\right\} = 5$$

因此，将 $\boldsymbol{G}_2, \boldsymbol{G}_4$ 合并为一个类 $\boldsymbol{G}_{24}$。得到新的当前工作集为 $W = \left\{\boldsymbol{G}_{135}, \boldsymbol{G}_{24}\right\}$。然后，按最短距离法公式计算 $\boldsymbol{G}_{24}$ 与其他类的距离。

$$d_{(24)(135)} = \min\left\{d_{2(135)}, d_{4(135)}\right\} = \min\{7,6\} = 6$$

在 $\boldsymbol{D}$ 中删除 $\boldsymbol{G}_2, \boldsymbol{G}_4$ 对应的各个行和列，并增加一个新的行和列对应于 $\boldsymbol{G}_{24}$，则可得到对应于 W 的新的距离矩阵为

$$\boldsymbol{D} = \begin{array}{c} \\ (24) \\ (135) \end{array} \begin{array}{c} \begin{array}{cc} (24) & (135) \end{array} \\ \begin{bmatrix} 0 & \\ \underline{6} & 0 \end{bmatrix} \end{array}$$

（4）最后，将 $\boldsymbol{G}_{24}$ 和 $\boldsymbol{G}_{135}$ 合并即可完成最短距离法的聚类过程。

由上述聚类过程得到的谱系图如图 9-8 所示。在该图的横轴上标出了两个类合并时的距离大小。

对于例 9-5 的问题，将表 9-4 中的数据经过正态标准化处理后，运用最短距离法进行聚类，得到的谱系图如图 9-9 所示。

2）最长距离法

最长距离法将两个类之间的距离定义为两个类中距离最远的两个样品之间的距离。如图 9-10 所示。

$$D_{U,V} = \max_{x,y}\left\{d(\boldsymbol{x},\boldsymbol{y}) \middle| \boldsymbol{x} \in \boldsymbol{U}, \boldsymbol{y} \in \boldsymbol{V}\right\} \tag{9.2.19}$$

两个类 $\boldsymbol{U}, \boldsymbol{V}$ 合并的新类 $\boldsymbol{UV}$ 与类 $\boldsymbol{S}$ 之间的距离可以按下式递推计算：

$$\begin{aligned} D_{UV,S} &= \max_{x,y}\left\{d(\boldsymbol{x},\boldsymbol{y}) \middle| \boldsymbol{x} \in \boldsymbol{UV}, \boldsymbol{y} \in \boldsymbol{S}\right\} \\ &= \max\left\{\max_{x,y}\left\{d(\boldsymbol{x},\boldsymbol{y}) \middle| \boldsymbol{x} \in \boldsymbol{U}, \boldsymbol{y} \in \boldsymbol{S}\right\}, \max_{x,y}\left\{d(\boldsymbol{x},\boldsymbol{y}) \middle| \boldsymbol{x} \in \boldsymbol{V}, \boldsymbol{y} \in \boldsymbol{S}\right\}\right\} \\ &= \max\left\{D_{U,S}, D_{V,S}\right\} \end{aligned} \tag{9.2.20}$$

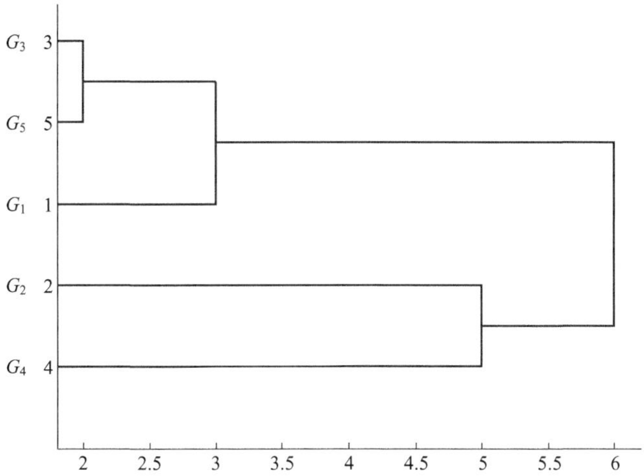

图 9-8　最短距离法得到的谱系图

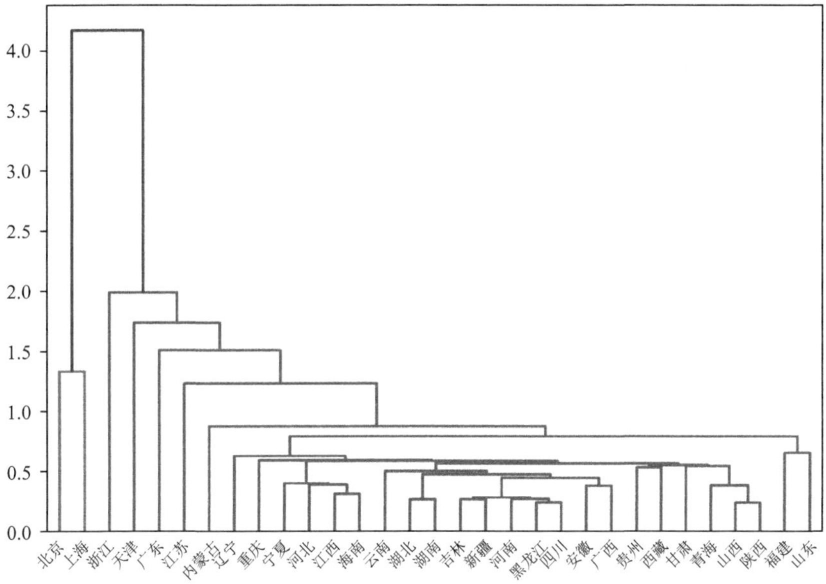

图 9-9　基于最短距离的各地区聚类

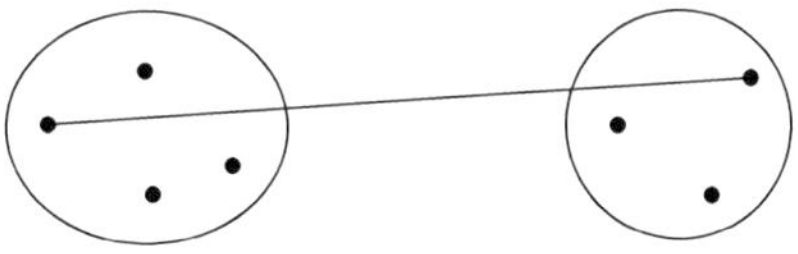

图 9-10　最长距离法的类间距离

对于例 9-7，若运用最长距离法，可得谱系图如图 9-11 所示。

3）重心法

设 $\boldsymbol{G}$ 为一个类，其中含有 n_G 个样品，定义 $\boldsymbol{G}$ 的重心为

$$\bar{\boldsymbol{x}}_G = \frac{1}{n_G} \sum_{\boldsymbol{x} \in G} \boldsymbol{x} \tag{9.2.21}$$

即该类中的所有样品的均值。

如图 9-12 所示，重心法将两个类之间的距离定义为两个类的重心之间的距离。若定义样品之间的距离为欧氏距离，则有

$$D_{\boldsymbol{U},\boldsymbol{V}} = d\left(\bar{\boldsymbol{x}}_U, \bar{\boldsymbol{x}}_V\right) \tag{9.2.22}$$

其中，$\bar{\boldsymbol{x}}_U$ 和 $\bar{\boldsymbol{x}}_V$ 为类 $\boldsymbol{U}$ 和 $\boldsymbol{V}$ 的重心，具体算法参见式(9.2.21)。

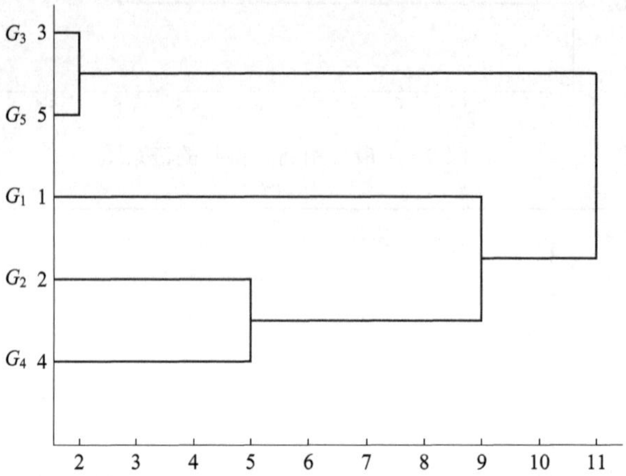

图 9-11　最长距离法得到的谱系图

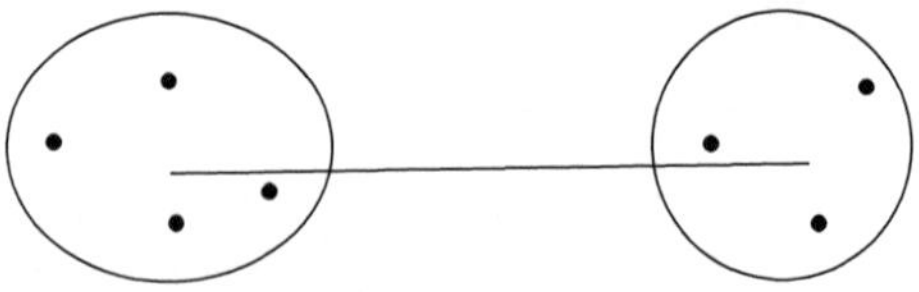

图 9-12　重心法的类间距离

类 $\boldsymbol{U},\boldsymbol{V}$ 合并后得到的新类 $\boldsymbol{UV}$ 与类 $\boldsymbol{S}$ 的距离可按如下的递推公式计算（证略）：

$$D^2_{\boldsymbol{UV},\boldsymbol{S}} = \frac{n_{\boldsymbol{U}}}{n_{\boldsymbol{UV}}} D^2_{\boldsymbol{U},\boldsymbol{S}} + \frac{n_{\boldsymbol{V}}}{n_{\boldsymbol{UV}}} D^2_{\boldsymbol{V},\boldsymbol{S}} - \frac{n_{\boldsymbol{U}} n_{\boldsymbol{V}}}{n^2_{\boldsymbol{UV}}} D^2_{\boldsymbol{U},\boldsymbol{V}} \tag{9.2.23}$$

9.2.4　动态聚类法

动态聚类法需要先给定聚类的数量 K，其基本思想是：首先设定 K 个初始凝聚点作为分类中心的点，然后将样品向初始凝聚点归类，通过对凝聚点的不断改进，实现最终的分类。

1. 初始凝聚点的确定

在动态聚类法中，初始凝聚点对于分类结果具有较大的影响。假设将全部样品分为

K 个类，以下介绍几种常用的确定初始凝聚点的方法。

1）直接指定法

根据对问题的理解和经验，直接指定 K 个有代表性的样品作为初始凝聚点，将这 K 个样品作为种子（seeds）进行聚类。为了具有代表性，各个种子之间的距离应不小于某一值。

2）分类确定法

将全部样品直接划分为 K 个类，然后以每个类的重心作为初始凝聚点。

3）逐个确定法

这种方法是根据最小最大原则，逐个确定初始凝聚点，使得初始凝聚点具有较好的分散性。具体过程如下。

（1）选择所有对象中距离最远的两个对象 $\boldsymbol{x}_{i_1},\boldsymbol{x}_{i_2}$ 作为前两个凝聚点。即

$$d\left(\boldsymbol{x}_{i_1},\boldsymbol{x}_{i_2}\right)=\max_{i,j}\left\{d\left(\boldsymbol{x}_i,\boldsymbol{x}_j\right)\right\} \tag{9.2.24}$$

（2）选择第 3 个凝聚点 $\boldsymbol{x}_{i_3}$。

选择的原则是：使 $\boldsymbol{x}_{i_3}$ 与 $\boldsymbol{x}_{i_1},\boldsymbol{x}_{i_2}$ 的最小距离等于所有其余对象（除 $\boldsymbol{x}_{i_1},\boldsymbol{x}_{i_2}$ 之外）与 $\boldsymbol{x}_{i_1},\boldsymbol{x}_{i_2}$ 最小距离的最大者。即

$$\min\left\{d\left(\boldsymbol{x}_{i_3},\boldsymbol{x}_{i_1}\right),d\left(\boldsymbol{x}_{i_3},\boldsymbol{x}_{i_2}\right)\right\}=\max_{\substack{j\neq i_1\\ j\neq i_2}}\left\{\min\left[d\left(\boldsymbol{x}_j,\boldsymbol{x}_{i_1}\right),d\left(\boldsymbol{x}_j,\boldsymbol{x}_{i_2}\right)\right]\right\} \tag{9.2.25}$$

（3）一般地，设已选定了前面的 k 个凝聚点 $\boldsymbol{x}_{i_1},\boldsymbol{x}_{i_2},\cdots,\boldsymbol{x}_{i_k}$，则第 $k+1$ 个凝聚点 $\boldsymbol{x}_{i_{k+1}}$ 选择的原则为

$$\min_{r\leqslant k}\left\{d\left(\boldsymbol{x}_{i_{k+1}},\boldsymbol{x}_{i_r}\right)\right\}=\max_{j\notin\left\{i_1,\cdots,i_k\right\}}\left\{\min_{r\leqslant k}\left[d\left(\boldsymbol{x}_j,\boldsymbol{x}_{i_r}\right)\right]\right\} \tag{9.2.26}$$

（4）如此进行，直到确定出 K 个初始凝聚点 $\boldsymbol{x}_{i_1},\boldsymbol{x}_{i_2},\cdots,\boldsymbol{x}_{i_K}$。

2. K-均值聚类

K-均值聚类是一种常用的动态聚类法，也称为快速聚类法。K-均值聚类的基本思想是，先对样品进行初始分类，然后再按一定的准则对分类进行迭代修正，再到分类稳定，具体计算过程如图 9-13 所示，其主要的步骤如下。

（1）指定聚类数目 K，设迭代参数 $s=0$。

（2）确定 K 个初始凝聚点 $L^{(s)}=\left\{\boldsymbol{x}_1^{(s)},\boldsymbol{x}_2^{(s)},\cdots,\boldsymbol{x}_K^{(s)}\right\}$。

（3）根据 $L^{(s)}$，运用距离最近的原则将所有样品进行归类，得到分类结果 $\boldsymbol{G}^{(s)}=\left\{\boldsymbol{G}_1^{(s)},\boldsymbol{G}_2^{(s)},\cdots,\boldsymbol{G}_K^{(s)}\right\}$。其中，样本点 $\boldsymbol{x}$ 归入类 $\boldsymbol{G}_i^{(s)}$ 中的原则为

$$\left[d\left(\boldsymbol{x},\boldsymbol{x}_i^{(s)}\right)\leqslant d\left(\boldsymbol{x},\boldsymbol{x}_j^{(s)}\right),\forall j\neq i\right]\Rightarrow\boldsymbol{x}\in\boldsymbol{G}_i^{(s)} \tag{9.2.27}$$

样品与凝聚点之间的距离通常取为欧氏距离。

（4）令 $s=s+1$，根据上述分类结果，以各类的重心作为新的凝聚点集合 $L^{(s)}=\left\{\boldsymbol{x}_1^{(s)},\boldsymbol{x}_2^{(s)},\cdots,\boldsymbol{x}_K^{(s)}\right\}$，其中 $\boldsymbol{x}_i^{(s)}=\sum_{\boldsymbol{x}\in\boldsymbol{G}_i^{(s)}}\boldsymbol{x}\Big/n_{G_i}$，$n_{G_i}$ 为 $\boldsymbol{G}_i^{(s)}$ 中样品的个数，$i=1,2,\cdots,K$。

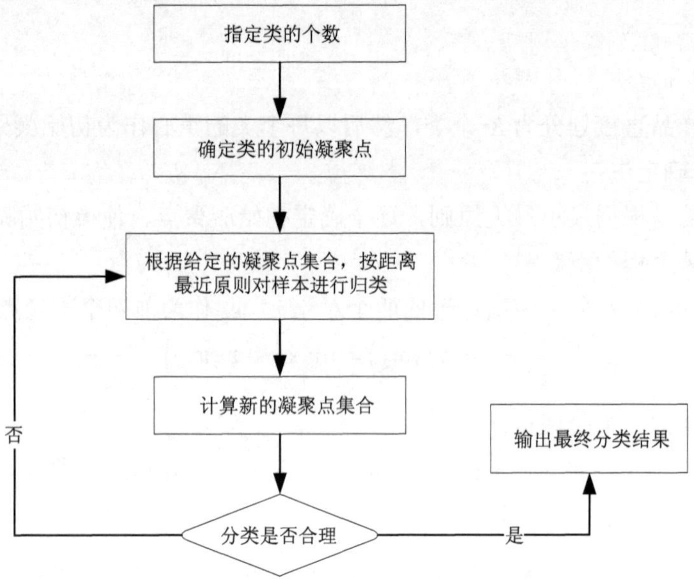

图 9-13　K-均值聚类法的过程

（5）返回步骤（3）。

重复进行上述过程，直到各个类中的样品集合稳定。

例 9-8　给定 5 个样品，2 个观测变量，数据矩阵为 $\boldsymbol{X}=\begin{bmatrix}0 & 0 & 1 & 5 & 5\\ 2 & 0 & 0 & 0 & 2\end{bmatrix}^{\mathrm{T}}$，试用 K-均值聚类算法将样品聚到 2 个类中。

（1）选择前 2 个样品作为初始凝聚点 $\boldsymbol{m}_1^{(0)}=\boldsymbol{x}_1=[0\quad 2]^{\mathrm{T}}$，$\boldsymbol{m}_2^{(0)}=\boldsymbol{x}_2=[0\quad 0]^{\mathrm{T}}$，可得初始分类 $\boldsymbol{G}_1^{(0)}$、$\boldsymbol{G}_2^{(0)}$。

（2）分别计算 $\boldsymbol{x}_3=[1\quad 0]^{\mathrm{T}}$、$\boldsymbol{x}_4=[5\quad 0]^{\mathrm{T}}$、$\boldsymbol{x}_5=[5\quad 2]^{\mathrm{T}}$ 与 $\boldsymbol{m}_1^{(0)}$、$\boldsymbol{m}_2^{(0)}$ 的欧氏距离，可得 $d\left(\boldsymbol{x}_3,\boldsymbol{m}_1^{(0)}\right)=\sqrt{5}$，$d\left(\boldsymbol{x}_3,\boldsymbol{m}_2^{(0)}\right)=1$，$d\left(\boldsymbol{x}_4,\boldsymbol{m}_1^{(0)}\right)=\sqrt{29}$，$d\left(\boldsymbol{x}_4,\boldsymbol{m}_2^{(0)}\right)=5$，$d\left(\boldsymbol{x}_5,\boldsymbol{m}_1^{(0)}\right)=5$，$d\left(\boldsymbol{x}_5,\boldsymbol{m}_2^{(0)}\right)=\sqrt{29}$，并根据距离最近进行归类，故将 $\boldsymbol{x}_3$、$\boldsymbol{x}_4$、$\boldsymbol{x}_5$ 分别归类到 $\boldsymbol{G}_2^{(0)}$、$\boldsymbol{G}_2^{(0)}$、$\boldsymbol{G}_1^{(0)}$。

（3）得到新的类 $\boldsymbol{G}_1^{(1)}=\left\{\boldsymbol{x}_1,\boldsymbol{x}_5\right\}$、$\boldsymbol{G}_2^{(1)}=\left\{\boldsymbol{x}_2,\boldsymbol{x}_3,\boldsymbol{x}_4\right\}$，计算类的重心 $\boldsymbol{m}_1^{(1)}=[2.5\quad 2]^{\mathrm{T}}$，$\boldsymbol{m}_2^{(1)}=[2\quad 0]^{\mathrm{T}}$ 作为新的凝聚点。

（4）重复步骤（2），可得新的分类 $\boldsymbol{G}_1^{(2)}=\left\{\boldsymbol{x}_1,\boldsymbol{x}_5\right\}$、$\boldsymbol{G}_2^{(2)}=\left\{\boldsymbol{x}_2,\boldsymbol{x}_3,\boldsymbol{x}_4\right\}$。

由于新的分类结果没有改变，故聚类停止，可得分类 $\boldsymbol{G}_1^{*}=\left\{\boldsymbol{x}_1,\boldsymbol{x}_5\right\}$、$\boldsymbol{G}_2^{*}=\left\{\boldsymbol{x}_2,\boldsymbol{x}_3,\boldsymbol{x}_4\right\}$。

对例 9-5 的问题，也可以采用 K-均值聚类法进行分析。如果设定 K=3，将表 9-4 中的数据进行标准化处理，初始凝聚点选为样品 1（北京）、样品 10（江苏）和样品 26（西藏），可得聚类结果如图 9-14 所示，其中第一类包含北京和上海，第二类包含天津、江苏、浙江、福建和广东，第三类包含其余地区。

采用 K-均值聚类法时，需要事先指定聚类的个数。通常，可以用不同的 K 值进行聚类，通过比较判断得到较合适的 K 值。此外，K-均值聚类法的聚类结果对初始凝聚点的依赖性较强。与系统聚类法不同，K-均值聚类法不能给出聚类谱系图。

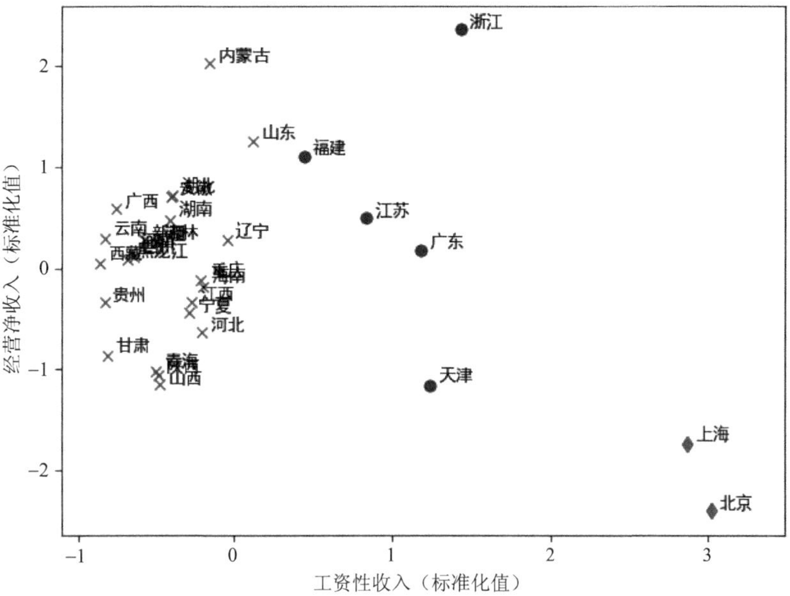

图 9-14　基于 K-均值聚类的各地区聚类

扫一扫见彩图

本 章 小 结

判别分析是根据已有的多个总体的相关信息，对新观测到的未知归属的样品，判别其归类的方法。距离判别法以样本观测值到各总体的马氏距离作为判据，将距离最近的总体作为待判别样品所属的分类。费希尔判别法将各总体的样品数据线性投影到某一个方向，使得投影后不同总体的样品之间尽可能分开，以待判别样品投影与各总体均值投影之间的距离作为分类判据。

错判概率的估计方法主要有回代估计法和交叉确认估计法。回代估计法是将训练样品逐个根据确定的判别法则判别其分类，对错判的次数进行统计分析，并据此给出错判概率的估计。交叉确认估计法是每次剔除训练样品中的一部分样品，用剩余的全部样品建立判别分类准则，并根据这一判别准则对已剔除的样品进行分类判别。对每个样品都进行这种分类判别，以误判的比率作为错判概率的估计。

聚类分析是一种根据样品（变量）特征按一定的规则对样品（变量）进行分类的方法。根据聚类对象的不同，聚类分析可分为 Q 型聚类分析与 R 型聚类分析两大类型。Q 型聚类分析主要针对样品进行聚类，R 型聚类分析主要针对变量进行聚类。系统聚类法通过不断进行合并或划分完成聚类对象的聚类，可分为聚合型系统聚类法与分解型系统聚类法。聚合型系统聚类法的过程是从单个样品开始，每次聚合两个距离最近的类，直到全部的样品都聚合为一个类。对于类间距离的计算方法有最短距离法、最长距离法和重心法等。聚类谱系图描述了将所有样品聚合为一个类的全部过程。K-均值聚类法是一种动态聚类方法，需要事先给定分类数量。K-均值聚类法的基本过程是：由初始凝聚点开始，将每个样品分配到各类，再根据新类重新计算新的凝聚点，反复进行，直到分类稳定。对于初始凝聚点的选择可以采用直接指定法、分类确定法和逐个确定法等多种方法。

习　题

一、选择题

1. 个体 $\boldsymbol{x}$ 到某一总体（均值为 $\boldsymbol{\mu}$，协方差 $\boldsymbol{\Sigma}$）的马氏距离 d 是（　　）。

A. $(\boldsymbol{x}-\boldsymbol{\mu})^{\mathrm{T}}\boldsymbol{\Sigma}(\boldsymbol{x}-\boldsymbol{\mu})$　　B. $(\boldsymbol{x}-\boldsymbol{\mu})^{\mathrm{T}}\boldsymbol{\Sigma}^{-1}(\boldsymbol{x}-\boldsymbol{\mu})$

C. $\sqrt{(\boldsymbol{x}-\boldsymbol{\mu})^{\mathrm{T}}\boldsymbol{\Sigma}(\boldsymbol{x}-\boldsymbol{\mu})}$　　D. $\sqrt{(\boldsymbol{x}-\boldsymbol{\mu})^{\mathrm{T}}\boldsymbol{\Sigma}^{-1}(\boldsymbol{x}-\boldsymbol{\mu})}$

2. 两个变量 $\boldsymbol{c}_i$，$\boldsymbol{c}_j$ 之间的相似度 c_{ij} 需要满足（　　）。

A. $|c_{ij}|=1$　　B. $c_{ij}=1$　　C. $c_{ij}=c_{ji}$　　D. $c_{ij}\geqslant 0$

3. 回代估计法（　　）。

A. 依据训练样品集中的少数样品建立分类判别准则，然后对所有的样品进行分类判别后，进行错判概率估计

B. 得到的错判概率通常大于真实错判概率

C. 得到的错判概率等于真实错判概率

D. 得到的错判概率通常小于真实错判概率

4. 费希尔判别法不需要计算样品观测值的（　　）。

A. 组间离差矩阵　　B. 组内离差矩阵

C. 马氏距离　　D. 样品观测值的一维投影

5. 聚合型系统聚类法的聚类过程是（　　）进行的。

A. 自下而上　　B. 自上而下

C. 通过每次合并两个样品　　D. 通过每次分解两个对象

6. 用于聚合型系统聚类的最短距离法将两个类间的距离定义为（　　）。

A. 两个类中距离最远的两个对象之间的距离

B. 两个类中距离最近的两个对象之间的距离

C. 两个类中所有对象距离的平均值

D. 两个类的平均值向量之间的距离

7. 样品数据经过正态标准化变换处理后，满足的条件为（　　）。

A. 数据的最大值小于等于 1　　B. 数据的绝对值小于等于 1

C. 数据的均值为 0　　D. 数据的极差为 1

8. 若两个样品 $\boldsymbol{x}$、$\boldsymbol{y}$ 到正态总体 $\boldsymbol{G}$ 的马氏距离相等，则说明（　　）。

A. $\boldsymbol{x}$、$\boldsymbol{y}$ 位于 $\boldsymbol{G}$ 的等概率密度点上

B. $\boldsymbol{x}$、$\boldsymbol{y}$ 的各分量值都相等

C. $\boldsymbol{x}$、$\boldsymbol{y}$ 到 $\boldsymbol{G}$ 的均值点的欧氏距离相等

D. $\boldsymbol{x}$、$\boldsymbol{y}$ 都位于 $\boldsymbol{G}$ 的正态密度的长半轴上

9. Q 型聚类的对象是（　　）。

A. 样品　　B. 观测变量　　C. 离散型变量　　D. 连续型变量

10. 对于 K-均值聚类法，确定初始凝聚点的分类确定法是将全部样品分为 K 类，然后以（　　）作为初始凝聚点。

A. 每个类的重心　　B. 每个类中与类重心距离最近的样品

C. 每个类中的任一样品　　D. 各个类中与类均值距离最远的样品

二、判断题

1. 判别分析需要已知观测对象的分类的数量。（　　）

2. 交叉确认估计法得到的错判概率通常要比回代估计法的结果更为合理。（　　）

3. 在计算样品到某一总体的马氏距离时，需要知道该总体的协方差矩阵。（　　）

4. 费希尔判别法依据样品观测值与各总体均值在某方向上的投影对样品进行判别。（　　）

5. 费希尔判别法有时需将样品观测值向多个方向投影才能更精细地确定其分类。（　　）

6. 系统聚类法事先不需要知道观测对象共有多少种类型。（　　）

7. K-均值聚类法不需要指定聚类的个数。（　　）

8. 在运用距离判别法时，不会出现某一样品与多个总体的距离相等的情况。（　　）

9. 两个类的最短距离定义为两个类中距离最近的两个对象之间的距离。（　　）

10. 分解型系统聚类法最终将每个样品对象分为一类。（　　）

三、简答题

1. 试述距离判别法的一般过程。

2. 试述费希尔判别法的一般过程。

3. 回代估计法和交叉确认估计法有何区别？

4. R 型聚类与 Q 型聚类有何差异？

5. 系统聚类法的基本思想是什么？

6. 变量之间的相似性可用什么测度？

7. 试述聚合型系统聚类法的一般过程。

8. 试述 K-均值聚类法的一般过程。

9. 在 K-均值聚类法中应如何选择初始凝聚点？

10. 聚类分析与判别分析的目的有何不同？

四、计算题

1. 设有一个 2 维正态总体 $\boldsymbol{G}$，其均值向量为 $\boldsymbol{\mu}=\begin{bmatrix}5 & 3.4\end{bmatrix}^{\mathrm{T}}$，协方差矩阵为 $\boldsymbol{\Sigma}=\begin{bmatrix}0.1218 & 0.0972\\0.0972 & 0.1408\end{bmatrix}$，设新获得的样本观测值为 $\boldsymbol{x}=\begin{bmatrix}x_1 & x_2\end{bmatrix}^{\mathrm{T}}=\begin{bmatrix}6 & 2.5\end{bmatrix}^{\mathrm{T}}$，请计算 $\boldsymbol{x}$ 到 $\boldsymbol{G}$ 的马氏距离。

2. 某企业将一件新式大衣样品分别寄给 9 位顾客，并附调查表，从质量、款式和颜色三方面征求顾客对新大衣的评价（10 分制），并请顾客说明其是否喜欢新大衣，结果为 5 位顾客喜欢、4 位顾客不喜欢，如表 9-6 所示。

假设有一位新的顾客对新大衣的质量、款式、颜色的评分分别为 6、8、8。请分别运用距离判别法和费希尔判别法判断该顾客是否喜欢新大衣，并用回代法估计两种判别法的错判概率。

表 9-6　顾客评价数据

	顾客	质量	款式	颜色		顾客	质量	款式	颜色
喜欢者组	1	8	9	7	不喜欢者组	1	4	3	3
	2	9	8	6		2	3	4	6
	3	7	8	7		3	6	3	5
	4	8	9	8		4	3	2	4
	5	8	6	7					

3. 针对某判别问题，已知有三种类型，各类型的协方差阵相等。从各类型中各随机抽取容量为 50 的样本，根据样本数据得到各类型的样本均值分别为 $\bar{\boldsymbol{x}}_1=\begin{bmatrix}5 & 3\end{bmatrix}^{\mathrm{T}}$，$\bar{\boldsymbol{x}}_2=\begin{bmatrix}6 & 4\end{bmatrix}^{\mathrm{T}}$，$\bar{\boldsymbol{x}}_3=\begin{bmatrix}4 & 5\end{bmatrix}^{\mathrm{T}}$，样本协方差阵为 $\boldsymbol{\Sigma}=\begin{bmatrix}0.2 & 0.4\\0.4 & 0.3\end{bmatrix}$。若新获得的样本观测值为 $\boldsymbol{x}=\begin{bmatrix}1 & 1\end{bmatrix}^{\mathrm{T}}$，请利用距离判别法判别该样本属于哪种类型。

4. 设有 A、B、C、D 共 4 个分类对象，各个对象之间的距离矩阵如下（由于距离矩阵的对称性，只给出下三角阵），请分别运用最短距离法和最长距离法，进行聚合型系统聚类法聚类，并给出计算过程。

$$\begin{bmatrix}0 & & & \\ 2 & 0 & & \\ 8 & 9 & 0 & \\ 5 & 6 & 4 & 0\end{bmatrix}$$

5. 设有 A、B、C、D 共 4 个对象，各个对象间的距离矩阵如下（由于距离矩阵的对称性，只给出下三角阵）。请分别运用最短距离法和最长距离法，进行聚合型系统聚类法聚类，并给出计算过程。

$$\begin{array}{c} \\ A \\ B \\ C \\ D\end{array}\begin{array}{c}\begin{matrix}A & B & C & D\end{matrix}\\ \begin{bmatrix}0 & & & \\ 2 & 0 & & \\ 4 & 3 & 0 & \\ 7 & 8 & 6 & 0\end{bmatrix}\end{array}$$

6. 对例 9-8，令初始凝聚点为 $\boldsymbol{x}_3=\begin{bmatrix}1 & 0\end{bmatrix}^{\mathrm{T}}$，$\boldsymbol{x}_4=\begin{bmatrix}5 & 0\end{bmatrix}^{\mathrm{T}}$，请用 K-均值聚类法将样本聚到 2 个类

中，并给出计算过程。

7. 现有 6 个样品，2 个观测变量，数据矩阵为 $\boldsymbol{X}_D=\begin{bmatrix}2 & 1 & 1 & 3 & 2 & 0\\1 & 2 & 0 & 2 & 3 & 1\end{bmatrix}^{\mathrm{T}}$。采用欧氏距离，聚类数目为 2，初始凝聚点为前 2 个样品，请使用 K-均值聚类方法进行聚类。

8. 设有 9 个样品，其标志值（实数）分别为 2，4，10，12，3，20，30，11，25。取 K=2，初始凝聚点取为前 2 个数据，请用 K-均值聚类法进行聚类。

9. 设有 4 个样品，2 个观测变量，数据矩阵为 $\boldsymbol{X}_D=\begin{bmatrix}5 & -1 & 1 & -3\\3 & 2 & -2 & -2\end{bmatrix}^{\mathrm{T}}$。请用 K-均值聚类法将这 4 个样品聚为 2 类。（要求初始凝聚点取为前两个样品）。

10. 给定 5 个样品，2 个观测变量，数据矩阵为 $\boldsymbol{X}_D=\begin{bmatrix}1 & 0 & -1 & 2 & -1\\1 & 1 & 1 & 0 & 0\end{bmatrix}^{\mathrm{T}}$。请用 K-均值聚类法将这 5 个样品聚为 2 类。要求 2 个初始凝聚点取为 $\begin{bmatrix}0 & 0\end{bmatrix}^{\mathrm{T}}$、$\begin{bmatrix}1 & 0\end{bmatrix}^{\mathrm{T}}$。

五、综合应用题

1. 我国华北地区和长江中下游地区的降水变化有不同的特点，表 9-7 给出了华北地区和长江中下游地区一些观测站的编号（id）、地点（site）、某一年记录的六月份降水天数（rainday6）、八月份降水天数（rainday8）、八月份和六月份降水量之比（ratio）以及地区类型（region）的数据资料。同时，给出了待判地区一些观测站记录的相应观测数据。试根据这些数据，分别运用距离判别法和费希尔判别法判别这些待判地区观测站所属的地区类型。

表 9-7　降水情况数据

地区	id	site	rainday6	rainday8	ratio	region
华北地区	1	北京	9.70	14.30	3.46	1
	2	天津	8.90	12.10	2.45	1
	3	保定	9.00	12.50	3.26	1
	4	石家庄	8.50	13.00	3.39	1
	5	太原	10.60	13.30	2.13	1
	6	大同	11.60	12.70	2.05	1
	7	张家口	11.40	12.70	1.82	1
	8	榆林	7.80	12.50	1.82	1
	9	兴县	10.10	13.30	3.01	1
	10	五台山	16.40	18.10	1.80	1
长江中下游地区	11	上海	13.10	10.00	0.74	2
	12	南京	10.90	11.50	0.87	2
	13	合肥	10.30	10.10	1.18	2
	14	汉口	11.70	8.50	0.61	2
	15	九江	13.60	9.40	0.61	2
	16	安庆	12.30	9.50	0.44	2

续表

地区	id	site	rainday6	rainday8	ratio	region
长江中下游地区	17	芜湖	10.50	10.90	0.76	2
	18	溧阳	11.30	12.20	0.75	2
	19	黄石	14.00	10.40	0.64	2
	20	东山	12.50	11.70	1.01	2
待判地区	21	青岛	13.70	11.60	1.68	
	22	兖州	10.50	13.70	1.75	
	23	临沂	10.00	12.00	1.65	
	24	徐州	8.30	11.10	1.48	
	25	阜阳	8.60	10.90	1.07	

2. 查询中国城市统计年鉴等相关资料，针对我国地级以上主要城市，收集反映其教育、医疗、社会保障、公共服务、交通和环境等方面情况的统计数据，据此采用本章介绍的聚类分析法对这些城市进行聚类分析，并写出分析报告。

第 10 章　时间序列分析

本章导读

时间序列（time series），也称为动态数列、随机序列，是由同一现象的统计指标（或某个数量标志）或其观测值在不同时间上的相继排列而形成的序列。时间序列常用在企业经营管理、市场预测、气象预报、农作物病虫灾害预报、环境污染监测等方面。时间序列分析的主要工作是通过对现有观测值序列统计规律的分析，建立时间序列模型，然后对统计指标（或某个数量标志）未来的发展趋势进行预测，以支持相关管理决策，如采取某些措施避免时间序列向更坏的方向变化。

在国民经济分析中，将某些经济、人口等指标随调查时间的变动绘制成折线图（在时间序列分析中称为时序图）以反映现象的变动，是时间序列的一种基础表现形式。如国家统计局网站中的一些统计报告，就以时序图的方式展示了国民经济核算（包括国内生产总值、三次产业贡献率等）、人口（包括人口数、出生率、死亡率和自然增长率）、就业人员（包括从业人数、从业人员和平均工资）等的时序变动情况。

在工程技术领域的可靠性分析方面，控制力矩陀螺（control moment gyro，CMG）作为姿态控制系统的理想执行机构，具有输出力矩大、功耗低等优点，广泛应用于卫星、飞船、空间站等航天器中。王竣德等（2013）通过对 CMG 温度数据的分析，建立了包含趋势项（长期趋势）、周期项（季节变动）和随机项（不规则变动）在内的时间序列模型，并结合实例完成了某型号 CMG 的寿命预测。在医学研究领域，余婷等（2022）在对 2000~2019 年白银市妇幼卫生年报数据进行时间序列建模的基础上，对 2020 年白银市新生儿死亡率的情况进行了预测。

时间序列分析在分析方法上可分为传统时间序列分析和现代时间序列分析。传统时间序列分析是将时间序列分解为若干影响因素进行分析，现代时间序列分析则是基于各种随机过程模型进行的。

本章主要介绍传统时间序列分析方法。首先，阐述时间序列的定义与分类。其次，从水平指标和速度指标两方面介绍时间序列的指标分析方法。然后，分析时间序列的影响因素，介绍时间序列的分解模型，阐述长期趋势、季节变动、循环变动和不规则变动的分析方法。最后，介绍不同类型时间序列的预测方法。

10.1　时间序列的定义与分类

时间序列是指标随时间发展变化过程的一种描述形式。本节首先介绍指标的概念，然后介绍时间序列的定义和图形描述方法。根据指标类型和时间序列变动方式的不同，时间序列又可分为不同的类型，本节对时间序列的分类进行简要阐述，并给出常见的时间序列类型。

10.1.1　时间序列的定义

本章中所指的指标是反映现象在一定时间和条件下的规模、程度、比例、结构等的概念及其对应的数值。

在时间序列分析中，指标通常表现为随机变量的形式。例如，受到随机因素的影响，某城市每年各个月份的最高温度会有一定的波动。因此，一个时间序列就是某一变量 Y 按时间 t 的先后顺序排列的一列随机变量，记为 $Y_1,Y_2,\cdots,Y_n$，其中 Y_i（$i=1,2,\cdots,n$）表示指标在时间 t_i 上的取值。

时间序列分析通过研究随机变量序列之间的关系，找出序列的变化规律，进而构建适当的数学模型来描述这种规律。

通常情况下，在每个时间点 t_i，可获得随机变量 Y_i 的一个观测值 y_i。各个时间点的观测值 $y_1,y_2,\cdots,y_n$ 构成一个序列，称为时间序列的一个观测值序列或者时间序列的一个实现。本章对时间序列和观测值序列不加特别的区分，统称为时间序列，在不引起混淆的情况下，也简称为时序或者序列。时间序列的样本结构如表 10-1 所示。

表 10-1　时间序列的样本结构

时间 t	t_1	t_2	……	t_n
指标 Y_i	Y_1	Y_2	……	Y_n
Y_i 的观测值 y_i	y_1	y_2	……	y_n

时间序列有两个基本要素：一个是现象所属的时间，另一个是现象在所属时间上对应的指标取值（指标值），也称为时间序列的发展水平。在不同的应用问题中，时间序列中的时间可以是年份，也可以是季度、月份等时间单位，还可以是行驶里程、使用次数等其他单位。在时间序列分析中，通常假定相邻两个时间间隔为固定值，如固定间隔一年、一月。当时间间隔长度相等时，上述的 t_i 直接记为 i。不做特定说明时，本章假定时间间隔相等，并将时间序列记为 $y_1,y_2,\cdots,y_n$。

对时间序列进行描述，最为简单直观的方法是绘制如图 10-1 所示的时序图。时序图是一个将数对 $(t_i,y_i),i=1,2,\cdots,n$，绘制在平面直角坐标系上形成的折线图。利用时序图可较为直观地观察时间序列的变化趋势、变化规律等，为时间序列的建模分析、预测等提供参考依据。

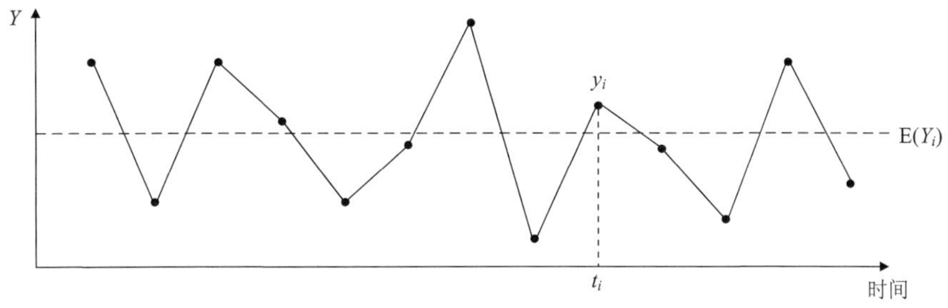

图 10-1　平稳序列示意时序图

10.1.2　时间序列的分类

根据不同的分类原则，时间序列可分为不同的类型。常见的时间序列可分为以下几类。

1. 平稳/非平稳时间序列

按时间序列中指标值的波动情况，时间序列可分为平稳时间序列和非平稳时间序列两大类。

平稳时间序列在统计学上有严格的定义，分为严平稳和宽平稳两种（一般采用后者），简称为平稳时间序列。宽平稳时间序列包括三个要求：①常数期望，即 $\mathrm{E}(Y_i)=\mu$，$i=1,2,\cdots,n$；②常数方差，即 $\mathrm{Var}(Y_i)=\sigma^2$，$i=1,2,\cdots,n$；③任意两个相等时间间隔下随机变量的协方差相等，即 $\mathrm{Cov}(Y_i,Y_j)=\mathrm{Cov}(Y_{i+k},Y_{j+k})$，$i,j=1,2,\cdots,n,\ 1\leqslant i+k,\ j+k\leqslant n$。在平稳性要求下，时间序列中的各个观测值基本上在某个固定的水平上波动，而且这种波动不存在一定的规律，具有随机性。图 10-1 给出了一个宽平稳序列的图形示意。

不属于平稳时间序列的序列称为非平稳时间序列。非平稳时间序列中的观测值可能呈现出某种变化趋势或周期性波动等规律。

2. 时期/时点时间序列

指标根据其数据所反映的时间不同，分为时期指标和时点指标。时期指标反映的是总体现象在一定时期内的累计总量水平，是表现总体在一段时期内发展过程的总结果。如每年的国内生产总值、每年的人口出生数等。时点指标是反映社会经济现象在某一时刻或某一时点上的总量水平，如年末某地区人口数、年末某企业库存额等指标。

时间序列可分为绝对数时间序列、相对数时间序列和平均数时间序列。这三类时间序列的指标值分别表示了现象在对应时间达到的绝对水平（或称为总量）、相对水平和平均水平。

按时间序列中变量所代表的指标不同，绝对数时间序列可分为时期时间序列（简记为时期序列）和时点时间序列（简记为时点序列）。若时间序列的各项指标为时期指标，则将其称为时期序列。表 10-2 所示的我国轿车年产量数据就是时期序列。若时间序列的各项指标为时点指标，则称为时点序列。表 10-3 所示年末总人口数据就是时点序列，从年末总人口数的时序图（图 10-2）可见，年末总人口数序列为非平稳序列。

表 10-2　2012~2021 年我国轿车年产量数据　（单位：万辆）

年	2012	2013	2014	2015	2016	2017	2018	2019	2020	2021
产量	1077	1210.43	1248.31	1162.97	1211.12	1194.54	1217.38	1028.49	923.98	970.62

数据来源：https://data.stats.gov.cn/adv.htm?m=advquery&cn=C01，访问时间：2024 年 1 月 10 日

表 10-3　2015~2021 年全国年末人口数　（单位：亿人）

指标	2015	2016	2017	2018	2019	2020	2021
年末总人口	13.8326	13.9232	14.0011	14.0541	14.1008	14.1212	14.1260
男性人口	7.0857	7.1307	7.1650	7.1864	7.2039	7.2357	7.2311
女性人口	6.7469	6.7925	6.8361	6.8677	6.8969	6.8855	6.8949

数据来源：https://data.stats.gov.cn/easyquery.htm?cn=C01，访问时间：2024 年 1 月 10 日

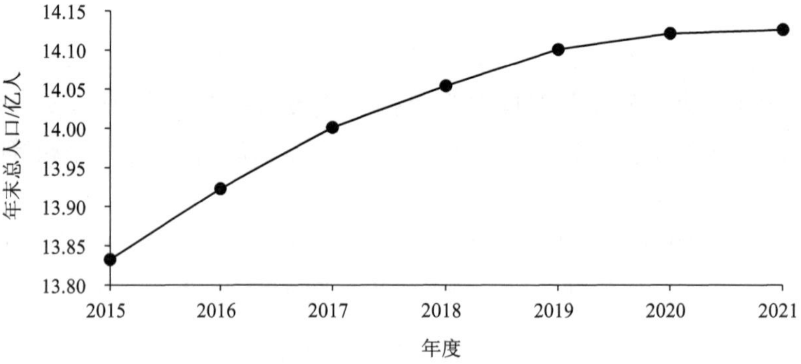

图 10-2　2015~2021 年末我国总人口数

10.2　时间序列的指标分析

基于时间序列，可通过指标分析对现象发展变化的状况和快慢程度进行描述。指标分析分为水平指标分析和速度指标分析两类。水平指标分析用发展水平、平均发展水平、平均增长量等描述指标的变动情况。速度指标分析则是用平均发展速度、平均增长速度、增长 1%的绝对值等描述指标变动的快慢。

10.2.1　时间序列的水平指标

时间序列的水平指标主要用于描述指标取值随时间变动的情况，以及一段时间内指

标取值的平均大小。

1. 发展水平

发展水平也称为发展量、时间序列水平或水平，是指时间序列中的每一项数值，反映了现象在不同时期所达到的水平。如表 10-3 所示年末总人口、男性人口、女性人口三行均为发展水平。

对于表 10-1 所示的样本结构，通常称首项 y_1 为最初水平，最后一项 y_n 为最末水平，其余的中间各项为中间水平。在统计分析中，常需对不同时期的指标值进行对比研究。一般将用作比较的时期称为基期，对应的指标值称为基期水平，而将要分析研究的那个时期称为报告期，对应的指标值称为报告期水平。

2. 平均发展水平

平均发展水平又称为时序平均数或动态平均数，是将时间序列在不同时间上的发展水平进行平均得到的值。计算平均发展水平的目的是对现象在一段时间内的总体水平进行概括，以消除短期数据波动的影响，显示时间序列的基本规律和变化趋势。

平均发展水平与一般平均数（静态平均数）在计算依据、平均的内容和说明的问题等方面都有所不同。平均发展水平的计算依据是时间序列，是对现象在不同时间点上的指标值进行的平均，是从动态的角度说明现象在某一时段内的发展水平。而一般平均数的计算依据是同一变量的不同取值，是对总体各单位的某一数量标志在同一时间点上取值的平均，是从静态的角度说明现象的一般水平。

对不同类型的序列，其平均发展水平的计算方法有所不同。

1）时期序列的平均发展水平

对于时期序列，记各期发展水平分别为 $y_1,y_2,\cdots,y_n$，平均发展水平可由如下公式计算：

$$\overline{y}=\frac{y_1+y_2+\cdots+y_n}{n} \tag{10.2.1}$$

对表 10-2 所示的序列，由式(10.2.1)可算得 10 年间我国轿车的年均产量为 11250.7 万辆。

2）时点序列的平均发展水平

对于时点序列，平均发展水平的计算较为复杂。由于各个时间点之间的间隔不一定相同，记录形式不一定连续，因此平均发展水平的计算方法也不相同。这里所指的“连续”的含义是每隔固定的间隔就进行记录。例如，每天记录、逐日排列的时点序列就是连续序列。但是也有等间隔不连续的情况，即只有指标发生变化时，才记录当天的指标值。这种情况下的时间序列称为不等间隔连续时点序列。

（1）等间隔连续时点序列。当记录的时间点为连续、等间隔时，平均发展水平就是简单算术平均值，其计算公式同式(10.2.1)。

（2）不等间隔连续时点序列。对有些时点指标，例如，企业的员工人数，并不是每天都在变化，因此，在统计时，就可以实施“变化登记”。即只有发生变化时，才登记当天的人数。这样，两次登记时间间隔的长度为对应的发展水平保持稳定不变的天数。因此，需要以时间间隔长度为权重，通过加权平均计算平均发展水平。公式为

$$\overline{y}=\frac{\sum y_i f_i}{\sum f_i}=\frac{y_1 f_1+y_2 f_2+\cdots+y_k f_k}{n} \tag{10.2.2}$$

其中，y_i 为时点指标值，f_i 为 y_i 持续不变的时间长度（如天数），$n=\sum f_i$ 。

例 10-1 某企业 2022 年 4 月份工资的计薪日是 3 月 28 日至 4 月 27 日，这段时间内员工人数的变动情况如表 10-4 所示。请计算该企业 4 月份计薪日的日平均员工人数。

表 10-4 某企业 2022 年 3~4 月份员工人数的变动情况

日期	3.28～4.3	4.4～4.10	4.11～4.17	4.18～4.24	4.25～4.27
间隔天数	7	7	7	7	3
员工人数/人	865	872	875	870	855

上述员工人数的时间序列属于不等间隔连续时点序列。日平均员工人数为

$$\overline{y}=\frac{865\times 7+872\times 7+875\times 7+870\times 7+855\times 3}{7+7+7+7+3}=869\text{（人）}$$

（3）等间隔不连续时点序列。有时统计数据在时间间隔内的相邻两个时点上的发展水平是变化的，但只是在相邻的两个登记点上记录数据。对于这一类时点序列，假设各时间点之间发展水平是均匀变化的。取两个时间点的平均水平作为这两个时间点发展水平的代表值。据此，等间隔不连续时点序列的平均发展水平的计算公式如下：

$$\overline{y}=\frac{1}{n-1}\sum_{i=1}^{n-1}\left(\frac{y_i+y_{i+1}}{2}\right)=\frac{\dfrac{y_1}{2}+y_2+\cdots+\dfrac{y_n}{2}}{n-1} \tag{10.2.3}$$

可见，平均发展水平是由“首尾折半法”计算得到的简单算术平均。

例 10-2 某大学 2015~2021 年历年年末累计毕业研究生人数如表 10-5 所示。

表 10-5 某大学 2015~2021 年历年年末累计毕业研究生人数

年份	2015	2016	2017	2018	2019	2020	2021
在校学生人数（人）	11580	12023	13703	14480	21234	22431	22650

由式(10.2.3)计算，可得 2015~2021 年该大学平均年末累计毕业研究生人数为

$$\overline{y}=\frac{\dfrac{11580}{2}+12023+13703+148480+21234+22431+\dfrac{22650}{2}}{6}=16831\text{（人）}$$

（4）不等间隔不连续的时点序列。若时点序列的指标不是连续登记的，而且时间间隔也不相同，则应当用间隔的时间长度作为权重，计算加权算术平均值。公式为

$$\overline{y}=\sum_{i=1}^{n-1}f_i\cdot\left(\frac{y_i+y_{i+1}}{2}\right)\Bigg/\sum_{i=1}^{n-1}f_i \tag{10.2.4}$$

其中，f_i 为 y_i 和 y_{i+1} 两个时间点之间的时间间隔长度。

例 10-3　某企业 2021 年某类型零配件的库存量资料如表 10-6 所示。

表 10-6　某企业 2021 年库存量资料

时间	1 月初	4 月初	7 月初	12 月末
库存量/件	1250	1345	1280	1385

根据上述数据，由式(10.2.4)计算，可得全年的月平均库存量：

$$\overline{y}=\frac{3\times\dfrac{1250+1345}{2}+3\times\dfrac{1345+1280}{2}+6\times\dfrac{1280+1385}{2}}{12}=1318.75\text{（件）}$$

3）相对数序列的平均发展水平

相对数序列是指由两个相联系的时间序列对比而成的时间序列。设 $a_1,a_2,\cdots,a_n$ 和 $b_1,b_2,\cdots,b_n$ 为两个时间序列，相对数序列 $c_1,c_2,\cdots,c_n$ 定义为

$$c_i=a_i/b_i,\quad i=1,2,\cdots,n \tag{10.2.5}$$

相对数序列 $c_1,c_2,\cdots,c_n$ 的平均发展水平 $\overline{c}$ 的计算公式为

$$\overline{c}=\frac{\overline{a}}{\overline{b}} \tag{10.2.6}$$

其中，$\overline{a}$ 为 $a_1,a_2,\cdots,a_n$ 的平均发展水平，$\overline{b}$ 为 $b_1,b_2,\cdots,b_n$ 的平均发展水平。

在运用上述公式时，应当注意对于分子分母中不同性质的序列，需运用不同的平均发展水平计算公式。

例 10-4　2012～2020 年全国粮食产量与各年年末人口数如表 10-7 所示，请计算 2012~2020 年的年人均粮食产量。

表 10-7　2012～2020 年全国粮食产量与各年年末人口数

年份	粮食产量/万吨	年末总人口/万人	年份	粮食产量/万吨	年末总人口/万人	年份	粮食产量/万吨	年末总人口/万人
2012	61222.62	135922	2015	66060.27	138326	2018	65789.22	140541
2013	63048.20	136726	2016	66043.51	139232	2019	66384.34	141008
2014	63964.83	137646	2017	66160.73	140011	2020	66949.15	141212

数据来源：https://data.stats.gov.cn/adv.htm?m=advquery&cn=C01，访问时间：2024 年 1 月 10 日

粮食产量序列为时期序列，平均发展水平由式(10.2.1)计算，得到结果为

$\overline{a}=65069.2078$，各年年末人口数为时点序列，其平均发展水平由式(10.2.3)计算，得到结果为$\overline{b}=139007.125$。因此，年人均粮食产量为$\overline{c}=\dfrac{\overline{a}}{\overline{b}}=\dfrac{65069.2078}{139007.125}=0.4681$（吨）

3. 增长量

增长量是指时间序列中两个不同时期发展水平的差，又称为增长水平。增长量的一般计算公式为

增长量=报告期发展水平－基期发展水平

具体计算时，依据基期的不同，可分为逐期增长量和累积增长量。设时间序列为$y_1,y_2,\cdots,y_n$，逐期增长量的计算公式为

$$y_2-y_1,\cdots,y_n-y_{n-1} \tag{10.2.7}$$

累积增长量的计算公式为

$$y_2-y_1,y_3-y_1,\cdots,y_n-y_1 \tag{10.2.8}$$

在实际统计中，有时还采用年距增长量指标。在计算年距增长量时，总体现象增长量的计算并不是将前一期为基期，而是以上年同月（或上年同季）为基期。即

某月（季）年距增长量=该月（季）发展水平－上一年度该月（季）发展水平 (10.2.9)

采用年距增长量表示发展水平的增长程度，可以消除季节因素的影响。在国民经济统计中，年距增长量通常也称为同比增长量。

4. 平均增长量

平均增长量是指时间序列在一定时间内平均每期的增长水平，即逐期增长量的时序平均数。记时间序列为$y_1,y_2,\cdots,y_n$，平均增长量为$\overline{\Delta}$。平均增长量通常可用水平法和总和法两种方法进行计算。

1）水平法

水平法的基本思想是：$y_1+(n-1)\overline{\Delta}=y_n$。从而有

$$\overline{\Delta}=\frac{y_n-y_1}{n-1} \tag{10.2.10}$$

2）总和法

总和法的基本思想是：$(y_1+\overline{\Delta})+(y_1+2\overline{\Delta})+\cdots+(y_1+(n-1)\overline{\Delta})=\sum\limits_{i=2}^{n}y_i$。从而有

$$\overline{\Delta}=\frac{2\sum\limits_{i=2}^{n}(y_i-y_1)}{n(n-1)} \tag{10.2.11}$$

一般来说，总和法适用于各期增长量差异较大的时间序列，水平法适用于各期增长

量差异较小的时间序列。

10.2.2　时间序列的速度指标

速度指标主要用于描述指标随时间变动过程中其取值变动的快慢程度，以及一段时间内指标变动速度的平均大小。

1. 发展速度

发展速度是报告期水平与基期水平对比所得的相对数，主要用于说明报告期水平已发展到了基期水平的多少倍。一般计算公式为：发展速度=报告期发展水平/基期发展水平。

根据基期的不同，发展速度又可分为定基发展速度和环比发展速度。

1）定基发展速度

定基发展速度是指报告期水平与某一固定时间水平之比，此时基期取为序列的某一个固定时间(通常为最初水平)。定基发展速度主要用于说明在一个较长时期内总的发展速度。记时间序列为 $y_1,y_2,\cdots,y_n$ ，定基发展速度的计算公式为

$$\frac{y_2}{y_1},\frac{y_3}{y_1},\cdots,\frac{y_n}{y_1} \tag{10.2.12}$$

2）环比发展速度

环比发展速度是指报告期水平与前一期水平之比,此时基期取为报告期的前一时期。环比发展速度主要用于说明逐期的发展速度变动情况。环比发展速度的计算公式为

$$\frac{y_2}{y_1},\frac{y_3}{y_2},\cdots,\frac{y_n}{y_{n-1}} \tag{10.2.13}$$

2. 增长速度

增长速度，也称为增长率，是反映现象增长程度的相对指标。增长速度是报告期增长量与基期水平之比，其计算公式为

$$\text{增长速度}=\frac{\text{报告期增长量}}{\text{基期水平}}=\frac{\text{报告期水平}-\text{基期水平}}{\text{基期水平}}=\text{发展速度}-100\%$$

根据采用的基期不同，增长速度包括定基增长速度、环比增长速度。

1）定基增长速度

定基增长速度是指报告期累积（定基）增长量与某一固定基期的发展水平（通常为最初水平）之比。表明现象在较长的时间内总的增长程度。计算公式为

$$\frac{y_2-y_1}{y_1},\frac{y_3-y_1}{y_1},\cdots,\frac{y_n-y_1}{y_1} \tag{10.2.14}$$

2）环比增长速度

环比增长速度是指报告期逐期增长量（环比）与前一时期水平之比。其计算公式为

$$\frac{y_2-y_1}{y_1},\frac{y_3-y_2}{y_2},\cdots,\frac{y_n-y_{n-1}}{y_{n-1}} \tag{10.2.15}$$

3. 平均发展速度与平均增长速度

为了表示现象在较长时间内变化的平均水平，需要引入平均速度的概念，包括平均发展速度和平均增长速度。

平均发展速度是各期环比发展速度的平均数。平均增长速度反映了现象的逐期平均增长程度。平均发展速度的常用计算方法为几何平均法，也称为水平法。记 $\overline{d}$ 为平均发展速度，用几何平均法计算平均发展速度的计算公式为

$$\overline{d}=\left(\frac{y_2}{y_1}\times\frac{y_3}{y_2}\times\cdots\times\frac{y_n}{y_{n-1}}\right)^{\frac{1}{n-1}}=\left(\frac{y_n}{y_1}\right)^{\frac{1}{n-1}} \tag{10.2.16}$$

可以看出，采用几何平均法求平均发展速度，其结果易受最末水平和最初水平的影响，而不受中间水平的影响。几何平均法主要侧重于从最末时期达到的水平来研究总的平均发展水平。

平均增长速度也称为平均增长率，记为 $\overline{g}$ ，计算公式为

$$\overline{g}=\overline{d}-1 \tag{10.2.17}$$

对于表 10-7 的粮食产量数据，可得 $\overline{d}=\left(\frac{66949.15}{61222.62}\right)^{\frac{1}{8}}=101.124\%$ 、 $\overline{g}=1.124\%$ 。

虽然增长速度、平均增长速度能较好地反映时间序列的变动情况，但实际应用中需要避免该指标不合理使用的情况。例如，当时间序列的观测值出现负数或者 0 时，就不适合计算增长速度。此外，不能单纯地以增长速度一个指标来衡量现象变动的情况，需要和其他指标结合，综合反映现象变动的相对量、绝对量。

4. 增长 1%的绝对值

有时，由于基期的发展水平较低，具有高的发展速度或增长速度并不意味着具有较高的发展水平。因此，同样增长 1 个百分点，其所代表的增长量并不相同，仅用发展速度或增长速度还难以反映实际增长量的大小。

增长 1%的绝对值是指速度每增长 1 个百分点而增长的绝对量。第 i 期指标增长 1%的绝对值的计算公式为

$$\text{增长1\%的绝对值}=\frac{\text{逐期增长量}}{\text{环比增长速度}\times 100}=\frac{y_i-y_{i-1}}{\dfrac{y_i-y_{i-1}}{y_{i-1}}\times 100}=\frac{y_{i-1}}{100}=\frac{\text{前期发展水平}}{100}$$

以广东省、贵州省 2019 年、2020 年的地区生产总值为例，其地区生产总值数值、环比发展速度、增长速度、增长 1%的绝对值计算结果如表 10-8 所示。从该表数据可明显看出，虽然广东省地区生产总值的增长速度不如贵州省，但由于其庞大的基数，其增

长 1%的绝对值远大于贵州省。

表 10-8　广东省、贵州省 2019 年和 2020 年地区生产总值数据对比情况　（单位：亿元）

省份	2019 年地区生产总值	2020 年地区生产总值	环比发展速度	增长速度	增长 1%的绝对值
广东	107986.9	111151.6	102.93%	2.93%	1079.869
贵州	16769.3	17860.4	106.51%	6.51%	167.693

数据来源：https://data.stats.gov.cn/adv.htm?m=advquery&cn=E0103，访问时间：2024 年 1 月 10 日

10.3　时间序列的分解

时间序列一般是多种因素共同作用的结果，其影响因素可分为四类：长期趋势（long-term trend），季节变动（seasonal variation），循环变动（cyclical variation），不规则变动（irregular variation）。本节主要介绍这四类影响因素的定义、时间序列的分解模型，以及分析这四类影响因素的方法。

10.3.1　时间序列的影响因素

时间序列的影响因素可分为长期趋势、季节变动、循环变动、不规则变动四类。基于四类影响因素可将时间序列分解为不同的成分，如图 10-3 所示。

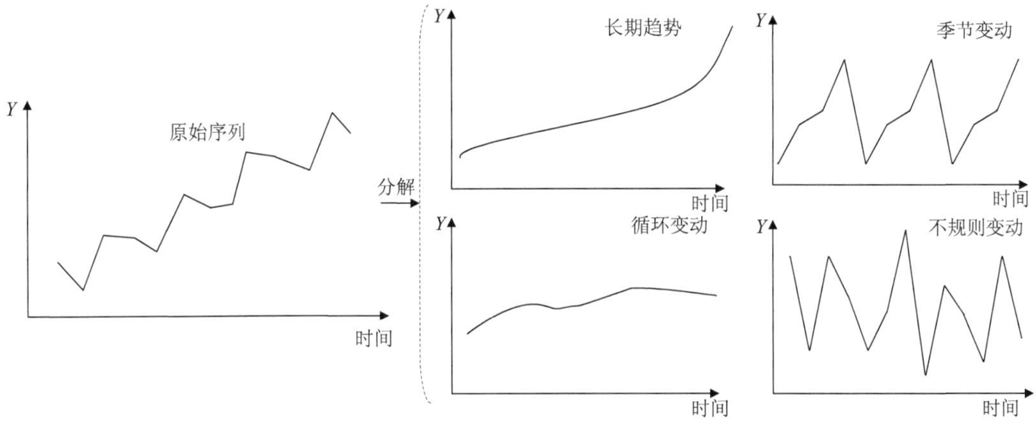

图 10-3　时间序列影响因素分解及时序图示意

1. 长期趋势

长期趋势是指时间序列在一段较长的时间内的总体发展趋势。通常，长期趋势表现为逐步上升、逐步下降或基本稳定在某一水平上。长期趋势的出现通常是由于受到某些根本性的支配因素的影响。

例 10-5　表 10-9 列出了 2017~2021 年各季度全国的 GDP 数据，其中 Q1、Q2、Q3、Q4 分别表示第一、二、三、四季度，如 17Q3 表示 2017 年第三季度，其余符号类似。时序图见图 10-4，从该图能较为明显地看出 GDP 从整体上呈现增长趋势。

表 10-9　2017 年后历年各季度的 GDP 数据　　（单位：亿元）

序号	时间	季度值	序号	时间	季度值	序号	时间	季度值
1	17Q3	596607.3	7	19Q1	217168.3	13	20Q3	717948.2
2	17Q4	832035.9	8	19Q2	458670.9	14	20Q4	1013567.0
3	18Q1	202035.7	9	19Q3	709717.2	15	21Q1	249200.2
4	18Q2	425997.9	10	19Q4	986515.2	16	21Q2	532049.4
5	18Q3	660472.2	11	20Q1	205244.8	17	21Q3	823337.5
6	18Q4	919281.1	12	20Q2	453592.5	18	21Q4	1149237.0

数据来源：https://data.stats.gov.cn/ks.htm?cn=B01，访问时间：2024 年 1 月 10 日，表中的季度值为当年国内生产总值累计值。

2. 季节变动

季节变动，也称为季节效应，是季节性规律作用的结果。季节变动是指在一个日历时段内（如年、月、周或日）呈现出的周期性变动。如对表 10-9 所示的 GDP 数据，可以看出每年的第一季度 GDP 最低，而第四季度 GDP 最高。

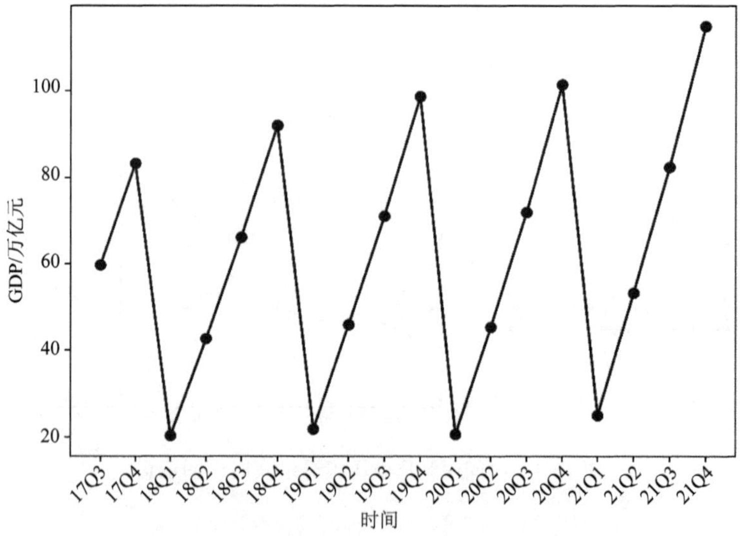

图 10-4　各季度 GDP 数据时序图

3. 循环变动

循环变动是一种在较长的时间内（如数年内）有涨有落的交替变动。例如，农产品的产量可能有丰年、平年和歉年相继出现。

循环变动和季节变动都是研究现象周期性变化规律的，但二者之间还是有区别的。首先，循环变动的周期较长。其次，循环变动不像季节变动那样明显，季节变动能够直接感受出来，而且能够较为准确地掌握，而循环变动的周期不那么固定，分析起来也比较困难。然后，对统计资料的要求也不一样。例如，年内季节变动的测定通常需要 3 个日历年度以上的分年、分月资料，测定循环变动则需要更长时间的资料，并且时间间隔长度越长越好。在经济领域，经济循环周期可能长达十几年，没有较长时间的观测数据，是难以测定其循环变动的。最后，季节变动有固定的周期，如 3 个月或 1 个月，循环变动则无固定的周期。

4. 不规则变动

不规则变动是指由偶然因素引起的随机变动。不规则变动有两种类型。一类是随机性扰动，它使得时间序列时而可能在这个方向上变动，时而又在另一个方向上变动，对于这类不规则变动，可以用概率模型来处理。另一类不规则变动是某些突发性变动，如战争、地震、瘟疫等导致的在某一个时间段内死亡人数剧增。

如果观察时间不是足够长，那么循环因素和趋势因素的影响很难准确区分。此时，难以对循环变动的周期进行度量。此外，有些社会现象和经济现象显示出某些特殊日期是其显著影响因素，但是在传统的因素分解模型中却没有予以考虑。例如，在市场营销中，节假日、会员日等特殊日期对于营销额都有较大的冲击。目前，已有一些学者对影响因素中的循环变动进行了改进，用特殊交易日因素进行替换，考虑长期趋势、季节变动、交易日、不规则变动等四种因素。

10.3.2　时间序列的分解模型

传统时间序列分析把时间序列视为长期趋势、季节变动、循环变动和不规则变动四个因素的合成体，建立分解模型，用一定的方法揭示各个因素的数量大小，分析这些因素的变动是如何在一起形成时间序列变动的。根据影响因素的组合方式，常用的时间序列分解模型有乘法模型、加法模型和混合模型。

1. 乘法模型

乘法模型是最为常用的分解模型，其具体形式为

$$Y = T \cdot S \cdot C \cdot I \tag{10.3.1}$$

其中，Y 为时间序列的指标值，T 为长期趋势成分，S 为季节变动成分，C 为循环变动成分，I 为不规则变动成分。

2. 加法模型

加法模型认为时间序列的总变动是各种因素变动的总和，即

$$Y = T + S + C + I \tag{10.3.2}$$

实际上，对乘法模型两边取对数，则可将乘法模型转化为加法模型。

3. 混合模型

混合模型是乘法和加法模型的组合，如

$$Y = T \cdot S + C + I \tag{10.3.3}$$

$$Y = S + T \cdot C \cdot I \tag{10.3.4}$$

10.3.3 长期趋势的分析

分析长期趋势可以把握客观事物发展的总体规律，进一步可从时间序列中剔除长期趋势的影响，为分析季节变动和循环变动提供基础。长期趋势的分析方法主要有时距扩大法、移动平均法和数学模型法等。

1. 时距扩大法

时距扩大法又称为时期扩大法，是将时间序列的时间单位予以扩大，并将相应时间区间内的指标值予以合并，得到一个新的时间序列，从而抵消较小时距单位数据所受偶然因素的影响，呈现长期趋势。

2. 移动平均法

移动平均法（moving average method）的基本思想是按一定的时间跨度逐项移动，边移动边平均，计算一系列的平均数，称为移动平均值，然后以移动平均值代替原来的时间序列值，从而生成一个新的时间序列。这样，就可以在一定程度上消除季节变动、循环变动、短期及偶然因素引起的波动，显现出长期趋势。

设原始观测序列值为 $y_1, y_2, \cdots, y_n$，移动平均的移动项数为 N（即时间跨度），且 $N < n$。根据所选择 N 的不同，可分 N 为奇数和偶数两种情况分别进行移动平均计算。

1）N 为奇数

当 N 为奇数时，移动平均的计算公式为

$$Z_t = \frac{1}{N}\left(y_{t-\frac{N-1}{2}} + y_{t-\frac{N-1}{2}+1} + \cdots + y_t + \cdots + y_{t+\frac{N-1}{2}-1} + y_{t+\frac{N-1}{2}}\right) \tag{10.3.5}$$

其中，$1+\dfrac{N-1}{2} \leqslant t \leqslant n-\dfrac{N-1}{2}$。由式(10.3.5)可见，新的时间序列 $\{Z_t\}$ 在 t 时期的值 Z_t 对应于原时间序列在 $t-\dfrac{N-1}{2}$ 到 $t+\dfrac{N-1}{2}$ 之间观测值的平均值。

例 10-6　我国 2001~2020 年铁路营业里程（单位：万 km）数据如表 10-10 中的原序列值所示，由式(10.3.5)分别对 $N=3$、$N=11$ 两种取值，进行移动平均计算，结果如表 10-10 所示。将原序列和 $N=11$ 时的移动平均结果绘制时序图，如图 10-5 所示。由图 10-5 可以看出，进行移动平均处理后，数据的不规则变动明显减少，数据的连线更加平滑。

表 10-10　我国 2001~2020 年铁路营业里程和移动平均计算结果　（单位：万 km）

年份	原序列值	移动平均值 $N=3$	移动平均值 $N=11$	年份	原序列值	移动平均值 $N=3$	移动平均值 $N=11$
2000	6.87			2011	9.32	9.40	9.66
2001	7.01	7.02		2012	9.76	9.80	10.11
2002	7.19	7.17		2013	10.31	10.42	10.60
2003	7.30	7.31		2014	11.18	11.20	11.15
2004	7.44	7.43		2015	12.10	11.89	11.70
2005	7.54	7.56	7.68	2016	12.40	12.40	
2006	7.71	7.68	7.90	2017	12.70	12.76	
2007	7.80	7.83	8.15	2018	13.17	13.29	
2008	7.97	8.11	8.44	2019	13.99	13.93	
2009	8.55	8.55	8.79	2020	14.63		
2010	9.12	9.00	9.21				

数据来源：https://data.stats.gov.cn/easyquery.htm?cn=C01，访问时间：2024 年 1 月 10 日

2）N 为偶数

当 N 为偶数时，进行第一遍计算，可得到两个移动平均序列 $\{Z_t'\}$，$\{Z_t''\}$。这两个序列的计算公式为

$$Z_t'=\frac{1}{N}\left(y_{t-\frac{N}{2}}+y_{t-\frac{N}{2}+1}+\cdots+y_{t+\frac{N}{2}-1}\right),\quad \frac{N}{2}+1\leqslant t\leqslant n-\frac{N}{2} \tag{10.3.6}$$

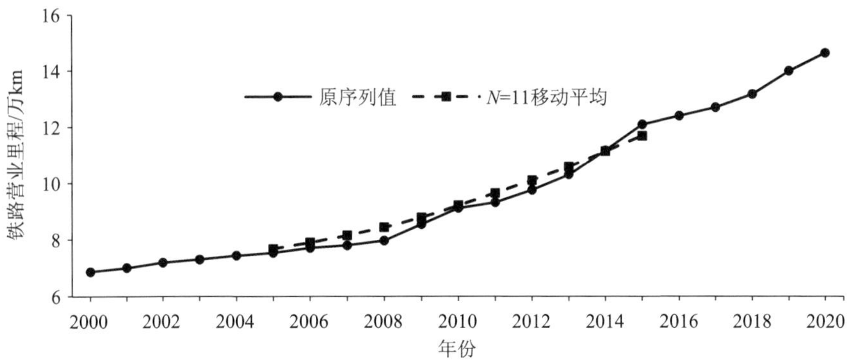

图 10-5　我国铁路营业里程和移动平均计算结果

$$Z_t''=\frac{1}{N}\left(y_{t-\frac{N}{2}+1}+y_{t-\frac{N}{2}+2}+\cdots+y_{t+\frac{N}{2}}\right),\ \frac{N}{2}+1\leqslant t\leqslant n-\frac{N}{2} \tag{10.3.7}$$

进行第二遍计算时，求出新的时间序列值记为$\{V_t\}$，具体计算公式为

$$V_t=\frac{Z_t'+Z_t''}{2},\ \frac{N}{2}+1\leqslant t\leqslant n-\frac{N}{2} \tag{10.3.8}$$

对于表 10-9 中的各季度 GDP 数据，采用 $N=4$ 进行移动平均计算，其结果如表 10-11 和图 10-6 所示。

表 10-11　2017~2021 年我国各季度 GDP 及移动平均结果　　（单位：万亿元）

时间	季度值	Z_t'	Z_t''	V_t
17Q3	59.66073			
17Q4	83.20359			
18Q1	20.20357	51.41692	53.01354	52.21523
18Q2	42.59979	53.01354	55.19467	54.10411
18Q3	66.04722	55.19467	55.57299	55.38383
18Q4	91.92811	55.57299	56.38981	55.9814
19Q1	21.71683	56.38981	57.62094	57.00538
19Q2	45.86709	57.62094	59.30179	58.46136
19Q3	70.97172	59.30179	59.0037	59.15275
19Q4	98.65152	59.0037	58.87674	58.94022
20Q1	20.52448	58.87674	59.08252	58.97963
20Q2	45.35925	59.08252	59.75881	59.42067
20Q3	71.79482	59.75881	60.8577	60.30826
20Q4	101.35670	60.8577	62.81912	61.83841
21Q1	24.92002	62.81912	65.45385	64.13649
21Q2	53.20494	65.45385	68.8456	67.14973
21Q3	82.33375			
21Q4	114.9237			

在运用移动平均法时，确定移动平均的项数十分重要。通常，项数越多对数据修匀的效果越好，揭示的长期趋势就越明显，但损失的信息也越多，而且得到的新的时间序列的数值个数越少。若原序列呈周期变动，应选择变动周期作为移动的时距长度。另外，为了计算方便，一般采用奇数项进行移动平均。移动平均法的主要不足是序列的两端要损失一些数据。例如，$N=3$ 时，两端就各损失一个数据；而 $N=4$ 时，两端各损失两个数据。

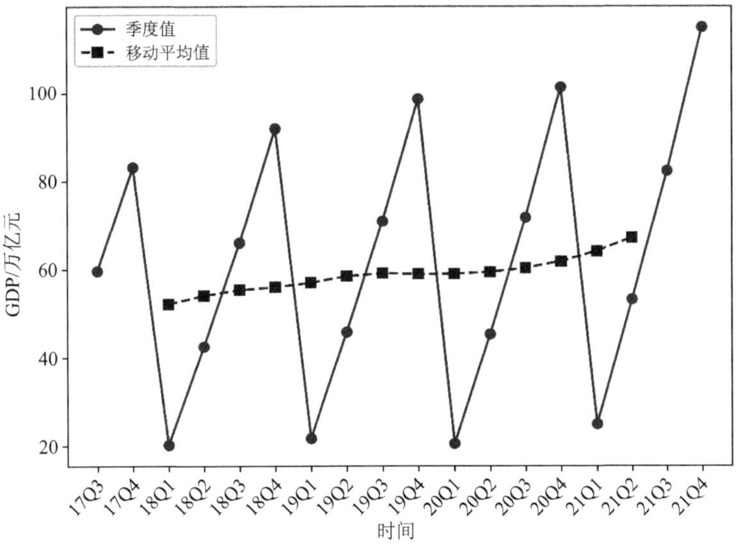

图 10-6　GDP 和移动平均计算结果

3. 数学模型法

数学模型法也称为趋势分析法或回归分析法。数学模型法的通常做法是：首先，画出时序图，大致观测和判别其长期趋势的形态，据此选择合适的趋势曲线模型；然后，用线性或非线性回归方法进行模型拟合，求解出模型参数。

设观测序列为 $y_1,y_2,\cdots,y_n$ ，采用的回归模型方程为

$$\hat{y}_t = f(t;\boldsymbol{\theta}),\ t=1,2,\cdots,n \tag{10.3.9}$$

其中，$\boldsymbol{\theta}=(\theta_1,\theta_2,\cdots,\theta_m)$ 为模型参数向量（若模型有 m 个待定参数）。

常用的数学模型有以下几种。

1）线性模型

当时间序列的变化大致呈现为一条直线时，可采用如下的线性模型：

$$\hat{y}_t = a + bt \tag{10.3.10}$$

其中，a,b 为模型参数。

2）二次曲线模型

当时间序列的变化情况近似于抛物线形态时，可以采用如下的二次曲线模型：

$$\hat{y}_t = a + bt + ct^2 \tag{10.3.11}$$

其中，a,b,c 为模型参数。

与二次曲线模型类似，可根据时序图的特点构造三次、四次等多项式类型的曲线模型。

对于表 10-11 的 GDP 数据，若取 17Q3 为 $t=1$ ，…，21Q4 为 $t=18$ ，采用线性模型(10.3.10)进行分析，可得 $a=48.158544$ ， $b=1.452714$ ；采用二次曲线模型(10.3.11)

进行分析，可得 $a=66.886726$，$b=-4.165741$，$c=0.295708$。两种模型的回归结果如表 10-12 第 3 列、第 4 列和图 10-7 所示。

表 10-12　2017~2021 年我国各季度 GDP 及回归分析结果　　（单位：万亿元）

时间	季度值	线性回归值	二次回归值	SI	I
17Q3	59.66073	49.61126	63.01669	0.94674	0.78711
17Q4	83.20359	51.06397	59.73808	1.39281	0.85632
18Q1	20.20357	52.51668	57.05088	0.35413	0.93760
18Q2	42.59979	53.96940	54.95509	0.77517	0.97755
18Q3	66.04722	55.42211	53.45072	1.23567	1.02731
18Q4	91.92811	56.87483	52.53777	1.74975	1.07577
19Q1	21.71683	58.32754	52.21624	0.41590	1.10114
19Q2	45.86709	59.78025	52.48612	0.87389	1.10203
19Q3	70.97172	61.23297	53.34742	1.33037	1.10605
19Q4	98.65152	62.68568	54.80013	1.80021	1.10679
20Q1	20.52448	64.13839	56.84426	0.36107	0.95596
20Q2	45.35925	65.59111	59.47981	0.76260	0.96169
20Q3	71.79482	67.04382	62.70677	1.14493	0.95188
20Q4	101.35670	68.49654	66.52515	1.52358	0.93672
21Q1	24.92002	69.94925	70.93494	0.35131	0.93013
21Q2	53.20494	71.40196	75.93615	0.70065	0.88357
21Q3	82.33375	72.85468	81.52878	1.00987	0.83959
21Q4	114.92370	74.30739	87.71283	1.31023	0.80555

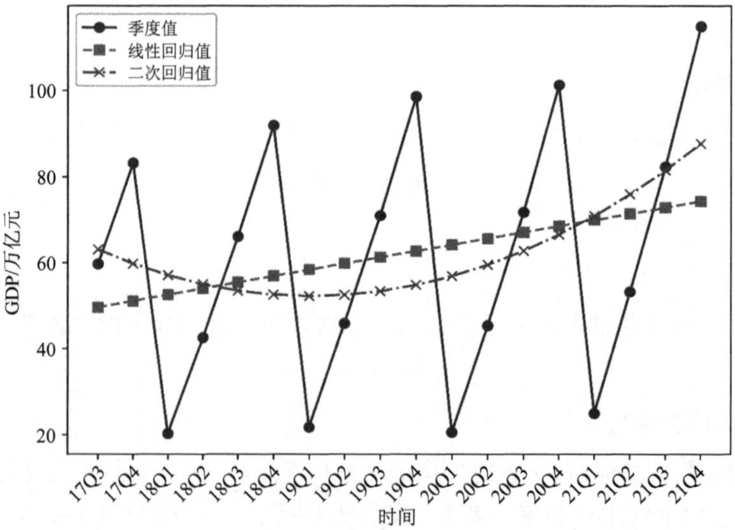

图 10-7　GDP 回归分析结果

3）指数曲线模型

若时间序列各相邻时期发展水平的比值接近于一个常数，即以几何级数递增或递减时，可以拟合为如下的指数曲线模型：

$$\hat{y}_t = ab^t \tag{10.3.12}$$

其中，a,b 为模型参数。

4）修正的指数曲线模型

有时，时间序列的变化表现为初期增长迅速，随后增长速度降低，最终以 K 为增长极限。例如，某种新产品问世后，初期销量增长很快，当社会拥有量接近饱和时，销量就会逐渐趋于平稳。对于这类数据，可以考虑用修正的指数曲线模型进行描述。修正指数曲线模型为

$$\hat{y}_t = K + ab^t \tag{10.3.13}$$

其中，K,a,b 为模型参数。当 $K>0$，$a<0$，$0<b<1$ 时，$\lim\limits_{t\to\infty} Y_t = K$。

5）Logistic 曲线模型

当时间序列的变化表现为类似图 7-12 的 S 形：初期增长较慢，随后增长速度加快，当到达一定程度时，增长速度又下降，最终接近一定水平线，则可以考虑用 Logistic 曲线模型进行描述。通常，Logistic 曲线模型可用于描述事物的发展由萌芽、成长到饱和的变化过程。在实际中，一般采用的是 Logistic 曲线模型的如下简化形式：

$$\hat{y}_t = \frac{K}{1 + a\mathrm{e}^{-bt}} \tag{10.3.14}$$

其中，K,a,b 为模型参数。

6）Gompertz 曲线模型

该曲线模型描述的形态与 Logistic 曲线模型类似，其公式为

$$\hat{y}_t = Ka^{b^t} \tag{10.3.15}$$

其中，K,a,b 为模型参数。

10.3.4　季节变动的分析

在对季节变动进行分析时，首先需要广义理解“年”“季节”的概念。“年”从广义上讲，指的是在时间序列中现象变动一个周期的时间。例如，在我国对各“五年”计划的运行情况进行分析时，时间序列中的“年”指的是“五年”；在对历年的服装销售变动情况进行分析时，时间序列中的“年”指的是日历时间的年。“季节”从广义上讲，指的是在“年”的内部，时间序列指标值相差比较大的几个时段。有时，可以将“季节”理解为通常的日历季度，如表 10-9 中的数据就是以季度为季节的，也可广义地理解“季节”的概念，如将每月视为一个季节。

季节变动分析时，通常采用同期平均法。首先需剔除原始序列中的长期趋势T。设每“年”有M个季节，共有N“年”的观测值，剔除长期趋势后的观测值序列为：$y_{11},\cdots,y_{1M},\cdots,y_{N1}\cdots,y_{NM}$，其中，$y_{ij}$表示第$i$年第$j$个季节的观测值。通常，以日历时间的季度为单位时，$M=4$，以月为单位时，$M=12$。

各年观测值的总和为

$$\mathrm{ST}=\sum_{i=1}^{N}\sum_{j=1}^{M}y_{ij} \tag{10.3.16}$$

各年总的季节平均值（也称为总季平均值）为

$$\overline{\mathrm{ST}}=\frac{\mathrm{ST}}{NM} \tag{10.3.17}$$

第j个季节的各年总和为

$$\mathrm{ST}_j=\sum_{i=1}^{N}y_{ij} \tag{10.3.18}$$

第j个季节的各年平均值（也称为同季平均值）为

$$\overline{\mathrm{ST}}_j=\frac{\mathrm{ST}_j}{N} \tag{10.3.19}$$

以下给出季节指数（seasonal index）的定义。对于乘法模型，季节指数（也称为季节比率）是各季平均数与各年总的季节平均值的比值，第j个季度的季节指数S_j为

$$S_j=\frac{\overline{\mathrm{ST}}_j}{\overline{\mathrm{ST}}} \tag{10.3.20}$$

可以看出，对于乘法模型，季节指数大于 100%时，表示为旺季；季节指数小于 100%时，表示为淡季。由上述定义，不难得到$\sum_{j=1}^{M}S_j=M$。

对于加法模型，季节指数是各季平均数与全时期总平均数的差，第j个季度的季节指数S_j为

$$S_j=\overline{\mathrm{ST}}_j-\overline{\mathrm{ST}} \tag{10.3.21}$$

可以看出，对于加法模型，季节指数大于 0 时，表示为旺季；季节指数小于 0 时，表示为淡季。并且可得到$\sum_{j=1}^{M}S_j=0$。

对于表 10-9 所示的 GDP 数据，基于二次曲线回归剔除长期变动后，得到 SI=季度值/二次回归值，其时间序列值如表 10-12 第 5 列所示。对该列数据，当不考虑 2017 年第 3、4 季度数据时，均值为$\overline{\mathrm{ST}}=0.981208$。计算得到各个季节的同期平均值如表 10-13“同季平均值”一行所列。再由式(10.3.20)计算可得各季度的季节指数，结果如表 10-13 第 6 行“季节指数”及图 10-8 所示。

表 10-13　各季度 GDP 季节指数计算结果

年份	季度 1SI	季度 2SI	季度 3SI	季度 4SI
2018	0.3541	0.7752	1.2357	1.7498
2019	0.4159	0.8739	1.3304	1.8002
2020	0.3611	0.7626	1.1449	1.5236
2021	0.3513	0.7007	1.0099	1.3102
同季平均值	0.3706	0.7781	1.1802	1.5959
季节指数	0.3777	0.7929	1.2028	1.6265

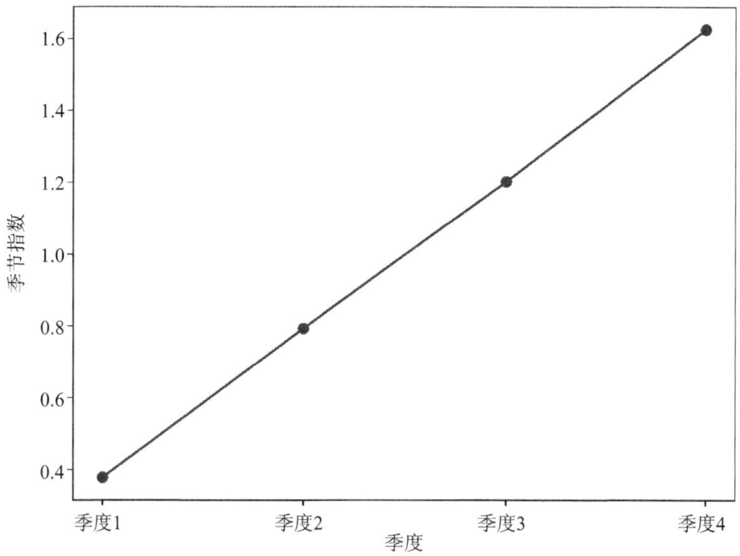

图 10-8　GDP 的季节指数

10.3.5　循环变动和不规则变动的分析

1. 循环变动的分析

当时间序列观测的周期较长，在时序图上有循环变动的趋势时，需要对循环变动进行分析。最常用的循环变动分析方法是剩余法，其基本思想是：首先从时间序列中逐次消去长期趋势及季节变动，再通过移动平均法消除不规则变动，剩下的变动即为循环变动。下面以乘法模型 $Y=T\cdot S\cdot C\cdot I$ 为例，说明剩余法的主要步骤。

（1）根据时间序列计算出长期趋势 T（如采用数学模型法），将原时间序列指标值除以 T 对应的指标值，即

$$\frac{Y}{T}=\frac{T\cdot S\cdot C\cdot I}{T}=S\cdot C\cdot I \tag{10.3.22}$$

这样，就得到了消除长期趋势后的指标值。

（2）由 $S\cdot C\cdot I$ 序列，计算出季节指数 S，再将上述计算得到的结果除以 S，即

$$\frac{S\cdot C\cdot I}{S}=C\cdot I \tag{10.3.23}$$

这样，就得到了只含有循环变动与不规则变动成分的时间序列。

（3）对上述结果进行移动平均处理，消除不规则变动 I，得到的结果就是循环变动 C。

2. 不规则变动的分析

对于给定的时间序列，若采用乘法模型 $Y=T\cdot S\cdot C\cdot I$，当通过前述方法将 T、S、C 分离出来后，就可以进一步分离出不规则变动 I。具体计算方法为

$$I=\frac{C\cdot I}{C} \tag{10.3.24}$$

如对于表 10-9 的 GDP 数据，在不考虑 C 的条件下，运用 $I=\frac{Y}{T\cdot S}=\frac{T\cdot S\cdot I}{T\cdot S}$ 计算，得到的结果如表 10-12 最后一列所示。据此，可绘制出 I 的折线图，如图 10-9 所示。

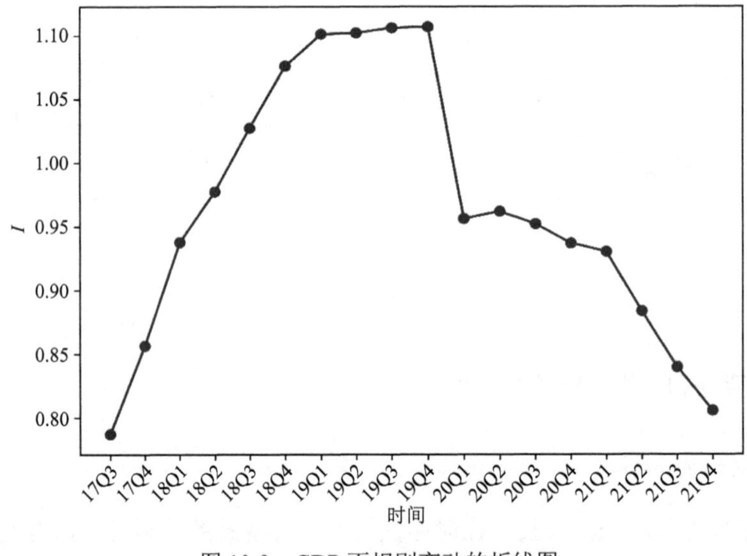

图 10-9 GDP 不规则变动的折线图

10.4 时间序列的预测

时间序列的预测是基于已有的数据，依据现象渐变发展的连续性，对时间序列的未来发展情况进行外推预测。有很多方法可用于时间序列的预测。本节主要介绍基于时间序列分解模型的预测方法，也称为分解法。本节对时间序列预测的类型与步骤、预测方

法的选择、预测方法的评价、不同类型时间序列的预测方法等进行阐述。

10.4.1　时间序列预测的类型与步骤

时间序列分析中，通常假定时间序列过去的变化趋势会延续影响到未来。对时间序列进行预测，首先是利用因素分析法，对时间序列进行分解，确定影响因素。在T、S、C、I四个影响因素中，当观察周期较少，或者C不明显时，可不考虑C。本节主要介绍在不考虑C的条件下，以下四类时间序列的预测方法。

第一类：无长期趋势、无季节变动的时间序列。

第二类：有长期趋势、无季节变动的时间序列。

第三类：有长期趋势、有季节变动的时间序列。

第四类：无长期趋势、有季节变动的时间序列。

在现代时间序列分析中，上述第一类时间序列称为平稳序列，其分析方法是：通过对序列不同时期指标之间相关关系的分析，构建 ARMA 模型（autoregressive moving average model，自回归移动平均模型）或其他平稳时间序列模型，然后进行平稳序列的拟合与预测。第二类称为无季节效应的非平稳序列，一般是通过差分方式，将序列转化为平稳序列，然后再进行分析和预测。第三、四类称为有季节效应的非平稳序列，可综合运用指数平滑预测、加法和乘法模型等方法进行分析。

对时间序列进行预测的一般步骤如下。

第一步：绘制时序图，观察时间序列的变化规律。得到时间序列的观测值$y_1,y_2,\cdots,y_n$后，首要的工作是绘制如图 10-2、图 10-4 等所示的时序图。然后基于时序图，确定所要进行分析预测的时间序列的类型。

第二步：选择模型，计算模型参数。在时序图分析的基础上，选择四类模型之一进行时间序列建模。对于不同类型的时间序列，建立的模型不同，但主要的思路是：先剔除长期趋势，然后剔除季节变动，最后分析第一类模型；在预测时，将各因素进行叠加。10.4.3 节到 10.4.5 节将分别对不同类型时间序列的预测建模与参数估计方法进行阐述。

第三步：对预测模型进行评价。选择不同的模型，可能会得出不同的预测结论，因此需要对预测模型的准确性进行评价。10.4.2 节将介绍平均绝对误差、均方误差和平均绝对百分比误差三种评价方法。

第四步：基于模型进行预测。对预测模型进行评价，选择出满意的预测模型后，即可采用选定的模型对时间序列未来的发展趋势进行预测分析。

10.4.2　预测方法的评价

时间序列的预测误差（forecasting error）是指预测结果与实际值的差异程度。预测误差的大小是评价预测方法的重要依据。设时间序列的实际观测值为$y_1,y_2,\cdots,y_n$，对应的预测值为$\hat{y}_1,\hat{y}_2,\cdots,\hat{y}_n$，则定义不同时期的预测误差$e_t$为

$$e_t = y_t - \hat{y}_t,\quad t = 1,2,\cdots,n \tag{10.4.1}$$

对于时间序列的预测误差，通常采用以下指标进行度量。

（1）平均绝对误差（mean absolute deviation，MAD）

$$\text{MAD} = \frac{1}{n}\sum_{t=1}^{n}\left|e_t\right| = \frac{1}{n}\sum_{t=1}^{n}\left|y_t - \hat{y}_t\right| \tag{10.4.2}$$

（2）均方误差（mean square error，MSE）

$$\text{MSE} = \frac{1}{n}\sum_{t=1}^{n}e_t^2 = \frac{1}{n}\sum_{t=1}^{n}\left(y_t - \hat{y}_t\right)^2 \tag{10.4.3}$$

（3）平均绝对百分比误差（mean absolute percentage error，MAPE）

$$\text{MAPE} = \frac{1}{n}\sum_{t=1}^{n}\left|\frac{e_t}{y_t}\right| \times 100\% = \frac{1}{n}\sum_{t=1}^{n}\left|\frac{y_t - \hat{y}_t}{y_t}\right| \times 100\% \tag{10.4.4}$$

当采用不同的方法进行预测时，MAD、MSE 或 MAPE 越小，说明时间序列的预测结果越准确。当 MAD、MSE 或 MAPE 大于一定值时，应对预测模型的准确性进行分析，必要时应更换预测模型。

10.4.3 平稳序列的预测

对于第一类时间序列（无长期趋势、无季节变动的时间序列），序列通常只含有不规则变动，此时可认为序列为平稳序列。对于平稳时间序列，可通过简单平均法、简单移动平均法、简单指数平滑法、ARMA 模型等进行分析。

1. 简单平均法

简单平均法是根据已观测到的序列观测值的算术平均值来预测未观测到的序列值，设已有的 t 期观测值为 $y_1, y_2, \cdots, y_t$，则第 $t+1$ 期指标的预测值 $\hat{y}_{t+1}$ 为

$$\hat{y}_{t+1} = \frac{1}{t}\sum_{i=1}^{t}y_i = \frac{y_1 + y_2 + \cdots + y_t}{t} \tag{10.4.5}$$

2. 简单移动平均法

简单移动平均法是根据已有的预测期的最近前 k 期观测值的算术平均值，来预测第 $t+1$ 期的数值 $\hat{y}_{t+1}$，其计算公式为

$$\hat{y}_{t+1} = \frac{1}{k}\sum_{i=t-k+1}^{t}y_i = \frac{y_t + y_{t-1} + \cdots + y_{t-k+1}}{k} \tag{10.4.6}$$

由式(10.4.5)或式(10.4.6)得到 $t+1$ 期序列的观测值 y_{t+1} 后，即可根据式(10.4.1)计算 e_{t+1}。对于平稳序列，可以证明：

$$\text{E}\left(\hat{y}_{t+1}\right) = \mu \tag{10.4.7}$$

式中，μ为常数，是平稳序列指标的期望值。这说明使用简单平均法、简单移动平均法得到的预测值是序列真实值的无偏估计。

例 10-7 表 10-14 给出了 2002~2021 年以前一年为基期的我国工业生产者出厂价格指数（producer price index for industrial products，PPI）。分别采用简单平均法、$k=3$ 和 $k=4$ 时的简单移动平均法进行预测，相关计算结果如表 10-14 所示。

对于本例数据由式(10.4.3)、式(10.4.4)可得，简单平均法的 MSE = 20.43 、MAPE = 3.93%。简单移动平均法，$k=3$ 时，MSE = 23.39 、MAPE = 4.14%；$k=4$ 时，MSE = 22.41、MAPE = 3.92%。可见对于本例的数据，采用简单移动平均法时，取 $k=4$ 可得精度较高的预测结果。表 10-14 最后一行的三个数据是 2022 年 PPI 的预测值。预测结果与原 PPI 序列的对比如图 10-10 所示。

表 10-14 2002~2021 年我国 PPI 简单移动平均法和简单平均法预测结果

年份	PPI(%)	$k=3$ 简单移动平均法			$k=4$ 简单移动平均法			简单平均法		
		$\hat{y}$	e_t	e_t^2	$\hat{y}$	e_t	e_t^2	$\hat{y}$	e_t	e_t^2
2002	97.8									
2003	102.3							97.80	4.50	20.25
2004	106.1							100.05	6.05	36.60
2005	104.9	102.07	2.83	8.03				102.07	2.83	8.03
2006	103	104.43	−1.43	2.05	102.78	0.22	0.05	102.78	0.22	0.05
2007	103.1	104.67	−1.57	2.45	104.08	−0.97	0.95	102.82	0.28	0.08
2008	106.9	103.67	3.23	10.45	104.28	2.63	6.89	102.87	4.03	16.27
2009	94.6	104.33	−9.73	94.74	104.48	−9.88	97.52	103.44	−8.84	78.20
2010	105.5	101.53	3.97	15.73	101.90	3.60	12.96	102.34	3.16	10.00
2011	106.0	102.33	3.67	13.44	102.53	3.47	12.08	102.69	3.31	10.96
2012	98.3	102.03	−3.73	13.94	103.25	−4.95	24.50	103.02	−4.72	22.28
2013	98.1	103.27	−5.17	26.69	101.10	−3.00	9.00	102.59	−4.49	20.17
2014	98.1	100.80	−2.70	7.29	101.98	−3.88	15.02	102.22	−4.12	16.95
2015	94.8	98.17	−3.37	11.33	100.13	−5.33	28.36	101.90	−7.10	50.41
2016	98.6	97.00	1.60	2.56	97.33	1.27	1.63	101.39	−2.79	7.80
2017	106.3	97.17	9.13	83.42	97.40	8.90	79.21	101.21	5.09	25.94
2018	103.5	99.90	3.60	12.96	99.45	4.05	16.40	101.53	1.98	3.90
2019	99.7	102.80	−3.10	9.61	100.80	−1.10	1.21	101.64	−1.94	3.77
2020	98.2	103.17	−4.97	24.67	102.03	−3.82	14.63	101.53	−3.33	11.11
2021	108.1	100.47	7.63	58.27	101.93	6.18	38.13	101.36	6.74	45.46
		102.00			102.38			101.70		

数据来源：https://data.stats.gov.cn/easyquery.htm?cn=C01&zb=A0901&sj=2022，访问时间：2024 年 1 月 10 日

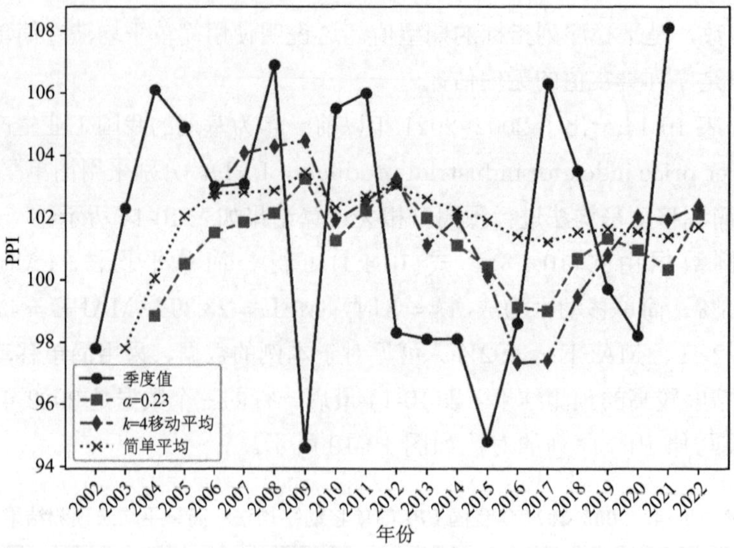

图 10-10　2002~2021 年 PPI 以及不同方法预测结果

3. 简单指数平滑法

简单平均法、简单移动平均法具有较好的统计特性，但从其计算公式(10.4.5)、式(10.4.6)看，它是将最近某一段时期内指标的算术平均数作为未来一期的预测值，认为过去一段时期序列的观测值对未来序列值的影响都是相同的（因为算术平均值的权重分别为$1/t$、$1/k$）。在实际应用中，通常距离当前期（可认为是第$t+1$期）越远的结果对当前期序列值的影响越小，而不是权重都相等。简单指数平滑法就是基于这种假设对第一类序列进行预测。

简单指数平滑法的预测模型为

$$\hat{y}_{t+1}=\alpha y_t+\alpha(1-\alpha)y_{t-1}+\alpha(1-\alpha)^2 y_{t-2}+\alpha(1-\alpha)^3 y_{t-3}+\cdots \tag{10.4.8}$$

其中，$0<\alpha<1$，称为平滑系数或阻尼系数。不难得出

$$\sum_{i=0}^{\infty}\alpha(1-\alpha)^i=1 \tag{10.4.9}$$

由式(10.4.8)可见，简单指数平滑法将式(10.4.5)、式(10.4.6)的等权重改为间隔期数的函数$\alpha(1-\alpha)^i$，认为不同时期序列的观测值对第$t+1$期序列值的影响权重随着间隔期数的变化，呈现出指数衰减的趋势。

结合式(10.4.8)，可得

$$\mathrm{E}(\hat{y}_{t+1})=\sum_{i=0}^{\infty}\alpha(1-\alpha)^i\mu=\mu \tag{10.4.10}$$

上述结果表明简单指数平滑法具有估计的无偏性。在实际工作中，α的取值通常由序列变化的快慢程度确定，对于变化比较缓慢的序列，可取α为$0.1\sim0.3$的值，而对于

变化较为迅速的序列，可取 α 为 $0.6 \sim 0.9$ 的值。也可采用试算法，对于不同的 α 取值进行试算，选择使得序列预测的 MAD、MSE 或 MAPE 最小的 α 值。

由式(10.4.8)可得

$$\begin{aligned}\hat{y}_{t+1} &= \alpha y_t + (1-\alpha)\left(\alpha y_{t-1} + \alpha(1-\alpha) y_{t-2} + \alpha(1-\alpha)^2 y_{t-3} + \cdots\right) \\ &= \alpha y_t + (1-\alpha)\hat{y}_t\end{aligned} \tag{10.4.11}$$

上式也可写为

$$\hat{y}_{t+1} = \hat{y}_t + \alpha(y_t - \hat{y}_t) \tag{10.4.12}$$

可见第 $t+1$ 期预测值为：第 t 期的预测值再加上预测误差的滞后变动。在实际计算时，通常得到的是 $y_1, y_2, \cdots$，而不是 $y_0, y_{-1}, y_{-2}, \cdots$。此时，可从 $t=3$ 开始进行预测，取

$$\hat{y}_3 = \alpha y_2 + (1-\alpha) y_1 \tag{10.4.13}$$

对于表 10-14 所示的 PPI 数据，采用 $\alpha = 0.23$ 和 $\alpha = 0.4$，由式(10.4.11)计算可得如表 10-15 所示的预测结果。再由式(10.4.3)、式(10.4.4)，可得 $\alpha = 0.23$ 时，$\text{MSE} = 23.12$、

表 10-15　2002~2021 年我国 PPI 与简单指数平滑预测结果

年份	PPI	$\alpha = 0.23$	e_t	e_t^2	$\alpha = 0.4$	e_t	e_t^2
2002	97.8						
2003	102.3						
2004	106.1	98.84	7.27	52.78	99.60	6.50	42.25
2005	104.9	100.51	4.39	19.31	102.20	2.70	7.29
2006	103	101.52	1.48	2.20	103.28	−0.28	0.08
2007	103.1	101.86	1.24	1.54	103.17	−0.07	0.00
2008	106.9	102.14	4.76	22.62	103.14	3.76	14.13
2009	94.6	103.24	−8.64	74.61	104.64	−10.04	100.89
2010	105.5	101.25	4.25	18.06	100.63	4.87	23.75
2011	106.0	102.23	3.77	14.23	102.58	3.42	11.72
2012	98.3	103.10	−4.80	23.00	103.95	−5.65	31.87
2013	98.1	101.99	−3.89	15.15	101.69	−3.59	12.87
2014	98.1	101.10	−3.00	8.98	100.25	−2.15	4.63
2015	94.8	100.41	−5.61	31.45	99.39	−4.59	21.08
2016	98.6	99.12	−0.52	0.27	97.55	1.05	1.09
2017	106.3	99.00	7.30	53.31	97.97	8.33	69.34
2018	103.5	100.68	2.82	7.96	101.30	2.20	4.82
2019	99.7	101.33	−1.63	2.65	102.18	−2.48	6.16
2020	98.2	100.95	−2.75	7.58	101.19	−2.99	8.94
2021	108.1	100.32	7.78	60.53	99.99	8.11	65.71
		102.11			103.24		

MAPE = 4.13%；$\alpha = 0.4$ 时，MSE = 23.70、MAPE = 3.97%。可见，从 MSE 的角度，对于本例的数据，采用 $\alpha = 0.23$ 可得精度较高的预测结果。表中最后一行的两个数据是 2022 年 PPI 的预测值。$\alpha = 0.23$ 时的预测结果与原 PPI 序列的对比情况如图 10-10 所示。

对比简单平均法、简单移动平均法和简单指数平滑法的 MSE，可见在 $k = 4$ 时，简单移动平均法的 MSE 小于 $\alpha = 0.23$ 时的 MSE，简单平均法的 MSE 在三种方法里面是最小的。在实际工作中，三种方法各有优点，需结合序列的实际情况，选择恰当的方法进行预测。

对于简单移动平均法和简单指数平滑法，当 t 较大时，如 $t > n+1$，因没有新的观测值，可能 $n+1$ 期后无法再基于简单移动平均法或简单指数平滑法进行序列的预测，考虑到需要预测的序列为平稳序列，此时可取

$$\hat{y}_{n+k} = \hat{y}_{n+k-1}，k > 2 \tag{10.4.14}$$

4. ARMA 模型

在现代时间序列分析中，常用的时间序列分析模型为 ARMA 模型。ARMA 模型共包括三类基本模型：一是 AR（auto regressive，自回归）模型；二是 MA（moving average，移动平均）模型；三是 ARMA 模型。ARMA 的计算和分析相对较为复杂，其参数估计、检验，以及时间序列的预测可参考时间序列分析的相关教材专著。

10.4.4　趋势序列的预测

对于 10.4.1 节中介绍的第二类时间序列，可在长期趋势建模的基础上，完成对序列的预测。趋势序列的预测方法有趋势外推法、移动平均法等。下面对趋势外推法进行介绍。

趋势外推法也称为长期趋势预测法。若一个时间序列的长期趋势是其主要成分，并且假设现象未来的发展变化规律与过去基本相同，发展过程主要是渐进变化，没有跳跃式变化，则可以运用趋势外推法进行预测。

设通过长期趋势分析已得到了时间序列的模型为

$$y_t = f(t;\boldsymbol{\theta}) + \varepsilon_t \tag{10.4.15}$$

其中，$f(t;\boldsymbol{\theta})$ 为 10.3.3 节介绍的长期趋势模型，如线性模型、二次曲线模型等。ε_t 为采用趋势模型进行拟合时，观测值与实际值之间的偏差。

对式(10.4.15)的未知参数进行求解，得到 $\boldsymbol{\theta}$ 的估计值 $\hat{\boldsymbol{\theta}}$，再代入模型中，可得第 t 期的预测值为 $\hat{y}_t = f(t;\hat{\boldsymbol{\theta}})$。

对于表 10-10 的铁路营业里程数据可绘制如图 10-11 所示的时序图，初步确定可选用式(10.3.11)所示的二次曲线模型作为长期趋势模型。在计算中，以 2000 年为 $t = 1$，以 2001 年为 $t = 2$，以此类推，则运用最小二乘法，可求解得到如下模型：

$$\hat{y} = 6.9143 - 0.0079t + 0.0183t^2$$

运用上述模型，对给定的数据进行拟合，可得如表 10-16 所示的数据，进一步计算可得判定系数 $R^2 = 0.9926$， $\mathrm{MSE} = 0.04525$， $\mathrm{MAPE} = 1.622\%$。可见，模型可以很好地拟合给定的时间序列。原序列和二次曲线拟合序列的对比如图 10-11 所示。

表 10-16　2000~2020 年我国铁路营业里程数与二次曲线模型预测结果（单位：万 km）

年份	原序列值	预测值	e_t	e_t^2	年份	原序列值	预测值	e_t	e_t^2
2000	6.87	6.9247	−0.0547	0.0030	2011	9.32	9.4547	−0.1347	0.0181
2001	7.01	6.9717	0.0383	0.0015	2012	9.76	9.9043	−0.1443	0.0208
2002	7.19	7.0553	0.1347	0.0181	2013	10.31	10.3905	−0.0805	0.0065
2003	7.3	7.1755	0.1245	0.0155	2014	11.18	10.9133	0.2667	0.0711
2004	7.44	7.3323	0.1077	0.0116	2015	12.1	11.4727	0.6273	0.3935
2005	7.54	7.5257	0.0143	0.0002	2016	12.4	12.0687	0.3313	0.1098
2006	7.71	7.7557	−0.0457	0.0021	2017	12.7	12.7013	−0.0013	0.0000
2007	7.8	8.0223	−0.2223	0.0494	2018	13.17	13.3705	−0.2005	0.0402
2008	7.97	8.3255	−0.3555	0.1264	2019	13.99	14.0763	−0.0863	0.0074
2009	8.55	8.6653	−0.1153	0.0133	2020	14.63	14.8187	−0.1887	0.0356
2010	9.12	9.0417	0.0783	0.0061					

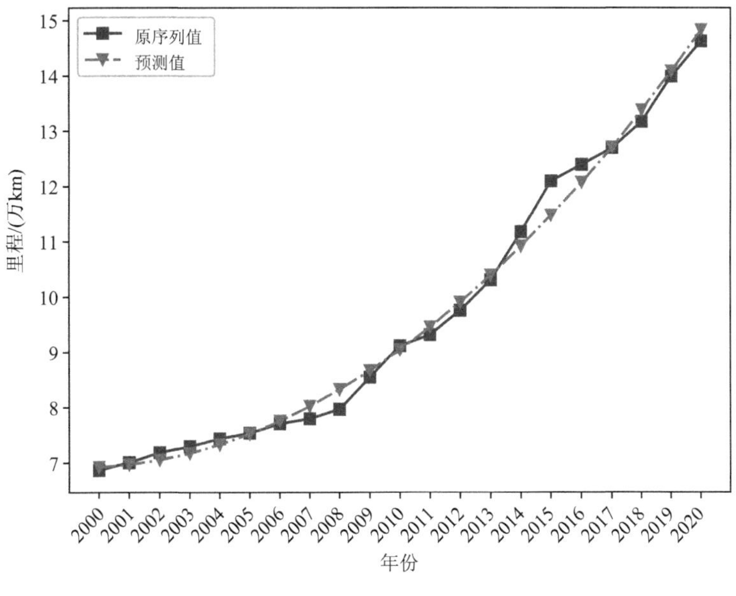

图 10-11　2000~2020 年我国铁路营业里程数和二次曲线拟合时序图

对 2021 年的铁路营业里程进行预测时，取 2021 年为 $t = 22$，代入模型进行计算可得

$$\hat{y}_{22} = 6.9143 - 0.0079 \times 22 + 0.0183 \times 22^2 = 15.5977$$

10.4.5 复合型序列的预测

通常情况下，需要进行预测的是包含T、S、C、I的复合型序列。设已知时间序列的观测值为$y_1,y_2,\cdots,y_n$。对第t期的指标值进行预测的流程如图 10-12 所示。

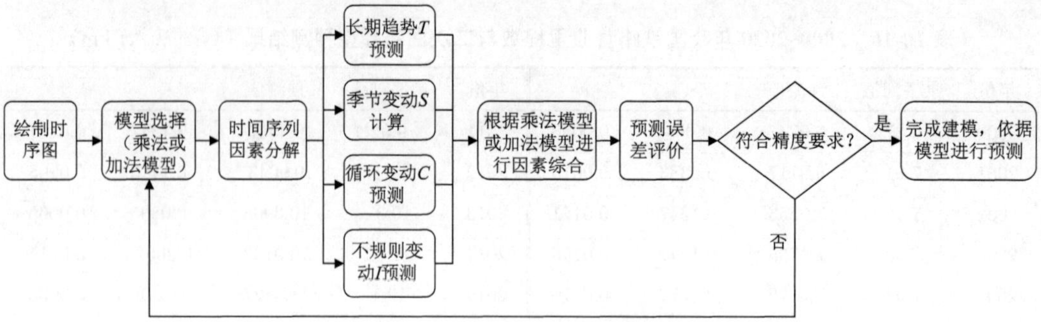

图 10-12　复合型时间序列预测流程图

运用乘法模型进行时间序列预测的具体过程如下。

①进行时间序列的分解，分析存在于时间序列中的T、S、C和I。建立时间序列的长期趋势模型$y_t^{(1)}=f(t;\boldsymbol{\theta})+\varepsilon_t$，在剔除长期趋势的基础上求出各个季节的季节指数。

②运用长期趋势模型进行外推预测，求出预测值$\hat{y}_t^{(1)}$。然后用季节指数对外推值进行季节调整。设第t时期对应的季节为j，则进行季节指数调整后得到的值为$\hat{y}_t^{(2)}=\hat{y}_t^{(1)}\cdot S_j$。

③对原始观测值序列$y_1,y_2,\cdots,y_n$依乘法模型进行处理，得到消除长期趋势和季节变动影响的序列$\{Z_t\}$。即

$$Z_t=\frac{T\cdot S\cdot C\cdot I}{T\cdot S}=\frac{y_t}{\hat{y}_t^{(2)}} \tag{10.4.16}$$

可以看出，新的时间序列$\{Z_t\}$中只含有循环变动和不规则变动。

④对$\{Z_t\}$进行移动平均处理，从中分离并消除$\{I_t\}$，得到$\{C_t\}$。运用趋势外推法，给出第t时期预测值$\hat{c}_t$。然后，对$\{I_t\}$运用移动平均法或指数平滑法得到其在第t时期预测值$\hat{v}_t$，并计算得到第t时期的预测值$\hat{z}_t=\hat{c}_t\cdot\hat{v}_t$。

⑤基于乘法模型，将不同影响因素进行复合，得到最终的预测值$\hat{y}_t$。

$$\hat{y}_t=\hat{y}_t^{(2)}\cdot\hat{z}_t \tag{10.4.17}$$

当不考虑C时，上述步骤可进行简化，将第④步改为基于平稳序列的简单移动平均或简单指数平滑法等进行预测即可。此时取$I_t=\dfrac{T\cdot S\cdot I}{T\cdot S}=\dfrac{y_t}{\hat{y}_t^{(2)}}$，记由平稳序列预测得到的$I_t$为$\hat{v}_t$，则最终预测值为

$$\hat{y}_t = \hat{y}_t^{(2)} \cdot \hat{v}_t = \hat{y}_t^{(1)} \cdot S_j \cdot \hat{v}_t \tag{10.4.18}$$

上面给出了乘法模型进行时间序列预测的主要过程，对加法模型以及其他类型的模型，预测过程类似，区别在于因素分解和因素综合的方法不同。

以表 10-9 所示的数据为例，表 10-13 给出了季节指数的计算结果；表 10-12 的第 4 列给出了二次曲线模型的预测结果，即 $\hat{y}_t^{(1)}$；表 10-12 的第 6 列给出了剔除长期趋势和季节变动影响后，剩余的不规则变动，对其进行 $k=4$ 的简单移动平均，可得如表 10-17 所示的移动平均结果，计算可得 $\text{MSE}=0.007959$ 、 $\text{MAPE}=8.1919\%$ ，可见移动平均预测的精度较高。

表 10-17　GDP 中不规则变动的移动平均结果

时间	I	k=4	e_t	e_t^2
17Q3	0.7871			
17Q4	0.8563			
18Q1	0.9376			
18Q2	0.9775			
18Q3	1.0273	0.8896	0.1377	0.0190
18Q4	1.0758	0.9497	0.1261	0.0159
19Q1	1.1011	1.0046	0.0966	0.0093
19Q2	1.1020	1.0454	0.0566	0.0032
19Q3	1.1060	1.0766	0.0295	0.0009
19Q4	1.1068	1.0962	0.0105	0.0001
20Q1	0.9560	1.1040	−0.1480	0.0219
20Q2	0.9617	1.0677	−0.1060	0.0112
20Q3	0.9519	1.0326	−0.0807	0.0065
20Q4	0.9367	0.9941	−0.0574	0.0033
21Q1	0.9301	0.9516	−0.0214	0.0005
21Q2	0.8836	0.9451	−0.0615	0.0038
21Q3	0.8396	0.9256	−0.0860	0.0074
21Q4	0.8055	0.8975	−0.0920	0.0085
		0.8647		

在前述计算的基础上，将 $\hat{y}_t^{(1)}$ 、季节指数 S_j 、$k=4$ 时 I 的简单移动平均 $\hat{I}_t$ 进行综合。由式(10.4.18)进行综合，可得到各季度 GDP 的预测结果，如表 10-18 第 7 列所示。进一步计算可得， $\text{MSE}=41.1446$ 、 $\text{MAPE}=8.1919\%$ 。预测结果如图 10-13 和表 10-18 所示(表中数据精度为保留小数点后 4 位有效数字)。

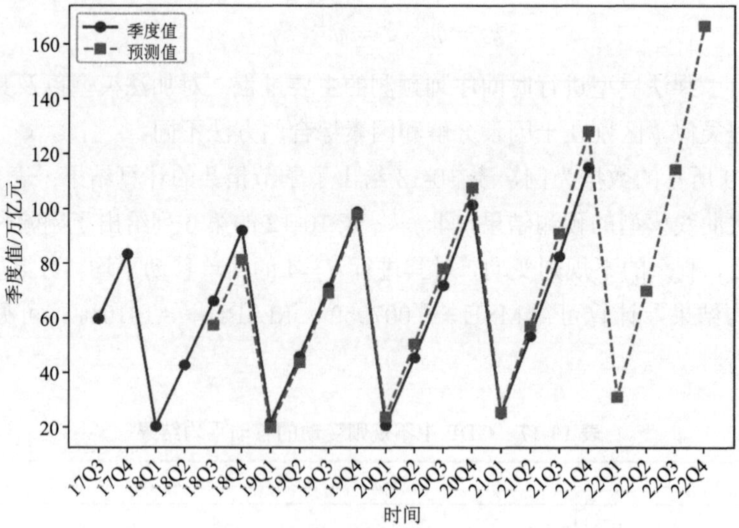

图 10-13 GDP 的季度值与预测值对比图

表 10-18 各季度 GDP 和预测结果 （单位：万亿元）

时间	季度值	I	二次回归预测值	S	I移动平均	预测值	e_t	e_t^2
17Q3	59.6607	0.7871	63.0167	1.2028				
17Q4	83.2036	0.8563	59.7381	1.6265				
18Q1	20.2036	0.9376	57.0509	0.3777				
18Q2	42.5998	0.9775	54.9551	0.7930				
18Q3	66.0472	1.0273	53.4507	1.2028	0.8896	57.1963	8.8510	78.3395
18Q4	91.9281	1.0758	52.5378	1.6265	0.9497	81.1544	10.7737	116.0735
19Q1	21.7168	1.1011	52.2162	0.3777	1.0046	19.8120	1.9049	3.6285
19Q2	45.8671	1.1020	52.4861	0.7930	1.0454	43.5119	2.3552	5.5470
19Q3	70.9717	1.1060	53.3474	1.2028	1.0766	69.0799	1.8918	3.5789
19Q4	98.6515	1.1068	54.8001	1.6265	1.0962	97.7118	0.9397	0.8831
20Q1	20.5245	0.9560	56.8443	0.3777	1.1040	23.7030	−3.1785	10.1032
20Q2	45.3593	0.9617	59.4798	0.7930	1.0677	50.3599	−5.0006	25.0062
20Q3	71.7948	0.9519	62.7068	1.2028	1.0326	77.8849	−6.0901	37.0894
20Q4	101.3567	0.9367	66.5251	1.6265	0.9941	107.5629	−6.2062	38.5175
21Q1	24.9200	0.9301	70.9349	0.3777	0.9516	25.4943	−0.5743	0.3298
21Q2	53.2049	0.8836	75.9362	0.7930	0.9451	56.9102	−3.7053	13.7292
21Q3	82.3338	0.8396	81.5288	1.2028	0.9256	90.7653	−8.4315	71.0904
21Q4	114.9237	0.8055	87.7128	1.6265	0.8975	128.0427	−13.1190	172.1088
22Q1			94.4883	0.3777	0.8647	30.8599		
22Q2			101.8552	0.7930	0.8647	69.8418		
22Q3			109.8135	1.2028	0.8647	114.2150		
22Q4			118.3632	1.6265	0.8647	166.4725		

本章小结

时间序列是由同一现象的指标在不同时间上的相继取值排列而形成的序列。可通过时序图对时间序列的变动情况进行描述、观察。按时间序列中指标值的波动情况，时间序列可分为平稳时间序列和非平稳时间序列。按时间序列中指标值代表的现象不同，时间序列可分为时期序列和时点序列。

宽平稳时间序列呈现出在一条水平线上下随机振动的特点，满足常数期望、常数方差、相同间隔的协方差相同三个条件。

时间序列中每一项数值反映了现象在不同时期所达到的水平，称为发展水平。平均发展水平是将时间序列不同时间的发展水平进行平均得到的值。时期序列和时点序列的平均发展水平有不同的计算方法。时间序列的增长量等于报告期发展水平与基期发展水平之差。平均增长量是指一定时间内平均每期的增长水平。发展速度是指报告期水平与基期水平对比所得的相对数。根据基期的不同，发展速度分为定基发展速度、环比发展速度。相应的，增长速度也分为定基增长速度、环比增长速度。平均发展速度可用几何平均法进行计算。增长 1%的绝对值是指速度每增长 1 个百分点而增长的绝对量。

时间序列的影响因素有长期趋势、季节变动、循环变动和不规则变动。长期趋势是指时间序列在一段较长的时间内的总体发展趋势。季节变动是指在“一年”内有一定周期规律的、重复出现的变动。循环变动是一种周期不固定的、在较长的时间段内（如数年内）有涨有落的交替变动。不规则变动是指由偶然因素引起的随机变动。

常用的时间序列分析模型有乘法模型、加法模型和混合模型等。

分析长期趋势的主要方法有移动平均法、数学模型法等。季节变动的分析可用同期平均法完成。分析循环变动的主要方法是基于剩余法。当分析出长期趋势、季节变动和循环变动后，就可用乘法模型或加法模型分离出不规则变动。

进行时间序列预测时可将序列分为平稳序列和非平稳序列两大类。平稳序列的预测方法主要有简单移动平均法和简单指数平滑法。对非平稳序列进行预测时需通过因素分解逐步消除长期趋势、季节变动、循环变动，然后分析剩余的不规则变动，最后再进行因素综合实现非平稳序列的预测。

时间序列预测模型的优劣性可用平均绝对误差、均方误差和平均绝对百分比误差进行评价。

习　题

一、选择题

1. 1990~2021 年按年度排列的某地区每年年末人口数序列是（　　）。

A．绝对数时期序列　　B．绝对数时点序列

C．相对数时间序列　　D．平均数时间序列

2. 每年的人口出生数构成的时间序列属于（　　）。

A．绝对数时期序列　　B．绝对数时点序列

C．相对数时间序列　　D．平均数时间序列

3. 如果某企业销售额的逐期增长量每年都相等，则其各年的环比增长速度是（　　）。

A．年年增长　　B．年年不变　　C．年年下降　　D．无法确定

4. 时间序列中，两个不同时期发展水平之差称为（　　）。

A．发展速度　　B．增长速度　　C．增长量　　D．平均增长量

5. 某地区经济连续 4 年的环比增长速度分别为 8.3%，9.2%，8.8%，9.4%，则该地区经济的年平均增长速度为（　　）。

A．$\sqrt[4]{1.083\times1.092\times1.088\times1.094}-1$　　B．$\sqrt[4]{0.083\times0.092\times0.088\times0.094}$

C．$\sqrt[4]{108.3\times109.2\times108.8\times109.4}$　　D．$\dfrac{8.3\%+9.2\%+8.8\%+9.4\%}{4}$

6. 运用乘法模型进行时间序列分析，对于包含四个构成因素的时间序列，以原序列各项数值除以移动平均值（其平均项数与季节周期长度相等）后所得比率（　　）。

A．只包含长期趋势和循环变动　　B．只包含不规则变动

C．消除了长期趋势和循环变动　　D．消除了长期趋势和不规则变动

7. 利用日历季节，采用乘法模型进行时间序列的因素分解，运用同期水平平均法计算季节指数时，各季节指数之和为（　　）。

A．100%　　B．0　　C．400%　　D．1200%

8. 运用同期水平平均法计算季节指数，如果现象发展没有季节变动，则季节指数理论上应（　　）。

A．等于 0　　B．小于 1　　C．大于 1　　D．等于 1

9. 根据近几年数据计算得出某种商品第二季度销售量的季节指数为 1.23，表明该商品第二季度销售（　　）。

A．处于旺季　　B．处于淡季　　C．增长了 23%　　D．增长了 123%

10. 若要运用指数曲线模型进行时间序列趋势外推，时间序列应具有的特点是（　　）。

A．定基发展速度大致相等　　B．环比发展速度大致相等

C．逐期增长量大致接近一个常数　　D．环比增长速度大致相等

11. 在进行时间序列的长期趋势分析时，如果逐期增长量大致相等，则宜拟合（　　）。

A．二次曲线模型　　B．线性模型　　C．指数曲线模型　　D．Logistic 曲线模型

12. 进行时间序列预测时，不宜用于预测方法优劣的评价指标是（　　）。

A．平均绝对误差　　B．均方误差

C．平均误差　　D．平均绝对百分比误差

13. 进行时间序列预测时，若时间序列呈现出围绕水平直线的周期变化，则需考虑采用（　　）类模型进行预测。

A．无长期趋势、无季节变动　　B．有长期趋势、无季节变动

C．有长期趋势、有季节变动　　D．无长期趋势、有季节变动

二、判断题

1. 由两个时期序列的对应项相比而产生的新序列仍然是时期序列。（　　）

2. 时期序列平均发展水平和时点序列平均发展水平的计算公式是一样的。（　　）

3. 各时期环比增长速度的连乘积等于相应时期的定基增长速度。（　　）

4. 各时期环比发展速度的连乘积等于相应时期的定基发展速度。（　　）

5. 时期序列的逐期增长量之和等于最后一个时期的累积增长量。（　　）

6. 相邻两个定基发展速度相除等于后一时期的环比发展速度。（　　）

7. 增长 1%的绝对值=报告期水平/100。（　　）

8. 移动平均的移动项数越大，则它对序列的平滑修匀作用越强。（　　）

9. 时间序列变化速度越缓慢，运用简单指数平滑法进行预测时，平滑系数 α 应取越接近于 1 的值。（　　）

10. 运用时间序列的分解模型进行预测时，若考虑季节性变动因素，前提是假设预测年份的季节性变化形态基本保持不变。（　　）

11. 无论基于月度数据、还是基于季度数据或年度数据，都可以观察到季节变动。（　　）

12. 对某一时间序列采用不同方法进行预测，方法对应的 MAPE 越大，其序列预测的精度越高。（　　）

三、简答题

1. 简述时间序列的样本结构。

2. 什么是宽平稳序列？

3. 什么是时期序列和时点序列？

4. 什么是平均发展水平？

5. 有哪些可用于度量预测误差的指标？

6. 试对乘法模型的含义进行解释。

7. 季节变动和循环变动有什么异同？

8. 为什么采用同期平均法可以分离出季节变动？

9. 说明用剩余法进行循环变动分析的基本思想。

10. 说明进行时间序列预测的一般步骤。

四、计算题

1. 根据指标间的关系，完成表 10-19（要求精确到两位小数）。

2. 某大型超市 1~4 月商品销售及人员资料如表 10-20 所示，请进行如下计算（精确到两位小数）：

（1）第一季度该超市平均每月商品销售额；

（2）第一季度平均售货员人数；

（3）第一季度平均每个售货员的销售额；

（4）第一季度平均每月每个售货员的销售额。

表 10-19　某地 2016~2021 年小麦产量情况

年份		2016	2017	2018	2019	2020	2021
某地小麦产量/万吨		960	980	1100	1050	1120	1200
与上年相比	增长量/万吨	——					
	环比发展速度/%	——					
	环比增长速度/%	——					
	增长 1%的绝对值/万吨	——					
平均增长速度/%							

表 10-20　某大型超市商品销售与人员情况

月份	1	2	3	4
商品销售额/万元	1320	1450	1180	1280
月初销售员人数/人	240	255	252	242

3. 2016~2021 年某高校教师人数和学生资料如表 10-21 所示，计算该高校 2016~2021 年教师与学生人数的平均师生比。

表 10-21　某高校 2016~2021 年师生人数情况

年份	2016	2017	2018	2019	2020	2021
年末教师人数/人	780	795	851	930	962	1026
年末学生人数/人	12350	13426	18296	20352	20421	21125

4. 2012~2021 年全国居民人均消费支出及人均衣着支出数据如表 10-22 所示。试计算：

（1）人均消费支出和人均衣着支出的平均发展水平。

（2）人均消费支出和人均衣着支出的平均发展速度与平均增长速度。

表 10-22　居民人均消费支出和人均衣着支出　　（单位：元）

年份	人均消费支出	人均衣着支出	年份	人均消费支出	人均衣着支出
2012	12054	992	2017	18322	1238
2013	13220	1027	2018	19853	1289
2014	14491	1099	2019	21559	1338
2015	15712	1164	2020	21210	1238
2016	17111	1203	2021	24100	1419

数据来源：https://data.stats.gov.cn/adv.htm?m=advquery&cn=C01，访问时间：2024 年 1 月 11 日

5. 表 10-23 列出了 2002~2021 年我国工业生产者购进价格指数(industrial producer purchase price index，IPI），表中 IPI 数据单位为：%，指数计算时是以上一年为基期，请进行以下分析：

（1）分别取 $k=3,k=4$，用简单移动平均法预测 2022 年的 IPI，并计算 MSE、MAPE。

（2）分别取 $\alpha=0.24,\alpha=0.4$，用简单指数平滑法预测 2022 年的 IPI，并计算 MSE、MAPE。

表 10-23　2002~2021 年我国工业生产者购进价格指数

年份	IPI	年份	IPI	年份	IPI	年份	IPI
2002	97.7	2007	104.4	2012	98.2	2017	108.1
2003	104.8	2008	110.5	2013	98	2018	104.1
2004	111.4	2009	92.1	2014	97.8	2019	99.3
2005	108.3	2010	109.6	2015	93.9	2020	97.7
2006	106	2011	109.1	2016	98	2021	111

数据来源：https://data.stats.gov.cn/adv.htm?m=advquery&cn=C01，访问时间：2024 年 1 月 11 日

6. 我国 1992~2021 年城镇人口和乡村人口数据如表 10-24 所示。请进行以下分析：

（1）对城镇人口建立趋势模型，预测 2022~2025 年城镇人口数，并计算 MSE、MAPE。

（2）对乡村人口建立趋势模型，预测 2022~2025 年乡村人口数，并计算 MSE、MAPE。

表 10-24　1992~2021 年我国城镇人口和乡村人口数据　（单位：万人）

年份	城镇	乡村	年份	城镇	乡村	年份	城镇	乡村
1992	32175	84996	2002	50212	78241	2012	72175	63747
1993	33173	85344	2003	52376	76851	2013	74502	62224
1994	34169	85681	2004	54283	75705	2014	76738	60908
1995	35174	85947	2005	56212	74544	2015	79302	59024
1996	37304	85085	2006	58288	73160	2016	81924	57308
1997	39449	84177	2007	60633	71496	2017	84343	55668
1998	41608	83153	2008	62403	70399	2018	86433	54108
1999	43748	82038	2009	64512	68938	2019	88426	52582
2000	45906	80837	2010	66978	67113	2020	90220	50992
2001	48064	79563	2011	69927	64989	2021	91425	49835

数据来源：国家统计局，https://data.stats.gov.cn/easyquery.htm?cn=C01，访问时间：2022 年 12 月 17 日

7. 湖南省 2018~2021 年各季度的地区生产总值如表 10-25 所示，若不考虑循环变动因素，请分离出该时间序列的长期趋势、季节变动和不规则变动，并求出各季的季节指数。

对于表 10-25 所示的数据，建立预测模型，预测 2022 年各季度湖南省的地区生产总值，计算 MSE、MAPE，并与实际数值对比。

五、综合应用题

1. 选择一个城市，收集该城市在一定时期内各年度的最高温度的变动情况，建立时间序列分析模型，并预测未来 1 年该城市的最高温度。

2. 收集 2000 年之后的我国某一地区（省、直辖市或自治区）各季度的地区生产总值数据，建立时

间序列分析模型，并预测未来 1 年该地区的地区生产总值。

表 10-25　湖南省 2018~2021 年各季度地区生产总值　　　（单位：亿元）

	2018 年	2019 年	2020 年	2021 年
第一季度	8113.26	8779.63	8767.18	10119
第二季度	16827.22	18546.12	18867.16	21359
第三季度	25880.08	28700.53	29500.3	32809
第四季度	36329.68	39894.14	41542.57	45713

数据来源：https://data.stats.gov.cn/easyquery.htm?cn=E0102&zb=A0101&reg=430000&sj=2023C，访问时间：2024 年 1 月 11 日

第 11 章　指　　数

本 章 导 读

时间序列描述了统计指标（或数量标志）随时间的变动情况，但在实际的国民经济分析、企业管理、环境监测等领域，往往需要对多个统计指标（或数量标志）的综合变动情况进行分析，研究指标变动的方向和变动的幅度，这就是指数分析。指数也称为统计指数（statistical index），是一种用于描述复杂现象总体数量综合变动的统计指标，在经济、管理、环境等领域都有重要的作用。

国家统计局网站在《什么是指数》一文中指出：指数是一个应用非常广泛的工具。2017~2019 年，我国年度居民消费价格指数分别为 101.6、102.1 和 102.9，表明近几年我国消费品和服务的价格涨幅有所扩大，但总体仍是温和的。国家统计局网站在《中国统计年鉴》（2023）中发布的价格指数类型包括：居民消费价格指数、城市居民消费价格指数、农村居民消费价格指数、工业生产者出厂价格指数、工业生产者购进价格指数等。

在购买某些商品时，顾客除关注价格、品牌等因素，还会关注对某些产品的顾客满意度指数（customer satisfaction index，CSI）。在这方面，Chnbrand（中企品研）在其官网上发布了 2023 年中国顾客满意度指数（China customer satisfaction index，C-CSI）的研究成果，列出了 2023 年 C-CSI 行业 TOP3 品牌榜。

常见的指数还有股票价格指数（股票指数）、AQI（air quality index，空气质量指数）、洗车指数和穿衣指数，食品价格指数、中国创新指数等。

学习指数的定义与编制方法等知识，可以帮助我们了解指数的编制原理、指数数值所反映经济现象的类型以及变动的方向和幅度等，避免指数的误用。

本章主要介绍统计指数的概念和编制方法。首先，对指数的概念、作用、类型等进行介绍。其次，重点对综合指数、平均指标指数的编制方法进行阐述。然后，对指数体系和因素分析方法进行介绍，从相对数和绝对数两方面对现象的变动情况进行分析，给出综合评价指数的编制过程。最后，简要介绍几种常见的指数，包括居民消费价格指数、商品零售价格指数、顾客满意度指数、股票价格指数等。

11.1　指 数 概 述

本节介绍指数的概念、性质与作用，并从不同的角度对指数进行分类，对不同类型指数的定义与特点进行阐述，给出指数描述的相关符号说明。

11.1.1 指数的概念与作用

1. 指数的概念

指数的定义有广义和狭义两方面。广义地讲，一切用于表现数量变动或数量对比关系的统计指标都是指数。狭义地理解，指数是指用于反映复杂现象总体综合变动程度的一种相对数，用来表明不能直接相加和不能直接对比的现象的综合变动程度。通常意义上的指数主要是指狭义的指数。

在指数分析中，研究的总体可分为简单现象总体和复杂现象总体两类。简单现象总体指的是单位数和标志值可以直接相加的总体，如某企业员工人数、某种产品的产量等。复杂现象总体则是指单位数和标志值不能直接相加的总体，如不同类型产品的数量、不同类型商品的价格等。

从指数的概念看，其主要用于描述现象在不同时期的相对变动程度，这就涉及不同时期的比较。将作为对比基准的时期（即比较参照的时期）称为基期，将用于比较的当前时期（即与基期进行对比的时期）称为报告期，也称为计算期。

指数并不只是反映单个事物的数量变动，重要的是用于研究复杂现象总体的综合变化。例如，研究我国居民消费品价格整体的变化，由于不同消费品的计量单位和价格不同，就不能将各种消费品的价格进行简单相加处理，而需要进行综合处理，形成指数。因此，指数的中心问题是解决如何对不同质的量的综合。

指数具有如下性质：①综合性，指数是由一组变量或项目综合对比形成的，具有综合测定的性质。②相对性，指数是总体各变量在不同时间下对比形成的相对数，是反映复杂现象总体综合变动程度的一种相对数。③平均性，统计指数表示的是多个变量的平均变动水平。④代表性，指数描述了复杂现象总体统计指标的相对变化情况，代表了总体的变动情况。

2. 指数的作用

概括地讲，指数主要有以下几方面的作用。

（1）综合反映所研究事物或现象总体的变动方向和程度。例如，居民消费价格指数（consumer price index, CPI）就反映了居民生活消费中各类商品和服务价格总的变化趋势及变化水平。

（2）分析所研究事物或现象总体数量变动的影响因素和影响程度。复杂现象的总体变动受到多种因素的影响。利用多个相关的指数构成指数体系，不仅可以综合反映各因素变动的结果，还可以分析各个因素及其组成结构变化对总体变动的影响程度。

（3）研究现象在较长时期的变化趋势。通过编制某种指数的时间序列，可以显示现象在较长时期内的发展变化趋势和规律。

11.1.2　指数的分类

从不同的角度出发，指数可以分为不同的类型，如图 11-1 所示。

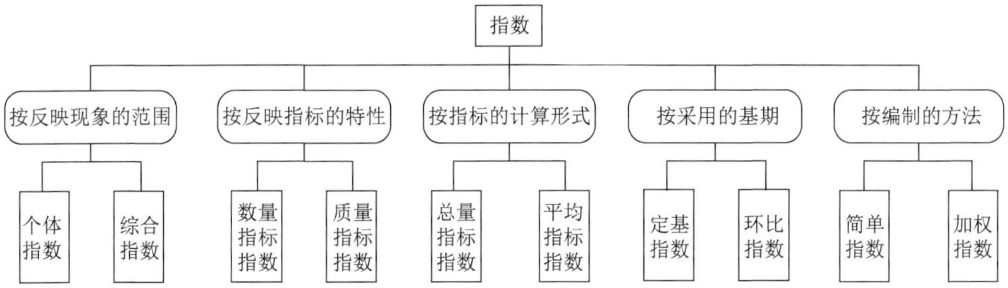

图 11-1　指数的分类

（1）按指数反映现象的范围不同，可分为个体指数和综合指数。个体指数（individual index）是指反映单一要素构成现象变动的相对数。综合指数（composite index）是指综合反映多种要素构成现象的综合变动的相对数，如商品零售价格指数、居民消费价格指数等。

个体指数的一般计算公式为

$$K_p = \frac{p_1}{p_0} \tag{11.1.1}$$

其中，p_1，p_0 分别为报告期和基期的水平。

例如，2022 年 1 月北京地区福利彩票销售额为 35341.8 万元，比上年同期增长 22.1%，个体指数为 122.1%。

（2）按指数反映的指标特性不同，可分为数量指标指数和质量指标指数。在概念上，数量指标是反映现象发展总规模、总水平或工作总量方面的数量；质量指标是反映现象发展相对水平或质量方面的数量。数量指标指数（quantity index number），也称为数量指数，主要反映现象的数量规模的变动情况。如商品销售量指数、工业产品产量指数等。质量指标指数主要用于反映现象质量及内涵的变动情况。如价格指数、产品单位成本指数等。为便于统一描述，本章以 q 表示数量指标、p 表示质量指标、I_q 表示数量指标的综合指数、I_p 表示质量指标的综合指数、$K_q = \frac{q_1}{q_0}$ 表示个体数量指标指数、$K_p = \frac{p_1}{p_0}$ 表示个体质量指标指数。

（3）按分析指标的计算形式不同，分为总量指标指数和平均指标指数。总量指标指数是用来反映现象在一定条件下的总量（总规模或总水平）的变动程度与方向的指数，如 GDP 指数。平均指标指数是指同一现象两个不同时期数量的平均值对比得到的指数，是专门用来研究总体平均水平的变动，如人均 GDP 指数、平均劳动生产率指数等。

（4）按采用的基期的不同，可分为定基指数和环比指数。定基指数是指以某一固定时期的水平为基准编制的指数。环比指数是指以所在时期的前一期为基期编制的指数。

（5）按指数编制的方法不同，可分为简单指数和加权指数。简单指数是不加权的指数，是在指数的编制过程中，将计入指数的各个项目的重要性视为相同。加权指数是在指数的编制过程中对计入指数的各个项目根据其重要程度不同，而赋予不同的权重，再进行计算。

11.2 指数的编制

理解指数的编制方法是正确使用指数的前提。本节首先介绍指数编制需解决的问题；其次阐述指数的编制方法，介绍简单指数和加权指数的编制方法；然后阐述平均指标指数的编制方法，介绍可变构成指数、固定构成指数和结构变动影响指数的编制方法。

11.2.1 指数编制需解决的问题

进行指数编制，首先需要解决以下几个方面的问题。

（1）明确反映的总体范围。进行指数编制之前首先需要明确总体范围的大小，即总体的覆盖程度。例如，若需要描述全国范围内居民消费品价格的变动情况，则总体的地域范围应是一个国家，总体的产品范围应涵盖居民消费的各类产品及服务项目。

（2）选择编制的指数类型。由图 11-1 可见，根据分类方式的不同有不同类型的指数。需根据分析的目的，选择要编制的指数类型。如仅需反映某具体产品价格的变化，则选择个体指数；如需综合反映不同类型产品销售数量的总体变动情况，则要选择数量指标指数。

（3）确定指数化因素和同度量因素。对于不能直接相加的量，通过引入某种因素，使之转换为可以直接相加的量，该因素就称为同度量因素（isometric factor）。指数所要反映总体在某方面的数量特征称为指数化因素（indexation factor）。应当说明的是，同度量因素与指数化因素是相对的，需根据分析的目的，正确选择指数化因素和同度量因素。例如，在编制办公用品的采购量指数时，商品的价格就是同度量因素，商品的采购量就是指数化因素。但是在编制办公用品的价格指数时，商品的价格就变成了指数化因素，商品的采购量则成为同度量因素。

（4）选择参与计算的项目。在指数编制时，尤其是总指数的编制中，通常情况下难以收集到总体范围内所有项目的数据信息，有时也没有必要收集全面的数据信息。此时就需要对纳入指数计算的项目进行选择。参与计算项目选择的要求主要包括：一是应有良好的代表性，能反映出现象的变动；二是能够对其进行长期连续的数据采集，避免经常更换计算项目；三是覆盖范围的全面性，选出的计算项目应能较为全面地覆盖指数所需要反映的复杂现象总体。

（5）确定权重。对于加权指数的计算，不同权重的选择，指数计算的结果不同，反映的变动趋势不同。需要根据指数编制的具体情况，确定权重。常用的权重确定方法有两类：一是根据已有信息确定权重；二是主观赋权法，当难以客观确定权重时，可根据经验或主观判断给出权重。

（6）选择指数计算方法。同一类型指数，可有多种计算方法。应根据收集到的数据特点及指数的应用场合等，选择适当的指数计算方法。

11.2.2　综合指数的编制

综合指数的编制主要通过两种途径：一是对个体的指标进行简单的汇总，然后进行对比，称这类指数为简单指数；二是在编制时考虑同度量因素和指数化因素，利用同度量因素作为权重进行加权，称这类指数为加权指数。

1. 简单指数

简单指数是不加权的指数，或在编制中取各权重相等的指数，在计算上分为简单综合指数和简单平均指数两类。

1）简单综合指数

简单综合指数是直接将报告期的指标总和与基期的指标总和对比形成的指数。该指数编制方法的特点是：先综合，后对比。其计算公式为

$$I_q = \frac{\sum q_1}{\sum q_0} \tag{11.2.1}$$

$$I_p = \frac{\sum p_1}{\sum p_0} \tag{11.2.2}$$

其中，$\sum$ 表示同一期内不同指标的求和，q_1、p_1 分别为报告期的数量指标和质量指标，q_0、p_0 分别为基期的数量指标和质量指标。

以 n 表示指数计算中所需要对比的单个事物的个数，由式(11.2.1)、式(11.2.2)不难得出 $I_q = \frac{\sum q_1}{\sum q_0} = \sum \frac{1}{n} q_1 \Big/ \sum \frac{1}{n} q_0$、$I_p = \frac{\sum p_1}{\sum p_0} = \sum \frac{1}{n} p_1 \Big/ \sum \frac{1}{n} p_0$。可见，简单综合指数认为每个事物的权重相等。

2）简单平均指数

简单平均指数是各个体指数的算术平均值。该指数编制方法的特点是：先对比，后综合。设个体指数共有 n 个，简单平均指数的具体编制公式如下：

$$I_q = \frac{1}{n}\sum K_q = \frac{1}{n}\sum \frac{q_1}{q_0} \tag{11.2.3}$$

$$I_p = \frac{1}{n}\sum K_p = \frac{1}{n}\sum \frac{p_1}{p_0} \tag{11.2.4}$$

例 11-1　某单位 4 种办公计算机的采购数据如表 11-1 所示，请用简单指数计算办公

计算机价格指数及办公计算机采购量指数。

表 11-1　办公用品采购数据

商品名称	计量单位	价格/元			采购量		
		基期 p_0	报告期 p_1	p_1/p_0	基期 q_0	报告期 q_1	q_1/q_0
一体机	台	2600	2800	1.08	50	60	1.2
台式机	台	2500	2800	1.12	200	300	1.5
笔记本电脑	台	4000	4800	1.20	150	180	1.2
服务器	台	12000	15000	1.25	30	45	1.5
合计		21100	25400	4.65	430	585	5.4

由表 11-1 的数据，基于式(11.2.1)、式(11.2.2)可得

$$I_q=\frac{585}{430}=136.05\%,\quad I_p=\frac{25400}{21100}=120.38\%$$

基于式(11.2.3)、式(11.2.4)计算可得 $I_q=\frac{5.4}{4}=135\%$，$I_p=\frac{4.65}{4}=116.25\%$。

2. 加权指数

依据指数编制过程中所采用的数据不同、计算方式不同，加权指数又分为加权综合指数和加权平均指数两类。

1）加权综合指数

加权综合指数有多种不同的编制方法，常见的为拉氏指数（Laspeyres index）和帕氏指数（Paasche index），下面介绍这两种指数的编制方法。

（1）拉氏指数。拉氏指数是由德国经济学家 Étienne Laspeyres（1834—1913）于 1864 年提出的。该指数将同度量因素的时间固定在基期，对应的综合指数编制方法也称为基期加权综合法。拉氏指数的计算公式为

$$I_p=\frac{\sum p_1q_0}{\sum p_0q_0} \tag{11.2.5}$$

$$I_q=\frac{\sum p_0q_1}{\sum p_0q_0} \tag{11.2.6}$$

例 11-2　某单位 4 种办公用品的采购数据以及部分中间计算结果如表 11-2 所示，请用拉氏指数计算办公用品价格指数及办公用品采购量指数。

在办公用品价格指数编制时，$\sum p_0q_0$ 反映了基期的实际采购费用，$\sum p_1q_0$ 给出的是按照报告期价格计算得到的基期采购费用，$\sum p_0q_1$ 反映了按照基期价格计算得到的报

告期采购费用。根据表 11-2 的数据，采用拉氏公式，计算可得

$$I_p=\frac{\sum p_1q_0}{\sum p_0q_0}=\frac{201900}{194750}=103.67\%\text{，}\quad I_q=\frac{\sum p_0q_1}{\sum p_0q_0}=\frac{224600}{194750}=115.33\%$$

表 11-2　办公用品采购数据及中间计算结果

商品名称	计量单位	价格/元		采购量		p_0q_0	p_1q_0	p_0q_1	p_1q_1
		基期 p_0	报告期 p_1	基期 q_0	报告期 q_1				
一体机	台	2600	2800	50	60	130000	140000	156000	168000
打印纸	箱	100	95	400	400	40000	38000	40000	38000
矿泉水	箱	33	32	550	650	18150	17600	21450	20800
硒鼓	个	110	105	60	65	6600	6300	7150	6825
合计						194750	201900	224600	233625

可见，报告期四种商品的综合价格水平比基期上涨了 3.67%，报告期的采购量比基期增加了 15.33%。

拉氏指数对于数量指标指数的实际含义较为明显。在 I_q 的计算中，报告期的采购量 q_1 已经是实际发生了的事实。I_q 按基期的价格计算，从而能剔除价格变动的影响来反映数量的变化。在编制数量指标指数时，通常采用拉氏公式。

（2）帕氏指数。帕氏指数是由德国经济学家 Hermann Paasche（1851—1925）于 1874 年提出的。帕氏指数是将同度量因素固定在报告期得到的综合指数。

帕氏指数的计算公式为

$$I_p=\frac{\sum p_1q_1}{\sum p_0q_1} \tag{11.2.7}$$

$$I_q=\frac{\sum p_1q_1}{\sum p_1q_0} \tag{11.2.8}$$

对于表 11-2 所示的数据，采用帕氏指数计算可得

$$I_p=\frac{\sum p_1q_1}{\sum p_0q_1}=\frac{233625}{224600}=104.02\%\text{，}\quad I_q=\frac{\sum p_1q_1}{\sum p_1q_0}=\frac{233625}{201900}=115.71\%$$

帕氏指数对于质量指标指数的实际含义较为明确。在 I_p 中，采用的是报告期实际发生的采购量。分子是报告期实际发生的采购费用，分母是按基期价格计算报告期的采购费用。在编制质量指标指数时，通常采用帕氏公式，但在实际中具体如何运用，还需视情况考虑选择。

2）加权平均指数

加权平均指数是对个体指数加权平均处理得到的指数，也称为平均数指数。在指数编制时，如获取的数据为个体指数 K_q、K_p，以及基期的 p_0q_0 和报告期的 p_1q_1，而不是 p_0、

p_1、q_0、q_1，则需要变换指数的编制方法。

对于式(11.2.6)所示的数量指标指数，有

$$I_q=\frac{\sum p_0q_1}{\sum p_0q_0}=\frac{\sum \frac{q_1}{q_0}p_0q_0}{\sum p_0q_0}=\frac{\sum K_q p_0q_0}{\sum p_0q_0}=\sum K_q\frac{p_0q_0}{\sum p_0q_0} \tag{11.2.9}$$

对于式(11.2.7)所示的质量指标指数，有

$$I_p=\frac{\sum p_1q_1}{\sum p_0q_1}=\frac{\sum p_1q_1}{\sum \frac{p_0}{p_1}p_1q_1}=\frac{\sum p_1q_1}{\sum \frac{1}{K_p}p_1q_1}=1\Bigg/\sum\left(\frac{1}{K_p}\cdot\frac{p_1q_1}{\sum p_1q_1}\right) \tag{11.2.10}$$

由式(11.2.9)可见，数量指标指数是以基期的 p_0q_0 为权重，采用算术加权法综合各个 K_q 计算得到的指数，所以称为加权算术平均指数（weighted arithmetic average index）。再由式(11.2.10)可见，质量指标指数是以报告期的 p_1q_1 为权重，采用调和加权法综合各个 K_p 计算得到的指数，所以称为加权调和平均指数（weighted harmonic average index）。

对于例 11-2 所示的数据，如给出的仅为表 11-3 中前 5 列所示的数据，则可采用加权法计算出数量指标指数和质量指标指数。

表 11-3　办公用品的个体指数和权重数据

商品名称	个体指数		权重系数		$K_qp_0q_0$ /元	p_1q_1/K_p /元
	K_p /%	K_q /%	p_1q_1 /元	p_0q_0 /元		
一体机	107.69	120	168000	130000	156000	156003.34
打印纸	95	100	38000	40000	40000	40000
矿泉水	96.97	118.18	20800	18150	21449.67	21449.93
硒鼓	95.45	108.33	6825	6600	7149.78	7150.34
合计			233625	194750	224599.45	224603.62

基于表 11-3 后两列的中间计算结果，由加权算术平均指数计算公式(11.2.9)可得

$$I_q=\frac{\sum K_qp_0q_0}{\sum p_0q_0}=\frac{224599.45}{194750}=115.33\%$$

基于表 11-3 后两列的中间计算结果，由加权调和平均指数计算公式(11.2.10)可得

$$I_p=\frac{\sum q_1p_1}{\sum \frac{1}{K_p}q_1p_1}=\frac{233625}{224603.62}=104.02\%$$

在实际应用中，有时需要连续多年编制平均指数。这时，如果按上述公式计算，就需要不断收集资料以更新权重系数。由式(11.2.9)、式(11.2.10)可见，若权重 $\frac{p_0q_0}{\sum p_0q_0}$、

$\dfrac{p_1q_1}{\sum p_1q_1}$ 相对保持稳定，在指数计算中就不需要实时更新权重，可直接采用固定权重的方法计算加权平均指数。

固定加权算术平均指数的计算公式为

$$I_q = \frac{\sum K_q w}{\sum w} = \sum K_q \frac{w}{\sum w} \tag{11.2.11}$$

固定加权调和平均指数的计算公式为

$$I_p = \frac{\sum w}{\sum \frac{1}{K_p} w} \tag{11.2.12}$$

其中，w 为事先确定好的固定权重。

11.2.3　平均指标指数的编制

1. 平均指标指数

平均指标指数（average quota index）是由两个不同时期的平均指标值对比形成的指数。平均指标指数不是用两个总量指标进行对比，而是对两个总量指标的平均值进行对比。

设对统计资料进行了分组，x 为各组的指标代表值（如组中值、平均值），f 为各组的权重（一般可理解为各组的单位数）。总体平均值 $\bar{x}$ 可采用加权算术平均进行计算，一般计算公式为

$$\bar{x} = \frac{\sum xf}{\sum f} \tag{11.2.13}$$

可见，$\bar{x}$ 的变动主要受两个因素的影响：一个是各组指标代表值 x 的变化；另一个是总体结构（即各组所占的结构比例）f 的变化。

平均指标指数是反映总平均数变动情况的指数，由于同时考虑了 x 和 f 两个因素的变动影响，所以也称为可变构成指数（index number of variable construction），简称可变指数。

设报告期与基期的加权算术平均数分别为 $\bar{x}_1$ 和 $\bar{x}_0$，计算公式分别为

$$\bar{x}_1 = \frac{\sum x_1 f_1}{\sum f_1} = \sum x_1 w_1 \tag{11.2.14}$$

$$\bar{x}_0 = \frac{\sum x_0 f_0}{\sum f_0} = \sum x_0 w_0 \tag{11.2.15}$$

其中，$w_1 = \dfrac{f_1}{\sum f_1}$，$w_0 = \dfrac{f_0}{\sum f_0}$。

则平均指标指数为

$$I_{xf}=\frac{\bar{x}_1}{\bar{x}_0} \tag{11.2.16}$$

例 11-3　某大学在校生学费的收费标准分为三种类型，各专业的年学费标准及在学校学生人数如表 11-4 前 5 列所示，请据此计算该大学的平均学费指数。

表 11-4　某学院年学费标准与在校生人数表

招生专业类型	年学费标准/元		在校生人数/人		学费总额/元		
	基期 x_0	报告期 x_1	基期 f_0	报告期 f_1	x_0f_0	x_1f_1	x_0f_1
文科类专业	18960	23960	3936	3808	74626560	91239680	72199680
工科类专业	22960	25960	4784	5132	109840640	133226720	117830720
艺术类专业	23960	29960	2008	1944	48111680	58242240	46578240
合计			10728	10884	232578880	282708640	236608640

由表 11-4 计算可得

$$\bar{x}_1=\frac{\sum x_1f_1}{\sum f_1}=\frac{282708640}{10884}=25974.70\text{，}\quad \bar{x}_0=\frac{\sum x_0f_0}{\sum f_0}=\frac{232578880}{10728}=21679.61$$

故平均学费指数为 $I_{xf}=\frac{\bar{x}_1}{\bar{x}_0}=\frac{25974.70}{21679.61}=119.81\%$，可见，报告期的平均学费相对基期增加了 19.81%。

2. 固定构成指数

有时需要固定各组的权重，以便观察各组指标 x 的变动对于总平均数的影响。反映各组指标 x 的变动对总平均数变动影响程度的指数称为固定构成指数。

在实际应用中，x 代表的是各组指标的代表值，属于质量指标。而各组的权重 f 虽然是一个比例，但本质上是频数，因而是数量指标。根据编制指数的一般原则，在计算固定构成指数时，选择权重作为同度量因素，并将权重固定在报告期。固定构成指数 I_x 的计算公式为

$$I_x=\frac{\sum x_1w_1}{\sum x_0w_1} \tag{11.2.17}$$

其中，$w_1=\frac{f_1}{\sum f_1}$。将 w_1 代入上式可得

$$I_x=\frac{\sum x_1w_1}{\sum x_0w_1}=\frac{\sum x_1f_1/\sum f_1}{\sum x_0f_1/\sum f_1}=\frac{\sum x_1f_1}{\sum x_0f_1} \tag{11.2.18}$$

对于例 11-3 所示的数据，计算可得

$$I_x = \frac{\sum x_1 f_1}{\sum x_0 f_1} = \frac{282708640}{236608640} = 119.48\%$$

即由于各专业学费水平的变动，总平均学费增加了 19.48%。

3. 结构变动影响指数

为考察各组权重系数对总平均数的影响，需假定各组指标 x 不变。反映各组权重（结构）变动对总平均数变动影响程度的指数称为结构变动影响指数，也称为结构影响指数。

根据编制指数的一般原则，在计算结构变动影响指数时，选择各组指标 x 为同度量因素，并将其固定在基期。结构变动影响指数 I_f 的计算公式为

$$I_f = \frac{\sum x_0 w_1}{\sum x_0 w_0} \tag{11.2.19}$$

其中，$w_1 = \frac{f_1}{\sum f_1}$，$w_0 = \frac{f_0}{\sum f_0}$。即有

$$I_f = \frac{\sum x_0 f_1}{\sum f_1} \Bigg/ \frac{\sum x_0 f_0}{\sum f_0} \tag{11.2.20}$$

对于例 11-3 所示的数据，计算可得平均学费的结构变动影响指数为

$$I_f = \frac{236608640}{10884} \Bigg/ \frac{232578880}{10728} = 100.27\%$$

11.3　指数体系和因素分析

单个指数只能描述事物某一方面的变化情况。指数体系是由若干个相互关联的指数形成的整体。为全面描述事物的变化，就需要构建由多个指数构成的指数体系，然后基于各指数之间的计算关系，分析不同因素的变化对事物变动的影响或者推断未知的指数。本节对综合指数和平均指标指数的指数体系和因素分析方法进行介绍。

11.3.1　综合指数的因素分析

因素分析是对现象总体变动的各个影响因素进行分解，分析各因素变动对总体变动的影响程度和效果。对综合指数进行因素分析的重点是根据加权综合指数进行因素分析。下面从两因素和多因素角度对综合指数因素分析的方法和步骤进行阐述。

1. 两因素分析

当总体某个总量指标的变动只受两个因素的影响时，可进行两因素分析。当总体总量指标为质量指标 p 和数量指标 q 的乘积时，定义总指数 I_{pq} 为

$$I_{pq}=\frac{\sum p_1q_1}{\sum p_0q_0} \tag{11.3.1}$$

参考式(11.2.6)数量指标指数 I_q 的定义，以及式(11.2.7)质量指标指数 I_p 的定义，不难得到如下关系式（称为相对数体系）：

$$I_{pq}=I_q\times I_p \tag{11.3.2}$$

绝对量变动（绝对数体系）的关系式如下：

$$\sum p_1q_1-\sum p_0q_0=\left(\sum p_0q_1-\sum p_0q_0\right)+\left(\sum p_1q_1-\sum p_0q_1\right) \tag{11.3.3}$$

下面以例 11-2 所示的数据为例，说明两因素分析过程。

（1）计算 4 种商品采购总费用指数 $I_{pq}=\frac{\sum p_1q_1}{\sum p_0q_0}=\frac{233625}{194750}=119.96\%$。可见，相比基期，报告期的采购总费用增加了 19.96%。采购总费用绝对量的变动为 $233625-194750=38875$。

（2）分析各因素的影响。由前述计算结果，有

$$I_q=115.33\%，\sum p_0q_1-\sum p_0q_0=224600-194750=29850$$
$$I_p=104.02\%，\sum p_1q_1-\sum p_0q_1=233625-224600=9025$$

可见，由于采购数量的变化，采购经费增长了 29850，增长了 15.33%；由于商品价格的变动，采购经费增长了 9025，增长比例为 4.02%。

（3）建立指标体系进行分析。由上述结果，计算可得 $115.33\%\times104.02\%=119.96\%$，$29850+9025=38875$，前者表明由于采购数量和采购价格变动的综合影响，总采购费用上涨 19.96%；后者表示受两种因素的影响，采购总费用上涨 38875。从而，可构建包括 I_{pq}、I_p、I_q 在内的指数体系，完成对商品采购总额变动的因素分析。

2. 多因素分析

当某一总量指标的变动受到三个或三个以上因素影响时，依然可以参照前述两因素分析的基本思路进行分析。

设某企业生产多种产品，生产单位产品所消耗的原材料数量不同，不同产品所用的原材料的价格也不同。下面以原材料费用总额为例，介绍三因素分析的方法和过程。

总量指标和各因素指标有如下关系：

原材料费用总额=产品数量×单位产品原材料消耗量×单位原材料价格

用公式表示为

$$qmp=q\times m\times p \tag{11.3.4}$$

其中，q 为产品数量，m 为单位产品原材料消耗量，p 为单位原材料价格。

在编制指数时，应按照综合指数的编制原则进行。对于此例，编制原则如下：当分析单位产品原材料消耗量 m 的变动时，应将产品数量 q 和单位原材料价格 p 固定。固定

的时期应根据指标的相对性质确定。因为 m 相对于 p 是数量指标，故应将 p 固定在基期。而 m 相对于 q 是质量指标，故 q 应固定在报告期。类似地，可以选择其他指标分析时的固定时期。

根据上述选择固定时期的原则，可以定义如下指数。

原材料费用总额指数：

$$I_{qmp}=\frac{\sum q_1m_1p_1}{\sum q_0m_0p_0}$$

产品数量指数：

$$I_q=\frac{\sum q_1m_0p_0}{\sum q_0m_0p_0}$$

单位产品原材料消耗指数：

$$I_m=\frac{\sum q_1m_1p_0}{\sum q_1m_0p_0}$$

单位原材料价格指数：

$$I_p=\frac{\sum q_1m_1p_1}{\sum q_1m_1p_0}$$

由于

$$\frac{\sum q_1m_1p_1}{\sum q_0m_0p_0}=\frac{\sum q_1m_0p_0}{\sum q_0m_0p_0}\times\frac{\sum q_1m_1p_0}{\sum q_1m_0p_0}\times\frac{\sum q_1m_1p_1}{\sum q_1m_1p_0} \tag{11.3.5}$$

故各指数之间有如下相对数体系：

$$I_{qmp}=I_q\times I_m\times I_p \tag{11.3.6}$$

绝对数体系为

$$\begin{aligned}\sum q_1m_1p_1-\sum q_0m_0p_0=&\left(\sum q_1m_0p_0-\sum q_0m_0p_0\right)+\left(\sum q_1m_1p_0-\sum q_1m_0p_0\right)\\&+\left(\sum q_1m_1p_1-\sum q_1m_1p_0\right)\end{aligned} \tag{11.3.7}$$

例 11-4　设某企业各产品的原材料消耗数据如表 11-5 所示，以下以此为例说明三因素分析方法。

表 11-5　某企业各产品的原材料消耗数据

产品	产量/件		单位产品原材料消耗量/（kg/件）		原材料单价/（元/kg）	
	基期 q_0	报告期 q_1	基期 m_0	报告期 m_1	基期 p_0	报告期 p_1
A	600	800	0.8	0.7	18	22
B	300	300	1.5	1.2	16	12
C	700	1100	2.3	2.5	40	34

各类产品总价格计算的中间结果如表 11-6 所示。

表 11-6　总价格计算结果

产品	$q_0m_0p_0$ /元	$q_1m_0p_0$ /元	$q_1m_1p_0$ /元	$q_1m_1p_1$ /元
A	8640	11520	10080	12320
B	7200	7200	5760	4320
C	64400	101200	110000	93500
合计	80240	119920	125840	110140

（1）计算原材料消耗总额指数 $I_{qmp}=\dfrac{\sum q_1m_1p_1}{\sum q_0m_0p_0}=\dfrac{110140}{80240}=137.26\%$，可见，原材料费用总额相对于基期增长了 37.26%，增长量为 $\sum q_1m_1p_1-\sum q_0m_0p_0=110140-80240=29900$。

（2）计算产量综合指数 $I_q=\dfrac{\sum q_1m_0p_0}{\sum q_0m_0p_0}=\dfrac{119920}{80240}=149.451\%$，该结果表示，由于产量的变动（增加），原材料费用增长了 49.451%。增长量为

$$\sum q_1m_0p_0-\sum q_0m_0p_0=119920-80240=39680$$

（3）计算单位产品原材料消耗综合指数 $I_m=\dfrac{\sum q_1m_1p_0}{\sum q_1m_0p_0}=\dfrac{125840}{119920}=104.937\%$。可见，单位产品原材料消耗的变动，原材料费用相对于基期增长了 4.937%，增长量为

$$\sum q_1m_1p_0-\sum q_1m_0p_0=125840-119920=5920$$

（4）计算单位原材料价格综合指数 $I_p=\dfrac{\sum q_1m_1p_1}{\sum q_1m_1p_0}=\dfrac{110140}{125840}=87.524\%$。可见，由于价格的变动（下降），原材料费用相对于基期下降了 12.476%，增长量为

$$\sum q_1m_1p_1-\sum q_1m_1p_0=110140-125840=-15700$$

因此，由于原材料价格的降低，原材料费用节省了 15700。

上述各指数的相对数体系为：$137.26\%=149.451\%\times104.937\%\times87.524\%$，绝对数体系为：$29900=39680+5920-15700$。

11.3.2　平均指标指数的因素分析

平均指标指数的因素分析方法与综合指数的因素分析方法类似，下面以两因素平均指标指数的因素分析为例进行讨论。

由前述对平均指标指数 I_{xf}、固定构成指数 I_x、结构变动影响指数 I_f 的介绍，可以验证各指数之间有如下关系：

$$I_{xf} = I_x \cdot I_f \tag{11.3.8}$$

即

平均指标指数=固定构成指数×结构变动影响指数

影响因素造成的差额关系为

$$\sum x_1 w_1 - \sum x_0 w_0 = \left(\sum x_1 w_1 - \sum x_0 w_1\right) + \left(\sum x_0 w_1 - \sum x_0 w_0\right) \tag{11.3.9}$$

下面对于例 11-3 所示的数据进行因素分析。在表 11-4 的基础上，计算权重 w_0、w_1，结果如表 11-7 所示。

（1）计算平均指标指数。由表 11-7，$\overline{x}_1 = \sum x_1 w_1 = 25974.70$、$\overline{x}_0 = \sum x_0 w_0 = 21679.61$，计算可得 $I_{xf} = 119.81\%$，$\overline{x}_1 - \overline{x}_0 = 25974.70 - 21679.61 = 4295.09$。可见，与基期相比，全体学生的平均学费增长了 19.81%，平均学费增长量为 4295.09 元。

表 11-7　某学院年学费标准因素分析表

招生专业类型	年学费标准/元		在校生人数/人				x_0w_0	x_0w_1	x_1w_1
	基期 x_0	报告期 x_1	基期 f_0	权重 w_0	报告期 f_1	权重 w_1			
文科类专业	18960	23960	3936	0.3669	3808	0.3499	6956.24	6633.56	8382.92
工科类专业	22960	25960	4784	0.4459	5132	0.4715	10238.69	10826.05	12240.60
艺术类专业	23960	29960	2008	0.1872	1944	0.1786	4484.68	4279.51	5351.18
合计			10728	1	10884	1	21679.61	21739.13	25974.70

（2）计算固定构成指数。由表 11-7 数据计算，可得 $I_x = \dfrac{\sum x_1 w_1}{\sum x_0 w_1} = \dfrac{25974.70}{21739.13} = 119.48\%$，即由于各专业学费水平的变动，总平均学费增加了 19.48%（与例 11-3 结果一致）。总平均学费水平增长量为 $25974.70 - 21739.13 = 4235.57$ 元。

（3）计算结构变动影响指数。由表 11-7 数据计算可得 $I_f = \dfrac{\sum x_0 w_1}{\sum x_0 w_0} = \dfrac{21739.13}{21679.61} = 100.27\%$。可见，由于各类型学生构成比例的变化，总平均学费水平上涨了 0.27%。总平均学费水平增加量为：$21739.13 - 21679.61 = 59.52$ 元。

上述各指数具有如下关系 $I_{xf} = 119.81\% = I_x \cdot I_f = 119.48\% \times 100.27\%$。绝对量的关系式为 $4295.09 = 4235.57 + 59.52$。

11.4　综合评价指数

评价通常是人们行动或决策的依据。在实际管理问题中，被评价对象常常具有许多不同的侧面，因此需要构建综合评价指数对事物进行较全面的评价。综合评价指数是将多个指标综合形成的指数。综合评价指数的应用领域非常广阔，如物质生活质量指数、社会进步指数、人类发展指数等都属于综合评价指数的范畴。本节对综合评价的基本过程、单项指标标准化方法、综合评价指数的综合方法进行阐述。

11.4.1 综合评价的基本过程

进行综合评价的基本过程如下。

（1）明确评价目的。评价目的是建立评价指标体系及选择评价方法的出发点。有的评价需要给出被评价对象之间的差距大小，有的评价则只需给出排序即可。

（2）建立科学合理的评价指标体系。评价指标体系应当完整、系统全面、相互之间信息冗余少，具有可理解性、可测度性和层次性。

（3）选择综合评价方法。目前，已有许多种综合评价方法，如主成分分析法、数据包络分析法（data envelopment analysis，DEA）、层次分析法（analytic hierarchy process，AHP）、模糊综合评价方法、灰色关联分析法、聚类与判别分析法等。需要根据综合评价的目的，根据不同的方法的特点，选择适用的方法。

（4）收集评价数据和进行评价计算。根据评价方法与模型的需要，收集相关的数据。确定单项指标值，在此基础上，根据评价模型进行综合评价，计算综合评价值。

各个指标在综合之前，通常需要对各个指标的值进行标准化转换。在进行综合评价时，设共有 n 个单项的指标，x_i 为指标 i 的实际值，$i=1,2,\cdots,n$。在进行标准化之前，应将各个指标值都转化为取正值。例如，可以将指标 i 的实际值都减去指标 i 的最小值，即 $x_i-\min\limits_i\{x_i\}$，将取正值的结果仍记为 x_i。

（5）编制综合评价指数，编写和提交综合评价报告。

11.4.2 单项指标的标准化方法

进行指标标准化处理的目的是：使各个单项指标无量纲化，并且取值在同一数量级（如[0,1]或[0,100]），而且变为同一方向的指标值（取值都为越大越好，称为正向指标）。下面对单项指标的标准化方法进行简要介绍。

1. 标准比值法、统计标准化法、极值标准化法

标准比值法是将各单项指标与其标准值（或称为基准值）比较，实现指标的标准化。统计标准化法是一种较为通用的将具体数值转化为标准模式的方法，是将统计量转化为近似标准正态分布的标准化方法。极值标准化则是利用指标的最大值和最小值，在线性变换的基础上实现指标的标准化。三种标准化方法的计算公式如表 11-8 所示。

2. 功效系数法

功效系数法（efficacy coefficient method）又称功效函数法。这一方法对每一项评价指标确定一个满意值和不允许值，以满意值为上限，以不允许值为下限，计算各指标实现满意值的程度，并以此确定各指标的分数值，称为功效分数或标准化分数。

表 11-8　标准比值法、统计标准化法、极值标准化法计算公式表

	标准比值法	统计标准化法	极值标准化法
正向指标（取值越大越好的指标）	$z_i=\frac{x_i}{x_i^o}$	$z_i=\frac{x_i-\overline{x}_i}{s_i}$	$z_i=\frac{x_i-x_i^{\min}}{x_i^{\max}-x_i^{\min}}$
逆向指标（取值越小越好的指标）	$z_i=\frac{x_i^o}{x_i}$	$z_i=\frac{\overline{x}_i-x_i}{s_i}$	$z_i=\frac{x_i^{\max}-x_i}{x_i^{\max}-x_i^{\min}}$
备注	x_i^o 为指标 i 的基准值	$\overline{x}_i$ 为指标 i 的平均值 s_i 为指标 i 的样本标准差	$x_i^{\max}$ 、 $x_i^{\min}$ 为指标 i 的最大值和最小值

第 i 个指标的功效分数为

$$\mathrm{Fd}_i=d_i\times 40+60=\frac{x_i-x_i^s}{x_i^h-x_i^s}\times 40+60 \tag{11.4.1}$$

其中， $d_i=\frac{x_i-x_i^s}{x_i^h-x_i^s}$ ； x_i^h 为指标 i 的上限值，也可以是该单项指标的最优值、某一理想值等； x_i^s 为指标 i 的下限值，也可以是该单项指标的最差值、最不期望出现的值等。

此外，也可运用如下的对数型功效系数计算公式：

$$\mathrm{Fd}_i=d_i\times 40+60=\frac{\ln x_i-\ln x_i^s}{\ln x_i^h-\ln x_i^s}\times 40+60 \tag{11.4.2}$$

从式(11.4.1)、式(11.4.2)的计算结果看，标准化分数的取值在 60~100，这样做的好处在于：从视觉上减少极端值对计算结果的影响，接近于人们对分数的一般看法。

11.4.3　综合评价指数的综合方法

设共有 n 个单项指标， z_i 为指标 i 经标准化转换后的值。 w_i 为指标 i 的权重， $0\leqslant w_i\leqslant 1$ ， $i=1,2,\cdots,n$ ，并满足归一化条件 $\sum_{i=1}^{n}w_i=1$ 。

对于各个体指数的权重的确定方法有许多种，常用的权重确定方法可分为主观赋权法和客观赋权法两大类。主观赋权法是指根据研究者的主观价值判断来指定各指标权重。常用的方法有德尔菲（Delphi）法和层次分析法。客观赋权法是指直接根据各指标的原始信息，通过数学或统计方法处理后获得权重。常用的客观赋权法主要有主成分分析法、因子分析法、熵权法等。

由各个单项指标值综合为综合指数，可以采用多种综合方法。常用的有加权算术平均法、几何平均法，其计算公式如表 11-9 所示。

表 11-9　综合评价指数综合方法计算公式

综合方法	公式
加权算术平均法	$I=\sum_{i=1}^{n}z_iw_i$
几何平均法	$I=\prod_{i=1}^{n}(z_i)^{w_i}$

11.5 几种典型的统计指数

常见的指数有居民消费价格指数、顾客满意度指数、股票价格指数、工业生产者价格指数、人类发展指数等。

11.5.1 居民消费价格指数和商品零售价格指数

根据国家统计局网站介绍，我国居民消费价格指数（CPI）是度量消费商品及服务项目价格水平随着时间变动的相对数，反映了居民购买的商品及服务项目价格水平的变动趋势和变动程度，其按年度计算的变动率通常用来反映通货膨胀或紧缩的程度。CPI 及其分类指数还是计算国内生产总值以及资产、负债、消费、收入等实际价值的重要参考依据。

我国 CPI 的编制过程如下。

第一步，国家统计局和地方统计部门分级确定用于计算 CPI 的商品和服务项目以及调查网点。根据全国城乡居民家庭消费支出的抽样调查资料，统一确定商品和服务项目的类别，设置食品、烟酒、衣着、居住、生活用品及服务、交通通信、教育文化娱乐、医疗保健、其他用品及服务等大类以及若干基本分类，基本涵盖了城乡居民的全部消费内容。调查网点包括食杂店、百货店、超市、便利店、专业市场、专卖店、购物中心、农贸市场、服务消费单位等。

第二步，按照“定人、定点、定时”的方式，统计部门派调查人员到调查网点现场采集价格。价格采集频率因商品而异。

第三步，根据审核后的原始价格资料，计算单个商品或服务项目以及基本分类的价格指数。然后根据各类别相应的权重，计算类别价格指数以及 CPI。CPI 中的权重主要是根据全国城乡居民家庭各类商品和服务的消费支出详细比重确定的。

11.5.2 顾客满意度指数

顾客满意度指数（CSI）是根据顾客对企业产品和服务质量的评价计算得到的指数，用于测量顾客的满意程度。

中国顾客满意度较有代表性的指数是中国顾客满意度指数（C-CSI），是由 Chnbrand（中企品研）公司发布的，是一个全品类顾客满意度评价体系。C-CSI 是在全国范围内消费者调查的基础上，表征消费者对使用或拥有过的产品或服务的整体满意程度。

关于 C-CSI 的详细介绍，请参见 Chnbrand 公司官网。

11.5.3 股票价格指数

股票价格指数（stock price index）是用以反映整个股票市场上各种股票市场价格的

总体水平及其变动情况的指标，简称为股价指数，通常是由证券交易所或金融服务机构编制的。

国内较有代表性的股价指数有上证指数、沪深300指数、恒生指数等，国外的有道琼斯指数、标普500指数、纳斯达克综合指数等。

上海证券交易所建立了以上证指数、上证50、上证180、上证380指数，以及国债指数、基金指数等为核心的上证指数体系。

上证指数由上海证券交易所上市的股票和存托凭证组成。

上证180指数的编制方法是：按照中证一级行业的自由流通市值比例分配和选取180只综合排名靠前的股票样本计算得到。

上证50指数是在上证180指数的样本股中挑选规模最大、流动性最好的50只股票计算得到。

上证380指数是在上证180指数之外的公司中，剔除亏损及近5年未分红送股公司，按中证二级行业的自由流通市值比例分配样本，在行业内选取综合排名靠前的380只样本股计算得到。

本章小结

指数是表示所研究现象或事物发展变化程度的相对数。指数的定义有狭义和广义两种。指数具有综合性、相对性、平均性和代表性等性质。按指数所考察的现象的范围不同，指数可分为个体指数和综合指数。按指数反映的现象的特性不同，指数可分为数量指标指数和质量指标指数。按指标的计算形式不同，指数可分为总量指标指数和平均指标指数。按采用的时期不同，指数可分为定基指数和环比指数。按编制方法的不同，指数分为简单指数和加权指数。

同度量因素用于将不能直接相加的指标转化为能相加的指标。在编制综合指数时，应明确同度量因素的时期。拉氏指数是将同度量因素固定在基期的一种指数。帕氏指数是将同度量因素固定在报告期的一种指数。编制数量指标指数时，通常采用拉氏指数形式。编制质量指标指数时，通常采用帕氏指数形式。

加权平均指数分为加权算术平均指数与加权调和平均指数。

平均指标指数是由两个不同时期的平均指标数值对比所形成的指数，主要用于反映总平均的变动程度。固定构成指数主要反映各组变量值水平变动对总平均数变动的影响程度。结构变动影响指数主要反映各组权重变动对于总平均数变动的影响程度。

指数体系是指由多个具有内在本质联系的指数组成的有机整体。因素分析是利用指数体系中各指数之间的关系，分析各因素变动对总体变动的影响程度和影响绝对量。

综合评价指数是由若干个单项指标进行综合而得到的指数。在计算综合评价指数时，应先将各个单项指标进行标准化处理，再按对应的权重相加，则可得到综合评价指数。常见的标准化处理方法有标准比值法、统计标准化法、极值标准化法和功效系数法等。

可用加权算术平均法、几何平均法进行单项指标的综合。

常见的指数有居民消费价格指数、顾客满意度指数和股票价格指数等。

习 题

一、选择题

1. 统计指数按其反映现象的范围不同分为（　　）。

A. 简单指数和加权指数　　B. 综合指数和平均指数

C. 个体指数和综合指数　　D. 数量指标指数和质量指标指数

2. 综合指数编制的两种途径是（　　）。

A. 简单指数和加权指数　　B. 个体指数和平均指数

C. 加权指数和平均指数　　D. 定基指数和环比指数

3. 拉氏指数是一种（　　）。

A. 简单综合指数　　B. 加权综合指数

C. 个体指数　　D. 简单平均指数

4. 某商店 2021 年 1 月份微波炉的销售价格是 342 元，与上月相比，其价格指数为 97.71%，该指数是（　　）。

A. 综合指数　　B. 平均指标指数　　C. 拉氏指数　　D. 个体指数

5. 某企业报告期与基期相比，总采购额保持不变，商品采购数量指数为 80%，则价格指数为（　　）。

A. 25%　　B. 80%　　C. 115%　　D. 125%

6. 在掌握基期产值和各种产品产量个体指数资料的条件下，计算产量指数要采用（　　）。

A. 平均指标指数　　B. 可变构成指数

C. 加权算术平均数指数　　D. 加权调和平均数指数

7. 编制数量指标指数一般是采用（　　）作同度量因素。

A. 基期质量指标　　B. 报告期质量指标　　C. 基期数量指标　　D. 报告期数量指标

8. 编制质量指标指数一般是采用（　　）作同度量因素。

A. 基期质量指标　　B. 报告期质量指标　　C. 基期数量指标　　D. 报告期数量指标

9. 某商店报告期与基期相比，商品销售额和销售量都增长 6.5%，则商品价格指数为（　　）。

A. 113%　　B. 106.5%　　C. 1%　　D. 100%

10. 单位产品成本报告期比基期下降 6%，产量增长 6%，则生产总成本指数（　　）。

A. >100%　　B. <100%　　C. =100%　　D. 无法计算

11. 某公司三个工厂生产同一种产品，由于各工厂成本降低使公司平均成本降低 15%，由于各工厂产量的比重变化使公司平均成本提高 10%，则该公司报告期平均成本比基期平均成本降低（　　）。

A. 5.0%　　B. 6.5%　　C. 22.7%　　D. 33.3%

12. 在具有两因素的总指数分析中，两个因素指数的同度量因素通常（　　）。

A. 都固定在基期　　B. 都固定在报告期

C. 一个固定在基期，另一个固定在报告期　　　D. 采用基期和报告期的平均数

二、判断题

1. 指数用于反映现象的变动和差异程度。（　　）

2. 只有综合指数可划分为数量指标指数和质量指标指数，个体指数不能作这种划分。（　　）

3. 质量指标指数是固定质量指标因素，只观察数量指标因素的综合变动。（　　）

4. 数量指标指数和质量指标指数的划分具有相对性。（　　）

5. 同度量因素的引入，将复杂现象中不能直接相加的量转化为可以相加的量，从而可以反映现象总体数量方面的变动。（　　）

6. 拉氏价格指数和帕氏价格指数计算结果不同，是因为拉氏价格指数主要受报告期商品结构的影响，而帕氏价格指数主要受基期商品结构的影响。（　　）

7. 加权算术平均指数是反映平均指标变动程度的相对数。（　　）

8. 简单平均指数是个体指数的平均数，所以平均指数是个体指数。（　　）

9. 综合指数是一种加权指数。（　　）

10. 指数体系中的指数在数量上存在关联关系。（　　）

11. 在平均指标指数的因素分析中，结构变动影响指数是反映总体构成变化影响的指数。（　　）

12. 综合指数因素分析的内容包括分析各因素变动对总体变动的影响程度。（　　）

三、简答题

1. 什么是指数？指数有什么性质和作用？

2. 什么是简单现象总体？什么是复杂现象总体？

3. 举例说明同度量因素及其作用。

4. 编制综合指数时，选取同度量因素的原则是什么？

5. 拉氏指数与帕氏指数的计算有什么不同？

6. 什么是平均指标指数？

7. 什么是固定构成指数？

8. 什么是结构变动影响指数？

9. 平均指标指数、固定构成指数和结构变动指数之间存在什么关系？

10. 说明指数体系及其作用。

11. 指数体系因素分析的主要步骤有哪些？

12. 说明进行综合评价的基本过程。

13. 在综合评价中进行单项指标的标准化主要有哪些方法？

四、计算题

1. 某商场三种商品报告期、基期的价格与销量如表 11-10 所示，请完成如下计算和分析：

（1）分别计算三种商品价格和销量的个体指数。

（2）计算该商场的商品销售价格总指数。

（3）计算该商场的商品销售量总指数。

（4）利用指数体系，对商品单价和商品销量两个因素对商品销售额的变动影响进行因素分析。

表 11-10　某商场三种商品报告期、基期的价格与销量表

商品名称	单位	单价/元		销量	
		基期	报告期	基期	报告期
A	台	220	200	390	420
B	件	250	300	80	90
C	个	50	65	700	600

2. 某企业工人分组的基期与报告期的产量资料如表 11-11 所示。试分析该企业平均劳动生产率变动受各组劳动生产率变动和各组人数比例结构变动的影响程度。（注：劳动生产率=产量/工人数。）

表 11-11　某企业工人分组产量数据

工人分组	产量/吨		工人数/人	
	基期	报告期	基期	报告期
技术工人	28.66	66.6	650	1500
普通工人	22.8	25.2	950	1000

3. 某企业报告期、基期的产品产量、单位产品原材料消耗量与单位原材料价格数据如表 11-12 所示。

（1）计算该企业的产品产量总指数、单位产品原材料消耗量总指数和单位原材料价格总指数。

（2）利用指数体系，分析产品原材料消耗总额受单位产品原材料消耗量、单位原材料价格的影响程度。

表 11-12　某企业产品产量、单位产品原材料消耗量与单位原材料价格数据

产品名称	原材料计量单位	产品产量/件		单位产品原材料消耗量		单位原材料价格/元	
		基期	报告期	基期	报告期	基期	报告期
A	kg	85	90	22	15	8	12
B	m	80	100	24	18	6	10

4. 某企业 4 类商品基期和报告期的产值相关数据如表 11-13 所示，根据表中的数据做如下分析：

（1）计算出厂价格指数和由于价格变动而导致总产值的变化情况。

（2）计算总产值指数和产品产量指数。

（3）构建指数体系，从相对数和绝对数两方面分析总产值变动所受不同因素的影响。

表 11-13　某企业产值数据

产品类型	总产值/万元		报告期出厂价格比基期增长百分数/%
	基期	报告期	
A	220	268	5
B	300	420	3
C	750	1020	2
D	450	600	10

5. 某企业对于 4 类产品进行生产工艺改进，改进前后的数据如表 11-14 所示。根据表中的数据，利用平均指标指数的因素分析方法，构建指数体系并进行因素分析。

表 11-14　某企业工艺改进前后对比数据

产品类型	日产值/万元		报告期工人比基期工人减少百分数/%
	基期	报告期	
A	15	18	10
B	25	40	5
C	12	20	15
D	40	60	8

6. 三个企业某种产品生产的相关数据如表 11-15 所示，根据表中的数据构建指数体系，并进行因素分析。

表 11-15　三个企业的生产数据

企业	产量/件		原材料损耗/（kg/件）		原材料单价/（元/kg）	
	基期	报告期	基期	报告期	基期	报告期
A	80	90	15	12	25	30
B	75	80	20	18	30	30
C	90	100	18	16	50	45

7. 某农产品公司向农民收购 4 类水果时，其有关数据资料如表 11-16 所示，根据表中的数据进行如下计算：

（1）计算水果收购价格总指数，以及由于收购价格提高导致的农民增加的货币收入总量。

（2）计算水果收购量总指数，以及由于收购量的变化导致的农民增加的货币收入总量。

（3）构建指数体系并进行因素分析。

8. 假定某地上市公司的四种股票资料如表 11-17 所示。根据表中的数据，分别以发行量和流通量为权重，计算股票价格总指数。

表 11-16 某农产品公司水果收购情况统计表

水果类型	报告期收购价格/基期收购价格 ×100%	实际收购额/万元	
		基期	报告期
A	120	130	160
B	125	100	156
C	110	220	320
D	135	110	240

表 11-17 某地上市公司四种股票发行情况资料

股票名称	发行量/万股	流通量/万股	股价/（元/股）	
			基期（基日）	计算期（计算日）
A	10000	8000	6	7.2
B	8000	7000	8	7.2
C	7000	6000	10	12
D	20000	18000	9	10.8

9. 表 11-18 是某集团公司下属四个企业的各项经济效益指标资料。根据表中数据采用标准比值法计算各企业的经济效益综合指数，并按经济效益的好坏对四个企业进行排序。

表 11-18 某集团公司下属企业的经济效益指标资料

参评指标	单位	标准值	A 企业	B 企业	C 企业	D 企业	权重
产品销售率	%	95	102	90	110.40	100.20	20
资金利税率	%	13	14.60	12.86	14.35	12.45	25
成本利润率	%	8	7.20	9.64	8.36	9.25	10
增加值率	%	30	26.50	31.24	32.45	31.60	15
劳动生产率	元/人	7000	6800	7410	8050	7540	10
资金周转率	次/年	1.80	1.62	2.12	1.90	2.12	20

10. 对于第 9 题，采用功效系数法计算各企业的经济效益综合指数，并按经济效益的好坏对四个企业进行排序。

五、综合应用题

1. 了解我国居民消费价格指数的具体编制方法，写出分析报告。

2. 从国家统计局网站收集近 10 年全国的 GDP、人口数量等数据，参照国家统计局发布的编制方法，编制反映我国社会经济发展的相关指数，构造指数数列，绘制时序图，分析指数的变动情况。

参 考 文 献

安德森 D R, 斯威尼 D J, 威廉斯 T A, 等, 2017. 商务与经济统计[M]. 原书第 13 版. 张建华，王健，聂巧平, 等, 译. 北京: 机械工业出版社.

奥特 R L, 朗格内克 M, 2003. 统计学方法与数据分析引论(上)[M]. 原书第 5 版. 张忠占, 王健稳, 王强, 等, 译. 北京: 科学出版社.

贝淑华, 王圆, 沈杰, 2021. 基于因子分析的江苏省技术创新能力评价[J]. 科技管理研究, 41(12): 77-82.

卜旭东, 2022. 基于试飞数据的涡扇发动机模型辨识及故障检测研究[J]. 工程与试验, 62(2): 10-12.

曹晋华, 程侃, 2012. 可靠性数学引论[M]. 2 版. 北京: 高等教育出版社.

陈启光, 2007. 医学统计学[M]. 2 版. 南京: 东南大学出版社.

丁兆云, 周鋆, 杜振国, 2022. 数据挖掘: 原理与应用[M]. 北京: 机械工业出版社.

杜子芳, 2005. 抽样技术及其应用[M]. 北京: 清华大学出版社.

方开泰, 刘民千, 周永道, 2011. 试验设计与建模[M]. 北京: 高等教育出版社.

方萍, 何延, 2003. 试验设计与统计[M]. 杭州: 浙江大学出版社.

方逸远, 2022. 基于幅度特征的飞鸟与无人机雷达目标分类方法[J]. 信息化研究, 48(2): 12-17.

房祥忠, 2022. 无所不在的方差分析[J]. 中国统计,(4): 29-31.

冯士雍, 倪加勋, 邹国华, 1998. 抽样调查理论与方法[M]. 北京: 中国统计出版社.

何晓群, 2019. 多元统计分析[M]. 5 版. 北京: 中国人民大学出版社.

贾俊平, 何晓群, 金勇进, 2021. 统计学[M]. 8 版. 北京: 中国人民大学出版社.

孔祥强, 刘晓东, 尚燕平, 等, 2022. 基于多元线性回归直膨式太阳能热泵性能预测[J]. 太阳能学报, 43(1): 443-449.

李航, 2019. 统计学习方法[M]. 2 版. 北京: 清华大学出版社.

李红霞, 强洪夫, 王广, 等, 2010. 温湿度变化对 NEPE 推进剂力学性能的影响分析[J]. 战术导弹技术 (1): 78-80.

李金昌, 2010. 应用抽样技术[M]. 2 版. 北京: 科学出版社.

刘思峰, 2020. 应用统计学[M]. 4 版. 北京: 高等教育出版社.

吕晓玲, 黄丹阳, 2021. 数据科学统计基础[M]. 北京: 中国人民大学出版社.

茆诗松, 程依明, 濮晓龙, 2004. 概率论与数理统计教程[M]. 北京: 高等教育出版社.

茆诗松, 王静龙, 史定华, 等, 2003. 统计手册[M]. 北京: 科学出版社.

盛骤, 谢式千, 潘承毅, 2019. 概率论与数理统计[M]. 5 版. 北京: 高等教育出版社.

隋先富, 彭龙, 韩国庆, 等, 2020. 基于主成分分析法的电潜泵故障诊断[J]. 西南石油大学学报(自然科学版), 42(6): 107-114.

孙权, 汤衍真, 冯静, 2011. 利用 T 型性能退化试验的金属化膜电容器可靠性评估[J]. 高电压技术, 37(9): 2261-2265.

王竣德, 孙权, 潘正强, 等, 2013. 基于性能退化的控制力矩陀螺寿命预测[J]. 科学技术与工程, 13(33): 9870-9876.

王磊, 王晓东, 2019. 机器学习算法导论[M]. 北京: 清华大学出版社.

王淑芳，2017. 应用统计学[M]. 3 版. 北京: 北京大学出版社.

王学民, 2017. 应用多元统计分析[M]. 5 版. 上海: 上海财经大学出版社.

王燕, 2022. 时间序列分析——基于 R[M] . 2 版. 北京: 中国人民大学出版社.

王悦骅, 靳宇曦, 王忠武, 等, 2021. 8 年围封对内蒙古荒漠草原植物和土壤的影响[J]. 草地学报, 29(10): 2339-2345.

吴翊, 汪文浩, 杨文强, 2016. 概率论与数理统计[M]. 北京: 高等教育出版社.

武小悦, 刘琦, 2009. 应用统计学[M]. 长沙: 国防科技大学出版社.

杨维忠, 2022. EViews 统计分析与实验指导：视频教学版[M]. 北京: 清华大学出版社.

杨宇音, 赵雅明, 曲立敏, 2005. 因子分析法在大学生综合排名中的应用[J]. 贵州工业大学学报(自然科学版),(1): 9-13.

易泰河, 2022. 试验设计与分析[M]. 北京: 机械工业出版社.

尹丽子, 王洪凯, 2020. 应用统计分析[M]. 北京: 北京大学出版社.

余婷, 徐全东, 张淑一, 等, 2022. 基于时间序列分析的白银市新生儿死亡率预测[J]. 中国妇幼保健, 37(11): 2043-2046.

张建同, 孙昌言, 王世进, 2020. 应用统计学[M]. 3 版. 北京: 清华大学出版社.

赵选民, 2006. 试验设计方法[M]. 北京: 科学出版社.

周志华, 2016. 机器学习[M]. 北京: 清华大学出版社.

Conover W J, 2006. 实用非参数统计[M]. 崔恒建, 译. 北京: 人民邮电出版社.

附　　录

附录 1　分位数与累积概率的计算

在 Microsoft Office 的 Excel 点击 fx 插入函数，然后在“或选择类别”下拉框中选择“统计”，即可查找常用的统计函数。附表 1 给出了常用统计分布分位数的计算函数，以及函数参数的说明。附表 2 给出了常用统计分布累积概率的计算函数，以及函数参数的说明。

附表 1　分位数的计算函数

统计分布	函数	参数解释
二项分布	BINOM.INV(trials,probability_s, alpha)	trials 为式（1.3.9）中的 n，probability_s 为式（1.3.9）中的 p，alpha 为式（1.3.9）中的 α。
χ^2 分布	CHISQ(probability,deg_freedom)	probability 为式（1.3.7）中的 α，deg_freedom 表示 χ^2 分布的自由度。
F 分布	F.INV(probability, deg_freedom1, deg_freedom2)	probability 为式(1.3.7)中的 α，deg_freedom1、deg_freedom2 分别表示 F 分布的两个自由度。
正态分布	NORM.INV(probability,mean, standard_dev)	probability 为式(1.3.7)中的 α，mean 表示正态分布的均值[式(1.3.3)中的 μ]，standard_dev 为正态分布的标准差[式(1.3.3)中的 σ]。
t 分布	T.INV(probability,deg_freedom)	probability 为式（1.3.7）中的 α，deg_freedom 表示 t 分布的自由度。

附表 2　累积概率的计算函数

统计分布	函数	参数解释
二项分布	BINOM.DIST(number_s, trials, probability_s, cumulative)	number_s 为式（1.3.10）中的 m，trials 为式（1.3.10）中的 n，probability_s 为式（1.3.10）中的 p，cumulative 选择 TRUE，表示累积分布函数。
χ^2 分布	CHISQ.DIST(x,deg_freedom, cumulative)	x 为式（1.3.7）中的 x_α，deg_freedom 表示 χ^2 分布的自由度，cumulative 选择 TRUE，表示累积分布函数。
F 分布	F.DIST(x, deg_freedom1, deg_freedom2,cumulative)	x 为式（1.3.7）中的 x_α，deg_freedom1、deg_freedom2 分别表示 F 分布的两个自由度，cumulative 选择 TRUE，表示累积分布函数。

续表

统计分布	函数	参数解释
正态分布	NORM.DIST(x,mean, standard_dev,cumulative)	x 为式（1.3.7）中的 x_α，mean 表示正态分布的均值，standard_dev 为正态分布的标准差，cumulative 选择 TRUE，表示累积分布函数。
t 分布	T.DIST(x,deg_freedom, cumulative)	x 为式（1.3.7）中的 x_α，deg_freedom 表示 t 分布的自由度，cumulative 选择 TRUE，表示累积分布函数。

附录 2　本书所用统计表

附表 3　Kolmogorov 检验表（$P(D_n \geqslant d_{1-\alpha}) = \alpha$）

n	α					n	α				
	0.2	0.1	0.05	0.02	0.01		0.2	0.1	0.05	0.02	0.01
1	0.90000	0.95000	0.97500	0.99000	0.99500	26	0.20399	0.23320	0.25907	0.28962	0.31064
2	0.68377	0.77639	0.84189	0.90000	0.92929	27	0.20030	0.22838	0.25438	0.28438	0.30502
3	0.56481	0.63604	0.70760	0.78456	0.82900	28	0.19680	0.22497	0.24993	0.27942	0.29971
4	0.49265	0.56522	0.62394	0.68887	0.73424	29	0.19348	0.22117	0.24571	0.27471	0.29466
5	0.44698	0.50945	0.56328	0.62713	0.66853	30	0.19032	0.21756	0.24170	0.27023	0.28987
6	0.41037	0.46799	0.51926	0.57741	0.61661	31	0.18732	0.21412	0.23788	0.26596	0.28530
7	0.38148	0.43607	0.48342	0.53844	0.57581	32	0.18445	0.21085	0.23424	0.26189	0.28094
8	0.35831	0.40962	0.45427	0.50654	0.54179	33	0.18171	0.20771	0.23076	0.25801	0.27677
9	0.33910	0.38746	0.43001	0.47960	0.51332	34	0.17909	0.20472	0.22743	0.25429	0.27279
10	0.32260	0.36866	0.40925	0.45662	0.48893	35	0.17659	0.20185	0.22425	0.25073	0.26897
11	0.30829	0.35242	0.39122	0.43670	0.46770	36	0.17418	0.19910	0.22119	0.24732	0.26532
12	0.29577	0.32815	0.37543	0.41918	0.44905	37	0.17188	0.19646	0.21826	0.24401	0.26180
13	0.28470	0.32549	0.36143	0.40362	0.43247	38	0.16966	0.19392	0.21544	0.24089	0.25843
14	0.27481	0.31417	0.34890	0.38970	0.41763	39	0.16753	0.19148	0.21273	0.23786	0.25518
15	0.26588	0.30397	0.33760	0.37713	0.40420	40	0.16947	0.18913	0.21012	0.23494	0.25205
16	0.25778	0.29472	0.32733	0.36571	0.39201	41	0.16349	0.18687	0.20760	0.23213	0.24904
17	0.25039	0.28627	0.31796	0.35528	0.38086	42	0.16158	0.18468	0.20517	0.22941	0.24613
18	0.24360	0.27851	0.30963	0.34569	0.37062	43	0.15974	0.18257	0.20283	0.22679	0.24332
19	0.23735	0.27136	0.30143	0.33685	0.36117	44	0.15796	0.18053	0.20056	0.22426	0.24060
20	0.23156	0.26473	0.29408	0.32866	0.35241	45	0.15623	0.17856	0.19837	0.22181	0.23798
21	0.22617	0.25858	0.28724	0.32104	0.34127	46	0.15457	0.17665	0.19625	0.21944	0.23544
22	0.22115	0.25283	0.28087	0.31394	0.33666	47	0.15295	0.17481	0.19420	0.21715	0.23298
23	0.21645	0.24746	0.2749	0.30728	0.32954	48	0.15139	0.17302	0.19221	0.21493	0.23059
24	0.21205	0.24242	0.26931	0.30104	0.32286	49	0.14987	0.17128	0.19028	0.21277	0.22828
25	0.20790	0.23768	0.26404	0.29516	0.31657	50	0.14840	0.16959	0.18841	0.21068	0.22604

续表

n	α					n	α				
	0.2	0.1	0.05	0.02	0.01		0.2	0.1	0.05	0.02	0.01
55	0.14164	0.16186	0.17981	0.20107	0.21574	80	0.11787	0.13467	0.14960	0.16728	0.17949
60	0.13573	0.15511	0.17231	0.19267	0.20673	85	0.11442	0.13072	0.14520	0.16236	0.17421
65	0.13052	0.14913	0.16567	0.18525	0.19877	90	0.11125	0.12709	0.14117	0.15786	0.16938
70	0.12586	0.14381	0.15975	0.17863	0.19167	95	0.10833	0.12375	0.13746	0.15371	0.16493
75	0.12167	0.13901	0.15442	0.17268	0.18528	100	0.10563	0.12067	0.18403	0.14987	0.16081

资料来源：茆诗松，王静龙，史定华，等，2003. 统计手册. 北京：科学出版社.

附表 4　Kolmogorov 统计量 D_n 的极限分布 $K(\lambda)$ $\left(K(\lambda)=\lim\limits_{n\to\infty}P\left[D_n\leqslant\frac{\lambda}{\sqrt{n}}\right]=1-\alpha\right)$

λ	0.00	0.01	0.02	0.03	0.04	0.05	0.06	0.07	0.08	0.09
0.2	0.000000	0.000000	0.000000	0.000000	0.000000	0.000000	0.000000	0.000000	0.000001	0.000004
0.3	0.000009	0.000021	0.000046	0.000091	0.000171	0.000303	0.000511	0.000826	0.001285	0.001929
0.4	0.002808	0.003972	0.005476	0.007371	0.009730	0.012590	0.016005	0.020022	0.024682	0.030017
0.5	0.036055	0.042814	0.050306	0.058534	0.067497	0.077183	0.087577	0.098656	0.110395	0.122760
0.6	0.135718	0.149229	0.163225	0.177153	0.192677	0.207987	0.223637	0.239582	0.25578	0.272189
0.7	0.288765	0.305471	0.322265	0.339113	0.355981	0.372833	0.389640	0.406372	0.423002	0.439505
0.8	0.455857	0.472041	0.488030	0.503803	0.519366	0.534682	0.549744	0.564546	0.579070	0.593316
0.9	0.607270	0.620928	0.634286	0.647338	0.660082	0.672516	0.681630	0.696444	0.707940	0.719126
1.0	0.730000	0.740566	0.750826	0.760780	0.770434	0.779794	0.788860	0.797636	0.806128	0.814342
1.1	0.822282	0.829950	0.337356	0.844502	0.851394	0.858038	0.864442	0.870612	0.876548	0.882258
1.2	0.887750	0.893030	0.898104	0.902972	0.907648	0.912132	0.916432	0.920556	0.924505	0.928288
1.3	0.931908	0.935370	0.938682	0.941848	0.944872	0.947756	0.950512	0.953142	0.955650	0.958040
1.4	0.960318	0.962486	0.964552	0.966516	0.968382	0.970158	0.971846	0.973448	0.974970	0.976412
1.5	0.977782	0.979080	0.980310	0.981476	0.982578	0.983622	0.984610	0.985544	0.986426	0.987260
1.6	0.988048	0.988791	0.989492	0.990154	0.990777	0.991364	0.991917	0.992438	0.992928	0.993389
1.7	0.993823	0.994230	0.994612	0.994972	0.995309	0.995625	0.995922	0.996200	0.996460	0.996704
1.8	0.996932	0.997146	0.997346	0.997533	0.979707	0.997870	0.998023	0.998145	0.998297	0.998421
1.9	0.998536	0.998644	0.998744	0.998837	0.998924	0.999004	0.999079	0.999149	0.999123	0.999273
2.0	0.999329	0.999380	0.999428	0.999474	0.999516	0.999552	0.999588	0.999620	0.999650	0.999680
2.1	0.999705	0.999728	0.999750	0.999770	0.999790	0.999806	0.999822	0.999838	0.999852	0.999864
2.2	0.999874	0.999886	0.999896	0.999904	0.999912	0.999920	0.999926	0.999934	0.999940	0.999944
2.3	0.999949	0.999954	0.999958	0.999962	0.999965	0.999968	0.999970	0.999973	0.999976	0.999978
2.4	0.99998	0.999982	0.999984	0.999986	0.999987	0.999988	0.999988	0.99999	0.999991	0.999992

λ 的值等于表中的第一列的数值加第一行的数值，$1-\alpha$ 为表中非第一行、第一列对应的数值。

数据来源：茆诗松，王静龙，史定华，等，2003. 统计手册. 北京：科学出版社.。

附表 5　等样本容量 n 的两样本 Smirnov 检验统计量的分位数 w_p（$P\{w \leqslant w_p\} = p$）

n	0.80	0.90	0.95	0.98	0.99	n	0.80	0.90	0.95	0.98	0.99
3	2/3	2/3				24	7/24	8/24	9/24	10/24	11/24
4	3/4	3/4	3/4			25	7/25	8/25	9/25	10/25	11/25
5	3/5	3/5	4/5	4/5	4/5	26	7/26	8/26	9/26	10/26	11/26
6	3/6	4/6	4/6	5/6	5/6	27	7/27	8/27	9/27	11/27	11/27
7	4/7	4/7	5/7	5/7	5/7	28	8/28	9/28	10/28	11/28	12/28
8	4/8	4/8	5/8	5/8	6/8	29	8/29	9/29	10/29	11/29	12/29
9	4/9	5/9	5/9	6/9	6/9	30	8/30	9/30	10/30	11/30	12/30
10	4/10	5/10	6/10	6/10	7/10	31	8/31	9/31	10/31	11/31	12/31
11	5/11	5/11	6/11	7/11	7/11	32	8/32	9/32	10/32	12/32	12/32
12	5/12	5/12	6/12	7/12	7/12	33	8/33	9/33	11/33	12/33	13/33
13	5/13	6/13	6/13	7/13	8/13	34	8/34	10/34	11/34	12/34	13/34
14	5/14	6/14	7/14	7/14	8/14	35	8/35	10/35	11/35	12/35	13/35
15	5/15	6/15	7/15	8/15	8/15	36	9/36	10/36	11/36	12/36	13/36
16	6/16	6/16	7/16	8/16	9/16	37	9/37	10/37	11/37	12/37	13/37
17	6/17	7/17	7/17	8/17	9/17	38	9/38	10/38	11/38	13/38	14/38
18	6/18	7/18	8/18	9/18	9/18	39	9/39	10/39	11/39	13/39	14/39
19	6/19	7/19	8/19	9/19	9/19	40	9/40	10/40	12/40	13/40	14/40
20	6/20	7/20	8/20	9/20	10/20	$n>40$	$\frac{1.52}{\sqrt{n}}$	$\frac{1.73}{\sqrt{n}}$	$\frac{1.92}{\sqrt{n}}$	$\frac{2.15}{\sqrt{n}}$	$\frac{2.30}{\sqrt{n}}$
21	6/21	7/21	8/21	9/21	10/21						
22	7/22	8/22	8/22	10/22	10/22						
23	7/23	8/23	9/23	10/23	10/23						

表中第一行的数值为 p。

资料来源：Conover W J，2006. 实用非参数统计. 崔恒建，译. 北京：人民邮电出版社.

附表 6　n、m 不等时的两样本 Smirnov 检验统计量的分位数 w_p（$P\{w \leqslant w_p\} = p$）

n	m	0.80	0.90	0.95	0.98	0.99
1	9	17/18				
	10	9/10				
2	3	5/6				
	4	3/4				
	5	4/5	4/5			
	6	5/6	5/6			
	7	5/7	6/7			
	8	3/4	7/8	7/8		
	9	7/9	8/9	8/9		
	10	7/10	4/5	9/10		

续表

n	m	0.80	0.90	0.95	0.98	0.99
3	4	3/4	3/4			
	5	2/3	4/5	4/5		
	6	2/3	2/3	5/6		
	7	2/3	5/7	6/7	6/7	
	8	5/8	3/4	3/4	7/8	
	9	2/3	2/3	7/9	8/9	8/9
	10	3/5	7/10	4/5	9/10	9/10
	12	7/12	2/3	3/4	5/6	11/12
4	5	3/5	3/4	4/5	4/5	
	6	7/12	2/3	3/4	5/6	5/6
	7	17/28	5/7	3/4	6/7	6/7
	8	5/8	5/8	3/4	7/8	7/8
	9	5/9	2/3	3/4	7/9	8/9
	10	11/20	13/20	7/10	4/5	4/5
	12	7/12	2/3	2/3	3/4	5/6
	16	9/16	5/8	11/16	3/4	13/16
5	6	3/5	2/3	2/3	5/6	5/6
	7	4/7	23/35	5/7	29/35	6/7
	8	11/20	5/8	27/40	4/5	4/5
	9	5/9	3/5	31/45	7/9	4/5
	10	1/2	3/5	7/10	7/10	4/5
	15	8/15	3/5	2/3	11/15	11/15
	20	1/2	11/20	3/5	7/10	3/4
6	7	23/42	4/7	29/42	5/7	5/6
	8	1/2	7/12	2/3	3/4	3/4
	9	1/2	5/9	2/3	13/18	7/9
	10	1/2	17/30	19/30	7/10	11/15
	12	1/2	7/12	7/12	2/3	3/4
	18	4/9	5/9	11/18	2/3	13/18
	24	11/24	1/2	7/12	5/8	2/3
7	8	27/56	33/56	5/8	41/56	3/4
	9	31/63	5/9	40/63	5/7	47/63
	10	33/70	39/70	43/70	7/10	5/7
	14	3/7	1/2	4/7	9/14	5/7
	28	3/7	13/28	15/28	17/28	9/14

续表

n	m	0.80	0.90	0.95	0.98	0.99
8	9	4/9	13/24	5/8	2/3	3/4
	10	19/40	21/40	23/40	27/40	7/10
	12	11/24	1/2	7/12	5/8	2/3
	16	7/16	1/2	9/16	5/8	5/8
	32	13/32	7/16	1/2	9/16	19/32
9	10	7/15	1/2	26/45	2/3	31/45
	12	4/9	1/2	5/9	11/18	2/3
	15	19/45	22/45	8/15	3/5	29/45
	18	7/18	4/9	1/2	5/9	11/18
	36	13/36	5/12	17/36	19/36	5/9
10	15	2/5	7/15	1/2	17/30	19/30
	20	2/5	9/20	1/2	11/20	3/5
	40	7/20	2/5	9/20	1/2	
12	15	23/60	9/20	1/2	11/20	7/12
	16	3/8	7/16	23/48	13/24	7/12
	18	13/36	5/12	17/36	19/36	5/9
	20	11/30	5/12	7/15	31/60	17/30
15	20	7/20	2/5	13/30	29/60	31/60
16	20	27/80	31/80	17/40	19/40	41/80
大样本近似		$1.07\sqrt{\frac{m+n}{mn}}$	$1.22\sqrt{\frac{m+n}{mn}}$	$1.36\sqrt{\frac{m+n}{mn}}$	$1.52\sqrt{\frac{m+n}{mn}}$	$1.63\sqrt{\frac{m+n}{mn}}$

资料来源：Conover W J, 2006. 实用非参数统计. 崔恒建，译. 北京：人民邮电出版社.

附表 7　秩和检验表（$P\{T \leqslant t_\alpha\} \leqslant \alpha$）

α	n	m																		
		2	3	4	5	6	7	8	9	10	11	12	13	14	15	16	17	18	19	20
0.001	2	3	3	3	3	3	3	3	3	3	3	3	3	3	3	3	3	3	3	3
0.005		3	3	3	3	3	3	3	3	3	3	3	3	3	3	3	3	3	4	4
0.01		3	3	3	3	3	3	3	3	3	3	3	4	4	4	4	4	4	5	5
0.025		3	3	3	3	3	3	4	4	4	5	5	5	5	5	5	6	6	6	6
0.05		3	3	3	4	4	4	5	5	5	5	6	6	7	7	7	7	8	8	8
0.10		3	4	4	5	5	5	6	6	7	7	8	8	8	9	9	10	10	11	11
0.001	3	6	6	6	6	6	6	6	6	6	6	6	6	6	6	6	7	7	7	7
0.005		6	6	6	6	6	6	6	7	7	7	8	8	8	9	9	9	9	10	10
0.01		6	6	6	6	6	7	7	8	8	8	9	9	9	10	10	11	11	11	12
0.025		6	6	6	7	8	8	9	9	10	10	11	11	12	12	13	13	14	14	15

续表

α	n	m																		
		2	3	4	5	6	7	8	9	10	11	12	13	14	15	16	17	18	19	20
0.05	3	6	7	7	8	9	9	10	11	11	12	12	13	14	14	15	16	16	17	18
0.10		7	8	8	9	10	11	12	12	13	14	15	16	17	17	18	19	20	21	22
0.001	4	10	10	10	10	10	10	10	10	11	11	11	12	12	12	13	13	14	14	14
0.005		10	10	10	10	11	11	12	12	13	13	14	14	15	16	16	17	17	18	19
0.01		10	10	10	11	12	12	13	14	14	15	16	16	17	18	18	19	20	20	21
0.025		10	10	11	12	13	14	15	15	16	17	18	19	20	21	22	22	23	24	25
0.05		10	11	12	13	14	15	16	17	18	19	20	21	22	23	25	26	27	28	29
0.10		11	12	14	15	16	17	18	20	21	22	23	24	26	27	28	29	31	32	33
0.001	5	15	15	15	15	15	15	16	17	17	18	18	19	19	20	21	21	22	23	23
0.005		15	15	15	16	17	17	18	19	20	21	22	23	23	24	25	26	27	28	29
0.01		15	15	16	17	18	19	20	21	22	23	24	25	26	27	28	29	30	31	32
0.025		15	16	17	18	19	21	22	23	24	25	27	28	29	30	31	33	34	35	36
0.05		16	17	18	20	21	22	24	25	27	28	29	31	32	34	35	36	38	39	41
0.10		17	18	20	21	23	24	26	28	29	31	33	34	36	38	39	41	43	44	46
0.001	6	21	21	21	21	21	21	23	24	25	26	26	27	28	29	30	31	32	33	34
0.005		21	21	22	23	24	25	26	27	28	29	31	32	33	34	35	37	38	39	40
0.01		21	21	23	24	25	26	28	29	30	31	33	34	35	37	38	40	41	42	44
0.025		21	23	24	25	27	28	30	32	33	35	36	38	39	41	43	44	46	47	49
0.05		22	24	25	27	29	30	32	34	36	38	39	41	43	45	47	48	50	52	54
0.10		23	25	27	29	31	33	35	37	39	41	43	45	47	49	51	53	56	58	60
0.001	7	28	28	28	28	29	30	31	32	34	35	36	37	38	39	40	42	43	44	45
0.005		28	28	29	30	32	33	35	36	38	39	41	42	44	45	47	48	50	51	53
0.01		28	29	30	32	33	35	36	38	40	41	43	45	46	48	50	52	53	55	57
0.025		28	30	32	34	35	37	39	41	43	45	47	49	51	53	55	57	59	61	63
0.05		29	31	33	35	37	40	42	44	46	48	50	53	55	57	59	62	64	66	68
0.10		30	33	35	37	40	42	45	47	50	52	55	57	60	62	65	67	70	72	75
0.001	8	36	36	36	37	38	39	41	42	43	45	46	48	49	51	52	54	55	57	58
0.005		36	36	38	39	41	43	44	46	48	50	52	54	55	57	59	61	63	65	67
0.01		36	37	39	41	43	44	46	48	50	52	54	56	59	61	63	65	67	69	71
0.025		37	39	41	43	45	47	50	52	54	56	59	61	63	66	68	71	73	75	78
0.05		38	40	42	45	47	50	52	55	57	60	63	65	68	70	73	76	78	81	84
0.10		39	42	44	47	50	53	56	59	61	64	67	70	73	76	79	82	85	88	91
0.001	9	45	45	45	47	48	49	51	53	54	56	58	60	61	63	65	67	69	71	72
0.005		45	46	47	49	51	53	55	57	59	62	64	66	68	70	73	75	77	79	82
0.01		45	47	49	51	53	55	57	60	62	64	67	69	72	74	77	79	82	84	86

续表

α	n	m=2	3	4	5	6	7	8	9	10	11	12	13	14	15	16	17	18	19	20
0.025	9	46	48	50	53	56	58	61	63	66	69	72	74	77	80	83	85	88	91	94
0.05		47	50	52	55	58	61	64	67	70	73	76	79	82	85	88	91	94	97	100
0.10		48	51	55	58	61	64	68	71	74	77	81	84	87	91	94	98	101	104	108
0.001	10	55	55	56	57	59	61	62	64	66	68	70	73	75	77	79	81	83	85	88
0.005		55	56	58	60	62	65	67	69	72	74	77	80	82	85	87	90	93	95	98
0.01		55	57	59	62	64	67	69	72	75	78	80	83	86	89	92	94	97	100	103
0.025		56	59	61	64	67	70	73	76	79	82	85	89	92	95	98	101	104	108	111
0.05		57	60	63	67	70	73	76	80	83	87	90	93	97	100	104	107	111	114	118
0.10		59	62	66	69	73	77	80	84	88	92	95	99	103	107	110	114	118	122	126
0.001	11	66	66	67	69	71	73	75	77	79	82	84	87	89	91	94	96	99	101	104
0.005		66	67	69	72	74	77	80	83	85	88	91	94	97	100	103	106	109	112	115
0.01		66	68	71	74	76	79	82	85	89	92	95	98	101	104	108	111	114	117	120
0.025		67	70	73	76	80	83	86	90	93	97	100	104	107	111	114	118	122	125	129
0.05		68	72	75	79	83	86	90	94	98	101	105	109	113	117	121	124	128	132	136
0.10		70	74	78	82	86	90	94	98	103	107	111	115	119	124	128	132	136	140	145
0.001	12	78	78	79	81	83	86	88	91	93	96	98	102	104	106	110	113	116	118	121
0.005		78	80	82	85	88	91	94	97	100	103	106	110	113	116	120	123	126	130	133
0.01		78	81	84	87	90	93	96	100	103	107	110	114	117	121	125	128	132	135	139
0.025		80	83	86	90	93	97	101	105	108	112	116	120	124	128	132	136	140	144	148
0.05		81	84	88	92	96	100	105	109	111	117	121	126	130	134	139	143	147	151	156
0.10		83	87	91	96	100	105	109	114	118	123	128	132	137	142	146	151	156	160	165
0.001	13	91	91	93	95	97	100	103	106	109	112	115	118	121	124	127	130	134	137	140
0.005		91	93	95	99	102	105	109	112	116	119	123	126	130	134	137	141	145	149	152
0.01		92	94	97	101	104	108	112	115	119	123	127	131	135	139	143	147	151	155	159
0.025		93	96	100	104	108	112	116	120	125	129	133	137	142	146	151	155	159	164	168
0.05		94	98	102	107	111	116	120	125	129	134	139	143	148	153	157	162	167	172	176
0.10		96	101	105	110	115	120	125	130	135	140	145	150	155	160	166	171	176	181	186
0.001	14	105	105	107	109	112	115	118	121	125	128	131	135	138	142	145	149	152	156	160
0.005		105	107	110	113	117	121	124	128	132	136	140	144	148	152	156	160	164	169	173
0.01		106	108	112	116	119	123	128	132	136	140	144	149	153	157	162	166	171	175	179
0.025		107	111	115	119	123	128	132	137	142	146	151	156	161	165	170	175	180	184	189
0.05		109	113	117	122	127	132	137	142	147	152	157	162	167	172	177	183	188	193	198
0.10		110	116	121	126	131	137	142	147	153	158	164	169	175	180	186	191	197	203	208
0.001	15	120	120	122	125	128	133	135	138	142	145	149	153	157	161	164	168	172	176	180
0.005		120	123	126	129	133	137	141	145	150	154	158	163	167	172	176	181	185	190	194

续表

α	n	m																		
		2	3	4	5	6	7	8	9	10	11	12	13	14	15	16	17	18	19	20
0.01		121	124	128	132	136	140	145	149	154	158	163	168	172	177	182	187	191	196	201
0.015	15	122	126	131	135	140	145	150	155	160	165	170	175	180	185	191	196	201	206	211
0.05		124	128	133	139	144	149	154	160	165	171	176	182	187	193	198	204	209	215	221
0.10		126	131	137	143	148	154	160	166	172	178	184	189	195	201	207	213	219	225	231
0.001		136	136	139	142	145	148	152	156	160	164	168	172	176	180	185	189	193	197	202
0.005		136	139	142	146	150	155	159	164	168	173	178	182	187	192	197	202	207	211	216
0.01	16	137	140	144	149	153	158	163	168	173	178	183	188	193	198	203	208	213	219	224
0.025		138	143	148	152	158	163	168	174	179	184	190	196	201	207	212	218	223	229	235
0.05		140	145	151	156	162	167	173	179	185	191	197	202	208	214	220	226	232	238	244
0.10		142	148	154	160	166	173	179	185	191	198	204	211	217	223	230	236	243	249	256
0.001		153	154	156	159	163	167	171	175	179	183	188	192	197	201	206	211	215	220	224
0.005		153	156	160	164	169	173	178	183	188	193	198	203	208	214	219	224	229	235	240
0.01	17	154	158	162	167	172	177	182	187	192	198	203	209	214	220	225	231	236	242	247
0.025		156	160	165	171	176	182	188	193	199	205	211	217	223	229	235	241	247	253	259
0.05		157	163	169	174	180	187	193	199	205	211	218	224	231	237	243	250	256	263	269
0.10		160	166	172	179	185	192	199	206	212	219	226	233	239	246	253	260	267	274	281
0.001		171	172	175	178	182	186	190	195	199	204	209	214	218	223	228	233	238	243	248
0.005		171	174	178	183	188	193	198	203	209	214	219	225	230	236	242	247	253	259	264
0.01	18	172	176	181	186	191	196	202	208	213	219	225	231	237	242	248	254	260	266	272
0.025		174	179	184	190	196	202	208	214	220	227	233	239	246	252	258	265	271	278	284
0.05		176	181	188	194	200	207	213	220	227	233	240	247	254	260	267	274	281	288	295
0.10		178	185	192	199	206	213	220	227	234	241	249	256	263	270	278	285	292	300	307
0.001		190	191	194	198	202	206	211	216	220	225	231	236	241	246	251	257	262	268	273
0.005		191	194	198	203	208	213	219	224	230	236	242	248	254	260	265	272	278	284	290
0.01	19	192	195	200	206	211	217	223	229	235	241	247	254	260	266	273	279	285	292	298
0.025		193	198	204	210	216	223	229	236	243	249	256	263	269	276	283	290	297	304	310
0.05		195	201	208	214	221	228	235	242	249	256	263	271	278	285	292	300	307	314	321
0.10		198	205	212	219	227	234	242	249	257	264	272	280	288	295	303	311	319	326	334
0.001		210	211	214	218	223	227	232	237	243	248	253	259	265	270	276	281	287	293	299
0.005		211	214	219	224	229	235	241	247	253	259	265	271	278	284	290	297	303	310	316
0.01	20	212	216	221	227	233	239	245	251	258	264	271	278	284	291	298	304	311	318	325
0.015		213	219	225	231	238	245	251	259	266	273	280	287	294	301	309	316	323	330	338
0.05		215	222	229	236	243	250	258	265	273	280	288	295	303	311	318	326	334	341	349
0.10		218	226	233	241	249	257	265	273	281	289	297	305	313	321	330	338	346	354	362

表中的 m、n 分别表示秩和检验时，两个样本的样本容量。

资料来源：Conover W J，2006. 实用非参数统计. 崔恒建，译. 北京：人民邮电出版社.

附表 8　$F_{\max}=s_{\max}^2/s_{\min}^2$ 的 $1-\alpha$ 分位数 $F_{\max,1-\alpha}(r,n_0-1)$

$1-\alpha=0.95$

n_0-1	r										
	2	3	4	5	6	7	8	9	10	11	12
2	39.0	87.5	142	202	266	333	403	475	550	626	704
3	15.4	27.8	39.2	50.7	62.0	72.9	83.5	93.9	104	114	124
4	9.60	15.5	20.6	25.2	29.5	33.6	37.5	41.1	44.6	48.0	51.4
5	7.15	10.8	13.7	16.3	18.7	20.8	22.9	24.7	26.5	28.2	29.9
6	5.82	8.38	10.4	12.1	13.7	15.0	16.3	17.5	18.6	19.7	20.7
7	4.99	6.94	8.44	9.70	10.8	11.8	12.7	13.5	14.3	15.1	15.8
8	4.43	6.00	7.18	8.12	9.03	9.78	10.5	11.1	11.7	12.2	12.7
9	4.03	5.34	6.31	7.11	7.80	8.41	8.95	9.45	9.91	10.3	10.7
10	3.72	4.85	5.67	6.34	6.92	7.42	7.87	8.28	8.66	9.01	9.34
12	3.28	4.16	4.79	5.30	5.72	6.09	6.42	6.72	7.00	7.25	7.48
15	2.86	3.54	4.01	4.37	4.68	4.95	5.19	5.40	5.59	5.77	5.93
20	2.46	2.95	3.29	3.54	3.76	3.94	4.10	4.24	4.37	4.49	4.59
30	2.07	2.40	2.61	2.78	2.91	3.02	3.12	3.21	3.29	3.36	3.39
60	1.67	1.85	1.96	2.04	2.11	2.17	2.22	2.26	2.30	2.33	2.36
∞	1.00	1.00	1.00	1.00	1.00	1.00	1.00	1.00	1.00	1.00	1.00

$1-\alpha=0.99$

n_0-1	r										
	2	3	4	5	6	7	8	9	10	11	12
2	199	448	729	1036	1362	1705	2063	2432	2813	3204	3605
3	47.5	85	120	151	184	21(6)	24(9)	28(1)	31(0)	33(7)	36(1)
4	23.2	37	49	59	69	79	89	97	106	113	120
5	14.9	22	28	33	38	42	46	50	54	57	60
6	11.1	15.5	19.1	22	25	27	30	32	34	36	37
7	8.89	12.1	14.5	16.5	18.4	20	22	23	24	26	27
8	7.50	9.9	11.7	13.2	14.5	15.8	16.6	17.9	18.9	19.8	21
9	6.54	8.5	9.9	11.1	12.1	13.1	13.9	14.7	15.3	16.0	16.6
10	5.85	7.4	8.6	9.6	10.4	11.1	11.8	12.4	12.9	13.4	13.9
12	4.91	6.1	6.9	7.6	8.2	8.7	9.1	9.5	9.9	10.2	10.6
15	4.07	4.9	5.5	6.0	6.4	6.7	7.1	7.3	7.5	7.8	8.0
20	3.32	3.8	4.3	4.6	4.9	5.1	5.3	5.5	5.6	5.8	5.9
30	2.63	3.0	3.3	3.4	3.6	3.7	3.8	3.9	4.0	4.1	4.2
60	1.96	2.2	2.3	2.4	2.4	2.5	2.5	2.6	2.6	2.7	2.7
∞	1.00	1.0	1.0	1.0	1.0	1.0	1.0	1.0	1.0	1.0	1.0

在 $r=2$ 的列中，$n_0=2$ 和∞的行的值是准确的。其他地方，5%分位数的第三位数字可能有一两个单位的误差，而 1%分位数的第三位数字可能有几个单位的误差。$n_0=3$ 行中括号内的第三位数字是最不精确的。

资料来源：奥特 R L, 朗格内克 M，2003. 统计学方法与数据分析引论. 张忠占，等，译. 北京：科学出版社.